中华经典名著

全本全注全译丛书

陈桥驿 叶光庭 叶扬◎译 陈桥驿 王东◎注

水经注 一

中華書局

图书在版编目(CIP)数据

水经注/陈桥驿,叶光庭,叶扬译;陈桥驿,王东注. —北京:中华书局,2020.11(2024.12重印)
(中华经典名著全本全注全译丛书)
ISBN 978-7-101-14805-3

Ⅰ.水… Ⅱ.①陈…②叶…③叶…④王… Ⅲ.①古水道-历史地理-中国②《水经注》-译文③《水经注》-注释 Ⅳ.K928.4

中国版本图书馆CIP数据核字(2020)第190497号

书　　名	水经注(全五册)
译　　者	陈桥驿　叶光庭　叶　扬
注　　者	陈桥驿　王　东
丛 书 名	中华经典名著全本全注全译丛书
责任编辑	舒　琴　刘树林　张彩梅　肖帅帅
装帧设计	毛　淳
责任印制	陈丽娜
出版发行	中华书局 (北京市丰台区太平桥西里38号　100073) http://www.zhbc.com.cn E-mail:zhbc@zhbc.com.cn
印　　刷	北京中科印刷有限公司
版　　次	2020年11月第1版 2024年12月第4次印刷
规　　格	开本/880×1230毫米　1/32 印张105¼　字数2200千字
印　　数	17001-20000册
国际书号	ISBN 978-7-101-14805-3
定　　价	268.00元

总　目

第一册

前言 …………………………………………… 1

原序 …………………………………………… 1
卷一　河水一 ………………………………… 8
卷二　河水二 ………………………………… 61
卷三　河水三 ………………………………… 167
卷四　河水四 ………………………………… 234
卷五　河水五 ………………………………… 333
卷六　汾水　浍水　涑水　文水
　　　原公水　洞过水　晋水　湛水 ………… 466
卷七　济水一 ………………………………… 568

第二册

卷八　济水二 ………………………………… 635
卷九　清水　沁水　淇水　荡水　洹水 ……… 720
卷十　浊漳水　清漳水 ……………………… 843
卷十一　易水　滱水 ………………………… 937
卷十二　圣水　巨马水 ……………………… 1007

卷十三　㶟水…………………………………… 1034
卷十四　湿馀水　沽河　鲍丘水　濡水
　　　　大辽水　小辽水　浿水 ………………… 1112
卷十五　洛水　伊水　瀍水　涧水 ………… 1192

第三册

卷十六　穀水　甘水　漆水　浐水　沮水 … 1275
卷十七　渭水一…………………………………… 1387
卷十八　渭水二…………………………………… 1439
卷十九　渭水三…………………………………… 1459
卷二十　漾水　丹水………………………………… 1573
卷二十一　汝水…………………………………… 1640
卷二十二　颍水　洧水　潩水　潧水
　　　　　渠沙水………………………………… 1706
卷二十三　阴沟水　汳水　获水 …………… 1850

第四册

卷二十四　睢水　瓠子河　汶水 …………… 1925
卷二十五　泗水　沂水　洙水 ……………… 2033
卷二十六　沭水　巨洋水　淄水
　　　　　汶水　潍水　胶水 ……………… 2131
卷二十七　沔水一 ………………………………… 2240
卷二十八　沔水二 ………………………………… 2291
卷二十九　沔水三　潜水　湍水　均水
　　　　　粉水　白水　比水 ……………… 2363
卷 三 十　淮水…………………………………… 2420

卷三十一　滍水　淯水　㶏水　瀙水
　　　　　溳水　沅水　涢水 …………………… 2500

第五册

卷三十二　漻水　蕲水　决水　泚水　泄水
　　　　　肥水　施水　沮水　漳水　夏水
　　　　　羌水　涪水　梓潼水　涔水 …… 2579
卷三十三　江水一 ………………………………… 2646
卷三十四　江水二 ………………………………… 2721
卷三十五　江水三 ………………………………… 2767
卷三十六　青衣水　桓水　若水　沫水
　　　　　延江水　存水　温水 …………… 2821
卷三十七　淹水　叶榆河　夷水　油水
　　　　　澧水　沅水　浪水 ……………… 2920
卷三十八　资水　涟水　湘水　漓水
　　　　　溱水 ……………………………… 3003
卷三十九　洭水　深水　锺水　耒水
　　　　　洣水　漉水　浏水　溳水
　　　　　赣水　庐江水 …………………… 3081
卷 四 十　渐江水　斤江水
　　　　　江以南至日南郡二十水
　　　　　《禹贡》山水泽地所在 …………… 3149

附录:《水经注》水名索引 …………………… 3259

第一册目录

前言 ……………………… 1

原序 ……………………… 1

卷一 ……………………… 8

河水一 …………………… 9

卷二 ……………………… 61

河水二 …………………… 62

卷三 ……………………… 167

河水三 …………………… 167

卷四 ……………………… 234

河水四 …………………… 234

卷五 ……………………… 333

河水五 …………………… 334

卷六 ……………………… 466

汾水 ……………………… 467

浍水 ……………………… 516

涑水 ……………………… 525

文水 ……………………… 547

原公水 …………………… 552

洞过水 …………………… 553

晋水 ……………………… 560

湛水 ……………………… 565

卷七 ……………………… 568

济水一 …………………… 569

前言

北魏郦道元及其《水经注》，一直以来备受赞誉。宋苏轼《寄周安孺茶》诗："嗟我乐何深，《水经》亦屡读。"明张岱《嫏嬛文集》："古来记山水手，太上郦道元，其次柳子厚，近时则袁中郎。"清沈德潜《水经注集释订讹·原序》："余少时读《水经注》，服其真能读万卷书，行尽天下山水路……若天地间不可无一、不容有二者。"到底是什么原因让世人对郦道元及其《水经注》有如此之高的评价呢？

一、《水经》与《水经注》

《水经注》是给《水经》作的注解，了解《水经注》，需要先了解《水经》。

《水经》，是继《山海经》《尚书·禹贡》《史记·河渠书》以及《汉书·地理志》之后一部有关水道的专门著作，记录了当时我国境内的一百三十七道川流。书中对这些川流，从源头、水流流向及经过的郡邑和归宿等都叙述得脉络分明。《隋书·经籍志》："《水经》三卷，郭璞注。""《水经》四十卷，郦善长注。"均未言《水经》原作者是谁，以致成为悬案。

唐玄宗时，李吉甫注《唐六典》说："桑钦《水经》所引天下之水百三十七，江、河在焉。""郦善长注《水经》引其枝流一千二百五十二。"此说认为《水经》为桑钦所作，而郦道元所注即为桑钦之《水经》。桑钦，字君长。西汉成帝时人。后来的典籍中记载了一些他对地名、水名的看法，如东汉班固《汉书·地理志》、许慎《说文解字·水部》各有若干处引用了桑钦的说法。

但是，郦道元《水经注》于《沔水》篇提到"魏兴"，即魏兴郡，为三国魏改西城郡置，属荆州；《汳水》篇提到"梁郡"，为新莽始建国元年(9)改梁国置；《〈禹贡〉山水泽地所在》篇提到"天水""冀城(即冀县)"，天水即天水郡，西汉元鼎三年(前114)置，东汉永平十七年(74)改为汉阳郡，并移治所于冀县(今甘肃甘谷南)，三国魏仍改为天水郡。杨守敬由此推断，郦道元所注的《水经》，是另外的一部书，成书于三国魏时期，其作者为谁，并无定论。

二、郦道元与《水经注》

郦道元的生平见于《魏书·郦道元传》《北史·郦范传》附"郦道元传"以及郦道元《水经注》中的相关记载。

郦道元，字善长。范阳涿县(今河北涿州)郦亭沟人。曾祖郦绍初仕后燕，为濮阳太守。北魏道武帝拓跋珪灭后燕时，以郡迎降，授兖州监军。祖父郦嵩官至天水太守。父亲郦范亦服官于北魏。至孝文帝时，除平东将军，假范阳公。郦道元成年后，多次担任北魏官职，如"余为尚书祠部，与宜都王穆罴同拜北郊……"(《水经注·㶟水》)、"余以永平中蒙除鲁阳太守……"(《水经注·汝水》)、"余以延昌四年，蒙除东荆州刺史……"(《水经注·比水》)，后因得罪皇亲贵族元悦等人，被遣赴危命，于孝昌三年(527)遭雍州刺史萧宝夤杀害。

郦道元秉持儒家正统思想，为人坚持原则，执法严厉，嫉恶如仇。他在《水经注》中不遗余力地赞赏禅位的尧、舜、禹，德行高尚的蜀王开明，仁义治国、深得民心的徐偃王，品德高尚、官府屡征不就的东汉名士郭林宗，关心民之疾苦、整治当地三老、发民开凿十二渠的魏国邺令西门豹等人。他崇尚教育，反对奢侈，对作威作福的东汉宦官州苞，愤慨之气溢于言表："于时阉阉擅权，五侯暴世，割剥公私，以事生死。夫封者表有德，碑者颂有功，自非此徒，何用许为？石至千春，不若速朽，苞墓万古，只彰诮辱。呜呼，愚亦甚矣！"萧宝夤欲谋反，围郦道元于阴槃驿亭，郦道元骂敌而死。《北史》作者李延寿对他的临难不屈、大义凛然表示崇敬。

郦道元平生好学，历览奇书，多有撰述，但大多佚失，现仅存《水经注》四十卷。它的成书是有其时代背景的。

其一，郦道元之前地理类著作的诸多不足，是推动其为《水经》作注的主要动力。《尚书·禹贡》《周礼·职方氏》《汉书·地理志》等前代地理类著作，往往失之过简；汉晋文学中的都赋体，如班固《两都赋》、张衡《二京赋》、左思《三都赋》等，又流于空洞浮靡；成书于三国魏时的《水经》，也只是提纲挈领地叙述了当时的主要水道，且多不实之处。

其二，魏晋南北朝时期的山水散文广泛流行，是《水经注》产生的文学背景。此时的山水散文，肇端于地理类著作中，如东晋袁山松《宜都山川记》、南朝宋盛弘之《荆州记》等，也包含在从征出访的晋末宋初郭缘生《述征记》、戴延之《西征记》等作品中。后来，还出现了专门的山水游记。

其三，丰富的地志是《水经注》的主要资料来源。如潘岳《关中记》、陆机《洛阳记》、常璩《华阳国志》、庾仲雍《汉水记》《江水记》、郭仲产《秦州记》、阚骃《十三州志》等。地志不但为《水经注》提供了丰富的内容，很大程度也影响着郦道元的行文风格。

三、《水经注》的主要内容

《水经注》的内容极其广博，对江河湖泊、名岳峻峰、亭台楼阁、祠庙碑刻、道观精舍、方言异语、得名之由等都有详细记载，涉及地理学、地名学等诸多学科，是一部百科全书式的典籍。正因为其内容包罗万象，因而研究《水经注》与郦道元形成了一门宏富的学问——郦学。

《水经》的内容非常简略，有时一句只有几个字，然而《水经注》却用其几十倍甚或百倍的文字来记述。《水经》共一万多字，而《水经注》却达三十五万字之多，其包罗万象，反映于如下这些方面：

1. 地理学方面

《水经注》记载了一千二百五十二条大小河流的发源、流程、水文特征以及流域的自然地理概况等资料。除了干支流之外，流域中的湖泊、陂池、井泉、伏流、峡谷、季节河等也有涉及，并记载了其中部分河流的河谷宽度、河床深度、水量、水位的季节变化、含沙量、冰期、地质地貌等。

《水经注》还记载了历史上许多的水灾、地震、旱灾、风灾、蝗灾等自然灾害资料。记录最多的是水灾，全书共三十多次，内容包括洪水水位、决溢河段、泛滥地区、损失情况以及善后处理等，相当完备。如卷二十三《获水》篇："义熙十二年，霖雨骤澍，汳水暴长，城遂崩坏。"

《水经注》也记载了大量的人文地理资料。如水利工程，包括渠道、堤堰、涵闸等的修建，所记有郑渠（即郑国渠）、都安大堰（即都江堰）、汾陂、郏城陂、金台陂、禅渚陂、长湖等。

除较大的城镇外，《水经注》还对乡、聚、村、戍、堡等聚落有所记载。

另外还有关于天然气、石油、金属矿物、黄土、盐碱土等的记载。

2. 地名学方面

地名学是研究地名的形成、发展和变迁的学科。据统计，《水经注》记载各类地名约两万处，成为后世地名学研究的重要资料。

3. 历史学方面

《水经注》拥有大量的历史资料。清代著名史学家钱大昕根据《水经注》的记载，对历史上的侯国进行了详细研究，他发现："汉初功臣侯者百四十余人，其封邑所在，班孟坚已不能言之。郦道元注《水经》，始考得十之六七。"此外，《水经注》中的郡县记载，对《汉书·地理志》、司马彪《续汉书·郡国志》以及《晋书·地理志》均具有一定的校勘、补正价值。

4. 建筑学、考古学方面

《水经注》记载了大量不同时代、不同风格和使用不同建造技巧的古代建筑，这些记录对我国建筑史研究具有重要的意义。

5. 金石学方面

《水经注》是第一部比较系统而完整地著录我国古代金石碑刻的著作。全书记载的各种金石碑刻达三百五十多种，其内容包括河川、水利、山岳、交通、城邑、经界、地名、建筑、经籍、历史、人物、祠庙、陵墓等，可以说是一部从上古到北魏的金石录。五百多年后的宋代，才出现了欧阳修的《集古录》和赵明诚的《金石录》。

6. 文献学方面

《水经注》中引用的古代文献很多，据郑德坤《水经注引书考》，共计引书达四百三十六种，其中今存者九十一种，辑存者一百四十九种，引存者一百二十七种，亡佚者六十九种。很多文献通过《水经注》而得以保存。多年来，学者们在文献学研究中，通过考据、校勘、辑佚等方式，大量利用了《水经注》的这些资料。

7. 文学方面

《水经注》虽是历史地理学著作，然而郦道元对山水的描写，语言简练优美，一派生机。如对长江三峡的描写："自三峡七百里中，两岸连山，略无阙处。重岩叠嶂，隐天蔽日，自非停午夜分，不见曦月……"堪称千古佳作。郦道元并没有到过三峡，他是化用盛弘之《荆州记》中的文字，进行了二次创作。明张岱盛赞："古来记山水手，太上郦道元，其次柳子厚，近时则袁中郎。"非虚言也。

8. 语言学方面

《水经注》是中古汉语词汇研究的一部重要资料。阅读《水经注》，常能感觉到郦道元词汇运用的独特之处，如"自津""潭涨""合舍""共舍""合次""挂溜""绣薄""英谈""疏挺""经究""营煮""漫阔""远涨""广秀"等，皆有其独特的含义。

其他如宗教学、民族学、艺术学、民俗学等资料，书中亦比比皆是，兹不赘述。

四、《水经注》的流传和版本

《水经注》成书之初，有四十卷。北宋景祐年间，崇文院编辑《崇文总目》时，已亡佚五卷。后来整理时，又对它进行分拆，凑成四十卷的足数。如卷十八显系后人分拆而成，但其文是从卷十七还是卷十九分拆而出，尚待研究。

《水经注》自成书以来，已有一千五百多年的历史。在这漫长的岁月中，有不少刊本问世，具体可参见郑德坤《水经注版本考》）与陈桥驿《水经注校证》"整理说明"中"主要参校书目及简称表"。由于社会动荡、战争频仍，人们辗转流离，使得《水经注》刊本大多亡佚，存留下来的版本中，我们着重介绍以下几种：

1. 明朱谋㙔《水经注笺》

万历四十三年（1615）刊行的朱谋㙔《水经注笺》，是我们今天可以见到的较早的《水经注》名本。汪辟疆在《明清两代整理〈水经注〉之总成绩》中总结了朱本的优点："惟朱谋㙔所笺，疑人所难疑，发人所未发，用力甚劬，故神明焕发，顾亭林尝推有明三百年来一部书。"

2. 明《永乐大典》本《水经注》

《永乐大典》是明初一部规模庞大的类书，《水经注》被抄录其中。虽然这部《永乐大典》绝大部分已经佚失，但《水经注》却奇迹般地保存了下来，而且卷首还收录有郦道元《原序》一篇，为历来多数版本所不载。这一版本据已佚之南宋刊刻版辑录，是现存最早的《水经注》抄本，具有重要的校勘价值。

3. 清赵一清《水经注释》

赵一清家藏书数十万卷，甲于东南。他校释《水经注》费时十余年，书名《水经注释》。此书注释疑难、订正错漏、区分经注、辑录缺失等，比戴震本先成，但刊刻晚于戴震本，二本有不少相同之处。

4. 清全祖望《七校本水经注》

全祖望家族三世并校《水经注》。他继先人遗志，续校此书，晚年精力所注，用功极勤，七校《水经注》，甚有功于郦氏。该书有两个突出成就，一是区分经注，二是提出“郦注原是双行夹写、注中有注”的说法。

5. 清武英殿聚珍本《水经注》

戴震入四库馆编校《水经注》，吸取了全祖望、赵一清等人的成果，成书后由武英殿刊刻为聚珍本，简称殿本。

6. 清王先谦《合校水经注》

《水经注》之研究，宋明以来，至于清初，赵一清集大成；赵一清后至道光咸丰以来，王先谦《合校水经注》又为集大成。王本综合郦学界研究成果，以戴本为正文，下列各家校勘之语，其收录之备，学者便之，见此本则诸本之内容大概可以了然。

7. 近人杨守敬、熊会贞《水经注疏》

杨守敬与门人熊会贞积数十年之功完成《水经注疏》，并绘制《水经注图》，代表了郦学地理学派迄今为止的主要成果。

8. 陈桥驿《水经注校证》

陈桥驿先生的《水经注校证》以《四部丛刊》所刊殿本为底本，参校了三十余种寓目的重要版本。2007 年中华书局出版了繁体版《水经注校证》，2013 年又出版了“中华国学文库”本简体版《水经注校证》。

五、本次整理的具体说明

中华书局“三全本”《水经注》是面向大众读者推出的一个全新的本子，内容主要包括题解、原文、注释、译文四部分。全书由陈桥驿、叶光庭、叶扬几位先生与笔者合作完成。具体分工如下：

题解，由陈桥驿先生撰写，主要交代《水经注》各卷涉及河流数量、存留与变迁，以及该卷中一些需要特别交代的问题等。

原文，来自陈桥驿先生“中华国学文库”本《水经注校证》，吸收了陈先生多年来对《水经注》的校勘成果。为便于阅读，本次出版对较长段落重新分段，分别进行译注。

注释，主要由笔者承担，对原文中的相关内容进行注释，举凡人名、地名、官名、书名、疑难语词等都在注释之列。陈先生生前特为此书所作的近八十条按语，则分散其中，以“陈桥驿按”提起，以示区别。

译文，以陈桥驿、叶光庭、叶扬译注的《水经注全译》（贵州人民出版社2008年版）为基础，与原文逐句对照，修改润饰而成。

为了进一步方便使用，文末另附《〈水经注〉水名索引》，收录《经》文和《注》文中出现的水名两千七百多条（含一水多名），以笔画顺序排列。

另外需要说明的是，注释主要参考了《京都大学藏钞本水经注疏》（辽海出版社2012年版）、《水经注疏补 上编》（中华书局2014年版）、《水经注疏补 中编》（中华书局2016年版）、《水经注校证》（中华书局2013年版）、史为乐主编《中国历史地名大辞典 增订本》（中国社会科学出版社2017年版），并参考了前辈时贤的相关研究成果，同时依据近年来我国行政区划变更的政府文件，更新了《中国历史地名大辞典 增订本》未及更新的大部分今地名。正是在这些著作、资料的基础上，我们的工作才得以顺利进行，这里一并表示衷心的感谢。

特别要感谢尊敬的陈桥驿先生，承蒙不弃，两次允我这个无名的晚辈与他合作完成中华书局的相关书稿（另一本是2009年出版的“中华经典藏书”《水经注》），遗憾的是，先生于2015年仙逝，不能见到我们这次合作的成果，我也不能再求教于先生了。对他的鼓励和支持，我将终身铭记、感念。

囿于个人学识，本书难免存有一些错讹之处，欢迎读者朋友不吝赐教，以待他日修订完善。

王东

2020年9月于天津师范大学

原序

《序》曰:《易》称天以一生水,故气微于北方,而为物之先也[①]。《玄中记》曰[②]:天下之多者水也,浮天载地,高下无所不至,万物无所不润。及其气流届石,精薄肤寸,不崇朝而泽合灵宇者[③],神莫与并矣[④]。是以达者不能测其渊冲[⑤],而尽其鸿深也[⑥]。昔《大禹记》著山海[⑦],周而不备[⑧];《地理志》其所录[⑨],简而不周;《尚书》《本纪》与《职方》俱略[⑩],都赋所述[⑪],裁不宣意[⑫];《水经》虽粗缀津绪[⑬],又阙旁通[⑭]。所谓各言其志,而罕能备其宣导者矣。

【注释】

①“《易》称天以一生水”几句:《周易》称天以一生水,所以气在北方较为微弱,而成为万物的先行者。《周易·系辞》有“天一、地二,天三、地四……”孔颖达疏中有“天一生水”的说法。又据《河图》“戴九履一”,一在九宫格最下方,代表北方,象水,即所谓“气微于北方,而为物之先也”。《易》,即《周易》。儒家重要经典之一。

全书分为“经”和“传”两部分，历来被视为群经之首。

②《玄中记》：书名。旧题郭氏撰。书中所言皆四方神异之事。

③“及其气流届石”几句：这几句主要描写云气聚合成雨的过程。语见《春秋公羊传·僖公三十一年》：“触石而出，肤寸而合，不崇朝而遍雨乎天下者，唯泰山尔。”届，达到，触碰。精，这里指云气。薄，迫近，迫临。肤寸，古长度单位。一指宽为寸，四指宽为肤。比喻极小或极少。崇朝，从天亮到早饭之间。喻指时间很短。灵宇，祠堂，寺庙。这里指天地之间。

④并：并列，相提并论。

⑤达者：聪慧之人。测：测量，探查。渊冲：渊深。

⑥鸿深：宽广深邃。鸿，宽广，洪大。

⑦《大禹记》：书名。具体不详。《水经注》亦提及《禹记》《禹本纪》，不知是否同一著作。《史记·大宛列传》将《禹本纪》《山海经》并举，然《汉书·艺文志》无著录。

⑧周：周全。备：详备。

⑨《地理志》：此指《汉书·地理志》。概述先秦至汉地理沿革、西汉行政区划、山川名胜、户口物产及中外交通等。

⑩《尚书》：此指《尚书·禹贡》篇。详细记载了古代九州的划分、山川的方位、物产分布以及土壤性质等。《本纪》：具体不详。《职方》：此指《周礼·夏官·职方氏》。记载职方氏职务，天下九州及境内重要山镇、泽薮、物产等。

⑪都赋：文体名。以当时的都城为题材，大肆渲染夸张都城建筑之宏伟、郊畿之富饶、城池之坚固、品物之殷富，间接或直接地讽喻朝政，以期君主尽贤修德、完善文治武功。代表作有班固的《两都赋》、张衡的《二京赋》、左思的《三都赋》等。

⑫宣：表达，阐释。

⑬《水经》：书名。我国古代较为完整的有关河流水道的地理学专著。

全书记录了一百三十七道川流。书中对这些川流从源头、水流流向及经过的郡邑、归宿等都叙述得脉络分明。

⑭阙：缺少，缺失。

【译文】

《序》写道：《周易》称天以一生水，所以气在北方较为微弱，而成为万物的先行者。《玄中记》说：世界上最丰富的东西是水，可以在天上飘浮，在地上承载，高处低处无所不至，世上的万物无不接受它的滋润。待到云气触碰山石而升腾，逐渐一点一点地聚合在一起，不到一个早晨而遍降雨水于天下，连神灵也不能企及。所以博学多闻的人也不能探测它的渊深，洞察它的宽广深邃。从前《大禹记》所载的山海，虽然包罗万象却并不详尽；《汉书·地理志》所做的记述，内容也简单而不够全面；《尚书·禹贡》《本纪》与《周礼·夏官·职方氏》都很粗略，都赋的描写又限于体裁而不能加以阐释；《水经》虽然大致理出了河流的头绪，却不涉及旁通的支流。这真所谓各说各话，而很少能详尽梳理。

今寻图访赜者①，极聆州域之说②，而涉土游方者，寡能达其津照③，纵仿佛前闻，不能不犹深屏营也④。余少无寻山之趣⑤，长违问津之性。识绝深经⑥，道沦要博⑦。进无访一知二之机⑧，退无观隅三反之慧⑨。独学无闻，古人伤其孤陋⑩；捐丧辞书⑪，达士嗟其面墙⑫。默室求深，闭舟问远，故亦难矣。然毫管窥天⑬，历筒时昭；饮河酌海，从性斯毕。窃以多暇⑭，空倾岁月，辄述《水经》，布广前文⑮。

【注释】

①访赜（zé）：一作访迹。此指寻访旧迹。赜，幽深奥妙。

②极：尽情，完全。聆：聆听，听取。

③达：深究明白。津照：一作建照。

④犹：仍然。屏营：迷惑彷徨，无所适从。

⑤余：郦道元自称。

⑥绝：阻绝，隔绝。深经：深奥的经典。

⑦沦：亡失。要博：精要与广博。

⑧访一知二：询问一，就能知道二。言其机灵。语见《论语·公冶长》："赐也何敢望回？回也闻一以知十，赐也闻一以知二。"

⑨观隅三反：看到一个方面，就能够知道其他三个方面。即举一反三，触类旁通。语见《论语·述而》："不愤不启，不悱不发。举一隅不以三隅反，则不复也。"

⑩独学无闻，古人伤其孤陋：独自闭门学习而无所听闻，从而造成学识浅陋，古人会为此而伤怀。语见《礼记·学记》："独学而无友，则孤陋而寡闻。"

⑪捐丧：抛弃丢失。

⑫嗟：叹息，咨嗟。面墙：语见《尚书·周官》："不学墙面，莅事惟烦。"孔颖达疏："人而不学，如面向墙无所睹见，以此临事，则惟烦乱不能治理。"后因以"面墙"比喻不学无术而识见浅薄。

⑬毫管窥天：用细管来窥看天穹。语见《庄子·秋水》："是直用管窥天，用锥指地也，不亦小乎？"毫管，秋毫一样细的管子。

⑭窃：私自，私下。

⑮布广：流布增广。前文：指《水经》中的文字。

【译文】

现在按图索骥、寻访旧迹的人，听遍了关于州郡疆域的谈论，而亲自去游历者，却很少能探究明白，因而纵使与先前所知的情况隐约相似，还是不能不深感无所适从。我从小到大都没有游山玩水、探索江河的兴趣和习惯。论学识修养，既没读过艰深玄微的经典，也不够精要广博。欲进，没有见其一而知其二的机灵；思退，又没有观一隅而推见三隅的睿智。独自为学而无所见闻，古人也为孤陋而伤怀；散失了辞章书籍，通达之士也为闭塞而叹息。独坐静室想求得高深，泊舟涯岸要了解远地，这也是难以办到的。可是用细管窥天，从竹筒里有时也可以看得很清楚；喝几口河海里的水，其性质如何，也都可了解了。我私下想来余暇的时间颇多，虚度年华也是可惜，于是就来阐述《水经》，以流布增广前人的著作。

《大传》曰[①]：大川相间，小川相属[②]，东归于海。脉其枝流之吐纳[③]，诊其沿路之所躔[④]，访渎搜渠，缉而缀之[⑤]。《经》有谬误者[⑥]，考以附正[⑦]，文所不载[⑧]，非《经》水常源者，不在记注之限。但绵古芒昧[⑨]，华戎代袭[⑩]，郭邑空倾[⑪]，川流戕改[⑫]，殊名异目[⑬]，世乃不同。川渠隐显[⑭]，书图自负[⑮]。或乱流而摄诡号[⑯]，或直绝而生通称[⑰]，枉渚交奇[⑱]，洄湍决澓[⑲]，躔络枝烦[⑳]，条贯系夥[㉑]。十二经通[㉒]，尚或难言，轻流细漾，固难辩究。正可自献迳见之心[㉓]，备陈舆图之说[㉔]，其所不知，盖阙如也[㉕]。所以撰证本《经》[㉖]，附其枝要者[㉗]，庶备忘误之私[㉘]，求其寻省之易。

【注释】

①《大传》：即《尚书大传》。书名。旧题西汉伏生（一作伏胜）撰。实则由其弟子杂录所闻而成。是最早解释《今文尚书》的著作，但其内容不尽在解经，与经义在离合之间。

②属（zhǔ）：连缀，连接。

③脉：考察，考寻。枝流：即支流。流入干流或从干流分出的河流。吐纳：流出与接纳。

④诊：探查，探究。躔（chán）：运动轨迹，流经路径。

⑤缉:聚集,收集。缀:连缀,编撰。

⑥《经》:即《水经》。

⑦考:考证,考辨。附正:增益纠正。

⑧文所不载:典籍中所没有记载的内容。

⑨绵古:遥远的古代。绵,久远,绵长。芒昧:模糊不清,渺茫无所知。芒:通“茫”。模糊不清。

⑩华戎:华夏民族与少数民族。代袭:交替承袭王位。代,交替,替换。

⑪郭邑:城郭县邑。

⑫戕:毁坏,破坏。

⑬殊名异目:不同的名称。目,名称,名目。

⑭隐显:隐失与显留。

⑮书图:书籍地图。自负:一作自贸。贸,混杂,杂乱。译文从之。

⑯摄:摄取,拥有。诡号:变名,异名。诡,变异,变换。

⑰直绝:径直隔断。通称:通用、统一的名称。

⑱枉渚(zhǔ):弯曲的水岸。渚,水湾,水岸。交奇:相互错杂。

⑲洄湍:打着漩涡的湍流。洑(fú):水回流。

⑳躔(chán)络:(河网)路径错综缠绕。

㉑条贯:水道贯通。夥(huǒ):繁多。

㉒十二经:据宋晁公武《郡斋读书志》,为《易》《书》《诗》《周礼》《仪礼》《礼记》《春秋左传》《公羊传》《穀梁传》《论语》《孝经》《尔雅》这十二部经典。

㉓迳见之心:亲临其境时的所见所闻。迳见,亲临其地之考察。

㉔舆图之说:地图上的记载。舆图,地图。

㉕阙如:空缺貌。

㉖撰证:撰叙验证。

㉗枝要:这里指支流和相关资料。

㉘庶:大概,大略。

【译文】

《尚书大传》说：大河相互隔开，小河相互连在一起，滚滚东流奔向大海。我就来探寻支流怎样分出去和汇合进来，观察河流沿途所经的路线，多方考察寻求，搜集资料，加以辑录整理。《水经》中有错误的地方，就加以增益订正；典籍中未见记载，不属《水经》中常流不断的水源，就不进行记述作注。但远古的事渺茫难知，华戎各族王朝相互更替，其间城邑荒废，河流毁坏、改道的情况很多，各个时代又时常改名，产生了许多不同的名称。河渠有隐有显，书籍地图的记载，本身就杂乱不堪。有的乱流交错而带有变名，有的直穿而过产生通称，水湾萦纡交错，急湍奔卷回流，河网错综复杂，头绪纷繁如麻。即使读通了十二经，或许还是说不清河川的脉络，至于小溪细流，原本就难以分辨。所以我正可奉献上个人亲临其境时的所见所闻，详细陈述地图上的记载，至于我所不知道的，那就只好略而不论了。我之所以撰叙验证《水经》，并附记支流和相关资料，无非是留供自己参考，以免遗忘或错误，使得查阅时较为方便罢了。

卷一

河水一

【题解】

“河水”即今黄河。在古代，“河”是黄河的专名，“江”是长江的专名。“河”“江”，与现在“淮河”的“淮”、“珠江”的“珠”一样。当时河流的通名则为“水”，黄河称“河水”，长江称“江水”，以后才逐渐把“河”“江”二字作为河流的通名。“黄河”一名在《河水》各卷中也出现过八次，但在这八处中，“河”仍是专名，“黄”只是说明这条河流当时已经黄浊。这五处“黄河”与今天的黄河，是两种不同的概念。

《河水》共分五卷，是全部《水经注》中最长的一篇，共五万余字，约占全书的七分之一。《河水》篇幅特别大，除了因为黄河是一条大河之外，主要还是因为古人没有弄清此河的河源，把黄河上源延伸到今新疆塔里木河支流叶尔羌河的上源，甚至把它与印度河及恒河拉扯到一起，把流域一直写到今印度境内，这就是后来学者所指出的“黄河重源”的错误。但在郦道元的时代，所有文献都是这样的说法，他说：“余考群书，咸言河出昆仑，重源潜发，沦于蒲昌（按，指罗布泊），出于海水。”说明直到南北朝时期，人们尚没有把黄河的发源弄清楚。所以这一卷中记叙的，其实多是今印度境内的山川地理。直到唐朝，才有学者指出“黄河重源”的错误。

河水一

昆仑墟在西北[①]，

三成为昆仑丘[②]。《昆仑说》曰[③]，昆仑之山三级：下曰樊桐，一名板桐；二曰玄圃，一名阆风；上曰层城，一名天庭，是为太帝之居[④]。

【注释】

①昆仑墟：即昆仑丘、昆仑山。古昆仑山包括今喀喇昆仑山（今新疆维吾尔自治区与克什米尔之间）、昆仑山（西起帕米尔高原，绵延于新疆、西藏之间，向东延伸入青海境内）。古代把塔里木河南源视为黄河源，昆仑山也就往往被误为黄河发源处。

②三成为昆仑丘：三级的土丘称为昆仑丘。语见《尔雅·释丘》："丘一成为敦丘，再成为陶丘……三成为昆仑丘。"郭璞注："昆仑山三重，故以为名。"成，级，层。

③《昆仑说》：书名。具体不详。

④太帝：即天帝。

【译文】

河水一

昆仑墟在西北，

山成三层的是昆仑丘。《昆仑说》写道，昆仑山有三层：底层叫樊桐，又名板桐；第二层叫玄圃，又名阆风；上层叫层城，又名天庭，是天帝的居处。

去嵩高五万里，地之中也。

《禹本纪》与此同[①]。高诱称河出昆山[②]，伏流地中万三千里[③]，禹导而通之[④]，出积石山[⑤]。按《山海经》[⑥]，自昆仑至积石千七百四十里。自积石出陇西郡至洛[⑦]，准地志可五千余里[⑧]。又按《穆天子传》[⑨]，天子自昆山入于宗周，乃里西土之数，自宗周瀍水以西[⑩]，至于河宗之邦、阳纡之山[⑪]，三千有四百里；自阳纡西至河首四千里[⑫]，合七千四百里。《外国图》又云[⑬]：从大晋国正西七万里[⑭]，得昆仑之墟，诸仙居之。数说不同，道阻且长，经记绵褫[⑮]，水陆路殊，径复不同。浅见末闻，非所详究，不能不聊述闻见，以志差违也[⑯]。

【注释】

①《禹本纪》：书名。中国古代地理类著作。太史公司马迁将其与《山海经》并举，故为世人所知。今佚。

②高诱：涿郡涿县（今河北涿州）人。汉末三国时儒家学者，为当时名儒卢植的门人。曾注《战国策》《淮南子》《吕氏春秋》等。河：指黄河。

③伏流：指河流从地底下流淌。

④禹导而通之：《孟子·滕文公上》："禹疏九河，瀹济、漯而注诸海，决汝、汉，排淮、泗而注之江，然后中国可得而食也。"导，疏导。通，疏通。

⑤积石山：一名大积石山。即今青海东南部之阿尼玛卿山。

⑥《山海经》：书名。是我国现存较早的历史地理著作之一。作者已不可考，成书大约在战国时期，秦汉又有增删。内容包括山川、道里、部落、物产、鸟兽、祭祀、巫医、风俗等。

⑦陇西郡：秦昭襄王二十八年（前279）置。治所在狄道县（今甘肃临洮南）。以在陇山之西而得名。北魏末为渭州治。洛：洛阳。

⑧准：按照。地志：专记地理情况的书。可：大约。

⑨《穆天子传》：书名。撰者不详。约为春秋末到战国初时作。晋咸宁五年（279）在汲郡（今河南汲县）战国魏襄王墓中出土的汲冢

书之一。主要记录的是周穆王西征西方诸国和巡游中原的故事。

⑩瀍（chán）水：源出今河南洛阳西北，东南流经洛阳旧城东入洛水。

⑪河宗之邦：位于黄河上游地区的部族。在今内蒙古河套地区及银川平原一带。阳纡（yū）：古泽薮名。又作杨纡、阳盱。旧说在今陕西境内，有陇县、凤翔、华阴、泾阳等说法。《穆天子传》卷一："天子西征，骛行至于阳纡之山，河伯无夷之所都居。"

⑫河首：黄河的源头。

⑬《外国图》：书名。据下文"从大晋国正西七万里"估计，很可能为西晋典籍。具体不详。

⑭大晋国：此指西晋。自武帝司马炎泰始元年（265）起，到愍帝司马邺建兴五年（317）止。建都洛阳。

⑮绵褫（chǐ）：年久脱失。褫，脱落，毁坏。

⑯志：记录。差违：差异，不同。

【译文】

昆仑墟离嵩高五万里，位于大地的中央。

《禹本纪》的说法也一样。高诱说河水发源于昆山，在地下潜流了一万三千里，经禹疏导畅通后，才从积石山流出。据《山海经》，从昆仑到积石计一千七百四十里。从积石出陇西郡到洛阳，按各种地理典籍的推算，约有五千余里。又据《穆天子传》，穆天子从昆山到周朝都城，是按照西方的里程计算的，从周朝都城瀍水以西到黄河上游的河宗之邦、阳纡之山，计三千四百里；从阳纡以西到黄河源头是四千里，共计七千四百里。《外国图》又说：从大晋国正西方行七万里，就到昆仑之墟，仙人们都住在那里。以上几种说法各不相同，路途遥远，险阻难行，经籍记载因年代久远，脱略难考，水路陆路又互有差异，往返也不尽相同。我见闻浅陋，没有做过详细的研究，只是不能不叙述一下所见诸说，把其间互不一致的地方记下来。

其高万一千里。

《山海经》称方八百里，高万仞[1]。郭景纯以为自上二千五百余里[2]。《淮南子》称高万一千里百一十四步三尺六寸[3]。

【注释】

①仞：古代长度单位。七尺为一仞。一说八尺为一仞。

②郭景纯：即郭璞，字景纯。东晋河东闻喜（今山西闻喜）人。曾注《尔雅》《方言》《山海经》《穆天子传》等。

③《淮南子》：书名。也称《淮南鸿烈》。西汉淮南王刘安及其门客集体撰写的杂家著作。以道家思想为主体，兼采先秦儒、法、阴阳等诸家学说。步：古代长度单位。历来定制不一。

【译文】

昆仑山高一万一千里。

《山海经》说，昆仑山方圆八百里，高万仞。郭景纯认为此山升起二千五百余里。《淮南子》说，山高一万一千里一百十四步三尺六寸。

河水

《春秋说题辞》曰[1]：河之为言荷也[2]，荷精分布[3]，怀阴引度也[4]。《释名》曰[5]：河，下也，随地下处而通流也。《考异邮》曰[6]：河者，水之气，四渎之精也[7]，所以流化。《元命苞》曰[8]：五行始焉[9]，万物之所由生，元气之腠液也。《管子》曰[10]：水者，地之血气，如筋脉之通流者，故曰水具财也。五害之属，水最为大[11]，水有大小，有远近。水出山而流入海者，命曰经水；引佗水入于大水及海者，命曰枝水；出于地沟，流于大水，及于海者，又命曰川水也。《庄子》曰[12]：秋水时至，百川灌河，经流之大[13]。《孝经援神契》曰[14]：河者，水之伯[15]，上应天汉。《新论》曰[16]：四渎之源，河最高而长，从高注下，水流激峻，故其流急。徐斡《齐都赋》曰[17]：川渎则洪河洋洋[18]，发源昆仑。九流分逝[19]，北朝沧渊。惊波沛厉，浮沫扬奔。《风俗通》曰[20]：江、河、淮、济为四渎。渎，通也，所以通中国垢浊。《白虎通》曰[21]：其德著大，故称渎。《释名》曰：渎，独也。各独出其所而入海。

【注释】

①《春秋说题辞》：书名。又作《说题辞》。汉代谶纬类著作。撰者不详。

②河之为言荷也：河就是荷。荷，承载，承担。

③荷精分布：承载着天地的精气，把它们散布到四方。精，精气。这里指天地之精气。分布，散布。

④怀阴引度：包孕着水并加以疏引。怀，包孕。阴，这里指水。引度，通"引渡"。疏引水流。

⑤《释名》：书名。东汉刘熙撰。是中国第一部词源词典，全面运用声训的方式，以音同、音近的字解释意义，从而探讨事物得名的由来。

⑥《考异邮》：书名。即《春秋考异邮》。汉代谶纬类著作。撰者不详。

⑦四渎：长江、黄河、淮河、济水的合称。《尔雅·释水》："江、河、淮、济为四渎。四渎者，发原注海者也。"

⑧《元命苞》：书名。即《春秋元命苞》。汉代谶纬类著作。撰者不详。

⑨五行：我国古代称构成各种物质的五种元素，金、木、水、火、土。古人常以此说明宇宙万物的起源和变化。

⑩《管子》：书名。相传为春秋时期齐国管仲撰，实系后人托名于他的著作。约成书于战国至秦汉时期。内容庞杂，包含道、名、法各

家的思想，以及天文、历数、舆地、经济和农业等知识。

⑪五害之属，水最为大：《管子》记载管仲回答齐桓公说："水一害也，旱一害也，风雾雹霜一害也，厉一害也，虫一害也：此谓五害。五害之属，水最为大。"

⑫《庄子》：书名。战国中期庄周著。包含《内篇》七篇、《外篇》十五篇、《杂篇》十一篇。是最重要的道家著作之一。

⑬经流：等于说无阻的水流。经，通。

⑭《孝经援神契》：书名。汉代谶纬类著作。撰者不详。《隋书·经籍志》著录七卷，三国魏宋均注。今佚。

⑮伯：泛指排行最大的。

⑯《新论》：书名。又称《桓子新论》。东汉桓谭所著政论著作。今原著已佚，仅存辑本。

⑰徐幹《齐都赋》：徐幹为建安七子之一。其《齐都赋》描写故乡齐地的山川河流、物产等。

⑱川渎：泛指河流。洋洋：水流盛大的样子。

⑲九流：江河的许多支流。九，言其多。分逝：分流。

⑳《风俗通》：书名。一名《风俗通义》。东汉应劭撰。主要收录有关古代历史、风俗礼仪、山河泽薮、怪异传闻等内容。

㉑《白虎通》：书名。一名《白虎通义》《白虎通德论》。汉章帝建初四年（79），诏诸儒会白虎观，讲议五经同异，统一今文经义，由班固将讨论结果辑撰成书。

【译文】

河水

《春秋说题辞》说：河，意思就是载荷，载荷着天地的精气，把它分布到四方，怀藏着属阴的水，加以引导流通。《释名》说：河，就是下，循着地势低注处而流。《春秋考异邮》说：河是水的气体，四渎的精华，就凭它的流布来化育万物。《春秋元命苞》说：五行始于水，万物靠着水才能萌生，它是元气凝成的血液。《管子》说：水是大地的血气，正如血液在筋脉里流通一样，所以说，水是一种财货。五害之类，以水为最大，水有大有小，有远有近。水从山间出来，奔流入海的，叫经水；引导旁流的水注入大水，再流到海洋的，叫支水；从地沟淌出，流进大水，再流到海洋的，叫川水。《庄子》说：秋水随着季节而来，千百条川流灌注入大河，无阻的水流流量十分洪大。《孝经援神契》说：河在诸水中高居首位，向上与天上的银河相应。《新论》说：四渎的水源，以河水为最高最长，它从高处流注而下，水势又凶又猛，所以水流湍急。徐幹《齐都赋》写道：河流浩浩荡荡，发源于昆仑。许多支流分道流逝，往北汇聚于沧海。惊涛骇浪狂暴而凶猛，激起一片浮沫浪花。《风俗通》说：江、河、淮、济，合称四渎。渎是通的意思，全靠着它把中原的垢秽涤荡掉。《白虎通》说：它的特性宏大而昭著，所以叫渎。《释名》说：渎，就是单独的意思。各从所在之处单独流出，注入大海。

出其东北陬，

《山海经》曰：昆仑墟在西北，河水出其东北隅。《尔雅》曰[①]：河出昆仑虚，色白，所渠并千七百，一川，色黄。《物理论》曰[②]：河色黄者，众川之流，盖浊之也。百里一小曲，千里一曲一直矣。汉大司马张仲议曰[③]：河水浊，清澄[④]，一石水[⑤]，六斗泥[⑥]，而民竞引河溉田，令河不通利。至三月，桃花水至则河决[⑦]，以其噎不泄也[⑧]。禁民勿复引河，是黄河兼浊河之名矣。《述征记》曰[⑨]：盟津、河津恒浊[⑩]，方江为狭[⑪]，比淮、济为阔，寒则冰厚数丈。冰始合，车马不敢过，要须狐行，云此物善听，冰下无水乃过，人见狐行，方渡。余按《风俗通》云：里语称狐欲渡河，无如尾何[⑫]。且狐性多疑，故俗有狐疑之说。亦未必一如缘生之言也。

【注释】

①《尔雅》：书名。撰者不详。成书于西汉初年。是我国现存最早的一部解释词义的词典。全书按词条义类分篇，共有《释诂》《释言》《释训》《释鸟》《释兽》等十九篇（今本）。

②《物理论》：书名。西晋杨泉著。该书系杂采秦汉诸子之说而成，自天文地理，至古代帝王用人行政之要，无不囊括。

③汉大司马张仲：陈桥驿按，武英殿本《水经注》（此书以戴震在四库馆校注的本子作底，该本以后在清武英殿刊行）："案《汉书》，大司马史长安张戎。师古曰：《新论》云：字仲功。此脱'史'字、'功'字。"所案不错，参见《汉书·沟洫志》。译文从之。

④清澄（dèng）：使杂质沉淀，液体变清。

⑤石：容量单位。十斗等于一石。

⑥斗（dǒu）：容量单位。十升等于一斗。

⑦桃花水：即春汛。杨守敬、熊会贞《水经注疏》杨守敬按（师生合著之作，按语有别，为叙述简洁，以下称"《水经注疏》杨守敬按""《水经注疏》熊会贞按"，二人合疏、合按者径称"《水经注疏》"）："《汉书·沟洫志》：'来春桃花水盛，河必羡溢。'师古曰：'《月令》："仲春之月，始雨水，桃始花。"盖桃方花时，既有雨水，川谷冰泮，众流猥集，波澜盛长，故谓之桃花水耳。'"

⑧噎（yē）：本指吃饭时咽喉阻塞。这里指水流阻塞。

⑨《述征记》：书名。晋末宋初人郭缘生撰。记述了他跟随刘裕北伐慕容燕、西征姚秦的沿途所见。

⑩盟津：又作孟津、富平津。在今河南孟州西南黄河上。

⑪方：比，与……相比。江：长江。

⑫无如尾何：对尾巴却没有办法。《史记·春申君列传》："《易》曰：'狐涉水，濡其尾。'"张守节正义："言狐惜其尾，每涉水，举尾不令湿，比至极困则濡之。"

【译文】

河水发源于它的东北角，

《山海经》说：昆仑墟在西北，河水发源于它的东北角。《尔雅》说：河水发源于昆仑墟时，水色澄清，合并了一千七百条川流后，水色就变成黄浊了。《物理论》说：河水之所以色黄，是因为众川的水流把它弄浊了。河道百里一小弯，千里有一段弯道、一段直道。汉大司马史张仲功评论道：河水很混浊，把一石水加以澄清，含泥竟有六斗，可是百姓却争着引水灌溉田亩，以致河水不能通航。到了三月，春汛一来，河水就会决堤，这是因为水道阻塞、水流不畅。于是禁止百姓继续引河灌溉，这样黄河又兼有浊河之名了。《述征记》说：盟津、河津经常是混浊的，比江水要狭窄，但比淮水、济水要宽阔，数九寒冬，河水结冰厚达数丈。当河面刚刚开始封冻时，车马还不敢过河，必须等到有狐狸行走的时候，据说狐狸这种动物听觉十分灵敏，它听到冰下没有流水的声音了，才敢过去，人们看到狐狸在走了，也才踏冰过河。我查考《风俗通》说：俗语道，狐狸想渡河，但对尾巴却无可奈何。而且狐狸生性多疑，所以俗话有狐疑一词。故也未必都像郭缘生《述征记》所说的那样。

屈从其东南流，入渤海[①]。

《山海经》曰：南即从极之渊也[②]，一曰中极之渊，深三百仞，惟冯夷都焉[③]。《括地图》曰[④]：冯夷恒乘云车驾二龙[⑤]。河水又出于阳纡、陵门之山[⑥]，而注于冯逸之山[⑦]。《穆天子传》曰：天子西征，至阳纡之山，河伯冯夷之所都居[⑧]，是惟河宗氏，天子乃沉珪璧礼焉[⑨]。河伯乃与天子披图视典，以观天子之宝器，玉果、璇珠、烛银、金膏等物[⑩]，皆《河图》所载[⑪]，河伯以礼，穆王视图，方乃导以西迈矣。粤在伏羲[⑫]，受《龙马图》于河，八卦是也[⑬]。故《命历序》曰[⑭]：《河图》，帝王之阶，图载江河、山川、州界之分野[15]。后尧坛于河[16]，受《龙图》，作《握河记》[17]。逮虞舜、夏、商[18]，咸亦受焉。李尤《盟津铭》[19]：洋洋河水，朝宗于海[20]。径自中州[21]，《龙图》所在。《淮南子》曰：昔禹治洪水，具祷阳纡[22]。盖于此也。高诱以为阳纡，秦薮[23]，非也。

【注释】

①屈从其东南流，入渤海：陈桥驿按，这条《经》文下的《注》文约六千字，所记为今新疆、帕米尔及印度次大陆的自然和人文，其实与黄河无涉，故后世学者多有批评。明周婴在《析郦》（《卮林》卷一）一文中说："皆蹑法显行踪，想恒流之洄洑，其间水陆未辨，道里难明，计所差池，厥类亦众。"按《水经注》的这一段记载，确系受"黄河重源"的影响。周婴所谓"皆蹑法显行综"，指《注》文多抄录《法显传》。但其实除《法显传》以外，《注》文引及的文献，还有释氏《西域记》《广志》《外国事》等，其中除《汉书·西域传》和《法显传》外，其余均已亡佚，所以虽所记不涉黄河，但资料却弥足珍贵，欧洲汉学家伯戴克（L•Petech）曾撰写《〈水经注〉记载的北印度》（*Northern India According to the Shui Ching Chu*）的长篇论文，发表于1950年出版的《罗马东方丛书》第二卷（*Serie Orientale Roma II*），可以为例。渤海，又作勃海。在今山东半岛和辽东半岛之间。

②从极之渊：古地名。具体不详。

③冯夷：传说中的黄河水神，即河伯。《庄子·大宗师》成玄英疏："姓冯名夷，弘农华阴潼乡堤首里人也。服八石，得水仙。大川，黄河也。天帝锡冯夷为河伯，故游处盟津大川之中也。"

④《括地图》：书名。古地理类著作。时代、作者都不详。今存清人辑本。

⑤云车：传说中仙人的车乘（shèng），仙人以云为车，故名。《淮南子·原道训》："昔者，冯夷、大丙之御也，乘云车，入云霓，游微雾。"

⑥陵门之山：山名。具体不详。

⑦冯逸之山：山名。具体不详。

⑧都居：居住。

⑨沉：古代祭川泽叫沉，因为要向水中投祭品，故名。珪（guī）璧：古代祭祀、朝聘所用的玉器。焉：这里指代河伯。

⑩玉果：形状像果实一样的美石。璇（xuán）珠：玉珠。烛银：像烛光一样闪耀的银子。金膏：传说道教中的仙药。

⑪《河图》：又称《龙马图》《龙图》。儒家关于《周易》卦形来源的传说。《尚书·顾命》孔安国传："伏羲王天下，龙马出河，遂则其文以画八卦，谓之'河图'。"闻一多说："'河图'则取义于河马负图，伏羲得之演为八卦，作为文字，更进而为绘画等等，所以代表中华文化之所由始也。"

⑫粤：发语辞。伏羲：又名庖牺、伏牺、伏戏。古代传说中的三皇之一。相传其始画八卦，又教民渔猎等。

⑬八卦：《周易》中八种具有象征意义的基本图形，每个图形由代表阳的符号"—"（阳爻）和代表阴的符号"--"（阴爻）组成，共三爻。名称是：乾、坤、震、巽（xùn）、坎、离、艮（gèn）、兑，分别象征自然界的八种基本事物：天、地、雷、风、水、火、山、泽。

⑭《命历序》：书名。即《春秋命历序》。汉代谶纬类著作。撰者不详。

⑮分野：古人把地理区域分别按照方位跟天上的星宿联系起来。就天文学来说，叫分星；就地理学来说，叫分野。

⑯坛：筑坛祭祀。

⑰《握河记》：书名。即《尚书中候握河记》。汉代谶纬类著作。撰者不详。

⑱逮：及，到。虞舜：姓姚，名重华。因其先国于虞（故城在今山西平

陆东北)，故称虞舜。上古五帝之一。

⑲李尤：字伯仁。广汉雒县(今四川广汉北)人。东汉文学家，其文章有扬雄、司马相如之风。《盟津铭》：具体不详。

⑳朝宗：本来是指古代诸侯春、夏朝见天子。后来比喻小水流注入大水。

㉑径自：从……经过。中州：即古豫州，指中原地区。

㉒具：供置(礼物)。祷：有事祝告鬼神以求福佑。

㉓秦薮(sǒu)：秦地的湖泊。古代有九大湖泊，称九薮，其中之一曰秦之阳纡。薮，大泽，湖泊。

【译文】

河水绕过它的东南面，流入渤海。

《山海经》说：南边就是从极之渊，又称中极之渊，深三百仞，冯夷就住在那里。《括地图》说：冯夷常常乘坐云车，由两条龙拉着走。河水又从阳纡之山、陵门之山流出，注入冯逸之山。《穆天子传》说：穆天子西行，到了阳纡之山，河伯冯夷住在那里——冯夷就是河宗氏，穆天子把珪璧投入水中，作为献礼。河伯于是和穆天子一起展图审阅典章制度，观看天子的宝器，如玉果、璇珠、烛银、金膏等物，这些在《河图》中都有记载，河伯把它作为礼物献给穆王，穆王看了图后，才领他西行。伏羲曾在河上接受《龙马图》，就是八卦。所以《命历序》说：《河图》是帝王所依赖的基业，图中记载着江河、山川、州界的分野。后来尧在河上筑坛祭祀，接受了《龙图》，并作《握河记》。及至虞舜、夏、商，也都接受过《河图》。李尤《盟津铭》写道：滔滔的河水，汇集于大海。它流经中州，那是《龙图》所在之处。《淮南子》说：从前禹治洪水，在阳纡祭礼祈祷。说的就是这地方。高诱以为阳纡就是秦薮，其实不是。

释氏《西域记》曰[①]：阿耨达太山[②]，其上有大渊水[③]，宫殿楼观甚大焉。山，即昆仑山也。《穆天子传》曰：天子升于昆仑，观黄帝之宫，而封丰隆之葬。丰隆[④]，雷公也。黄帝宫，即阿耨达宫也。其山出六大水，山西有大水，名新头河[5]。郭义恭《广志》曰[6]：甘水也。在西域之东，名曰新陶水。山在天竺国西[7]，水甘，故曰甘水。有石盐，白如水精，大段则破而用之。康泰曰[8]：安息、月氏、天竺至伽那调御[9]，皆仰此盐。释法显曰[10]：度葱岭[11]，已入北天竺境[12]，于此顺岭西南行十五日，其道艰阻，崖岸险绝，其山惟石，壁立千仞，临之目眩，欲进则投足无所。下有水，名新头河。昔人有凿石通路施倚梯者，凡度七百梯，度已，蹑悬絙过河[13]，河两岸，相去咸八十步。九译所绝[14]，汉之张骞、甘英皆不至也[15]。余诊诸史传[16]，即所谓罽宾之境[17]。有磐石之隥[18]，道狭尺余，行者骑步相持，絙桥相引。二十许里，方到悬度[19]，阻险危害，不可胜言。郭义恭曰：乌秅之西[20]，有悬度之国，山溪不通，引绳而度，故国得其名也。其人山居，佃于石壁间[21]，累石为室。民接手而饮，所谓猿饮也。有白草、小步马[22]，有驴无牛，是其悬度乎？

【注释】

①释氏《西域记》：不知确指何书。《水经注疏》杨守敬认为是晋释道安的《西域志》。

②阿耨（nòu）达太山：即今西藏南部之冈底斯山。阿耨达，梵语的音译。意译为清凉无热恼之义。

③大渊水：《水经注疏》熊会贞认为即阿耨达池（今西藏普兰北之玛旁雍错）。

④丰隆：古代神话中的雷神，即雷公。后多用作雷的代称。

⑤新头河：亦作新陶水、辛头河、信度河、申河。即今巴基斯坦境内

之印度河。

⑥郭义恭《广志》：郭义恭，晋人。其《广志》为博物志类著作。内容博杂，涉及农业物产、动植物、地理气候、民俗等。

⑦天竺国：古印度别称。亦称身毒、天笃等。

⑧康泰：三国时吴国官吏。曾出使扶南等国，经历和传闻的有百数十国。归国后所著书今佚。

⑨安息：亚洲西部古国。即今伊朗。原为古波斯帝国的一个省，后隶属于亚历山大帝国及塞琉西王国。月氏：一作月支。秦汉之际，游牧于敦煌、祁连之间。西汉文帝时，月氏为匈奴所逐，大部西徙至今伊犁河流域及其以西一带，称为大月氏。少数没有西迁的入南山（今祁连山），与羌人杂居，称为小月氏。伽那调御：地名。具体不详。

⑩释法显：俗姓龚。平阳武阳（今山西临汾）人。东晋高僧。曾西行抵天竺。有《佛国记》（今《法显传》）存世，为研究五世纪南亚次大陆各国历史地理的重要资料。

⑪葱岭：在今新疆西南。古代为帕米尔高原和昆仑山、喀喇昆仑山西部诸山的总称。

⑫北天竺：古天竺国分为东、南、西、北、中五天竺。地各数千里，城邑数百。其中北天竺相当于印度西北方之诸国。

⑬悬絙（gēng）：悬挂的大绳索。絙，大绳索。

⑭九译所绝：指道路艰险，无人行迹。九译，汉有九译令一职。这里指翻译官。

⑮张骞：西汉汉中成固（今陕西城固）人。曾奉武帝命出使西域，远达今中亚一带。是我国有记载的最早开辟西域交通的重要人物之一。甘英：东汉人。和帝时奉西域都护班超之命出使大秦（罗马帝国东部），至条支，临西海（今波斯湾）而还。

⑯诊：省视，察看。

⑰罽(jì)宾:汉魏时西域国名。在今之克什米尔及喀布尔河下游一带。

⑱磐石之隥(dèng):由厚而大的石头砌成的台阶。隥,登山的石级。

⑲悬度:《水经注疏》杨守敬按:"悬度在乌秅(今新疆叶城西南)西一百二十八里……在乌秅、罽宾间。"

⑳乌秅(ná):汉西域国名。都城在乌秅城(今新疆叶城西南山中)。

㉑佃(tián):耕作,开垦。

㉒白草:西域国出产的一种牧草。干熟时呈白色,故名。小步马:西域国出产的一种能碎步前进的马。

【译文】

释氏《西域记》说:阿耨达太山上有大渊水,那里的宫殿楼台十分宏大。这座山就是昆仑山。《穆天子传》说:穆天子登上昆仑山,参观了黄帝的宫殿,给丰隆的坟头堆上泥土。丰隆就是雷神。黄帝宫就是阿耨达宫。有六条大河流发源于山间,山西面的一条名叫新头河。郭义恭《广志》说:这就是甘水。在西域以东,名叫新陶水。山在天竺国以西,因为水味甘洌,所以叫甘水。那里有石盐,洁白犹如水晶,有的成大块,人们就把它敲碎使用。康泰说:安息、月氏、天竺到伽那调御,都仰赖这里的石盐。高僧法显说过:翻过葱岭,就进入北天竺的国境了,从这里循着山岭向西南行走十五天,道路险阻难行,崖岸峻峭极了,山上全是岩石,峭壁千仞,身临崖岸,令人头晕目眩,想再跨上一步,就连立足的地方也没有了。崖下有一条河流,名叫新头河。从前有人在崖壁上凿石开路,架设了竖梯,一共要爬七百道梯子方才爬完,然后踩着索桥过河,沿河两岸相距都有八十来步。语言不通,翻译断绝,汉朝的张骞、甘英都没有到过这里。我考证过史传,这就是所谓罽宾的国境。那里绕山凿了隥道,极狭,宽仅尺余,过往行人,骑马的,步行的,你牵我挽,小心行走,还要靠着索桥过河。这样走了二十来里,才到悬度,一路上的险阻和艰危,真是说也说不尽。郭义恭说:乌秅以西,有个悬度之国,山溪阻隔,道路不通,要攀着绳索过去,所以国名叫悬度。那里的人都住在山上,在石壁之间耕种,用石块来造房子。他们手接着手捧水喝，像猿一样，这就是所谓猿饮。山区多白草、小步马，有驴无牛，这大概就是悬度了吧？

释法显又言：度河便到乌长国[①]。乌长国即是北天竺，佛所到国也[②]。佛遗足迹于此，其迹长短在人心念，至今犹尔。及晒衣石尚在。新头河又西南流，屈而东南流，迳中天竺国，两岸平地。有国名毗荼，佛法兴盛。又迳蒲那般河[③]，河边左右，有二十僧伽蓝[④]。此水迳摩头罗国[⑤]，而下合新头河。自河以西，天竺诸国，自是以南，皆为中国[⑥]，人民殷富。中国者，服食与中国同[⑦]，故名之为中国也。泥洹已来[⑧]，圣众所行威仪法则[⑨]，相承不绝。自新头河至南天竺国，迄于南海，四万里也。释氏《西域记》曰：新头河经罽宾、犍越、摩诃剌诸国[⑩]，而入南海是也。阿耨达山西南有水，名遥奴；山西南小东有水，名萨罕；小东有水，名恒伽。此三水同出一山，俱入恒水[⑪]。康泰《扶南传》曰[⑫]：恒水之源，乃极西北，出昆仑山中，有五大源，诸水分流，皆由此五大源。

【注释】

①河：此指新头河西北岸之支流。乌长国：也作乌苌国、乌仗那国，即北天竺。故地在今印度西北。

②佛：梵语 Buddha 的音译佛陀的省略。意译为觉者。这里是对释迦牟尼之尊称。

③蒲那般河：陈桥驿按，此河东与恒河入海，不合新头河。郦注不确。《佛国记》此河作遥捕那河。即今印度北方的朱木拿河。

④僧伽（qié）蓝：梵语的音译僧伽蓝摩（或僧伽罗摩）的略称。意译

为众园或僧房，引申为佛教寺院。

⑤摩头罗国：都城故址在今印度北方邦朱木拿河西岸的马土腊。

⑥中国：陈桥驿按，此处及下文的“中国者”“故名之为中国”的“中国”，其实就是古代恒河中游的中印度，为印度当时繁富之区。

⑦中国：此指华夏。

⑧泥洹（huán）：梵语的音译。亦作涅槃、般泥洹。意译为寂灭、圆寂。

⑨圣众：神圣的信众。威仪：佛教谓行、坐、住、卧为四威仪。泛指举止动作的种种律仪规范。

⑩犍越：《水经注疏》熊会贞按：“下卷叙葱岭西流之水，两称犍陀越。”摩诃剌：《水经注疏》杨守敬按：“摩诃剌，《唐西域记》十一作摩诃剌佗，云南印度境，都城西临大河，周三十余里。”

⑪恒水：即今印度之恒河。

⑫康泰《扶南传》：康泰于吴大帝孙权时任中郎，并出使扶南等国，经历和传闻的有百数十国。归国后所著书今佚。《扶南传》可能就是这次出使的产物。扶南，三国吴时在今柬埔寨内的一个国家。

【译文】

释法显又说：渡河便到乌长国。乌长国就是北天竺，佛陀到过这个国家。佛陀在这里留有足印，足印长短能随人的意念而变化，到现在还是如此。佛陀的晒衣石也还在。新头河往西南流，又转向东南，从中天竺国流过，这里两岸都是平地。有个国家名叫毗荼，佛法很兴盛。又经过蒲那般河，左右两边岸上有二十座佛寺。这条河流经摩头罗国，在下游与新头河汇合。自河以西，是天竺诸国，从这里以南，则都是“中国”地方，那里人民富裕。这个国家之所以称为“中国”，是因为饮食衣着与中国相同，所以得名。佛陀涅槃以来，众信徒所行的礼仪法则，一脉相承，绵绵不绝。从新头河到南天竺国，直到南海为止，路途四万里。释氏《西域记》说：新头河流经罽宾、犍越、摩诃剌诸国，注入南海。阿耨达山西南有一条水，名叫遥奴；山的西南边稍东，有一条水，叫萨罕；稍东又有一条水，叫恒伽。这三条水都发源于同一座山，又都汇合于恒水。康泰《扶南传》说：恒水的源头，在西北边尽头，出自昆仑山，山间有五大源，诸水分流，都由这五大源而来。

枝扈黎大江出山西北流[①]，东南注大海。枝扈黎，即恒水也，故释氏《西域记》有恒曲之目。恒北有四国，最西头恒曲中者是也。有拘夷那褐国[②]。《法显传》曰：恒水东南流，迳拘夷那褐国南。城北双树间[③]，有希连禅河[④]，河边，世尊于此北首般泥洹[⑤]，分舍利处[⑥]。支僧载《外国事》曰[⑦]：佛泥洹后，天人以新白绁裹佛[⑧]，以香花供养[⑨]。满七日，盛以金棺，送出王宫，度一小水，水名醯兰那[⑩]，去王宫可三里许，在宫北。以旃檀木为薪[⑪]，天人各以火烧薪，薪了不然[⑫]。大迦叶从流沙还[⑬]，不胜悲号，感动天地，从是之后，他薪不烧而自然也。王敛舍利，用金作斗，量得八斛四斗，诸国王、天、龙、神王各得少许[⑭]，赍还本国[⑮]，以造佛寺。阿育王起浮屠于佛泥洹处[⑯]，双树及塔，今无复有也。此树名娑罗树，其树花名娑罗佉也。此花色白如霜雪，香无比也。竺枝《扶南记》曰[⑰]：林杨国去金陈国步道二千里[⑱]，车马行，无水道。举国事佛。有一道人命过烧葬[⑲]，烧之数千束樵，故坐火中，乃更著石室中，从来六十余年，尸如故不朽。竺枝目见之。夫金刚常住[⑳]，是明永存，舍利刹见[㉑]，毕天不朽，所谓智空罔穷[㉒]，大觉难测者矣。其水乱流注于恒[㉓]。

【注释】

①枝扈黎大江：即今印度之恒河。

②拘夷那褐国：即上茅城。在中印度摩揭陀国之正中。

③双树间：即释迦牟尼佛涅槃的地点，又称娑罗林。

④希连禅河：梵语的音译。恒河的支流。

⑤世尊：佛教徒对释迦牟尼佛的尊称之一。

⑥舍利：又称舍利子。释迦牟尼佛遗体火化后结成的坚硬珠状物。

⑦支僧载《外国事》：支僧载为晋人，或称支载、僧载、僧支载。其《外国事》大概是佛教行记类著作。今仅存辑文数则。

⑧天人：佛教中的天神。绁（xiè）：贴身的衣服。

⑨供养：佛教称以香花、明灯、饮食等资养三宝（佛、法、僧）为供养。并分财供养、法供养两种。香花、饮食等为财供养，修行、利益众生为法供养。

⑩醯（xī）兰那：小水名。具体不详。

⑪旃（zhān）檀木：香木名。木材极香，可制器物，亦可入药。寺庙中用以燃烧祀佛。薪：柴。

⑫了：完全，根本。然：同“燃”。燃烧。

⑬大迦叶：传为释迦牟尼佛的十大弟子之一。流沙：指西域地区。

⑭天：佛教指天神。神王：佛教指护法神。

⑮赍（jī）：携带。

⑯阿育王：为摩竭提国王，著名的佛教扶持者，曾派人远赴国外布教，大力从事佛教的传播。浮屠：梵语的音译。亦作浮图。意译为佛塔。

⑰竺枝《扶南记》：又称《竺枝扶南记》。大概为行记类著作。竺枝，亦作竹芝、竺芝。其余不详。

⑱林杨国：即林阳国。故地一说在今泰国西部以至缅甸与马来半岛北部一带，一说在今缅甸中部。金陈国：即金邻国。在今泰国曼谷湾西北岸之叻丕。

⑲道人：这里指佛教的僧徒。命过：命终。

⑳金刚：即金刚石，因其极坚利，佛家视为稀世之宝。这里指金刚之身。

㉑刹：古印度最小的计时单位。本指妇女纺绩一寻线所用的时间，现一般用来表示时间极短。见：同"现"。显现。

㉒智：佛教谓超越世俗虚幻的认识，达到把握真理的能力。

㉓乱流：水流分为多股汊流，诸支流彼此相通，形成如蛛网般的河流系统，又好像人的辫子，故在地理学上又将这种河网系统称为辫状水系。

【译文】

枝扈黎大江出山后往西北流，转向东南注入大海。枝扈黎就是恒水，所以释氏《西域记》有恒曲的名目。恒水以北有四国，位于最西端的就是恒曲中间的国度。有个拘夷那褐国。《法显传》说：恒水往东南流，从拘夷那褐国南边流过。都城北面，希连禅河畔双树间的北端，就是世尊涅槃的地方，诸王也是在那里分舍利的。支僧载《外国事》说：佛陀涅槃后，天界的神人用新的白衣把他裹起来，用香花来供养。满七天后，把他殓入金棺，运出王宫，渡过一条小河，这条小河叫醯兰那河，在王宫北面约三里。用旃檀木作柴火，天界的神人们各自用火来烧柴，但都点不着。大迦叶从流沙回来，呼号痛哭，悲不自胜，感动了天地，这以后不用点火，柴枝就自行燃烧起来。国王收集了舍利，用金斗来量，共八斛四斗，各国王、诸天、龙众、神王各分得少许，大部分都送回本国，建造佛寺。后来阿育王在佛陀涅槃处造了佛塔，但那两棵树和佛塔现在都没有了。这两棵树叫娑罗树，开的花叫娑罗佉。娑罗佉花白如霜雪，芳香无与伦比。竺枝《扶南记》说：林杨国距金陈国陆路两千里，只能乘马来往，没有水路。这里全国都信奉佛教。有个僧人死后举行火葬，烧了几千把柴还是端坐在火中，于是把他搬到石室中去，六十余年来，尸体仍像原来一样，丝毫没有腐烂。这是竺枝亲眼所见的事。金刚之身永不败坏，真智慧永远长存，舍利在刹那间显现，天长地久永不朽败，真所谓智空无穷，大彻大悟深不可测了。此水乱流注入恒水。

恒水又东迳毗舍利城北[①]。释氏《西域记》曰：毗舍利，维邪离国也。支僧载《外国事》曰：维邪离国去王舍城五十由旬[②]，城周圆三由旬。维摩诘家在大城里宫之南[③]，去宫七里许，屋宇坏尽，惟见处所尔。释法显云：城北有大林重阁[④]，佛住于此，本奄婆罗女家施佛起塔也[⑤]。城之西北三里，塔名放弓仗。恒水上流有一国，国王小夫人生肉胎[⑥]，大夫人妒之，言汝之生，不祥之征。即盛以木函，掷恒水中。下流有国王游观，见水上木函，开看，见千小儿端正殊好[⑦]，王取养之。遂长大，甚勇健，所往征伐，无不摧服。次欲伐父王本国，王大愁忧。小夫人问：何故愁忧？王曰：彼国王有千子，勇健无比，欲来伐吾国，是以愁尔。小夫人言：勿愁，但于城西作高楼，贼来时，上我置楼上，则我能却之。王如是言。贼到，小夫人于楼上语贼云：汝是我子，何故反作逆事？贼曰：汝是何人，云是我母？小夫人曰：汝等若不信者，尽张口仰向。小夫人即以两手捋乳[⑧]，乳作五百道，俱坠千子口中。贼知是母，即放弓仗。父母作是思惟[⑨]，皆得辟支佛[⑩]，今其塔犹在。后世尊成道[⑪]，告诸弟子：是吾昔时放弓仗处。后人得知，于此处立塔，故以名焉。千小儿者，即贤劫千佛也[⑫]。

【注释】

①毗舍利：又作毗舍离、维邪离。为古代梨车毗部族的国名和首府名。是释迦牟尼生前重要的游化地。在今印度比哈尔邦穆扎法普尔县的巴莎尔。

②王舍城：故址在今印度比哈尔邦巴特那之南。由旬：梵语的音译。古印度计程单位。一由旬的长度，我国古有八十里、六十里、四十

里诸说。

③维摩诘：指大乘佛教的著名居士、在家菩萨，为佛典中现身说法、辩才无碍的代表人物。

④大林重阁：即摩诃伐那寺。摩诃伐那，意译为大森林。重阁，这里指寺院。

⑤奄婆罗女：据章巽《法显传校注》，佛教神话传说，释迦牟尼曾至其家受其供养，并为之说法使之得道。

⑥小夫人：旧时对显贵人家妾的尊称。与下文“大夫人”(正妻)对称。

⑦千小儿：一千个小孩子。

⑧捋（luō）：用手握物向一端滑动。

⑨思惟：本指佛教徒在禅定前须集中思想。这里指思量。

⑩辟支佛：指三乘中的中乘圣者。因其观十二因缘法而得道，故亦意译为缘觉；因其身出无佛之世，潜修独悟，又意译为独觉。

⑪成道：犹成佛。谓领会佛道而证得正果。

⑫贤劫千佛：章巽《法显传校注》认为，佛教称不能以通常的年月日时来计算之极其长远的时间曰劫，或译作大时或长时；过去、现在、未来之诸劫又有成劫、住劫、坏劫、空劫之演变，而现在之住劫中有千佛出世，既多贤圣，故名贤劫。

【译文】

恒水又往东流，从毗舍利城北流过。释氏《西域记》说：毗舍利是维邪离国的都城。支僧载《外国事》说：维邪离都城离王舍城五十由旬，城墙周围长三由旬。维摩诘家在大城的里宫以南，离王宫七里左右，但殿宇都已塌毁了，看到的只有遗址罢了。释法显说：城北有大林重阁，佛陀在这里住过，这地方原来是奄婆罗女家施舍给佛陀造塔的。城的西北三里，有一座塔，叫放弓仗塔。恒水上游有个国度，国王的小夫人生了个肉胎，大夫人嫉妒她，就说：你生的是个不祥的东西。于是立即用木盒子装了，投到恒水里去。有个国王在下游游览，看见水上有个木盒子，就捞了起来，打开一看，只见里面有一千个婴儿，个个生得眉清目秀，国王就把他们收养了起来。他们长大后十分勇武，南征北战，所到之处，无不征服。接着他们就要去打父王的本国了，国王十分忧虑。小夫人问道：大王，您为什么这样忧愁呀？国王说：那位国王有一千个儿子，勇武无比，要来进攻我们的国家了，所以心中发愁。小夫人道：您别愁，只要在城西造一座高楼，敌兵来时，让我到楼上去，我就能叫他们退兵。国王照她的话做了。敌人来到，小夫人在楼上对他们说：你们都是我的儿子，为什么反而要做这种大逆不道的事？敌兵说：你是什么人，胆敢自称是我们的母亲？小夫人说：你们如果不信，都把口张开，仰面朝着我。小夫人就用双手挤奶，每只乳房都射出五百道乳汁，道道都落入那一千个儿子的口中。敌人这才知道真是自己的母亲了，立即都把弓箭兵器放下了。父母心里这样一想，就都成了辟支佛，现在那里的塔还在。后来世尊得道，告诉弟子们说：这是我从前放下弓箭兵器的地方。后人知道这一事迹，就在那里造了座塔，叫放弓仗塔。那一千个孩子就是贤劫千佛。

释氏《西域记》曰：恒曲中次东①，有僧迦扇柰揭城②，佛下三道宝阶国也③。《法显传》曰：恒水东南流，迳僧迦施国南。佛自忉利天东下三道宝阶④，为母说法处。宝阶既没，阿育王于宝阶处作塔，后作石柱，柱上作师子像。外道少信⑤，师子为吼，怖效心诚。恒水又东迳罽宾饶夷城⑥。城南接恒水，城之西北六七里，恒水北岸，佛为诸弟子说法处。恒水又东南迳沙祇国北⑦。出沙祇城南门道东，佛嚼杨枝刺土中⑧，生长七尺，不增不减，今犹尚在。恒水又东南，迳迦维罗卫城北⑨，故净王宫也⑩。城东五十里有王园⑪，园有池水，夫人入池洗浴⑫，出北岸二十步，东向举手，扳树生太子⑬。太子堕地，行七步，二龙吐水浴太子，遂成井池，众僧所汲养也。太子与难陀等扑象、角力⑭,射箭入地,今有泉水,行旅所资饮也。释氏《西域记》曰:城北三里恒水上,父王迎佛处,作浮图,作父抱佛像。

【注释】

①次东:稍东。

②僧迦扇柰(nài)揭城:《法显传》作"僧迦施"。《水经注疏》杨守敬按:"一作僧迦舍,《唐西域志》四,劫比他国,旧谓僧迦舍国,中印度境,周二千余里,国大都城,周二十余里。"此国都城故址大约在今印度北方邦西部。

③三道宝阶:佛自忉利天下降时,帝释天所造的步阶。因为中阶由黄金造成,左阶由水精(水晶)造成,右阶由白银造成,故称宝阶。

④忉(dāo)利天:即三十三天。佛教认为系欲界的第二天,在须弥山顶上。中央为帝释天,天帝释所居。四方有四峰,各峰有八天,故并称三十三天。

⑤外道:佛教称其他宗教或学说为外道。

⑥罽(jì)宾饶夷城:陈桥驿按,这是一个错误的地名,应作"罽饶夷城",《法显传》已见此地名,后人因涉"罽宾"而讹,此城在中天竺,去罽宾很远,戴震也因不懂印度地理,所以循前人之讹而误。译文从之。

⑦沙祇国:应为"沙祇大国"。沙祇大盖即Sāketa之对音,为古代印度北部拘萨罗国(Kosala)的古都。

⑧杨枝:又作齿木。嚼齿木是古代印度的一种口腔清洁方法。汉译佛经多把嚼齿木叫嚼杨柳,但实际上在古代印度用作齿木的木本植物有多种,不限于杨枝。

⑨迦维罗卫城:即下文的"迦维罗越国"。古代为释迦族所统治的城邦之一,释迦牟尼为此城邦统治者白净王之子。

⑩净王：即白净王，又作净饭王。释迦牟尼之父。

⑪王园：即蓝毗尼园。以释迦牟尼诞生于此而著名。故址在今尼泊尔境内，南邻印度北方邦。

⑫夫人：即白净王之妻、释迦牟尼之母摩诃摩耶夫人。亦称摩耶夫人。

⑬太子：这里指释迦牟尼。佛经中记载佛是从摩耶夫人右肋而生。

⑭难陀：相传白净王有二子，长子释迦牟尼，次子名难陀。扑象：掷摔大象。角力：通常为徒手相搏。

【译文】

释氏《西域记》说：恒曲中稍东，有个僧迦扇柰揭城，就是佛陀走下三道宝阶的都城。《法显传》说：恒水往东南流，从僧迦施国南边流过。佛陀从忉利天往东走下三道宝阶，为他母亲说法，就是在这地方。宝阶早已湮没，阿育王在宝阶所在的地方造了一座塔，后来又立了一根石柱，柱上雕了狮子像。旁门邪教心不信佛，狮子就会向他怒吼，吓得他诚心皈依。恒水又往东流，从罽饶夷城流过。罽饶夷城南濒恒水，城的西北六七里，恒水北岸，是佛陀给弟子们说法的地方。恒水又往东南流，从沙祇大国北边流过。出了沙祇大城南门，路东一处，佛陀曾咬断一根杨枝，插入土中，杨枝长成杨树，长到七尺高后，就不增不减，至今仍在。恒水又往东南流，从迦维罗卫城北流过，就是从前净饭王宫殿所在的地方。城东五十里有一座御园，园中有池水，夫人到池中洗澡，从北岸出来，走了二十步，向东举起手扳着树枝，就生下了太子。太子落地后走了七步，两条龙喷水给太子沐浴，于是就变成井池，僧人们都从这里汲水饮用。太子和难陀等扑象、角力，射箭入地，现在那里有一泓泉水，过往行人就靠这泉水饮用。释氏《西域记》说：城北三里的恒水岸上，在父王迎接佛陀的地方，造了一座佛塔，塔上刻有父王抱着佛陀的雕像。

《外国事》曰：迦维罗越国今无复王也。城池荒秽，惟有空处，有优婆塞姓释[①]，可二十余家，是昔净王之苗裔，故为四姓[②],住在故城中。为优婆塞,故尚精进[③],犹有古风。彼日浮图坏尽,条王弥更修治一浮图[④],私诃条王送物助成[⑤],今有十二道人住其中。太子始生时,妙后所扳树[⑥],树名须诃。阿育王以青石作后扳生太子像。昔树无复有,后诸沙门取昔树栽种之[⑦],展转相承到今,树枝如昔,尚荫石像。又太子见行七步足迹[⑧],今日文理见存[⑨]。阿育王以青石挟足迹两边,复以一长青石覆上。国人今日恒以香花供养,尚见足七形,文理分明。今虽有石覆无异,或人复以数重吉贝[⑩],重覆贴着石上,逾更明也。太子生时,以龙王夹太子左右,吐水浴太子,见一龙吐水暖,一龙吐水冷,遂成二池,今尚一冷一暖矣。太子未出家前十日,出往王田阎浮树下坐[⑪],树神以七宝奉太子[⑫],太子不受,于是思惟欲出家也。王田去宫一据[⑬],据者,晋言十里也。太子以三月十五日夜出家,四天王来迎[⑭],各捧马足。尔时诸神天人侧塞,空中散天香花。此时以至河南摩强水,即于此水边作沙门。河南摩强水在迦维罗越北,相去十由旬。此水在罗阅祇瓶沙国[⑮],相去三十由旬。菩萨于是暂过[⑯],瓶沙王出见菩萨[⑰],菩萨于瓶沙随楼那果园中住一日,日暮便去半达钵愁宿[⑱]。半达,晋言白也;钵愁,晋言山也。白山北去瓶沙国十里。明旦便去,暮宿昙兰山,去白山六由旬。于是径诣贝多树[⑲],贝多树在阅祇北,去昙兰山二十里。太子年二十九出家,三十五得道,此言与《经》异,故记所不同。竺法维曰[⑳]:迦维卫国[㉑],佛所生天竺国也,三千日月、万二千天地之中央也。

【注释】

①优婆塞：指在家中奉佛的男子，即居士。

②四姓：古印度四种姓为婆罗门、刹帝利、吠舍和首陀罗。

③精进：佛教“六波罗蜜”之一。谓坚持修善法，断恶法，毫不懈怠。

④条王弥：疑为“条三弥”之讹。《太平御览》：“斯诃条国有大富长者条三弥，与佛作金薄承尘，一佛作两重承尘。”

⑤私诃条：即私诃条国，亦作斯诃条国、私诃国。故地当在今斯里兰卡。

⑥妙后：即白净王之妻、释迦牟尼之母摩诃摩耶夫人。

⑦沙门：佛教用以专指依照戒律出家修道的僧侣。

⑧见（xiàn）行：当即行走。

⑨文理：即纹理。物体上呈现出来的纹路。这里指王子足迹的痕迹。

⑩吉贝：兼指棉花和木棉。自我国中原地区广泛栽培和利用棉花后，古籍记载中的吉贝，实多指草棉。

⑪阎浮树：亦作瞻部树、剡浮树、染部树。遍生于印度的一种乔木，叶落即出，其果味酸甜。

⑫七宝：指佛教的七种珍宝。一说为金、银、琉璃、砗磲、玛瑙、真珠、玫瑰，一说为金、银、琉璃、珊瑚、琥珀、砗磲、玛瑙。

⑬据：古代印度长度量词。指牛鸣声可以达到的距离，大约相当于晋时的十里。

⑭四天王：佛经称帝释的外将，分别居于须弥山四陲，各护一方，亦称护世四天王，即东方持国天王、南方增长天王、西方广目天王、北方多闻天王。

⑮罗阅祇瓶沙国：即王舍（旧）城。

⑯菩萨：这里指修菩萨行时之释迦牟尼。

⑰瓶沙王：即《大唐西域记》卷九中的频毗娑罗王，为摩竭提国王，阿阇世王之父。

⑱半达钵愁：意译为白山。陈桥驿按，《水经注》记及许多非汉语地

名，其中有许多不知来自何地何国，所以无法查明，但也有可以明确查清的。例如此半达钵愁，由于《注》文有解释，故可知是梵语地名，可以用梵语复原，半达即 Pudna，梵语意为白；钵愁即 Vasu，梵语意为山。

⑲贝多树：《大唐西域记》中称为卑钵罗树，树身高大而长命，类似榕树而无支根，以释迦牟尼在此树下成道，故亦称为菩提树。

⑳竺法维：晋僧。曾撰佛教行记《佛国记》。

㉑迦维卫国：迦维罗卫国的省称。

【译文】

《外国事》说：迦维罗越国今天不再有国王了。城池已经荒废，只有一片空荡荡的荒地，但这里还住着二十余家姓释的优婆塞，他们是旧时净饭王的后裔，但分为四个种姓，住在这座荒城中。因为他们是优婆塞，所以重视修行，还有些古风。那时佛塔全都毁坏了，条王弥又重新修建了一座，私诃条王赠送其财物资助其修成，现在有十二个修行的人住在里面。太子刚出生时，王后所扳的树叫须诃树。阿育王用青石雕了王后扳树生太子像。从前的树不在了，后来僧众拿这种树栽在这里，辗转相传直到今天，树枝还像从前一样，依然荫蔽着石像。此外，太子走了七步的足印，今天遗痕还依稀可见。阿育王用青石在两边夹住足印，又在上面盖了一块长条青石。今天国人常用香花供奉，七个足印的形状，看起来还是纹理分明。如今虽然上面同样还是盖了石板，有人还在石上贴了好几层吉贝叶，但足印反而更清楚了。太子出生时，龙王在两边夹住太子，喷水给太子沐浴，一条龙喷的水暖，另一条喷的水冷，就变成了两口水池，直到今天还是一冷一暖。太子出家前十天，出宫到御田中去，坐在阎浮树下，树神拿了七宝奉献给太子，太子不受，就在这里起了出家的念头。御田离王宫一据远——用晋朝的话来说，一据就是十里。太子在三月十五夜里出家，四天王来迎接他，各自捧着一只马脚。那时诸神和天人在两旁护卫，空中散下香花。这时太子去到河南摩强水，就在这条水边做了修道的沙门。河南摩强水在迦维罗越北边，其间相距十由旬。这条水在罗阅祇瓶沙国，相距三十由旬。菩萨偶然经过瓶沙国，瓶沙王出来会见他，菩萨在瓶沙随楼那果园中停留了一天，天晚了就到半达钵愁去歇宿。半达，用晋朝的话说，就是白；钵愁，就是山。白山在瓶沙国北十里。天明后菩萨就离开白山，晚上宿在昙兰山，这里离白山六由旬。他从这里一直向贝多树走去，贝多树在阅祇北面，离昙兰山二十里。太子二十九岁出家，三十五岁得道，这说法与《经》相异，所以把不同的说法记下来。竺法维说：迦维卫国，就是佛陀出生的天竺国，正位于三千日月、一万二千天地的中央。

康泰《扶南传》曰：昔范旃时[①]，有嘾杨国人家翔梨[②]，尝从其本国到天竺，展转流贾至扶南[③]，为旃说天竺土俗，道法流通[④]，金宝委积，山川饶沃，恣所欲，左右大国，世尊重之。旃问云：今去何时可到？几年可回？梨言：天竺去此，可三万余里，往还可三年逾。及行，四年方返，以为天地之中也。恒水又东迳蓝莫塔[⑤]，塔边有池，池中龙守护之。阿育王欲破塔，作八万四千塔，悟龙王所供，知非世有，遂止。此中空荒无人，群象以鼻取水洒地，若苍梧、会稽象耕鸟耘矣[⑥]。恒水又东至五河口[⑦]，盖五水所会，非所详矣。

【注释】

①范旃（zhān）：三国吴时扶南国（在今柬埔寨）国王。曾遣使向吴献乐人及方物。

②嘾杨国：一说今地在今泰国境内，一说在今泰、缅与马来半岛北部一带，一说在缅甸瑞波县的哈林基。

③流贾（gǔ）：行商。

④道法：这里指佛法。

⑤蓝莫塔：佛教传说，释迦牟尼寂灭后焚身毕，有八国国王分取其舍利，回国后各自建立塔庙。蓝莫塔是蓝莫国王分得佛舍利一份，回国后建立的一塔。蓝莫国是古印度东部的一个城邦小国。

⑥苍梧：其地当在今湖南九嶷山以南广西贺江、桂江、郁江区域。会稽：即会稽山。在今浙江绍兴南。象耕鸟耘：大象和小鸟耕地。《文选》李善注引《越绝书》："舜死苍梧，象为之耕；禹葬会稽，鸟为之耘。"

⑦五河口：五条河流交汇处。即自毗舍利城至摩揭提国巴连弗邑之恒河渡口，附近为干达克、腊普提、哥格拉、恒河、宋河诸大水合流之处，汇成恒河下游而东行，故曰五河口。

【译文】

康泰《扶南传》说：从前范旃时，有嘾杨国人家翔梨，从他本国去到天竺，一路做买卖，辗转到了扶南，他对范旃讲述天竺的风土习俗，那里佛教流行，金银财宝积聚成堆，山川丰饶肥沃，要什么有什么，相邻各国都很尊重它。范旃问道：现在就去，几时能到？几年可以回来？家翔梨说：天竺离这里约三万余里，来往大约要三年多。他真的去了，结果四年方才回来，他认为那里确是天地的中央。恒水又往东流过蓝莫塔，塔边有池，池中有龙守护。阿育王想拆下这座塔，分建八万四千座塔，后来忽有所悟，知道此塔是龙王所供奉，不是人间所有的东西，于是就停下了。这一带空寂荒凉，无人居住，象群用长鼻吸水洒地，就像苍梧和会稽的象耕鸟耘一样。恒水又往东流到五河口，大概这里是五条水汇合的地方，但详情不得而知。

阿难从摩竭国向毗舍利[①]，欲般泥洹[②]。诸天告阿阇世王[③]，王追至河上。梨车闻阿难来[④]，亦复来迎，俱到河上。阿难思惟：前则阿阇世王致恨，却则梨车复怨。即于中河，入火光三昧[⑤],烧具两般泥洹。身二分,分各在一岸,二王各持半舍利,还起二塔。渡河南下一由巡[⑥],到摩竭提国巴连弗邑[⑦],邑,即是阿育王所治之城。城中宫殿皆起墙阙[⑧],雕文刻镂,累大石作山,山下作石室,长三丈,广二丈,高丈余。有大乘婆罗门子[⑨],名罗汰私婆,亦名文殊师利,住此城里,爽悟多智,事无不达,以清净自居[⑩],国王宗敬师事之。赖此一人,宏宣佛法,外不能陵。凡诸中国,惟此城为大,民人富盛,竞行仁义。阿育王坏七塔,作八万四千塔。最初作大塔,在城南二里余,此塔前有佛迹[⑪],起精舍[⑫]。北户向塔,塔南有石柱,大四五围[⑬],高三丈余,上有铭题云:阿育王以阎浮提布施四方[⑭],僧还以钱赎塔。塔北三百步,阿育王于此作泥犁城。城中有石柱,亦高三丈余,上有师子柱,有铭,记作泥犁城因缘[⑮],及年数日月。

【注释】

①阿难:即阿难陀。释迦牟尼十大弟子之一,长于记忆,称多闻第一。摩竭国:又作摩竭提国、摩揭陀国、摩伽陀国。古代印度十六大国之一,又为释迦牟尼“悟道成佛”及生前重要游化地。

②般泥洹:亦称涅槃、般涅槃、泥洹。意译为寂灭、圆寂。

③诸天:佛教中的护法众天神。阿阇(shé)世王:摩竭提国国王,瓶沙王之子。

④梨车:为散布在古印度半岛东北部毗舍离城一带之部族。

⑤火光三昧:即火光定,谓以神变自出火焰焚烧其身,而达禅定。

⑥由巡:即由旬。古印度计程单位。一由旬的长度,我国古有八十里、六十里、四十里等诸说。

⑦巴连弗邑:亦作华氏城、华子城、波吒厘子。在今印度比哈尔邦巴

特那附近。为印度摩竭提国孔雀王朝都城。

⑧墙阙：城墙楼观。阙，宫门、城门两侧的高台，中间有道路，台上起楼观。

⑨大乘：佛教派别。强调利他，普度一切众生，提倡以“六度”为主的“菩萨行”，如发大心者所乘的大车，故名“大乘”。婆罗门：古印度四种姓的第一等，世代以祭祀、诵经、传教为业。

⑩清净：佛教指远离恶行与烦恼。

⑪佛迹：相传释迦牟尼将入寂灭时留在石上的足迹。

⑫精舍：僧人居住修炼之所。

⑬围：计量周长的约略单位。指两只胳膊合围起来的长度。

⑭阎浮提：即赡部洲。阎浮，树名，译为赡部。提，意译为洲。洲上盛产阎浮树，故称阎浮提。布施：特指向僧道施舍财物或斋食。

⑮因缘：缘由。佛家言因此物而生彼物为因，此物缘彼物而成为缘。

【译文】

阿难从摩竭国去向毗舍利，想到那里去涅槃。诸天神把这消息告知阿阇世王，阿阇世王追到河上。梨车听说阿难来了，也都来河上相迎。阿难心想：向前走，阿阇世王会恼恨，向后退，梨车又会抱怨。于是就在河心跳入三昧真火中自焚解脱。身体分作两半，两岸各有一半，两位国王各自拿了半份舍利，回去造了两座塔。渡河南下一由旬，到了摩竭提国的巴连弗城，这就是阿育王建都的那座城。城中的宫殿都建造了墙阙，雕刻着花纹，又用大石堆成假山，山下建了石室，长三丈，阔二丈，高丈余。有个大乘婆罗门的儿子，名叫罗汰私婆，又名文殊师利，住在这座城内，他聪明颖悟，百事无不通晓，而以清净自居，国王很尊敬他，就奉他为师。靠他一人弘扬佛法，外族不能侵凌。各国之中，这座城要算最大了，人民殷富兴盛，争着实行仁义的事。阿育王拆毁了七座塔，另建了八万四千座塔。最初造了一座大塔，在城南二里余，塔前有佛陀的足迹，因而在那里修建寺院。寺院北门对着宝塔，塔南有石柱，柱大四五围，高三丈余，上面刻着这样的铭文：阿育王拿阎浮提之所有来布施四方僧人，僧人回来后又用钱赎回宝塔。塔北三百步，有阿育王所建的泥犁城。城中有石柱，也高三丈余，柱头雕着狮子，刻有铭文，记述兴建泥犁城的缘由及年月日。

恒水又东南迳小孤石山①。山头有石室，石室南向，佛昔坐其中，天帝释以四十二事问佛②，佛一一以指画石，画迹故在。

【注释】

①小孤石山：即《大唐西域记》中的“因陀罗势罗窭诃山”。亦帝释窟。

②天帝释：佛教神话传说中的忉（dāo）利天（即三十三天）之主。

【译文】

恒水又往东南流，从小孤石山流过。山头有个石室，朝南，从前佛陀坐在石室内，天帝释以四十二件事情问他，佛陀一件件用手指在石上刻划回复，划痕还在。

恒水又西迳王舍新城，是阿阇世王所造。出城南四里，入谷至五山里。五山周围，状若城郭，即是蓱沙王旧城也①。东西五六里，南北七八里，阿阇世王始欲害佛处②。其城空荒，又无人径。入谷，傅山东南上十五里，到耆阇崛山③。未至顶三里，有石窟南向，佛坐禅处④。西北四十步，复有一石窟，阿难坐禅处。天魔波旬化作雕鹫恐阿难⑤，佛以神力，隔石舒手摩阿难肩，怖即得止。鸟迹、手孔悉存⑥，故曰雕鹫窟也。其山峰秀端严，是五山之最高也。释氏《西域记》云：

耆阇崛山在阿耨达王舍城东北，西望其山，有两峰双立，相去二三里，中道，鹫鸟常居其岭，土人号曰耆阇崛山。胡语耆阇[⑦]，鹫也。又竺法维云：罗阅祇国有灵鹫山，胡语云耆阇崛山。山是青石，石头似鹫鸟。阿育王使人凿石，假安两翼、两脚，凿治其身，今见存，远望似鹫鸟形，故曰灵鹫山也。数说不同，远迩亦异，今以法显亲宿其山，诵《首楞严》[⑧]，香华供养，闻见之宗也。

【注释】

①蓱沙王：《水经注疏》熊会贞认为即瓶沙王，为摩竭提国王。译文从之。

②阿阇世王始欲害佛：佛教神话传说，阿阇世王曾与调达相亲，放醉象欲害佛，但为佛所驯服。

③耆阇崛山：即灵鹫山。因栖息鹫鸟而命名，在摩竭提国王舍城东北。

④坐禅（chán）：佛教谓静坐息虑，凝心参究。

⑤天魔：天子魔之略称。为欲界第六天主，常为修道设置障碍。波旬：天魔名。

⑥手孔：手从石壁中伸进来留下的孔。

⑦胡语：指当时西方葱岭内外各族的方言。

⑧《首楞严》：佛教经名。首楞严，意译为健相、健行、一切事竟。比拟佛德坚固，诸魔不能坏。

【译文】

恒水又往西流过王舍新城，这座城是阿阇世王所造。出城南行四里，进入山谷，就到五山里面。五山围绕山谷四周，就像城郭一样，这就是瓶沙王旧城。旧城东西宽五六里，南北长七八里，是阿阇世王当初想谋害佛陀的地方。这座城已经荒废，空无一物了，也没有人走的路。进入山谷，沿山向东南上行十五里，就到耆阇崛山。距山顶还有三里处，有一座石窟，洞口朝南，这是佛陀坐禅的地方。向西北行四十步，又有一座石窟，这是阿难坐禅的地方。天魔波旬变成雕鹫来恐吓阿难，佛陀隔着石壁用神力伸手抚摩阿难的肩膀，他就不害怕了。现在雕鹫的爪痕和壁上的手孔也都还在，所以这座石窟就叫雕鹫窟。耆阇崛山峰峦高耸峻伟，是五山中最高的一座。释氏《西域记》说：耆阇崛山在阿耨达王舍城东北，西望耆阇崛山，双峰并峙，相距二三里，道路在中间通过，鹫鸟常栖止在岭上，当地人叫耆阇崛山。胡人所说的耆阇，就是鹫的意思。竺法维也说：罗阅祇国有灵鹫山，胡语叫耆阇崛山。山岩都是青石，岩石顶上像鹫鸟。阿育王派人去凿石，装上两只假翼、两只假脚，又修琢了鸟身，今天都还在，远望形状像是鹫鸟，所以叫灵鹫山。以上几种说法各不相同，远近也不一样，但法显亲身在山上住宿过，念过《首楞严经》，又以香花供养，他的记述该可作为见闻的依据了。

又西迳迦那城南三十里[①]，到佛苦行六年坐树处，有林木。西行三里，到佛入水洗浴、天王按树枝得扳出池处[②]。又北行二里，得弥家女奉佛乳糜处[③]。从此北行二里，佛于一大树下石上，东向坐食糜处，树石悉在，广长六尺，高减二尺。国中寒暑均调，树木或数千岁，乃至万岁。从此东北行二十里，到一石窟，菩萨入中，西向结跏趺坐[④]，心念：若我成道，当有神验。石壁上即有佛影见，长三尺许，今犹明亮。时天地大动[⑤]，诸天在空言：此非过去当来诸佛成道处，去此西南行，减半由旬[⑥]，贝多树下，是过去当来诸佛成道处。诸天导引菩萨起行，离树三十步，天授吉祥草[⑦]。菩萨受之，复行十五步，五百青雀飞来，绕菩萨三匝西去。菩萨前到贝多树下，敷吉祥草，东向而坐。时魔王遣三玉女从北来试菩萨[⑧],魔王自从南来。菩萨以足指按地,魔兵却散,三女变为老姥[⑨],不自服。

【注释】

①伽那城:又名伽耶城。相传为释迦牟尼成道之所。

②天王:佛教称护法神为天王,如毗沙门天王、四天王等。

③乳糜:即以牛乳煮粥,稠如糕糜。

④结跏趺(jiā fū)坐:盘腿而坐,脚背放在大腿上,为佛教徒的一种静坐法。

⑤大动:大地震。

⑥减:不及,少于。

⑦吉祥草:即矩奢草。瓶沙王旧城即以多出此草而得矩奢揭罗补罗城之名。

⑧魔王:佛教用以称欲界第六天他自在天之主波旬。常以憎恨佛法、杀害僧人为务。玉女:美女,仙女。

⑨老姥(mǔ):老妇人。

【译文】

恒水又往西流,从迦那城以南三十里流过,到了佛陀坐在树下苦修六年的地方,这里长着一片丛林。西行三里,就到佛陀入水洗浴、天王按下树枝让他扳着上岸的地方。又北行二里,就到弥家女端了牛奶粥给佛陀的地方。从这里北行二里,是佛陀在一棵大树下朝东坐在石头上吃奶粥的地方,树和石头都还在,石头长阔各六尺,高近二尺。这个国度气候温和,树龄有的长达几千年,甚至上万年。从这里往东北行走二十里,到了一处石窟,菩萨走进石窟,向西结跏趺坐,心想:如果我成道了,当有奇迹显现。他这么一想,石壁上就现出佛影,长三尺左右,至今仍然很明亮。这时天地猛烈地震动起来,诸天神在空中说:这里不是过去将来诸佛成道的地方,从这里向西南走,不到半由旬,有棵贝多树,那树下才是过去将来诸佛成道的地方。诸天神引领着菩萨起行，离树三十步，天神拿了吉祥草给他。菩萨接过吉祥草，又走了十五步，有五百只青雀飞来，在菩萨头上转了三圈向西飞去。菩萨前行到贝多树下，铺上吉祥草，向东坐了下来。这时魔王派遣了三个美女，从北方过来骚扰菩萨，魔王自己从南方过来。菩萨用脚趾踏在地上，魔兵就退却逃散了，三个美女都变成老太婆，再也不能恢复为美女了。

佛于尼拘律树下方石上东向坐①，梵天来诣佛处②，四天王捧钵处皆立塔。《外国事》曰：毗婆梨③，佛在此一树下六年，长者女以金钵盛乳糜上佛④，佛得乳糜，住足尼连禅河浴⑤。浴竟，于河边啖糜竟，掷钵水中，逆流百步，钵没河中。迦梨郊龙王接取在宫供养⑥，先三佛钵亦见。佛于河傍坐摩诃菩提树⑦，摩诃菩提树去贝多树二里。于此树下七日，思惟道成。魔兵试佛⑧。释氏《西域记》曰：尼连水南注恒水⑨，水西有佛树，佛于此苦行，日食糜六年。西去城五里许，树东河上，即佛入水浴处。东上岸，尼拘律树下坐修，舍女上糜于此。于是西度水，于六年树南贝多树下坐，降魔得佛也。佛图调曰⑩：佛树中枯，其来时更生枝叶。竺法维曰：六年树去佛树五里。书其异也。

【注释】

①尼拘律树：一种多根树，即榕树。

②梵天：佛经中称三界中的色界初三重天为“梵天”。这里指色界天神。

③毗婆梨：即贝多树，又称菩提树。释迦牟尼在此树下成道。

④长者女：即前文“弥家女”。

⑤尼连禅河：即上文“希连禅河”。

⑥迦梨郊龙王：龙为佛经中八部众之一。龙王即龙属之王，有神力，能变化云雨，等等。

⑦摩诃菩提树：大菩提树。摩诃，梵语的音译。有大、多、胜三义。

⑧魔兵：魔鬼兵。

⑨尼连水：即上文的尼连禅河。为恒河支流。

⑩佛图调：人名。一说为天竺人。事佛图澄为师。

【译文】

佛陀在尼拘律树下一块方石上朝东坐下，梵天向佛陀走来的地方，四天王捧钵的地方，都造了塔。《外国事》说：毗婆梨树，佛在此树下坐了六年，长者的女儿用金钵盛了奶粥端给佛陀，佛陀接过奶粥，就站在尼连禅河中沐浴。沐浴后，就在河边吃了奶粥，把钵丢到河中，钵在水上逆流飘浮了一百步，才沉入河中。迦梨郊龙王接住了钵，在龙宫中供养，先前的三只佛钵也出现了。佛陀在河边坐在摩诃菩提树下，摩诃菩提树离贝多树二里。他在树下坐了七日，冥思苦想，终于成道。这时魔兵来骚扰他。释氏《西域记》说：尼连水南流注入恒水，水西有佛树，佛陀在这里苦修，天天吃粥，接连吃了六年。离城往西约五里，树东河上，就是佛陀入水沐浴的地方。他从东边上岸，在尼拘律树下面静坐修道，施粥的长者女儿就在这里端奶粥给他。他从这里渡水向西走，在六年树南边的贝多树下打坐，在这里降魔成佛。佛图调说：佛树曾一度枯死，佛陀来时，重又生了枝叶。竺法维说：六年树离佛树五里。以上诸说互不相同，姑且都记下备考。

法显从此东南行，还巴连弗邑，顺恒水西下，得一精舍，名旷野[①]，佛所住处。复顺恒水西下，到迦尸国波罗柰城[②]。竺法维曰：波罗柰国在迦维罗卫国南千二百里，中间有恒水，东南流。佛转法轮处[③]，在国北二十里，树名春浮，维摩所处也[④]。法显曰：城之东北十里许，即鹿野苑[⑤]，本辟支佛住此[⑥]，常有野鹿栖宿，故以名焉。法显从此还，居巴连弗邑。又顺恒水东行，其南岸有瞻婆大国[⑦]。释氏《西域记》曰：恒曲次东有瞻婆国，城南有卜佉兰池——恒水在北——佛下说戒处也。恒水又迳波丽国[⑧]，即是佛外祖国也。法显曰：恒水又东到多摩梨靬国，即是海口也。释氏《西域记》曰：大秦一名梨靬[⑨]。康泰《扶南传》曰：从迦那调洲西南入大湾，可七八百里，乃到枝扈黎大江口，度江迳西行，极大秦也。又云：发拘利口[⑩]，入大湾中，正西北入，可一年余，得天竺江口[⑪]，名恒水。江口有国，号担袟，属天竺。遣黄门字兴为担袟王[⑫]。释氏《西域记》曰：恒水东流入东海。盖二水所注，两海所纳，自为东西也。

【注释】

①旷野：精舍名。此地在巴连弗邑西十由旬，波罗柰城东十二由旬处。

②迦尸国：古印度恒河流域之著名古国。佛世时印度十六大国之一。迦尸本为西域之竹名，以此地多出此竹，故称。波罗柰城：迦尸国的首都。又作波罗奈城。为古印度重要工商业中心之一。

③转法轮：即说教法。转佛心中化他之法，度入他心。

④维摩：即维摩诘。佛教著名居士。

⑤鹿野苑：佛祖成道后第一次讲法处。在今印度北方邦贝拿勒斯西北。

⑥辟支佛：三乘中的中乘圣者。

⑦瞻婆大国：亦作瞻波大国。位于中印度吠舍离国南方之古国。

⑧波丽国：亦作婆利国、波丽越国。具体不详。

⑨大秦：又名犁靬、黎轩、犁鞬。位于亚洲西端、地中海东岸之古国。

相当于古罗马帝国及小亚细亚一带。

⑩拘利口：河口名。拘利，《水经注疏》杨守敬按："《通典》一百八十八，拘利国一云九离。扶南度金邻大湾，南行三千里，有拘利国。"

⑪天竺江口：恒河河口。

⑫黄门字兴：人名。具体不详。

【译文】

法显从这里往东南走，回到巴连弗城，沿恒水顺流西下，到了一座寺院，叫旷野寺，这是佛陀住过的地方。他又沿恒水西下，到迦尸国波罗柰城。竺法维说：波罗柰国在迦维罗卫国南方一千二百里，中间有恒水，往东南流。佛陀转法轮的地点，就在都城以北二十里，有一棵树，叫春浮树，是维摩栖息过的地方。法显说：城东北约十里，就是鹿野苑，辟支佛原来住在这里，因常有野鹿栖息，所以得名。法显从这里返回，住在巴连弗城。又沿恒水东行，恒水南岸有瞻婆大国。释氏《西城记》说：恒曲稍东有瞻婆国，城南有卜佉兰池——恒水在北边——是佛陀下来讲述戒律的地方。恒水又流经波丽国，就是佛陀外祖父的国度。法显说：恒水又往东流，到了多摩梨靬国，就是海口了。释氏《西域记》说：大秦又名梨靬。康泰《扶南传》说：从迦那调洲往西南到大湾，流程约七八百里，才到枝扈黎大江口，渡江一直朝西走，到尽头就是大秦。又说：从拘利口出发，进入大湾中，从正西向北进去，约一年余，就到天竺江口，那条水叫恒水。江口有个国度，叫担袟，属于天竺。天竺派遣了黄门字兴去当担袟王。释氏《西域记》说：恒水东流，注入东海。大概恒水分为两条，各自东西，是分头注入两海的吧。

释氏论佛图调列《山海经》曰：西海之南[①]，流沙之滨[②]，赤水之后[③]，黑水之前[④]，有大山，名昆仑。又曰：锺山西六百里有昆仑山[⑤]，所出五水。祖以《佛图调传》也。又近推得康泰《扶南传》，《传》昆仑山正与调合。如《传》，自交州至天竺最近[6]。泰《传》亦知阿耨达山是昆仑山。释云:赖得调《传》,豁然为解。乃宣为《西域图》,以语法汰[7]。法汰以常见怪,谓汉来诸名人,不应河在敦煌南数千里[8],而不知昆仑所在也。释云复书曰:按《穆天子传》,穆王于昆仑侧、瑶池上觞西王母[9],云去宗周瀍涧[10],万有一千一百里,何得不如调言?子今见泰《传》,非为前人不知也。而今以后,乃知昆仑山为无热丘[11],何云乃胡国外乎?余考释氏之言,未为佳证。《穆天子》《竹书》及《山海经》[12],皆埋缊岁久[13],编韦稀绝[14],书策落次,难以缉缀;后人假合[15],多差远意。至欲访地脉川[16],不与经符,验程准途,故自无会。释氏不复根其众归之鸿致[17],陈其细趣,以辨其非,非所安也。

【注释】

①西海:传说中西方之神海。

②流沙:泛指我国西北方之沙漠地区。

③赤水:古代神话传说中的水名。

④黑水:古人假想的一条西徼大水,可能实际上并不存在。

⑤锺山:山名。具体不详。

⑥交州:三国吴时分为交、广二州。交州治所在龙编县(今越南河北省仙游东)。

⑦法汰:即竺法汰。东莞人。与释道安同为东晋时高僧。

⑧敦煌:即敦煌县。西汉置,为敦煌郡治。治所在今甘肃敦煌西。

⑨穆王:即西周昭王之子姬满。曾两征犬戎,俘五王,迁戎于太原,开辟通往西域的通道。传说曾周游天下,西至昆仑,见过西王母。瑶池:古代传说中昆仑山上的池名,西王母所住的地方。觞(shāng):本指酒杯。这里指举起酒杯为西王母敬酒。

⑩瀍(chán)涧:即上文瀍水。源出河南洛阳西北,东南流经旧城东入洛水。

⑪无热丘:即阿耨(nòu)达太山。即今西藏南部之冈底斯山。

⑫《竹书》:书名。即《竹书纪年》。因原本写于西晋时汲郡出土的竹简之上,故名。是一部编年体史书,记述夏商周及春秋晋国、战国魏国的史事,至魏襄王时止。今存辑本。

⑬埋缊(yùn):埋藏。缊,通"蕴"。蓄积,包含。

⑭编韦:编简册的皮绳子。稀绝:稀缺断绝。

⑮假合:妄加缀合。

⑯访地脉(mò)川:探寻地形考察水流。脉,审察,察看。

⑰众归:众多说法。鸿致:宏大的主旨。

【译文】

释氏评论佛图调书时举出《山海经》说:西海南面,流沙岸边,赤水后面,黑水前面,有大山名叫昆仑。又说:锺山西方六百里有昆仑山,发源于山中的水有五条。这是以《佛图调传》为根据的。最近又查考康泰《扶南传》,书中记述昆仑山,正好与《佛图调传》相合。按此传,从交州到天竺最近。康泰《扶南传》也知道阿耨达山就是昆仑山。释氏说:幸而有了《佛图调传》,问题才迎刃而解。于是绘成《西域图》,并对法汰说起这件事。法汰觉得他提这种常识问题很奇怪,就说,从汉朝以来的诸多名人,都知道河在敦煌以南数千里,不应不知道昆仑山的所在的。释氏又写道:这是以《穆天子传》为依据的,穆王在昆仑山旁边、瑶池上面向西王母祝酒,说这里离周朝都城的瀍涧有一万一千一百里,为什么却和佛图调说的不同呢?你今天看到康泰《扶南传》,说明并非前人不知道。从今以后,才知道昆仑山就是无热丘,为什么却说是在外国呢?我以为释氏的话并非很好的证据。《穆天子传》《竹书纪年》和《山海经》,都埋藏了多年,竹简的皮条都断了,次序也已错乱,很难理顺;后人凭着某一点的联系凑合起来,多与古人原意不相一致。至于要想实地考察山川,与

《经》文记载是不会相符的，查验道途的里程，本来就难相合。释氏不再根究各种说法的大要，陈述细节以辨明它们的错误，是不妥当的。

今按《山海经》曰：昆仑墟在西北，帝之下都①。昆仑之墟，方八百里，高万仞，上有木禾②，面有九井，以玉为槛。面有九门，门有开明兽守之③，百神之所在。郭璞曰：此自别有小昆仑也。又按《淮南之书》④，昆仑之上，有木禾、珠树、玉树、璇树⑤，不死树在其西⑥，沙棠、琅玕在其东⑦，绛树在其南⑧，碧树、瑶树在其北。旁有四百四十门，门间四里，里间九纯，纯丈五尺。旁有九井。玉横维其西北隅，北门开，以纳不周之风⑨。倾宫、旋室、县圃、凉风、樊桐⑩，在昆仑阊阖之中⑪，是其疏圃，疏圃之池，浸之黄水，黄水三周复其源，是谓丹水，饮之不死。河水出其东北陬⑫，赤水出其东南陬⑬，洋水出其西北陬⑭。凡此四水，帝之神泉，以和百药⑮，以润万物。昆仑之丘或上倍之，是谓凉风之山，登之而不死；或上倍之，是谓玄圃之山，登之乃灵，能使风雨；或上倍之，乃维上天，登之乃神，是谓太帝之居。禹乃以息土填鸿水⑯，以为名山，掘昆仑虚以为下地。高诱曰：地或作池。则以仿佛近佛图调之说。阿耨达六水，葱岭、于阗二水之限⑰。与经史诸书，全相乖异。

【注释】

①下都：神话传说中称天帝在人间所住的都邑。

②木禾：传说中一种高大的谷类植物。

③开明兽：传说中的神兽名。《山海经·海内西经》："昆仑南渊深

三百仞。开明兽身大类虎而九首，皆人面，东向立昆仑上。”袁珂校注：“开明兽即《西次三经》神陆吾也。”

④《淮南之书》：书名。即《淮南子》。以下引自《淮南子·地形训》。

⑤珠树、玉树、璇（xuán）树：都是神话传说中的仙树。

⑥不死树：神话传说中的一种树，人食之可得长生。

⑦沙棠：木名。木材可造船，果实可食。琅玕（láng gān）：像珠子的美石。

⑧绛（jiàng）树：及下文的“碧树”“瑶树”，都是传说中的仙树。

⑨不周之风：风名。指西北风。

⑩倾宫：巍峨的宫殿，望之似欲倾坠，故称。旋室：饰有璇玉的宫室。旋，通“璇”。一说旋室为装有旋转机关的宫室。县圃、凉风、樊桐：皆为昆仑山山名。

⑪阊阖（chāng hé）：昆仑山山门名。

⑫陬（zōu）：角落。

⑬赤水：古代神话传说中的水名。

⑭洋水：即古漾水。今四川嘉陵江。

⑮百药：各种药物。百，言其多。

⑯息土：亦作息壤。古代传说的一种能自行生长、永不减耗的土壤。《淮南子·地形训》高诱注：“息土不耗减，掘之益多，故以填洪水。”

⑰葱岭：即葱岭河。今新疆塔里木河上源叶尔羌河。于阗：即于阗河。今新疆西南部之和田河。限：界限，分界。

【译文】

现在据《山海经》所说：昆仑墟在西北，是天帝的下都。昆仑之墟方圆八百里，高万仞，山上有木禾，山边有九口井，都用玉来做井栏。四面有九道门，门口有开明兽守着，这是百神所在的地方。郭璞说：从这里出去有个小昆仑。又据《淮南子·地形训》，昆仑山上有木禾、珠树、玉树、璇树，不死树在它西边，沙棠、琅玕在它东边，绛树在它南边，碧树、瑶树在它北边。旁边有四百四十座城门，各门间宽四里，一里长九纯，一纯长一丈五尺。旁边有九口井。西北边用玉栏杆保护着，打开北门，迎面吹来西北风。倾宫、旋室、县圃、凉风、樊桐，在昆仑山的天门阊阖门里面，还有疏圃池，疏圃池中灌满黄水，黄水绕了三周又流回它的源头，称为丹水，喝了可以长生不死。河水就发源于它的东北角，赤水发源于它的东南角，洋水发源于它的西北角。这四条水都是天帝的神泉，可以配制多种药物，滋润万物。从昆仑之丘又攀登到比它高一倍的上头，叫凉风之山，登上了就可以长生不死；又登到高一倍的上头，叫玄圃之山，登上了就会有法力，能够呼风唤雨；又登到高一倍的上头，就与上天相连了，登上了就成了神，这叫太帝之居。于是禹以能够不断增生的息土来堵遏洪水，作成大山，又掘昆仑墟成为洼地。高诱说：地字有的写成池字。那就有点近于佛图调的说法了。阿耨达山有六条水，葱岭、于阗阻隔了其中的两条。这与各种经史典籍的说法完全相异。

又按《十洲记》[①]：昆仑山在西海之戌地[②]，北海之亥地[③]。去岸十三万里，有弱水[④]，周匝绕山。东南接积石圃[⑤]，西北接北户之室，东北临大阔之井，西南近承渊之谷。此四角大山，寔昆仑之支辅也。积石圃南头，昔西王母告周穆王云，去咸阳四十六万里[⑥]，山高平地三万六千里，上有三角，面方广万里，形如偃盆[⑦]，下狭上广。故曰昆仑山有三角。其一角正北，干辰星之辉[⑧]，名曰阆风巅；其一角正西，名曰玄圃台；其一角正东，名曰昆仑宫。其处有积金，为天墉城，面方千里，城上安金台五所、玉楼十二。其北户山、承渊山又有墉城，金台、玉楼，相似如一。渊精之阙、光碧之堂、琼华之室、紫翠丹房[⑨]，景烛日晖，朱霞九光。西王母之所治，真官仙灵之所宗[⑩]。上通旋机，元气流布，玉衡常理[⑪]，顺九天而调阴阳[⑫]，品物群生[⑬]，希奇特出，皆在于此。天人济济[⑭]，不可具记。其北海外，又有锺山，上有金台玉阙，亦元气之所含，天帝居治处也。考东方朔之言，及《经》五万里之文，难言佛图调、康泰之《传》是矣。六合之内[⑮]，水泽之藏，大非为巨，小非为细，存非为有，隐非为无，其所苞者广矣。于中同名异域，称谓相乱，亦不为寡。

【注释】

①《十洲记》：书名。托名西汉东方朔所作。记汉武帝闻十洲于西王母，并宴请东方朔问其所有之物名的故事。

②戌地：古代阴阳五行家将地支和四方相配，戌指西北偏西方向。

③亥地：指西北偏北方向。

④弱水：古水名。又，古代神话传说中称险恶难渡的河海也为"弱水"。

⑤积石圃：连同下文的"北户之室""大阔之井""承渊之谷"，为昆仑山的四角大山。

⑥咸阳：古都邑名。在今陕西咸阳东北二十里窑店镇一带。

⑦偃（yǎn）盆：仰放的盆子。

⑧干（gān）：冒犯。

⑨渊精之阙：黄金装饰的宫阙。光碧之堂：碧玉装饰的厅堂。琼华之室：美石装扮的屋室。紫翠丹房：紫红翠绿的房屋。

⑩真官：仙人而有官职者。亦指道士。宗：朝见，朝拜。

⑪玉衡：泛指北斗星。

⑫九天：指天之中央与八方。阴阳：指天地间化生万物的两种气。

⑬品物：万物。

⑭济济（jǐ）：众多的样子。

⑮六合：天、地、四方，即整个宇宙。

【译文】

又据《十洲记》：昆仑山在西海西北偏西方向，北海西北偏北方向。离岸十三万里，有弱水绕山一周而流。昆仑山东南，与积石圃相邻，西北与北户之室相接，东北面对大阔之井，西南靠近承渊之谷。这四角的四座大山，实际上是昆仑山的支脉。从前西王母对周穆王说：积石圃的南端离咸阳四十六万里，这座山高出平地三万六千里，上头有三角，上面呈方形，宽广万里，形状就像一只仰放的盆，上大下小。所以说昆仑山有三角。一角在正北，高得遮住星辰的光芒，称为阆风巅；一角在正西，名叫玄圃台；一角在正东，名叫昆仑宫。那地方有一座用黄金砌叠成的天墉城，上面方圆千里，城上分布着五处金台、十二座玉楼。北户山和承渊山也有墉城，城上分布着金台、玉楼，也都一模一样。有渊精阙、光碧堂、琼华室和紫红翠绿的丹房，光辉映日，像红霞似的闪耀着虹彩般的光芒。西王母就在这里治理着仙界，仙宫神灵都在这里朝见她。这里上与璇玑相通，元气流布四方，玉衡经常调理，使它能与九天保持畅顺，与阴阳相互调和，万物蓬勃生长，奇物稀珍脱颖而出，都是由此而来的。天神众多，不可胜记。北海外又有锺山，山上有金台玉阙，元气就蕴藏在这里，天帝也在这里治理着。查考东方朔的话和《水经》里五万里的记载，就很难说佛图调和康泰《扶南传》所说是正确的了。天地之内，水泽之下，所包藏的东西，大的未必就大，小的未必就小，存在的未必就有，潜隐的未必就无，包罗万象，范围真是广泛得很呢。其中名称相同而地域相异的，名称混淆的，也不在少数。

至如东海方丈[①]，亦有昆仑之称，西洲铜柱[②]，又有九府之治。东方朔《十洲记》曰[③]：方丈在东海中央，东西南北岸相去正等。方丈面各五千里，上专是群龙所聚，有金玉琉璃之宫[④]，三天司命所治处[⑤]，群仙不欲升天者，皆往来也。张华叙东方朔《神异经》曰[⑥]：昆仑有铜柱焉，其高入天，所谓天柱也。围三千里，圆周如削，下有回屋，仙人九府治。上有大鸟，名曰希有，南向，张左翼覆东王公[⑦]，右翼覆西王母[⑧]，背上小处无羽，万九千里。西王母岁登翼上，之东王公也。故其柱铭曰：昆仑铜柱，其高入天，圆周如削，肤体美焉。其鸟铭曰：有鸟希有，绿赤煌煌[⑨]，不鸣不食，东覆东王公，西覆西王母。王母欲东，登之自通，阴阳相须，惟会益工。《遁甲开山图》曰[⑩]：五龙见教[⑪]，天皇被迹[⑫]，望在无外柱州昆仑山上[⑬]。荣氏《注》云[⑭]：五龙治在五方[⑮]，为五行神[⑯]。五龙降，天皇兄弟十二人，分五方为十二部，法五龙之迹，行无为之化[⑰]。天下仙圣治，在柱州昆仑山上。无外之山，在昆仑东南万二千里，五龙、天皇皆在此中，为十二时神也[⑱]。《山海经》曰：昆仑之丘，寔惟帝之下都，其神陆吾[⑲]，是司天之九部及帝之囿时[⑳]。然六合之内，其苞远矣。幽致冲妙，难本以情。万像遐渊，思绝根寻。自不登两龙于云辙[㉑]，骋八骏于龟途[㉒]，等轩辕之访百灵[㉓]，方大禹之集会计[㉔]，儒墨之说[㉕]，孰使辨哉？

【注释】

①方丈：即方丈山，又名方壶。神话传说中东海的神山。

②西洲：西方的洲渚。铜柱：神话传说中的天柱。

③东方朔：字曼倩。西汉平原厌次（今山东德州陵城区）人。善诙谐滑稽。《十洲记》：书名。具体不详。

④琉璃：一种有色半透明的玉石。

⑤三天：道教称清微天、禹馀天、大赤天为三天。司命：神名。

⑥张华：字茂先。范阳方城（今河北固安西南）人。西晋辞赋家。撰《博物志》等。《神异经》：书名。中国古代神话志怪小说集。旧题东方朔撰，张华注。实为后人伪托东方朔之作。

⑦东王公：神话中的仙人名。掌管男仙名籍，与西王母对称。

⑧西王母：神话中的女仙。《山海经·西山经》："西王母，其状如人，豹尾虎齿而善啸。"

⑨煌煌（huáng）：光彩夺目的样子。

⑩《遁甲开山图》：书名。《隋书·经籍志》题荣氏撰。所记皆天下名山及洪古帝王发迹之处。

⑪五龙：古代传说中五个人面龙身的仙人，道教称为五行神。

⑫天皇：天帝。被迹：留下足迹。

⑬无外：传说中的山名。柱州：传说中的地名。

⑭荣氏：人名。具体不详。

⑮治：治所，官署。五方：东、南、西、北和中央。

⑯五行神：五行指金、木、水、火、土，即五行之神。

⑰无为：顺其自然，不妄作。《老子》："是以圣人处无为之事，行不言之教。"

⑱十二时神：古时分一昼夜为十二时，十二时神即掌管十二时之神。

⑲陆吾：即肩吾。传说中的昆仑山神名。人面虎身虎爪而九尾。

⑳司：掌管。九部：指天上各个区域。囿时：苑囿之时节。

㉑云辙：指神仙通行的道路。

㉒八骏：相传为周穆王的八匹宝马。一说为赤骥、盗骊、白义、逾轮、山子、渠黄、华骝、绿耳。龟途：远道。龟寿久长，故名。

㉓轩辕：我国古代传说中黄帝的名字，姓公孙。居于轩辕之丘，故名轩辕。百灵：各种神灵。

㉔方：等同。会计：亦作会稽。即今浙江绍兴。

㉕儒墨：儒家和墨家。这里泛指各种学说。

【译文】

至如东海方丈，也叫昆仑，西洲铜柱，又有九府的机构。东方朔《十洲记》说：方丈在东海中央，与东西南北四方的海岸都是等距离的。方丈每边各五千里，上面专供群龙相聚，有金玉琉璃建的宫殿，是三天司命所管辖的地方，群仙不想升天的都在这里往来。张华为东方朔《神异经》作序说：昆仑山上有铜柱，高与天通，就是所谓的天柱。铜柱周围三千里，圆周就像刀削过一样，下面有回屋，属仙人九府管辖。上面有一只大鸟，名叫希有，它朝向南方，张开左翼覆盖东王公，张开右翼覆盖西王母，背上一小片不长羽毛，宽广一万九千里。西王母每年爬到翼上，到东王公那边去。所以柱上铭文道：昆仑铜柱，高入天上，圆周就像刀削，通体优美非常。柱上的鸟铭说：有只鸟儿叫希有，红翎绿羽亮光光，它不叫也不吃，东边遮蔽着东王公，西边遮蔽着西王母。王母想往东边走，爬上鸟背就到了，阴阳要相互依存，会合时才更精妙。《遁甲开山图》说：五龙来指教，天皇在无外柱州昆仑山上看到它们的踪迹。荣氏《注》说：五龙管辖五方，是五行的神灵。五龙降凡，天皇兄弟十二人，把五方分为十二部，仿效五龙的遗迹，施行无为的教化。天下的仙人圣人，治所在柱州昆仑山上。无外之山，在昆仑山东南一万二千里，五龙和天皇都是从这里出来的，十二天皇就是十二时辰的神。《山海经》说：昆仑之丘实际上就是天帝的下都，山神陆吾的职司是管理天上的九部、天帝园囿的时令。但天地之内，所包括的地方是很遥远的。神仙幽远的情致十分玄妙，难以凭人情来推想。宇宙的各种现象深远难知，人的思维无法来寻根究底。假如不登上在云间飞奔的两龙，驾上八骏在龟途上驰骋，对于轩辕氏访问百神，大禹会诸侯于会稽这类事情，做一番衡量和比较，又怎能分辨得清儒墨各家的说法呢？

又出海外，南至积石山下[①]，有石门。

《山海经》曰：河水入渤海[②]，又出海外。西北入禹所导积石山。山在陇西郡河关县西南羌中[③]。余考群书，咸言河出昆仑，重源潜发，沦于蒲昌，出于海水[④]。故《洛书》曰[⑤]：河自昆仑，出于重野[⑥]。谓此矣。迳积石而为中国河。故成公子安《大河赋》曰[⑦]：览百川之宏壮，莫尚美于黄河[⑧]。潜昆仑之峻极，出积石之嵯峨[⑨]。释氏《西域记》曰：河自蒲昌，潜行地下，南出积石。而《经》文在此，似如不比，积石宜在蒲昌海下矣。

【注释】

①积石山：即今青海东南部阿尼玛卿山。

②渤海：即汉、唐时所称的蒲昌海（今新疆罗布泊）。又名泑泽。

③陇西郡：战国秦昭襄王二十八年（前279）置。治所在狄道县（今甘肃临洮南）。因为此郡在陇山之西而得名。河关县：西汉设置。治所即今甘肃积石山保安族东乡族撒拉族自治县西北长宁驿古城。

④"咸言河出昆仑"四句：重源潜发，河流潜入地下，然后又在较远处流出地表重新发源。蒲昌：即蒲昌海。陈桥驿按，这就是古代流行的"黄河重源"说。《注》文说明郦道元当时所见的许多文献，都是这样说法。所谓"重源"，简言之，即黄河发源于昆仑山，流到蒲昌海而潜入地下，到积石山而流出地面，然后东流入海，从昆仑山到蒲昌海的这一段，其实就是今塔里木河。此说虽然不创自郦氏，但《水经注》记叙了前代学者的这种错误，受到后世学者的批评。或许是因为这种错误到唐朝才完全厘清，所以唐代学者首先指出《水经注》的错误，其中有的学者语言甚为严厉。例如杜佑在其所撰《通典》卷一七四、州郡四中指出《水经》黄河重源的错

误，“而郦道元都不详正”（其实郦氏时代各家亦因循此说），他认为《水经注》在这方面的记叙是“灼然荒唐”。

⑤《洛书》：儒家关于《尚书·洪范》“九畴”创作过程的传说。据说大禹治水时有神龟出于洛水，背上有裂纹，纹如文字，禹取法而作《尚书·洪范》“九畴”。九畴，传说中天帝赐给大禹治理天下的九类大法。

⑥重野：地名。具体不详。

⑦成公子安：即成公绥，字子安。东郡白马（今河南滑县东）人。西晋文学家。少有俊才，雅好音律，辞赋壮丽，为张华所重。《大河赋》：赋名。具体不详。

⑧尚：通“上”。超过。黄河：即河水。中国第二大河。发源于今青海巴颜喀喇山北麓，全长五千四百九十四公里。

⑨嵯峨（cuó é）：山高峻耸立的样子。

【译文】

河水又流出海外，往南流到积石山下，有石门。

《山海经》说：河水注入渤海，又流出海外。河水往西北流入大禹疏导过的积石山。这座山在陇西郡河关县西南的羌族地区。我考证诸书，都说河水发源于昆仑，潜流入地后再次流出地表，就是说在蒲昌海隐没，在海水中冒出。所以《洛书》说：河水从昆仑山经重野流出来。这句话就是指这种情况说的。河水流经积石后，就成为中原的河流。所以成公子安《大河赋》说：纵观百川壮伟的雄姿，再没有比黄河更美的了。它从高峻的昆仑山中潜流，从陡峭的积石山流出。释氏《西域记》说：从蒲昌海开始，河水潜入地下，然后从南方的积石山流出。但《经》文在这里似乎序次倒错，积石应当是在蒲昌海以下。

卷二

河水二

【题解】

《河水》有五卷，卷一记叙了古天竺（今印度）的自然和人文。而卷二在“又南入葱岭山，又从葱岭出而东北流”及“其一源出于阗国南山，北流与葱岭所出河合”两条《经》文下近四千字，其记叙地区仍在今新疆甚至中亚，仍是当时人所流传的黄河河源，也就是后人所谓的“黄河重源”。《注》文记及：“河水又东注于泑泽，即《经》所谓蒲昌海也。”蒲昌海，即今罗布泊，原来确实是个面积较大、水量较多的内陆湖，但近几十年来，由于塔里木河注入的水量锐减（有许多原因，不细述），已经逐渐干涸，从季节湖而成为一片低洼的湿地了。但《注》文说（当时确是大湖）：“广轮四百里，其水澄渟，冬夏不减，其中洄湍电转，为隐沦之脉。当其澴流之上，飞禽奋翮于霄中者，无不坠于渊波矣。即河水之所潜，而出于积石也。”这就是杜佑所批评的“灼然荒唐”。此以下一条《经》文：“又东入塞，过敦煌、酒泉、张掖郡南”，《注》文约一千字，虽然已涉及积石山之名，但内容主要记叙今河西走廊，仍与黄河无涉，说明卷二《河水》仍有不少篇幅受“黄河重源”说的影响，因此可以认为，“黄河重源”之说，在南北朝还普遍流行。

河水二

又南入葱岭山[①]，又从葱岭出而东北流。

河水重源有三，非惟二也。一源西出捐毒之国[②]，葱岭之上，西去休循二百余里[③]，皆故塞种也[④]。南属葱岭，高千里。《西河旧事》曰[⑤]：葱岭在敦煌西八千里，其山高大，上生葱，故曰葱岭也。河源潜发其岭，分为二水，一水西迳休循国南，在葱岭西。郭义恭《广志》曰[⑥]：休循国居葱岭，其山多大葱。又迳难兜国北[⑦]，北接休循，西南去罽宾国三百四十里[⑧]。河水又西迳罽宾国北。月氏之破[⑨]，塞王南君罽宾，治循鲜城[⑩]。土地平和，无所不有，金银珍宝、异畜奇物，逾于中夏大国也[⑪]。山险，有大头痛、小头痛之山[⑫]，赤土、身热之阪[⑬]，人畜同然。

【注释】

①葱岭山：在今新疆西南。古代为帕米尔高原和昆仑山、喀喇昆仑山西部诸山的总称。

②捐（yuán）毒之国：汉西域三十六国之一。属西域都护府。都城衍敦谷（在今新疆乌恰西北）。

③休循：汉西域三十六国之一。神爵二年（前60）后属西域都护府。都城鸟飞谷（在帕米尔北部，今吉尔吉斯斯坦南部萨雷塔什）。

④塞种：见于我国古代史籍的游牧部族名，即国外记载的Saka。操伊朗语族的语言。《汉书·西域传·罽宾国》："塞种分散，往往为数国。自疏勒以西北，休循、捐毒之属，皆故塞种也。"

⑤《西河旧事》：书名。撰者不详。一卷。汉武帝时，置敦煌、酒泉、张掖、武威四郡，昭帝时，又置金城郡，合称河西五郡。是书记述

河西地区历史、山川、物产、风俗、传说，是研究我国西北地方史的重要资料。

⑥郭义恭《广志》：为博物志类著作。内容博杂，涉及农业物产、动植物、地理气候、民俗等。郭义恭，晋人。

⑦难兜国：汉西域三十六国之一。在今克什米尔北部印度河流域一带。

⑧罽（jì）宾国：汉西域三十六国之一。在今克什米尔及喀布尔河下游一带。

⑨月氏（yuè zhī）：一作月支。秦汉之际，游牧于敦煌、祁连之间。西汉文帝时，月氏为匈奴所逐，大部西徙至今伊犁河流域及其以西一带，称为大月氏。少数没有西迁的入南山（今祁连山），与羌人杂居，称为小月氏。

⑩循鲜城：汉西域罽宾国的都城。在今克什米尔潘德勒坦。

⑪中夏：与指华夏族、汉族地区的"中国"同义。

⑫大头痛、小头痛之山：统称头痛山。在今新疆塔什库尔干塔吉克自治县西南。为通往罽宾的险要山道。

⑬赤土、身热之阪（bǎn）：具体不详。阪，山坡，斜坡。

【译文】

河水二

河水又往南流进葱岭山，又从葱岭流出，往东北流。

河水发源后伏地潜流重又冒出，这样的情况有三处而不止两处。一条水源出自西方捐毒国的葱岭上，西距休循二百余里，都是从前塞种居住的地区。该区南与葱岭相连，岭高千里。《西河旧事》说：葱岭在敦煌西八千里，山极高大，山上长着野葱，所以叫葱岭。河水源头在岭间地下冒出，分为两条，一条往西流经葱岭西的休循南边。郭义恭《广志》说：休循国在葱岭，山上多大葱。又流经难兜国以北，该国北与休循接壤，西南距罽宾国三百四十里。河水又往西流经罽宾国北边。月氏被打垮后，塞王南迁，在罽宾为王，国都在循鲜城。那里土地平和，物产无所不有，金银珍宝、异畜奇物，比中国这个泱泱大国还要多。山势很险，有大头痛、小头痛等山，赤土、身热等坡，不论人畜，经过那些地方都会得病。

河水又西迳月氏国南，治监氏城[①]，其俗与安息同[②]。匈奴冒顿单于破月氏[③]，杀其王，以头为饮器[④]。国遂分，远过大宛[⑤]，西居大夏[⑥]，为大月氏；其余小众不能去者，共保南山羌中[⑦]，号小月氏。故有大月氏、小月氏之名也。又西迳安息国南，城临妫水[⑧]，地方数千里，最大国也。有商贾、车船行旁国[⑨]，画革旁行为书记也[⑩]。

【注释】

①监氏城：即蓝氏城。在今阿富汗北部巴里黑。为大夏都城，后为大月氏都城。

②安息：亚洲西部古国名。即今伊朗。汉武帝时开始与汉族交往，三国魏黄初七年(226)为波斯萨珊王朝所取代。

③匈奴冒顿单于(mò dú chán yú)：姓挛鞮。秦二世元年(前209)杀其父头曼自立。英武有权谋，东破东胡，西击月氏，北服丁零，南并楼烦，并进占秦之河南地(今内蒙古鄂尔多斯市)，势力强大。高祖七年(前200)，将刘邦围困于平城白登山(今山西大同东南)，并迫使汉朝与其妥协。惠帝、文帝时，仍不断南下侵扰，构成对汉王朝的巨大威胁。匈奴，我国古代北方少数民族之一。又称胡。有学者认为即周代典籍中所见之薰粥、猃狁。单于，匈奴君主的称号。

④饮器：饮酒的器皿。

⑤大宛：汉西域三十六国之一。在今乌兹别克斯坦费尔干纳盆地。都贵山城(今卡散赛)。张骞通西域后，与汉往来逐渐频繁。太初三年(前102)大宛降汉，神爵二年(前60)后属西域都护府。

⑥大夏：中亚古国名。最早见于《史记·大宛列传》。古希腊人称为巴克特里亚，主要指今中亚阿姆河以南、兴都库什山以北地区。原始居民为伊朗人。

⑦保：依凭，依恃。

⑧妫（guī）水：即今中亚阿姆河。隋称乌浒水，唐称缚刍河，宋称纪浑河，元称阿母河，明称阿木河。

⑨商贾（gǔ）：商人。旁国：邻国。

⑩画革：在皮革上写字。旁行：横写。

【译文】

河水又往西流经月氏国南边，都城监氏城，风俗和安息相同。匈奴冒顿单于打垮月氏，杀了月氏王，用他的头颅骨做饮酒之器。于是月氏分裂，大队人马远远越过大宛西迁，定居于大夏，这就是大月氏；留下的小股人众走不了，一同依恃南山羌中这块地方，号称小月氏。因而有了大月氏、小月氏这些称号。河水又往西流经安息国南边，安息国都城濒临妫水，地方数千里，是一个面积最大的国度。国中商人、车船来往于邻国，在皮革上记事，文字都是横写的。

河水与蜺罗跂禘水同注雷翥海[①]。释氏《西域记》曰[②]：蜺罗跂禘出阿耨达山之北[③]，西迳于阗国[④]。《汉书·西域传》曰[⑤]：于阗之西，水皆西流，注西海。又西迳四大塔北，释法显所谓纠尸罗国[⑥]，汉言截头也[⑦]。佛为菩萨时[⑧]，以头施人[⑨]，故因名国。国东有投身饲饿虎处[⑩]，皆起塔。又西迳揵陀卫国北[⑪]，是阿育王子法益所治邑[⑫]。佛为菩萨时，亦于此国以眼施人[⑬]，其处亦起大塔。又有弗楼沙国[⑭]，天帝释变为牧牛小儿[⑮]，聚土为佛塔[⑯]，法王因而成大塔[⑰]，所谓四大塔也[⑱]。《法显传》曰：国有佛钵[⑲]，月氏王大兴兵众，来伐此国，欲持钵去，置钵象上，象不能进。更作四轮车载钵，八象共牵，复不进。王知钵缘未至[20]，于是起塔留钵供养[21]。钵容二斗[22]，杂色而黑多，四际分明，厚可二分，甚光泽。贫人以少花投中便满，富人以多花供养，正复百千万斛[23]，终亦不满。佛图调曰[24]：佛钵，青玉也，受三斗许，彼国宝之。供养时，愿终日香花不满，则如言；愿一把满，则亦便如言。又按道人竺法维所说[25]，佛钵在大月支国，起浮图[26]，高三十丈，七层，钵处第二层，金络络锁县钵[27]，钵是青石。或云悬钵虚空[28]。须菩提置钵在金机上[29]，佛一足迹与钵共在一处，国王、臣民悉持梵香、七宝、璧玉供养塔迹[30]。佛牙、袈裟、顶相舍利[31]，悉在弗楼沙国。

【注释】

①蜺（ní）罗跂（qí）褅（dì）水：发源于西藏之冈底斯山北麓，往西北流经今新疆和田西。雷翥（zhù）海：即今哈萨克斯坦境内之咸海。一说即里海。

②释氏《西域记》：不知确指何书。杨守敬认为是晋释道安的《西域志》。

③阿耨（nòu）达山：即今西藏之冈底斯山。见于佛经。阿耨达，梵语的音译。意译为清凉无热恼之义。

④于阗国：汉西域三十六国之一。属西域都护府。都城在西城（今新疆和田西二十里约特干遗址）。

⑤《汉书》：书名。我国第一部纪传体断代史。内容包括十二本纪、八表、十志、七十列传，共一百篇。记载了从刘邦建汉（前206）至王莽地皇四年（23）共二百三十年的历史。该书主要由东汉班固在父亲班彪遗稿基础上整理续写而成，其中“表”与“天文志”由班昭、马续续写。

⑥释法显：俗姓龚。平阳武阳（今山西临汾）人。晋、宋间僧人。曾西行抵天竺。撰《佛国记》历叙所经各国风土人情，为研究五世纪南亚次大陆各国史地的宝贵资料。纠尸罗国：今本《法显传》作“竺刹尸罗国”。章巽《法显传校注》：“竺刹尸罗即《大唐西域记》卷三之‘呾叉始罗国’。其都城故址……在今巴基斯坦北部拉瓦尔品第西北十余里之沙恩台里东南附近，有锡尔卡帕古城遗址，即是。”

⑦截头：章巽《法显传校注》：“竺刹尸罗之梵文原名似由语根 Taksa（义为‘建置’，引申之可解作‘割碎’）加 Sila（义为‘石头’）合成。Sila 不是 Sira（义为‘头’）。法显大约把 Sila 误作 Sira，把整个字义解作‘截头’。法显致误之因，大约由于此地又有佛为菩萨时曾以头施人之传说而引起。”

⑧佛：一般认为佛即梵语的音译佛陀的省略，意译为觉者。这里是对释迦牟尼之尊称。菩萨：梵语的音译菩提萨埵之省，菩提意为觉悟和成道，萨埵意为众生。

⑨以头施人：佛经《佛说月光菩萨经》记载：往昔北印度有大城名贤石，国王名月光。有恶眼婆罗门求月光王子头，王子自截头施舍。月光王子即释迦牟尼佛，恶眼婆罗门即提婆达多。

⑩投身饲饿虎处：本生故事见《贤愚经》卷一“摩诃萨埵以身施虎品”：“（摩诃萨埵）白二兄言：‘兄等且去，我有私缘，比尔随后。’作是语已，疾从本径，至于虎所，投身虎前。饿虎口噤，不能得食。尔时太子，自取利木，刺身出血。虎得舐之，其口乃开，即啖身肉。”亦见《六度集经》卷一以及《菩萨本生鬘论》“投身饲虎缘起”。

⑪犍陀卫国：章巽《法显传校注》：“此国即《洛阳伽蓝记》卷五载宋云等使西域记之乾陀罗国，《大唐西域记》卷二之健驮逻国。……其故地约当今斯瓦脱河流入喀布尔河之附近一带。”

⑫阿育王：摩揭陀国王，著名的佛教扶持者，并曾派人远赴国外布

教，大力推广佛教。法益：阿育王之子，即法增，为梵语的意译。因为继母所诬陷而被抉眼。

⑬以眼施人：本生故事见于《弥勒菩萨所问本愿经》："佛语贤者阿难……谓于盲者：'有何等药，得疗卿病？'盲者答曰：'唯得王眼，能愈我病，眼乃得视。'尔时月明王自取两眼，施与盲者。"

⑭弗楼沙国：都城即《洛阳伽蓝记》乾陀罗国之乾陀罗城，《大唐西域记》健驮逻国之布路沙布逻城。该城故址在今巴基斯坦之白沙瓦。

⑮天帝释：梵语的意译，亦称忉利天王，佛教神话传说中的忉利天（即三十三天）之主。

⑯佛塔：佛教建筑形式。最初用于供奉佛骨，后亦用于供奉佛像，收藏佛经或保存僧人遗体。

⑰法王：佛教对释迦牟尼的尊称。亦借称高僧。

⑱四大塔：指释迦牟尼佛曾经割肉贸鸽处塔、以眼施人处塔、以头施人处塔以及投身饲饿虎处塔，合为四大塔。

⑲佛钵：相传为佛陀所用的食钵。

⑳缘：亦称因缘。佛教谓使事物生起、变化和坏灭的主要条件为因，辅助条件为缘。

㉑供养：佛教称以香花、明灯、饮食等资养三宝（佛、法、僧）为供养，并分财供养、法供养两种。香花、饮食等为财供养，修行、利益众生叫法供养。

㉒斗（dǒu）：容量单位。十升等于一斗。

㉓正复：即使。斛：容量单位。古代十斗为一斛，南宋末年改为五斗为一斛。

㉔佛图调：也作浮图调。

㉕道人：佛教徒亦称道人。竺法维：《水经注》屡引竺法维之说，然具体生平不详。略见于《高僧传》卷二"晋河西昙无谶"，有"时高昌复有沙门法盛，亦经往外国，立传凡有四卷。又有竺法维、释僧

表,并经往佛国云云”。

㉖浮图:梵语的音译,指佛塔。亦作浮屠。

㉗金络:金网。络,网。

㉘虚空:空中。

㉙须菩提:梵语的音译,又作须扶提、苏部底等。意译为善现、善吉、空生等。传说是古印度拘萨罗国舍卫城长者鸠留之子,为释迦牟尼十大弟子之一,以“解空第一”著称。金机:纯金或镀金的几案。

㉚七宝:佛教的七种珍宝,说法各异。一说为金、银、琉璃、砗磲、玛瑙、真珠、玫瑰,一说为金、银、琉璃、珊瑚、琥珀、砗磲、玛瑙。

㉛佛牙:相传释迦牟尼涅槃以后,全身都变成细粒状舍利,只有牙齿完整无损,佛教徒奉为珍宝加以供养,称佛牙。袈裟:梵语的音译。原意为不正色,代指佛教僧尼的法衣。佛制,僧尼的法衣有大、中、小三件,避青、黄、赤、白、黑五种正色,而用其他杂色,故称。顶相:指佛教传说中如来头顶之肉髻。

【译文】

河水与蜺罗跂褅水一同注入雷翥海。释氏《西域记》说:蜺罗跂褅水发源于阿耨达山北麓,往西流经于阗国。《汉书·西域传》说:于阗以西,水都往西流,注入西海。又往西流经四大塔北边,那就是法显所谓纠尸罗国,汉语意思是断头。佛陀前生做菩萨时,把自己的头施舍给别人,所以就以断头为国名。国都东边有他前生舍身饲饿虎的地方,都建了佛塔。河水又往西流经揵陀卫国北边,这是阿育王的儿子法益治理的城邑。佛陀前生做菩萨时,也曾在这个国度把眼珠施舍给别人,那地方也造了大塔。还有个弗楼沙国,天帝释在那里变成放牛娃,用泥土堆成佛塔,法王就凭着这小塔建起一座大塔,以上这些塔就是所谓四大塔。《法显传》说:弗楼沙国有一只佛钵,月氏王调动大军来攻打这个国家,想把佛钵放在象背上带走,可是大象却走不动。他又造了一辆四轮车来装载佛钵,用八头大象合力拉车，还是拉不动。月氏王知道佛钵的缘分还没有到，于是造了一座塔，把佛钵留下来供养。钵能装两斗，颜色驳杂，但以黑色为主，四面轮廓分明，厚约二分，光泽照人。穷人把一点点花投入钵中就会装满，富人拿了很多花来供养，即使是几百几千几万斛，始终还是装不满。佛图调说：佛钵是用青玉做的，能装三斗左右，那个国家把它视为国宝。供养时，心中希望它终日香花不满，就会如愿；希望一把花就能装满，也会如愿。又按修行人竺法维所说，佛钵在大月支国，该国建了一座宝塔，高三十丈，共七层，佛钵就放在第二层，钵用青石制成，裹上金丝网络悬挂着。又有人说钵是凌空悬浮着的。须菩提把钵放在金几上，佛陀的一个足印和钵同在一处，国王和臣民手里都拿着梵香、七宝、璧玉来供养塔迹。佛牙、袈裟、顶相舍利，这些全都在弗楼沙国。

释氏《西域记》曰：揵陀越王城西北有钵吐罗越城[①]，佛袈裟王城也。东有寺。重复寻川水，西北十里有河步罗龙渊[②]，佛到渊上浣衣处，浣石尚存。其水至安息，注雷翥海。又曰：揵陀越西，西海中有安息国。竺枝《扶南记》曰[③]：安息国去私诃条国二万里[④]，国土临海上，即《汉书》天竺安息国也[⑤]。户近百万，最大国也。《汉书·西域传》又云：梨靬、条支临西海[⑥]。长老传闻，条支有弱水、西王母，亦未尝见。自条支乘水西行，可百余日，近日所入也。或河水所通西海矣。故《凉土异物志》曰[⑦]：葱岭之水，分流东西，西入大海，东为河源，《禹记》所云昆仑者焉[⑧]。张骞使大宛而穷河源，谓极于此，而不达于昆仑也。

【注释】

①揵陀越王城：杨守敬认为此揵陀越与上揵陀卫为一国之通称。钵

吐罗越城：杨守敬认为即为《大唐西域记》卷三“钵露罗国”，在当时的北印度境内。

②河步罗龙渊：杨守敬认为即为《大唐西域记》卷三“乌仗那国”记载的“阿波逻罗龙泉”，也“即苏婆伐窣堵河之源也”。阿波逻罗，梵语的音译，意为无稻草。

③竺枝《扶南记》：《隋书·经籍志》不录，具体不详。

④私诃条国：故地当在今斯里兰卡。

⑤天竺安息国：故波斯国，即今天的伊朗。

⑥犁靬(jiān)：亦作黎轩、犂鞬。又名大秦。汉、晋时对罗马帝国的称呼，都城在罗马(今意大利罗马)。条支：西亚古国名。亦称塞琉西王国(或译作塞琉古王国)。都城在安条克(今土耳其南部安塔基亚)。西汉宣帝元康二年(前64)为罗马所灭。

⑦《凉土异物志》：书名。郑德坤《水经注引书考》认为此处《凉土异物志》当为《凉州异物志》之误。译文从之。

⑧《禹记》：《水经注》中亦作《大禹记》《禹本纪》。《史记·大宛列传》中曾提到《禹本纪》，然《汉书·艺文志》不著录，郦道元可能是沿用司马迁之说。

【译文】

释氏《西域记》说：揵陀越王城西北有钵吐罗越城，就是佛袈裟王城。城东有一座佛寺。再来探寻这条川水，西北十里有河步罗龙渊，佛陀到渊上洗衣的地方，洗衣石还在。这条水流到安息，注入雷翥海。又说：揵陀越以西是西海，那里有个安息国。竺枝《扶南记》说：安息国距私诃条国两万里，领土濒临海边，就是《汉书》中的天竺安息国。国中户口近一百万，是个最大的国家。《汉书·西域传》又说：梨靬、条支濒临西海。据老人们的传闻，条支有弱水、西王母，但也没有见过。从条支沿水路往西去，百余日，就临近太阳沉没的地方了。也许这就是河水所通的西海了。所以《凉州异物志》说：葱岭的水东西分流，往西流的注入大海，往东流的就是河水的源头，即《禹记》所说的昆仑了。张骞出使大宛，到了河水源头的尽处，以为就到此为止了，并不通到昆仑。

河水自葱岭分源，东迳迦舍罗国[①]。释氏《西域记》曰：有国名伽舍罗逝。此国狭小，而总万国之要道无不由。城南有水，东北流，出罗逝西山，山即葱岭也。迳岐沙谷[②]，出谷分为二水。一水东流，迳无雷国北[③]，治卢城，其俗与西夜、子合同[④]。

【注释】

①迦舍罗国：《水经注疏》："董祐诚曰：当在今喀什噶尔极西葱岭中。"即下文释氏《西域记》中所记载的"伽舍罗逝"。

②岐沙谷：《水经注疏》："董祐诚曰：岐沙谷当即在今喀什噶尔之西葱岭中。"

③无雷国：汉西域国名。都城在卢城（今新疆塔什库尔干塔吉克自治县南）。神爵二年（前60）后属西域都护府。

④西夜、子合：为汉西域国一国不同的名称，郦注此处当成两个国家，误。都城在呼犍谷（今新疆叶城西南）。神爵二年（前60）后属西域都护府。

【译文】

河水源头从葱岭分流后，往东流经迦舍罗国。释氏《西域记》说：有个国度，叫伽舍罗逝。此国领土狭小，但却是万国交通要道必经之地。城南有水，往东北流出罗逝西山，这座山就是葱岭。又流经岐沙谷，出谷后分为两条。一条往东流经无雷国北边，国都卢城，风俗与西夜国相同。

又东流迳依耐国北[①]，去无雷五百四十里，俗同子合。

河水又东迳蒲犁国北[②]，治蒲犁谷，北去疏勒五百五十里[③]，俗与子合同。河水又东迳皮山国北[④]，治皮山城，西北去莎车三百八十里[⑤]。

【注释】

①依耐国：汉西域三十六国之一。属西域都护府。都城在今新疆叶城南。

②蒲犁国：汉西域三十六国之一。属西域都护府。都城在蒲犁谷（今新疆塔什库尔干塔吉克自治县城东北石头城遗址）。

③疏勒：又作竭叉、沙勒、粟多底等。汉西域三十六国之一。属西域都护府。都城在疏勒城（今新疆喀什）。是汉朝和葱岭以西各国交通的必经之路。

④皮山国：一作蒲山国。汉西域三十六国之一。属西域都护府。都城在皮山城（今新疆皮山县东南）。东汉时为于阗国所并。

⑤莎车：汉西域三十六国之一。属西域都护府。都城在莎车城（今新疆莎车）。

【译文】

河水又往东流经依耐国以北，这里距无雷五百四十里，风俗与子合相同。河水又往东流经蒲犁国北边，都城在蒲犁谷，北距疏勒五百五十里，风俗与子合相同。河水又往东流经皮山国北边，都城皮山城，西北距莎车三百八十里。

其一源出于阗国南山，北流与葱岭所出河合，又东注蒲昌海[①]。

河水又东与于阗河合。南源导于阗南山，俗谓之仇摩置[②]。自置北流，迳于阗国西[③]，治西城。土多玉石。西去皮山三百八十里④，东去阳关五千余里⑤。释法显自乌帝西南行⑥，路中无人民，沙行艰难，所迳之苦，人理莫比。在道一月五日，得达于阗。其国殷庶，民笃信，多大乘学⑦，威仪齐整⑧，器钵无声。城南十五里有利刹寺⑨，中有石靴，石上有足迹，彼俗言是辟支佛迹⑩。法显所不传，疑非佛迹也。又西北流，注于河。即《经》所谓北注葱岭河也。

【注释】

①蒲昌海：又名盐泽、泑泽。即今新疆若羌东北罗布泊。

②仇摩置：即今乌斯腾塔格。在今新疆于田南。

③于阗国：汉西域三十六国之一。属西域都护府。都城在西城（今新疆和田西二十里约特干遗址）。

④皮山：一作蒲山国。汉西域三十六国之一。属西域都护府。都城在皮山城（今新疆皮山县东南）。东汉时为于阗国所并。

⑤阳关：西汉置。在今甘肃敦煌西南一百三十里古董滩西。

⑥乌帝：章巽《法显传校注》认为当为"焉夷国"。法显所到焉夷国都城故址，当在今新疆焉耆回族自治县境。

⑦大乘：梵语的意译，是一二世纪间，佛教中出现的宣扬"救度一切众生"的新教派，强调"利他"，提倡以"六度"为主的"菩萨行"，如发大心者所乘的大车，故名"大乘"。把只求"自我解脱"的原教派称为"小乘"。

⑧威仪：佛教语。谓行、坐、住、卧为四威仪。泛指举止动作的种种律仪规范。

⑨利刹寺：《水经注疏》熊会贞按："《酉阳杂俎》十，于阗国刹利寺有石靴，作刹利是也。"

⑩辟支佛：梵语辟支迦佛陀的略称。三乘中的中乘圣者。

【译文】

河水一条水源出自于阗国的南山，往北流，与发源于葱岭的河汇合，又往东注入蒲昌海。

河水又往东流，与于阗河汇合。南源出自于阗南山，俗称仇摩置。河水从仇摩置往北流经于阗国西边，国都西城。那个地区出产玉石。西距皮山三百八十里，东距阳关五千余里。法显和尚从乌帝往西南走，路上没有碰到一个人，在沙漠中行走艰难到了极点，一路上所经历的千辛万苦，真不是世间平常的困难所能相比的。路上走了一个月又五天，才到于阗。于阗国家富庶，人民虔诚信仰佛教，学的大都是大乘，礼仪十分严肃整齐，器钵寂然无声。城南十五里，有一座利刹寺，寺内有石靴，岩石上留着些足印，据传说，是辟支佛的足迹。但法显没有提到这件事，恐怕不是佛陀的足迹。又往西北流，注入河水。这就是《水经》所说的：往北流，注入葱岭河。

南河又东迳于阗国北，释氏《西域记》曰：河水东流三千里，至于阗，屈东北流者也。《汉书·西域传》曰：于阗已东，水皆东流。

【译文】

南河又往东流经于阗国北边，释氏《西域记》说：河水往东流了三千里，到了于阗，就折向东北流去。《汉书·西域传》说：于阗以东，水都东流。

南河又东北迳扜弥国北①，治扜弥城，西去于阗三百九十里。

【注释】

①扜（wū）弥国：汉西域三十六国之一。属西域都护府。都城在扜

弥城(今新疆于田北)。

【译文】

南河又往东北流经扜弥国北边,都城扜弥城,西距于阗三百九十里。

南河又东迳精绝国北①,西去扜弥四百六十里。

【注释】

①精绝国:汉西域三十六国之一。属西域都护府。都城在精绝城(今新疆民丰北尼雅遗址)。东汉时为鄯善所并。

【译文】

南河又往东流经精绝国北边,该国西距扜弥城四百六十里。

南河又东迳且末国北①,又东,右会阿耨达大水②。释氏《西域记》曰:阿耨达山西北有大水,北流注牢兰海者也③。其水北流迳且末南山,又北迳且末城西。国治且末城,西通精绝二千里,东去鄯善七百二十里,种五谷,其俗略与汉同。又曰:且末河东北流迳且末北,又流而左会南河,会流东逝,通为注滨河④。

【注释】

①且(jū)末国:汉西域三十六国之一。属西域都护府。都城在且末城(今新疆且末西南)。东汉时为鄯善所并,寻复立。北魏末,为吐谷浑所并。

②阿耨(nòu)达大水:即今新疆东南车尔臣河。

③牢兰海:即盐泽。今新疆罗布泊。

④注滨河:位于今天铁干里克东北、营盘遗址西南,自西北向东南流

的古塔里木河的一条分岔流,现已干涸。

【译文】

南河又往东流经且末国北边,又往东流,在右边汇合了阿耨达大水。释氏《西域记》说:阿耨达山西北有大水,北流注入牢兰海。此水往北流经且末南山,又往北流经且末城西边。国都且末城,西通精绝国,路程两千里,东到鄯善七百二十里,那个地区种植五谷,风俗大体上与汉人相同。又说:且末河往东北流经且末北边,又流了一程,在左边汇合南河,汇合后往东流,通称注滨河。

注滨河又东迳鄯善国北[①],治伊循城[②],故楼兰之地也。楼兰王不恭于汉,元凤四年,霍光遣平乐监傅介子刺杀之[③],更立后王。汉又立其前王质子尉屠耆为王[④],更名其国为鄯善。百官祖道横门[⑤],王自请天子曰:身在汉久,恐为前王子所害,国有伊循城,土地肥美,愿遣将屯田积粟[⑥],令得依威重。遂置田以镇抚之。敦煌索劢[⑦],字彦义,有才略。刺史毛奕表行贰师将军[⑧],将酒泉、敦煌兵千人[⑨],至楼兰屯田。起白屋[⑩],召鄯善、焉耆、龟兹三国兵各千[⑪],横断注滨河。河断之日,水奋势激,波陵冒堤。劢厉声曰:王尊建节,河堤不溢[⑫];王霸精诚,呼沱不流[⑬]。水德神明,古今一也。劢躬祷祀,水犹未减,乃列阵被杖[⑭],鼓噪讙叫[⑮],且刺且射,大战三日,水乃回减,灌浸沃衍,胡人称神。大田三年[⑯],积粟百万,威服外国。其水东注泽。泽在楼兰国北扜泥城,其俗谓之东故城,去阳关千六百里,西北去乌垒千七百八十五里[⑰],至墨山国千八百六十五里[⑱],西北去车师千八百九十里[⑲]。土地沙卤少田[⑳],仰谷旁国[㉑]。国出玉,多葭苇、柽柳、胡桐、白草[22]。国在东垂，当白龙堆[23]，乏水草，常主发导[24]，负水担粮，迎送汉使，故彼俗谓是泽为牢兰海也。释氏《西域记》曰：南河自于阗东于北三千里，至鄯善入牢兰海者也。

【注释】

①鄯善国：汉西域三十六国之一。本名楼兰。昭帝元凤四年（前77）改名鄯善。都城在今新疆若羌。

②伊循城：汉鄯善国著名屯田地。故址在今新疆若羌的米兰。

③霍光：字子孟。河东平阳（今山西临汾西南）人。西汉骠骑将军霍去病同父异母弟。汉武帝时为奉车都尉。后历任大司马、大将军，封博陆侯。受遗诏辅佐幼主。平乐监：官名。西汉掌管平乐观的官员。汉制，仅掌一宫观池沼，不够设令丞者，只设监。或以为西汉太仆所隶皇家马厩之属官。傅介子：北地义渠（今甘肃庆阳西北）人。昭帝时为平乐厩监。因西域的龟兹、楼兰贵族曾联合匈奴杀汉官员，傅介子奉命以赏赐为名，携黄金锦绣赴楼兰，在宴席上刺杀楼兰王。因其功而被封为义阳侯。

④质子：古代派往别处或别国的人质，多为王子或世子。尉屠耆：西汉西域鄯国王，原在汉为质子。因楼兰王安归受匈奴反间，屡杀汉使。昭帝元凤四年（前77），汉将傅介子杀安归，立尉屠耆为王，并更名楼兰为鄯善。

⑤祖道：古代为出行者祭祀路神，并饮宴送行。横门：汉代长安城北西头第一门，是通向西域的大道。

⑥屯田：利用戍卒或农民、商人垦殖荒地。汉以后历代政府沿用此措施取得军饷和税粮。有军屯、民屯、商屯之分。积粟：囤积粮食。

⑦敦煌：即敦煌郡。西汉元鼎六年（前111）分酒泉郡置。治所在敦煌县（今甘肃敦煌西）。索劢（mài）：汉武帝时敦煌人。具体不详。

⑧刺史毛奕：汉武帝时刺史。具体不详。刺史，官名。汉武帝时分

全国为十三部(或称州),每部设刺史一人,遵照皇帝诏书所颁列的条令督察各部郡国。行:兼摄官职。贰师将军:官名。贰师为西域大宛国城名,用以作为将军之号。汉武帝时以李广利为此号将军,征伐大宛。

⑨酒泉:即酒泉郡。西汉元狩二年(前121)置。治所在禄福县(西晋改曰福禄,今甘肃酒泉)。

⑩白屋:平民住的屋。用白茅覆盖,故称。此指住白屋之人。

⑪焉耆:又名乌焉国、乌缠国、乌夷国、阿耆尼国。汉西域三十六国之一。属西域都护府。都城在员渠城(今新疆焉耆回族自治县)。龟兹:又名丘兹、鸠兹、屈支、归兹、屈茨等。汉西域三十六国之一。属西域都护府。都城在延城(今新疆库车东郊皮朗旧城)。

⑫王尊建节,河堤不溢:事见《汉书·王尊传》:"……东郡河水盛长,毁坏金堤,未决三尺,百姓惶恐奔走。太守身当水冲,履咫尺之难,不避危殆,以安众心,吏民复还就作,水不为灾……"王尊,字子赣。涿郡高阳(今河北高阳东)人。廉洁奉公,诛恶不避豪强,致多次被诬免官。建节,建立节操。

⑬王霸精诚,呼沱不流:事见《后汉书·王霸传》:"光武即南驰,至下曲阳。传闻王郎兵在后,从者皆恐。及至虖沱河,候吏还白河水流澌,无船,不可济。官属大惧。光武令霸往视之。霸恐惊众,欲且前,阻水,还即诡曰:'冰坚可度。'官属皆喜,光武笑曰:'候吏果妄语也。'遂前。比至河,河冰亦合,乃令霸护度,未毕数骑而冰解。"王霸,字元伯。颍川颍阳(今河南许昌西南)人。少为狱吏。追随刘秀,以功封王乡侯。刘秀即位后,多次征战,封淮陵侯。精诚,纯一忠诚。呼沱,又名滹沱河。源出今山西五台山东北泰戏山,西南流至忻州北折向东流,至盂县北穿割太行山进入河北平原,在献县与滏阳河汇合为子牙河,全长五百四十公里。

⑭被杖:拿着棍棒。

⑮鼓噪：擂鼓呐喊。谨叫：喧哗叫嚷。

⑯田：特指屯田垦荒。

⑰乌垒：汉西域国名。都城在乌垒城（今新疆轮台东北小野云沟附近）。后为西汉所灭。为西域都护府治。

⑱墨山国：一作山国。汉西域三十六国之一。都城在墨山城（今新疆尉犁东孔雀河北岸营盘古城，或称因半古城）。

⑲车师：一作姑师国。汉西域三十六国之一。都城在交河城（今新疆吐鲁番西北二十里雅尔湖西）。后分为车师前国和车师后国，皆属西域都护。

⑳沙卤：指含沙多、碱性重的土质。

㉑仰谷：依靠粮食。旁国：周边的国家。

㉒葭苇：芦苇。葭，芦苇。柽（chēng）柳：落叶小乔木，能耐碱抗旱，适于造防沙林。也叫三春柳或红柳。胡桐：胡杨的别名。白草：草名。性至坚韧可以织物。

㉓白龙堆：位于罗布泊东面的由风蚀作用将坚硬的沉积地层吹蚀形成的长条形残丘组成的残丘群，似龙脊般凸立在广袤的荒漠之中，绵延起伏，如起伏的龙脊，故名。

㉔常主：经常掌管。发导：派遣向导。

【译文】

注滨河又往东流经鄯善国北边，都城伊循城，过去是楼兰之地。楼兰王对汉朝不恭，元凤四年，霍光派了平乐监傅介子去刺杀他，另立国王。汉朝又立了楼兰前王留作人质的儿子尉屠耆为王，把国名改为鄯善。尉屠耆回国时，文武百官在横门为他饯行，王向汉天子请求道：我留在汉朝很久了，回去恐怕要被前王的儿子谋害，我们国内有座伊循城，土地肥沃，希望皇上派遣将帅去屯田种粮，使我能够依仗大国的声威。汉朝于是就在那里设置屯田，来镇抚鄯善。敦煌索劢，字彦义，为人有才气和谋略。刺史毛奕上表推荐他为贰师将军，率领了酒泉、敦煌兵一千名，到楼兰去屯田。他征发白屋人丁，调集鄯善、焉耆、龟兹三国兵各一千名，在注滨河拦河筑坝。河道截流那天，水流奔腾汹涌，来势很猛，直冲到堤上。索劢厉声高叫道：王尊秉承王命，河堤就不溢水；王霸精诚所至，呼沱河水因而不流。水中若有神灵，也当助我，古今都该是一样的。他亲自举行祈祷祭祀，但水势还是不减，于是摆起阵势，带了兵器，擂鼓呐喊，一边刺，一边射，这样大战了三日，水势才逐渐减退，从此灌溉着肥沃的平原，胡人都把他看作是神人。耕种三年，积累的粮食多达百万，声威震慑外国。这条水往东流，注入沼泽中。沼泽在楼兰国北边的扜泥城，当地俗称东故城，离阳关一千六百里，西北离乌垒一千七百八十五里，到墨山国一千八百六十五里，西北离车师一千八百九十里。那一带是沙质盐碱地，少有耕地，吃粮全靠邻国供应。那个国家出产玉石，芦苇、柽柳、胡桐、白草之类很多。都城在东部边境，位于白龙堆前，缺少水草，当地人经常当向导，背负饮水和干粮，迎送汉朝使者，所以当地风俗把这片大泽叫牢兰海。释氏《西域记》说：南河从于阗东往北三千里，到鄯善注入牢兰海。

北河自岐沙东分南河，即释氏《西域记》所谓二支北流，迳屈茨、乌夷、禅善[①]，入牢兰海者也。

【注释】

①屈茨：即龟兹。乌夷：又名焉耆、乌焉等。禅善：即鄯善。

【译文】

北河在岐沙东分出南河，这就是释氏《西域记》所说的两条水往北流经屈茨、乌夷、禅善，注入牢兰海。

北河又东北流，分为二水，枝流出焉。北河自疏勒迳流南河之北[①]，《汉书·西域传》曰：葱岭以东，南北有山，相距千余里，东西六千里，河出其中。暨于温宿之南[②]，左合枝水，枝水上承北河于疏勒之东，西北流迳疏勒国南，又东北与疏勒北山水合。水出北溪，东南流迳疏勒城下③，南去莎车五百六十里，有市列④，西当大月氏、大宛、康居道⑤。释氏《西域记》曰：国有佛浴床，赤真檀木作之，方四尺，王于宫中供养。汉永平十八年⑥，耿恭以戊己校尉⑦，为匈奴左鹿蠡王所逼⑧，恭以此城侧涧傍水，自金蒲迁居此城⑨。匈奴又来攻之，壅绝涧水⑩。恭于城中穿井，深一十五丈，不得水。吏士渴乏，笮马粪汁饮之⑪。恭乃仰天叹曰：昔贰师拔佩刀刺山⑫，飞泉涌出；今汉德神明，岂有穷哉？整衣服，向井再拜，为吏士祷之。有顷，水泉奔出，众称万岁。乃扬水以示之，虏以为神，遂即引去。后车师叛，与匈奴攻恭。食尽穷困，乃煮铠弩，食其筋革。恭与士卒同生死，咸无二心。围恭不能下，关宠上书求救⑬。建初元年⑭，章帝纳司徒鲍昱之言⑮，遣兵救之。至柳中⑯，以校尉关宠分兵入高昌壁⑰，攻交河城⑱，车师降。遣恭军吏范羌⑲，将兵二千人迎恭。遇大雪丈余，仅能至。城中夜闻兵马，大恐，羌遥呼曰：我范羌也。城中皆称万岁，开门相持涕泣。尚有二十六人，衣屦穿决⑳，形容枯槁㉑，相依而还。

【注释】

①疏勒：新疆西部喀什地区的喀什噶尔河。一名葱岭北河。在今新疆西南部。源出帕米尔高原，上游为克孜勒苏河，至喀什东北称为喀什噶尔河，东北流注入塔里木河。

②温宿：汉西域三十六国之一。属西域都护府。都城在温宿城（今

新疆乌什)。

③疏勒城:汉车师后部境内城名。在今新疆塔里木盆地西部的喀什。

④市列:集市中的店铺。

⑤康居:汉西域国名。在今哈萨克斯坦巴尔喀什湖和咸海之间。都城卑阗城(今乌兹别克斯坦塔什干一带)。

⑥永平十八年:75年。永平,东汉明帝刘庄的年号(58—75)。

⑦耿恭:字伯宗。扶风茂陵(今陕西兴平东北)人。东汉明帝、章帝时人。戊己校尉:官名。汉元帝初元元年(前48)置,掌屯田事务。有丞、司马各一人,侯五人。西汉末废,东汉明帝时复置。后时置时罢。

⑧左鹿蠡(lǐ)王:匈奴官名。汉代匈奴分南、北。北匈奴所置官有左鹿蠡王。

⑨金蒲:即金满城。在今新疆吉木萨尔北二十五里破城子。

⑩壅绝:阻塞断绝。

⑪笮(zhà):压出物体的汁液。

⑫贰师拔佩刀刺山:今本《汉书》本传不载。《太平御览》:"《汉书》曰李广利刺山而泉涌。"贰师,贰师将军李广利。

⑬关宠:东汉明帝永平十七年(74)任戊己校尉。次年,西域焉耆、龟兹等叛,杀宠及都护陈睦。

⑭建初元年:76年。建初,东汉章帝刘炟(dá)的年号(76—84)。

⑮司徒:官名。西周始置,春秋沿袭。职掌治理民事、掌握户口、官司籍田、征发徒役及收纳财赋。秦罢司徒而置丞相,汉因之。汉哀帝元寿二年(前40)更名为大司徒。东汉时改称为司徒,主教化。鲍昱:字文泉。东汉上党屯留(今山西长治屯留区南)人。累官汝南太守、司徒、太尉。有治绩。

⑯柳中:即今新疆鄯善西南鲁克沁镇。

⑰高昌壁:亦作高昌垒、高昌城。在今新疆吐鲁番东六十余里高昌

故城。东汉置戊己校尉于此。北魏为高昌国都。

⑱交河城：车师前国的都城。在今新疆吐鲁番西北二十里雅尔湖西。

⑲范羌：东汉章帝刘炟时人。为军吏，后为共（今河南辉县市）丞。其余不详。

⑳衣屦（jù）：衣服和鞋子。穿决：磨穿破败。

㉑形容：面容。枯槁：憔悴疲惫。

【译文】

北河又往东北流，分出支流，成为两条。北河从疏勒流经南河以北，《汉书·西域传》说：葱岭以东，南北两边都有山，其间相距千余里，山脉绵延，东西长达六千里，河水就在中间流出。到了温宿的南边，左边与支流相汇合，支流上游在疏勒以东承接北河，往西北流经疏勒国南边，又转向东北，与疏勒北山水汇合。北山水发源于北溪，往东南流经疏勒城下，疏勒城南距莎车五百六十里，有商行店铺，西边是通大月氏、大宛、康居的交通要道。释氏《西域记》说：疏勒有佛浴床，用赤真檀木制作，大小四尺见方，国王把它放在宫中供养。汉永平十八年，耿恭当戊己校尉，受到匈奴左鹿蠡王的逼迫，耿恭鉴于此城坐落在溪涧旁边，地点近水，因而就从金蒲迁居到这里。匈奴又来进攻，堵断了涧水。耿恭在城中挖井，深达十五丈，可是仍没有水。官兵口渴难当，竟至榨取马粪汁来喝。耿恭于是仰天叹息道：从前贰师将军拔出佩刀刺山，就有飞泉涌出；现在大汉国运神明，难道会到穷途末路吗？他整了整衣服，向井拜了两拜，为官兵祈祷。一会儿，泉水涌了出来，众人都高呼万岁。于是就扬起水来给匈奴人看，匈奴人以为他是神人，就立即领兵退去。后来车师反叛，与匈奴人一起进攻耿恭。城里粮食都吃光了，处境十分艰难，甚至把铠甲和弓弩都拿来煮了，取出其中的牛筋、牛皮来吃。耿恭与士卒誓同生死，士卒也都无二心。敌人围困耿恭却打不进去，关宠上书向朝廷求救。建初元年，汉章帝采纳了司徒鲍昱的意见，派兵前去救援。到了柳中，派了校尉关宠分兵到高昌壁，去攻打交河城，车师投降了。于是又派耿恭的军吏范羌，领兵两千去迎接耿恭。当时正下大雪，积雪深达丈余，勉强才到疏勒城。城中夜间听到兵马声，非常惊恐，范羌远远地叫道：我是范羌啊！城中都欢呼起来，开了城门，相扶哭泣。这时活着的还有二十六人，衣服鞋袜都穿破了，脸色十分憔悴，大家相扶着回来。

枝河又东迳莎车国南①，治莎车城，西南去蒲犁七百四十里。汉武帝开西域②，屯田于此。有铁山，出青玉。

【注释】

①莎车国：汉西域三十六国之一。属西域都护府。都城在莎车城（今新疆莎车）。南北朝时名渠沙国。

②西域：我国自汉以后对玉门关（今甘肃敦煌西北）以西地区的总称。有广、狭二义：狭义专指葱岭以东地区；广义则指凡通过狭义西域所能到达的地区，包括亚洲中部、西部、印度半岛、欧洲东部和非洲北部。

【译文】

支流又往东流经莎车国南边，国都莎车城，西南离蒲犁七百四十里。汉武帝开拓西域，曾在这里屯田。有铁山，山上出产青玉。

枝河又东迳温宿国南，治温宿城，土地物类，与鄯善同。北至乌孙赤谷六百一十里①，东通姑墨二百七十里②，于此，枝河右入北河。

【注释】

①乌孙：汉西域国。都城在赤谷城（今吉尔吉斯斯坦伊塞克湖东南伊什提克一带）。神爵二年（前60）后属西域都护府。

②姑墨：一作姑默。汉西域三十六国之一。属西域都护府。都城在

南城(在今新疆阿克苏)。

【译文】

支流又往东流经温宿国南边,都城是温宿城,这一带的地理情况和物产,也与鄯善相同。从这里往北到乌孙赤谷六百一十里,往东通姑墨二百七十里,支流到了这里向右注入北河。

北河又东迳姑墨国南,姑墨川水注之[①]。水导姑墨西北,历赤沙山[②],东南流迳姑墨国西,治南城[③]。南至于阗,马行十五日,土出铜铁及雌黄[④]。其水又东南流,右注北河。

【注释】

①姑墨川水:即今新疆塔里木河支流阿克苏河。

②赤沙山:在今新疆温宿北。

③南城:姑墨国的都城。在今新疆阿克苏。

④雌黄:矿物名。半透明,柠檬黄色,有毒,能杀菌灭虫。亦可制颜料。

【译文】

北河又往东流经姑墨国南边,有姑墨川水注入。姑墨川水从姑墨西北流来,流过赤沙山,往东南流经姑墨国西边,国都是南城。往南到于阗,骑马要走十五日,那个地区出产铜铁和雌黄。姑墨川水又往东南流,从右边注入北河。

北河又东迳龟兹国南,又东,左合龟兹川水[①]。有二源,西源出北大山南,释氏《西域记》曰:屈茨北二百里有山,夜则火光,昼日但烟,人取此山石炭[②],冶此山铁,恒充三十六国用[③]。故郭义恭《广志》云:龟兹能铸冶。其水南流迳赤沙山。释氏《西域记》曰:国北四十里,山上有寺,名雀离大清净[4]。又出山东南流，枝水左派焉[5]。又东南，水流三分，右二水俱东南流，注北河。东川水出龟兹东北，历赤沙、积梨南流[6]，枝水右出，西南入龟兹城[7]。音屈茨也，故延城矣，西去姑墨六百七十里。川水又东南流迳于轮台之东也[8]。昔汉武帝初通西域，置校尉[9]，屯田于此。搜粟都尉桑弘羊奏言[10]：故轮台以东，地广，饶水草，可溉田五千顷以上。其处温和，田美，可益通沟渠[11]，种五谷，收获与中国同[12]。时匈奴弱，不敢近西域，于是徙莎车，相去千余里，即是台也。其水又东南流，右会西川枝水，水有二源，俱受西川，东流迳龟兹城南，合为一水。水间有故城，盖屯校所守也[13]。其水东南注东川，东川水又东南迳乌垒国南[14]，治乌垒城，西去龟兹三百五十里，东去玉门、阳关二千七百三十八里[15]，与渠犁田官相近[16]。土地肥饶，于西域为中，故都护治焉[17]。汉使持节郑吉[18]，并护北道，故号都护。都护之起，自吉置也。其水又东南注大河。

【注释】

①龟兹川水：亦名西川、白马河。即今新疆拜城、新和、库车、沙雅等境之渭干河。

②石炭：即煤。

③三十六国：指汉时西域的三十六个国家。王先谦《汉书补注》："盖三十六国者：婼羌国、楼兰国、且末国、小宛国、精绝国、戎卢国、扜弥国、渠勒国、于阗国、皮山国、乌秅国、西夜国、子合国、蒲犁国、依耐国、无雷国、难兜国、大宛国、桃槐国、休循国、捐毒国、莎车国、疏勒国、尉头国、姑墨国、温宿国、龟兹国、尉犁国、危须国、焉

耆国、姑师国、墨山国、劫国、狐胡国、渠犁国、乌垒国也。”

④雀离大清净:《高僧传》卷二“晋长安鸠摩罗什”作“雀梨大寺”。雀离,或音译为昭怙釐。《大唐西域记·屈支国》“昭怙釐二伽蓝”季羡林等校注:“此字似来自古代龟兹—焉耆语 Cakir (梵语 Cakra),意为轮,转义为寺院。其遗址在今库车北苏巴什地方铜厂河两岸。”

⑤左派:向左边分流。

⑥赤沙、积梨:具体不详。

⑦龟兹城:西汉龟兹国都城。在今新疆库车东郊皮朗旧城。即下文的“延城”。

⑧轮台:汉西域国名。都城在今新疆轮台南柯龙克沁遗址。后为龟兹国所并。

⑨校尉:官名。秦置。汉始为常职,其地位略次于将军,各随其职务冠以各种名称,如司隶校尉、城门校尉等。

⑩搜粟都尉:官名。一作骋粟都尉。春秋时期,越王任命御史大夫为搜粟都尉之军官,掌军粮生产。汉武帝时,亦置有此官,为军职,掌督促农耕、征集军粮之事。桑弘羊:西汉大臣。雒阳(今河南洛阳东)人。武帝时任治粟都尉,领大司农,制定、推行盐铁等官营买卖。

⑪益通沟渠:多开通沟渠。

⑫中国:指当时地处中原的西汉。

⑬屯校:屯田校尉。

⑭乌垒国:汉西域国名。都城在乌垒城(今新疆轮台东北小野云沟附近)。西汉及东汉初为西域都护府治。

⑮玉门:即玉门关。汉武帝置。在今甘肃敦煌西北一百五十里小方盘城。因古代西域玉石皆经此地输入内地,故名。

⑯渠犁:汉西域三十六国之一。都城在渠犁城(在今新疆库尔勒西、

孔雀河以东地区）。汉武帝时置校尉屯田于此。田官：管理农业的官署。

⑰都护：官名。汉宣帝神爵二年（前60）置西域都护，总理西域诸国，并护南北二道，为西域地区最高长官。治所在乌垒城（今新疆轮台东北小野云沟附近）。

⑱持节：本为使臣奉命出使所执的皇帝授予的符节。魏晋以后变为官名，有使持节、持节、假节等称号。郑吉：西汉会稽（今浙江绍兴）人。汉宣帝时攻破车师，迁任卫司马。神爵三年（前59），郑吉发渠黎、龟兹诸国数万人迎日逐王归汉，威震西域。宣帝嘉其功，封远安侯，并首任西域都护，立幕府，治乌垒城。"都护"的名号从郑吉开始。

【译文】

北河又往东流经龟兹国南边，又往东流，在左边与龟兹川水汇合。龟兹川水有两个源头，西边的源头出自北大山南麓，释氏《西域记》说：屈茨以北二百里有山，夜间有火光，白天光冒烟，人们拿这山上的石炭来冶炼山上的铁矿，常可供三十六国的需用。所以郭义恭《广志》说：龟兹能铸冶。两源的水往南流经赤沙山。释氏《西域记》说：龟兹国以北四十里，山上有寺院，名叫雀离大清净寺。又出山往东南流，向左边分出一条支流。又往东南流，分为三支，右边两支都往东南流，注入北河。东川水发源于龟兹东北，经过赤沙、积梨往南流，右边分出一条支流，往西南流入龟兹城。龟兹读作屈茨，就是昔日的延城，西距姑墨六百七十里。川水又往东南流经轮台东边。从前汉武帝开始通西域时，设置校尉，在这里屯田。搜粟都尉桑弘羊奏道：旧日的轮台以东，土地辽阔，水草丰饶，川水可灌溉田亩五千顷以上。那里气候温和，水田肥美，可以多开几条沟渠，种植五谷，收获就会赶上中原一带了。当时匈奴力量薄弱，不敢接近西域，于是就迁到相距千余里的莎车去，就是轮台。水又往东南流，在右边汇合了西川的支流，这条支流有两个源头，都接纳了从西川来的水，往东流经龟兹城南，汇合成一条。两水之间有一座旧城，就是屯田校尉驻守的地方。水往东南注入东川，东川水又往东南流经乌垒国南边，国都乌垒城，西距龟兹三百五十里，东到玉门、阳关二千七百三十八里，与渠犁的田官驻地相近。这里土地肥沃，在西域说来地位居中，是旧时的都护治所。汉朝派遣郑吉为使，并保护北道，所以称为都护。都护的官职，就是从郑吉时开始的。水又往东南流注入大河。

大河又东，右会敦薨之水[①]。其水出焉耆之北敦薨之山，在匈奴之西，乌孙之东。《山海经》曰：敦薨之山，敦薨之水出焉，而西流注于泑泽。出于昆仑之东北隅，实惟河源者也[②]。二源俱道[③]，西源东流，分为二水，左水西南流，出于焉耆之西，迳流焉耆之野，屈而东南流，注于敦薨之渚[④]；右水东南流，又分为二，左右焉耆之国。城居四水之中，在河水之洲，治员渠城[⑤]，西去乌垒四百里，南会两水，同注敦薨之浦[⑥]。东源东南流，分为二水，涧澜双引[⑦]，洪湍浚发[⑧]，俱东南流，迳出焉耆之东，导于危须国西[⑨]。国治危须城，西去焉耆百里。又东南注，流于敦薨之薮[⑩]。川流所积，潭水斯涨[⑪]，溢而为海。《史记》曰[⑫]：焉耆近海多鱼鸟。东北隔大山与车师接。敦薨之水自西海迳尉犁国[⑬]，国治尉犁城，西去都护治所三百里，北去焉耆百里。其水又西出沙山铁关谷[⑭]，又西南流，迳连城别注[⑮]，裂以为田[⑯]。桑弘羊曰：臣愚以为连城以西，可遣屯田，以威西国[⑰]。即此处也。其水又屈而南，迳渠犁国西。故《史记》曰：西有大河。即斯水也。又东南流，迳渠犁国，治渠犁城，西北去乌垒三百三十里。汉武帝通西域，屯渠犁，即此处也。南与精绝接，东北与尉犁接。又南流注于河。《山海经》曰：敦薨之水，西流注于泑泽。盖乱河流自西南注也。

【注释】

①敦薨(hōng)之水：即今新疆中部之开都河及孔雀河。

②“敦薨之山”几句：语见《山海经·北山经》。敦薨之山，即今新疆天山。泑(yōu)泽，今新疆罗布泊。河源，黄河的源头。

③道：通“导”。发源。

④敦薨之渚：即今新疆博斯腾湖。渚，通“潴(zhū)”。蓄水处。

⑤员渠城：焉耆国的都城。在今新疆焉耆回族自治县。

⑥敦薨之浦：亦指敦薨水。浦，水流。

⑦涧澜：水流。引：导源。

⑧洪湍：汹涌的急流。浚发：疾发。浚，迅疾。

⑨危须国：汉西域三十六国之一。属西域都护府。都城在危须城(今新疆和硕东乌什塔拉回族乡附近)。

⑩敦薨之薮(sǒu)：亦即博斯腾湖。薮，大泽。

⑪潭水：深水。潭，深。

⑫《史记》：书名。西汉司马迁所作。内容包括十二本纪、十表、八书、三十世家、七十列传，共一百三十篇。记载了上起黄帝、下讫汉武帝太初年间三千多年的历史。是我国历史上第一部纪传体通史，鲁迅曾赞誉为“史家之绝唱，无韵之离骚”。

⑬尉犁国：汉西域三十六国之一。属西域都护府。都城在尉犁城(今新疆焉耆西南紫泥泉)。

⑭沙山：在今新疆尉犁东。铁关谷：在今新疆库尔勒北铁门关哈满沟。

⑮连城：在今新疆库尔勒西。别注：分流。

⑯裂以为田：分流用以灌溉田地。裂，分。

⑰西国：西域诸国。

【译文】

大河又往东流，在右边汇合敦薨水。敦薨水发源于焉耆以北的敦薨山，山在匈奴以西，乌孙以东。《山海经》说：敦薨山是敦薨水的发源地，西流注入泑泽。此水发源于昆仑山的东北角，其实是河水的源头。两条水源流出后，西源往东流分为两条：左边的一条往西南流，从焉耆以西出来，流过焉耆之野，折向东南，注入敦薨水；右边的一条往东南流，也分为两条，从焉耆左右两侧流过。都城四面环水，坐落在河水的沙洲上，都城就是员渠城，西距乌垒四百里，水往南流，汇合了两条水，一同注入敦薨水。东源往东南流，分为两条，这两条溪涧水流既急且深，都往东南流，从焉耆以东汹涌而出，流过危须国西边。国都危须城，西距焉耆一百里。又往东南流注入敦薨水。水流源源不断地注入，潭水愈涨愈高，泛滥成为内海。《史记》说：焉耆近海，鱼类和鸟类都很多。东北隔着大山与车师相邻接。敦薨水从西海流经尉犁国，都城尉犁城，西距都护治所三百里，北距焉耆一百里。敦薨水又往西从沙山铁关谷流出，又往西南流，经过连城时引水灌溉田亩。桑弘羊说：我以为连城以西一带可以派兵去屯田，以威慑西域诸国。他说的就是这地方。敦薨水又转向南，流经渠犁国西边。所以《史记》说：西有大河。指的就是这条水。又往东南流经渠犁国，都城渠犁城，西北离乌垒三百三十里。汉武帝通西域，在渠犁驻兵，就是这地方。渠犁南与精绝接境，东北与尉犁相邻。敦薨水又往南流，注入河水。《山海经》说：敦薨水西流注入泑泽。也就是与河水相汇合后从西南面流入泑泽。

河水又东迳墨山国南，治墨山城，西至尉犁二百四十里。

【译文】

河水又往东流经墨山国南边，都城墨山城，西到尉犁二百四十里。

河水又东迳注宾城南[①],又东迳楼兰城南而东注。盖墢田士所屯[②],故城禅国名耳[③]。

【注释】

①注宾城:《水经注疏》:“董祐诚曰:盖以注滨河得名,城当在墨山东。”

②墢(fá)田士:即屯田卒。

③禅:承袭,继承。

【译文】

河水又往东流经注宾城南边,又往东流经楼兰城南边,然后往东流去。这里原是屯田兵士的驻地,所以该城承袭了国名。

河水又东注于泑泽,即《经》所谓蒲昌海也。水积鄯善之东北、龙城之西南[①]。龙城,故姜赖之虚[②],胡之大国也。蒲昌海溢,荡覆其国,城基尚存而至大,晨发西门,暮达东门。浍其崖岸[③],余溜风吹[④],稍成龙形,西面向海,因名龙城。地广千里,皆为盐而刚坚也。行人所迳,畜产皆布毡卧之。掘发其下,有大盐,方如巨枕,以次相累[⑤]。类雾起云浮[⑥],寡见星日,少禽,多鬼怪。西接鄯善,东连三沙[⑦],为海之北隘矣。故蒲昌亦有盐泽之称也。《山海经》曰:不周之山[⑧],北望诸毗之山[⑨],临彼岳崇之山[⑩],东望泑泽,河水之所潜也。其源浑浑泡泡者也[⑪]。东去玉门、阳关千三百里,广轮四百里[⑫]。其水澄渟[⑬],冬夏不减,其中洄湍电转[⑭],为隐沦之脉[⑮]。当其澴流之上[⑯],飞禽奋翮于霄中者[⑰],无不坠于渊波矣。即河水之所潜,而出于积石也[⑱]。

【注释】

①龙城：在今新疆罗布泊北侧，为风蚀形成的壮观的雅丹地貌。

②姜赖：传说中的一个并不存在的大国，据说在罗布泊北侧。

③浍（huá）：水流汇聚。引申为大水冲击。

④溜：水流。

⑤以次相累：按照一定的次序层层堆积。累，层积，堆积。

⑥类：《水经注疏》："《大典》本作起。类字当衍。"

⑦三沙：古称白龙堆。

⑧不周之山：古代神话中的山名，相传在昆仑山西北。传说共工与颛顼争夺帝位，发怒冲撞此山而形缺，故有不周之名。

⑨诸毗之山：具体不详。

⑩岳崇之山：具体不详。

⑪浑浑（gǔn）泡泡（páo）：水流喷涌之声。泡，水流声。

⑫广轮：广袤。指土地的面积。

⑬澄渟（tíng）：水清澈平静。

⑭洄湍：回旋的急流。电转：像闪电一样旋转。形容速度快。

⑮隐沦之脉：潜流。隐，隐藏，潜伏。沦，隐没。脉，地下水。

⑯澴（huán）流：回旋涌起的波流。

⑰奋翮（hé）：展翅飞翔。

⑱积石：一名大积石山。即今青海东南部阿尼玛卿山。

【译文】

河水又往东流，注入泑泽，就是《水经》所说的蒲昌海。这片沼泽是在鄯善东北、龙城西南积聚起来的。龙城原是旧时的姜赖墟，是西域的大国。蒲昌海泛滥，把这座都城冲毁了，今天城墙基址还在，规模很大，早上从西门出发，傍晚才能到东门。水流绕着崖岸，经风一吹，粼粼的水波有如龙纹，西面向海，因而称为龙城。这一带平原千里，土地辽阔，都是盐碱地，又硬又实。游牧民经过这里，牲口都要摊了毡才可躺下。挖掘下去，地下都是大盐块，呈方形，很像是大枕头，一个挨着一个堆叠在一起。那里常有云雾蒸腾，很少能看到太阳和星星，飞禽很少，鬼怪却很多。龙城西与鄯善相邻，东与三沙接壤，是蒲昌海北边的险要之地。所以蒲昌海也有盐泽之称。《山海经》说：不周山，北与诸毗山相望，昂然高出于岳崇山的顶上，朝东可遥望泑泽，这就是河水潜入地下的地方。水源滚滚奔流，哗哗作响。泑泽东距玉门、阳关一千三百里，方圆四百里。泽水静止而澄清，冬夏不减，泽中有急转的漩涡，就是潜流的水脉。在漩涡急转的上空，振翅高翔于云霄的飞鸟，没有不掉入深渊的。这就是河水潜入地下处，到了积石才又涌出地面。

又东入塞，过敦煌、酒泉、张掖郡南，

河自蒲昌，有隐沦之证，并间关入塞之始①。自此，《经》当求实致也。河水重源，又发于西塞之外，出于积石之山。《山海经》曰：积石之山，其下有石门，河水冒以西流。是山也，万物无不有，《禹贡》所谓导河自积石也②。山在西羌之中③，烧当所居也④。延熹二年⑤，西羌烧当犯塞，护羌校尉段颎讨之⑥，追出塞，至积石山，斩首而还。司马彪曰⑦：西羌者，自析支以西⑧，滨于河首左右居也。河水屈而东北流，迳析支之地，是为河曲矣⑨。应劭曰⑩：《禹贡》，析支属雍州⑪，在河关之西⑫，东去河关千余里，羌人所居，谓之河曲羌也。

【注释】

①间关：曲折辗转。

②《禹贡》：即《尚书·禹贡》。详细记载了古代九州的划分、山川的方位、物产分布以及土壤性质等，包括江、河、淮、济所谓“四渎”

在内的三十几条河流及今洞庭湖等九个大湖。导河自积石:《尚书·禹贡》:“导河积石,至于龙门。”

③西羌:西汉时期居住在金城郡(治金城,今甘肃兰州)的羌族人。

④烧当:羌人的一支。西汉时,因部落酋长烧当而得名。原世居河北大允谷(今青海黄河北岸),以畜牧为主。汉和帝时其势衰落。

⑤延熹二年:159年。延熹,东汉桓帝刘志的年号(147—167)。

⑥护羌校尉:官名。汉武帝时置,持节,以护西羌。王莽时罢。东汉光武帝从班彪议,复置。后或省或罢,至章帝以后遂常设。段颎(jiǒng):字纪明。武威姑臧(今甘肃武威)人。桓帝时,为中郎将。后任护羌校尉,进封都乡侯。后为宦官王甫党羽,王甫被诛后段颎亦下狱自杀。

⑦司马彪:字绍统。河内温县(今河南温县)人。魏晋时期史学家。著作仅存《续汉书》八志,为后人补入范晔《后汉书》流传至今。

⑧析支:一作赐支,古西戎国名。在今青海海南藏族自治州和果洛藏族自治州的黄河流域。

⑨河曲:指今青海东南境黄河曲流处,为古代羌族居住之地。

⑩应劭:字仲远,一作仲瑗。汝南南顿(今河南项城)人。东汉末学者。撰有《风俗通义》《汉官仪》《地理风俗记》等。

⑪雍州:古九州之一。在今陕西、甘肃二省和青海东部地区。

⑫河关:即河关县。西汉神爵二年(前60)置,属金城郡。治所在今青海贵德县(河阴镇)西。

【译文】

河水又东流入塞,经过敦煌、酒泉、张掖诸郡南边,

有证据表明,河水在蒲昌海潜入地下,并从这里开始辗转流入边塞。从这里起,《水经》应当探究水流实际所到的地方。河水潜入地下,再次在西塞外面发源,从积石山流出。《山海经》说:积石之山,下面有石门,河水就从石门漫出往西流。这座山上什么都有,《禹贡》说的从积石疏导

河水,就指的是这里。积石山在西羌境内,是烧当族所居的地方。延熹二年,西羌中的烧当羌侵犯边境,护羌校尉段颎去讨伐他们,追出塞外,到了积石山,杀了一些羌人然后返回。司马彪说:西羌这个民族,定居于从析支以西到河首两岸一带。河水折向东北流,经过析支地区,也就是河曲。应劭说:据《禹贡》,析支属于雍州,在河关以西,东距河关千余里,是羌人定居的地区,住在这一带的羌人叫河曲羌。

东北历敦煌、酒泉、张掖南。应劭《地理风俗记》曰①:敦煌②;酒泉,其水甘若酒味故也;张掖,言张国臂掖,以威羌狄。《说文》曰:郡制,天子地方千里,分为百县,县有四郡③。故《春秋传》曰④:上大夫县⑤,下大夫郡。至秦,始置三十六郡⑥,以监县矣。从邑,君声⑦。《释名》曰⑧:郡,群也,人所群聚也。黄义仲《十三州记》曰⑨:郡之言君也⑩,改公侯之封而言,君者,至尊也。郡守专权⑪,君臣之礼弥崇。今郡字,君在其左,邑在其右,君为元首,邑以载民,故取名于君,谓之郡。《汉官》曰⑫:秦用李斯议⑬,分天下为三十六郡。凡郡⑭,或以列国,陈、鲁、齐、吴是也⑮;或以旧邑,长沙、丹阳是也⑯;或以山陵,太山、山阳是也⑰;或以川原⑱,西河、河东是也⑲;或以所出,金城城下得金⑳,酒泉泉味如酒,豫章樟树生庭㉑,雁门雁之所育是也㉒;或以号令,禹合诸侯,大计东冶之山㉓,因名会稽是也㉔。河迳其南而缠络远矣。

【注释】

①应劭《地理风俗记》:应劭,字仲远,一作仲瑗。汝南南顿(今河南项城)人。东汉末学者。其《地理风俗记》今仅存辑本。

②敦煌：殿本注文认为“敦煌”之后的酒泉、张掖皆释其义，当有脱文。但殿本接着说：“《汉书注》引应劭曰：敦，大也；煌，盛也。”陈桥驿认为把敦煌这个非汉语地名用汉义释成“大盛”，显然是错误的。参见陈桥驿《论中国的非汉语地名》。此文在《中国地名》1998年第3、4二期连载。

③“《说文》曰”几句：《说文》，东汉许慎所作。是中国文字学的奠基之作，也是我国第一部以六书理论系统分析字形、解释字义的字典。郡、县皆为古代地方行政区划名。周制县大郡小，战国时逐渐变成郡大于县。秦灭六国，建立三十六郡，以统摄天下所有县邑。汉因之。至明代郡制废除。

④《春秋传》：书名。此指《春秋左氏传》，又称《左氏春秋》《春秋左传》，简称《左传》。儒家经典。相传为春秋时鲁国史官左丘明所作，实出于战国人之手。记事起自鲁隐公元年（前722），终于鲁哀公二十七年（前468），是我国第一部叙事详细完整的编年史。与《穀梁传》《公羊传》合称《春秋》三传。

⑤上大夫：中国古代的官阶之一。周王室及各诸侯国的官阶分为卿、大夫、士三等，每等又各分为上、中、下三级。上大夫是大夫的最高一级。

⑥三十六郡：秦始皇二十六年（前226）把全国分为三十六郡。裴骃《史记集解》：“三十六郡者，三川、河东、南阳、南郡、九江、鄣郡、会稽、颍川、砀郡、泗水、薛郡、东郡、琅邪、齐郡、上谷、渔阳、右北平、辽西、辽东、代郡、钜鹿、邯郸、上党、太原、云中、九原、雁门、上郡、陇西、北地、汉中、巴郡、蜀郡、黔中、长沙凡三十五，与内史为三十六郡。”

⑦从邑，君声：“从某，某声”为《说文》中分析字形的“六书”理论中的形声字。这里是说“郡”字的形符是“邑”，声符是“君”。

⑧《释名》：书名。东汉刘熙撰。是中国第一部词源词典，全面运用声

训的方式，以音同、音近的字解释意义，从而探讨事物得名的由来。

⑨黄义仲《十三州记》：具体不详。

⑩之言：训诂术语。常用于音训，说明释词和被释词因音相通而有意义的联系。

⑪郡守：郡的长官，主一郡之政事。秦废封建设郡县，郡置守、丞、尉各一人。守治民，丞为佐。汉唐因之。宋以后郡改府，知府亦称郡守。

⑫《汉官》：书名。即《汉官仪》，东汉末应劭撰。记录汉官名称、职掌、俸佚和玺绶制度等。

⑬李斯：楚国上蔡（今河南上蔡西）人。从荀子学帝王之术。秦朝建立，秦始皇任李斯为丞相，力主废分封、立郡县，焚诗书，禁私学，统一文字，明定法律。始皇卒，与宦官赵高合谋立少子胡亥为二世。不久遭赵高陷害，以谋反罪腰斩于咸阳。

⑭凡郡：但凡给郡命名。

⑮陈：即陈郡。秦置。治所在陈县（今河南周口淮阳区）。西汉改为淮阳国。东汉章和二年（88）改为陈国。建安初又改为陈郡。本为周朝的诸侯国名。在今河南周口淮阳区一带。鲁：即鲁国。西汉高后元年（前187）改薛郡置。治所在鲁县（今山东曲阜东北二里古城村）。本为周朝的诸侯国名。在今山东曲阜一带。齐：即齐郡。秦始皇二十六年（前221）置。本为周朝的诸侯国名。在今山东北部和河北东南部。吴：即吴郡。东汉永建四年（129）分会稽郡置。治所在吴县（今江苏苏州）。本为周朝的诸侯国名。在今江苏南部和浙江北部，后来扩展到淮河流域。

⑯长沙：即长沙郡。战国秦置。治所在临湘县（今湖南长沙）。丹阳：即丹阳郡。西汉元封二年（前109）改鄣郡置。治所在宛陵县（今安徽宣城宣州区）。

⑰太山：即泰山郡。治所在博县（今山东泰安东南三十里旧县）。因

境内泰山得名。山阳:即山阳郡。西汉景帝中元六年(前144)分梁国置山阳国,立梁孝王子定为山阳王。武帝建元五年(前136)改为山阳郡。治所在昌邑县(今山东巨野南六十里)。

⑱川原:河流。原,古"源"字,水源。

⑲西河:即西河郡。西汉元朔四年(前125)置。治所在平定县(今内蒙古伊金霍洛旗东南境)。河东:即河东郡。战国魏置,后属秦。治所在安邑县(今山西夏县西北十五里禹王城)。

⑳金城:即金城郡。西汉始元六年(前81)置。治所在允吾县(今青海民和回族土族自治县南古鄯镇北古城)。

㉑豫章:即豫章郡。西汉高帝六年(前201)分九江郡置。治所在南昌县(今江西南昌东)。

㉒雁门:即雁门郡。战国赵武灵王置,秦、西汉时治所在善无县(今山西右玉南)。东汉移治阴馆县(今山西朔州东南五十五里夏关城)。

㉓计:商讨。东冶之山:具体不详。

㉔会稽:即会稽郡。秦始皇二十五年(前222)置。治所在吴县(今江苏苏州)。

【译文】

河水往东北流经敦煌、酒泉、张掖以南。应劭《地理风俗记》说:敦煌;酒泉,水味甘美如酒;张掖,意思是说张开国家的臂腋,来威慑羌狄。《说文解字》说:按照郡制,天子领有的国土方千里,分为一百个县,每县有四郡。所以《春秋传》说:上大夫领县,下大夫领郡。到秦时,才设置三十六郡来监管各县。郡字偏旁从邑,读作君。《释名》说:郡,就是群的意思,是人们群聚的地方。黄义仲《十三州记》说:郡,意思是君,把公侯的封地改称为君,是表示至高无上的意思。郡守独揽大权,君臣之间的礼数极其隆重。现在的郡字,君在左,邑在右,君是元首,邑是容纳百姓,所以用君字取名,称为郡。《汉官》说:秦采用李斯的意见,把天下分为三十六郡。所置诸郡,有的以原来的列国为名,如陈、鲁、齐、吴;有的是旧城邑，如长沙、丹阳；有的是根据山陵取名，如太山、山阳；有的是凭着川流原野取名，如西河、河东；有的是按照出产，如金城是因城下得金，酒泉是因泉味如酒，豫章有樟树长于庭院，雁门是大雁蕃育之地；有的是因了号令，如禹召集诸侯，在东冶山考核功绩，所以叫会稽。河水流经析支以南，绕了个很远的大圈子。

河水自河曲，又东迳西海郡南[①]。汉平帝时[②]，王莽秉政[③]，欲耀威德，以服远方，讽羌献西海之地[④]，置西海郡，而筑五县焉。周海亭燧相望[⑤]。莽篡政纷乱，郡亦弃废。

【注释】

①西海郡：西汉元始四年（4）置。治所在龙夷城（今青海海晏）。

②汉平帝：西汉平帝刘衎。

③王莽：字巨君，东平陵（今山东济南东）人。弑西汉平帝刘衎，立孺子婴为帝而摄政。初始元年（8）称帝，改国号新。在位期间在全国实行官制、钱币等改制。法令细苛，赋役繁重，激起农民起义，身死国亡。秉政：执政。

④西海之地：即今青海东部之青海湖一带。

⑤周海：今青海东部之青海湖周围。亭燧：古代边境修筑的烽火亭台，用作侦察和生烟火报警。燧，烽火台。

【译文】

河水从河曲又往东流经西海郡南。汉平帝时，王莽执政，他想夸耀国威和德惠，使远方归顺，于是暗示羌人把西海地方奉献上来，汉朝就在那里设置西海郡，筑了五座县城。西海周围边防瞭望台相望。王莽篡位后天下动乱不宁，郡也就废弃了。

河水又东迳允川[①]，而历大榆、小榆谷北[②]。羌迷唐、锺存所居也[3]。永元五年[4]，贯友代聂尚为护羌校尉[5]，攻迷唐，斩获八百余级[6]，收其熟麦数万斛，于逢留河上筑城以盛麦[7]，且作大船，于河峡作桥渡兵，迷唐遂远依河曲。永元九年[8]，迷唐复与锺存东寇而还。十年，谒者王信、耿谭[9]，西击迷唐，降之。诏听还大、小榆谷。迷唐谓汉造河桥，兵来无时，故地不可居，复叛，居河曲，与羌为仇，种人与官兵击之允川。去迷唐数十里，营止，遣轻兵挑战，因引还。迷唐追之，至营因战，迷唐败走。于是西海及大、小榆谷，无复聚落。隃麋相曹凤上言[10]：建武以来，西戎数犯法[11]，常从烧当种起。所以然者，以其居大、小榆谷，土地肥美，又近塞内，与诸种相傍，南得锺存，以广其众。北阻大河，因以为固，又有西海鱼盐之利，缘山滨河[12]，以广田畜，故能强大，常雄诸种。今党援沮坏[13]，亲属离叛，其余胜兵[14]，不过数百，宜及此时，建复西海郡、县，规固二榆[15]，广设屯田，隔塞羌胡交关之路[16]，殖谷富边[17]，省输转之役。上拜凤为金城西部都尉[18]，遂开屯田二十七部[19]，列屯夹河[20]，与建威相首尾[21]。后羌反，遂罢。按段国《沙州记》[22]，吐谷浑于河上作桥[23]，谓之河厉[24]，长百五十步，两岸累石作基陛[25]，节节相次，大木从横更镇压，两边俱平，相去三丈，并大材以板横次之[26]，施钩栏甚严饰[27]。桥在清水川东也[28]。

【注释】

①允川：在今青海贵德西北黄河以北地区。

②大榆、小榆谷：在今青海贵德与循化之间的黄河南侧。

③迷唐：羌人名。东汉时烧当羌首领。其父迷吾为汉护羌校尉张纡

诱杀，迷唐志欲复仇，屡寇陇西、金城等地。和帝永元十年（98）降，十二年（100）复叛。安帝永初中病卒。锺存：部族名。西羌的一支，又称锺羌。主要分布在今青海泽库附近。

④永元五年：93 年。永元，东汉和帝刘肇的年号（89—105）。

⑤贯友：东汉时人。曾为居延都尉，后为护羌校尉。曾讨伐烧当羌迷唐部。聂尚：东汉时人。曾为蜀郡太守。永元四年（92），代邓训为校尉。翌年免。

⑥级：秦朝规定，战争中斩敌之首，一首，赏赐爵位一级，称为首级。后以“级”为所斩首的量词。

⑦逢留河：即青海贵德境之黄河。

⑧永元九年：97 年。永元，东汉和帝刘肇的年号（89—105）。

⑨谒者：秦官。守宫殿门户，掌传达，接待宾客以及临时差遣等职务。王信：东汉和帝时人。官拜谒者，曾领征西将军刘尚营屯枹罕。其余不详。耿谭：东汉和帝时人。官拜谒者，领赵代营，屯白石，反击西羌迷唐部众。

⑩隃（yú）麋：西汉置，属右扶风。治所在今陕西千阳东，因隃麋泽得名。东汉建武四年（28）封耿况为隃麋侯国。相：官名。汉时诸侯王国的实际执政者，地位相当于郡太守。曹凤：字仲理。东汉光武帝建安时人。曾上平西戎策，建议设郡屯田。后被任为金城西部都尉，率徙士屯龙耆。

⑪西戎：我国古代对西北戎族的总称。

⑫缘：缠绕，围绕。滨：临近，靠近。

⑬党援：相互援助之朋党。沮坏：毁坏，败坏。

⑭胜兵：犹精兵。

⑮规固：谓划定区域，加以封禁。规，划定并占有。二榆：大、小榆谷。

⑯交关：往来，交通。

⑰殖谷：种植粮食。

⑱上：此指东汉和帝刘肇。拜：授官封爵。金城：即金城郡。

⑲部：相当于量词“所”“处”“区”。

⑳列屯：众多的屯田。

㉑建威：在今青海贵德东黄河北。相首尾：首尾相连。

㉒段国《沙州记》：已佚。具体不详。沙州，十六国前凉张骏十二年（335）置。治所在敦煌县（今甘肃敦煌西）。可知，段国当为十六国时期或以后的人。

㉓吐谷（yù）浑：我国古代民族。在今甘肃、青海一带。

㉔河厉：河桥。

㉕基陛：基阶。

㉖横次：横着连接。

㉗钩栏：栏杆。严饰：装饰，雕饰。

㉘清水川：即清水川戍。南北朝时吐谷浑所置，当在今青海循化撒拉族自治县东清水河注入黄河处附近。

【译文】

河水又往东流经允川，从大榆谷和小榆谷北边流过。这里是迷唐、锺存两个羌人部族聚居的地方。永元五年，贯友接替聂尚当护羌校尉，进攻迷唐部，杀了八百多人，收割了几万斛已经成熟的麦子，在逢留河上筑城贮存，又造了大船，在河峡上搭桥，以便军队渡河，于是迷唐部远退到河曲去定居。永元九年，迷唐又与锺存合兵东侵，回到了原来的居地。十年，谒者王信、耿谭西征，征服了迷唐。皇帝下诏，让他们回到大榆谷和小榆谷。迷唐以为汉朝造了河桥，大军随时都可以过来，旧地不可安居，于是又反叛了，迁到河曲去居住，因而和当地羌人结下了仇怨，羌族就和官兵一起去允川攻打他们。军队在离迷唐数十里处扎营，先派了小队人马去挑战，接战后遂又退回。迷唐追到了营地，就依营而战，迷唐被打败，就逃走了。于是西海和大、小榆谷就再也没有居民点了。隃麋侯国相曹凤上奏说：自从建武以来，西戎屡次进犯，时常都是从烧当羌族开始的。为什么会这样呢？这是因为他们居住在大榆谷和小榆谷，这里土地肥沃，又接近塞内，和各民族为邻，南边又有锺存族的支援，因此兵源众多。北面有大河阻挡着，可以凭险固守，同时又有西海鱼盐之利，依山濒河，可以扩大农耕和畜牧，所以能够强大，常在各民族中称雄。现在他们的党羽崩溃了，已是众叛亲离，留下的残兵败卒不过几百人，正好趁此时机，重新建立西海郡、县，设法加强大榆谷和小榆谷的防卫，并扩大屯田，这就可以阻断羌人和胡人交往的道路，同时又可以种粮来增加边区的财富，省却了从内地辗转运输的劳力。皇上就封曹凤为金城西部都尉，开辟了屯田二十七部，在河水两岸分布了一系列屯垦区，与建威头尾连成一线。后来羌人造反，屯田也就撤销了。按段国《沙州记》，吐谷浑在河上造桥，称为河厉，长一百五十步，两岸结石成为台阶，一级挨着一级，桥梁以巨木纵横相压成，两边都是平的，相距三丈，又用巨木锯板横铺，边上做了栏杆，十分整饬。这座桥梁位于清水川以东。

又东过陇西河关县北[①]，洮水从东南来流注之[②]。

河水右迳沙州北[③]。段国曰[④]：浇河西南百七十里有黄沙[⑤]，沙南北百二十里，东西七十里，西极大杨川[⑥]。望黄沙，犹若人委干精于地[⑦]，都不生草木，荡然黄沙[⑧]，周回数百里，沙州于是取号焉。《地理志》曰[⑨]：汉宣帝神爵二年[⑩]，置河关县，盖取河之关塞也。《风俗通》曰：百里曰同，总名为縣。縣，乡也，首也，从系倒首，举首易偏矣[⑪]。言当乡静，平徭役也。《释名》又曰：縣，悬也，悬于郡矣。黄义仲《十三州记》曰：縣，弦也。弦以贞直[⑫]，言下体之居[⑬]，邻民之位，不轻其誓，施绳用法[⑭]，不曲如弦。弦声近縣[⑮]，故以取名，今系字在半也[⑯]。汉高帝六年[⑰]，令天下县邑城。张晏曰[⑱]：令各自筑其城也。

【注释】

①河关县:西汉神爵二年(前60)置,属金城郡。治所在今青海贵德(河阴镇)西。

②洮水:黄河上游支流。在今甘肃西南部,源出甘、青二省边境西顷山东麓,东流到岷县折向北,经临洮到永靖附近入黄河。

③沙州:《水经注疏》:"河水所迳之沙州,诸地志皆不载,赖存此《注》,犹可考证。其治当在今贵德厅西,所治之城,已不可考。"

④段国:此指段国《沙州记》中的记载。

⑤浇河:今青海贵德境内的一条河流。

⑥极:到达。大杨川:《水经注疏》:"董祐诚曰:大杨川当在今贵德厅(今青海贵德)西南。"

⑦犹若:好像。委:放置。干糒(bèi):干饭。

⑧荡然:广阔无边的样子。

⑨《地理志》:即《汉书·地理志》。概述先秦至汉地理沿革、西汉行政区划、山川名胜、户口物产及中外交通等。在纪传体史籍中,班固首创此志,对后世修史颇有影响。

⑩汉宣帝神爵二年:前60年。神爵,西汉宣帝刘询的年号(前61—前58)。

⑪"百里曰同"几句:今本《风俗通》佚文。《风俗通》,一名《风俗通义》,东汉应劭撰。主要收录有关古代历史、风俗、礼仪、山河泽薮、怪异传闻等内容。

⑫贞直:正之使直。

⑬下体之居:屈身居于微贱的地位。

⑭施绳用法:施设绳子执行法制。

⑮弦声近縣:"弦"的读音与"縣"接近。

⑯今系字在半也:系字在"縣"字的右半边。武英殿本《水经注》注:"案此句有脱误,未详。"

⑰汉高帝六年：前 201 年。汉高帝，即刘邦。

⑱张晏：东汉将领。灵帝时为西域长史，建宁三年（170），疏勒王汉大都尉为其叔父和得所杀，和得自立为王。张晏与戊司马曹宽率焉耆、龟兹、车师军共三万人讨之。不能下，乃退。

【译文】

河水又往东流过陇西郡河关县北边，洮水从东南流注入。

河水右边流经沙州北面。段国说：浇河西南一百七十里有一片黄沙，这片沙漠南北长一百二十里，东西宽七十里，西边到大杨川为止。一眼望去，这片黄沙就像有人把干粮倒在地上似的，沙上草木不生，周围几百里一片荒漠，因此就取名为沙州。《地理志》说：汉宣帝神爵二年，设置河关县，是取河水的关塞的意思，《风俗通》说：土地百里叫同，总名为縣。縣，就是乡的意思，也是首的意思，偏旁从系，首字则倒了过来。意思是说应当涵蓄沉静，徭役要平和。《释名》又说：縣，就是悬的意思，是悬附于郡。黄义仲《十三州记》说：縣，就是弦的意思。用弦正之使直，就是说屈身居于微贱的地位，与老百姓为邻，不轻易违背自己的誓言，执法不枉曲，要像弦一样直。弦字读音与縣字相近，所以取名，现在系在其右。汉高帝六年，下令天下县邑都要筑城。张晏说：命令各县自行修筑城墙。

河水又东北流，入西平郡界①，左合二川，南流入河。又东北，济川水注之②。水西南出滥渎③，东北流入大谷④，谓之大谷水，北迳浇河城西南⑤，北流注于河。

【注释】

①西平郡：东汉建安中分金城郡置，属凉州。治所在西都县（今青海西宁）。

②济川水：《水经注疏》杨守敬按："二川当在今西宁县（今青海西宁）西南。"

③滥渎：似为滥水。今青海贵德南高红崖河。

④大谷：《水经注疏》："董祐诚曰：谷当在今贵德厅(今青海贵德)南。"

⑤浇河城：东晋末吐谷浑筑。在今青海贵德南。

【译文】

河水又往东北流，进入西平郡境，在左边汇合了两条川流，两条水都南流入河。又往东北流，济川水注入。济川水发源于西南方的滥渎，往东北流入大谷，称为大谷水，北经浇河城西南，北流注入河水。

河水又东迳浇河故城北，有二城东西角倚[①]，东北去西平二百二十里。宋少帝景平中[②]，拜吐谷浑阿豺为安西将军浇河公[③]，即此城也。

【注释】

①角倚：犹掎角。对峙之势。

②景平：南朝宋刘义符的年号(423—424)。

③拜吐谷(yù)浑阿豺为安西将军浇河公：事见《宋书·鲜卑吐谷浑传》："少帝景平中，阿犲遣使上表献方物。诏曰：'吐谷浑阿犲在遐表，慕义可嘉，宜有宠任。今酬其来款，可督塞表诸军事、安西将军、沙州刺史、浇河公。'"吐谷浑，我国古代民族。在今甘肃、青海一带。阿豺，北朝时吐谷浑首领。在位时，兼并羌氐，地方数千里。又通使于南朝宋，宋少帝封其为浇河公。豺，同"犲"。

【译文】

河水又往东流经浇河旧城北边，那里有两座城在东西两角对峙，东北距西平二百二十里。宋少帝景平年间，封吐谷浑阿豺为安西将军浇河公，治所就在此城。

河水又东北迳黄川城[①]，河水又东迳石城南[②]，左合北谷水[3]。昔段颎击羌于石城，投河坠坑而死者八百余人，即于此也。

【注释】

①黄川城：《水经注疏》："董祐诚曰：城无考。《唐志》，达化县东有黄沙戍，疑即此，当在今贵德厅（今青海贵德）东。"

②石城：在今青海化隆回族自治县西南六十里黄河北岸。东汉时为西羌所据。

③北谷水：《水经注疏》："董祐诚曰：水当在今西宁县（今青海西宁）南。"

【译文】

河水又往东北流经黄川城，又往东流经石城南边，左边汇合了北谷水。从前段颎在石城攻打羌人，羌人投河坠坑而死的八百余人，就在这地方。

河水又东北迳黄河城南[1]，西北去西平二百一十七里。

【注释】

①黄河城：《水经注疏》熊会贞按："湟、黄二字通用，详《洛水》篇黄水下。……今巴燕戎格厅（今青海化隆回族自治县）四百余里，有金刚城，南枕河壖，疑即郡故城。"

【译文】

河水又往东北流经黄河城南边，此城西北距西平二百一十七里。

河水又东北迳广违城北[1]，右合乌头川水[2]。水发远川，引纳支津[3]，北迳城东而北流，注于河。

【注释】

①广违城:《水经注疏》熊会贞按:"《元和志》,后魏孝昌二年,于邯川戍城置广威县(今青海化隆回族自治县西南黄河北岸)。据下文河水迳邯川城南,此称河水迳广违城北,则郦氏所叙广违城,与后魏所置广威县,中隔河水矣。"据此可知,广违城也当在今青海化隆回族自治县西南黄河沿岸。

②乌头川水:《水经注疏》杨守敬按:"当在贵德厅(今青海贵德)东,近循化厅(今青海循化撒拉族自治县)境。"

③引纳:引带接纳。支津:支流。

【译文】

河水又往东北流经广违城北边,在右边汇合乌头川水。乌头川水发源于远处的溪水,接纳了一条支流,北经城东而往北奔流,注入大河。

河水又东迳邯川城南[①],城之左右,历谷有二水,导自北山,南迳邯亭[②],注于河。

【注释】

①邯川城:在今青海化隆回族自治县南黄河北岸甘都镇。

②邯亭:《水经注疏》熊会贞按:"邯亭即上邯川城,盖亭置于城,则城亭一也。故城亭通称,如后湟水下称西平亭,又称西平城。随云东城即故亭也,其明征矣。全书往往城、亭错出,读者不知其例,恐不免歧而二之也。"

【译文】

河水又往东流经邯川城南边,此城左右两侧,有两条水从北山流出,经过山谷,往南流经邯亭,注入大河。

河水又东,临津溪水注之[①],水自南山,北迳临津城西而北流[2]，注于河。

【注释】

①临津溪水：《水经注疏》："董祐诚曰：水当在今循化厅（今青海循化撒拉族自治县）西。"

②临津城：十六国时期前凉置临津县，属晋兴郡。治所即今甘肃积石山保安族东乡族撒拉族自治县西北大河家镇康吊村古城。

【译文】

河水又往东流，有临津溪水注入，溪水从南山往北流经临津城西边北流，注入大河。

河水又东迳临津城北、白土城南[1]。《十三州志》曰[2]：左南津西六十里有白土城，城在大河之北，而为缘河济渡之处[3]。魏凉州刺史郭淮破羌[4]，遮塞于白土[5]，即此处矣。

【注释】

①白土城：在今青海民和回族土族自治县南黄河北岸杏儿乡余家村附近。

②《十三州志》：应劭有《十三州记》，黄义仲有《十三州记》，阚骃有《十三州志》。《水经注》引用时"志""记"互出，不知究竟为何家《十三州志》。

③缘河：沿着河流。济渡：渡河。

④魏：三国之一，曹丕所建。郭淮：字伯济。太原阳曲（今山西阳曲）人。历官雍州刺史、征西将军、都督雍、凉诸军事。进封阳曲侯。卒谥贞侯。

⑤遮塞：阻拦，阻塞。

【译文】

河水又往东流经临津城北边、白土城南边。《十三州志》说：左南津西边六十里有白土城，城在大河北岸，是渡河的地方。魏凉州刺史郭淮在白土城击溃了羌人的拦阻，就是这地方。

河水又东，左会白土川水[①]，水出白土城西北下，东南流迳白土城北，又东南注于河。

【注释】

①白土川水：在今青海化隆回族自治县境内。

【译文】

河水又往东流，在左边汇合了白土川水，白土川水从白土城西北方流过来，往东南流经白土城北边，又往东南流，注入大河。

河水又东北会两川，右合二水，参差夹岸，连壤负险相望。河北有层山，山甚灵秀，山峰之上，立石数百丈，亭亭桀竖[①]，竞势争高，远望嵯嵯[②]，若攒图之托霄上[③]。其下层岩峭举[④]，壁岸无阶，悬岩之中，多石室焉。室中若有积卷矣，而世士罕有津达者[⑤]，因谓之积书岩。岩堂之内，每时见神人往还矣，盖鸿衣羽裳之士、练精饵食之夫耳[⑥]。俗人不悟其仙者，乃谓之神鬼。彼羌目鬼曰唐述[⑦]，复因名之为唐述山[⑧]，指其堂密之居[⑨]，谓之唐述窟。其怀道宗玄之士[⑩]，皮冠净发之徒[⑪]，亦往栖托焉。故《秦川记》曰[⑫]：河峡崖傍有二窟，一曰唐述窟，高四十丈。西二里有时亮窟[⑬]，高百丈，广二十丈，深三十丈，藏古书五笥[⑭]。亮，南安人也[⑮]。下封有水[⑯]，导自是山溪水，南注河，谓之唐述水[⑰]。

【注释】

①桀竖：高耸，耸立。桀，高出，高耸。

②嵾嵾（cēn）：高低不齐的样子。

③攒（cuán）图：丛聚的图画。攒，丛聚。

④峭举：陡峭耸立。

⑤津达：由津渡而到达。

⑥练精饵食之夫：修炼道术服食丹药的道人。

⑦彼羌：当地的羌人。目：称呼，叫。

⑧唐述山：在今甘肃永靖西南杨塔乡境内黄河北岸。

⑨堂密之居：以供居住的隐秘的岩洞。

⑩怀道宗玄之士：修炼的道士和归遁的隐士。怀道，眷怀道术以求成仙的道士。宗玄，归宗道家隐逸山林的隐者。

⑪皮冠净发之徒：上山打猎的猎人和剃发修行的僧人。皮冠，古代打猎时戴的帽子。净发，出家时剃下头发的僧人。

⑫《秦州记》：书名。从《水经注》中屡引来看，当为郭仲产著。

⑬时亮：《太平御览》注："唐术、时亮皆古之孝行士也。"

⑭笥（sì）：盛饭食或衣物的方形竹器。

⑮南安：东汉中平五年（188）分汉阳郡置。治所在貆道县（今甘肃陇西东南文峰镇东三台）。

⑯下封：疑为地名，具体不详。

⑰唐述水：即今甘肃永靖西南杨塔乡境内，炳灵寺侧流入黄河的大寺沟水。

【译文】

河水又往东北流，在右边汇合了两条水，两水参差不整，两岸连片的土地凭险相望。河水北岸群山层沓，峰峦十分灵秀，山峰顶上有巨岩巍然耸立，高达数百丈，势若与群山争高，远望高低起伏，上入云霄，仿佛画成一般。下面层岩极其陡峭，石壁似的崖岸上没有台阶，悬岩中却有许多石室。室中看去像是有成堆的书,而世间书生却很少有渡水去到那边的,因此叫积书岩。石室里往往可以看到有神仙来往,都是些穿羽衣、讲究修炼服食的高人。世俗的人不知道他们是仙人,都说他们是鬼神。羌人称鬼为唐述,因而把山称为唐述山,把那幽居的密室叫唐述窟。那些修仙学道者,上山打猎的猎人和剃发修行的僧人,也到那里去栖身。所以《秦州记》说:河峡的崖边有两个岩洞,一个叫唐述窟,高四十丈。西边二里有时亮窟,高一百丈,宽二十丈,深三十丈,藏有五竹箱古书。时亮是南安人。下封有一条水,导源于此山的溪水,往南注入河水,称为唐述水。

河水又东得野亭南[①],又东北流,历研川,谓之研川水[②]。又东北注于河,谓之野亭口[③]。

【注释】

①野亭:在今甘肃临夏西北。

②研川水:在今甘肃积石山保安族东乡族撒拉族自治县东银川河。

③野亭口:即野城口。在今甘肃临夏东北莲花镇原唵哥集之北、银川河入河口的寺沟峡下峡口。

【译文】

河水又往东流与野亭水汇合,野亭水发源于野亭南,又往东北流经研川,称为研川水。又往东北流注入河水,汇流处称为野亭口。

河水又东历凤林北[①]。凤林,山名也,五峦俱峙。耆彦云[②]:昔有凤鸟,飞游五峰,故山有斯目矣。《秦州记》曰:枹罕原北名凤林川[③],川中则黄河东流也。

【注释】

①凤林:山名。即今甘肃临夏东北莲花镇境内的五女山。

②耆彦：年高望重的人。

③枹罕：即枹罕县。秦置，属陇西郡。治所在今甘肃临夏（韩集镇）东南双城村双城古城。

【译文】

河水又往东流经凤林北边。凤林是山名，有五座峰峦并峙。据年高望重者说：从前有凤凰飞游五峰，所以有凤林之名。《秦州记》说：枹罕原北部名叫凤林川，黄河就在这片平川中间东流而过。

河水又东与漓水合[①]，水导源塞外羌中，故《地理志》曰：其水出西塞外，东北流，历野虏中[②]，迳消铜城西[③]，又东北迳列城东[④]。考《地说》无目[⑤]，盖出自戎方矣[⑥]。左合列水，水出西北溪，东北流迳列城北，右入漓水，城居二水之会也。漓水又北迳可石孤城西[⑦]，西戎之名也[⑧]。又东北，右合黑城溪水[⑨]，水出西北山下，东南流迳黑城南[⑩]，又东南，枝水左出焉。又东南入漓水，漓水又东北迳榆城东[⑪]，榆城溪水注之[⑫]。水出素和细越西北山下[⑬]，东南流迳细越川[⑭]，夷俗乡名也。又东南出狄周峡[⑮]，东南右合黑城溪之枝津，津水上承溪水，东北迳黑城东，东北注之榆溪[⑯]。又东南迳榆城南，东北注漓水。漓水又东北迳石门口[⑰]，山高险峻绝，对岸若门，故峡得厥名矣。疑即皋兰山门也。汉武帝元狩三年[⑱]，骠骑霍去病出陇西[⑲]，至皋兰，谓是山之关塞也。应劭《汉书音义》曰：皋兰在陇西白石县塞外[⑳]，河名也。孟康曰[㉑]：山关名也。今是山去河不远，故论者疑目河山之间矣。

【注释】

①漓水：今黄河上游支流大夏河。源出今甘肃夏河县西南西倾山东

麓，北流到临夏东北莲花镇入黄河。

②野虏：即吐谷浑。《水经注》下文记载："吐谷浑者，始是东燕慕容之枝庶，因氏其字，以为首类之种号也，故谓之野虏。"

③消铜城：《水经注疏》："董祐诚曰：城当在今循化厅（今青海循化撒拉族自治县）南。"

④列城：即列浑城的省略。在今甘肃夏河县境。

⑤《地说》：书名。具体不详。

⑥戎方：西北方少数民族。

⑦可石孤城：《水经注疏》："董祐诚曰：城当在今河州（今甘肃临夏西南）西南。"

⑧西戎：古代西北戎族的总称。

⑨黑城溪水：《水经注疏》熊会贞按："以黑城溪水在漓水（今黄河上游支流大夏河）之左也。"

⑩黑城：《水经注疏》："董祐诚曰：城当在今循化厅南。"

⑪榆城：《水经注疏》："董祐诚曰：城当在今循化厅南。"

⑫榆城溪水：水因榆城而得名。当在今青海循化撒拉族自治县西南。

⑬素和细越：盖为当地少数民族的乡名，含义今不可考。

⑭细越川：为当地少数民族的乡名，含义今不可考。当在今青海循化撒拉族自治县境。

⑮狄周峡：《水经注疏》："董祐诚曰：当并在今循化厅西南。"

⑯榆溪：即上文"榆城溪水"的省略。

⑰石门口：即下文的"皋兰山门"。在今甘肃临夏南。

⑱元狩三年：前120年。当为元狩二年，前121年。元狩，西汉武帝刘彻的年号（前122—前117）。译文从之。

⑲骠（piào）骑霍去病：西汉河东平阳（今山西临汾）人。卫青姐姐之子。因征讨匈奴有功，汉武帝封其为骠骑将军。陇西：此指甘肃陇山以西之地。

⑳陇西:即陇西郡。战国秦置。治所在今狄道县(今甘肃临洮南)。三国魏移治襄武县(今甘肃陇西东南)。白石县:西汉置,属金城郡。治所即今甘肃临夏东南小古城。东汉改属陇西郡。

㉑孟康:字公休。三国魏广宗(今河北威县)人。著有《汉书音义》。

【译文】

河水又往东流,与漓水相汇合,漓水导源于塞外的羌人地区,所以《地理志》说:此水发源于西塞以外,往东北流经野虏地区,流过消铜城西边,又往东北流经列城东边。查考《地说》,并无漓水之名,大概是发源于戎方的吧。漓水左边汇合列水,列水源出西北溪,往东北流经列城北边,从右边注入漓水,列城就在两条水的汇流处。漓水又往北流经可石孤城西边,这是个西戎地名。又往东北流,在右边汇合黑城溪水,溪水发源于西北方的山下,往东南流经黑城南边,又往东南流,左边分出一条支流。又往东南注入漓水,漓水又往东北流经榆城东边,有榆城溪水注入。溪水发源于素和细越西北山下,往东南流过细越川——这是夷人的土俗乡名。又往东南从狄周峡出山,往东南流,在右边汇合了黑城溪的支流,支流上游承接溪水,往东北流经黑城东边,往东北注入榆溪。又往东南流经榆城南边,折向东北注入漓水。漓水又往东北流经石门口,这里的山峰极高也极险峻,在溪流两岸相对屹立,状如门户,山峡因而得名。这可能就是皋兰山门了。汉武帝元狩二年,骠骑大将军霍去病率兵出陇西,到了皋兰,说这地方是皋兰山的关口要塞。应劭《汉书音义》说:皋兰在陇西白石县塞外,是河名。孟康却说:皋兰是山关名。现在此山离河不远,所以有些学者认为可能这地名指的就是河山之间的那片地带。

漓水又东北,皋兰山水自山左右翼注漓水[①]。漓水又东,白石川水注之[②]。水出县西北山下,东南流,枝津东注焉。白石川水又南迳白石城西而注漓水[③]。漓水又东迳白石县故城南,王莽更曰顺砾[④]。阚骃曰[⑤]:白石县在狄道西北二百八十五里[6]，漓水迳其北。今漓水迳其南，而不出其北也。漓水又东迳白石山北，应劭曰：白石山在东。罗溪水注之[7]。水出西南山下，东入漓水。漓水又东，左合罕幵南溪水[8]。水出罕幵西[9]，东南流迳罕幵南注之。《十三州志》曰：广大阪在枹罕西北[10]，罕幵在焉。昔慕容吐谷浑自燕历阴山西驰[11]，而创居于此。漓水又东迳枹罕县故城南，应劭曰：故枹罕侯邑也。《十三州志》曰：枹罕县在郡西二百一十里，漓水在城南门前东过也。漓水又东北，故城川水注之，水有二源，南源出西南山下，东北流迳金纽大岭北[12]，又东北迳一故城南，又东北与北水会。北源自西南迳故城北，右入南水。乱流东北注漓水。漓水又东北，左合白石川之枝津，水上承白石川，东迳白石城北，又东绝罕幵溪，又东迳枹罕城南，又东入漓水，漓水又东北出峡，北流注于河。《地理志》曰：漓水出白石县西塞外，东至枹罕入河。

【注释】

①皋兰山水：《水经注疏》："董祐诚曰：当在今河州（今甘肃临夏西南）西南。"翼注：从左右两侧汇注。

②白石川水：《水经注疏》："董祐诚曰：当在今河州西南。"

③白石城：即今甘肃清水县西北四十里白驼镇。

④顺砾：即白石县。西汉置，属金城郡。治所即今甘肃临夏东南小古城。东汉属陇西郡。

⑤阚骃（kàn yīn）：字玄阴。敦煌（今甘肃敦煌）人。北凉至北魏学者。所撰《十三州志》为地理类著作。

⑥狄道：即狄道县。战国秦置，为陇西郡治。治所即今甘肃临洮。

⑦罗溪水：《水经注疏》："董祐诚曰：今牛脊河出河州西南牛脊山，

东北入大夏水，疑即罗溪水也。"

⑧罕开（qiān）南溪水：《水经注疏》："董祐诚曰：（水）当在今河州西。"

⑨罕开：即罕开县。西汉置，属天水郡。治所在今甘肃天水南。罕、开初为两支羌族部落，同居于青海西宁湟中区及鲜水（今青海湖）一带。其地有罕开谷、罕开南溪水。后遂为地名。

⑩广大阪：《水经注疏》熊会贞按："《河州志》，今州北二里有万顷原，一名广大原，四望宽平，东西八十里，南北四十里。"枹罕：即枹罕县。秦置，属陇西郡。治所在今甘肃临夏东南。

⑪慕容吐谷浑：胡阿祥等《魏晋南北朝史十五讲》认为，魏末西晋初，鲜卑中的慕容部、宇文部、段部已居住在辽东、辽西，拓跋部雄居内蒙古中部及山西北境，鲜卑乞伏部及拓跋部的一支"秃发"迁居于今陕、甘一带，而慕容部的一支吐谷浑则移居至青海草原。燕：河北北部。阴山：今内蒙古呼和浩特与包头北面东西延伸近千里的一系列山脉的总称。

⑫金纽大岭：《水经注疏》熊会贞按："在今河州（今甘肃临夏西南）东南，有金柳城。"

【译文】

漓水又往东北流，皋兰山水从山的两侧注入漓水。漓水又往东流，白石川水注入。白石川水发源于白石县西北山下，往东南流，有支流分出，流向东方。白石川水又往南流经白石城西边，注入漓水。漓水又往东流经白石县旧城南边，王莽改县名为顺砾。阚骃说：白石县在狄道西北二百八十五里，漓水流经县城北边。但今天漓水却流经县城南边，而不是从县城北边流过的。漓水又往东流经白石山北边，应劭说：白石山在东。罗溪水注入。罗溪水发源于西南边的山下，东流注入漓水。漓水又往东流，在左边汇合了罕开南溪水。南溪水发源于罕开县西边，往东南流经罕开南边，注入漓水。《十三州志》说：广大阪在枹罕西北，罕开就在那里。从前慕容吐谷浑从燕经阴山向西奔驰，就在这里开辟居处。漓水又往东流经枹罕县旧城南边，应劭说：这是旧时枹罕侯的封邑。《十三州志》说：枹罕县在郡西二百一十里，漓水往东在县城南门前面东流而过。漓水又往东北流，故城川水注入，故城川水有两个源头：南源出自西南方的山下，往东北流经金纽大岭北边，又往东北流经一座老城南边，又往东北流，与北水汇合。北源从西南方流经旧城北边，向右注入南水。两条水汇合后乱流，往东北注入漓水。漓水又往东北流，在左边汇合了白石川的支流，这条支流上游承接白石川，往东流经白石城北边，又往东流，穿过罕开溪，又往东流经枹罕城南边，又往东注入漓水，漓水又往东北从山峡流出，北流注入河水。《地理志》说：漓水从白石县西塞外流出，往东流到枹罕，注入河水。

河水又迳左南城南①，《十三州志》曰：石城西一百四十里有左南城者也，津亦取名焉。

【注释】

①左南城：西晋永嘉五年(311)前凉张轨置左南县，属晋兴郡。治所即左南城。在今甘肃永靖西南原白塔寺川，已没入刘家峡库区。

【译文】

河水又流经左南城南边，《十三州志》说：石城西一百四十里有左南城，渡口也就以左南为名。

大河又东迳赤岸北①，即河夹岸也。《秦州记》曰：枹罕有河夹岸，岸广四十丈。义熙中②，乞佛于此河上作飞桥③，桥高五十丈，三年乃就。

【注释】

①赤岸：即河夹岸。指甘肃永靖西南岘塬镇李家塬头附近的原黄河刘家峡峡谷(今已没入刘家峡水库之中)。

②义熙：东晋安帝司马德宗的年号（405—418）。

③乞佛：亦作乞伏。指鲜卑人乞伏国仁、乞伏乾归。飞桥：凌空高悬的桥梁。

【译文】

大河又往东流经赤岸北边，赤岸就是河夹岸。《秦州记》说：枹罕有河夹岸，岸宽四十丈。义熙年间，乞佛在这条河上造了一座飞桥，桥高五十丈，造了三年才造成。

河水又东，洮水注之[①]。《地理志》曰：水出塞外羌中。《沙州记》曰：洮水与垫江水俱出嵹台山[②]，山南即垫江源，山东则洮水源。《山海经》曰：白水出蜀[③]。郭景纯《注》云[④]：从临洮之西倾山东南流入汉[⑤]，而至垫江，故段国以为垫江水也。洮水同出一山，故知嵹台，西倾之异名也。

【注释】

①洮水：黄河上游支流。在今甘肃西南部，源出甘、青二省边境西倾山东麓，东流到岷县折向北，经临洮到永靖县城附近入黄河。

②垫江水：古西汉水（今嘉陵江）下游经垫江县（今重庆合川）入长江的一段。嵹（jiàng）台山：又称西强山。即今青海东部、甘肃西南之西倾山。

③白水出蜀：语见《山海经·海内东经》。白水，即今甘肃南部之白龙江。蜀，四川。

④郭景纯：即郭璞，字景纯。东晋河东闻喜（今山西闻喜）人。曾注《尔雅》《方言》《山海经》《穆天子传》等。

⑤临洮：即临洮县。秦置，属陇西郡。治所即今甘肃岷县。以临洮水得名。汉：即汉江。水名，发源于陕西，经湖北流入长江。

【译文】

河水又往东流，洮水注入。《地理志》说：洮水发源于塞外的羌人地区。《沙州记》说：洮水与垫江水都发源于嵹台山，山南就是垫江的源头，山东则是洮水的源头。《山海经》说：白水发源于蜀。郭景纯《注》说：白水从临洮的西倾山往东南流，注入汉水，流到垫江，所以段国认为是垫江水。洮水也发源于同一座山，由此可知嵹台是西倾的别名。

洮水东北流，迳吐谷浑中。吐谷浑者，始是东燕慕容之枝庶[①]，因氏其字[②]，以为首类之种号也[③]，故谓之野虏。自洮嵹南北三百里中，地草遍是龙须[④]，而无樵柴。

【注释】

①东燕：即东燕国。西晋光熙元年（306）封司马腾为东燕王，都城在今河南延津东北三十五里。慕容：复姓，出鲜卑族。枝庶：嫡长子以外的支系。

②因氏其字：因此以“吐谷浑”为氏号。

③首类：相对于“枝庶”而言，指嫡正种落。种号：种族的名号。

④龙须：即龙须草。多年生草本植物，可做蓑衣、绳索等，亦可织席造纸。有的地方叫蓑草或蓑衣草。

【译文】

洮水往东北流经吐谷浑地区。吐谷浑起初是东燕慕容氏的旁支，就以这个名字作为种族的称号，所以叫野虏。从洮嵹南北三百里间，遍地都是龙须草，却没有木柴。

洮水又东北流迳洮阳曾城北[①]，《沙州记》曰：嵹城东北三百里有曾城[②]，城临洮水者也。建初二年[③]，羌攻南部都尉于临洮[④]，上遣行车骑将军马防与长水校尉耿恭救之[⑤]，诸羌退聚洮阳，即此城也。

【注释】

①洮阳：即洮阳县。晋惠帝于洮阳城置，属狄道郡。治所即今甘肃卓尼西洮水南岸卡车乡录巴寺北羊巴古城。曾城：《水经注疏》熊会贞按："《方舆纪要》，古洮阳城亦谓之曾城，是一城二名，此称洮阳、曾城乃合言之。"

②蕴（jiàng）城：《水经注疏》熊会贞按："城当在今洮州厅（今甘肃临潭、卓尼二县）西南西倾山上。"

③建初二年：77年。建初，东汉章帝刘炟（dá）的年号（76—84）。

④南部都尉：官名。汉魏在边地郡县设置都尉，在南部的称南部都尉。

⑤行车骑将军：即行车骑将军事。车骑将军，官名。汉制，车骑将军位次大将军、骠骑将军之后，金印紫绶，地位相当于上卿或比三公，典京师兵卫，掌宫卫。东汉末分左右。马防：字江平。扶风茂陵（今陕西兴平东北）人。因功拜车骑将军，后封颍阳侯。长水校尉：官名。汉武帝时置，为北军八校尉之一。掌长水胡骑，秩二千石。长水，发源于陕西蓝田西北，西北流入长安入浐水。

【译文】

洮水又往东北流经洮阳曾城北边，《沙州记》说：蕴城东北三百里有曾城，城在洮水旁。建初二年，羌人在临洮进攻南部都尉，皇上派遣行车骑将军马防和长水校尉耿恭去救援，羌人各族退兵结集于洮阳，就是此城。

洮水又东迳洪和山南[①]，城在四山中[②]。

【注释】

①洪和山：在今甘肃临潭一带。

②城：即洪和城。在今甘肃临潭东南。

【译文】

洮水又往东流经洪和山南边，洪和城在四面群山环抱之中。

洮水又东迳迷和城北[①]，羌名也。

【注释】

①迷和城：《水经注疏》："董祐诚曰：城当在今岷州（今甘肃岷县）西。"

【译文】

洮水又往东流经迷和城北边，这是个羌语地名。

又东迳甘枳亭[①]，历望曲[②]，在临洮西南，去龙桑城二百里[③]。

【注释】

①甘枳亭：《水经注疏》熊会贞按："《初学记》八引此，枳作根，误。《注》甘枳亭、望曲连叙，望曲在临洮西南，则亭当同在今岷州（今甘肃岷县）西南。"

②望曲：即望曲谷。在今甘肃岷县西南。

③龙桑城：《水经注疏》杨守敬按："龙桑城在洮水东，俗但省称龙城，故魏因置龙城县。"龙城县，北魏太和十一年（487）置，为临洮郡治。治所在今甘肃岷县东北，洮河东岸。

【译文】

又往东流经甘枳亭，流过望曲，望曲在临洮西南，离龙桑城二百里。

洮水又东迳临洮县故城北。禹治洪水，西至洮水之上，见长人，受黑玉书于斯水上[①]。

【注释】

①黑玉书：具体不详。

【译文】

洮水又往东流经临洮县旧城北边。禹治洪水时，往西到了洮水，看见一个巨人，就在这条水上接受了黑玉书。

洮水又东北流，屈而迳索西城西[①]。建初二年，马防、耿恭从五溪祥橿谷出索西[②]，与羌战，破之，筑索西城，徙陇西南部都尉居之，俗名赤水城[③]，亦曰临洮东城也。《沙州记》曰：从东洮至西洮百二十里者也[④]。

【注释】

①索西城：在今甘肃岷县东北。

②五溪：即下文的"安故五溪"。当在今甘肃临洮一带。祥橿谷：具体位置不可考，当在今甘肃临洮一带。

③赤水城：在今甘肃岷县东。

④东洮、西洮：《水经注疏》杨守敬按："《后汉书·马防传》注引《沙州记》同，东洮即此城，西洮则临洮城也。"

【译文】

洮水又往东北流，转弯流经索西城西边。建初二年，马防、耿恭从五溪祥橿谷往索西出兵，与羌人作战，打垮了羌人，筑起索西城，调陇西南部都尉驻守在这里，索西城俗名赤水城，又叫临洮东城。《沙州记》说：从东洮到西洮计一百二十里。

洮水又屈而北，迳龙桑城西而西北流。马防以建初二年，从安故五溪出龙桑[①]，开通旧路者也。俗名龙城。

【注释】

①安故：即安故县。西汉置，属陇西郡。治所在今甘肃临洮南玉井镇。西晋初废。十六国时期前凉复置，兼置安故郡，后废。

【译文】

洮水又转向北边，经龙桑城西边往西北流去。马防在建初二年从安故五溪向龙桑挺进，开通了旧路。龙桑俗名龙城。

洮水又西北迳步和亭东[①]，步和川水注之[②]。水出西山下，东北流出山，迳步和亭北，东北注洮水。

【注释】

①步和亭：《水经注疏》："董祐诚曰：亭当在今洮州厅（今甘肃临潭）东北。"

②步和川水：在今甘肃临潭一带。

【译文】

洮水又往西北流经步和亭东边，有步和川水注入。步和川水发源于西山脚下，往东北从山间流出，经过步和亭北面，往东北注入洮水。

洮水又北出门峡[①]，历求厥川[②]，蕈川水注之[③]。水出桑岚西溪[④]，东流历桑岚川[⑤]，又东迳蕈川北[⑥]，东入洮水。

【注释】

①门峡：《水经注疏》："董祐诚曰：峡当在今狄道州（今甘肃临洮）南界。"

②求厥川：在今甘肃临洮一带。

③蕈（xùn）川水：在今甘肃临洮一带。

④桑岚西溪：在今甘肃临洮一带。

⑤桑岚川:在今甘肃临洮一带。

⑥蕈川:即蕈川县。北魏延兴四年(474)置,属洪和郡。治所在今甘肃临潭东北冶力关镇附近。西魏废。

【译文】

洮水又往北流出门峡,流经求厥川,有蕈川水注入。蕈川水发源于桑岚西溪,往东流经桑岚川,又往东流经蕈川北边,往东注入洮水。

洮水又北历峡[①],迳偏桥,出夷始梁[②],右合蕈垲川水[③]。水东南出石底横下[④],北历蕈垲川[⑤],西北注洮水。

【注释】

①峡:《水经注疏》:"董祐诚曰:今狄道州南六十里,有锁林峡(今甘肃临洮南锁林村一带),洮水所经,两崖悬绝。疑即此峡也。"

②迳偏桥,出夷始梁:偏桥、夷始梁,《水经注疏》熊会贞按:"并当在今狄道州(今甘肃临洮)西南。"

③蕈垲(kǎi)川水:在今甘肃临洮南。

④石底横:在今甘肃临洮一带。

⑤蕈垲川:在今甘肃临洮。

【译文】

洮水又往北穿过山峡,流过偏桥,从夷始梁流出,在右边汇合了蕈垲川水。蕈垲川水发源于东南方的石底横下,北经蕈垲川,往西北注入洮水。

洮水又东北迳桑城东[①],又北会蓝川水[②]。水源出求厥川西北溪,东北流迳蓝川[③],历桑城北,东入洮水。

【注释】

①桑城:在今甘肃临洮南洮河西岸。

②蓝川水：在今甘肃康乐一带。

③蓝川：即蓝川县。北魏改蓝川郡置，属洪和郡。治所在今甘肃康乐南草滩乡。

【译文】

洮水又往东北流经桑城东边，又北流，汇合了蓝川水。蓝川水的源头出自求厥川的西北溪，往东北流经蓝川，流过桑城北边，东流注入洮水。

洮水又北迳外羌城西[①]，又北迳和博城东[②]，城在山内，左合和博川水[③]。水出城西南山下，东北迳和博城南，东北注于洮水。

【注释】

①外羌城：《水经注疏》："董祐诚曰：城当在今狄道州（今甘肃临洮）南。"

②和博城：《水经注疏》："董祐诚曰：城当在今狄道州西南土司境。"

③和博川水：《水经注疏》："董祐诚曰：水当在今狄道州西南土司境。"

【译文】

洮水又往北流经外羌城西边，又往北流经和博城东边，城在山间，在左边汇合了和博川水。和博川水发源于和博城西南的山下，往东北流经和博城南边，往东北注入洮水。

洮水北迳安故县故城西，《地理志》，陇西之属县也。《十三州志》曰：县在郡南四十七里，盖延转击狄道、安故、五溪反羌[①]，大破之，即此也。

【注释】

①盖延：字巨卿。东汉渔阳要阳（今河北丰宁东）人。光武时，累功

拜左冯翊，封安平侯。《后汉书》有传。转击：辗转攻打。

【译文】

洮水往北流经安故县旧城西边，安故县是《地理志》陇西郡的属县。《十三州志》说：县在郡南四十七里，盖延回兵进攻狄道、安故、五溪反叛的羌人，打垮了他们，就是这地方。

洮水又北迳狄道故城西，阚骃曰：今曰武始也①。洮水在城西北流，又北，陇水注之②，即《山海经》所谓滥水也③。水出鸟鼠山西北高城岭④，西迳陇坻⑤，其山岸崩落者⑥，声闻数百里。故扬雄称响若坻颓是也⑦。又西北历白石山下⑧，《地理志》曰：狄道东有白石山。滥水又西北迳武街城南⑨，又西北迳狄道故城东。《百官表》曰⑩：县有蛮夷谓之道，公主所食曰邑⑪。应劭曰：反舌左衽⑫，不与华同，须有译言，乃通也。汉陇西郡治，秦昭王二十八年置⑬。应劭曰：有陇坻在其东，故曰陇西也。《神仙传》曰⑭：封君达⑮，陇西人，服炼水银⑯，年百岁，视之如年三十许，骑青牛⑰，故号青牛道士。王莽更郡县之名，郡曰厌戎，县曰操虏也。昔马援为陇西太守六年⑱，为狄道开渠，引水种粳稻⑲，而郡中乐业，即此水也。滥水又西北流，注于洮水。

【注释】

①武始：即武始郡。十六国时期前凉张骏改狄道郡置。治所在狄道县（今甘肃临洮）。

②陇水：即今甘肃临洮东峪沟。源出渭源西南鸟鼠山，西北流至临洮县城北入洮河。

③滥(jiàn)水:即上文的“陇水”,今甘肃临洮东峪沟。

④鸟鼠山:在今甘肃渭源西南十五里。高城岭:在今甘肃渭源西。

⑤陇坻(chí):又称陇坂、陇山、陇首。在今陕西陇县、宝鸡与甘肃清水县、张家川之间。坻,泛指山。

⑥山岸:山崖。崩落:坍塌。

⑦扬雄:一作杨雄。字子云。蜀郡成都(今四川成都)人。西汉文学家。撰有《法言》《太玄》《方言》等。响若坻颓:出自扬雄《解嘲》:“功若泰山,响若坻隤。”

⑧白石山:在今甘肃临洮东。

⑨武街城:在今甘肃临洮东。

⑩《百官表》:即班固《汉书·百官公卿表》。

⑪县有蛮夷谓之道,公主所食曰邑:该句出自班固《汉书·百官公卿表上》:“列侯所食县曰国,皇太后、皇后、公主所食曰邑,有蛮夷曰道。”道、邑,旧时县的别称。

⑫反舌:指语言与汉语不同之少数民族。左衽(rèn):衣襟左掩。为当时夷狄少数民族的装束。衽,衣襟。

⑬秦昭王二十八年:前279年。秦昭王,即战国秦昭襄王嬴则。

⑭《神仙传》:书名。晋葛洪撰。记述远古至魏晋传说中的神仙故事,被后世道家视为必读之书。

⑮封君达:东汉方士。陇西(今甘肃临洮)人。善养生之术,常乘青牛,号“青牛师”。

⑯水银:汞的通称。

⑰青牛:黑牛。因老子乘青牛,后因以青牛为神仙道士之坐骑。

⑱马援:字文渊。扶风茂陵(今陕西兴平)人。新莽末,为新城大尹(汉中太守)。后依附割据陇西的隗嚣。继归刘秀,参加攻灭隗嚣的战争。建武十一年(35),任陇西太守,率军击破先零羌。十七年(41),任伏波将军,镇压交趾郡征侧、征贰起义。因功封新息侯。

⑲粳(jīng)稻:水稻的一种。

【译文】

洮水又往北流经狄道旧城西边,阚骃说:狄道,现在叫武始。洮水从城西北流,又往北流,有陇水注入,陇水就是《山海经》所说的滥水。滥水发源于鸟鼠山西北的高城岭,往西流经陇坻,此山的溪岸发生过大塌方,数百里外都能听到巨响。所以扬雄说:响声有如陇坻崩塌。滥水又往西北流经白石山下,《地理志》说:狄道东边有白石山。滥水又往西北流经武街城南边,又往西北流经狄道旧城东边。《百官表》说:县里有蛮夷的称为道,公主所领称为邑。应劭说:蛮夷说话卷着舌头,衣襟开在左边,和华人不同,要经过翻译才能相互通话。狄道旧城是汉朝陇西郡的治所,设于秦昭王二十八年。应劭说:陇坻在其东,所以叫陇西。《神仙传》说:封君达,陇西人,他以水银炼丹服食,到了一百岁时,看来还像三十左右的样子,他常常骑着青牛,所以号为青牛道士。王莽把郡县改名,郡叫厌戎,县名操虏。从前马援在陇西当了六年太守,为狄道开渠引水种粳稻,一郡百姓都安居乐业,他开的就是这条水。滥水又往西北流,注入洮水。

洮水右合二水,左会大夏川水①。水出西山,二源合舍而乱流②,迳金纽城南③。《十三州志》曰:大夏县西有故金纽城④,去县四十里,本都尉治。又东北迳大夏县故城南。《地理志》,王莽之顺夏。《晋书地道记》曰⑤:县有禹庙⑥,禹所出也。又东北出山,注于洮水。

【注释】

①大夏川水:今洮河支流广通河。

②合舍:水流汇合。

③金纽城:《水经注疏》:"董祐诚曰:当在今河州(今甘肃临夏韩集镇东双城)东南。"

④大夏县:西汉置,属陇西郡。治所即今甘肃广河西阿力麻土东乡族乡古城。西晋初废。十六国时期前凉复置,初属晋兴郡,后为大夏郡治。北魏属金城郡。

⑤《晋书地道记》:书名。又称《晋地道志》《晋地道记》《地道记》。东晋王隐撰。今存清人辑本。

⑥禹庙:《水经注疏》杨守敬按:"盖以金纽与石纽名偶合,故有此说。然禹生石纽,人所知也,禹出金纽,可谓异闻。《金楼子》一亦云,禹长于陇西大夏县。"

【译文】

洮水在右边汇合了两条水,左边汇合了大夏川水。大夏川水发源于西山,两个源头合并后乱流经过金纽城南边。《十三州志》说:大夏县西边有旧金纽城,离县城四十里,原来是都尉治所。又往东北流经大夏县旧城南边。大夏就是《地理志》里王莽的顺夏。《晋书地道记》说:县里有禹庙,是禹出生的地方。又往东北从山间流出,注入洮水。

洮水又北,翼带三水[①],乱流北入河。《地理志》曰:洮水北至枹罕,东入河是也。

【注释】

①翼带:左右引纳。翼,左右两边像翅膀一样。带,引纳。

【译文】

洮水又往北流,在两岸接纳了三条溪涧,乱流往北注入河水。《地理志》说:洮水往北流,到枹罕往东流注入河水。

又东过金城允吾县北[①],

金城郡治也。汉昭帝始元六年置[②],王莽之西海也。莽又更允吾为脩远县。河水迳其南,不在其北,南有湟水出塞外[③]，东迳西王母石室、石釜、西海、盐池北[④]，故阚骃曰：其西即湟水之源也。《地理志》曰：湟水所出。

【注释】

①金城：即金城郡。允吾县：西汉置，为金城郡治。治所在今青海民和回族土族自治县南古鄯镇北古城。

②始元六年：前81年。始元，西汉昭帝刘弗陵的年号（前86—前80）。

③湟水：又名洛都水、乐都水、西宁河。在今青海东部，为黄河上游支流。

④西王母：神话中的女仙。《山海经·西山经》："西王母其状如人，豹尾虎齿而善啸。"西海：即今青海东部之青海湖。古称西海、仙海、鲜水海。北魏始名青海。为我国最大的咸水湖。盐池：即今青海海晏西北尕海。

【译文】

河水又往东流经金城郡允吾县北边，

允吾县是金城郡的治所。金城郡置于汉昭帝始元六年，就是王莽的西海。王莽又把允吾县改名为脩远县。河水流经县南，并不流过县北，南边还有发源于塞外的湟水，往东流经西王母石室、石釜、西海、盐池北边，所以阚骃说：西边就是湟水的源头。《地理志》说：湟水就发源于这里。

湟水又东南流迳龙夷城[①]，故西零之地也[②]。《十三州志》曰：城在临羌新县西三百一十里[③]。王莽纳西零之献，以为西海郡，治此城。

【注释】

①龙夷城：一作龙耆城。即今青海海晏（三角城），西汉末置西海郡于此。

②西零：亦称先零。在今青海西宁一带。

③临羌新县：在西平郡（今青海西宁）西一百八十里。

【译文】

湟水又往东南流经龙夷城，这是旧时西零的地方。《十三州志》说：城在临羌新县以西三百一十里。王莽接受了西零所献之地，立为西海郡，治所就在龙夷城。

湟水又东南迳卑禾羌海北[①]，有盐池。阚骃曰：县西有卑禾羌海者也，世谓之青海，东去西平二百五十里。

【注释】

①卑禾羌海：即今青海东部之青海湖。

【译文】

湟水又往东南流经卑禾羌海北边，有盐池。阚骃说：县西有卑禾羌海，就指盐池，世人叫青海，东距西平二百五十里。

湟水东流迳湟中城北[①]，故小月氏之地也。《十三州志》曰：西平、张掖之间，大月氏之别，小月氏之国。范晔《后汉书》曰[②]：湟中月氏胡者，其王为匈奴所杀，余种分散，西逾葱岭，其弱者南入山，从羌居止，故受小月氏之名也。《后汉·西羌传》曰：羌无弋爰剑者[③]，秦厉公时[④]，以奴隶亡入三河[⑤]，羌怪为神，推以为豪。河、湟之间多禽兽，以射猎为事，遂见敬信，依者甚众。其曾孙忍，因留湟中[⑥]，为湟中羌也。

【注释】

①湟中城：在今青海湟源西北。濒临湟水。

②范晔（yè）：字蔚宗。南朝宋顺阳（今河南淅川）人。仿班固《汉书》

断代史体例，撰成《后汉书》，与《史记》《汉书》《三国志》合称为“前四史”。

③无弋爰剑：亦作袁剑。战国初羌人首领。相传秦厉公时为秦人所俘，以为奴隶。后逃回河、湟（今青海东部）间，教羌人种植、畜牧，被推为部落酋豪。羌人谓奴为“无弋”。以爰剑尝为奴隶，故因名之。

④秦厉公：战国时秦国国君。嬴姓，秦悼公之子。在位期间，始立县制。伐义渠戎，虏其王。

⑤三河：汉时羌人所居黄河、湟水河、大通河（今青海东北部。为湟水支流）的合称。

⑥湟中：指今青海湟水两岸之地。汉时为羌、汉、月氏胡等族杂居处。

【译文】

湟水往东流经湟中城北边，旧时这一带是小月氏地区。《十三州志》说：西平、张掖之间的地带，是大月氏的分支——小月氏国。范晔《后汉书》说：湟中的月氏胡人，国王为匈奴人所杀，残余部族分散了，有的往西越过葱岭，较弱的一批往南进入山间，跟羌人一起居住，所以得了小月氏的称呼。《后汉书·西羌传》说：羌族中有个无弋爰剑，在秦厉公时给人做奴隶，逃亡到三河，羌人觉得他很神异，就推举他为首领。河水、湟水之间禽兽很多，羌人都从事狩猎，于是他就得到人们的尊崇和信赖，投靠他的人很多。他的曾孙名叫忍，就留在湟中，部众就叫湟中羌。

湟水又东，右控四水[①]，导源四溪，东北流注于湟。

【注释】

①控：引纳。

【译文】

湟水又往东流，在右边接纳了四条水，这四条水源出四条溪涧，往东北流，注入湟水。

湟水又东迳赤城北[1]，而东入经戎峡口[2]，右合羌水。水出西南山下，迳护羌城东[3]，故护羌校尉治，又东北迳临羌城西[4]，东北流，注于湟。

【注释】

①赤城：在今青海湟源西五里。

②戎峡口：具体不详。

③护羌城：《水经注疏》："董祐诚曰：城当在今绰罗斯南右翼头旗（今青海共和东北、青海湖东南群科加拉、察汗城、日月山中间地带）东，辉特南旗（今青海共和东）北。"

④临羌城：西汉临羌县的治所。在今青海西宁湟中区北。

【译文】

湟水又往东流经赤城北边，往东流过戎峡口，在右边汇合羌水。羌水发源于西南的山下，流经护羌城东边，从前这里是护羌校尉的治所，又往东北流经临羌城西边，往东北流，注入湟水。

湟水又东迳临羌县故城北，汉武帝元封元年[1]，以封孙都为侯国[2]，王莽之监羌也。谓之绥戎城[3]，非也。

【注释】

①元封元年：前110年。元封，汉武帝刘彻年号（前110—前105）。

②都：汉武帝的孙子刘都。具体不详。

③绥戎城：在今青海湟源西南湟水南岸。

【译文】

湟水又往东流经临羌县旧城北边，汉武帝元封元年，把这里封给他的孙子刘都，立为侯国，就是王莽的监羌。把它称为绥戎城就不对了。

湟水又东，卢溪水注之[①]。水出西南卢川，东北流，注于湟水。

【注释】

①卢溪水：今青海西宁湟中区西北盘道沟水。源出县西南花石山东，北流于湟源东入湟水。

【译文】

湟水又往东流，有卢溪水注入。卢溪水发源于西南方的卢川，往东北流，注入湟水。

湟水又东迳临羌新县故城南。阚骃曰：临羌新县在郡西百八十里[①]，湟水迳城南也。城有东、西门，西北隅有子城[②]。

【注释】

①郡：即西平郡。

②子城：大城所属的小城，即内城及附郭的瓮城或月城。

【译文】

湟水又往东流经临羌新县旧城南边。阚骃说：临羌新县在西平郡西一百八十里，湟水从城南流过。城有东门、西门，西北角有子城。

湟水又东，右合溜溪、伏溜、石杜、蠡四川[①]，东北流注之。左会临羌溪水[②]，水发新县西北，东南流，历县北，东南入湟水。

【注释】

①溜溪、伏溜、石杜、蠡：《水经注疏》："董祐诚曰：四川当在今西宁

县(今青海西宁)西。”

②临羌溪水:今青海西宁湟中区西北西纳川水(水峡河)。源出海晏,东南流至西宁湟中区北多巴镇东注入湟水。

【译文】

湟水又往东流,在右边汇合了溜溪、伏溜、石杜和蠡等四条水,诸水都往东北流注入湟水。左边则汇合了临羌溪水,溪水发源于新县西北,往东南流经县城北边,往东南注入湟水。

湟水又东,龙驹川水注之[①],水右出西南山下,东北流迳龙驹城[②],北流注于湟水。

【注释】

①龙驹川水:即今青海西宁湟中区北石惠沟河。

②龙驹城:在今青海西宁湟中区北镇海村东。

【译文】

湟水又往东流,有龙驹川水注入,川水发源于西南方山下,往东北流经龙驹城,北流注入湟水。

湟水又东,长宁川水注之[①]。水出松山[②],东南流迳晋昌城[③],晋昌川水注之[④]。长宁水又东南,养女川水注之[⑤]。水发养女北山,有二源,皆长湍远发,南总一川,迳养女山,谓之养女川。阚骃曰:长宁亭北有养女岭[⑥],即浩亹山,西平之北山也。乱流出峡,南迳长宁亭东,城有东、西门,东北隅有金城,在西平西北四十里。《十三州志》曰六十里,远矣。长宁水又东南与一水合,水出西山,东南流,水南山上,有风伯祠[⑦],春秋祭之。其水东南迳长宁亭南,东入长宁水。长

宁水又东南流，注于湟水。

【注释】

①长宁川水：今青海西宁及大通回族土族自治县县境北川河。源出大通回族土族自治县西北达阪，东南流至西宁西北入湟河。

②松山：《水经注疏》熊会贞按："西源今出青海和硕特东上旗（今青海祁连、门源回族自治县、海晏三县交界处）东北，曰布库克必拉，山曰莎拉克图山，即松山也。"

③晋昌城：《水经注疏》杨守敬按："城当在今和硕特南左翼末旗（今青海海晏东北、大通回族土族自治县西）北。"

④晋昌川水：《水经注疏》杨守敬按："今水曰沙库克必拉，出和硕特南左翼末（今青海海晏东北、大通回族土族自治县西）北，东流入布库克必拉。"

⑤养女川水：因流经养女山（今青海大通回族土族自治县东）而名。

⑥长宁亭：属西晋长宁县，县治所在今青海大通回族土族自治县东南长宁镇。养女岭：即浩亹（mén）山。在今青海大通回族土族自治县一带。

⑦风伯祠：祭祀传说中风神的祠庙。

【译文】

湟水又往东流，有长宁川水注入。长宁川水发源于松山，往东南流经晋昌城，有晋昌川水注入。长宁水又往东南流，有养女川水注入。养女川水发源于养女北山，有两个源头，都是从远处来的急流，南流合并成一条，流经养女山，称为养女川。阚骃说：长宁亭北边有养女岭，就是浩亹山，是西平的北山。乱流出了山峡，往南流经长宁亭东边，城有东门和西门，东北角有金城，在西平西北四十里。《十三州志》却说六十里，太远了。长宁水又往东南流，和一条溪水汇合，溪水发源于西山，往东南流，南岸山上有风伯祠，每年春秋两季要举行祭祀。溪水往东南流经长宁亭南边，往东注入长宁水。长宁水又往东南流，注入湟水。

湟水又东，牛心川水注之①。水出西南远山，东北流，迳牛心堆东②，又北迳西平亭西③，东北入湟水。

【注释】

①牛心川水：今青海西宁湟中区东之南川河。

②牛心堆：一名牛心山。在今青海西宁湟中区东南，南川河西。

③西平亭：今青海西宁旧城。

【译文】

湟水又往东流，牛心川水注入。牛心川水发源于西南方遥远的山中，往东北流，经过牛心堆东边，又往北流经西平亭西边，往东北注入湟水。

湟水又东迳西平城北，东城，即故亭也①。汉景帝六年②，封陇西太守北地公孙浑邪为侯国③。魏黄初中④，立西平郡，凭倚故亭，增筑南、西、北三城以为郡治。

【注释】

①故亭：即西平亭(今青海西宁旧城)。

②汉景帝六年：前 151 年。汉景帝，西汉皇帝刘启。

③北地：即北地郡。战国秦置。治所在义渠县(今甘肃庆阳东)。西汉移治马领县(今甘肃庆城西北)。东汉又移治富平县(今宁夏吴忠西南)。公孙浑邪：西汉北地义渠(今甘肃庆城附近)人。景帝三年(前 154)任将军，从太尉周亚夫平定吴楚七国之乱，后以功封平曲侯。

④黄初：三国魏文帝曹丕的年号(220—226)。

【译文】

湟水又往东流经西平城北边，东城，就是旧时的亭。汉景帝六年，把这里封给陇西太守北地公孙浑邪，立为侯国。魏黄初年间，设置西平郡，就利用旧时亭址，增筑了南、西、北三面城墙，作为郡治。

湟水又东迳土楼南[①]，楼北倚山原，峰高三百尺，有若削成。楼下有神祠，雕墙故壁存焉[②]。阚骃曰：西平亭北有土楼神祠者也。今在亭东北五里。右则五泉注之，泉发西平亭北，雁次相缀[③]，东北流至土楼南，北入湟水。

【注释】

①土楼：在今青海西宁北。

②雕墙故壁：装饰华美的旧墙壁。

③雁次：像群雁飞行的次序一样。群雁飞行时常排成“人”字形。相缀：相互接连。

【译文】

湟水又往东流经土楼南边，楼北面依山，山峰高三百尺，就像斧削而成似的。楼下有神庙，只留下些雕墙残壁了。阚骃说：西平亭北边有土楼神祠，就指的是这里。现在此祠在亭的东北五里。右边有五条泉水注入，这些泉水发源于西平亭北边，依次汇合在一起，往东北流到土楼南边，往北注入湟水。

湟水又东，右合葱谷水[①]。水有四源，各出一溪，乱流注于湟。

【注释】

①葱谷水：今青海互助土族自治县南沙棠（塘）川河。

【译文】

湟水又往东流，在右边汇合了葱谷水。葱谷水有四个源头，各从一条溪涧流出，乱流注入湟水。

湟水又东迳东亭北[①]，东出漆峡[②]，山峡也。东流，右则漆谷常溪注之[③]，左则甘夷川水入焉[④]。

【注释】

①东亭：即上文的东城、西平亭(今青海西宁旧城)。

②漆峡：即今青海西宁东、平安西北小峡镇。

③漆谷常溪：即今青海西宁湟中区东北小南川河。源出拉脊山大南峡，北流至平安西三十里铺注入湟水。

④甘夷川水：今青海互助土族自治县东南哈拉直沟。

【译文】

湟水又往东流经东亭北边，往东流出漆峡，这是一条山峡。又往东流，右边有漆谷常溪注入，左边有甘夷川水注入。

湟水又东，安夷川水注之[①]。水发远山，西北流，控引众川，北屈迳安夷城西北[②]，东入湟水。

【注释】

①安夷川水：今青海海东平安区西南祁家川水(三合沟)。为湟水支流。

②安夷城：安夷县治所，在今青海海东平安区西。

【译文】

湟水又往东流，安夷川水注入。安夷川水发源于很远的山间，往西北流，接纳了许多溪流，折向北边流经安夷城西北，往东注入湟水。

湟水又东迳安夷县故城[①]，城有东、西门，在西平亭东七十里。阚骃曰四十里。

【注释】

①安夷县：西汉置，属金城郡。治所在安夷城（今青海海东平安区西）。东汉建初元年（76），护羌校尉居此。晋属西平郡。故城：即安夷城。

【译文】

湟水又往东流经安夷县旧城，城有东、西两座城门，在西平亭东七十里。阚骃却说只有四十里。

湟水又东，左合宜春水[①]。水出东北宜春溪[②]，西南流至安夷城南，入湟水。

【注释】

①宜春水：今青海互助土族自治县东南红崖子沟。

②宜春溪：在宜春水东北。

【译文】

湟水又往东流，在左边汇合了宜春水。宜春水发源于东北边的宜春溪，往西南流到安夷城南边，注入湟水。

湟水又东，勒且溪水注之[①]。水出县东南勒且溪[②]，北流迳安夷城东，而北入湟水。湟水有勒且之名[③]，疑即此号也。阚骃曰：金城河初与浩亹河合[④]，又与勒且河合者也。

【注释】

①勒且溪水：今青海海东平安区南沙沟河。东汉时为勒姐羌居处。

②勒且溪：在当时安夷县（今青海海东平安区西）东南。

③勒且：此地在东汉时为勒姐羌居处。勒且，又作勒姐、牢姐。

④金城河：积石（一名大积石山。即今青海东南部阿尼玛卿山）之黄河。浩亹（mén）河：今甘肃兰州和榆中境内之大通河。

【译文】

湟水又往东流，勒且溪水注入。溪水发源于县城东南的勒且溪，往北流经安夷城东边，然后往北注入湟水。湟水又名勒且水，想来就是由此水而来的。阚骃说：金城河先与浩亹河汇合，再与勒且河汇合。

湟水又东，左则承流谷水南入[1]，右会达扶东、西二溪水，参差北注，乱流东出，期顿、鸡谷二水北流注之[2]。又东，吐那孤、长门两川，南流入湟水。六山，名也[3]。

【注释】

①承流谷水：当今青海海东乐都区西北之水磨沟。

②“右会达扶东、西二溪水”几句：《水经注疏》：“董祐诚曰：诸水当并在今碾伯县（今青海海东乐都区碾伯镇）西境，湟水左右。”陈桥驿按，对于这类非汉语地名，我们仅知吐那孤长门是两条河流，但这五字间的句读却是个问题。清何焯校本在此下加注说：“句读未详。”但顾炎武《天下郡国利病书》卷六四说：“吐那孤川在卫治东湟水北。”又乾隆《西宁府新志》卷五也作吐那孤川、长门川，所以据此标点。

③六山，名也：《水经注疏》：“戴移此，云：考上六水出六山之溪谷，皆举山以名其水，故总释之，亦《注》内之小注。”

【译文】

湟水又往东流，左边有承流谷水往南注入，右边汇合了达扶东溪和达扶西溪，这两条水参差北注，乱流往东奔去，期顿、鸡谷两条水北流注入。又往东流，吐那孤、长门两条水往南流注入湟水。这六条水是以发源地的六座山来命名的。

湟水又东迳乐都城南[①]，东流，右合来谷、乞斤二水[②]，左会阳非、流溪、细谷三水[③]，东迳破羌县故城南[④]。应劭曰：汉宣帝神爵二年置，城省南门。《十三州志》曰：湟水河在南门前东过，六谷水自南[⑤]，破羌川自北[⑥]，左右翼注。

【注释】

①乐都城：今青海海东乐都区。

②来谷水：今青海海东乐都区东瞿昙河（岗子沟）。乞斤水：今青海海东乐都区东双塔沟水，北流入湟水。

③阳非、流溪、细谷三水：《水经注疏》："董祐诚曰：诸水并当近今碾伯县（今青海海东乐都区碾伯镇）治。"

④破羌县：西汉神爵二年（前60）置，属金城郡。治所在今青海海东乐都区东南湟水北岸。

⑤六谷水：在今青海海东乐都区东。

⑥破羌川：在今青海海东乐都区东。

【译文】

湟水又往东流经乐都城南边，往东流，右边与来谷水和乞斤水汇合，左边则汇合阳非、流溪、细谷三条水，往东流过破羌县老城南边。应劭说：破羌县是汉宣帝神爵二年所置，县城没有南门。《十三州志》说：湟水河往东流过南门前，来自南方的六谷水，来自北方的破羌川，从左右两侧注入。

湟水又东南迳小晋兴城北[①]，故都尉治。阚骃曰：允吾县西四十里有小晋兴城。

【注释】

①小晋兴城：即晋兴郡治晋兴县。西晋永嘉五年（311）前凉张轨置，为晋兴郡治。治所在今青海民和回族土族自治县西北湟水南岸。

【译文】

湟水又往东南流经小晋兴城北边，旧时这里是都尉治所。阚骃说：允吾县西四十里有小晋兴城。

湟水又东与閤门河合，即浩亹河也。出西塞外，东入塞，迳敦煌、酒泉、张掖南，东南迳西平之鲜谷塞尉故城南①，又东南与湛水合②。水有二源，西水出白岭下③，东源发于白岸谷，合为一川。东南流至雾山④，注閤门河。閤门河又东迳养女北山东南⑤，左合南流川水。水出北山，南流入于閤门河。閤门河又东迳浩亹县故城南⑥，王莽改曰兴武矣。阚骃曰：浩，读閤也，故亦曰閤门水，两兼其称矣⑦。又东流注于湟水。故《地理志》曰：浩亹水东至允吾入湟水。

【注释】

①鲜谷塞：《水经注疏》杨守敬按："称西平之鲜谷塞，则当在今青海东北，南接西宁之大通，北接甘州之张掖境。盖张掖河即鲜水，鲜谷即鲜水所出之谷也。"

②湛水：《水经注疏》熊会贞按："今张掖县东南青海境，有阿木尼冈噶尔山，盖即白岭。有水自山南流入大通河，盖即湛水。"

③白岭：又名白草岭。在今青海祁连山境。

④雾山：《水经注疏》熊会贞按："当在阿木尼冈噶尔山（今青海大通回族土族自治县北）南，大通河滨。"

⑤养女北山：今青海大通回族土族自治县东，东峡河流经的元朔山。

⑥浩亹（mén）县：西汉置，属金城郡。治所在今甘肃永登西南河桥镇。

⑦两兼其称：指閤门水和浩亹县都以"浩亹"为名。

【译文】

湟水又往东流，与阁门河汇合——阁门河就是浩亹河。阁门河发源于西塞外，往东流入塞内，流经敦煌、酒泉、张掖南边，往东南流经西平郡的鲜谷塞尉老城南边，又往东南与湛水汇合。湛水有两个源头：西边一支发源于白岭山下，东边的源头出自白岸谷，汇合成一条水。水往东南流到雾山，注入阁门河。阁门河又往东流经养女北山，往东南流，左边与南流川水汇合。川水发源于北山，南流注入阁门河。阁门河又往东流经浩亹县旧城南边，王莽改名为兴武。阚骃说，浩，读作阁，所以也叫阁门水，两个名称可以兼用。阁门水又往东流，注入湟水。所以《地理志》说：浩亹水东流到允吾，注入湟水。

湟水又东迳允吾县北为郑伯津①，与涧水合②。水出令居县西北塞外③，南流迳其县故城西。汉武帝元鼎二年置，王莽之罕虏也。又南迳永登亭西④，历黑石谷南流⑤，注郑伯津。

【注释】

①郑伯津：在当时允吾县（今青海民和回族土族自治县南古鄯镇北古城）一带。

②涧水：水源出令居县（今甘肃永登城附近）西北塞外，南流经县城西，向南经永登亭（今甘肃永登）西，历经黑石谷（今甘肃永登西），南流注郑伯津。

③令居县：汉武帝元鼎二年（前115）置，属张掖郡。治所在今甘肃永登县城附近。

④永登亭：在今甘肃永登。

⑤黑石谷：《水经注疏》："董祐诚曰：当在今庄浪厅（今甘肃永登南）西。"

【译文】

湟水又往东流经允吾县北边，就是郑伯津，与涧水相汇合。涧水发源于令居县西北的塞外，往南流经令居县旧城西边。令居县设置于汉武帝元鼎二年，就是王莽的罕虏。又南经永登亭西边，穿过黑石谷往南流，注入郑伯津。

湟水又东迳允街县故城南[①]，汉宣帝神爵二年置，王莽之脩远亭也。县有龙泉[②]，出允街谷[③]。泉眼之中，水文成交龙[④]，或试挠破之，寻平成龙。畜生将饮者，皆畏避而走，谓之龙泉，下入湟水。

【注释】

①允街县：西汉宣帝神爵二年（前60）置，属金城郡。治所在今甘肃兰州西北红古区花庄镇。

②龙泉：在今甘肃永登南。为湟水下游支流。

③允街谷：在当时的允街县。

④水文：水的波纹。交龙：相互缠绕的龙。

【译文】

湟水又往东流经允街县旧城南边，允街县设置于汉宣帝神爵二年，就是王莽的脩远亭。县里有龙泉，发源于允街谷。泉眼中间涟漪轻漾，交织成龙纹，如果把它搅乱，一会儿水平静后仍旧成为龙纹。牲口刚想要喝水，一见龙纹就吓跑了，因而叫龙泉，下游注入湟水。

湟水又东迳枝阳县[①]，逆水注之[②]。水出允吾县之参街谷[③]，东南流迳街亭城南[④]，又东南迳阳非亭北[⑤]，又东南迳广武城西[⑥]，故广武都尉治。郭淮破叛羌治无戴[⑦]，于此处也。城之西南二十许里，水西有马蹄谷[⑧]。汉武帝闻大宛有天马[⑨]，遣李广利伐之[⑩]，始得此马，有角为奇。故汉武帝《天马之歌》曰[⑪]：天马来兮历无草，迳千里兮循东道。胡马感北风之思[⑫]，遂顿羁绝绊[⑬]，骧首而驰[⑭]。晨发京城[⑮]，夕至敦煌北塞外，长鸣而去，因名其处曰候马亭[⑯]。今晋昌郡南及广武马蹄谷盘石上[⑰]，马迹若践泥中，有自然之形，故其俗号曰天马径。夷人在边效刻，是有大小之迹，体状不同，视之便别。逆水又东迳枝阳县故城南，东南入于湟水。《地理志》曰：逆水出允吾东，至枝阳入湟。

【注释】

①枝阳县：西汉置，属金城郡。治所在今甘肃永登南苦水镇庄浪河东岸。

②逆水：即庄浪河。在今甘肃中部。源出甘肃、青海两省边境冷龙岭东坡，东南流经天祝藏族自治县和永登南，至兰州西河口入黄河。

③允吾：当为允街。译文从之。

④街亭城：《水经注疏》："董祐诚曰：当在今平番县（今甘肃永登）西北。"

⑤阳非亭：在今甘肃永登西。

⑥广武城：十六国时期后秦置广武县治所。在今甘肃永登。

⑦治无戴：三国时凉州胡王。初归顺魏国，正始八年（247）率部落降于蜀国，被安置于繁县，被魏将郭淮击败。

⑧马蹄谷：《水经注疏》熊会贞按："当在今平番县西南。"

⑨天马：宝马。

⑩李广利：中山（今河北定州）人。汉武帝李夫人之兄，武帝时为贰师将军。西伐大宛，以功封海西侯。后复击匈奴，兵败而降，为单

于所杀。

⑪《天马之歌》:汉郊祀乐歌名。歌词见《礼乐志》,又见《乐府诗集》的《郊庙歌辞》,分前后两段。据《武帝纪》等记载,元鼎四年(前113)秋,得乌孙马,马生渥洼水(在今甘肃瓜州境,党河之支流)中,视为神马,因名曰天马,并作《天马之歌》以示庆贺,即歌词之前段。太初四年(前101)春,又获大宛汗血马,益壮,于是更名乌孙马曰西极,名大宛马曰天马,并作《西极天马之歌》,即歌词之后段。

⑫胡马:泛指产在西北民族地区的马。

⑬顿羁(jī):挣断马络头。顿,通“扽”。绝绊:断绝缰绳。绊,马缰绳。

⑭骧(xiāng)首:昂首。骧,高昂,高举。

⑮京城:此指西汉都城长安。

⑯候马亭:在今甘肃永登西南。一说在今兰州西北。

⑰晋昌郡:西晋元康五年(295)置,属凉州。治所在冥安县(今甘肃瓜州东南锁阳城)。广武:即广武县。十六国时期后秦置。治所在广武城(今甘肃永登)。盘石:大石。

【译文】

湟水又往东流经枝阳县,逆水注入。逆水发源于允街县的参街谷,往东南流经街亭城南边,又往东南流经阳非亭北边,又往东南流经广武城西边,这就是旧时的广武都尉治所。郭淮打垮反叛的羌人治无戴,就在这里。此城西南二十来里,水西有马蹄谷。汉武帝听说大宛有天马,就派遣李广利出兵征伐,这才得到了天马,天马的奇处是有角。所以汉武帝《天马之歌》说:天马来呵,驰过无草之地,沿着东道呵,奔驰千里。北风飒起,胡马顿感忧伤,于是就挣断缰绳,昂首奔驰。早晨从京城出发,晚上就到敦煌北边的塞外,长嘶一声而去,因此把这地方叫候马亭。现在晋昌郡南边和广武马蹄谷的大石上,还留有马脚印,像是在泥中踏成似的,形状十分自然,所以当地民间称之为天马径。夷人在旁边仿刻了一些,有大有小,形状不同,一看就分辨得出来。逆水又往东流经枝阳县老城南边，往东南注入湟水。《地理志》说：逆水发源于允吾东，流到枝阳注入湟水。

湟水又东流，注于金城河①，即积石之黄河也。阚骃曰：河至金城县，谓之金城河，随地为名也②。释氏《西域记》曰：牢兰海东伏流龙沙堆③，在屯皇东南四百里阿步干鲜卑山④。东流至金城为大河。河出昆仑，昆仑即阿耨达山也⑤。

【注释】

①金城河：即黄河在金城（今甘肃兰州）附近的河段。

②"河至金城县"几句：见阚骃《十三州志》。金城县，西汉置，属金城郡。治所即今甘肃兰州城关区。

③牢兰海：即盐泽。今新疆罗布泊。伏流：即潜流，水在地下流动。龙沙堆：即白龙堆沙漠。在今新疆罗布泊以东至甘肃敦煌间。为雅丹地貌。

④屯皇：即敦煌。阿步干鲜卑山：鲜卑语山名。

⑤阿耨（nòu）达山：阿耨达为梵文音译，意译为"不热的地方"。阿耨达山是一个泛指的山名，在古代梵文中通常指西藏高原。

【译文】

湟水又往东流，注入金城河，就是积石的黄河。阚骃说：河水到了金城县，称为金城河，是随着所经之地而取的河名。释氏《西域记》说：牢兰海东边，河水在地下潜流于龙沙堆，这地方在屯皇东南四百里的阿步干——这是鲜卑山名。往东流到金城就是大河。大河发源于昆仑，昆仑就是阿耨达山。

河水又东迳石城南，谓之石城津①。阚骃曰：在金城西北矣。

【注释】

①石城津:古地名。在今甘肃永靖北盐锅峡镇小茨村北、湟水入河口东的黄河边上。

【译文】

河水又往东流经石城南边,称为石城津。阚骃说:石城津在金城西北。

河水又东南迳金城县故城北。应劭曰:初筑城得金,故曰金城也。《汉书集注》薛瓒云[①]:金者,取其坚固也,故《墨子》有金城汤池之言矣[②]。王莽之金屏也。《世本》曰[③]:鲧作城[④]。《风俗通》曰:城,盛也,从土成声[⑤]。《管子》曰[⑥]:内为之城,城外为之郭[⑦],郭外为之土阆[⑧]。地高则沟之,下则堤之,命之曰金城。《十三州志》曰:大河在金城北门[⑨]。东流,有梁泉注之[⑩],出县之南山。按耆旧言[⑪]:梁晖,字始娥,汉大将军梁冀后[⑫]。冀诛,入羌。后其祖父为羌所推为渠帅[⑬],而居此城。土荒民乱,晖将移居枹罕[⑭],出顿此山[⑮],为群羌围迫,无水,晖以所执榆鞭竖地[⑯],以青羊祈山,神泉涌出,榆木成林。其水自县北流注于河也。

【注释】

①《汉书集注》薛瓒云:郑德坤《水经注引书考》认为此注作薛瓒,未知郦氏何据?

②故《墨子》有金城汤池之言矣:今本《墨子》无此文。

③《世本》:书名。撰者不详,成书时代亦不可考。该书记录自黄帝以来至春秋帝王公卿大夫的氏姓、世系、都邑、制作等。

④鲧(gǔn):古人名,传说是大禹的父亲。

⑤“城”几句:《风俗通》之说解与许慎之说不同。《说文解字·土部》:

“城，以盛民也。从土成，成亦声。”亦声，是说“城”为“六书”中“形声兼会意”的字。这里的“盛”是释义，“从土成声”是说“城”字的形符为“土”，声符为“成”。

⑥《管子》：书名。相传为春秋时期齐国管仲撰，实系后人托名于他的著作。约成书于战国至秦汉时期。内容庞杂，包含有道、名、法等家的思想以及天文、历数、舆地、经济和农业等知识。

⑦郭：外城，古代在城的外围加筑的一道城墙。

⑧土阆（làng）：城郭外的土壕。

⑨大河：指金城河。

⑩梁泉：在今甘肃兰州南。

⑪耆（qí）旧：老人。耆，老人。

⑫梁冀：字伯卓。安定乌氏（今宁夏固原东南）人。大将军梁商之子。梁商卒后继任大将军。执政达二十余年，先后立冲、质、桓三帝。在任骄奢横暴，杀人无度，广建苑囿。后桓帝与中常侍单超等五人定议灭梁氏，冀被围捕自杀。

⑬渠帅：首领。

⑭移居：迁居。枹罕：即枹罕县。秦置，属陇西郡。治所在今甘肃临夏（韩集镇）东南双城村双城古城。西汉改属金城郡。东汉复属陇西郡。

⑮顿：止。

⑯榆鞭：榆树枝条做的鞭子。

【译文】

河水又往东南流经金城县老城北边。应劭说：开始筑城时掘到黄金，所以叫金城。在《汉书集注》中，薛瓒说：以金为名，是取其坚固的意思，所以《墨子》有金城汤池的说法。金城就是王莽的金屏。《世本》说：是鲧筑的城。《风俗通》说：城是盛的意思，偏旁从土，读作成。《管子》说：里面筑的是城，城外筑的是郭，郭外筑的是土壕。地势高的地方就开沟，低的地方就筑堤，名为金城。《十三州志》说：大河在金城北门。河水往东流，有梁泉注入，梁泉发源于县内的南山。据老人们说：梁晖，字始娥，是汉朝大将军梁冀的后裔。梁冀被杀后，子孙迁居于羌人地区。后来梁晖的祖父受羌人推戴，当了首领，住在这座城中。到了梁晖时，土地荒芜，百姓作乱，梁晖打算迁居到枹罕去，动身出城，在这座山上歇宿，被成群的羌人包围进逼，山上无水，他把手中握着的榆树鞭子竖在地上，用青羊来祭山祈祷，于是神泉涌出，榆树后来也发展成林了。梁泉从县城往北流，注入大河。

又东过榆中县北[①]，

昔蒙恬为秦北逐戎人[②]，开榆中之地[③]。按《地理志》，金城郡之属县也。故徐广《史记音义》曰[④]：榆中在金城，即阮嗣宗《劝进文》所谓榆中以南者也[⑤]。

【注释】

①榆中县：西汉置，属金城郡。治所在今甘肃榆中西北。西晋为金城郡治。

②蒙恬：秦朝将领。父祖皆秦名将。秦兼并天下后，使蒙恬带领三十万人击退匈奴，并修筑长城，西起临洮，东到辽东，绵延万里。秦二世即位后，为赵高所陷害，被迫自杀。戎人：泛指西北少数民族。

③榆中：古地区名。今甘肃榆中一带。

④徐广《史记音义》：徐广，字野民。东莞姑幕（今山东诸城北）人。晋、宋间史学家、辞赋家。其《史记音义》，随文释义，兼述训解，多有发明。

⑤阮嗣宗：即阮籍，字嗣宗。陈留尉氏（今河南尉氏）人。三国魏文学家、玄学家。崇尚《老》《庄》。与嵇康、刘伶等被时人称为竹林七贤。其《咏怀诗》《大人先生传》等颇著名。

【译文】

河水又往东流过榆中县北边，

从前蒙恬为秦朝北征，驱逐戎人，开辟了榆中这片地方。按照《地理志》，榆中是金城郡的属县。所以徐广《史记音义》说：榆中在金城，就是阮嗣宗《劝进文》中所说的榆中以南。

又东过天水北界[①]，

苑川水出勇士县之子城南山[②]，东北流，历此成川，世谓之子城川[③]。又北迳牧师苑[④]，故汉牧苑之地也[⑤]。羌豪迷吾等万余人[⑥]，到襄武、首阳、平襄、勇士[⑦]，抄此苑马[⑧]，焚烧亭驿[⑨]，即此处也。又曰：苑川水地，为龙马之沃土[⑩]，故马援请与田户中分以自给也。有东、西二苑城，相去七十里。西城，即乞佛所都也[⑪]。又北入于河也。

【注释】

①天水：即天水郡。西汉元鼎三年（前114）置。治所在平襄县（今甘肃通渭）。

②苑川水：即今甘肃榆中境内苑川河。勇士县：西汉置，属天水郡。治所在今甘肃榆中东北夏官营上堡子城。子城：即子城县。西魏置，为金城郡治。治所在今甘肃兰州城关区。

③子城川：当在今甘肃榆中一带。

④牧师苑：西汉置。在今甘肃榆中西北。

⑤牧苑：牧场。

⑥羌豪迷吾：东汉时烧当羌首领。汉章帝时几度归降，旋复叛之。章和元年（87），伏击护羌校尉傅宜。不久，为新任护羌校尉张纡诱杀。

⑦襄武：即襄武县。西汉置，属陇西郡。治所在今甘肃陇西东南五里。首阳：即首阳县。西汉置，属陇西郡。治所在今甘肃渭源东北渭水北岸。平襄：即平襄县。西汉置，为天水郡治。治所在今甘肃通渭。东汉属汉阳郡。北魏废。勇士：即勇士县。

⑧抄：夺取，掠取。

⑨亭驿：古代供传递文书的人或过往旅客中途更换马匹或休息、住宿的地方。

⑩龙马：骏马。

⑪乞佛：指鲜卑人乞伏国仁、乞伏乾归。《水经注疏》陈桥驿复校："'乞佛所都'下抄脱董氏说：'《十六国春秋》，乞伏国仁置苑川郡，乞伏乾归自金城迁都西城，二城当在今金县界中。'校补。"

【译文】

河水又往东流过天水郡北部边界，

苑川水发源于勇士县的子城南山，往东北流经此成川，世人称之为子城川。苑川水又往北流经牧师苑，就是从前汉时的牧苑地方。羌族首领迷吾等万余人，到了襄武、首阳、平襄、勇士等地，掠夺了苑里的马匹，焚烧了亭和驿站，就是这地方。又说：苑川水地区是龙马的沃土，所以马援请求与田户平分以自给。这里有东、西两座城，相距七十里。西城，就是乞佛建都的地方。苑川水又往北流，注入河水。

又东北过武威媪围县南①，

河水迳其界东北流。县西南有泉源，东迳其县南，又东北入河也。

【注释】

①武威：即武威郡。西汉元狩二年（前121）置。治所在姑臧县（今甘肃武威）。媪（ǎo）围县：西汉置，属武威郡。治所在今甘肃景

泰东南芦阳镇的吊沟故城。

【译文】

河水又往东北流过武威郡媪围县南边，

河水经过媪围县边界往东北流。媪围县西南有泉源，往东流经县南，又往东北流，注入河水。

又东北过天水勇士县北，

《地理志》曰：满福也①，属国都尉治②，王莽更名之曰纪德。有水出县西，世谓之二十八渡水③。东北流，溪涧萦曲，途出其中，迳二十八渡④，行者勤于溯涉⑤，故因名焉。北迳其县而下注河。又有赤晔川水⑥，南出赤蒿谷⑦，北流迳赤晔川，又北迳牛官川⑧。又北迳义城西北⑨，北流历三城川⑩，而北流注于河也。

【注释】

①满福：隶属古勇士县的另外一城，为当时的属国都尉治。当在今甘肃榆中一带。

②属国都尉：官名。汉武帝时置。分治所属县，职掌与郡守同。

③二十八渡水：《水经注疏》："董祐诚曰：水当在今金县（今甘肃榆中）东北。"

④二十八渡：黄河古渡口。即今甘肃榆中东北青城镇的大川渡。

⑤溯涉：渡河。溯，渡水。

⑥赤晔（yè）川水：水当在今甘肃榆中、靖远一带。赤晔川，当在今甘肃榆中、靖远一带。

⑦赤蒿谷：当在今甘肃榆中、靖远一带。

⑧牛官川：当在今甘肃榆中、靖远一带。

⑨义城:《水经注疏》杨守敬按:"城当在今靖远县(今甘肃靖远)南。"

⑩三城川:当在今甘肃榆中、靖远一带。

【译文】

河水又往东北流过天水郡勇士县北边,

《地理志》说:满福,是属国都尉治所,王莽改名为纪德。有一条水发源于县西,人们称之为二十八渡水。水往东北流,溪涧弯弯曲曲,道路穿过其间,要过二十八渡口,行人忙于涉水,因此把它叫二十八渡水。水往北流过勇士县,下注河水。又有赤晔川水,发源于南边的赤蒿谷,往北流经赤晔川,又往北流经牛官川。又往北流经义城西北,往北流经三城川,然后往北注入河水。

又东北过安定北界麦田山[①],

河水东北流,迳安定祖厉县故城西北[②]。汉武帝元鼎三年,幸雍[③],遂逾陇登空同[④],西临祖厉河而还[⑤],即于此也。王莽更名之曰乡礼也。李斐曰[⑥]:音赖。又东北,祖厉川水注之。水出祖厉南山,北流迳祖厉县而西北流,注于河。

【注释】

①安定:即安定郡。西汉元鼎三年(前114)分北地郡置。治所在高平县(今宁夏固原)。麦田山:即今甘肃靖远西北的哈思山。

②祖厉县:西汉置,属安定郡。治所在今甘肃靖远西南平堡乡驻地平滩堡。

③幸:古代称帝王亲临。雍:春秋秦国都。后置县。治所在今陕西凤翔西南七里南古城。

④陇:即陇山。在今陕西陇县、宝鸡与甘肃清水县、张家川回族自治县之间。空同:一作空峒山、崆峒山。即今宁夏南部、甘肃东南之

六盘山。

⑤祖厉河：又名南河。即今甘肃靖远、会宁二县境之祖厉河。源出今会宁南华家岭，北流至靖远入黄河。

⑥李斐：颜师古《汉书·叙例》："李斐，不详所出郡县。"《汉书》颜师古注中多采录李斐的《汉书注》。

【译文】

河水又往东北流过安定郡北部边界的麦田山，

河水往东北流经安定郡祖厉县旧城西北。汉武帝于元鼎三年巡行雍州，越过陇山，登上空同山，往西到祖厉河边才回来，就是这地方。王莽改名为乡礼。李斐说：祖厉的厉，音赖。又往东北流，祖厉川水注入。川水发源于祖厉南山，往北流经祖厉县，往西北流，注入河水。

河水又东北迳麦田城西①，又北与麦田泉水合②。水出城西北，西南流注于河。

【注释】

①麦田城：在今甘肃白银东北平川区水泉镇黄湾中村。

②麦田泉水：即今甘肃白银东北平川区水泉镇境的水泉沙河。

【译文】

河水又往东北流经麦田城西边，又往北流，与麦田泉水汇合。麦田泉水从麦田城西北出来，往西南流，注入河水。

河水又东北迳麦田山西谷，山在安定西北六百四十里。

【译文】

河水又往东北流，穿过麦田山西麓的山谷，麦田山在安定西北六百四十里。

河水又东北迳于黑城北[①]，又东北，高平川水注之，即苦水也[②]，水出高平大陇山苦水谷[③]。建武八年[④]，世祖征隗嚣[⑤]，吴汉从高平第一城苦水谷入[⑥]，即是谷也。东北流迳高平县故城东，汉武帝元鼎三年置，安定郡治也。王莽更名其县曰铺睦。西十里有独阜，阜上有故台，台侧有风伯坛，故世俗呼此阜为风堆[⑦]。其水又北，龙泉水注之[⑧]，水出县东北七里龙泉。东北流，注高平川。

【注释】

①于黑城：《水经注疏》："董祐诚曰：当在今中卫县（今宁夏中卫）南。"

②苦水：亦称高平川水。即今宁夏南部清水河。

③高平：即高平县。西汉元鼎三年（前114）置，为安定郡治。治所在今宁夏固原。大陇山：亦称空同山。

④建武八年：32年。建武，东汉光武帝刘秀的年号（25—57）。

⑤世祖：即东汉光武帝刘秀。隗嚣（wěi áo）：字季孟。天水成纪（今甘肃静宁西南）人。王莽末，据陇西，称西州上将军。归光武帝刘秀，后叛归附公孙述。刘秀西征，隗嚣奔西城而死。

⑥吴汉：字子颜。南阳宛（今河南南阳）人。更始初，为安乐令。后归光武帝刘秀，拜偏将军，勇鸷有智谋。伐蜀与公孙述战，灭公孙述。位至大司马，封广平侯。高平第一城：西汉高平县城。即今宁夏固原城。当时因城险要而号称第一城。

⑦风堆：即风伯坛。在今宁夏固原西。

⑧龙泉水：在今宁夏固原东北。

【译文】

河水又往东北流经于黑城北边，又往东北流，高平川水注入，高平川水就是苦水，发源于高平大陇山的苦水谷。建武八年，世祖讨伐隗嚣，吴汉从高平第一城苦水谷进入，就是这山谷。苦水往东北流经高平县老城东边，高平县设置于汉武帝元鼎三年，是安定郡的治所。王莽改县名为铺睦。西边十里有座孤丘，丘上有座旧台，台旁有风伯坛，所以人们把这座土丘叫风堆。苦水又往北流，龙泉水注入，龙泉水发源于高平县东北七里的龙泉。龙泉水往东北流，注入高平川。

川水又北出秦长城[①]，城在县北一十五里。又西北流，迳东、西二土楼故城门北[②]，合一水。水有五源，咸出陇山西。东水发源县西南二十六里湫渊[③]，渊在四山中。湫水北流，西北出长城北，与次水会[④]。水出县西南四十里长城西山中，北流迳魏行宫故殿东[⑤]，又北，次水注之。出县西南四十里山中，北流迳行宫故殿西。又北合次水。水出县西南四十八里，东北流，又与次水合。水出县西南六十里酸阳山[⑥]，东北流，左会右水，总为一川，东迳西楼北，东注苦水。段颎为护羌校尉，于安定高平苦水讨先零[⑦]，斩首八千级于是水之上。苦水又北与石门水合[⑧]。水有五源，东水导源高平县西八十里，西北流，次水注之。水出县西百二十里如州泉[⑨]，东北流，右入东水，乱流左会三川，参差相得，东北同为一川，混涛历峡。峡，即陇山之北垂也，谓之石门口[⑩]，水曰石门水，在县西北八十余里。石门之水又东北注高平川。

【注释】

①秦长城：秦始皇灭六国完成统一后，为了防御北方匈奴南侵，于前214年将秦、赵、燕三国的北边长城予以修缮，连贯为一，西起临洮，东到辽东，史称万里长城。

②土楼故城:《水经注疏》:“(董祐诚)谓城当在今固原州(今宁夏固原)北。”

③湫渊:一名朝那湫。在今宁夏固原西南。

④次水:《水经注疏》:“董祐诚曰:今硝河,出固原州西北。”

⑤魏行宫故殿:《水经注疏》:“董祐诚曰:当在今固原州西北硝河上。”行宫,古代京城外供帝王出行居住的宫殿。

⑥酸阳山:《水经注疏》:“董祐诚曰:今大黑河(今宁夏固原之中河)出小黑河之西。”

⑦先零:汉代羌族的一支。又称先零羌。最初居于今甘肃、青海的湟水流域,后渐与西北各族融合。

⑧石门水:即今宁夏固原西北之中河。

⑨如州泉:今宁夏固原一带。

⑩石门口:即须弥山。在今宁夏固原西北九十里。

【译文】

高平川水又往北流出秦时的长城,长城在县北十五里。又往西北流,经东、西两座土楼的老城门,北流汇合了一条水。这条水有五个源头,都发源于陇山西麓。东水发源于高平县西南二十六里的湫渊,渊在四面环山之中。湫水往北流,往西北流出长城北边,与次水汇合。这条水发源于高平县西南四十里长城以西的山中,往北流经魏行宫故址东边,又往北流,又一条水注入。这条水发源于高平县西南四十里的山中,往北流经行宫故址的西边。又往北流,汇合了又一条水。这条水发源于高平县西南四十八里,往东北流,又与另一条水汇合。这条水发源于高平县西南六十里的酸阳山,往东北流,在左边和右水汇合,并成一条,往东流经西楼北边,往东注入苦水。段颎当护羌校尉,在安定郡高平县的苦水上讨伐先零,就在这条水上杀了八千人。苦水又往北流,与石门水汇合。石门水有五个源头,东边的水发源于高平县以西八十里,往西北流,又一条水注入。这条水发源于高平县以西一百二十里的如州泉,往东北流,在右侧接纳东水，形成多股乱流，又在左侧接纳了三条河流，这三条河流先后注入，向东北汇合为一条河流，滔滔奔流经过山峡。这条山峡就是陇山的北端，称为石门口，水就称为石门水，在高平县西北八十余里。石门水又往东北注入高平川。

川水又北，自延水注之[①]。水西出自延溪，东流历峡，谓之自延口，在县西北百里。又东北迳延城南[②]，东入高平川。

【注释】

①自延水：在今宁夏海原东北。

②延城：《水经注疏》："董祐诚曰：城当在今固原州（今宁夏固原）北。"

【译文】

高平川水又往北流，自延水注入。自延水发源于西边的自延溪，往东穿过山峡，峡口称为自延口，在高平县西北一百里。又往东北流经延城南边，往东注入高平川。

川水又北迳廉城东[①]，按《地理志》，北地有廉县[②]。阚骃言，在富平北[③]。自昔匈奴侵汉，新秦之土[④]，率为狄场[⑤]，故城旧壁，尽从胡目，地理沦移[⑥]，不可复识，当是世人误证也。

【注释】

①廉城：在今宁夏贺兰西北洪广镇（暖泉）附近。

②北地：即北地郡。廉县：西汉置，属北地郡。治所在廉城。

③富平：即富平县。秦置，属北地郡。治所在今宁夏吴忠西南黄河东岸。

④新秦：古地区名。即今内蒙古河套以南、宁夏清水河流域、甘肃环

县、陕西吴起以北地域。秦逐匈奴，取河南地，徙民实之，故名。

⑤狄场：北方少数民族的地盘。狄，秦汉以后对北方少数民族的泛称。

⑥地理：地形。沦移：湮灭改变。

【译文】

高平川水又往北流经廉城东边，据《地理志》，北地有个廉县。阚骃说：廉县在富平以北。从前匈奴侵犯汉朝，新秦一带地方，大都落入狄族之手，老城也就都改成胡语的名称了，地理变化很大，已经无法辨认了，这一定是世人引证错误造成的。

川水又北，苦水注之。水发县东北百里山①，流注高平川。

【注释】

①百里山：殿本注认为此处应有讹脱。

【译文】

高平川水又往北流，苦水注入。苦水发源于廉县东北的百里山，流注入高平川。

川水又北，迳三水县西①，肥水注之②。水出高平县西北二百里牵条山西③，东北流，与若勃溪合④。水有二源，总归一渎，东北流入肥。肥水又东北流，违泉水注焉⑤。泉流所发，导于若勃溪东，东北流入肥。肥水又东北出峡，注于高平川。水东有山，山东有三水县故城，本属国都尉治，王莽之广延亭也，西南去安定郡三百四十里。议郎张奂⑥，为安定属国都尉，治此。羌有献金马者，奂召主簿张祁入于羌前⑦，以酒酹地曰⑧：使马如羊，不以入厩；使金如粟，不以入怀。尽还不受，威化大行。县东有温泉，温泉东有盐池。故

《地理志》曰：县有盐官。今于城之东北有故城，城北有三泉，疑即县之盐官也。高平川水又北入于河。

【注释】

①三水县：西汉置，属安定郡。为属国都尉治。治所在今宁夏同心东北下马关镇北红城水古城。

②肥水：即宁夏海原北石硖口水。

③牵条山：在今宁夏固原一带。

④若勃溪：具体不详。

⑤违泉水：《水经注疏》："董祐诚曰：水当在今固原州西北。"

⑥议郎张奂：字然明。东汉敦煌酒泉（今甘肃酒泉）人。桓帝时累官属国都尉、使匈奴中郎将、度辽将军，屡立边功。议郎，掌顾问应对，为郎官之一种，但不入直宿卫。

⑦主簿张祁：东汉人。官至主簿。其他不详。主簿，官名。汉代中央及郡县官署多置，主管文书等事务。

⑧酹（lèi）：以酒浇地，表示祭奠。

【译文】

高平川水又往北流经三水县西边，肥水注入。肥水发源于高平县西北二百里的牵条山西边，往东北流，与若勃溪汇合。溪水有两个源头，合为一条，往东北流入肥水。肥水又往东北流，违泉水注入。泉流发源后，在若勃溪东边往东北流，注入肥水。肥水又往东北流出山峡，注入高平川。高平川水东岸有山，山东有三水县旧城，原是属国都尉治所，就是王莽的广延亭，西南距安定郡三百四十里。议郎张奂为安定属国都尉，治所就在这里。羌族有人来献黄金和马匹，张奂叫主簿张祁进来，在羌人面前把酒洒在地上，说道：即使马多如羊，也不把它们关进马棚里；即使黄金多如粟，也不把它藏进怀里。他把黄金和马匹全都退回，于是声威和教化大行。三水县东边有温泉，温泉东边有盐池。所以《地理志》说：

县里有盐官。现在城的东北边还有旧城址，城北有三条泉水，想来这里就是盐官的驻地了。高平川水又往北流入河水。

河水又东北迳眴卷县故城西[1]。《地理志》曰：河水别出为河沟，东至富平，北入河。河水于此有上河之名也[2]。

【注释】

①眴（shùn）卷县：西汉置，属安定郡。治所在今宁夏中宁南古城子。

②上河：汉时称黄河在富平县（今宁夏吴忠西南）境内一段为上河。

【译文】

河水又往东北流经眴卷县旧城西边。《地理志》说：河水分支从旁流出，就是河沟，东流到富平北边注入河水。河水在这个地区的一段称为上河。

卷三

河水三

【题解】

《河水》的第三卷不同于以前的二卷，不涉及黄河水系以外的河流。也就是说，不受“黄河重源”说的干扰了。

这一卷记叙了黄河河套的一部分。按现代地理系说，《注》文写了河套平原的一部分。《注》文开头即记及今宁夏的富庶地区。文中的薄骨律镇城，即位于今宁夏吴忠西。无非是个河上的洲滩，居然建成一个镇城，而且还是当年赫连的果城，直到郦氏时代，还能见到“桑果余林，仍列洲上”。最后写到上郡高奴县，郡、县都是秦代所置。高奴县位于今延安以东，所以这一卷记载了黄河经今宁夏平原、内蒙古河套平原和晋陕两省之间黄河的很大一段，黄河在自然地理上最有利用价值的部分。

河水三

又北过北地富平县西[1]，

河侧有两山相对，水出其间，即上河峡也[2]，世谓之青山峡。河水历峡北注，枝分东出。

【注释】

①北地:即北地郡。战国秦置。治所在义渠县(今甘肃庆阳西峰区东境)。西汉移治马领县(今甘肃庆阳)。东汉又移治富平县(今宁夏吴忠西南)。富平县:秦置,属北地郡。治所在今宁夏吴忠西南黄河东岸。东汉为北地郡治。

②上河峡:亦称青山峡。即今宁夏青铜峡市南青铜峡。

【译文】

河水三

河水又往北流过北地郡富平县西边,

河畔有两座山峰相对并峙,河水就从两山间流出——这就是上河峡,世人称之为青山峡。河水穿过山峡北流,往东分出一条支流。

河水又北迳富平县故城西,秦置北部都尉,治县城。王莽名郡为威戎,县曰持武。建武中①,曹凤字仲理②,为北地太守,政化尤异,黄龙应于九里谷高冈亭③,角长三尺,大十围,梢至十余丈④。天子嘉之,赐帛百匹,加秩中二千石⑤。

【注释】

①建武:东汉光武帝刘秀的年号(25—56)。

②曹凤:字仲理。东汉官吏。

③黄龙:传说中的动物,古代谶纬家以为是吉祥的瑞应。应:因为感应而出现。

④梢:物体较细小的一头。

⑤中二千石:汉官秩禄等级。

【译文】

河水又往北流经富平县旧城西边,秦时设置北部都尉,治所就在这座县城。王莽时称郡为威戎,县名持武。建武年间,曹凤,字仲理,当了北地太守,他施政教化成绩特别出色,因此在九里谷高冈亭有黄龙出现。龙角长三尺,龙身粗十围,尾长十余丈。皇帝嘉奖他,赏赐丝绸百匹,把俸禄增加到中二千石。

河水又北,薄骨律镇城在河渚上①,赫连果城也②。桑果余林,仍列洲上。但语出戎方,不究城名。访诸耆旧③,咸言故老宿彦云④:赫连之世,有骏马死此,取马色以为邑号⑤,故目城为白口骝⑥,韵之谬⑦,遂仍今称,所未详也。

【注释】

①薄骨律镇:北魏太延二年(436)置。治所在今宁夏吴忠西。河渚:水中的小块陆地。

②赫连:本为匈奴姓氏之一。这里指十六国时期大夏主赫连勃勃。是历史上有名的暴君。果城:果园。

③耆(qí)旧:年高望重者。

④故老:年高而见识多的人。宿彦:德高望重之人。

⑤邑号:都邑的名称。

⑥目:称呼。白口骝:《水经注疏》杨守敬按:"《寰宇记》灵州下,白马骝城,《十六国春秋》云,赫连勃勃时,有骏马死,即取毛色为号,故名其城为白马骝。然则此《注》白口为白马之误。"译文用白马骝。

⑦韵之谬:指"白马骝"的读音错转成"薄骨律"。

【译文】

河水又北流,河中洲上有个薄骨律镇城,就是赫连勃勃的果城。直到今天,洲上还有桑树和果树林残留下来。但薄骨律一名来自戎族地区,城名语义无从查考。访问当地年高望重者,都说据前辈博闻广识的人士相传:赫连时候有一匹骏马死在这里,取骏马的毛色为城名,称为白马骝,音讹为薄骨律,相沿至今不改,不知是否如此。

河水又迳典农城东[①]，世谓之胡城。又北迳上河城东[②]，世谓之汉城。薛瓒曰[③]：上河在西河富平县[④]，即此也。冯参为上河典农都尉所治也[⑤]。河水又北迳典农城东，俗名之为吕城[⑥]，皆参所屯，以事农甿[⑦]。

【注释】

①典农城：又称胡城。西汉置。在今宁夏青铜峡市西北邵刚堡西。

②上河城：又称汉城。在今宁夏永宁东北黄河西岸。《水经注疏》熊会贞按："《寰宇记》引隋《图经集》云，汉城居河外三里，乃旧薄骨律镇仓城，后魏立弘静镇，徙关东汉人以充屯田。《元和志》亦云，后魏立弘静镇，俗谓之汉城。"

③薛瓒：《汉书》颜师古注中收录有"臣瓒"注《汉书》。但臣瓒姓氏，历来学者考辨，众说纷纭，莫衷一是。郦注屡作薛瓒，未知何据。

④西河：《水经注疏》杨守敬按："余考《通典》，河经灵武郡西南，便北流千余里，汉人谓之西河。瓒因上河是河名，因以西河、富平实之，非谓西河郡也。师古注《参传》即用瓒说，其注《叙传》，又云上河，地名，偶有不照耳。"

⑤冯参：字叔平。东汉上党潞（今山西黎城）人。冯奉世子，中山孝王太后媛之弟。通《尚书》。典农都尉：官名。设置在边疆地区，管理屯田殖谷等农事。

⑥吕城：《水经注疏》杨守敬按："《方舆纪要》合上三城以为参所分屯，是也。盖典农城有三，河水初迳典农城，谓之胡城，又北迳上河城，谓之汉城，即参所治典农城也。又北迳典农城，谓之吕城。"

⑦农甿（méng）：农民。

【译文】

河水又流经典农城东边，世人称之为胡城。又往北流经上河城东边，世人称之为汉城。薛瓒说：上河在西河富平县，就是此城。冯参任上河典农都尉时，治所就在这里。河水又往北流经典农城东边，俗称吕城，也是冯参的驻地，在这里管理农民。

河水又东北迳廉县故城东[1]，王莽之西河亭。《地理志》曰：卑移山在西北[2]。

【注释】

①廉县：西汉置，属北地郡。治所在今宁夏贺兰县西北。东汉末废。

②卑移山：贺兰山古称。在今宁夏贺兰县西北贺兰山北段与内蒙古阿拉善互界。

【译文】

河水又往东北流过廉县老城东边，就是王莽时的西河亭。《地理志》说：卑移山在西北。

河水又北与枝津合。水受大河，东北迳富平城，所在分裂，以溉田圃，北流入河，今无水。《尔雅》曰[1]：灉[2]，反入，言河决复入者也。河之有灉，若汉之有潜也[3]。

【注释】

①《尔雅》：书名。我国现存最早解释词义的专著。全书按词条义类分篇，共有《释诂》《释言》《释训》《释鸟》《释兽》等十九篇。

②灉（yōng）：从黄河主河道分出又流回主河道的水。

③潜：汉水支流。

【译文】

河水又北流，与支流相汇合。这条支流上游承接大河，往东北流经富平城，随处分水灌溉田园，北流注入河水，但今天已经无水了。《尔雅》

说：灉，返回重新流入的意思，是说河水决口溢出后重又流入。河水有灉水，正像汉水有潜水一样。

河水又东北迳浑怀鄣西[①]，《地理志》浑怀都尉治塞外者也。太和初[②]，三齐平[③]，徙历下民居此[④]，遂有历城之名矣，南去北地三百里。

【注释】

①浑怀鄣：秦蒙恬筑。在今宁夏平罗陶乐镇西南，黄河东岸。

②太和：三国魏明帝曹叡（ruì）的年号（227—233）。

③三齐：古地区名。张守节《史记正义》："《三齐记》云：右即墨（今山东平度东南），中临淄（今山东淄博临淄区），左平陆（今山东汶上），谓之三齐。"

④历下：在今山东济南西。

【译文】

河水又往东北流经浑怀鄣西边，据《地理志》，这是浑怀都尉在塞外的治所。太和初年，平定了三齐，把历下的百姓迁到这里来居住，因而有了历城这地名，这里南距北地三百里。

河水又东北历石崖山西[①]，去北地五百里。山石之上，自然有文，尽若虎马之状，粲然成著，类似图焉，故亦谓之画石山也。

【注释】

①石崖山：即画石山。在今宁夏石嘴山市惠农区东南省嵬村附近。

【译文】

河水又往东北流经石崖山西边，山离北地五百里。山间的岩石上，有天然形成的纹理，形状都像虎和马，轮廓分明，像是画成的，所以又叫画石山。

又北过朔方临戎县西[①]，

河水东北迳三封县故城东[②]，汉武帝元狩三年置[③]。《十三州志》曰[④]：在临戎县西百四十里。

【注释】

①朔方：即朔方郡。汉武帝元朔二年（前127）置。治所在朔方县（今内蒙古杭锦后旗北什拉召一带）。临戎县：西汉置，属朔方郡。治所在今内蒙古磴口县北布隆淖西南五里河拐子村古城。东汉为朔方郡治。

②三封县：西汉置，属朔方郡。治所在今内蒙古磴口县西北哈腾套海附近麻弥图庙古城。东汉末废。后赵复置，仍属朔方郡。北魏废。

③元狩三年：前120年。元狩，西汉武帝刘彻的年号（前122—前117）。

④《十三州志》：书名。未知为应劭、黄义仲、阚骃何家所作。

【译文】

河水又往北流过朔方郡临戎县西边，

河水往东北流经三封县老城东边。三封县置于汉武帝元狩三年。《十三州志》说：三封县在临戎县西一百四十里。

河水又北迳临戎县故城西，元朔五年立[①]，旧朔方郡治，王莽之所谓推武也。

【注释】

①元朔五年：前124年。元朔，西汉武帝刘彻的年号（前128—前123）。

【译文】

河水又往北流经临戎县老城西边。临戎县置于元朔五年，原来是朔方郡的治所，王莽时称为推武。

河水又北，有枝渠东出，谓之铜口，东迳沃野县故城南[①]，汉武帝元狩三年立，王莽之绥武也。枝渠东注以溉田，所谓智通在我矣。

【注释】

①沃野县：西汉元狩三年（前120）置，属朔方郡。治所在今内蒙古磴口县东北补隆淖东北阿拉亥。东汉末废。后赵复置，仍属朔方郡。北魏初于此置沃野镇。

【译文】

河水又往北流，有一条支渠往东分出，东经沃野县老城南边，分水口叫铜口。沃野县建立于汉武帝元狩三年，就是王莽时的绥武。支渠东流灌溉田亩，所谓引水流通，全在我们自己的智慧，这话真不错。

河水又北，屈而为南河出焉[①]。河水又北迤西[②]，溢于窳浑县故城东[③]。汉武帝元朔二年，开朔方郡，县即西部都尉治。有道，自县西北出鸡鹿塞[④]。王莽更郡曰沟搜，县曰极武。其水积而为屠申泽[⑤]，泽东西百二十里。故《地理志》曰：屠申泽在县东。即是泽也。阚骃谓之窳浑泽矣。

【注释】

①南河：清以前黄河自今内蒙古磴口县以下，分为南、北两支，南支即今黄河正流，但当时为支流，对北支（相当于今乌加河）而言，

称南河。

②迤：斜行。

③窳浑（yǔ hún）县：西汉置，属朔方郡，为西部都尉治。治所在今内蒙古磴口县西北沙金套海苏木土城子村。

④鸡鹿塞：西汉朔方郡边塞。在今内蒙古磴口县西北沙金套海苏木哈日嘎那阿木村北古城（今哈隆格乃山口）。

⑤屠申泽：亦称窳浑泽。在今内蒙古磴口县西北、杭爱后旗西。

【译文】

河水又折向北方，成为南河分出。河水又往西北斜流，在窳浑县老城东边分流溢出。汉武帝元朔二年开拓朔方郡，县城就是西部都尉治所。那里有一条路，从县城西北通出鸡鹿塞。王莽时把郡名改为沟搜，县名改为极武。河水溢出后积聚成屠申泽，这片沼泽东西广达一百二十里。《地理志》说：屠申泽在县东。指的就是此泽。阚骃则称为窳浑泽。

屈从县北东流，

河水又屈而东流，为北河。汉武帝元朔二年，大将军卫青绝梓岭①，梁北河是也②。

【注释】

①大将军：古代武官名。汉代为将军最高称号，多由贵戚担任，统兵征战并掌握政权，职位极高。卫青：字仲卿。河东平阳（今山西临汾西南）人。卫皇后弟。武帝时官至大将军，封长平侯。七次出击匈奴，战功显赫。

②梁：架设桥梁。北河：即黄河北河。今内蒙古巴彦淖尔临河区及杭锦后旗、五原北之乌加河。曾为黄河之正流。

【译文】

河水从县北转弯东流，

河水又转弯东流，这就是北河。汉武帝元朔二年，大将军卫青越过梓岭，在北河造桥。

东迳高阙南[①]。《史记》：赵武灵王既袭胡服[②]，自代并阴山下[③]，至高阙为塞。山下有长城[④]，长城之际，连山刺天，其山中断，两岸双阙[⑤]，善能云举[⑥]，望若阙焉，即状表目，故有高阙之名也。自阙北出荒中，阙口有城，跨山结局，谓之高阙戍。自古迄今，常置重捍，以防塞道。汉元朔四年，卫青将十万人，败右贤王于高阙[⑦]，即此处也。

【注释】

①高阙：战国赵长城西端障塞。即今内蒙古乌拉特中旗西南狼山南麓之石兰计山口。

②赵武灵王：名雍。战国时赵国国君。

③代：春秋战国时国名。在今河北蔚县东北代王城。并（bàng）：沿着，挨着。阴山：即今内蒙古河套西北之阴山山脉。

④长城：此指赵国兴建的长城。傍阴山山脉东段大青山南麓迤逦而西，再西北折至阴山西段的狼山内，至石兰计山口（即高阙）止。

⑤阙：古代皇宫大门前两边供瞭望的楼。这里指像阙一样的山。

⑥善能：当为峨然。高耸的样子。

⑦“汉元朔四年”几句：事见《史记·卫将军骠骑列传》：“元朔之五年春，汉令车骑将军青将三万骑，出高阙……匈奴右贤王当卫青等兵，以为汉兵不能至此，饮醉。汉兵夜至，围右贤王，右贤王惊，夜逃，独与其爱妾一人壮骑数百驰，溃围北去。”译文用元朔五年。右贤王，匈奴贵族封号。

【译文】

北河往东流经高阙南边。《史记》载：赵武灵王采用胡人服装以后，从代沿着阴山脚下直到高阙，都建了要塞。山下有长城，长城旁边，连绵的山脉高插云天，中间有个断口，在两岸巍然耸立，多有云雾缭绕，望去就像宫阙似的，以形状取名，所以叫高阙。从高阙往北出荒中，阙口有一座城，跨山构筑，称为高阙戍。从古代直到今天，常在城内驻扎重兵，以守卫边塞的要道。汉朝元朔五年，卫青率领十万大军，在高阙打败了右贤王，就是这地方。

河水又东迳临河县故城北①。汉武帝元朔三年，封代恭王子刘贤为侯国②。王莽之监河也。

【注释】

①临河县：秦置，属九原郡。治所在今内蒙古巴彦淖尔临河区东北古城村（高油房）古城。西汉属朔方郡。东汉废。

②代恭王：亦作代共王，代孝王刘参之子刘登。刘贤：代恭王刘登之子，封临河侯，后更为高俞侯。

【译文】

河水又往东流经临河县旧城北边。汉武帝元朔三年，把这里封给代恭王的儿子刘贤，立为侯国。这里也是王莽时的监河。

至河目县西①，

河水自临河县东迳阳山南②。《汉书》注曰：阳山在河北③。指此山也。

【注释】

①河目县：西汉置，属五原郡。治所在今内蒙古乌拉特前旗东北乌梁素海东额尔登布拉格苏木境。

②阳山:即今内蒙古包头北面的乌拉特山。

③《汉书》注曰:阳山在河北:《水经注疏》杨守敬按:"此徐广《史记音义》文,非《汉书》注也。"译文用《史记音义》。

【译文】

河水流到河目县西边,

河水从临河县往东流经阳山南麓。《史记音义》说:阳山在河北。指的就是这座山。

东流迳石迹阜西[1]。是阜破石之文,悉有鹿、马之迹,故纳斯称焉。

【注释】

①石迹阜:《水经注疏》:"董祐诚曰:当在今乌喇特旗(今内蒙古包头西北)西境,大河之东。"阜,土山。

【译文】

河水往东流过石迹阜西边。这处石岗的岩石上面刻画有鹿、马等动物的痕迹,故这里被称为石迹阜。

南屈迳河目县,在北假中[1],地名也。自高阙以东,夹山带河,阳山以往,皆北假也。《史记》曰:秦使蒙恬将十万人[2],北击胡[3],度河取高阙,据阳山北假中,是也。

【注释】

①北假:指今内蒙古河套以北、阴山以南夹山带河地区。

②蒙恬:蒙武之子。事秦始皇为内史。秦兼并天下后,使蒙恬带领三十万人北逐匈奴。筑长城,西起临洮,东到辽东,绵延万里。秦

二世即位，为赵高所陷害，被逼吞药自杀。

③胡：古代泛指北方和西方的民族。

【译文】

河水转弯南流，经过河目县，县城在北假一带。北假是个地名。从高阙以东，沿河在两岸连山之间，直到阳山以往一带地方，都叫北假。《史记》说：秦派蒙恬率领十万人马，北上攻打胡人，渡河夺取了高阙，把守住阳山的北假。就是这地方。

北河又南合南河。南河上承西河①，东迳临戎县故城北，又东迳临河县南。又东迳广牧县故城北②，东部都尉治，王莽之盐官也。迳流二百许里，东会于河。

【注释】

①西河：指今西北地区南北流向的黄河。

②广牧县：西汉置，属朔方郡，为东部都尉治。治所当即今内蒙古五原西南西土城子古城。

【译文】

北河又南流，与南河汇合。南河上游承接西河，往东流经临戎县老城北边，又往东流经临河县南边。又往东流过广牧县老城北边，老城是东部都尉治所，王莽时的盐官。南河流了二百里左右路程，往东与河水相汇合。

河水又南迳马阴山西①。《汉书音义》曰：阳山在河北，阴山在河南②。谓是山也。而即实不在河南。《史记音义》曰③：五原安阳县北有马阴山④。今山在县北，言阴山在河南，又传疑之非也。余按南河、北河及安阳县以南，悉沙阜耳，无佗异山[5]。故《广志》曰[6]：朔方郡北移沙七所，而无山以拟之，是《义》《志》之僻也。阴山在河东南则可矣。

【注释】

①马阴山：在今内蒙古杭锦后旗西。

②"《汉书音义》曰"几句：《水经注疏》杨守敬按："郦氏下引西安阳句作《史记音义》是，而上引阳山句作《汉书》注，此引阳山、阴山二句作《汉书音义》，误也。"译文用《史记音义》。

③《史记音义》：书名。晋、宋之间徐广所撰。裴骃《史记集解》采入，今存。该书对《史记》随文释义，兼述训解，多有发明。

④五原：即五原郡。西汉元朔二年（前127）置。治所在今九原县（今内蒙古乌拉特前旗东南先锋镇东三顶帐房村古城）。安阳县：即西安阳县。在今内蒙古乌拉特前旗东南。

⑤无佗：没有其他的。佗，同"他"。

⑥《广志》：书名。晋郭义恭撰。博物志类著作。内容博杂，涉及农业物产、动植物、地理气候、民俗等。

【译文】

河水又往南流过马阴山西边。《史记音义》说：阳山在河北，阴山在河南。说的就是这座山。但据实地核查，阴山却不在河南。《史记音义》说：五原安阳县北有马阴山。现在山在县北，却说是在河南，这又是存疑造成的错误。我考察南河、北河以及安阳县以南，都是沙丘，没有其他特别的山。所以《广志》说：朔方郡北部有流沙七处，却没有与此相当的山，这是《音义》《广志》记错了。说阴山在河水东南，倒还差不多。

河水又东南迳朔方县故城东北。《诗》所谓城彼朔方也[1]。汉元朔二年，大将军卫青取河南地为朔方郡[2]，使校尉苏建筑朔方城[3]，即此城也。王莽以为武符者也。按《地理志》云：金连盐泽、青盐泽并在县南矣[4]。又按《魏土地记》曰[5]：县有大盐池，其盐大而青白，名曰青盐[6]，又名戎盐，入药分。汉置典盐官[7]。池去平城宫千二百里[8]，在新秦之中[9]。服虔曰[10]：新秦，地名，在北，方千里。如淳曰[11]：长安以北，朔方以南也。薛瓒曰：秦逐匈奴，收河南地，徙民以实之，谓之新秦也。

【注释】

①城彼朔方：语见《诗经·小雅·出车》："天子命我，城彼朔方。赫赫南仲，猃狁于襄。"

②卫青取河南地为朔方郡：事见《史记·卫将军骠骑列传》："汉令将军李息击之，出代；令车骑将军青出云中以西至高阙。遂略河南地……遂以河南地为朔方郡。"

③校尉：官名。秦置。汉始为常职，其地位略次于将军，各随其职务冠以各种名称，如司隶校尉、城门校尉等。苏建：杜陵（今陕西西安长安区东）人。以校尉从大将军卫青击匈奴，封平陵侯。后为游击将军、右将军、代郡太守。筑朔方城：事见《史记·卫将军骠骑列传》："青校尉苏建有功，以千一百户封建为平陵侯。使建筑朔方城。"

④金连盐泽、青盐泽：在今内蒙古杭锦后旗西北哈日芒乃淖尔。

⑤《魏土地记》：书名。具体不详。古代典籍多有引用。

⑥青盐：盐的一种。多产于西南、西北各地的盐井、盐池之中。大而青白，故称。也称戎盐。

⑦典盐官：主管盐务的官署。始于汉代。

⑧平城宫：宫名。北魏太和（477—499）年间修筑，为孝文帝迁都洛

阳前的皇宫。故址在今山西大同。

⑨新秦：古地区名。即今内蒙古河套以南、宁夏清水河流域、甘肃环县、陕西吴起以北地。秦逐匈奴，取河南地，徙民实之，故名。

⑩服虔：字子慎。初名重，又名祇。河南荥阳（今河南荥阳）人。东汉经学家。善《左传》，作《春秋左氏传解谊》等。又撰《汉书音义》，收录于颜师古《汉书注》中。

⑪如淳：三国时魏官吏。注释过《汉书》。

【译文】

河水又往东南流经朔方县旧城东北。《诗经》说在那朔方筑城，说的就是这地方。汉元朔二年，大将军卫青攻取河南那片地方，置为朔方郡，派校尉苏建去筑朔方城，就是此城。王莽时则称为武符。据《地理志》说：金连盐泽、青盐泽都在县南。又据《魏土地记》说：县里有个大盐池，池里的盐颗粒粗大而色泽青白，名叫青盐，又叫戎盐，可入药。汉时设置典盐官。大盐池离平城宫一千二百里，在新秦一带。服虔说：新秦是地名，在北面，方圆千里。如淳说：在长安以北，朔方以南。薛瓒说：秦驱逐了匈奴，把河南一带纳入版图，并迁了一些百姓过去，以充实人口，称为新秦。

屈南过五原西安阳县南，

河水自朔方东转，迳渠搜县故城北①。《地理志》，朔方有渠搜县，中部都尉治，王莽之沟搜亭也。《礼·三朝记》曰②：北发渠搜，南抚交趾③。此举北对南。《禹贡》之所云析支、渠搜矣④。

【注释】

①渠搜县：西汉置，属朔方郡，为中部都尉治。治所在今内蒙古杭锦后旗北黄河之南。东汉废。北魏太和二年（478）复置，属代名郡，

治所当即汉县故址。

②《礼·三朝记》:《三国志·蜀书·秦宓传》注引《七略》:"孔子三见哀公,作《三朝记》七篇。今在《大戴礼》。"

③交趾:指今越南。

④《禹贡》:即《尚书·禹贡》。详细记载了古代九州的划分、山川的方位、物产分布以及土壤性质等。析支:一作赐支。古西戎族名之一。在今青海一带。

【译文】

河水折向南方,流过五原郡西安阳县南边,

河水从朔方向东转弯,从渠搜县老城北边流过。据《地理志》,朔方有渠搜县,是中部都尉治所,就是王莽时的沟搜亭。《礼·三朝记》说:北方开发渠搜,南方安抚交趾。这里把北方与南方相对并举。这也就是《禹贡》里所说的析支、渠搜。

河水又东,迳西安阳县故城南,王莽更之曰漳安矣。

【译文】

河水又往东流经西安阳县老城南边,王莽时改名为漳安。

河水又东,迳田辟城南[①]。《地理志》曰:故西部都尉治也。

【注释】

①田辟城:西汉置,属五原郡成宜县,为西部都尉治。故址在今内蒙古乌拉特前旗东南。一说即今烂否圪卜古城。

【译文】

河水又往东流经田辟城南边。《地理志》说:这是旧时的西部都尉治所。

屈东过九原县南[①],

河水又东迳成宜县故城南[②],王莽更曰艾虏也。

【注释】

①九原县:秦置,为九原郡治。治所在今内蒙古乌拉特前旗东南(一说在今包头西)。

②成宜县:西汉置,属五原郡。治所在今内蒙古乌拉特前旗东南白彦花镇(哈拉汗补隆)西。东汉末废。

【译文】

河水折向东流,经过九原县南边,

河水又往东流经成宜县老城南边,王莽时改名为艾虏。

河水又东迳原亭城南[①]。阚骃《十三州志》曰:中部都尉治。

【注释】

①原亭城:亦作原高。西汉置,属五原郡成宜县,为中部都尉治。故址在今内蒙古乌拉特前旗东南。一说即今堡子湾古城。

【译文】

河水又往东流经原亭城南边。阚骃《十三州志》说:这是中部都尉治所。

河水又东迳宜梁县之故城南[①]。阚骃曰:五原西南六十里,今世谓之石崖城。

①宜梁县:西汉置,属五原郡。治所在今内蒙古乌拉特前旗东南。

【译文】

河水又往东流经宜梁县旧城南边。阚骃说：在五原西南六十里，现在人们称之为石崖城。

河水又东迳稒阳城南[①]，东部都尉治。又迳河阴县故城北[②]，又东迳九原县故城南，秦始皇置九原郡[③]，治此。汉武帝元朔二年，更名五原也。王莽之获降郡成平县矣。西北接对一城，盖五原县之故城也，王莽之填河亭也。《竹书纪年》[④]，魏襄王十七年[⑤]，邯郸命吏大夫奴迁于九原[⑥]，又命将军大夫適子、戍吏[⑦]，皆貉服[⑧]。其城南面长河，北背连山[⑨]。秦始皇逐匈奴，并河以东，属之阴山[⑩]，筑亭障为河上塞[⑪]。徐广《史记音义》曰：阴山在五原北。即此山也。始皇三十三年[⑫]，起自临洮[⑬]，东暨辽海[⑭]，西并阴山，筑长城及开南越地[⑮]，昼警夜作，民劳怨苦，故杨泉《物理论》曰[⑯]：秦始皇使蒙恬筑长城，死者相属。民歌曰：生男慎勿举，生女哺用铺[⑰]。不见长城下，尸骸相支拄[⑱]。其冤痛如此矣！蒙恬临死曰：夫起临洮，属辽东[⑲]，城堑万余里[⑳]，不能不绝地脉，此固当死也。

【注释】

①稒（gù）阳城：西汉置稒阳县，属五原郡。治所在稒阳城（今内蒙古包头附近）。东汉废。

②河阴县：西汉置，属五原郡。治所在今内蒙古达拉特旗西北黄河南岸。东汉末废。

③九原郡：秦始皇三十三年（前214）取匈奴河南地后置。治所在九原县（今内蒙古乌拉特前旗东南。一说在包头西）。

④《竹书纪年》：书名。因原本写于西晋时汲郡出土的竹简之上，故

名。是一部编年体史书，记述夏商周及春秋晋国、战国魏国的史事，至魏襄王时止。今存辑本。

⑤魏襄王十七年：前302年。魏襄王，战国时魏国国君。秦屡败魏军，王予秦以河西地。

⑥邯郸：战国赵都城。在今河北邯郸。这里指定都于邯郸的赵国。

⑦適子：亦称嫡子。正妻所生之子，多指嫡长子。

⑧貉服：少数民族的服饰。

⑨连山：《水经注疏》杨守敬按："即阴山（今内蒙古河套西北之阴山山脉）。"

⑩属（zhǔ）：连缀，连接。

⑪亭障：古代边塞要地设置的堡垒。

⑫始皇三十三年：前214年。

⑬临洮：即临洮县。秦置，属陇西郡。治所在今甘肃岷县。以临洮水得名。

⑭辽海：泛指辽河流域以东至海地区。

⑮南越：西汉高帝四年（前203），南海龙川令赵佗自立为南越武王，十一年（前196）遣陆贾立佗为南越王，高后时自号为南越武帝，都番禺（今广东广州）。

⑯杨泉：字德渊。晋梁国（国都在今河南商丘）人。《物理论》：系杂采秦汉诸子之说而成。

⑰餔（bū）：通"脯"。干肉。

⑱支拄：支撑。

⑲辽东：地区名。泛指今辽宁辽河以东地区。

⑳城堑（qiàn）：修城墙挖壕沟。

【译文】

河水又往东流经稒阳城南边，这就是东部都尉治所。又从河阴县旧城北边流过，又往东流经九原县旧城南边，秦始皇设置九原郡，治所就在这里。汉武帝元朔二年，改名为五原。也就是王莽时的获降郡成平县。老城西北与一城相对，大概是五原县老城，也就是王莽时的填河亭。《竹书纪年》记载：魏襄王十七年，邯郸朝廷命令吏大夫的奴仆迁居到九原，又命令将军大夫的嫡子和驻防边境的官吏，都穿上胡人的服装。老城南对长河，北依连山。秦始皇驱逐了匈奴，傍着河水东岸修筑堡垒，与阴山连成一线，成为河上的要塞。徐广《史记音义》说：阴山在五原以北。指的就是此山。秦始皇三十三年，起自临洮，东到辽海，西傍阴山，兴工修筑长城，又去南方开拓南越，民夫白天戒备，夜间开工，劳瘁不堪，怨声载道，所以杨泉《物理论》说：秦始皇派蒙恬修筑长城，到处躺满了死尸。民歌说：生儿你别去抚养，生女你喂她成长。你没看见长城下，遍地是尸骨纵横。百姓的怨恨痛苦，已经到了这地步！蒙恬临死时说：从临洮开始直到辽东，筑城挖壕万余里，不可能不掘断地脉，这本来就该判死罪了。

又东过临沃县南[①]，

王莽之振武也。河水又东，枝津出焉。

【注释】

①临沃县：西汉置，属五原郡。治所在今内蒙古包头九原区西麻池镇古城。东汉末废。

【译文】

河水又往东流过临沃县南边，

临沃就是王莽时的振武。河水又东流，分出一条支流。

河水又东流，石门水南注之[①]。水出石门山[②]。《地理志》曰：北出石门鄣。即此山也。西北趣光禄城[③]。甘露三年[④]，呼韩邪单于还[⑤]，诏遣长乐卫尉高昌侯董忠、车骑都尉韩昌等[⑥]，将万六千骑，送单于居幕南保光禄[⑦]。徐自为所筑城也[⑧]，故城得其名矣。城东北，即怀朔镇城也[⑨]。其水自障东南流，迳临沃城东，东南注于河。

【注释】

①石门水：即今内蒙古包头西昆都仑河。

②石门山：在今内蒙古包头西北。

③光禄城：亦称光禄塞。西汉太初三年（前102）光禄勋徐自为建，因名。在今内蒙古乌拉特前旗东北明安乡小召门梁古城。

④甘露三年：前51年。甘露，西汉宣帝刘询的年号（前53—前50）。

⑤呼韩邪单于：西汉时期匈奴虚闾权渠单于之子。左伊秩訾王劝令归汉，从之。汉元帝以后宫王嫱赐为阏氏。单于，汉时匈奴君主的称号。

⑥长乐：即长乐宫。西汉刘邦时，就秦兴乐宫改建而成，为西汉主要宫殿之一。故址在今陕西西安西北郊汉长安故城东南角。卫尉：官名。始于战国，汉时九卿之一。掌宫门警卫。董忠：西汉颍川阳翟（今河南禹州）人。有材力，能骑射。车骑都尉：官名。汉文帝时置。掌领中尉和郡国车士。

⑦幕：通"漠"。沙漠。保：依凭，依恃。光禄：即光禄塞。

⑧徐自为筑城：事见《史记·匈奴列传》："呴犁湖单于立，汉使光禄徐自为出五原塞数百里，远者千余里，筑城障列亭，至庐朐……"

⑨怀朔镇城：北魏六镇之一。在今内蒙古固阳东北白灵淖南圐圙古城。

【译文】

河水又东流，石门水往南注入。石门水发源于石门山。《地理志》说：发源于北方的石门鄣。说的就是这座山。从石门鄣往西北走，就到光禄城。甘露三年，呼韩邪单于回国，诏令派遣长乐卫尉高昌侯董忠、车骑都尉韩昌等，率领骑兵一万六千名，护送单于去幕南镇守光禄城。光禄城是光禄大夫徐自为所筑，因而得了光禄之名。光禄城东北，就是怀朔镇城。水从石门鄣往东南流，从临沃城东边流过，往东南注入河水。

河水又东迳稒阳县故城南，王莽之固阴也。《地理志》曰：自县北出石门鄣。河水决其西南隅，又东南，枝津注焉。水上承大河于临沃县，东流七十里，北溉田，南北二十里，注于河。

【译文】

河水又往东流经稒阳县老城南边，就是王莽时的固阴。《地理志》说：从县北发源于石门鄣。河水冲塌了它的西南角，又往东南流，有支流注入。这条支流上口在临沃县承接大河，往东奔流了七十里，灌溉着北岸南北二十里间的田亩，注入河水。

河水又东迳塞泉城南而东注[①]。

【注释】

①塞泉城：《水经注疏》："董祐诚曰：城当在今萨拉齐厅（今内蒙古土默特右旗）西境。"

【译文】

河水又往东流经塞泉城南边，往东流去。

又东过云中桢陵县南[①]，又东过沙南县北[②]，从县东屈南，过沙陵县西[③]。

大河东迳咸阳县故城南[④]，王莽之贲武也。

【注释】

①云中：即云中郡。战国赵武灵王置。秦时治所在云中县(今内蒙古托克托东北古城)。东汉末废。桢陵县：西汉置，属云中郡，为西部都尉治。治所在今内蒙古清水河县西北喇嘛湾镇拐子上古城。东汉改名箕陵县。东汉末废。

②沙南县：西汉置，属云中郡。治所在今内蒙古准格尔旗东北黄河西岸。东汉末废。

③沙陵县：西汉置，属云中郡。治所在今内蒙古托克托北五申镇哈拉板申村古城。东汉末废。

④咸阳县：西汉置，属云中郡。治所在今内蒙古土默特右翼东苏波盖乡老藏(丈)营子古城。东汉末废。

【译文】

河水又往东流过云中郡桢陵县南边，又往东流过沙南县北边，从县东折向南流，经过沙陵县西边。

大河往东流经咸阳县旧城南边，就是王莽时的贲武。

河水屈而流，白渠水注之[①]。水出塞外，西迳定襄武进县故城北[②]，西部都尉治，王莽更曰伐蛮。世祖建武中，封赵虑为侯国也[③]。白渠水西北迳成乐城北[④]。《郡国志》曰[⑤]：成乐，故属定襄也。《魏土地记》曰：云中城东八十里有成乐城，今云中郡治，一名石卢城也。白渠水又西迳魏云中宫南[⑥]。《魏土地记》曰：云中宫在云中县故城东四十里[⑦]。白渠水又西南迳云中故城南，故赵地。《虞氏记》云[⑧]：赵武侯自五原河曲筑长城[⑨]，东至阴山。又于河西造大城，一箱崩不就，乃改卜阴山河曲而祷焉。昼见群鹄游于云中[⑩]，徘徊经日，见大光在其下。武侯曰：此为我乎？乃即于其处筑城，今云中城是也。秦始皇十三年[11]，立云中郡，王莽更郡曰受降，县曰远服矣。白渠水又西北迳沙陵县故城南，王莽之希恩县也。其水西注沙陵湖[12]。

【注释】

①白渠水：即今内蒙古和林格尔北之宝贝河。

②定襄：即定襄郡。西汉高帝十一年（前196）分云中郡所置。治所在成乐县（今内蒙古和林格尔西北盛乐镇古城）。东汉移治善无县（今山西右玉南）。东汉末废。武进县：西汉置，属定襄郡，为西部都尉治。治所在今内蒙古和林格尔东北。东汉属云中郡。东汉末废。

③赵虑：当为随宪之讹。《水经注疏》杨守敬按："《后汉书·卢芳传》，建武十二年，封随宪武进侯，此以形近致误。"随宪，东汉五原（今内蒙古乌拉特前旗）人。初为割据者卢芳部属，建武十二年，归附光武帝，封武进侯。译文用随宪。

④成乐城：西汉定襄郡治。在今内蒙古和林格尔西北盛乐镇古城。

⑤《郡国志》：晋司马彪《续汉书》篇名。记述东汉时期全国行政区划、人口以及《春秋》和"前三史"所载征伐、会盟所在的地名。《续汉书》唯存八志，南朝宋时为后人补入范晔《后汉书》中而流传至今。

⑥魏：此指北魏，亦称后魏。鲜卑人拓跋珪所建，后来分裂为东魏和西魏。云中宫：宫名。北魏旧都盛乐故宫。在今内蒙古和林格尔西北盛乐镇。

⑦云中县：战国赵置。后入秦，为云中郡治。治所在今内蒙古托克托东北古城。东汉移治今山西平原西南，属新兴郡。

⑧《虞氏记》：书名。郑德坤《水经注引书考》："《隋志》，《虞氏家记》五卷，虞览撰。"叙其家族历史。

⑨赵武侯：即赵武灵王。

⑩鹄(hú):天鹅。

⑪秦始皇十三年:前234年。

⑫沙陵湖:在今内蒙古托克托西北哈拉板申村之西,为大黑河下游之湖泊。

【译文】

河水曲折地奔流,白渠水注入。白渠水发源于塞外,往西流过定襄武进县旧城北边。武进县是西部都尉治所,王莽时改名为伐蛮。世祖建武年间,封给随宪,立为侯国。白渠水往西北流经成乐城北边。《郡国志》说:成乐,原属定襄。《魏土地记》说:云中城东八十里有成乐城,现在是云中郡治所,又名石卢城。白渠水又往西流经魏云中宫南。《魏土地记》说:云中宫在云中县老城东四十里。白渠水又往西南流经云中老城南边,这是旧时赵国地方。《虞氏记》说:赵武侯从五原河曲开始筑长城,东端直到阴山。又在河西建造大城,因为一边崩塌,没有筑成,于是在阴山河曲,另卜新址向神祈祷。白天见有一群天鹅在云中翱翔,整天盘旋不去,下面现出大片亮光。武侯说:天鹅莫非是为我而来的吗?于是就在那里筑城,这就是今天的云中城。秦始皇十三年,设置云中郡,王莽时改郡名为受降,县名叫远服。白渠水又往西北流经沙陵县老城南边,这就是王莽时的希恩县。渠水往西注入沙陵湖。

又有芒干水出塞外[①],南迳锺山[②],山即阴山。故郎中侯应言于汉曰[③]:阴山东西千余里,单于之苑囿也[④]。自孝武出师[⑤],攘之于漠北[⑥],匈奴失阴山,过之未尝不哭。谓此山也。其水西南迳武皋县[⑦],王莽之永武也。又南迳原阳县故城西[⑧],又西南与武泉水合[⑨]。其水东出武泉县之故城西南[⑩],县,即王莽之所谓顺泉者也。水南流又西屈,迳北舆县故城南[⑪]。按《地理志》,五原有南舆县[⑫],王莽之南利也,故此加北，旧中部都尉治。《十三州志》曰：广陵有舆[13]，故此加北。疑太疏远也。其水又西南入芒干水。

【注释】

①芒干水：即今内蒙古呼和浩特南之大黑河。

②锺山：即今内蒙古呼和浩特北面的大青山。

③郎中：官名。始于战国，秦、汉沿置。掌管车骑门户，并内充侍卫，外从作战。侯应：汉元帝刘奭（shì）时人。其余不详。

④单于（chán yú）：匈奴君主的称号。苑囿：供帝王玩乐狩猎的园林。

⑤孝武：即汉武帝刘彻。西汉景帝之子。谥孝武。

⑥攘：驱逐。漠北：亦作幕北。指蒙古高原大沙漠以北地区。自汉代以后常称之为漠北。

⑦武皋县：西汉置，属定襄郡，为中部都尉治。治所在今内蒙古卓资西北旗下营镇南斗金山村遗址。东汉废。

⑧原阳县：西汉置，属云中郡。治所在今内蒙古呼和浩特东南金河镇古城。东汉末废。

⑨武泉水：即今内蒙古呼和浩特南小黑河。

⑩武泉县：西汉置，属云中郡。治所在今内蒙古呼和浩特东北塔布陀罗亥古城。东汉末废。

⑪北舆县：西汉置，属云中郡，为中部都尉治。治所在今内蒙古呼和浩特旧城。东汉末废。

⑫南舆县：西汉置，属五原郡。治所在今内蒙古准格尔旗东。东汉初废。

⑬广陵：即广陵郡。西汉元狩二年（前121）置。治所在广陵县（今江苏扬州西北）。六年分置广陵国、临淮郡。东汉建武十八年（42）改广陵国置郡。东汉末移治射阳县（今江苏宝应东北射阳镇）。舆：即舆县。西汉置，属临淮郡。治所在今江苏仪征北。

【译文】

还有一条芒干水，发源于塞外，往南流经锺山，就是阴山。从前郎中侯应对汉朝皇帝说：阴山东西千余里，可说是单于的园林。自从孝武帝出兵，在漠北驱逐匈奴，匈奴失去了阴山，经过那里没有不痛哭的。他说的就是这条山脉。芒干水往西南流经武皋县，就是王莽时的永武县。又往南流过原阳县老城西边，又往西南与武泉水汇合。武泉水发源于东方的武泉县老城西南，武泉县就是王莽时的顺泉县。武泉水往南流，又折向西，流经北舆县老城南边。据《地理志》，五原有个南舆县，就是王莽时的南利，所以这里加北字叫北舆，旧时原是中部都尉治所。《十三州志》说：广陵有舆县，所以这里加北字叫北舆。但两地相距太远，恐怕两者扯不上关系。武泉水又往西南注入芒干水。

芒干水又西南迳白道南谷口[①]，有城在右，萦带长城，背山面泽，谓之白道城[②]。自城北出有高阪[③]，谓之白道岭[④]。沿路惟土穴，出泉，挹之不穷[⑤]。余每读《琴操》[⑥]，见《琴慎相和雅歌录》云[⑦]：饮马长城窟[⑧]。及其跋陟斯途，远怀古事，始知信矣，非虚言也。顾瞻左右，山椒之上[⑨]，有垣若颓基焉，沿溪亘岭，东西无极，疑赵武灵王之所筑也。

【注释】

①白道：今内蒙古呼和浩特西北通武川县大道。自古为河套东部地区通往阴山以北的交通要道。

②白道城：今内蒙古呼和浩特西北坝口子村古城。

③阪：山坡。

④白道岭：在今内蒙古呼和浩特西北。

⑤挹（yì）：舀取，汲取。

⑥《琴操》：书名。东汉蔡邕撰。

⑦《琴慎相和雅歌录》：书名。郑德坤《水经注引书考》："又按《琴操序》有《河间雅歌》二十一章，今本残缺。故此注所引《琴慎相和雅歌录》当在《河间雅歌》中，应据以补今本之阙。"

⑧饮马长城窟：古诗句。意为长城沿途有很多泉水，可以在这些泉穴中饮马。

⑨椒：山顶。

【译文】

芒干水又往西南流，从白道南谷口流过，右边有一座城，傍着长城，背靠山岭，前临沼泽，叫白道城。从城北出去，有一道高坡，叫白道岭。沿路有土洞，洞中有泉水涌出，永远汲不完。我常读《琴操》，看到《琴慎相和雅歌录》有"饮马长城窟"的诗句。等到走了这条路，追想起古时的事，才知道写得非常确切，并非虚言。回头眺望左右两边，山顶上有一道像是塌毁的城墙废址，沿着溪流和山岭蜿蜒伸展，东西都看不到尽头，想来可能就是赵武灵王所筑。

芒干水又西南迳云中城北，白道中溪水注之①。水发源武川北塞中②，其水南流，迳武川镇城，城以景明中筑③，以御北狄矣④。其水西南流，历谷，迳魏帝行宫东⑤，世谓之阿计头殿⑥。宫城在白道岭北阜上，其城圆角而不方。四门列观⑦，城内惟台殿而已⑧。其水又西南历中溪，出山西南流，于云中城北，南注芒干水。

【注释】

①白道中溪水：即今内蒙古武川县西南、土默特左旗东北之抢盘河。

②武川：即武川镇。北魏之北境六镇之一。在今内蒙古武川县西南

乌兰不浪土城梁古城。

③景明：北魏宣武帝元恪（kè）的年号（500—503）。

④北狄：古代泛称北方少数民族。

⑤行宫：古代京城外供帝王出行居住的宫殿。

⑥阿计头殿：北魏皇帝行宫名。在白道岭上。阿计头，北魏鲜卑语的音译。具体不详。

⑦列观（guàn）：列置观阙。

⑧台殿：高台宫室。殿，宫室。

【译文】

芒干水又往西南流过云中城北边，有白道中溪水注入。溪水发源于武川以北的边塞，往南流经武川镇城，这座城是景明年间为防御北狄而筑的。溪水往西南流，穿过峡谷，流过魏帝行宫东边，世人称之为阿计头殿。宫城在白道岭北边的山上，城角建成圆形，不是方方正正的。四座城门上列置观阙，城内只有高台殿宇而已。水又往西南流过中溪，出山后往西南流，在云中城以北，往南注入芒干水。

芒干水又西。塞水出怀朔镇东北芒中[①]，南流迳广德殿西山下[②]。余以太和十八年[③]，从高祖北巡[④]，届于阴山之讲武台。台之东有高祖讲武碑[⑤]，碑文是中书郎高聪之辞也[⑥]。自台西出南上山，山无树木，惟童阜耳[⑦]，即广德殿所在也。其殿四注两夏[⑧]，堂宇绮井[⑨]，图画奇禽异兽之象。殿之西北便得焜煌堂[⑩]，雕楹镂桷[⑪]，取状古之温室也。其时帝幸龙荒[⑫]，游鸾朔北[⑬]。南秦王仇池杨难当舍蕃委诚[⑭]，重译拜阙[⑮]，陛见之所也，故殿以广德为名。魏太平真君三年[⑯]，刻石树碑，勒宣时事[⑰]。碑颂云[⑱]：肃清帝道，振慑四荒。有蛮有戎[⑲]，自彼氐羌[⑳]，无思不服[㉑]，重译稽颡[㉒]。恂恂南秦[㉓]，敛敛推亡[24]。峨峨广德[25]，奕奕焜煌[26]！侍中、司徒东郡公崔浩之辞也[27]。碑阴题宣城公李孝伯、尚书卢遐等从臣姓名[28]，若新镂焉。其水历谷南出山，西南入芒干水。

【注释】

①塞水：今内蒙古土默特左旗西之万家沟。怀朔镇：北魏六镇之一。在今内蒙古固阳东北白灵淖南圐圙古城。芒中：芒干水所流的区域。

②广德殿：北魏行宫。在今内蒙古呼和浩特北阴山后。《魏书·世祖纪》："先是，起殿于阴山之北，殿始成而难当至，因名曰广德焉。"

③太和十八年：494年。太和，北魏孝文帝元宏的年号（477—499）。

④高祖：此指北魏孝文帝元宏。是历史上有魄力有作为的皇帝。孝文帝实行改革，经济上推行均田制，政治上实行俸禄制，习俗上以汉化为中心。

⑤讲武碑：纪念北魏孝文帝讲习武事而刻的碑石。事见《魏书·高祖纪》："（十有八年八月）甲辰，行幸阴山，观云川。丁未，幸阅武台，临观讲武。"

⑥高聪：字僧智。北魏孝文帝时人。涉猎经史，颇有文才。

⑦童阜：不长草木的山。

⑧四注：指屋宇四边有屋檐。夏：大屋，大殿。

⑨堂宇：宫殿厅堂。绮井：藻井。装饰有彩色花纹图案的天花板。因形状似井口围栏，故称。

⑩焜煌（kūn huáng）堂：宫殿名。焜煌，火光明赫闪耀的样子。

⑪雕楹镂桷（jué）：雕琢镂刻柱子和椽子。楹，堂屋前部的柱子。桷，方形的椽子。

⑫其时帝幸龙荒：事见《魏书·世祖纪》："（太平真君三年）行幸阴山之北。……六月丙戌，难当朝于行宫。"帝，指北魏太武帝拓跋

焘。龙荒,此处泛指荒漠之地。

⑬游鸾:本指飞翔的鸾鸟。这里指皇帝乘鸾车巡游。朔北:泛指我国长城以北地区。

⑭南秦王:北魏王朝诏封氐族首领杨难当为南秦王。事见《魏书·世祖纪》:"(延和二年秋八月)戊午,诏兼大鸿胪崔赜持节拜征虏将军杨难当为征南大将军、仪同三司,封南秦王。"仇池:在今甘肃西和南,东汉建安中,西北氐族始徙于此。杨难当:略阳(今甘肃天水)人。南北朝时氐族首领。曾称藩于南朝宋。后自立为大秦王,一时称盛。被宋所破后投奔北魏。

⑮重译:多次翻译。拜阙:前来向皇帝居住的宫阙叩拜。

⑯太平真君三年:442年。太平真君,北魏太武帝拓跋焘的年号(440—451)。

⑰勒宣:刻石彰显。勒,刻。

⑱碑颂:碑上的颂文。颂,古代一种以颂扬为宗旨的韵文。

⑲蛮:我国古代对南方民族的称呼。戎:我国古代对西方民族的称呼。

⑳氐(dī):我国古代民族。居住在今西北一带,东晋时建立过前秦、后凉。羌:我国古代民族。分布在今青海、甘肃、四川一带,东晋时建立后秦政权。

㉑无思不服:没有不心悦诚服的。

㉒稽颡(qǐ sǎng):古代一种跪拜礼,屈膝下拜,以额触地。

㉓恂恂(xún):温顺恭谨貌。南秦:即南秦王杨难当。

㉔敛敛:谨慎貌。推亡:推翻行亡道之国。

㉕广德:即广德殿。

㉖奕奕:盛大堂皇貌。焜煌:即指焜煌堂。

㉗侍中:官名。秦始置。两汉沿袭,正规官职外的加官之一。侍从皇帝左右,出入宫廷。司徒:官名。西周始置,春秋沿置。职掌治理民事、掌握户口、收纳财赋等。秦罢司徒置丞相,汉因之。崔浩:

字伯渊。清河东武城(今山东武城)人。北魏名臣。

㉘李孝伯:赵郡平棘(今河北赵县)人。以功进爵宣城公。明达政事,朝野共推重之。尚书:秦为少府属官,汉因之。主收受奏章,出宣诏命。卢遐:北魏名臣崔浩的女婿。官至尚书。其余不详。

【译文】

芒干水又西流。塞水发源于怀朔镇东北的芒干水流域,往南流经广德殿西山下。我在太和十八年随从高祖到北方巡察,到了阴山的讲武台。台的东边有高祖讲武碑,碑文是中书郎高聪的手笔。从台西出去,往南登山,山上没有树木,只是一座光山而已,广德殿就在那里。殿宇四面披檐,两边有廊屋,厅堂内和藻井上都描绘着奇禽异兽。宫殿西北是焜煌堂,楹柱方椽都精雕细琢,模仿古时温室殿的样子。当时世祖鸾驾临幸朔北的荒漠边区,南秦王仇池杨难当撤去藩国称号前来投诚归顺,通过翻译前来朝拜世祖,这就是他觐见的地方,所以取名广德殿。魏太平真君三年,刻石立碑,颂扬这件事。碑文的颂词说:清除国内的祸害,威慑四方的边疆。从蛮戎各族,直到那氐羌,无人不心悦诚服,携带翻译前来拜望。南秦恭顺地俯首听命,敬畏地纳土请降。巍峨的广德殿,壮丽的焜煌堂!这是侍中、司徒东郡公崔浩的手笔。碑的背面题着宣城公李孝伯、尚书卢遐等随从大臣的姓名,仿佛新刻的一样。塞水经过山谷南端出山,往西南注入芒干水。

芒干水又西南注沙陵湖,湖水西南入于河。

【译文】

芒干水又往西南流,注入沙陵湖,湖水往西南注入大河。

河水南入桢陵县西北缘胡山[①],历沙南县东北,两山、二县之间而出。余以太和中为尚书郎,从高祖北巡,亲所迳涉。县在山南，王莽之槙陆也，北去云中城一百二十里。县南六十许里，有东、西大山，山西枕河[2]，河水南流。脉水寻《经》[3]，殊乖川去之次[4]，似非关究也。

【注释】

①缘胡山：在今内蒙古清水河县西北喇嘛湾。

②枕：靠近，毗邻。

③脉（mò）：通“脈”。审察，考察。《经》：即《水经》。

④川去之次：水流的次序走向。

【译文】

河水往南流进桢陵县西北缘胡山，流经沙南县东北，从二县的两山之间流出。我在太和年间当尚书郎，随从高祖到北方巡察，亲自去过那一带。县城在山南，就是王莽时的槙陆，北距云中城一百二十里。县南六十里左右，有两座大山东西对峙，山的西边临河，河水往南流。按照水脉来核对《经》文，其中记述川流经过之地，次序却颇不相符，似乎是风马牛不相及的。

又南过赤城东[1]，又南过定襄桐过县西[2]，

定襄郡，汉高帝六年置[3]，王莽之得降也。桐过县，王莽更名椅桐者也。河水于二县之间，济有君子之名。皇魏桓帝十一年[4]，西幸榆中[5]，东行代地[6]。洛阳大贾赍金货随帝后行[7]，夜迷失道，往投津长[8]，曰子封，送之渡河，贾人卒死[9]，津长埋之。其子寻求父丧[10]，发冢举尸，资囊一无所损。其子悉以金与之，津长不受。事闻于帝，帝曰：君子也。即名其津为君子济[11]。济在云中城西南二百余里[12]。

【注释】

①赤城:《水经注疏》:“董祐诚曰:城当在今鄂尔多斯左翼前旗(今内蒙古准格尔旗西)中。”

②桐过县:西汉置,属定襄郡。治所在今内蒙古清水河县西黄河东岸。东汉末废。

③汉高帝六年:前201年。

④皇魏桓帝十一年:《水经注疏》:“朱(谋㙔)讹作昔汉桓帝十三年。赵(一清)云:《卮林》曰,《后汉书》,桓帝再幸函谷,一临云梦,乘舆卤簿,不届榆中。且京洛宅中,代畎不为东地。元号屡易,纪年不得十三。其嘉君子之名,必非蠡吾之主。案魏收《书》,以猗㐌为桓帝,幽、并之间,水草是逐,度沙漠而饮马,据参合以张氈,故以榆林为西,桑乾为左矣。寻厥昆嗣,屡游斯津,则桓即猗㐌,差无乖爽。但猗㐌统部止十一年,此言十三年,又非佳证。且桑氏已著济名,则事在汉桓之先矣。一清按:十三、十一,字画讹误,君子济名,《经》《注》混淆,方叔之言,义犹未尽,敢附窥虎之末,以成析郦之功。戴改昔汉作皇魏,十三作十一。”

⑤榆中:古地区名。郦道元以为在金城(今甘肃榆中)。苏林以为在上郡(指今陕西东南部)。

⑥代地:在今河北蔚县东北。

⑦大贾(gǔ):大商人。赍(jī):携带,持有。

⑧津长:古代管理渡口、桥梁的官吏。

⑨卒死:突然死去。卒,同“猝”。突然。

⑩其子:此指商贾的儿子。丧:尸体。

⑪君子济:在今内蒙古准格尔旗东北黄河上。

⑫云中城:今内蒙古托克托东北古城。

【译文】

河水又往南流过赤城东边,又往南流过定襄郡桐过县西边,定襄郡，是在汉高帝六年设置的，就是王莽时的得降。桐过县，王莽时改名为椅桐。河水在二县中间的一段，有个渡口叫君子济。皇魏桓帝十一年，皇帝西行到榆中视察，往东去代郡各地巡行。洛阳有个大商人带了钱币、货物跟在皇帝后面，夜间迷了路，去投宿于渡口津长处，津长名叫子封，送他过河，不料商人突然死去，津长就把他埋葬了。商人的儿子来寻父亲的遗体，掘开坟墓，抬出尸体，所带的行李财货丝毫没有损失。商人的儿子把所有的金银都赠送给津长，津长却不接受。这件事传到皇帝那边，皇帝说：真是一位君子。于是就把渡口取名为君子济。渡口在云中城西南二百余里。

河水又东南，左合一水。水出契吴东山[①]，西迳故里南，北俗谓之契吴亭。其水又西流注于河。

【注释】

①契吴东山：在今内蒙古和林格尔境内。

【译文】

河水又往东南流，在左边汇合了一条水。这条水发源于契吴东山，往西流经一个古镇的南边，这个古镇北方俗称契吴亭。这条水又往西流，注入河水。

河水又南，树颓水注之[①]。水出东山，西南流，右合中陵川水[②]。水出中陵县西南山下[③]，北俗谓之大浴真山，水亦取名焉。东北流，迳中陵县故城东，北俗谓之北右突城，王莽之遮害也。《十三州志》曰：善无县南七十五里有中陵县[④]，世祖建武二十五年置[⑤]。其水又西北，右合一水。水出东山，北俗谓之贷敢山[⑥]，水又受名焉。其水西北流，注于中陵水。

中陵水又西北流，迳善无县故城西，王莽之阴馆也。《十三州志》曰：旧定襄郡治。《地理志》，雁门郡治[⑦]。其水又西北流，右会一水。水出东山下，北俗谓之吐文水[⑧]，山又取名焉。北流迳锄亭南[⑨]，又西流迳土壁亭南[⑩]，西出峡，左入中陵水。

【注释】

①树颓水：即今内蒙古清水河县境之清水河，汇合浑河注入黄河。

②中陵川水：即今内蒙古和林格尔南、清水河县西北之浑河。

③中陵县：西汉置，属雁门郡。治所在今山西右玉西南威远镇西。东汉属定襄郡，建安末废。

④善无县：战国赵置。后入秦，为雁门郡治。治所在今山西右玉西北。东汉为定襄郡治。建安末废。

⑤建武二十五年：49年。建武，东汉光武帝刘秀的年号(25—56)。

⑥贷敢山：在今山西右玉一带。

⑦雁门郡：战国赵武灵王置，秦、西汉治所在善无县(今山西右玉南)。东汉移治阴馆县(今山西朔州东南夏关城)。

⑧吐文水：《水经注疏》杨守敬按："今有水出右玉县(今山西右玉)东山，盖即此水也。"

⑨锄亭：《水经注疏》杨守敬按："亭当在今右玉县东北。"

⑩土壁亭：《水经注疏》杨守敬按："亭亦当在今右玉县东北。"

【译文】

河水又南流，有树颓水注入。树颓水发源于东山，往西南流，右边汇合中陵川水。中陵川水发源于中陵县西南山下，北方俗称大浴真山，水也叫大浴真水。中陵川水往东北流经中陵县老城东边，北方俗称北右突城，就是王莽时的遮害。《十三州志》说：善无县南七十五里有中陵县，世祖建武二十五年置。中陵川水又往西北流,右边汇合了一条水。这条水发源于东山,北方俗称贷敢山,水也叫贷敢水。贷敢水往西北流,注入中陵水。中陵水又往西北流经善无县老城西边,就是王莽时的阴馆。《十三州志》说:这是旧时定襄郡的治所。据《地理志》,是雁门郡的治所。中陵水又往西北流,右边汇合了一条水。这条水发源于东山脚下,北方俗称吐文水,山也叫吐文山。吐文水往北流经锄亭南边,又往西流经土壁亭南边,西流出峡,在左边注入中陵水。

中陵水又北分为二水,一水东北流,谓之沃水[1]。又东迳沃阳县故城南[2],北俗谓之可不埿城,王莽之敬阳也。又东北迳沃阳城东,又东合可不埿水[3]。水出东南六十里山下,西北流注沃水。沃水又东,迳参合县南[4],魏因参合陉以即名也[5],北俗谓仓鹤陉,道出其中,亦谓之参合口。陉在县之西北,即《燕书》所谓太子宝自河西还师参合[6],三军奔溃,即是处也。魏立县以隶凉城郡[7],西去沃阳县故城二十里。县北十里,有都尉城[8]。《地理志》曰:沃阳县,西部都尉治者也。北俗谓之阿养城。其水又东合一水。水出县东南六十里山下,北俗谓之灾豆浑水[9]。西北流,注于沃水。沃水又东北流,注盐池[10]。《地理志》曰盐泽在东北者也。今盐池西南去沃阳县故城六十五里,池水澄渟[11],渊而不流,东西三十里,南北二十里。池北七里,即凉城郡治。池西有旧城,俗谓之凉城也,郡取名焉。《地理志》曰:泽有长、丞[12]。此城即长、丞所治也。城西三里有小阜,阜下有泉,东南流注池。北俗谓之大谷北堆[13],水亦受目焉。中陵川水自枝津西北流,右合一水于连岭北[14]。水出沃阳县东北山下,北俗谓之乌伏真山，水曰诰升袁河[15]。西南流迳沃阳县，左合中陵川，乱流西南与一水合，北俗谓之树颓水。水出东山下，西南流，右合诰升袁水，乱流西南注，分谓二水。左水枝分南出，北俗谓之太罗河[16]；右水西迳故城南，北俗谓之昆新城[17]，其水自城西南流，注于河。

【注释】

①沃水：即今内蒙古凉城南弓坝河。

②沃阳县：西汉置，属雁门郡，为西部都尉治。治所在今内蒙古凉城西南双古城。东汉废。北魏复置，属善无郡。

③可不埿水：《水经注疏》杨守敬按："水当在今右玉县（今山西右玉）东。"

④参合县：北魏置，属凉城郡。治所在今内蒙古凉城西南双古城乡东北。

⑤参合陉（xíng）：在今内蒙古和林格尔东北西沟门。即名：起名。

⑥《燕书》：书名。十六国时期前燕尚书范亨撰。二十卷，纪传体。记前燕慕容儁事。太子宝：即后燕国太子慕容宝。后燕国君慕容垂之子。慕容宝败兵参合，事见《晋书·载记·慕容垂》："遣其太子宝及农与慕容麟等率众八万伐魏。……魏闻宝将至，徙往河西。宝进师临河，惧不敢济。还次参合，忽有大风黑气，状若堤防，或高或下，临覆军上……俄而黄雾四塞，日月晦冥，是夜魏师大至，三军奔溃。宝与德等数千骑奔免。士众还者十一二。绍死之。"

⑦凉城郡：亦作梁城郡。北魏置，属恒州。治所在今内蒙古凉城东北岱海北。

⑧都尉城：《水经注疏》杨守敬按："当在今宁远厅（今内蒙古凉城西南永兴）西。"

⑨灾豆浑水：《水经注疏》杨守敬按："当在今宁远厅南。"

⑩盐池:今内蒙古凉城东北岱海。

⑪澄渟:清澈平静。渟,水积聚而不流动。

⑫长:这里指掌管盐泽的主官。丞:这里指掌管盐泽的属官。

⑬大谷北堆:在今内蒙古凉城一带。

⑭连岭:《水经注疏》杨守敬按:“连岭盖即今右玉县北之长城。”

⑮诰升袁河:《水经注疏》杨守敬按:“当在今杀虎口(今山西右玉北六十里)北之水。……赵(一清)云:按《晋书》,匈奴右贤王去卑之子曰诰升爰。《魏书》,铁弗刘虎,南单于苗裔,左贤王去卑之孙。虎父诰升爰,一名训兜诰,则此河以人得名。爰、袁音同通目。”

⑯太罗河:《水经注疏》杨守敬按:“水当在今清水河厅(今内蒙古清水河县)西南长城北。”

⑰昆新城:在今内蒙古清水河县西北浑河北。

【译文】

中陵水又北流,分成两条,一条往东北流,叫沃水。又往东流经沃阳县老城南边,北方俗称可不埿城,就是王莽时的敬阳。又往东北流经沃阳城东边,又往东与可不埿水汇合。这条水发源于东南六十里的山下,往西北流,注入沃水。沃水又往东流经参合县南边,参合县是北魏依参合陉而命名的,北方俗称仓鹤陉,有路从中间通过,那地方也叫参合口。参合陉在县城西北,《燕书》中所谓太子宝从河西领兵回到参合,三军溃散奔逃,说的就是这地方。北魏立为县,隶属于凉城郡,西距沃阳县老城二十里。县城北面十里,有个都尉城。《地理志》说:沃阳县是西部都尉治所。北方俗称阿养城。沃水又东流,汇合了一条水。这条水发源于县城东南六十里的山下,北方俗称宂豆浑水。宂豆浑水往西北流,注入沃水。沃水又往东北流,注入盐池。《地理志》说盐泽在东北,指的就是盐池。现在盐池西南距沃阳县老城六十五里,池水澄清宁静,渊深不流,东西长三十里,南北长二十里。池北七里就是凉城郡治。池西有一座旧城,俗称凉城,郡也按此城取名。《地理志》说:盐泽有长、丞等官。凉城就是他们的治所。城西三里有小山，山下有泉水，往东南流注入池中。这座小山北方俗称大谷北堆，水也因山而取名。中陵川水从支流分出处往西北流，右边在连岭北边汇合了一条水。这条水发源于沃阳县东北山下，北方俗称乌伏真山，水叫诰升袁河。往西南流经沃阳县，在左边与中陵川汇合，乱流往西南奔去，汇合了一条水，北方俗称树颓水。树颓水发源于东山下，往西南流，在右边与诰升袁水汇合，乱流向西南奔去，分为两条。左边那条分支往南流，北方俗称太罗河；右边那条往西流经老城南面，北方俗称昆新城，水从昆新城往西南流，注入大河。

河水又南，太罗水注之。水源上承树颓河，南流西转，迳武州县故城南[①]。《十三州志》曰：武州县在善无城西南百五十里，北俗谓之太罗城，水亦藉称焉。其水西南流，一水注之。水导故城西北五十里，南流迳城西北，俗名之曰故槃回城。又南流注太罗河。太罗河又西南流，注于河。

【注释】

①武州县：西汉置，属雁门郡。治所在今山西左云南。东汉移治今山西偏关东北。按：此武州县方位与上下文方位不合。《水经注疏》本作武县。即西汉之骆县。在今内蒙古清水河县西南窑沟乡下城湾古城。

【译文】

河水又南流，有太罗水注入。太罗水上源承接树颓河，往南流，向西转弯，流过武州县老城南边。《十三州志》说：武州县在善无城西南一百五十里，北方俗称太罗城，水也依城命名。太罗水往西南流，有一条水注入。这条水从老城西北五十里流来，往南流经老城西，俗称故槃回城。又南流注入太罗河。太罗河又往西南流，注入大河。

河水又左得湳水口[①]。水出西河郡美稷县[②]，东南流。《东观记》曰[③]：郭伋[④]，字细侯，为并州牧[⑤]。前在州，素有恩德，老小相携道路。行部到西河美稷[⑥]，数百小儿各骑竹马迎拜。伋问：儿曹何自远来[⑦]？曰：闻使君到[⑧]，喜，故迎。伋谢而发去，诸儿复送郭外[⑨]。问：使君何日还？伋计日告之。及还，先期一日，念小儿，即止野亭，须期至乃往。其水又东南流，羌人因水以氏之[⑩]。汉冲帝时[⑪]，羌湳狐奴归化[⑫]，盖其渠帅也。其水，俗亦谓之为遄波水，东南流入长城东。咸水出长城西咸谷[⑬]，东入湳水。湳水又东南，浑波水出西北穷谷[⑭]，东南流注于湳水。湳水又东迳西河富昌县故城南[⑮]，王莽之富成也。湳水又东流入于河。

【注释】

①湳水：即今内蒙古准格尔旗境内之纳林川、黄甫川。

②西河郡：西汉元朔四年（前125）置。治所在平定县（今内蒙古伊金霍洛旗东南境）。美稷县：西汉置，属西河郡，为属国都尉治。治所在今内蒙古准格尔旗西北纳林镇古城。

③《东观记》：书名。即《东观汉记》。是班固、刘珍等人以纪传体撰写的一部记载东汉历史的著作。

④郭伋（jí）：字细侯。扶风茂陵（今陕西兴平）人。东汉官吏。为官行政有德，讲信用，受民爱戴。

⑤并（bīng）州：西汉武帝置，为十三刺史部之一。东汉时治所在太原郡（今山西太原西南晋源镇）。西汉武帝元封五年（前106年）为加强中央集权，除京师附近三辅、三河及弘农七郡外，将全国一百零几个郡国分为豫州、兖州、青州、徐州、冀州、幽州、并州、凉州、益州、荆州、扬州与交趾、朔方十三刺史部，简称十三部，也称

十三州。牧：指州郡长官。

⑥行部：刺史（州牧）巡行所属郡县，省察政治教化，考核官员升降，审断冤案等。

⑦儿曹：儿辈们。曹，辈。

⑧使君：汉时称刺史为使君，后泛尊称州郡长官。

⑨郭：外城。古代在城的外围加筑的一道城墙。

⑩氏：取姓氏。

⑪汉冲帝：东汉皇帝刘炳。

⑫羌湳狐奴：《后汉书·西羌传》作离湳狐奴，“永嘉元年……左冯翊梁并稍以恩信招诱之，于是离湳狐奴等五万余户诣并降，陇右复平”。湳狐奴，羌人首领名。

⑬咸水：《水经注疏》杨守敬按：“据内府图，黄甫川有二源，其南源自西入长城，合《注》，当即咸水也。”

⑭浑波水：《水经注疏》杨守敬按：“水亦当在今府谷县（今陕西府谷）北，不言入长城，盖发源长城内也。”

⑮富昌县：战国秦置，属上郡。治所在今陕西府谷北之古城乡。

【译文】

河水又在左边湳水口与湳水汇合。湳水发源于西河郡美稷县，往东南流。《东观记》说：郭伋，字细侯，任并州牧。先前在州任职时，平时对百姓有恩德，因此老老小小相携在路上迎接他。他到西河美稷巡察时，有几百个小孩跨着竹马来迎接拜见他。郭伋问道：你们为什么老远来到这里？孩子们说：听说您来了，我们很高兴，所以来迎接您。郭伋向他们道谢后，就打发他们回去，孩子们又送他到城外。孩子们问道：您哪一天回来呀？郭伋估算了一下，就把日期告诉了他们。但回来时却早了一天，想到了孩子们，他就在野亭里留宿，待到约定的日子才去。其水又往东南流，羌人都以水为姓氏。汉冲帝时，羌人湳狐奴归化于汉，他就是羌人的头目。这条水也俗称遄波水，往东南流进长城东边。咸水发源于长城西边的咸谷，东流注入湳水。湳水又往东南流，浑波水发源于西北方的穷谷，往东南流注入湳水。湳水又往东流经西河富昌县老城南边，就是王莽时的富成。湳水又东流，注入大河。

河水左合一水，出善无县故城西南八十里。其水西流，历于吕梁之山[①]，而为吕梁洪[②]。其山岩层岫衍[③]，涧曲崖深，巨石崇竦，壁立千仞[④]，河流激荡，涛涌波襄[⑤]，雷渀电泄[⑥]，震天动地。昔吕梁未辟，河出孟门之上[⑦]，盖大禹所辟，以通河也。司马彪曰[⑧]：吕梁在离石县西[⑨]。今于县西历山寻河，并无过峘[⑩]，至是乃为河之巨险，即吕梁矣，在离石北以东可二百有余里也。

【注释】

①吕梁之山：即吕梁山。在今山西西部，黄河与汾河间，北接恒山，南至禹门口。

②吕梁洪：即经过吕梁山的水流，称为吕梁洪。

③岩层：山石层叠。岫（xiù）衍：山峦庞大。岫，山峦。衍，大。

④仞：古代长度单位。

⑤襄：漫溢。

⑥雷渀（bēn）：像雷一样奔腾。形容水声宏大。

⑦河：此指黄河。孟门：即孟门山。在今山西吉县西、陕西宜川县东北，龙门之北，黄河两岸。

⑧司马彪：字绍统。河内温县（今河南温县）人。魏晋时期史学家。著作仅存《续汉书》八志，为后人补入范晔《后汉书》流传至今。

⑨离石县：战国秦置，属太原郡。治所在今山西吕梁离石区。

⑩过峘（huán）：当为遏岨。阻拦，障碍。

【译文】

河水在左边汇合了一条水。这条水发源于善无县老城西南八十里。水往西流，经吕梁之山，称为吕梁洪。吕梁山岩石层沓而庞大，山涧弯弯曲曲，崖岸又高又深；高耸的巨岩陡峭千仞，河流冲激，波涛汹涌，势如雷电，轰隆之声震天动地。从前吕梁没有开凿时，河水从孟门流出来，大禹凿通这里来疏导河水。司马彪说：吕梁在离石县以西。今天在县西爬山越岭探寻河水，都看不到有什么阻障，到了这里才成为河上重大的险地，这就是吕梁，在离石北方偏东二百余里。

又南过西河圁阳县东①，

西河郡，汉武帝元朔四年置②，王莽改曰归新。圁水出上郡白土县圁谷③，东迳其县南。《地理志》曰：圁水出西，东入河。王莽更曰黄土也。东至长城，与神衔水合④。水出县南神衔山⑤，出峡，东至长城，入于圁。圁水又东迳鸿门县⑥，县，故鸿门亭。《地理风俗记》曰⑦：圁阴县西五十里有鸿门亭、天封苑、火井庙⑧，火从地中出。圁水又东，梁水注之⑨。水出西北梁谷，东南流，注圁水。圁水又东迳圁阴县北，汉惠帝五年立⑩，王莽改曰方阴矣。又东，桑谷水注之⑪。水出西北桑溪，东北流，入于圁。圁水又东迳圁阳县南，东流注于河。

【注释】

①圁（yín）阳县：即圜阳县。西汉置，属西河郡。治所在今陕西神木东南秃尾河北岸。

②元朔四年：前125年。元朔，西汉武帝刘彻的年号（前128—前123）。

③圁水：亦称圜水。今陕西北部秃尾河，为黄河支流。上郡：战国魏文侯置，秦代治所在肤施县（今陕西榆林东南七十五里鱼河堡附

近)。白土县:西汉置,属上郡。治所在今陕西神木西北秃尾河上游。圁谷:在今陕西神木一带。

④神衔水:在今陕西神木一带。

⑤神衔山:当在今陕西神木一带。

⑥鸿门县:西汉置,属上郡。治所在今陕西榆林东北。

⑦《地理风俗记》:书名。东汉应劭撰。今仅存辑本。

⑧圁阴县:即圜阴县。西汉置,属西河郡。治所在今陕西佳县西北秃尾河南岸。

⑨梁水:在今山西长子。

⑩汉惠帝五年:前190年。

⑪桑谷水:即今秃尾河。

【译文】

河水又往南流过西河郡圁阳县东边,

西河郡设置于汉武帝元朔四年,王莽时改名为归新郡。圁水发源于上郡白土县的圁谷,往东流过县南。《地理志》说:圁水发源于西方,东流入河。白土县,王莽时改名为黄土县。圁水往东流到长城,与神衔水汇合。神衔水发源于县南的神衔山,出峡后往东流到长城,注入圁水。圁水又往东流经鸿门县,鸿门县就是旧时的鸿门亭。《地理风俗记》说:圁阴县西五十里有鸿门亭、天封苑、火井庙,那里有火从地下冒出。圁水又东流,梁水注入。梁水发源于西北方的梁谷,往东南流,注入圁水。圁水又往东流经圁阴县北边,圁阴县是汉惠帝五年所立,王莽时改名为方阴县。又东流,桑谷水注入。桑谷水发源于西北方的桑溪,往东北流,注入圁水。圁水又往东流经圁阳县南边,东流注入河水。

河水又东,端水入焉①。水西出号山②。《山海经》曰:其木多漆棕③,其草多芎藭④,是多汵石⑤,端水出焉,而东流注于河。

【注释】

①端水:《水经注疏》杨守敬按:"《葭州志》有宁河(在今陕西佳县一带),出州北八十里王元沟,东南流入河,疑即端水也。"

②号山:《水经注疏》杨守敬按:"当在今葭州(今陕西佳县)西北。"

③漆:木名。树汁可用作涂料。棕:即棕榈树。供观赏,木材可以制器具。

④芎䓖(xiōng qióng):中草药名。产于四川的名为川芎。

⑤汵(gàn)石:矿石名。

【译文】

河水又东流,有端水注入。端水发源于西方的号山。《山海经》说:山上的树大多是漆树和棕树,草大多是芎䓖,又多汵石,端水就发源于这里,东流注入河水。

河水又南,诸次之水入焉[①]。水出上郡诸次山[②]。《山海经》曰:诸次之山,诸次之水出焉。是山多木无草,鸟兽莫居,是多象蛇。其水东迳榆林塞[③],世又谓之榆林山,即《汉书》所谓榆溪旧塞者也。自溪西去,悉榆柳之薮矣[④]。缘历沙陵,届龟兹县西北[⑤],故谓广长榆也。王恢云[⑥]:树榆为塞。谓此矣。苏林以为榆中在上郡[⑦],非也。按《始皇本纪》,西北逐匈奴,自榆中并河以东[⑧],属之阴山。然榆中在金城东五十许里[⑨],阴山在朔方东,以此推之,不得在上郡。《汉书音义》苏林为失[⑩],是也。其水东入长城,小榆水合焉[⑪]。历涧西北,穷谷其源也。又东合首积水[⑫]。水西出首积溪,东注诸次水,又东入于河。《山海经》曰:诸次之水,东流注于河。即此水也。

【注释】

①诸次之水：当今陕西佳县北之佳芦水。

②诸次山：《水经注疏》："孙星衍曰：山当在榆林府（今陕西榆林）北套外。"

③榆林塞：亦名榆溪塞。在今内蒙古河套外，秦始皇时蒙恬北取今河套地，树榆为塞，故名。

④薮：泽地。

⑤龟兹（qiū cí）县：西汉置，为上郡属国都尉治。治所在今陕西榆林北。

⑥王恢：汉武帝时燕人。多次任边疆官吏，熟悉少数民族之事。

⑦苏林：字孝友。陈留外黄（今河南民权西北）人。汉、魏间学者。与邯郸淳等并为当时儒宗。撰《孝经注》《陈留耆旧传》，今亡佚。注《汉书》，亦亡佚，颜师古《汉书注》中多引。

⑧并（bàng）：沿着，挨着。

⑨金城：即金城县。西汉置，属金城郡。治所在今甘肃兰州。

⑩《汉书音义》：书名。苏林撰。《汉书》颜师古注中多引。

⑪小榆水：《水经注疏》杨守敬按："今葭州西北有一水，东南入沙河，盖即小榆水也。"

⑫首积水：《水经注疏》杨守敬按："今葭州西有一水，东入沙河，盖即首积水也。"

【译文】

河水又南流，有诸次水注入。诸次水发源于上郡的诸次山。《山海经》说：诸次山是诸次水的发源地。山上多树无草，没有鸟兽栖息，但大象和蛇却很多。诸次水往东流经榆林塞，世人又称为榆林山，就是《汉书》所说的榆溪旧塞。从这条溪流往西走，都是长满榆树和柳树的泽地。沿着沙陵县一直延展到龟兹县西北，所以叫广长榆。王恢说：种植榆树作为屏障。就是指这地方。苏林认为榆中在上郡，其实不是。按照《始皇本纪》，在西北驱逐了匈奴，从榆中沿着河水以东，与阴山相连。但榆中在金城县以东五十里左右，阴山则在朔方郡以东，照此推断，榆中是不可能在上郡的了。《汉书音义》里苏林是弄错了。诸次水往东流进长城，与小榆水汇合。沿着溪涧往西北走，到了山谷尽头就是它的源头了。又往东流与首积水汇合。首积水发源于首积溪，往东注入诸次水，又往东流，注入河水。《山海经》说：诸次水东流注入河水。说的就是这条水。

河水又南，汤水注之[1]。《山海经》曰：水出上申之山[2]，上无草木，而多硌石[3]，下多榛楛[4]。汤水出焉，东流注于河也。

【注释】

①汤水：《水经注疏》："孙星衍曰：今有水出米脂县（今陕西米脂）桃花茆，东流迳葭州南入河，即汤水也。"

②上申之山：《水经注疏》："孙星衍曰：米脂县北诸山，当即上申山，今俗有白云山、冯家山之名也。"

③硌（luò）：大石。

④楛（hù）：古书上指荆一类的植物，茎可制箭杆。

【译文】

河水又南流，汤水注入。《山海经》说：汤水发源于上申之山，山上没有草木，却多大石，下面榛树和楛树却很多。汤水就发源于这里，东流注入河水。

又南离石县西[1]，

奢延水注之[2]。水西出奢延县西南赤沙阜[3]，东北流。《山海经》所谓生水出孟山者也。郭景纯曰[4]：孟或作明。汉破羌将军段颎破羌于奢延泽[5]，虏走洛川[6]。洛川在南，俗因县土谓之奢延水[7]，又谓之朔方水矣。东北流，迳其县故城南，王莽之奢节也。赫连龙昇七年[8]，于是水之北、黑水之南[9]，遣将作大匠梁公叱干阿利改筑大城[10]，名曰统万城[11]。蒸土加功[12]，雉堞虽久[13]，崇墉若新[14]。并造五兵[15]，器锐精利，乃咸百炼。为龙雀大镮[16]，号曰大夏龙雀。铭其背曰：古之利器，吴、楚湛卢[17]。大夏龙雀，名冠神都。可以怀远[18]，可以柔逋[19]。如风靡草[20]，威服九区[21]。世甚珍之。又铸铜为大鼓，及飞廉、翁仲、铜驼、龙虎[22]，皆以黄金饰之，列于宫殿之前。则今夏州治也。奢延水又东北与温泉合。源西北出沙溪，而东南流注奢延水。奢延水又东，黑水入焉。水出奢延县黑涧[23]，东南历沙陵，注奢延水。奢延水又东合交兰水[24]。水出龟兹县交兰谷[25]，东南流注奢延水。奢延水又东北流，与镜波水合[26]。水源出南邪山南谷，东北流，注于奢延水。

【注释】

①又南：武英殿本《水经注》注："又南下脱过字。"

②奢延水：即今陕西北部黄河支流无定河。

③奢延县：西汉置，属上郡。治所在今内蒙古乌审旗西南无定河南岸。赤沙阜：位于今陕北靖边，今称白于山的北侧，因此处的岩层为红色砂岩，地形起伏相对较和缓，故称赤沙阜。

④郭景纯：即郭璞，字景纯。东晋河东闻喜（今山西闻喜）人。曾注《尔雅》《方言》《山海经》《穆天子传》等。

⑤破羌将军：属杂号将军。职司领兵征伐。段颎（jiǒng）：字纪明。武威姑臧（今甘肃武威）人。东汉桓帝时为护羌校尉，破羌有功。奢延泽：在今内蒙古鄂托克前旗东南城川乡一带。

⑥虏：古代对北方少数民族的蔑称。走：逃跑。洛川：一名北洛水。

即今陕西洛河。源出定边东南白于山，东南流经吴起、志丹、甘泉县，又南流经富县、洛川县等，至大荔南合渭水，东入黄河。

⑦县土：该县的境域或地域。

⑧赫连：即十六国时期大夏主赫连勃勃，历史上有名的暴君。龙昇七年：413 年。龙昇，赫连勃勃的年号（407—413）。

⑨黑水：即今内蒙古乌审旗南无定河上游北支流纳林河。

⑩将作大匠：秦置。始称将作少府，西汉景帝时改称将作大匠，掌管宫室等土木营建。梁公叱干阿利改筑大城：事见《晋书·载记·赫连勃勃》："改元为凤翔。以叱干阿利领将作大匠，发岭北夷夏十万人，于朔方水北、黑水之南营起都城。"

⑪统万城：在今陕西靖边北白城子。413 年，十六国时期大夏国君赫连勃勃在此建为都城。为胡语地名。陈桥驿按，统万城建于 413 年，距郦氏不足百年，但郦氏对此城的地名来源不着一字。郦氏对地名非常谨慎，凡他无把握的，都不做说明，或用"北俗谓之"交代。从上述薄骨律镇城对照，说明郦氏不谙赫连语言（或文字）。但唐初编修的《晋书·载记·赫连勃勃》，对统万城提出"统一天下，君临万邦"之说。此后，从《元和郡县志》《资治通鉴》直到新编《辞海》都按《晋书》沿袭。但缪钺《读史存稿》（三联书店 1963 年出版）引赵万里所集北魏元彬墓志、元湛墓志、元举墓志，均称"统万突镇都大将"。而元保洛墓志又作"吐万突镇都大将"。所以缪氏认为："吐、统一声之转，是本译胡语，故或统或吐（《古今姓氏书辨正》亦言统万亦作吐万），或者去突字，赫连氏当时自无《元和志》所言之义。"

⑫蒸土：蒸煮泥土以求坚固。为古代建筑的一种方法。加功：施工。

⑬雉堞（zhì dié）：古代在城墙上面修筑的矮而短的墙。守城的人可借以掩护自己。

⑭崇墉（yōng）：非常高的城墙。墉，城墙，高墙。

⑮五兵：本指五种兵器，指称不一：或指戈、殳、戟、酋矛、夷矛，或指矛、戟、钺、楯、弓矢，或指矛、戟、弓、剑，戈。这里泛指所有的兵器。

⑯龙雀大镮（huán）：赫连勃勃宝刀名。雕刻有龙、雀的大环。镮，环。

⑰湛卢：古宝剑名。相传为春秋时欧冶子所铸。

⑱怀远：使远方的国家归附。怀，使……归附。

⑲柔逋（bū）：使逃亡的人得到安抚。柔，使……得到安抚。逋，逃亡。

⑳如风靡草：像风吹伏野草一样。靡，下垂，倒伏。

㉑威服：以威力使慑服。九区：泛指天下。

㉒飞廉：古代传说中的动物名。翁仲：传说秦始皇初兼天下，有长人见于临洮，长五丈，足迹六尺，铸金人十二以象之，称为翁仲。后泛指铜像或石像。铜驼：铜制的骆驼。

㉓黑涧：《水经注疏》杨守敬按："《元和志》，乌水出朔方县黑涧，本名黑水，避周太祖讳改。……今曰哈柳图河（今内蒙古乌审旗南海流兔河），出鄂尔多斯右翼前旗（今内蒙古乌审镇）东。"

㉔交兰水：《水经注疏》杨守敬按："今有他克拉布河，出右翼前旗之东南，流入无定河，疑即交兰水也。"

㉕交兰谷：在今陕西榆林北一带。

㉖镜波水：《水经注疏》杨守敬按："水当在今怀远县（今陕西榆林横山区）东北。"

【译文】

河水又往南流过离石县西边，

奢延水在这里注入河水。奢延水发源于奢延县西南的赤沙阜，往东北流。《山海经》说生水发源于孟山，就指的是这条水。郭景纯说：孟字也有写作明字的。汉时破羌将军段颎在奢延泽击溃羌人，羌人都逃往洛川。洛川在南，民间因此水流经县境，就叫它奢延水，又叫朔方水。水往东北流经旧县城南边，这就是王莽时的奢节县。赫连勃勃龙昇七年，派遣将作大匠梁公叱干阿利在此水以北、黑水以南改筑了一座大城，名叫统万城。城以蒸过的泥土精工修筑，非常坚固，虽然年代已久，但高城雉堞仍像新的一样。又制造了各种兵器，千锤百炼，都很锋利精良。又制了一把宝刀，装上雕着龙雀的大环，号称大夏龙雀。刀背上刻的铭文说：古代最锋利的兵器，吴、楚宝剑号称湛卢。今日又有大夏龙雀，威名传遍京都。可使远方诸国归顺，可将逃亡者安抚。就像风吹草伏，雄威震慑天下。世人十分珍视这把宝刀。又用铜铸成大鼓、飞廉神兽、铜人、铜驼、龙虎之类，都用黄金装饰，排列在宫殿前面。这座统万城就是现在夏州的治所。奢延水又往东北流，与温泉水汇合。水发源于西北的沙溪，往东南注入奢延水。奢延水又东流，有黑水注入。黑水源自奢延县的黑涧，往东南流过沙陵，注入奢延水。奢延水又东流，汇合了交兰水。交兰水发源于龟兹县交兰谷，往东南流，注入奢延水。奢延水又往东北流，与镜波水汇合。镜波水发源于南邪山的南谷，往东北流，注入奢延水。

奢延水又东迳肤施县[①]。帝原水西北出龟兹县[②]，东南流。县因处龟兹降胡著称。又东南注奢延水。奢延水又东迳肤施县南，秦昭王三年置[③]，上郡治[④]。汉高祖并三秦[⑤]，复以为郡。王莽以汉马员为增山连率[⑥]，归，世祖以为上郡太守。司马彪曰：增山者，上郡之别名也。东入五龙山[⑦]。《地理志》曰：县有五龙山、帝原水。自下亦为通称也。历长城东，出于白翟之中[⑧]。又有平水[⑨]，出西北平溪，东南入奢延水。奢延水又东，走马水注之[⑩]。水出西南长城北阳周县故城南桥山[⑪]，昔二世赐蒙恬死于此[⑫]。王莽更名上陵畤，山上有黄帝冢故也。帝崩，惟弓剑存焉，故世称黄帝仙矣[⑬]。其水东流，昔段颎追羌出桥门至走马水，闻羌在奢延泽，即此处也。门，即桥山之长城门也。始皇令太子扶苏与蒙恬筑长城⑭,起自临洮,至于碣石⑮,即是城也。其水东北流入长城,又东北注奢延水。奢延水又东,与白羊水合⑯。其水出于西南白羊溪,循溪东北,注于奢延水。奢延水又东入于河。《山海经》曰:生水东流注于河。

【注释】

①肤施县:战国秦置,为上郡治。治所在今陕西榆林东南鱼河堡附近。

②帝原水:即今陕西榆林西榆溪河。源出榆林北刀兔海子,东南流至榆林东南入无定河。

③秦昭王三年:前304年。

④上郡:战国魏文侯置,秦代治所在肤施县(今陕西榆林东南鱼河堡附近)。

⑤汉高祖并三秦:《水经注疏》熊会贞按:"《史记·项羽本纪》,三分关中,王秦降将。立章邯为雍王,都废丘;立司马欣为塞王,都栎阳;立董翳为翟王,都高奴。后又称汉还定三秦,即所谓并三秦也。"三秦,《史记·秦始皇本纪》:"灭秦之后,各分其地为三,名曰雍王、塞王、翟王,号曰三秦。"

⑥连率:王莽时官职名。相当于太守。

⑦五龙山:在今陕西榆林横山区东。

⑧白翟(dí):即白狄。我国古代少数民族之一。

⑨平水:即今陕西北部无定河支流大理河。

⑩走马水:即今陕西北部无定河支流淮宁河。

⑪阳周县:秦置,属上郡。治所在今陕西子长西北石湾乡一带。桥山:在今陕西黄陵北。

⑫二世:指秦朝第二代皇帝胡亥。秦始皇之子。继位后继续修建阿房宫等,不久爆发陈胜、吴广农民大起义。后在赵高逼迫下自杀。

蒙恬：秦朝将领。事秦始皇为内史。秦兼并天下后，使蒙恬带领三十万人北逐匈奴。筑长城，西起临洮，东到辽东，绵延万里。秦二世即位，蒙恬为赵高所陷害，被逼吞药自杀。

⑬黄帝仙：黄帝飞升成为神仙。

⑭扶苏：秦始皇长子。秦始皇坑杀儒生，扶苏力谏，惹怒秦始皇，被派往上郡监蒙恬军。始皇卒，赵高与李斯矫诏逼其自杀。

⑮碣石：即今朝鲜平壤西南浦北之龙岗。

⑯白羊水：《水经注疏》熊会贞按："今有白家河，出清涧县(今陕西清涧县)东二十里吐谷岭，东北流入无定河，疑即白羊水也。"

【译文】

奢延水又往东流经肤施县。有帝原水发源于西北方的龟兹县，往东南流。这地方因收留过龟兹国投降的胡人居住，所以得名。水又往东南流，注入奢延水。奢延水又东流，从肤施县南边流过。肤施县设于秦昭王三年，是上郡的治所。汉高祖平定了三秦，又立为郡。王莽任命马员为增山连率，马员归降世祖，世祖任命他为上郡太守。司马彪说：增山是上郡的别名。奢延水往东流进五龙山。《地理志》说：县里有五龙山、帝原水。从这里起，下游也通称为帝原水。水流过长城东边，在白翟地区流出。又有平水发源于西北方的平溪，东南注入奢延水。奢延水又东流，走马水注入。走马水发源于西南方长城以北的阳周县老城南边的桥山，从前秦二世就是在这里赐死蒙恬的。王莽时将其改名为上陵畤，这是因为山上有黄帝墓的缘故。黄帝死后，只留下弓和剑，所以世人都说黄帝升仙了。水往东流，从前段颎追击羌人出了桥门，追到走马水，听说羌人在奢延泽，就是这地方。所谓门，就是桥山的长城门。秦始皇命令太子扶苏和蒙恬一起筑长城，从临洮开始，直到碣石，就是这道长城。水往东北流进长城，又往东北注入奢延水。奢延水又东流，与白羊水汇合。白羊水发源于西南的白羊溪，顺溪往东北流，注入奢延水。奢延水又东流，注入河水。《山海经》说：生水东流注入河水。

河水又南，陵水注之[①]。水出陵川北溪，南迳其川，西转入河。

【注释】

①陵水：即今山西临县湫水河。

【译文】

河水又南流，陵水注入。陵水发源于陵川的北溪，往南流过平原，折向西边注入河水。

河水又南得离石水口[①]。水出离石北山[②]，南流迳离石县故城西。《史记》云：秦昭王伐赵取离石者也[③]。汉武帝元朔三年[④]，封代共王子刘绾为侯国[⑤]。后汉西河郡治也。其水又南出西转迳隰城县故城南[⑥]。汉武帝元朔三年，封代共王子刘忠为侯国，王莽之慈平亭也。胡俗语讹，尚有千城之称。其水西流，注于河也。

【注释】

①离石水：即今山西方山县、吕梁离石区境内之北川河。

②离石北山：在今山西方山县东北七十里与岚县交界处。

③秦昭王：即战国秦昭襄王嬴则，一名稷。取离石者：当为秦惠文王时事。《水经注疏》杨守敬按："此《赵世家》肃侯二十二年事，在秦惠文王十年，非昭王也。"译文用秦惠文王。

④元朔三年：前126年。

⑤代共王：即刘登。

⑥隰（xí）城县：西晋改兹氏县为隰城县，属西河国。治所在今山西汾阳。

【译文】

河水又往南流到离石水口与离石水汇合。离石水发源于离石北山，往南流经离石县老城西边。《史记》说：秦惠文王攻赵，夺取离石。汉武帝元朔三年，把这里封给代共王的儿子刘绾，立为侯国。后汉时是西河郡的治所。水又往南流出，折向西边，流过隰城县老城南边。汉武帝元朔三年把这里封给代共王的儿子刘忠，立为侯国，就是王莽时的慈平亭。胡人因民间语讹，至今还叫它千城。水往西流，注入河水。

又南过中阳县西[①]，

中阳县故城在东，东翼汾水[②]，隔越重山，不滨于河也。

【注释】

①中阳县：战国秦置，属太原郡。治所在今山西中阳。三国魏移治今山西孝义，西晋永嘉后废。

②翼：临近缠绕。汾水：黄河支流。在今山西中部。源出宁武管涔山，经太原南流到新绛折向西，在河津西入黄河。

【译文】

河水又往南流过中阳县西边，

中阳县旧城在东边，汾水流过城东，与河水隔了好几重山，并不濒临河水。

又南过土军县西[①]，

吐京郡治[②]。故城，即土军县之故城也。胡、汉译言，音为讹变矣。其城圆长而不方。汉高帝十一年[③]，以封武侯宣义为侯国[④]。县有龙泉[⑤]。出城东南，道左山下牧马川上多产名驹骏[⑥]，同滇池天马[⑦]。其水西北流，至其城东南。土军水出道左高山,西南注之。龙泉水又北屈迳其城东,西北入于河。

【注释】

①土军县:西汉置,属西河郡。治所在今山西石楼县。东汉废。

②吐京郡:北魏太平真君九年(448)置,属汾州。治所在岭西县(后改吐京县,今山西石楼县)。

③汉高帝十一年:前196年。

④宣义:高祖六年(前201)为中地守。十年为廷尉。十一年以击败陈豨有功封为土军侯。谥武。

⑤龙泉:《水经注疏》熊会贞按:"《元和志》,龙泉水出石楼县(今山西石楼县)东南,去县十里。今曰屈产水,出县东南石楼山。"

⑥牧马川:在今山西石楼县。

⑦滇池:又称滇池泽。即今云南中部之滇池。天马:骏马,宝马。

【译文】

河水又往南流过土军县西边,

土军县是吐京郡的治所。老城也就是土军县的老县城。由于胡语与汉语对译,音变而致讹。城形椭圆而不方正。汉高祖十一年把它封给武侯宣义,立为侯国。县里有一条龙泉。出城往东南方走去,道路左边山下的牧马川出产名马,十分雄骏,就像滇池天马一样。水往西北流到老城东南。土军水发源于道路左边的高山上,往西南注入龙泉。龙泉水又北转流经城东,往西北注入河水。

河水又南合契水[①]。傍溪东入,穷谷其源也。又南至禄谷水口,水源东穷此溪也。

【注释】

①契水:《水经注疏》:"孙星衍曰:二水(即契水与禄谷水)当在石楼县(今山西石楼县)南。会贞按:当在县西。"

【译文】

河水又南流,与契水汇合。沿溪边往东进入山谷,到尽头就是水源了。又往南流到禄谷水口与禄谷水汇合,水源在东边溪流的尽处。

河水又南得大蛇水[①]。发源溪首,西流入河。

【注释】

①大蛇水:《水经注疏》熊会贞按:"水当在今永和县(今山西永和)西北。"

【译文】

河水又南流,接纳了大蛇水。大蛇水发源于溪头,西流注入河水。

河水又南,右纳辱水[①]。《山海经》曰:辱水出鸟山[②],其上多桑,其下多楮[③],阴多铁[④],阳多玉[⑤]。其水东流,注于河。俗谓之秀延水。东流得浣水口[⑥]。傍溪西转,穷溪便即浣水之源也。辱水又东会根水[⑦]。西南溪下,根水所发,而东北注辱水。辱水又东南,露跳水出西露溪[⑧],东流,又东北入辱水,乱流注于河。

【注释】

①辱水:即今陕西延川县北的秀延水。

②鸟山:《水经注疏》熊会贞按:"《一统志》,泰重岭在安定县(今甘肃定西)西三十里,高插天半。毕沅曰,鸟山疑即泰重岭。"

③楮（chǔ）：木名。也称构树、榖树。树皮可用来制造桑皮纸和宣纸。

④阴：山北水南为阴。

⑤阳：山南水北为阳。

⑥浣（huàn）水：《水经注疏》熊会贞按："今安定县（今甘肃定西）西北有黑牛河，东北流入秀延河，疑即浣水。"

⑦根水：《水经注疏》熊会贞按："今安定县西南有马儿河，东北流入秀延河，疑即根水也。"

⑧露跳水：今陕西延川西南站川水。

【译文】

河水又南流，在右边接纳了辱水。《山海经》说：辱水发源于鸟山，山上多桑树，山下多楮树，山北多产铁，山南多产玉。水往东流注入河水。俗称秀延水。辱水往东流到浣水口与浣水汇合。沿溪往西转弯，溪流尽头就是浣水的源头。辱水又东流，与根水汇合。西南溪下就是根水的发源地，往东北注入辱水。辱水又往东南流，有露跳水从西露溪流来，先往东流，又往东北流入辱水，乱流注入河水。

河水又南，左合信支水[①]。水发源东露溪，西流入于河。

【注释】

①信支水：《水经注疏》熊会贞按："水当在今永和县（今山西永和）西。"

【译文】

河水又南流，在左边汇合信支水。信支水发源于东露溪，西流汇入河水。

河水又南，左会石羊水[①]。循溪东入，导源穷谷，西流注于河。

【注释】

①石羊水：《水经注疏》熊会贞按："水当在今永和县西南。"

【译文】

河水又南流，在左边汇合石羊水。循着溪流往东进山，水源出自山谷尽头，西流注入河水。

又南过上郡高奴县东[1]，

域谷水东启荒原[2]，西历长溪，西南入于河。

【注释】

①高奴县：战国秦置，属上郡。治所在今陕西延安城东延河东岸。

②域谷水：即今山西永和西仙芝河。启：发源，导源。

【译文】

河水又往南流过上郡高奴县东边，

域谷水发源于东方的荒原，往西流经长溪，往西南注入河水。

河水又南合孔溪口[1]。水出孔山南[2]，历溪西流，注于河。孔山之上有穴，如车轮三所，东西相当，相去各二丈许，南北直通，故谓之孔山也。山在蒲城西南三十余里[3]。

【注释】

①孔溪口：在今山西大宁西北一带。

②孔山：在今山西大宁西北三十里。

③蒲城：在今山西隰县西北。

【译文】

河水又南流，在孔溪口与孔溪汇合。这条水发源于孔山南麓，循溪西流，注入河水。孔山上有三个洞穴，大小如车轮，东西相对，两边相距都差不多，约二丈左右，南北穿山直通，所以叫孔山。孔山在蒲城西南三十余里。

河水又右会区水①。《山海经·西次四经》之首曰：阴山②，西北百七十里曰申山③，其上多榖、柞④，其下多杻、橿⑤，其阳多金、玉，区水出焉，而东流注于河。世谓之清水，东流入上郡长城。迳老人山下⑥，又东北流，至老人谷。傍水北出，极溪便得水源。清水又东得龙尾水口⑦。水出北地神泉鄣北山龙尾溪⑧，东北流注清水。清水又东会三湖水⑨。水出南山三湖谷⑩，东北流入清水。

【注释】

①区水：即今陕西延河。

②阴山：《水经注疏》熊会贞按："毕沅曰：山在今甘泉县南二十里，《汉志》谓之雕阴山（在今陕西甘泉南）。"

③申山：《水经注疏》熊会贞按："毕沅曰：申山疑即安塞县北芦关岭（在今陕西志丹北，接靖边界）。"

④榖（gǔ）：又称楮。木名。皮可制桑皮纸。柞（zuò）：木名。木质坚硬，耐腐蚀。叶子可用来饲养柞蚕，木材可用来造船和做枕木等。也叫柞栎。

⑤杻（niǔ）：古书上记载的一种树，即檍树。橿（jiāng）：木名。质地坚韧，古时用作车材。

⑥老人山：《水经注疏》熊会贞按："老人山、老人谷并在延水（今陕西北部秀延河、清涧河）北。"

⑦龙尾水：即今陕西北部杏子河。源出靖边南白于山，东南流经志丹东北，至延安安塞区南合延水。

⑧北地：即北地郡。战国秦置。治所在义渠县(今甘肃庆阳西峰区东境)。西汉移治马领县(今甘肃庆城西北)。东汉又移治富平县(今宁夏吴忠西南)。神泉鄣：《水经注疏》杨守敬按："《汉志》，北地郡治富平，北部都尉治神泉。"龙尾溪：当在今宁夏吴忠西南一带。

⑨三湖水：《水经注疏》杨守敬按："今有杏子河，出保安县东山，东流入延水，疑即三湖水也。"

⑩三湖谷：当在今陕西靖边一带。

【译文】

河水又在右边汇合区水。《山海经·西次四经》开头第一列山就是阴山，西北一百七十里是申山，山上多长榖树和柞树，山下多杻树和橿树，山南多产金、玉，区水就发源于这里，东流注入河水。世人把它叫清水，往东流入上郡长城。流经老人山下，又往东北流到老人谷。沿着水边往北走，到了溪流尽头就是水源了。清水又往东流到龙尾水口与龙尾水汇合。龙尾水发源于北地神泉鄣北山的龙尾溪，往东北流，注入清水。清水又东流，汇合了三湖水。三湖水发源于南山的三湖谷，往东北流，注入清水。

清水又东迳高奴县，合丰林水[①]。《地理志》谓之洧水也。故言高奴县有洧水，肥可燃[②]，水上有肥，可接取用之[③]。《博物志》称酒泉延寿县南山出泉水[④]，大如筥[⑤]，注地为沟。水有肥如肉汁，取着器中，始黄后黑，如凝膏[⑥]，然极明[⑦]，与膏无异。膏车及水碓缸甚佳[⑧]，彼方人谓之石漆[⑨]。水肥亦所在有之，非止高奴县洧水也。项羽以封董翳为翟王[⑩]，居之三秦，此其一也。汉高祖破以县之[⑪]，王莽之利平矣。民俗语讹，谓之高楼城也。丰林川长津泻注，北流会清水。清水又南，奚谷水注之[⑫]。水西出奚川，东南流入清水。清水又东注于河。

【注释】

①丰林水:在今陕西延安。

②肥:油脂。

③接(chā)取:收取,挹取。接,通“扱”。舀取,挹取。

④《博物志》:书名。西晋张华撰。多取材古籍,分类记载异物、奇境、琐闻等,多神仙方术故事,为笔记体志怪小说。酒泉:即酒泉郡。西汉元狩二年(前121)置。治所在禄福县(西晋改曰福禄,今甘肃酒泉)。延寿县:东汉置,属酒泉郡。治所在今甘肃玉门东南石油沟附近。

⑤筥(jǔ):圆形的竹筐。

⑥凝膏:即凝脂,凝固的油脂。

⑦然:同“燃”。燃烧。

⑧膏(gào):涂抹油脂。水碓(duì):东汉时期发明的一种农具,是用水力带动木轮舂米的器械。缸:当为釭。轮子的车毂内外口的铁圈,用以穿轴。

⑨石漆:又称石油。

⑩项羽以封董翳(yì)为翟王:事见《史记·项羽本纪》:“而三分关中,王秦降将以距塞汉王。项王乃立章邯为雍王,王咸阳以西,都废丘。……都尉董翳者,本劝章邯降楚。……立董翳为翟王,王上郡,都高奴。”

⑪县:县邑。此指设置县邑。

⑫奚谷水:《水经注疏》熊会贞按:“今曰清化水(今陕西延安潘龙川),出肤施县东北。”

【译文】

清水又往东流经高奴县,汇合了丰林水。《地理志》称为洧水。所以说高奴县有洧水,水上有油,能燃烧,可以采集起来使用。《博物志》说:酒泉延寿县南山有泉水流出,大小有如竹筐,在地上冲出一条水沟。水上有油，稠腻得像肉汁一样，舀来放到器皿中，开始时呈黄色，以后就变成黑色，好像凝冻的油脂一样，点着后很明亮，和油脂没有分别。用这种油来漆车和水碓上的铁圈极好，当地人称为石漆。水上浮油也到处都有，不止高奴县洧水一处。项羽把这地方封给董翳立他为翟王，所谓三秦，这就是其中之一。汉高祖攻下这地方，设立为县，就是王莽时的利平县。民间语讹，把它称为高楼城。丰林川长流泻注，北流与清水汇合。清水又南流，奚谷水注入。奚谷水发源于西方的奚川，往东南流入清水。清水又东流，注入河水。

河水又南。蒲川水出石楼山①，南迳蒲城东，即重耳所奔之处也②。又南历蒲子县故城西③，今大魏之汾州治④。徐广《晋纪》称⑤，刘渊自离石南移蒲子者也⑥。阚骃曰：蒲城在西北，汉武帝置。其水南出，得黄卢水口⑦。水东出蒲子城南，东北入谷，极溪便水之源也。蒲水又南，合紫川水⑧。水东北出紫川谷⑨，西南合江水⑩。江水出江谷，西北入紫川水。紫川水又西北入蒲水。蒲水又西南入于河水。

【注释】

①蒲川水：一名蒲水、隰川河。即今山西隰县西昕水河。石楼山：在今山西石楼县东南。

②重耳所奔：重耳奔蒲事见《史记·晋世家》："此时重耳、夷吾来朝。人或告骊姬曰：'二公子怨骊姬谮杀太子。'骊姬恐，因谮二公子：'申生之药胙，二公子知之。'二子闻之，恐，重耳走蒲，夷吾走屈，保其城，自备守。"重耳，晋献公之子。流亡在外十九年，后在秦穆公的帮助下登上君位，是为晋文公。

③蒲子县：战国魏置。后入秦，属河东郡。治所在今山西隰县。三

国魏属平阳郡。

④大魏:郦道元对本朝北魏的称呼。亦称后魏。鲜卑人拓跋珪所建,后来分裂为东魏和西魏。汾州:北魏太和十二年(488)置。治所在蒲子城(今山西隰县)。孝昌时移治西河县(今山西汾阳)。

⑤徐广:字野民。东莞姑幕(今山东诸城北)人。晋、宋间史学家、辞赋家。著作有《史记音义》《晋纪》等。

⑥刘渊:字元海。匈奴族。十六国时期汉国建立者。离石:即离石县。战国秦置,属太原郡。治所在今山西吕梁离石区。

⑦黄卢水:《水经注疏》熊会贞按:"《元和志》亦承《初学记》,称黄栌水出隰川县(今山西隰县)东北黄栌谷矣。"

⑧紫川水:即今山西隰县东南之紫峪河及东川河。源于隰县东北,西南流至今午城镇东入昕水河。

⑨紫川谷:当在今山西隰县东北。

⑩江水:《水经注疏》杨守敬按:"今有南川河,出蒲县(今山西蒲县)东南,西北流入第一河,当即江水也。"

【译文】

河水又南流。蒲川水发源于石楼山,南流经过蒲城东边,这就是重耳逃奔的地方。又往南流经蒲子县老城西边,这是当今大魏汾州的治所。徐广《晋纪》说:刘渊从离石南迁到蒲子。阚骃说:蒲城在西北,汉武帝所置。蒲川水往南流,在黄卢水口与黄卢水汇合。黄卢水发源于东方的蒲子城南边,往东北流入谷,溪流尽头就是水源了。蒲水又南流,与紫川水汇合。紫川水发源于东北的紫川谷,往西南流,汇合了江水。江水发源于江谷,往西北注入紫川水。紫川水又往西北流,注入蒲水。蒲水又往西南流,注入河水。

河水又南合黑水①。水出定阳县西山②,二源奇发,同泻一壑,东南流迳其县北,又东南流,右合定水③,俗谓之白水也。水西出其县南山定水谷，东迳定阳县故城南。应劭曰[④]：县在定水之阳也。定水又东注于黑水，乱流东南入于河。

【注释】

①黑水：又名麻洞川。即今陕西宜川县北云岩河。源出陕西甘泉县东，东南流经宜川县北入黄河。

②定阳县：战国秦置，属上郡。治所在今陕西延安东南固县镇。

③定水：《水经注疏》熊会贞按："定水在宜川县西北。当出麻洞川源之南。"

④应劭：字仲远，一作仲瑗。汝南南顿（今河南项城）人。东汉末学者。撰有《风俗通义》《汉官仪》《地理风俗记》等。

【译文】

河水又南流，汇合了黑水。黑水发源于定阳县的西山，有两个源头，一同泻入一个深渊，往东南流经县北，又往东南流，在右边汇合定水，俗称白水。定水发源于该县南山的定水谷，往东流经定阳县老城南边。应劭说：县城在定水北边。定水又东流，注入黑水，乱流往东南注入河水。

卷四

河水四

【题解】

这一卷记叙了黄河中游的大部分河段。始于河东郡北屈县，北屈县在今山西黄河东岸的吉县东北。终于邓，邓为战国魏邑，位于今河南孟州西南。

《水经注》这部著名的古籍，其所以获得许多读者的喜爱，原因之一是郦道元对风景的描写。郦氏写景生动真切，不用华丽辞藻，不作虚夸臆说。历来读此书学者认为，如不论片言短句，在大段记叙中，最令人百读不厌的一是壶口瀑布，一是长江三峡。但这两者之间还有所不同。壶口瀑布是郦道元随孝文帝巡察山西省和陕西省而亲自目睹。而他毕生未履南国，长江三峡的描述当然精彩，但这是他从目击者的著作中精选而成的。为此，"孟门"一段，是郦氏写景的第一手资料，尤值得细读常吟。此外，《注》文记叙今风陵渡即黄河南流东折一段，即"华岳本一山当河"一段，以及后面描述砥柱山一段，也都是绝妙文章。此外，郦氏对华山的记叙，对所谓"铜翁仲"的辨证，也都是这一卷中值得称赞的文章。郦注分黄河为五卷，第四卷实为五卷中的佼佼者。

河水四

又南过河东北屈县西[①]，

河水南迳北屈县故城西。西四十里有风山[②]，上有穴如轮，风气萧瑟，习常不止[③]，当其冲飘也，略无生草，盖常不定，众风之门故也。风山西四十里，河南孟门山[④]。《山海经》曰：孟门之山，其上多金玉，其下多黄垩、涅石[⑤]。《淮南子》曰[⑥]：龙门未辟[⑦]，吕梁未凿[⑧]，河出孟门之上，大溢逆流，无有丘陵、高阜灭之，名曰洪水。大禹疏通，谓之孟门。故《穆天子传》曰：北登孟门，九河之隥[⑨]。孟门，即龙门之上口也。寔为河之巨厄[⑩]，兼孟门津之名矣[⑪]。此石经始禹凿[⑫]，河中漱广[⑬]，夹岸崇深，倾崖返捍[⑭]，巨石临危，若坠复倚[⑮]。古之人有言，水非石凿，而能入石，信哉。其中水流交冲，素气云浮，往来遥观者，常若雾露沾人，窥深悸魄。其水尚崩浪万寻[⑯]，悬流千丈，浑洪赑怒[⑰]，鼓若山腾，浚波颓叠[⑱]，迄于下口。方知《慎子》[⑲]，下龙门，流浮竹，非驷马之追也[⑳]。

【注释】

①河东：即河东郡。战国魏置，后属秦。治所在安邑县（今山西夏县西北十五里禹王城）。北屈县：秦置，属河东郡。治所在今山西吉县东北。三国魏属平阳郡。

②风山：《水经注疏》杨守敬按："《元和志》，风山在吉昌县北三十里。唐之吉昌，后唐改吉乡，即今吉州（今山西吉县）治。则风山约在北屈城北十里。"

③习常：经常。

④孟门山：在今山西吉县西、陕西宜川东北，龙门之北，黄河两岸。

⑤黄垩(è):黄土。涅石:可做黑色染料的矾石。

⑥《淮南子》:书名。也称《淮南鸿烈》。西汉淮南王刘安及其门客集体撰写的杂家著作,以道家思想为主体,兼采先秦儒、法、阴阳等诸家学说。

⑦龙门:在今山西河津市西北、陕西韩城东北。两岸峭壁对峙,形如阙门,故名。相传为禹所凿。

⑧吕梁:山名。在今山西西部,黄河与汾河间,北接恒山,南至禹门口。

⑨九河:《尚书·禹贡》有:"又北播为九河。"据《尔雅·释水》,指徒骇、太史、马颊、覆釜、胡苏、简、絜、钩盘、鬲(gé)津九河。近人多以为是古代黄河下游许多支流的总称。隥(dèng):险峻的山坡。

⑩寔(shí):同"实"。巨厄:极其险要之地。

⑪孟门津:即孟门山的另外一个名称。与河南洛阳的孟津有别。

⑫经始:开始经营。

⑬漱广:因大水冲蚀而变得宽广。

⑭倾崖返捍:意思是说悬崖虽倾斜欲坠,但依然是相互捍护而不崩落。

⑮若坠复倚:好像要坠落,但又相互倚拄而悬在危崖边缘。

⑯寻:古代长度单位。一般为八尺。

⑰浑洪:浑浊的洪流。赑(bì)怒:盛怒。

⑱浚波:疾驰的波涛。浚,通"骏"。疾速,疾驰。颓叠:水流层层向下游疾驶。颓,水向下流。

⑲《慎子》:书名。战国时期慎到所著。慎到,赵人。学黄老道德之术,强调以道变法,守成理,因自然,因人之情。

⑳驷马:指驾一车之四马。一般用来指速度快。

【译文】

河水四

河水又往南流经河东郡北屈县西边,

河水往南流经北屈县老城西边。城西四十里有风山,山上有个洞穴,大小有如车轮，洞中常有一股萧萧瑟瑟的风气吹个不停。当着劲风的出入之口，寸草不生。起风常常不定，因为这里是各方来风所经的门户的缘故。风山以西四十里，是河水南岸的孟门山。《山海经》说：孟门之山，山上多产金玉，山下多黄土、涅石。《淮南子》说：龙门还没有开辟，吕梁还没有凿通，河水在孟门上面流出，大量漫溢以致倒流，没有丘陵高阜来阻挡水势，称为洪水。大禹加以疏通，叫孟门。所以《穆天子传》说：向北登上孟门，这是九河的险坡。孟门就是龙门的上口。实在是大河上的巨险，又名孟门津。这里的岩石起初是大禹开凿，后来受到河水冲刷逐渐加宽，两岸极深，斜欹的崖壁互相撑持着，巨石岌岌可危，好像就要掉下来似的，却互相倚拄而悬在危崖边缘。古人有句话说：水并不是石凿，却能穿透岩石，这话一点不错。河道中水流互相冲激，升腾起一片白茫茫的水汽，过往行人远远眺望，常感如有雾气沾湿衣裳，俯视深渊，心惊胆战。河里的水巨浪滔天，千丈飞瀑凌空直下，汹涌的洪涛狂冲怒突，像山一样高，滚滚地直奔向下口。目睹这里的水势，才知道《慎子》所说的：河水直下龙门，漂浮在水上的竹子顺流而下，快得连驷马也追不上，确非虚言。

又有燕完水注之①。异源合舍②，西流注河。

【注释】

①燕完水：一名清水河。黄河支流。在今山西吉县南。

②合舍：汇合，交汇。

【译文】

又有燕完水注入。几个不同的源头合在一起，西流注入河水。

河水又南得鲤鱼①。历涧东入，穷溪首便其源也。《尔雅》曰②：鳣③，鲔也④。出巩穴⑤，三月则上渡龙门，得渡为龙矣，否则点额而还⑥。非夫往还之会，何能便有兹称乎？

【注释】

①鲤鱼：应作鲤鱼涧。全祖望五校、七校两种《水经注》均作鲤鱼涧。赵一清《水经注释》亦作鲤鱼涧。《水经注疏》杨守敬按："水亦当在今吉州(今山西吉县)西北。"

②《尔雅》：书名。我国现存最早解释词义的专著。全书按词条义类分篇，共有《释诂》《释言》《释训》《释鸟》《释兽》等十九篇。

③鳣(zhān)：古书上指鲟一类的鱼。

④鲔(wěi)：古书上指鲟鱼。

⑤巩穴：巩山中的洞穴。《水经注·河水五》："(巩)县北有山，临河，谓之崟原丘。其下有穴，谓之巩穴，言潜通淮浦，北达于河。直穴有渚，谓之鲔渚。"

⑥点额：头碰撞石壁。

【译文】

河水又往南流，接纳了鲤鱼涧。沿着溪涧往东走，溪流尽头就是水源。《尔雅》说：鳣鱼就是鲔鱼。出产于巩穴，三月间逆水而上，奋力上渡龙门，渡得过去就成了龙，渡不过去就撞破额头回来。如果不是往来相会的地方，怎么就会有这样的名称呢？

河水又南，羊求水入焉[①]。水东出羊求川，西迳北屈县故城南。城，即夷吾所奔邑也[②]，王莽之朕北也。汲郡古文曰[③]：翟章救郑[④]，次于南屈[⑤]。应劭曰：有南，故加北。《国语》曰[⑥]：二五言于献公曰[⑦]：蒲与二屈[⑧]，君之疆也。其水西流，注于河。

【注释】

①羊求水：《水经注疏》熊会贞按："《寰宇记》，羊求水出羊求川，去

吉乡县（今山西吉县）五十三里。”

②夷吾：晋献公诡诸与允姓之戎族女所生子。因骊姬之乱而逃奔。后在秦国的帮助下当上国君，是为晋惠公。

③汲郡古文：指晋咸宁五年（279）在汲郡汲县（今河南卫辉）战国魏襄王古冢中出土的古书。亦称汲冢书。

④翟章：本为魏将，后入赵。郑：周诸侯国名。在今河南新郑一带。

⑤次：军队驻扎。南屈：当在今山西吉县一带。

⑥《国语》：书名。春秋时期的国别史。全书二十一卷，按周、鲁、齐、晋、郑、楚、吴、越分国编辑，起自周穆王，终于鲁悼公。撰者不详，相传为左丘明所作。

⑦二五：即春秋时晋献公嬖人梁五和东关五。献公：即晋献公诡诸。春秋时晋国国君。继位后灭富氏子弟及桓、庄之族，灭周边小国，使晋国逐渐强大。

⑧蒲：西周时蒲国。春秋时灭于晋，为邑。在今山西隰县西北。二屈：南屈和北屈。《水经注疏》杨守敬按：“《晋语》文。《左传》二屈杜《注》，今平阳北屈县。或云，二当为北，盖以夷吾所奔为北屈，故云然。不知二五合南北屈言，未尝不可，不得谓之误。”

【译文】

河水又往南流，羊求水注入。羊求水发源于羊求川，往西流过北屈县老城南边。夷吾曾逃奔到这里，也是王莽时的朕北。汲郡古文说：翟章去援救郑国，驻兵于南屈。应劭说：因为有个南屈，所以加北字，称为北屈。《国语》说：二五对献公说：蒲和南北二屈是您的领土。羊求水往西流，注入河水。

河又南为采桑津[①]。《春秋·僖公八年》[②]，晋里克败狄于采桑是也[③]。

【注释】

①采桑津：黄河津渡口。在今山西乡宁西黄河畔。

②僖公八年：前652年。

③晋里克败狄于采桑：事见《左传·僖公八年》："晋里克帅师，梁由靡御，虢射为右，以败狄于采桑。"郦道元抄变其辞。

【译文】

河水又南流，就是采桑津。《春秋左传·僖公八年》记载，晋里克在采桑打败狄人。就是这地方。

赤水出西北罢谷川东[①]，谓之赤石川，东入于河。

【注释】

①赤水：即今陕西宜川北仕望河。罢谷川：《水经注疏》杨守敬按："《寰宇记》，赤水川在宜川县（今陕西宜川）西北二里。即今之仕望川，出甘泉县（今陕西甘泉）东境……"

【译文】

赤水发源于西北方罢谷川东边，称为赤石川，东流注入河水。

河水又南合蒲水[①]。西则两源并发，俱导一山，出西河阴山县[②]，王莽之山宁也。阴山东麓南水，东北与长松水合[③]。水西出丹阳山东[④]，东北流，左入蒲水。蒲水又东北与北溪会，同为一川，东北注河。

【注释】

①蒲水：《水经注疏》杨守敬按："《一统志》谓蒲水无考。当即今宜川城（今陕西宜川）南之丹阳水。但蒲水有两源，此丹阳水则止一

源，出县西南山，盖有湮塞矣。”

②西河：即西河郡。汉武帝元朔四年（前125）置。治所在平定县（今内蒙古伊金霍洛旗东南境）。东汉永和五年（140）移治离石县（今山西吕梁离石区）。阴山县：《水经注疏》杨守敬按：“汉县属西河郡，后汉废。在今宜川县东南。”

③长松水：《水经注疏》熊会贞按：“今有石堡川，出宜川县西南，疑即长松水矣。”

④丹阳山：在今陕西宜川南。

【译文】

河水又南流，与蒲水汇合。西边有两个源头，都出自同一座山间，从西河阴山县流出，这里就是王莽时的山宁。阴山东麓的南水，往东北流，与长松水汇合。长松水发源于西方丹阳山的东麓，往东北流，向左边注入蒲水。蒲水又往东北流，与北溪汇合成一条溪流，往东北注入河水。

河水又南。丹水西南出丹阳山，东北迳冶官东①，俗谓之丹阳城②。城之左右，犹有遗铜矣。其水东北会白水口③。水出丹山东④，而西北注之。丹水又东北入河。

【注释】

①冶官：掌冶炼的官署。

②丹阳城：在今陕西宜川南。

③白水：《水经注疏》熊会贞按：“《一统志》，今洛川县（今陕西洛川东北四十里旧县镇）东南百二十里，有白水川，以水色偏白而名，在丹水下流，即此水也。”

④丹山：即丹阳山。

【译文】

河水又往南流。丹水发源于西南方的丹阳山，往东北流经冶官东边，也就是俗称的丹阳城。城的近旁还能找到当时冶炼遗下的铜。丹水往东北流，到白水口与白水汇合。白水发源于丹山东麓，往西北注入丹水。丹水又往东北注入河水。

河水又南。黑水西出丹山东[1]，而东北入于河。

【注释】

①黑水：《水经注疏》熊会贞按："水当在今韩城县（今陕西韩城）北。"

【译文】

河水又往南流。有黑水发源于西方丹山东麓，往东北注入河水。

河水又南至崿谷[1]。傍谷东北穷涧，水源所导也。西南流注于河。

【注释】

①崿（è）谷：《水经注疏》熊会贞按："姚培谦《左传附注》，鄂在今山西平阳府乡宁县（今山西乡宁）南，盖以此崿谷当之。"

【译文】

河水又往南流到崿谷。沿着山谷往东北走，到了溪涧的尽头，就是此水的发源地。水往西南流，注入河水。

河水又南。洛水自猎山枝分东派[1]，东南注于河。昔魏文侯筑馆洛阴[2]，指谓是水也。

【注释】

①洛水：即今陕西洛河。猎山：《水经注疏》杨守敬按："《淮南子·地

形训》，洛出猎山。高诱注，山在北地西北夷中。”枝分：分流。派：分流。

②魏文侯：名都。战国时魏国国君。魏桓子之孙。任用李悝为相，实行变法，使魏国成为强大的国家。筑馆洛阴：《水经注疏》杨守敬按：“《史记·魏世家》，筑洛阴，当是筑城，此馆字衍。后郃阳城下复引，无馆字，可证。”译文用筑城。洛阴，在今山西阳曲东十二里洛阴村。

【译文】

河水又南流。洛水从猎山分出东支，往东南注入河水。从前魏文侯在洛阴筑城，指的就是这条水。

又南过皮氏县西[①]，

皮氏县，王莽之延平也。故城在龙门东南。不得延迳皮氏，方届龙门也。

【注释】

①皮氏县：战国魏置。后入秦，属河东郡。治所在今山西河津市西。三国魏属平阳郡。

【译文】

河水又往南流经皮氏县西边，

皮氏县就是王莽时的延平。旧城在龙门东南。河水是不可能远远流过皮氏县，然后才到龙门的。

又南出龙门口，汾水从东来注之。

昔者，大禹导河积石[①]，疏决梁山[②]，谓斯处也，即《经》所谓龙门矣。《魏土地记》曰[③]：梁山北有龙门山，大禹所凿，通孟津河口[4]，广八十步[5]，岩际镌迹，遗功尚存[6]。岸上并有庙祠，祠前有石碑三所，二碑文字紊灭，不可复识，一碑是太和中立[7]。《竹书纪年》[8]，晋昭公元年[9]，河赤于龙门三里。梁惠成王四年[10]，河水赤于龙门三日。京房《易妖占》曰[11]：河水赤，下民恨。

【注释】

①积石：一名大积石山。即今青海东南部阿尼玛卿山。

②梁山：在今陕西韩城西，接合阳界。

③《魏土地记》：书名。具体不详。

④孟津河口：古黄河渡口名。在今晋西南与陕西关中地区的渡口之一。并非周武王伐纣时诸侯会盟的渡口，伐纣会盟的渡口在今河南洛阳孟津区东北、孟州西南。

⑤步：古代长度单位。历来定制不一。

⑥遗功：遗留下来的人工开凿的痕迹。

⑦太和：北魏孝文帝元宏的年号（477—499）。《水经注疏》熊会贞按："《魏书·高祖纪》，太和二十一年四月，幸龙门，遣使者以太牢祭夏禹，又诏修禹庙，此碑盖修庙时立也。"

⑧《竹书纪年》：书名。因原本写于西晋时汲郡出土的竹简之上，故名。是一部编年体史书，记述夏商周及春秋晋国、战国魏国的史事，至魏襄王时止。今存辑本。

⑨晋昭公元年：今本《竹书纪年》周景王十四年（前531）。

⑩梁惠成王四年：今本《竹书纪年》周显王二年（前367）。

⑪京房：字君明。东郡顿丘（今河南清丰）人。西汉经学家。本姓李，推律自定为京氏。师从梁人焦延寿治《易》。有京氏《易》流传。《易妖占》：书名。易占之书。

【译文】

河水又往南流出龙门口，汾水从东边流来注入。

从前大禹在积石山疏导河水，凿通梁山，说的就是这地方，也就是《水经》所说的龙门。《魏土地记》说：梁山以北有龙门山，是大禹所凿，通孟津河口，宽八十步，今天岩上还留有凿痕。岸上有一座庙，庙前有三块石碑，两块碑上字迹都已剥蚀，不能再辨认了，还有一块是太和年间所立。《竹书纪年》载，晋昭公元年，龙门河水发红长达三里。梁惠成王四年，龙门河水发红接连三日。京房《易妖占》说：河水发红，小民怨恨。

河水又南，右合畅谷水[①]。水自溪东南流，迳夏阳县西北[②]，东南注于河。

【注释】

①畅谷水：《水经注疏》杨守敬按："今曰盘水，出韩城县(今陕西韩城)西北朱砂岭。"

②夏阳县：战国秦置，秦属内史。治所在今陕西韩城南二十里西少梁。

【译文】

河水又南流，在右边汇合了畅谷水。水从溪涧往东南流过夏阳县西北，往东南注入河水。

河水又南迳梁山原东。原自山东南出至河，晋之望也[①]，在冯翊夏阳县之西北[②]，临于河上。山崩，壅河三日不流，晋侯以问伯宗[③]，即是处也。《春秋穀梁传》曰[④]：成公五年[⑤]，梁山崩，遏河水，三日不流。召伯尊[⑥]。遇辇者不避[⑦]，使车右鞭之[⑧]。辇者曰：所以鞭我者，其取道远矣[⑨]。伯尊因问之，辇者曰：君亲缟素[⑩]，率群臣哭之，斯流矣。如其言，而河流。

【注释】

①望：古祭名。遥祭山川、日月、星辰。这里指举行望祭的地方。

②冯翊：即冯翊郡。三国魏改左冯翊置。治所在临晋县(今陕西大荔)。

③“山崩”几句：《左传·成公五年》记载为：“梁山崩，晋侯以传召伯宗。伯宗辟重，曰：‘辟传！’重人曰：‘待我，不如捷之速也。’问其所，曰：‘绛人也。’问绛事焉，曰：‘梁山崩，将召伯宗谋之。’问：‘将若之何？’曰：‘山有朽壤而崩，可若何？国主山川，故山崩川竭，君为之不举，降服，乘缦，撤乐，出次，祝币，史辞，以礼焉。其如此而已。’”晋侯，即晋景公，名据。春秋晋成公之子。伯宗，晋大夫。有贤德，好以直言凌人。

④《春秋穀梁传》：书名。《春秋》三传之一。编撰人不详，或为穀梁喜、穀梁淑、穀梁赤，众说纷纭。其学说大抵出于鲁儒，更注重传扬经义，谨守《春秋》书法，阐明义例。

⑤成公五年：前586年。

⑥伯尊：即伯宗。

⑦辇者：拉车的人。

⑧车右：古时车乘位于御者右边的武士。

⑨取：通“趣”。趋向，走向。

⑩缟(gǎo)素：白衣服，指丧服。

【译文】

河水又往南流经梁山原东边。这片高地从山的东南延展到河边，是晋国祭山川、日月、星辰的地方，位于冯翊夏阳县西北，濒临河上。梁山崩塌，堵塞了河道，河水三日不能流通，晋侯就这件事去问伯宗，就是这地方。《春秋穀梁传》说：成公五年，梁山崩塌，堵塞了河水，三日不能流通。成公召唤伯尊。途中伯尊碰到一个拉车人不让路，就叫车右鞭打他。拉车人说：您用来鞭打我的时间，大概可以走很远的路了。伯尊因而向他请教，拉车人说：君主亲自穿丧服，率领群臣去哭，水就会流通了。照他的话做，河水果然流通了。

河水又南，崌谷水注之[①]。水出县西北梁山，东南流，横溪水注之[②]。水出三累山[③]，其山层密三成[④]，故俗以三累名山。按《尔雅》，山三成为昆仑丘[⑤]。斯山岂亦昆仑丘乎？山下水际，有二石室，盖隐者之故居矣。细水东流，注于崌谷。侧溪山南有石室，西面有两石室，北面有二石室，皆因阿结牖[⑥]，连扃接闼[⑦]，所谓石室相距也。东厢石上，犹传杵臼之迹[⑧]。庭中亦有旧宇处，尚仿佛前基。北坎室上[⑨]，有微涓石溜[⑩]，丰周瓢饮[⑪]，似是栖游隐学之所。昔子夏教授西河[⑫]，疑即此也，而无以辨之。溪水又东南迳夏阳县故城北，故少梁也[⑬]。秦惠文王十一年[⑭]，更从今名矣。王莽之冀亭也。其水东南注于河。昔韩信之袭魏王豹也[⑮]，以木罂自此渡[⑯]。

【注释】

①崌（jū）谷水：即今陕西韩城西南澽水。

②横溪水：《水经注疏》杨守敬按："疑即今之白马潭，水出韩城县西麻林山。"

③三累山：在今陕西韩城西北。

④三成：三层。成，层，重。

⑤山三成为昆仑丘：语见《尔雅·释丘》："丘一成为敦丘，再成为陶丘……三成为昆仑丘。"意思是说：昆仑山有三级，所以叫昆仑丘。

⑥阿（ē）：大的丘陵。结牖（yǒu）：建造房屋。牖，窗户。

⑦连扃（jiōng）接闼（tà）：门户相连。扃、闼，皆指门户。

⑧杵臼（chǔ jiù）：舂捣粮食或药物等的工具。

⑨坎:坡。

⑩微涓:细流。石溜:从石头上漫流。

⑪瓢饮:语见《论语·雍也》:"子曰:贤哉回也!一箪食,一瓢饮,在陋巷,人不堪其忧,回也不改其乐。贤哉回也!"

⑫子夏:即卜商,字子夏。孔子的弟子。教授西河:事见《史记·仲尼弟子列传》:"孔子既没,子夏居西河,教授,为魏文侯师。"教授,讲学。西河,一说在今山西、陕西间黄河南端以西地。一说在今河南安阳。

⑬少梁:春秋时秦地。即今陕西韩城南二十里西少梁。

⑭秦惠文王十一年:前327年。

⑮韩信:秦末淮阴(今江苏淮安淮阴区)人。初从项羽,后归刘邦,拜为大将,帮助刘邦打败项羽,战功卓著,与萧何、张良合称汉兴三杰。后被吕后诱杀。魏王豹:即魏豹。战国时魏贵族。宁陵君魏咎之弟。项羽破秦,立豹为西魏王。后归刘邦,不久叛汉。刘邦派韩信击魏豹并俘获。后被周苛所杀。

⑯木罂(yīng):用木柙绑缚罂瓶以浮渡的工具。罂,小口大肚的瓶子。

【译文】

河水又南流,崌谷水注入。崌谷水发源于县城西北的梁山,往东南流,横溪水注入。横溪水发源于三累山,这座山积迭成三层,所以俗称三累山。查考《尔雅》,山成三层的是昆仑丘。难道这座山也是昆仑丘吗?山下水边有两个石室,大概是隐士住过的地方。细水东流,注入崌谷。溪边的山,南面有石室,西面有两个石室,北面也有两个石室,都是依据大山建构而成,门户相连,就是所谓石室相距。东边侧室石上,还留有石杵石臼的痕迹。庭院里旧时屋宇所在之处,遗址还依稀可辨。北坡的石室上面,有一缕细流从石涧流下,足供饮用,看来像是隐居游息和讲学的地方。从前子夏在西河教授学生,也许就是这个地方,却没有资料可以证实。溪水又往东南流过夏阳县老城北边,这就是旧时的少梁。秦惠文王十一年改为今名。也就是王莽时的冀亭。溪水往东南注入河水。从前韩信袭击魏王豹，就是从这里用木罂渡河的。

河水又南，右合陶渠水[①]。水出西北梁山，东南流迳汉阳太守殷济精庐南[②]，俗谓之子夏庙。陶水又南迳高门南[③]，盖层阜堕缺[④]，故流高门之称矣。又东南迳华池南[⑤]。池方三百六十步，在夏阳城西北四里许。故司马迁碑文云：高门华池，在兹夏阳。今高门东去华池三里。溪水又东南迳夏阳县故城南。服虔曰[⑥]：夏阳，虢邑也[⑦]，在大阳东三十里[⑧]。又历高阳宫北[⑨]，又东南迳司马子长墓北[⑩]。墓前有庙，庙前有碑。永嘉四年[⑪]，汉阳太守殷济瞻仰遗文[⑫]，大其功德，遂建石室，立碑树桓[⑬]。《太史公自叙》曰：迁生于龙门。是其坟墟所在矣。溪水东南流入河。昔魏文侯与吴起浮河而下，美河山之固[⑭]，即于此也。

【注释】

①陶渠水：即今陕西韩城南芝川河。

②汉阳：即汉阳郡。东汉永平十七年(74)改天水郡置。治所在冀县(今甘肃甘谷东)。殷济：《水经注疏》熊会贞按："殷济无考，据下永嘉四年云云，则为晋人。"精庐：学舍，读书讲学之所。

③高门：即高门原。在今陕西韩城西南二十里。

④层阜：高大的山陵。堕缺：崩塌缺口。

⑤华池：在今陕西韩城南。

⑥服虔：字子慎。初名重，又名祇。河南荥阳(今河南荥阳)人。东汉经学家。

⑦虢(guó)邑：虢国的城邑。虢，周诸侯国名。有西虢、东虢、北虢。

⑧大阳：即上阳。在今河南三门峡。

⑨高阳宫：宫名。《水经注疏》杨守敬按："宫当在今韩城县西南。"

⑩司马子长墓：即司马迁墓。在今陕西韩城西南二十里芝川镇南原上。

⑪永嘉四年：310年。永嘉，西晋怀帝司马炽（chì）的年号（307—312）。

⑫遗文：遗留下来的文字。这里指司马迁的《史记》。

⑬树桓：建立表柱。桓，古代立在城郭、宫殿、官署、陵墓或驿站路边的木柱。

⑭昔魏文侯与吴起浮河而下，美河山之固：《史记·孙子吴起列传》记载为："魏文侯既卒，起事其子武侯。武侯浮西河而下，中流，顾而谓吴起曰：'美哉乎山河之固，此魏国之宝也！'"吴起，战国时期卫国左氏（今山东曹县）人。好用兵。事魏文侯为西河守。文侯死后事魏武侯。为魏相公叔迫害而逃亡到楚，南平百越，北并陈、蔡，却三晋，西伐秦。后被楚肃王臧使令尹诛杀。译文用魏武侯。

【译文】

河水又南流，在右边汇合陶渠水。这条水发源于西北的梁山，往东南流，从汉阳太守殷济的学舍南边流过，这所学舍俗称子夏庙。陶水又往南流过高门南边，大概是由于丘冈塌了个缺口，所以高门之名就流传开来了。又往东南流经华池南边。华池方圆三百六十步，在夏阳城西北四里左右。所以司马迁碑碑文这样说：高门华池，就在这夏阳。现在高门东距华池三里。溪水又往东南流经夏阳县老城南。服虔说：夏阳是虢国的城邑，在大阳以东三十里。又流经高阳宫北边，又往东南流过司马子长墓北边。墓前有庙，庙前有碑。永嘉四年，汉阳太守殷济仰慕他的遗著，夸赞他的丰功伟绩，于是建造了石室，并立碑树表。《太史公自叙》说：我生在龙门。那么这里应该是他坟墓所在的地方了。溪水往东南流，注入河水。从前魏武侯与吴起乘船沿河顺流而下，赞美河山的险固，就是在这地方。

河水又南，徐水注之[1]。水出西北梁山，东南流迳汉武帝登仙宫东[2]，东南流绝疆梁原[3]。右迳刘仲城北[4]，是汉祖兄刘仲之封邑也。故徐广《史记音义》曰[5]：郃阳[6]，国名也。高祖八年[7]，侯刘仲是也。其水东南迳子夏陵北[8]，东入河。

【注释】

①徐水：即今陕西合阳北徐水河。

②登仙宫：宫名。《水经注疏》杨守敬按："《郃阳县志》，今有宫城村，在县东北三十里。又有仙宫乡、仙宫里，在县北，皆以汉故宫名之，然则宫当在县北迤东境。"

③绝：越过。疆梁原：亦名朝坂。在今陕西大荔朝邑镇南。

④刘仲城：在今陕西合阳东北。刘仲，汉高祖刘邦的兄长。汉高祖七年（前200）立为代王。八年，匈奴攻代，代王弃国亡，自归洛阳，废为郃阳侯。

⑤徐广《史记音义》：徐广，字野民。晋、宋间史学家、辞赋家。其《史记音义》，随文释义，兼述训解，多有发明。

⑥郃阳：战国魏邑，后入秦。治所在今陕西合阳东南四十里。

⑦高祖八年：前199年。

⑧子夏陵：《水经注疏》熊会贞按："陵当在今郃阳县东北。"

【译文】

河水又南流，徐水注入。徐水发源于西北的梁山，往东南流经汉武帝登仙宫东边，往东南流过疆梁原。右边流经刘仲城北边，这是汉高祖兄刘仲的封邑。所以徐广《史记音义》说：郃阳是国名。高祖八年，封给刘仲，立为侯国。水往东南流过子夏陵北边，东流注入河水。

河水又南，迳子夏石室东[1]，南北有二石室，临侧河崖，即子夏庙室也。

【注释】

①子夏石室：在今陕西韩城西南。

【译文】

河水又南流，从子夏石室东边流过，南北有两个石室，靠着河边崖岸的，就是子夏的庙室。

又南过汾阴县西[①]，

河水东际汾阴脽[②]，县故城在脽侧。汉高帝六年[③]，封周昌为侯国[④]。《魏土地记》曰：河东郡北八十里有汾阴城，北去汾水三里，城西北隅曰脽丘[⑤]，上有后土祠[⑥]。《封禅书》曰[⑦]：元鼎四年[⑧]，始立后土祠于汾阴脽丘是也。又有万岁宫[⑨]。汉宣帝神爵元年幸万岁宫，东济大河，而神鱼舞水矣[⑩]。昔赵简子沉栾徼于此[⑪]，曰：吾好声色，而是子致之；吾好士，六年不进一人。是长吾过而黜吾善。君子以为能谴矣[⑫]。

【注释】

①汾阴县：战国秦置，属河东郡。治所在今山西万荣西南庙前村北古城。

②际：交界，连接。汾阴脽（shuí）：汾水之南一土阜。在今山西万荣西南宝井镇庙前村北。

③汉高帝六年：前201年。

④周昌：沛（今江苏沛县）人。高祖起沛，任为职志（掌旗帜之官）。高祖为汉王，任为中尉。常从高祖击破项羽。高祖六年封为汾阴侯。

⑤脽（shuí）丘：即汾阴脽。

⑥后土祠：故址在今山西万荣西南荣河镇北。

⑦《封禅书》：即《史记·封禅书》。《史记·太史公自序》："受命而王，封禅之符罕用，用则万灵罔不禋祀。追本诸神名山大川礼，作《封禅书》第六。"封禅，古代帝王祭天地的大典。在泰山上筑土为坛，报天之功，叫封；在泰山下的梁父山上辟场祭地，报地之德，叫禅。

⑧元鼎四年：前113年。元鼎，西汉武帝刘彻的年号（前116—前111）。

⑨万岁宫：宫名。汉武帝时筑。故址在今山西万荣荣河镇北。

⑩"汉宣帝神爵元年幸万岁宫"几句：事见《汉书·宣帝纪》："东济大河，天气清静，神鱼舞河。幸万岁宫，神爵翔集。"神爵元年，前61年。神爵，西汉宣帝刘询的年号（前61—前58）。

⑪赵简子：即赵鞅，谥号简子。春秋末年晋定公时为卿。他击败晋国卿范氏、中行氏，奠定了以后建立赵国的基础。栾徼：赵简子的臣子。

⑫能谴：擅长督察责问。

【译文】

河水又往南流过汾阴县西边，

河水东边傍着汾阴脽，汾阴县古城就在这座小丘旁边。汉高帝六年，把汾阴封给周昌，立为侯国。《魏土地记》说：河东郡以北八十里有汾阴城，北距汾水三里，城的西北角有座小山，叫脽丘，山上有后土祠。《封禅书》说：元鼎四年，首次在汾阴脽修建后土祠。又有万岁宫。汉宣帝于神爵元年莅临万岁宫，东渡大河，神鱼在水上欢舞。从前赵简子就在这里把栾徼沉入水中，说道：我喜欢音乐和女色，你就卖力地为我罗致；我喜欢人才，但你在六年间却一个也没有给我推荐过。你这是助长我的过失，葬送我的优点。有识之士认为赵简子责骂得好。

河水又迳郃阳城东。周威烈王之十七年[①]，魏文侯伐秦至郑，还筑汾阴、郃阳[②]，即此城也。故有莘邑矣[③]，为太姒之国[④]。《诗》云：在郃之阳，在渭之涘[⑤]。又曰：缵女维莘，长子维行[⑥]。谓此也。城北有瀵水[⑦]，南去二水各数里，其水东迳其城内，东入于河。又于城内侧中，有瀵水，东南出城，注于河。城南又有瀵水，东流注于河。水南犹有文母庙[⑧]，庙前有碑，去城十五里。水，即郃水也，县取名焉。故应劭曰：在郃水之阳也。

【注释】

①周威烈王之十七年：前409年。

②汾阴：按《史记·魏世家》，当为洛阴。

③有莘（shēn）：商、西周时国名。在今陕西合阳东南。周武王母太姒为莘国女。《史记·周本纪》："闳夭之徒患之，乃求有莘氏美女。"张守节正义："《括地志》云：《世本》云莘国，姒姓，夏禹之后，即散宜生等求有莘美女献纣者。"

④太姒（sì）：周文王之妃，周武王之母。

⑤在郃之阳，在渭之涘：在郃水的北岸，在渭河的水滨。语见《诗经·大雅·大明》："天监在下，有命既集。文王初载，天作之合。在合之阳，在渭之涘。文王嘉止，大邦有子。"阳，山南水北。

⑥缵（zuǎn）女维莘（shēn），长子维行：莘国有个好姑娘，贤惠正与长子配得上。语见《诗经·大雅·大明》。

⑦瀵（fèn）水：即郃水。今陕西合阳西金水沟。

⑧文母：即周文王之妃、周武王之母太姒。

【译文】

河水又流经郃阳城东边。周威烈王十七年，魏文侯攻打秦国，到了郑国，回头又在洛阴、郃阳筑城，说的就是此城。郃阳是旧时莘的城邑，是太姒的母国。《诗经》说：在郃水之阳，在渭水之滨。又说：莘国有个好姑娘，贤慧正与长子配得上。就是指这地方。城北有瀵水，南距二水各有好几里，往东流过城内，往东注入河水。城内一边还有一条瀵水，往东南流出城外，注入河水。城南也有一条瀵水，东流注入河水。南岸还有文母庙，庙前有碑，离城十五里。这条水就是郃水，郃阳县就是以水取名的。所以应劭说：在郃水之阳。

河水又南，瀵水入焉①。水出汾阴县南四十里，西去河三里。平地开源，濆泉上涌②，大几如轮，深则不测，俗呼之为瀵魁。古人壅其流以为陂水③，种稻。东西二百步，南北百余步，与郃阳瀵水夹河。河中渚上④，又有一瀵水，皆潜相通⑤。故吕忱曰⑥：《尔雅》，异出同流为瀵水⑦。其水西南流，历蒲坂西⑧，西流注于河。

【注释】

①瀵水：在今山西临猗西。

②濆（pēn）泉：向外喷涌的泉水。濆，喷涌。

③壅（yōng）：堵塞。陂（bēi）水：池塘。

④渚（zhǔ）：水中间的小块陆地。

⑤潜：潜流。

⑥吕忱：字伯雍。任城（今山东济宁）人。晋文字学家，撰《字林》。

⑦异出同流为瀵水：考《尔雅·释水》："归异，出同流，肥。"郭璞注："毛诗传曰：所出同、所归异为肥。"《尔雅·释水》："瀵，大出尾下。"郭璞注："今河东汾阴县有水，口如车轮许，濆沸涌出，其深无限，名之为瀵。冯翊郃阳县复有瀵，亦如之。相去数里而夹河，河中渚上又有一瀵，瀵源皆潜相通。在汾阴者，人壅其流以为陂，种稻，呼其本所出处为瀵魁，此是也。尾犹底也。"《水经注》为郦

道元抄变郭璞注而成。

⑧蒲坂：战国初为魏邑，后入秦。在今山西永济西南蒲州镇。

【译文】

河水又南流，瀵水注入。瀵水发源于汾阴县南四十里，西距河三里。水源从平地喷涌而出，约莫如车轮那么大小，深不可测，俗称瀵魁。古人拦河筑坝，蓄水成为陂塘，用以种稻。陂塘东西二百步，南北百余步，与郃阳的瀵水把河水夹在中间。河中沙洲上又有一条瀵水，都有地下水脉相通。所以吕忱说：查考《尔雅》，异源同流叫瀵水。水往西南流经蒲坂西，往西注入河水。

河水又南迳陶城西[①]。舜陶河滨。皇甫士安以为定陶[②]，不在此也。然陶城在蒲坂城北，城，即舜所都也。南去历山不远[③]，或耕或陶，所在则可，何必定陶方得为陶也？舜之陶也，斯或一焉。孟津有陶河之称，盖从此始之。南对蒲津关[④]。汲冢《竹书纪年》，魏襄王七年[⑤]，秦王来见于蒲坂关[⑥]；四月，越王使公师隅来献乘舟始罔及舟三百[⑦]，箭五百万，犀角、象齿焉。

【注释】

①陶城：又名陶邑乡。即今山西永济西北陶城。

②皇甫士安：即皇甫谧，字士安，自号玄晏先生。魏晋时隐士、散文家。定陶：秦置，属东郡。治所在今山东菏泽定陶区西北。

③历山：在今山西西南部，黄河与涑水河、沁河间。亦名首阳山、独头山、雷首山。

④蒲津关：本名临晋关。战国魏置。在今陕西大荔朝邑镇东黄河西岸。扼蒲津渡口。历代倚为秦晋间重险。汉武帝改称蒲津关。

⑤魏襄王七年：前 312 年。

⑥秦王：即秦昭襄王，名则，一名稷。秦武王之异母弟，秦国国君。蒲坂关：即临晋关。又称蒲津关。

⑦越王：似为越王无疆之子若孙。公师隅：越国臣子。具体不详。始罔：《水经注疏》："沈炳巽曰：今本《竹书》无乘舟始罔及五字，愚意始罔或是乘舟之名。及见何焯再校本，亦云然。"

【译文】

河水又往南流经陶城西边。舜在这里河滨制作陶器。皇甫士安认为舜制陶器是在定陶，不在这里。但陶城在蒲坂城以北，蒲坂城就是舜建都的地方。南离历山不远，不论耕作还是制陶，到处都可以，制陶何必非定陶不可呢？舜制陶的地方，这里也许就是一处。孟津又有陶河之称，大概就是由此而来的。陶城南与蒲津关相望。汲冢《竹书纪年》记载：魏襄王七年，秦王来蒲坂关会见；四月，越王派公师隅来献游船始罔及其他船只三百条，箭五百万支，还有犀角、象牙等物。

又南过蒲坂县西，

《地理志》曰[①]：县，故蒲也。王莽更名蒲城。应劭曰：秦始皇东巡，见有长坂，故加坂也。孟康曰[②]：晋文公以赂秦[③]，秦人还蒲于魏，魏人喜，曰：蒲反矣，故曰蒲反也。薛瓒注《汉书》曰[④]：《秦世家》以垣为蒲反[⑤]。然则本非蒲也。皇甫谧曰：舜所都也。或言蒲坂，或言平阳及潘者也[⑥]。今城中有舜庙。魏秦州刺史治[⑦]。太和迁都罢州[⑧]，置河东郡。郡多流杂[⑨]，谓之徙民。民有姓刘名堕者[⑩]，宿擅工酿[⑪]，采挹河流[⑫]，酝成芳酎[⑬]，悬食同枯枝之年，排于桑落之辰[⑭]，故酒得其名矣[⑮]。然香醑之色[⑯]，清白若滫浆焉[⑰]，别调氛氲，不与佗同[⑱]，兰熏麝越[⑲]，自成馨逸。方土之贡，选最佳酌矣。

自王公庶友，牵拂相招者[20]，每云：索郎有顾[21]，思同旅语。索郎反语为桑落也[22]，更为籍征之隽句、中书之英谈[23]。

【注释】

①《地理志》：即《汉书·地理志》。概述先秦至汉地理沿革、西汉行政区划、山川名胜、户口物产及中外交通等。

②孟康：字公休。三国魏人。尝注《汉书》。

③晋文公：名重耳。春秋时晋国国君，五霸之一。晋献公之子。因骊姬之祸，流亡在外十九年，后在秦穆公的帮助下，回国登上君位。任用贤臣狐偃、赵衰等人，继齐桓公之后，开创了诸侯霸业，登上霸主地位。赂：赠送财物，贿赂。

④薛瓒注《汉书》：《汉书》颜师古注中收录有“臣瓒”注《汉书》。但臣瓒姓氏，历来学者考辨，众说纷纭，莫衷一是。郦注屡作薛瓒，未知何据。

⑤以垣为蒲反：《水经注疏》：“戴（震）云：以垣为蒲反，此《史记·秦本纪》语。索隐曰：为当为易，盖字讹也。”事见《史记·秦本纪》：“秦以垣为蒲阪、皮氏。”译文用《秦本纪》、易。

⑥平阳：在今山西临汾西南十八里金殿镇。潘：《水经注疏》：“赵（一清）云：按舜都广宁，今直隶之怀来（今河北怀来）县，汉上谷郡之潘县也。”西汉置，属上谷郡。治所在今河北涿鹿西南堡岱镇。

⑦魏：北魏，亦称后魏。鲜卑人拓跋珪所建，后来分裂为东魏和西魏。秦州：三国魏分陇右置，因秦邑以为名。后省入雍州。西晋泰始五年（269）分雍、凉、梁三州复置。治所在天水郡冀县（今甘肃甘谷东）。太康三年（282）废。七年（286）复置，徙治上邽县（北魏曾改为上封，今甘肃天水）。刺史：官名。汉武帝时分全国为十三部（或称州），每部设刺史一人，遵照皇帝诏书所颁列的条令督察各部郡县。汉末发展成为地方行政长官，掌一州军政。

⑧迁都:是北魏孝文帝元宏实行改革的重要内容之一。孝文帝把都城由平城迁到洛阳,大大促进了北魏的经济发展和民族融合。

⑨流杂:即流民。

⑩姓刘名堕:一作刘白堕,北魏杨衒之《洛阳伽蓝记》卷四"法云寺":"河东人刘白堕善能酿酒。"

⑪宿擅:向来擅长。宿,向来,素来。工酿:美酿,佳酿。

⑫采挹(yì):舀取,接取。挹,酌,舀取。

⑬芳酎(zhòu):芬芳的醇酒。酎,反复多次酿造的醇酒。

⑭悬食同枯枝之年,排于桑落之辰:言酿酒时间之漫长。古代酿酒都是在秋天粮食收获后,用新粮来酿酒。酿酒要进行蒸煮发酵,经过一段时间的发酵之后再过滤。悬食,大概指蒸煮发酵。

⑮酒得其名:酒得"桑落酒"之名。

⑯香醑(xǔ):香甜的美酒。

⑰滫(xiǔ)浆:淘米水。

⑱佗:同"他"。别的。

⑲越:飘散。

⑳牵拂(bì):牵拉簇拥。拂,通"弼"。簇拥。

㉑索郎:"桑落"的反语。有拟人的意味。顾:眷念。

㉒反语:魏晋南北朝时有一种文字游戏,以两个字先正着反切(用两个字拼合成一个字的读音:前一个字取声,后一个字取韵和声调),再倒着反切。"桑落"正着反切为"索",倒着反切为"郎"。

㉓籍征:征引书籍。征,征引。中书:指皇宫中的藏书。这里借指读书的文人们。英谈:美谈。

【译文】

河水又往南流过蒲坂县西边,

《地理志》说:蒲坂县就是旧时的蒲。王莽时改名为蒲城。应劭说:秦始皇到东方巡察,看见一道长长的山坡,因此名为蒲坂。孟康说:晋文公以蒲来贿赂秦国，后来秦人又把它还给魏国，魏人很高兴，说：蒲又返回了，所以叫蒲反。薛瓒注《汉书》，说：《秦本纪》记载以垣易蒲。那么本来并非蒲的地方。皇甫谧说：这是舜建都的地方。有人说舜都蒲坂，也有人说，舜都平阳及潘。现在城中还有舜庙。蒲坂是魏秦州刺史的治所。太和年间迁都后，撤去秦州，设置河东郡。郡里流民杂户很多，称为移民。其中有个姓刘名堕的，一向善于酿酒，他汲取河水，酿成芳冽的美酒，在初冬树叶凋落之时将粮食蒸制发酵，到桑葚掉落之时过滤得酒，酒也因而得名了。但这种美酒颜色是白濛濛的，就像淘米水一样，而芳香浓郁，又别有一种风味，与别的酒不同：如幽兰、麝香，飘飘拂拂，自有一种高雅的芳馨。选作贡品的地方土产，这是最上等的名酒了。上自王公，下至平民百姓，牵牵扯扯互相招引，常常说：索郎正等大家前去开怀一番呢。索郎就是落桑的交叉反切，尤其成为人们喜欢引证的妙语、文人学士的佳话了。

郡南有历山，谓之历观，舜所耕处也。有舜井，妫、汭二水出焉[①]。南曰妫水，北曰汭水，西迳历山下，上有舜庙。周处《风土记》曰[②]：旧说，舜葬上虞[③]。又记云：耕于历山。而始宁、剡二县界上[④]，舜所耕田于山下，多柞树[⑤]，吴、越之间名柞为枥，故曰历山。余按周处此志为不近情，传疑则可[⑥]，证实非矣。安可假木异名，附山殊称？强引大舜，即比宁壤[⑦]。更为失志记之本体[⑧]，差实录之常经矣[⑨]。历山、妫汭言是，则安于彼乖矣。《尚书》所谓厘降二女于妫汭也[⑩]。孔安国曰[⑪]：居妫水之内。王肃曰[⑫]：妫汭，虞地名。皇甫谧曰：纳二女于妫水之汭。马季长曰[⑬]：水所出曰汭[⑭]。然则，汭似非水名[⑮]。而今见有二水异源同归，浑流西注入于河。

【注释】

①㘣(guī)：在今山西永济蒲州镇南。源出历山，西流入黄河。汭(ruì)：在今山西蒲县南。

②周处：字子隐。义兴阳羡(今江苏宜兴)人。晋文人。著《默语》《风土记》。《风土记》：记江浙一带风俗习惯与地理环境的书。今存辑本。

③上虞：即上虞县。秦置，属会稽郡。治所在今浙江绍兴上虞区(百官镇)。

④始宁：东汉永建四年(129)分上虞县置，属会稽郡。治所在今浙江嵊(shèng)州北三界镇。剡(shàn)：即剡县。西汉置，属会稽郡。治所在今浙江嵊州西南十二里。东汉末徙治今嵊州。

⑤柞(zuò)树：落叶乔木，木质坚硬，耐腐蚀。叶子可用来饲养柞蚕，木材可用来造船、做枕木等。

⑥传疑：流传疑说，存疑。

⑦宁壤：《水经注疏》："全(祖望)云：即指舜都广宁。"

⑧失：乖戾，违背。志记：史书中的志和记。本体：本来的格局和体式。

⑨差：乖失，差违。实录：中国古代编年史的一种，专记某一皇帝统治时期的大事。常经：常体，通常的体式和规定。

⑩厘降：办理婚嫁。二女：尧的两个女儿娥皇和女英。

⑪孔安国：字子国。鲁(今山东曲阜)人。西汉经学家。相传他曾得孔壁所藏古文《尚书》，开古文《尚书》学派。

⑫王肃：字子雍。东海郯(今山东郯城)人。三国魏经学家。善贾逵、马融之学而反郑玄。为《尚书》等诸经作传注。今传《孔子家语》《孔丛子》等即为其伪托撰写的古书。

⑬马季长：即马融，字季长。扶风茂陵(今陕西兴平东北)人。东汉经学家、辞赋家。

⑭汭：河流弯曲处。

⑮汭似非水名：意思是说汭好像不是水的专名。

【译文】

郡南有历山，山上有观，叫历观，是舜耕种过的地方。有舜井，妫水和汭水就发源于这里。南边的一条叫妫水，北边的叫汭水，往西流过历山脚下，山上有舜庙。周处《风土记》说：按旧时传说，舜葬于上虞。又记载：舜耕于历山。在始宁和剡县接境处，舜所耕的田在山下，那里柞树很多，吴、越之间称柞树为枥树，所以叫历山。我以为周处的《风土记》不近情理，存疑倒还可以，引它来印证史实那就不对了。怎能拿了树木的异名来迎合山名？牵强附会地引了大舜，就拿历山与广宁并比呢？这更不合志记本来的体例，违背实录的传统法则了。如以为历山、妫汭所指就是这里，那就是安然接受那种不符事实的说法了。《尚书》说：决定把两个女儿在妫汭下嫁。孔安国说：住在妫水内侧。王肃说：妫汭是虞的地名。皇甫谧说：在妫水的水弯内娶了两个姑娘。马季长说：水流出处叫汭。照此看来，汭又不像是水名了。现在所见，是两条异源的水最后流到一起，滚滚西流注入河水。

河水南迳雷首山西[①]，山临大河，北去蒲坂三十里，《尚书》所谓壶口、雷首者也[②]。俗亦谓之尧山，山上有故城，世又曰尧城。阚骃曰[③]：蒲坂，尧都[④]。按《地理志》曰：县有尧山、首山祠[⑤]，雷首山在南。事有似而非，非而似，千载眇邈，非所详耳。

【注释】

①雷首山：在今山西西南部，黄河与涑水河、沁河间。《史记·五帝本纪》："舜耕历山。"张守节正义："《括地志》云：'蒲州河东县雷首山，一名中条山，亦名历山，亦名首阳山，亦名蒲山，亦名襄山，

亦名甘枣山，亦名猪山，亦名狗头山，亦名薄山，亦名吴山。此山西起雷首山，东至吴坂，凡十一名，随州县分之。历山南有舜井。'又云：'越州馀姚县有历山舜井，濮州雷泽县有历山舜井，二所又有姚墟，云生舜处也。及妫州历山舜井，皆云舜所耕处，未详也。'"

②壶口：即壶口山。在今山西吉县西南。

③阚骃（kàn yīn）：字玄阴。敦煌（今甘肃敦煌）人。北凉至北魏学者。所撰《十三州志》为一部地理类著作。

④尧都：尧的都城。《水经注疏》："张澍曰：按皇甫谧云，蒲坂，舜所都。阚氏以为尧都，未详所据。"

⑤首山祠：即首阳山祠。《水经注疏》杨守敬按："王先谦曰：《志》云有二祠，首山盖祠夷、齐，尧山即祠尧矣。"

【译文】

河水往南流经雷首山西边，山在河边，北距蒲坂三十里，就是《尚书》所说的壶口、雷首。民间也称尧山，山上有座老城，世人又称尧城。阚骃说：蒲坂是尧的都城。查考《地理志》说：县里有尧山和首山祠，雷首山在南边。有的事看来相似，实则不是同一回事；有的事看来不像，实则正好相同。远古的事，渺渺茫茫，已是很难弄得清了。

又南，涑水注之[①]。水出河北县雷首山[②]，县北与蒲坂分，山有夷、齐庙[③]。阚骃《十三州志》曰[④]：山，一名独头山[⑤]，夷、齐所隐也。山南有古冢，陵柏蔚然，攒茂丘阜[⑥]，俗谓之夷、齐墓也[⑦]。其水西南流，亦曰雷水。《穆天子传》曰：壬戌，天子至于雷首[⑧]，犬戎胡觞天子于雷首之阿[⑨]，乃献良马四六[⑩]，天子使孔牙受之于雷水之干是也[⑪]。昔赵盾田首山，食祁弥明翳桑之下[⑫]，即于此也。涑水又西南流，注于河。《春秋左传》谓之涑川者也，俗谓之阳安涧水。

【注释】

①涑（sù）水：亦称雷水。在今山西永济西南。

②河北县：西汉置，属河东郡。治所在今山西芮城北。

③夷、齐：伯夷和叔齐。商末孤竹君的两个儿子。相传孤竹君遗命让次子叔齐继承王位。孤竹君死后，叔齐让位于兄伯夷。伯夷不受，叔齐也不愿为君，先后逃亡到周国。周武王灭商后，二人耻食周粟，采薇而食，饿死于首阳山。古人把二人当作“义”的化身。

④《十三州志》：书名。北凉至北魏阚骃撰。是一部地理类著作。

⑤独头山：即上文的雷首山。

⑥攒（cuán）茂：浓荫攒集。攒，聚集。

⑦夷、齐墓：《水经注疏》杨守敬按：“钱坫曰，马融云，首阳山在蒲坂，华山之北，河曲之中，伯夷所隐也。考古夷、齐所隐首阳有三说，曹大家《幽通赋注》谓在陇西，即陇西郡首阳县。在今渭源县（今甘肃渭源）西二十里。戴延之《西征记》谓在洛阳东北。《水经注》云，或云，夷、齐饿死在此。在今偃师县（今河南偃师）西北二十里。”

⑧天子：即西周穆王姬满。

⑨犬戎胡：古族名。戎人的一支，即畎戎，又称犬夷。觞（shāng）：古代本指盛满酒的酒杯，后来引申为以酒饮人或自饮。这里指敬酒。雷首之阿（ē）：雷首山下。阿，泛指山下。

⑩四六：二十四。

⑪孔牙：西周穆王姬满的臣子。其余不详。雷水之干：雷水岸边。干，岸边。

⑫昔赵盾田首山，食祁弥明翳桑之下：《左传·宣公二年》记载为：“初，宣子田于首山，舍于翳桑。见灵辄饿，问其病，曰：‘不食三日矣。’食之，舍其半。”依此可知，赵盾在首阳山田猎，遇到的饿人是灵辄，而不是祁弥明。译文据改。赵盾，战国时晋国的正卿。谥号宣孟。是敢于直谏、忠于国事的大臣。田，狩猎。

【译文】

河水又南流，涑水注入。涑水发源于河北县雷首山，县北与蒲坂以山为界，山上有夷、齐庙。阚骃《十三州志》说：雷首山，又名独头山，是伯夷、叔齐隐居之地。山南有古墓，墓地上柏树郁郁苍苍，在山上密密丛丛地生长着，俗称夷、齐墓。水往西南流，又叫雷水。《穆天子传》说：壬戌那天，天子来到雷首山，犬戎胡在雷首山边为天子摆酒劝饮，然后进献良马二十四匹，天子派孔牙到雷水之滨去受献。从前赵盾在首山打猎，在桑树荫下拿东西给灵辄吃，就是在这地方。涑水又往西南流，注入河水。《春秋左传》把这条水叫涑川，俗称阳安涧水。

又南至华阴潼关[①]，渭水从西来注之[②]。

汲郡《竹书纪年》曰：晋惠公十五年[③]，秦穆公帅师送公子重耳[④]，涉自河曲[⑤]。《春秋左氏·僖公二十四年》[⑥]，秦伯纳之[⑦]，及河，子犯以璧授公子曰[⑧]：臣负羁绁[⑨]，从君巡于天下，臣之罪多矣，臣犹知之，而况君乎？请由此亡[⑩]。公子曰：所不与舅氏同心者，有如白水[⑪]！投璧于此。子推笑曰[⑫]：天开公子[⑬]，子犯以为功，吾不忍与同位，遂逃焉。

【注释】

①华阴：即华阴县。西汉高帝八年（前199）改宁秦县置，属京兆尹，为京辅都尉治。治所在今陕西华阴东南五里。潼关：在今陕西潼关县东北。古为桃林塞地。东汉建安中设潼关。故址在今潼关县东北港口镇东南四里杨家庄附近。

②渭水：黄河最大支流。在今陕西中部。源出甘肃渭源县西南鸟鼠山，东流经陇西、武山、甘谷、天水诸地，横贯陕西渭河北原，南纳斜、涝、丰、浐、灞诸水，北会泾水、洛水，在潼关县入黄河。长

七百八十七公里。

③晋惠公十五年：前636年。

④秦穆公帅师送公子重耳：《史记·秦本纪》记载为："二十三年，晋惠公卒，子圉立为君。秦怨圉亡去，乃迎晋公子重耳于楚，而妻以故子圉妻。重耳初谢，后乃受。穆公益礼厚遇之。二十四年春，秦使人告晋大臣，欲入重耳。晋许之，于是使人送重耳。二月，重耳立为晋君，是为文公。"秦穆公，名任好。春秋秦德公子。既立，任用百里奚、蹇叔等谋臣，奋发图强，使国势强大。

⑤河曲：春秋晋地。在今山西芮城西南七十余里。黄河至此折而东流，故名。

⑥僖公二十四年：前636年。

⑦秦伯：指秦穆公。

⑧子犯：春秋晋大夫狐突之子狐偃，字子犯，又称咎犯。晋文公重耳的舅舅。重耳为公子时的五贤士之一。重耳出亡在外时，狐偃与兄狐毛跟从十九年。后来，狐偃帮重耳安定王室，称霸天下。公子：指重耳。

⑨羁绁（xiè）：马络头和马缰绳。

⑩亡：离开，离去。

⑪有如白水：指以黄河为誓，像滚滚的黄河水一样，永不改变初衷。

⑫子推：即介子推。春秋时晋国人。追随晋公子重耳出亡，共十九年。重耳为晋国国君，赏赐从亡者未至隐者介子推。介之推与母隐于绵上山而终。

⑬天开公子：老天开恩于公子。

【译文】

河水又往南流，到了华阴潼关，渭水从西方流来注入。

汲郡《竹书纪年》说：晋惠公十五年，秦穆公领兵护送公子重耳，从河曲涉水过河。《春秋左传·僖公二十四年》记载：秦伯接纳了他。到了河边，子犯把璧交给公子，说道：我随您巡行天下，罪状已经很多了，连我自己都知道，何况您呢？请您让我就在这里告辞吧。公子说：我如不和舅父同心同德，有河神明鉴！说罢就在这里把璧投入河中。子推笑道：老天爷对公子开恩，子犯却自以为有功，我不愿和这样的人共事，于是就不告而去。

河水历船司空[①]，与渭水会。《汉书·地理志》，旧京兆尹之属县也[②]。左丘明《国语》云[③]：华岳本一山当河[④]，河水过而曲行。河神巨灵[⑤]，手荡脚蹋[⑥]，开而为两，今掌足之迹，仍存华岩。《开山图》曰[⑦]：有巨灵胡者[⑧]，遍得坤元之道[⑨]，能造山川，出江河，所谓巨灵赑屃[⑩]，首冠灵山者也[⑪]。常有好事之士，故升华岳而观厥迹焉。自下庙历列柏，南行十一里，东回三里，至中祠。又西南出五里，至南祠，谓之北君祠。诸欲升山者，至此皆祈请焉。

【注释】

①船司空：即船司空县。西汉置，属京兆尹。治所在今陕西潼关东北港口镇附近。

②京兆尹：汉代京畿的行政区域，为三辅之一。

③左丘明：春秋鲁太史。大约与孔子同时代。相传作《左氏春秋传》《国语》。

④华岳：即华山，又称太华山。在今陕西华阴南十里。

⑤巨灵：神话中劈开华山的河神名。

⑥手荡脚蹋：用手劈开，用脚踏离。

⑦《开山图》：《水经注疏》杨守敬按："《文选》李《注》引作《遁甲开山图》。"

⑧巨灵胡者:《水经注疏》杨守敬按:"《御览》一引无胡字。"

⑨坤元之道:与"乾元"相对,指大地资生万物之德。

⑩赑屃(bì xì):壮猛有力貌。

⑪首冠灵山:头戴灵山。

【译文】

河水流经船司空,与渭水汇合。《汉书·地理志》记载,先前这是京兆尹的属县。左丘明《国语》说:华山本来是一座山,挡住了河水;河水到了这里就绕道流过。河神巨灵手推脚踢,把山分成两半,现在华山岩上还留着他的掌痕和脚印。《开山图》说:有个巨灵胡,遍得大地创生万物的道术,能创造山川,开出江河,这就是所谓巨灵使出神力,头顶灵山。常常有些好事的人,特地到华山上去看这些遗迹。从下庙穿过成行的翠柏南行十一里,向东转,再行走三里,就到中祠。又往西南行走五里,就是南祠,称为北君祠。要想登山的人,到了这里,就都要祈祷。

从此南入谷七里,又届一祠,谓之石养父母,石龛、木主存焉[①]。又南出一里,至天井[②]。井裁容人[③],穴空,迂回顿曲而上,可高六丈余。山上又有微涓细水,流入井中,亦不甚沾人,上者皆所由陟[④],更无别路。欲出井望空视明,如在室窥窗也[⑤]。出井东南行二里,峻坂斗上斗下[⑥],降此坂二里许,又复东上百丈崖,升降皆须扳绳挽葛而行矣。南上四里,路到石壁,缘旁稍进,迳百余步,自此西南出六里,又至一祠,名曰胡越寺,神像有童子之容。从祠南历夹岭,广裁三尺余,两箱悬崖数万仞,窥不见底。祀祠有感,则云与之平,然后敢度,犹须骑岭抽身,渐以就进[⑦],故世谓斯岭为搦岭矣[⑧]。度此二里,便届山顶。上方七里,灵泉二所,一名蒲池,西流注于涧;一名太上泉,东注涧下。上宫神庙近东北隅,其中塞实杂物，事难详载。自上宫东北出四百五十步，有屈岭，东南望巨灵手迹⑨，惟见洪崖、赤壁而已，都无山下上观之分均矣⑩。

【注释】

①石龛：供奉神佛或神主的石室。木主：木制的供奉亡者的神位。上书亡者姓名以供祭祀。又称神主，俗称牌位。

②天井：天然形成的像井一样的洞穴。

③裁：通“才”。仅仅。

④陟：攀登。

⑤在室窥窗：在居室中从窗户向外看视。

⑥斗上斗下：忽高忽低。斗，通“陡”。陡然，忽然。

⑦渐以就进：慢慢地向前移动。就，趋向。

⑧搦（nuò）岭：意为用手抓持的山岭。以明其险峻。搦，捉，持。

⑨巨灵手迹：神话中劈开华山的河神手荡脚踏留下的痕迹。

⑩分均：《水经注疏》：“朱（谋㙔）《笺》曰：分均字有讹误，盖言山下上观，似有掌足之迹，及至上宫而望掌足处，但见洪崖赤壁而已，无复分均之迹也。”

【译文】

从这里往南进谷七里，又有一座祠庙，称为石养父母，现在还留有石龛和木牌位。又南行一里，到了天井。天井很小，只容得下一个人，里面是空的，回旋曲折地通到上面，高约六丈余。山上又有一道涓涓细流，向井中流下，也不大会把人沾湿，上山的人都要从这里攀登，此外更别无路径了。将出井时仰望天空，就像在室内从窗子向外望一样明亮。出了天井，往东南走二里，沿着陡峭的山坡忽上忽下，走下山坡二里左右，又往东登上百丈崖，上落都要攀援着绳索或葛藤行走。往南攀登四里，路旁有石壁，沿石壁旁慢慢前移，走百余步，路又转向西南，又走六里，到了一座祠庙，叫胡越寺，神像的脸庞像个孩子。从庙南走过夹岭，山路宽仅三尺余，两边悬崖数万仞，俯视深不见底。在庙里祭祀灵验时，就有云涌起与路相平，人们才敢行走，但也还要扒着山岭挪动身子，慢慢地往前移行，所以世人把这条岭称为搦岭。过岭再走二里，就到山顶。山顶上方圆七里，有两道灵泉，一道叫蒲池，西流注入山涧；一道叫太上泉，东流注入涧下。上宫神庙接近东北角，庙中堆满了杂物，具体情况难以详述。从上宫往东北出去四百五十步，有屈岭，向着东南方遥望巨灵手掌痕迹，看到的只有洪崖和赤壁而已，都没有像山下仰望那么清楚。

河在关内南流，潼激关山[①]，因谓之潼关。濩水注之[②]。水出松果之山[③]，北流迳通谷[④]，世亦谓之通谷水，东北注于河，《述征记》所谓潼谷水者也[⑤]。或说因水以名地也。河水自潼关东北流，水侧有长坂，谓之黄巷坂[⑥]。坂傍绝涧，陟此坂以升潼关，所谓溯黄巷以济潼矣。历北出东崤[⑦]，通谓之函谷关也[⑧]。邃岸天高，空谷幽深，涧道之峡，车不方轨[⑨]，号曰天险。故《西京赋》曰[⑩]：岩险周固[⑪]，衿带易守[⑫]，所谓秦得百二，并吞诸侯也。是以王元说隗嚣曰：请以一丸泥，东封函谷关，图王不成，其弊足霸矣[⑬]。郭缘生《记》曰[⑭]：汉末之乱，魏武征韩遂、马超[⑮]，连兵此地。今际河之西[⑯]，有曹公垒[⑰]。道东原上，云李典营[⑱]。义熙十三年[⑲]，王师曾据此垒[⑳]。《西征记》曰[㉑]：沿路逶迤[㉒]，入函道六里[㉓]，有旧城，城周百余步，北临大河，南对高山，姚氏置关以守峡[㉔]。宋武帝入长安[㉕]，檀道济、王镇恶[㉖]，或据山为营，或平地结垒，为大小七营[㉗]，滨带河险[㉘]。姚氏亦保据山原陵阜之上[㉙]，尚传故迹矣。关之直北[㉚]，隔河有层阜，巍然独秀，孤峙河阳，世谓之风陵[31]，戴延之所谓风堆者也。南则河滨姚氏之营，与晋对岸。

【注释】

①潼（chōng）激：冲刷激荡。

②潼水：一作灌水。即今陕西潼关县东北潼水。

③松果山：在今陕西华阴东南二十七里。

④通谷：在今陕西潼关县东北。

⑤《述征记》：书名。晋末宋初郭缘生撰。记述他跟随刘裕北伐慕容燕、西征姚秦的沿途所见。

⑥黄巷坂：在今陕西潼关县东北，旧潼关东北黄河南岸。

⑦东崤：即二崤之一。崤山分东崤、西崤。在今河南洛宁西北。

⑧函谷关：战国秦置。在今河南灵宝东北三十里。

⑨方轨：车辆并行。方，并列，并行。

⑩《西京赋》：赋名。东汉张衡所作描绘当时长安繁华景象的赋文。西京，西汉都长安，东汉改都洛阳，因称洛阳为东京，长安为西京。

⑪周固：坚固。

⑫衿带：缠绕，环绕。

⑬"是以王元说隗嚣曰"几句：事见《后汉书·隗嚣传》："元遂说嚣曰：'……元请以一丸泥为大王东封函谷关，此万世一时也。若计不及此，且畜养士马，据隘自守，旷日持久，以待四方之变，图王不成，其弊犹足以霸。'"李贤注："前书徐乐曰：图王不成，其弊足以霸也。"王元，隗嚣的将领。其余不详。隗嚣，字季孟。天水成纪（今甘肃秦安）人。少仕州郡。王莽国师刘歆引为士。盘踞陇西，称西州上将军，后属光武帝刘秀，后叛逃归附公孙述。一丸泥，一颗泥丸。此处用以比喻函谷关险要，易于防守。其弊足霸，最差也足够称霸一方。

⑭《记》：即《述征记》。

⑮魏武征韩遂、马超：事见《三国志·魏书·马超传》裴松之注："《典略》曰：建安十六年，超与关中诸将侯选、程银、李堪、张横、梁兴、成宜、马玩、杨秋、韩遂等，凡十部，俱反；其众十万，同据河、潼，建列营阵。是岁，曹公西征，与超等战于河、渭之交，超等败走。超至安定，遂奔凉州。"魏武，即曹操。韩遂，字文约。金城（今甘肃兰州）人。后为曹操所灭。马超，字孟起。右扶风茂陵（今陕西兴平）人。东汉末马腾之子。汉末为偏将军，领父马腾部曲，进军至潼关，与曹操战，败奔汉中，后归刘备。谥曰威侯。

⑯际：接近，靠近。

⑰曹公垒：在今陕西潼关县东北。

⑱李典：字曼成。山阳钜野（今山东巨野）人。事曹操，以功迁破虏将军，封都亭侯。典好学问，贵儒雅，不与诸将争功，军中称其长者。谥曰愍侯。

⑲义熙十三年：417年。义熙，东晋安帝司马德宗的年号（405—418）。

⑳王师曾据此垒：《水经注疏》杨守敬按："至十四年，王敬先戍曹公垒，则克长安后事，非缘生所指矣。"

㉑《西征记》：书名。东晋戴祚撰。记作者随刘裕西征关中时所见沿途山川形胜。

㉒逶迤（wēi yí）：形容道路、山脉、河流等弯弯曲曲延续不绝的样子。

㉓函道：一本作函谷道。

㉔姚氏：即姚泓，字元子。后秦姚兴之长子。羌族。孝友宽和，而无经世之用。义熙十三年（417），晋军攻入长安，姚泓出降，后秦灭亡。后被刘裕送建康斩杀。

㉕宋武帝入长安：事见《宋书·武帝本纪》："二月，冠军将军檀道济等次潼关。三月庚辰，大军入河。索虏步骑十万，营据河津。公命诸军济河击破之。公至洛阳。七月至陕城。龙骧将军王镇恶

伐木为舟,自河浮渭。八月,扶风太守沈田子大破姚泓于蓝田。王镇恶克长安,生擒泓。九月,公至长安。”宋武帝,即南朝宋的建立者刘裕,字德舆,小名寄奴。彭城(今江苏徐州)人。晋安帝时,平孙恩、卢循,为下邳太守。桓玄称帝,刘裕起兵京口讨玄,大破之。累封宋王。晋元熙初受禅于建康。国号宋。

㉖檀道济:南朝宋名将。刘裕创义,道济从入京城,参建武军事。累迁太尉参军。刘义隆即位,进封武陵郡公。讨谢晦,事平,拜征南大将军、江州刺史。后彭城王义康召入朝,收而诛之。王镇恶:北海剧(今山东寿光)人。南朝宋王猛的孙子。刘裕以为青州治中从事史,参太尉军事。从讨刘毅,领前锋,破江陵。佐成霸业。为参军沈田子所杀。

㉗大小七营:《水经注疏》杨守敬按:“《寰宇记》,宋武七营皆在阌(wén)乡县(今河南灵宝)西沿河。”

㉘带:临近。

㉙保据:占据。山原陵阜:山陵和原野。阜,高大的山陵。

㉚直北:正北。直,正,正对着。

㉛风陵:亦作封陵。在今山西芮城西南风陵渡镇。

【译文】

河水在关内往南流,冲击关山,所以叫潼关。濩水就在这里注入河水。濩水发源于松果之山,往北流经通谷,人们也把它叫通谷水,往东北注入河水,这就是《述征记》里说的潼谷水。也有人说是依水名来取地名的。河水从潼关往东北流,水边有一条长长的坂道,叫黄巷坂。坂道在深涧旁,沿着这条坂道可上潼关去,所谓上溯黄巷渡水往潼关,就指的是这条坂道。往北出了东崤,通称函谷关。深岸高入天际,空谷深邃幽远,涧边的山路狭窄得放不下两辆车,号称天险。所以《西京赋》说:四处绝壁坚不可摧,地势险要易守难攻,正如人们所说,秦有以二当百的优势,因而并吞了诸侯。所以王元游说隗嚣:只要用一颗泥丸,在东端封住函谷关，纵使做不成皇帝，起码也足以称霸一方了。郭缘生《述征记》说：汉朝末年天下大乱，魏武帝征讨韩遂、马超，在这里会战。现在西边河岸上还有个曹公垒。路东平原上，据说是李典营地。义熙十三年，朝廷军队曾占领了这个营垒。《西征记》说：沿着弯弯曲曲的道路，进隘道走了六里，有一座旧城堡，周长百余步，北濒大河，南对高山，这是姚氏为防守峡谷而设的关。宋武帝入长安，檀道济、王镇恶或依山扎营，或平地筑垒，大大小小共有七座营盘，靠着大河天险据守。姚氏也占据着丘陵和原野，遗迹今天还在。潼关正北，隔河有一座层叠的山岭，巍然独自高耸，屹立在河水北岸，世人称之为风陵，也就是戴延之所谓的风堆。南岸河滨的姚氏营地，与晋军隔岸对峙。

河水又东北，玉涧水注之①。水南出玉溪②，北流迳皇天原西③。《周固记》开山④：东首上平博⑤，方可里余，三面壁立，高千许仞，汉世祭天于其上，名之为皇天原。上有汉武帝思子台⑥。又北迳阌乡城西⑦。《郡国志》曰⑧：弘农湖县有阌乡⑨，世谓之阌乡水也。魏尚书仆射阌乡侯河东卫伯儒之故邑⑩。其水北流注于河。

【注释】

①玉涧水：一名阌乡水。即今河南灵宝西双桥河。

②玉溪：在今河南灵宝西部。

③皇天原：在今河南灵宝西(鸠水上游与文峪水上游之间)。

④《周固记》开山：陈桥驿按，杨守敬认为此处“周固记开山”五字，可能是“《开山图》曰”之讹。因《周固记》实无其书，而上文所说的皇天原位于潼关东首，所以当以改《开山图》为是。

⑤东首上：即潼关东端。《水经注疏》杨守敬按：“盖上详潼关，并言

关之直北，此地在关东，故知言关东首也。”平博：平坦而宽广。

⑥武帝思子台：《汉书·戾太子传》：“及泉鸠里加兵刃于太子者，初为北地太守，后族。上怜太子无辜，乃作思子宫，为归来望思之台于湖。”颜师古注：“言己望而思之，庶太子之魂来归也。其台在今湖城县之西、阌乡之东，基趾犹存。”

⑦阌（wén）乡城：在今河南灵宝西北文底。

⑧《郡国志》：晋司马彪《续汉书》篇名。记述东汉时期全国行政区划、人口以及《春秋》和“前三史”所载征伐、会盟所在的地名。

⑨弘农：即弘农郡。西汉元鼎四年（前113）置。治所在弘农县（今河南灵宝北故函谷关城）。湖县：西汉建元元年（前140）改胡县置，属内史（后属京兆尹）。治所在今河南灵宝西北原阌乡县城。

⑩尚书仆射（yè）：尚书官署的副首长。卫伯儒：即卫觊（jì），字伯儒。河东安邑（今山西夏县西北）人。以才学称。魏国建立，拜侍中，与王粲并典制度。文帝即王位，徙为尚书。明帝即位，进封阌乡侯，三百户。

【译文】

河水又往东北流，有玉涧水注入。玉涧水发源于南方的玉溪，往北流经皇天原西边。《开山图》说：潼关东端，上面平坦宽广，方圆一里余，三面峻峭如壁，高约一千仞，汉时曾在上面祭天，称为皇天原。上面有汉武帝思子台。又往北流经阌乡城西边。《郡国志》说：弘农湖县有阌乡，世人称此水为阌乡水。阌乡就是魏尚书仆射阌乡侯河东卫伯儒的封邑。涧水北流注入河水。

河水又东迳阌乡城北，东与全鸠涧水合[①]。水出南山，北迳皇天原东。《述征记》曰：全节[②]，地名也。其西名桃原[③]，古之桃林，周武王克殷[④]，休牛之地矣[⑤]。《西征赋》曰[⑥]：咸征名于桃原者也。《晋太康地记》曰[⑦]：桃林在阌乡南谷中。

其水又北流注于河。

【注释】

①全鸠涧水：一名泉鸠水、全节水。即今河南灵宝西部之鸠水。

②全节：即泉鸠里。在今河南灵宝西北鸠水里。

③桃原：即古桃林塞。在今河南灵宝西北城东村以西至陕西潼关以东地区。

④周武王：周文王姬昌之子，名发。嗣位西伯。兴师伐纣，遂革殷命。即天子位，都镐京，改国号曰周。殷：即殷商。商王盘庚迁都于殷(今河南安阳西北小屯村)，故商亦称殷、殷商。

⑤休牛：归还军用的牛。谓停止战事。

⑥《西征赋》：赋名。晋潘岳所作。为作者任长安令时所写，记西行赴长安途中所经之山水、所感怀之历史人物。潘岳家在东，故言西征。

⑦《晋太康地记》：书名。又称《太康地记》等。撰者不详。成书于晋太康三年(282)。记载晋初州、郡、县建制沿革、地名取义、山水、物产等。

【译文】

河水又往东流经阌乡城北边，往东流与全鸠涧水汇合。涧水发源于南山，往北流过皇天原东边。《述征记》说：全节是个地名。全节西边地名桃原，是古时的桃林，是周武王攻下殷商后，放牛的地方。《西征赋》说：都以桃原之名来验证。《晋太康地记》说：桃林在阌乡南谷之中。涧水又往北流注入河水。

又东过河北县南①，

县与湖县分河②。蓼水出襄山蓼谷③，西南注于河。

【注释】

①河北县：西汉置，属河东郡。治所在今山西芮城北五里。

②分河：以河水分界。

③蓼水：即古之共水。即今山西芮城东北三十里恭水涧。襄山：即雷首山。

【译文】

河水又往东流过河北县南边，

河北县与湖县以河水为分界。蓼水发源于襄山蓼谷，往西南注入河水。

河水又东，永乐涧水注之[①]。水北出于薄山[②]，南流迳河北县故城西，故魏国也。晋献公灭魏，以封毕万[③]。卜偃曰[④]：魏大名也，万后其昌乎[⑤]。后乃县之[⑥]，在河之北，故曰河北县也。今城南、西二面并去大河可二十余里，北去首山十许里，处河山之间，土地迫隘[⑦]，故《魏风》著《十亩》之诗也[⑧]。城内有龙泉，南流出城，又南，断而不流。永乐溪水又南入于河。余按《中山经》，即渠猪之水也。太史公《封禅书》称[⑨]，华山以西名山七[⑩]，薄山其一焉。薄山，即襄山也。徐广曰[⑪]：蒲坂县有襄山。《山海经》曰：蒲山之首，曰甘枣之山[⑫]，共水出焉，而西流注于河。东则渠猪之山，渠猪之水出焉，而南流注于河。如准《封禅书》[⑬]，二水无西南注河之理。今诊蓼水，川流所趣[⑭]，与共水相扶[⑮]。永乐溪水导源注于河[⑯]，又与渠猪势合[⑰]。蒲山统目总称[⑱]，亦与襄山不殊。故扬雄《河东赋》曰[⑲]：河灵矍踢[⑳]，掌华蹈襄[㉑]。注云[㉒]：襄山在潼关北十余里。以是推之，知襄山在蒲坂，溪水即渠猪之水也。

【注释】

①永乐涧：在今山西芮城西。

②薄山：即雷首山。

③晋献公灭魏，以封毕万：事见《史记·魏世家》："献公之十六年，赵夙为御，毕万为右，以伐霍、耿、魏，灭之。以耿封赵夙，以魏封毕万，为大夫。"晋献公，名诡诸。春秋时晋国国君。武公之子。毕万，春秋晋毕公高之后。晋献公的臣子。

④卜偃：本名郭偃，晋献公时为掌卜大夫，故又称卜偃。

⑤魏大名也，万后其昌乎：事见《左传·闵公元年》："卜偃曰：毕万之后必大！万，盈数也。魏，大名也。以是始赏，天启之矣。"大意为，"魏"这个名字很宏大，毕万的后代一定会很昌盛吧。

⑥县之：在此处设置县邑。

⑦迫隘：狭窄。

⑧《魏风》：《诗经》"十五"国风之一。魏国境内的民歌，包括《葛屦》等七篇。《十亩》之诗：即《诗经·魏风·十亩之间》。《诗序》："《十亩之间》，刺时也。言其国削小，民无所居焉。"孔颖达疏："经二章，皆言十亩，一夫之分，不能百亩，是为削小。无所居，谓土田狭隘，不足耕垦以居生，非谓无居宅也。"

⑨太史公：即西汉著名史学家司马迁，字子长。左冯翊夏阳（今陕西韩城）人。继承父亲司马谈遗志，虽身遭腐刑，亦隐忍著书，终成辉煌巨著《史记》。

⑩华山以西名山七：《史记·封禅书》："自华以西，名山七……曰华山，薄山。薄山者，衰山也。岳山，岐山，吴岳，鸿冢，渎山。"

⑪徐广：字野民。晋、宋间史学家、辞赋家。著作有《史记音义》《晋纪》等。

⑫甘枣之山：即雷首山。

⑬准：依据，依照。

⑭趣：趋向。

⑮相扶：相接近。扶，靠近，接近。

⑯导源：发源。

⑰势合：走势趋向相符合。

⑱统目总称：统目与总称义同，均表总名、统摄名称之义。也就是说蒲山是这诸多名称的总称。

⑲扬雄：一作杨雄。字子云。蜀郡成都（今四川成都）人。西汉文学家。撰有《法言》《太玄》《方言》《甘泉赋》《蜀都赋》《解嘲》等。

⑳河灵：传说掌管黄河的水神巨灵，神话中说其曾劈开华山。矍踢：惊动貌。

㉑掌华蹈襄：用手掌劈开华山，用脚踏离襄山。

㉒注：此指东汉应劭的注解。《水经注疏》熊会贞按："此应劭说，引见《封禅书·索隐》。"

【译文】

河水又东流，永乐涧水注入。涧水发源于薄山，往南流经河北县旧城西边，这里是旧时的魏国。晋献公灭魏，把这地方封给毕万。卜偃说：魏这名字气派很大，毕万的后代大概会很昌盛的吧。后来设立为县，因为地理位置在河水以北，所以叫河北县。现在城的西、南两面，离大河都有二十余里，北面离首山十来里，地处河山之间，地方狭窄，所以《魏风》有《十亩》这首诗。城内有龙泉，南流出城，又往南，水就枯竭断流了。永乐溪水又往南流，注入河水。我查考《中山经》，这就是渠猪之水。太史公《封禅书》说：华山以西有七座大山，薄山就是其中之一。薄山就是襄山。徐广说：蒲坂县有襄山。《山海经》说：蒲山开头第一座叫甘枣之山，共水就发源于那里，西流注入河水。东边是渠猪之山，渠猪之水就发源于那里，南流注入河水。如果依《封禅书》的说法，这两条水是不会往西南注入河水的。现在考察蓼水的流向，是与共水相靠近的。永乐溪水从源头流出，注入河水，又与渠猪水流向相一致。蒲山是个总名，与襄山也没有什么不同。所以扬雄《河东赋》说：河神受了惊动，手推华山，脚蹬襄山。注说：襄山在潼关以北十余里。照此推断起来，可知襄山在蒲坂，溪水就是渠猪之水了。

河水自河北城南，东迳芮城[①]。二城之中，有段干木冢[②]。干木，晋之贤人也，魏文侯过其门，式其庐[③]，所谓德尊万古[④]，芳越来今矣[⑤]。汲冢《竹书纪年》曰：晋武公元年[⑥]，尚一军[⑦]。芮人乘京[⑧]，荀人、董伯皆叛[⑨]。郇直大荔故芮也[⑩]，此亦有焉。《纪年》又云：晋武公七年[⑪]，芮伯万之母芮姜逐万，万出奔魏[⑫]。八年[⑬]，周师、虢师围魏，取芮伯万而东[⑭]。九年[⑮]，戎人逆芮伯万于郊[⑯]。斯城亦或芮伯之故画也[⑰]。河水右会槃涧水[⑱]。水出湖县夸父山[⑲]，北迳汉武帝思子宫、归来望思台东，又北流入于河。

【注释】

①芮（ruì）城：在今山西芮城东。

②段干木冢：《水经注疏》杨守敬按："《寰宇记》，段干木墓在芮城县东北十五里，在古魏城东，坟高三尺，有祠存。唐贞观十年，敕禁樵采。"段干木，战国时人。少时贫贱，游西河，师事卜子夏，与田子方、李克、翟璜、吴起等居于魏，诸人皆为将，唯段干木守道不仕。魏文侯造其门，段干木逾墙避之。文侯出过其庐而轼，请以为相，不受。乃待以客礼。

③式：通"轼"。车前扶手横木。用手抚轼，为古人表示敬意的一种礼节。

④德尊万古：德行万代尊仰。

⑤芳越来今：令名播越至今。

⑥晋武公元年：今本《竹书纪年》为周桓王五年（前715）。

⑦尚一军：主掌一军。

⑧芮人乘京：芮人侵犯京师。乘，侵犯。

⑨荀：西周姬姓封国。故址在今山西新绛西。董：春秋晋地。故址在今山西万荣西南。

⑩匪直：不仅仅是。大荔：春秋时戎国，都王城（今陕西大荔朝邑镇东）。

⑪晋武公七年：今本《竹书纪年》为周桓王十一年（前709）。

⑫芮伯万之母芮姜逐万，万出奔魏：事亦见《左传·桓公三年》："芮伯万之母芮姜，恶芮伯之多宠人也，故逐之，出居于魏。"芮伯万，芮国诸侯，名万。

⑬八年：今本《竹书纪年》为周桓王十二年（前708）。

⑭周师、虢师围魏，取芮伯万而东：《左传·桓公四年》记载为："秋，秦师侵芮，败焉，小之也。冬，王师、秦师围魏，执芮伯以归。"郦道元所见"虢师"与《左传》记载"秦师"相异。《水经注疏》杨守敬按："似今本《竹书》作秦师为是。"译文用秦师。

⑮九年：今本《竹书纪年》为周桓王十三年（前707）。

⑯戎人逆芮伯万于郊：事亦见《左传·文公三年》："秦伯伐晋，济河焚舟，取王官及郊。"

⑰故画：犹故疆，原来的疆土。

⑱槃涧水：又叫槃豆河。即今河南灵宝西枣乡河。

⑲夸父山：在今河南灵宝西。

【译文】

河水从河北城南边往东流经芮城。两城中间有段干木墓。段干木是晋国的贤人，魏文侯经过他门前时，总要向他的小屋致敬，真所谓德行千秋万代受人尊敬，令名百世流芳了。汲冢《竹书纪年》说：晋武公元年，主掌一军。芮人入侵京师，荀人、董伯都反叛了。不但大荔从前是芮族的国家，这里也有芮人的。《纪年》又说：晋武公七年，芮伯万的母亲芮姜放逐了他，他就出奔到魏国。八年，周和秦的军队包围了魏国，俘虏芮伯万向东而去。九年，戎人在郊外迎接芮伯万。此城或许也是芮伯原来的领地。河水在右边汇合了槃涧水。槃涧水发源于湖县的夸父山，往北流经汉武帝思子宫、归来望思台东边，又北流注入河水。

河水又东迳湖县故城北，昔范叔入关，遇穰侯于此矣①。湖水出桃林塞之夸父山②，广圆三百仞③。武王伐纣④，天下既定，王巡岳渎⑤，放马华阳，散牛桃林⑥，即此处也。其中多野马，造父于此得骅骝、绿耳、盗骊之乘⑦，以献周穆王⑧，使之驭以见西王母。湖水又北迳湖县东，而北流入于河。《魏土地记》曰：弘农湖县有轩辕黄帝登仙处⑨。黄帝采首山之铜⑩，铸鼎于荆山之下⑪，有龙垂胡于鼎，黄帝登龙，从登者七十人，遂升于天。故名其地为鼎胡⑫。荆山在冯翊，首山在蒲坂，与湖县相连。《晋书地道记》《太康记》并言胡县也⑬。汉武帝改作湖。俗云黄帝自此乘龙上天也。《地理志》曰：京兆湖县有周天子祠二所，故曰胡。不言黄帝升龙也。《山海经》曰：西九十里曰夸父之山，其木多棕、楠，多竹箭⑭。其阳多玉，其阴多铁。其北有林焉，名曰桃林，其中多马，湖水出焉，北流注于河。故《三秦记》曰⑮：桃林塞在长安东四百里。若有军马经过，好行则牧华山⑯，休息林下⑰；恶行则决河漫延⑱，人马不得过矣。

【注释】

①范叔入关，遇穰侯于此：事见《史记·范雎列传》："王稽知范雎贤，谓曰：'先生待我于三亭之南。'与私约而去。王稽辞魏去，过载

范雎入秦。至湖，望见车骑从西来。范雎曰：‘彼来者为谁？’王稽曰：‘秦相穰侯东行县邑。’”范叔，即范雎，字叔。魏人。初事魏中大夫须贾。遭魏相笞辱。后得入秦，变易姓名为张禄。说秦昭王，拜客卿，寻为相，封应侯。穰侯，即魏冉，秦昭王母宣太后弟。昭王即位，以冉为将军，卫咸阳。昭王少，宣太后自治，任魏冉为政，后为秦相，专秦政。昭王封魏冉于穰，复益封陶，号曰穰侯。

②湖水：今河南灵宝西阳平河。桃林塞：在今河南灵宝北老城以西至陕西潼关以东地区。

③三百仞：当为三百里。《水经注疏》熊会贞按：“此注作三百仞，与广圆义不合，其误无疑。”

④武王：即周武王。纣：商（殷）朝末代君王。名受，一作辛，亦称帝辛。相传是个暴君。才力过人，手格猛兽，好酒淫乐。嬖妲己，厚赋敛，百姓怨望，诸侯多叛，周武王率师讨伐，纣兵败，走鹿台，赴火死，国亡。谥号纣。

⑤岳渎：名山大川。

⑥放马华阳，散牛桃林：事见《尚书·武成》：“厥四月，哉生明，王来自商，至于丰。乃偃武修文，归马于华山之阳，放牛于桃林之野，示天下弗服。”

⑦造父：西周大夫。善御车。传说他取盗骊、骅骝（huá liú）、绿耳献与穆王。穆王使造父御，西巡守，见西王母，乐而忘归。徐偃王反，造父驾车载穆王东归，攻偃王，大破之。乃赐造父以赵城，因为赵氏。

⑧周穆王：名姬满。西周国王。周昭王之子。传说曾周游天下，西至昆仑，见过西王母。谥穆。

⑨轩辕黄帝：我国古代传说中的帝王轩辕氏。传说是中原各族的共同祖先。

⑩首山：即首阳山。

⑪荆山：在今陕西大荔东南朝邑镇南。

⑫鼎胡：在今河南灵宝西北。

⑬《晋书地道记》：书名。又称《晋地道志》《晋地道记》《地道记》。东晋王隐撰。《太康记》：书名。又称《晋太康地记》等。撰者不详。成书于晋太康三年（282）。记载晋初州、郡、县建制沿革、地名取义、山水、物产等。胡县：西汉初置，属内史。治所在今河南灵宝西北阳平河入黄河处西岸。建元元年（前140）改为湖县。

⑭竹箭：又称箭竹，竹的一种。高近丈，节间三尺，坚劲，可制箭。

⑮《三秦记》：书名。汉辛氏撰。记秦汉时三秦地理、沿革、民情、宫室、山川等。

⑯好行：军纪严明。

⑰林下：即桃林之下。

⑱恶行：军纪散漫。

【译文】

河水又往东流经湖县老城北边，从前范叔入关，就在这里遇见穰侯。湖水发源于桃林塞的夸父山，方圆三百里。周武王伐纣，天下平定后，就去巡游名山大川，在华山南麓放马归山，在桃林放牛于野，说的就是这地方。林中野马很多，造父曾在这里得到骅骝、绿耳、盗骊等良马，献给周穆王，穆王叫他驾车去见西王母。湖水又往北流经湖县东边，然后北流注入河水。《魏土地记》说：弘农湖县有轩辕黄帝升天成仙的地方。黄帝开采了首山的铜，在荆山下铸鼎，有一条龙把长须搁在鼎上，黄帝骑上龙背，跟着他爬上去的有七十人，全都飞升上天了。所以把这地方称为鼎胡。荆山在冯翊，首山在蒲坂，与湖县相接。《晋书地道记》《太康记》都称为胡县。汉武帝把胡字改为湖字。按民间传说，黄帝是从这里骑龙升天的。《地理志》说：京兆湖县有周天子的祠庙两座，所以叫胡。没有提及黄帝登龙背的事。《山海经》说：西边九十里有一座山，叫夸父之山，山上树木大部分是棕、楠之类，箭竹也很多。山南多玉，山北多铁。北边有一片树林，名叫桃林，林中多马，湖水就发源于那里，北流注入河水。所以《三秦记》说：桃林塞在长安以东四百里。如果有兵马经过，纪律好的就在华山牧马，在林下休息；破坏捣乱的就决堤放水，引起河流泛滥，人马都不能通行。

河水又东合柏谷水[①]。水出弘农县南石堤山[②]。山下有石堤祠，铭云：魏甘露四年[③]，散骑常侍、征南将军、豫州刺史、领弘农太守南平公之所经建也[④]。其水北流，迳其亭下[⑤]。晋公子重耳出亡，及柏谷，卜适齐、楚。狐偃曰：不如之翟[⑥]。汉武帝尝微行此亭，见馈亭长妻。故潘岳《西征赋》曰[⑦]：长傲客于柏谷，妻睹貌而献餐[⑧]。谓此亭也。谷水又北流入于河。

【注释】

①柏谷水：一名稠桑河。即今河南灵宝西沙河。

②弘农县：西汉元鼎三年（前114）置，属内史，元鼎四年（前113）为弘农郡治。治所在函谷关（今河南灵宝北旧灵宝西南）。

③魏甘露四年：259年。甘露，三国魏高贵乡公曹髦（máo）的年号（256—260）。

④散骑常侍：随从皇帝出入，随事规谏，不典事。征南将军：汉魏以来所设置的四征将军之一。《通典》“四征将军”：“皆汉魏以来置。加大者始曰方面。征东将军，汉献帝初平三年，以马腾为之，或云以张辽为之。征西将军，光武建武中，以冯异为大将军。征南将军，汉光武建武二年置，以冯异为之，亦以岑彭为大将军。征北将军，魏明帝太和中置，刘靖为之，许允亦为之。各一人。魏黄初中位

次三公。后魏加大，则次卫将军。大唐无。”领：汉代以后，地位高的官员兼有较低的职务，谓之“领”，也称“录”。南平公：似为高平公之讹。《水经注疏》：“按：《历代史表》魏景元二年‘陈骞为征南将军’。《晋功臣表》‘骞封高平郡公，寿春平后转豫州刺史’。《晋书·文帝纪》‘甘露四年使陈骞都督豫州’。疑此南平或为高平之误，南、高字形近似。骞历征南将军及豫州刺史。惜铭文不详。”译文用高平公。经建：营建，建造。

⑤亭下：即下文的柏谷。今河南灵宝西南朱阳镇。

⑥“晋公子重耳出亡”几句：《国语·晋语》：“二十二年，公子重耳出亡，及柏谷，卜适齐楚。狐偃曰：无卜焉。”《左传·僖公五年》：“公使寺人披伐蒲。重耳曰：君父之命不校。乃徇曰：校者，吾仇也。逾垣而走。披斩其袪，遂出奔翟。”晋公子重耳，晋献公之子。流亡在外十九年，后在秦穆公的帮助下登上君位，是为晋文公。重耳任用贤臣狐偃、赵衰等人，开创了诸侯霸业，登上霸主地位。卜，古代用龟甲占卜。适，到，前往。狐偃，春秋晋大夫狐突之子，字子犯，又称咎犯。晋文公重耳的舅舅，重耳为公子时的五贤士之一。重耳出亡在外时，狐偃与兄狐毛跟从十九年。后来，狐偃帮重耳安定王室，称霸天下。不如之翟，不如到翟地。翟，春秋时西戎国，在今甘肃临洮一带。

⑦潘岳：字安仁。荥阳中牟（今河南中牟）人。工诗善文，为西晋一代作手，与陆机合称潘陆。

⑧长傲客于柏谷，妻睹貌而献餐：李善注：“《汉武帝故事》曰：帝即位。为微行，尝至柏谷，夜投亭长宿。亭长不纳，乃宿逆旅。逆旅翁要少年十余人，皆持弓矢刀剑。令主人妪出遇客，妇谓其翁曰：吾观此大夫非常人也，且有备，不可图也。天寒，妪酌酒多与其夫，夫醉，妪自缚其夫，诸少年皆走。妪出谢客，杀鸡作食。平旦，上去，还宫，乃召逆旅夫妻，见之，赐妪金千斤，擢其夫为羽林郎。”长，

即亭长。睹貌,观看容貌。

【译文】

河水又东流,与柏谷水汇合。柏谷水发源于弘农县南的石堤山。山下有石堤祠,碑文上刻着:魏甘露四年,散骑常侍、征南将军、豫州刺史兼弘农太守、高平公修建。水往北流经亭下。晋国公子重耳流亡,到柏谷时,想卜一下看看,究竟是去齐国还是楚国。狐偃说:不如去翟为好。汉武帝曾微服出行,到了此亭,厚赠亭长的妻子。所以潘岳《西征赋》说:亭长在柏谷对客人倨傲无理,他妻子见客人相貌不凡献食款待。就指此亭。谷水又北流,注入河水。

河水又东,右合门水①。门水,即洛水之枝流者也。洛水自上洛县东北②,于拒阳城西北③,分为二水,枝渠东北出④,为门水也。门水又东北历阳华之山⑤,即《山海经》所谓阳华之山,门水出焉者也。又东北历峡,谓之鸿关水⑥。水东有城,即关亭也;水西有堡,谓之鸿关堡。世亦谓之刘项裂地处⑦,非也。余按上洛有鸿胪围池,是水津渠沿注,故谓斯川为鸿胪涧⑧,鸿关之名乃起是矣。门水又东北历邑川⑨,二水注之。左水出于阳华之阴,东北流迳盛墙亭西⑩,东北流与右水合。右水出阳华之阳,东北流迳盛墙亭东,东北与左水合。即《山海经》所谓緒姑之水出于阳华之阴,东北流注于门水者也。

【注释】

①门水:一名弘农涧。即今河南灵宝东弘农涧河或涧河。

②上洛县:三国魏改上洛侯国置,属京兆郡。治所在今陕西商洛。

③拒阳城:拒阳县城。西晋太和三年(368)置拒阳县,属上洛郡。

治所在今陕西洛南东南古城镇。

④枝渠：支流。

⑤阳华山：又名华阳山。在今陕西洛南东北。

⑥鸿关水：在今河南灵宝西南。

⑦刘项裂地处：刘邦、项羽分界处。《水经注疏》杨守敬按："刘、项分界之鸿沟，见《济水》篇。"楚、汉相争时的鸿沟当为古运河名，而非此处。《史记·河渠书》："荥阳下引河东南为鸿沟，以通宋、郑、陈、蔡、曹、卫，与济、汝、淮、泗会。"鸿沟以东为楚，以西为汉。

⑧鸿胪涧：《水经注疏》熊会贞按："《元和志》，鸿胪水在宏农县（河南灵宝北旧灵宝西南）北十五里，入灵宝，溉田四百余顷。"

⑨邑川：即邑川城，一名窦门城。在今河南灵宝东北。

⑩盛墙亭：具体不详。

【译文】

河水又东流，在右边汇合了门水。门水就是洛水的支流。洛水从上洛县往东北流，在拒阳城西北分为两条，支渠往东北分出，就是门水。门水又往东北流经阳华之山，就是《山海经》所谓门水发源的那座阳华之山。又往东北流入峡谷，称为鸿关水。鸿关水东边有城，就是关亭；水西有个城堡，叫鸿关堡。世人都说这是刘邦、项羽划分疆界的地方，其实不是。我查考上洛有鸿胪围池，这条水一路流注入池，所以叫鸿胪涧，鸿关之名就是由此而来的。门水又往东北流经邑川，有两条水注入。左边那条发源于阳华山的北麓，往东北流经盛墙亭西边，往东北流与右边那条汇合。右水发源于阳华山南麓，往东北流经盛墙亭东边，往东北与左边那条水汇合。《山海经》说：䄷姑之水发源于阳华山北麓，往东北流，注入门水。说的就是这条水。

又东北，烛水注之①。水有二源，左水南出于衙岭②，世谓之石城山，其水东北流，迳石城西③，东北合右水；右水出石城山，东北迳石城东，东北入左水。《地理志》曰：烛水出衙岭下谷。《开山图》曰：衙山在函谷山西南。是水乱流，东注于緒姑之水。二水悉得通称矣。

【注释】

①烛水：《水经注疏》杨守敬按："《寰宇记》，岭在恒农县西南三十五里，则烛水在今灵宝县(今河南灵宝东北)南矣。"

②衙岭：一作衡岭。在今河南灵宝南。

③石城：《水经注疏》杨守敬按："城当在今灵宝县西南。"

【译文】

又往东北流，烛水注入。烛水有两个源头，左边一条发源于南方的衙岭，世人叫石城山，往东北流经石城西边，在东北与右边那条水汇合；右边那条发源于石城山，往东北流经石城东边，往东北注入左边那条水。《地理志》说：烛水发源于衙岭下谷。《开山图》说：衙山在函谷山西南。这条水乱流往东注入緒姑之水。两条水也就都可通称了。

历涧东北出，谓之开方口[①]，水侧有阜，谓之方伯堆[②]。宋奋武将军鲁方平、建武将军薛安都等[③]，与建威将军柳元景北入[④]，军次方伯堆者也[⑤]。堆上有城，即方平所筑也。又东北迳邑川城南，即汉封窦门之故邑[⑥]，川受其名，亦曰窦门城，在函谷关南七里。又东北，田渠水注之[⑦]。水出衙山之白石谷[⑧]，东北流迳故丘亭东[⑨]，是薛安都军所从城也。其水又迳鹿蹄山西[⑩]，山石之上有鹿蹄，自然成著[⑪]，非人功所刊。历田渠川，谓之田渠水，西北流注于烛水。

【注释】

①开方口:在今河南灵宝东南。

②方伯堆:一名方伯阜。在今河南灵宝东南五里。

③宋:此指南朝宋(420—479),刘裕所建。奋武将军:西汉设,杂号将军之一。历朝多因之,品秩不一。鲁方平:南朝宋将领。其他不详。建武将军:属杂号将军,领兵征伐。薛安都:字休达。南朝宋将领。

④建威将军:属杂号将军,领兵征伐。柳元景:字孝仁。河东解(今山西临猗)人。南朝宋大臣。

⑤军次方伯堆:事见《宋书·柳元景传》:"元景以军食不足,难以旷日相持,乃束马悬车,引军上百丈崖,出温谷,以入卢氏,法起诸军进次方伯堆,去弘农城五里。"次,驻扎。

⑥汉封窦门:《水经注疏》杨守敬按:"据前微行柏谷亭,见馈亭长妻,及此下感其妻云云,窦门当是柏谷亭长之名。"

⑦田渠水:《水经注疏》杨守敬按:"《寰宇记》谓之五阳水,云在玉城县西十五里。今曰坝底河,出灵宝县东南乾山。"

⑧白石谷:在今河南灵宝南。

⑨故丘亭:《水经注疏》杨守敬按:"当在今灵宝县东南。"

⑩鹿蹄山:《水经注疏》杨守敬按:"《一统志》,在灵宝县东南四十里。"

⑪自然成著:天然形成。成著,形成。

【译文】

水从山涧往东北流,出山处叫开方口,水边有一座土丘,叫方伯堆。宋奋武将军鲁方平、建武将军薛安都等,与建威将军柳元景引兵北上,驻扎在方伯堆,说的就是这里。小丘上有城,就是鲁方平所筑。又往东北流经邑川城南边,城在函谷关南七里,就是汉朝封给窦门的采邑,也叫窦门城。水因人而得名,也就叫窦门水了。又往东北流,田渠水注入。田渠水发源于衙山的白石谷,往东北流经故丘亭东边,薛安都的部队来此时筑了这座城。水又流经鹿蹄山西边，山石上有鹿蹄痕迹，全是天然形成，并非人工所凿。水经田渠川，称为田渠水，往西北流，注入烛水。

烛水又北入门水。水之左右，即函谷山也。门水又北迳弘农县故城东，城即故函谷关校尉旧治处也[①]，终军弃繻于此[②]。燕丹、孟尝[③]，亦义动鸡鸣于其下[④]，可谓深心有感[⑤]，志诚难夺矣[⑥]。昔老子西入关[⑦]，尹喜望气于此也[⑧]。故《赵至与嵇茂齐书》曰[⑨]：李叟入秦[⑩]，及关而叹。亦言与嵇叔夜书[⑪]，及关尹望气之所。异说纷纶[⑫]，并未知所定矣。汉武帝元鼎四年，徙关于新安县[⑬]，以故关为弘农县、弘农郡治。王莽更名右队。刘桓公为郡，虎相随渡河，光武问而善之[⑭]。其水侧城北流，而注于河。

【注释】

①校尉：官名。秦置。汉始为常职，其地位略次于将军，各随其职务冠以各种名称，如司隶校尉、城门校尉等。古时设有函谷关都尉，如《汉书·张敞传》记载"（敞）复出为函谷关都尉"。关都尉：驻守关隘的都尉。

②终军弃繻于此：事见《汉书·终军传》："初，军从济南当诣博士，步入关，关吏予军繻。军问：'以此何为？'吏曰：'为复传，还当以合符。'军曰：'大丈夫西游，终不复传还。'弃繻而去。"终军，字子云。西汉济南（今山东济南章丘区）人。辩博能文。繻，古时用帛制成的出入关卡的凭证。

③燕丹：即燕国太子丹。战国燕王喜之子。使荆轲献督亢地图及樊於期头于秦，因袭刺秦王。秦王觉，杀荆轲。使王翦、辛胜击燕，破燕易水之西。王喜亡，徙居辽东，斩太子丹以献秦。孟尝：名文，

姓田氏。齐相田婴之子。战国四君子之一。后相齐，号孟尝君。招致天下贤士，食客常数千人。

④义动：事见《史记·刺客列传》："太子及宾客知其事者，皆白衣冠以送之。至易水之上，既祖，取道，高渐离击筑，荆轲和而歌，为变徵之声，士皆垂泪涕泣。又前而为歌曰：'风萧萧兮易水寒，壮士一去兮不复还！'复为羽声慷慨，士皆瞋目，发尽上指冠。于是荆轲就车而去，终已不顾。"燕太子丹凭借仁义感动荆轲。鸡鸣：事见《史记·孟尝君列传》："秦昭王后悔出孟尝君，求之已去，即使人驰传逐之。孟尝君至关，关法鸡鸣而出客，孟尝君恐追至，客之居下坐者有能为鸡鸣，而鸡齐鸣，遂发传出。"

⑤深心有感：行仁义之心必有回报。

⑥志诚难夺：坚诚的志向难以改变。

⑦昔老子西入关：事见《史记·老子韩非列传》："老子修道德，其学以自隐无名为务。居周久之，见周之衰，乃遂去。至关，关令尹喜曰：'子将隐矣，强为我著书。'于是老子乃著书上下篇，言道德之意五千余言而去，莫知其所终。"老子，姓李氏，名耳，字聃，一曰字伯阳。楚苦县（今河南鹿邑）历乡曲仁里人。我国古代著名的思想家和哲学家。

⑧尹喜望气：司马贞《史记索隐》："《列仙传》：'老子西游，关令尹喜望见有紫气浮关，而老子果乘青牛而过也。'"

⑨赵至：字景真。代郡（治所在今河北蔚县）人。西晋官吏。嵇茂齐：即嵇蕃，字茂齐。谯郡铚（今安徽宿州）人。

⑩李叟：老子李耳。

⑪亦言与嵇叔夜书：《水经注疏》熊会贞按："干宝《晋纪》以为《吕安与嵇康书》，二说不同。……此注亦二说并存，是郦氏矜慎处。"嵇叔夜：即嵇康，字叔夜。谯郡铚（今安徽宿州）人。三国魏散文家、诗人。

⑫纷纶：杂乱的样子。

⑬新安县：秦置，属三川郡。治所在今河南义马西石河村。西汉属弘农郡。

⑭"刘桓公为郡"几句：事见《后汉书·刘昆传》："先是崤、渑驿道多虎灾，行旅不通。昆为政三年，仁化大行，虎皆负子渡河。帝闻而异之。……诏问昆曰：'前在江陵，反风灭火，后守弘农，虎北渡河，行何德政而致是事？'昆对曰：'偶然耳。'左右皆笑其质讷。帝叹曰：'此乃长者之言也。'顾命书诸策。乃令入授皇太子及诸王小侯五十余人。"刘桓公，即刘昆，字桓公。陈留东昏（今河南兰考）人。东汉初官员、学者。

【译文】

烛水又往北流，注入门水。门水左右两岸就是函谷山。门水又往北流经弘农县旧城东边，这就是从前函谷关都尉的治所，终军就在这里丢掉关吏给他的入关凭证。燕太子丹和孟尝君也以义气感动门客，于是有了荆轲刺秦和门客在关下作鸡鸣之事，可说行仁义之心必有回报，坚定的志向难以动摇了。从前老子西入关，尹喜曾在这里望气。所以《赵至与嵇茂齐书》说：李耳来到秦国，到关前时喟然叹息。也有人说这句话出自给嵇叔夜的书信，又说这是关尹望气之所。众说纷纭，不知如何定论。汉武帝元鼎四年，把关迁到新安县，而以老关为弘农县及弘农郡的治所。王莽时改名为右队。刘桓公当郡守时，老虎都渡河离去，光武帝知道后很赞赏他。水沿城边北流，注入河水。

河水于此，有浢津之名[①]。说者咸云，汉武微行柏谷[②]，遇辱窦门，又感其妻深识之馈[③]，既返玉阶[④]，厚赏赉焉[⑤]，赐以河津[⑥]，令其鬻渡[⑦]，今窦津是也。故潘岳《西征赋》云：酬匹妇其已泰[⑧]，胡厥夫之谬官[⑨]。袁豹之徒[⑩]，并以为然。余按河之南畔，夹侧水濆有津[11]，谓之浢津。河北县有浢水[12]，南入于河。河水故有浢津之名，不从门始[13]，盖事类名同，故作者疑之。竹书《穆天子传》曰：天子自寘軨[14]，乃次于浢水之阳。丁亥[15]，入于南郑[16]。考其沿历所踵[17]，路直斯津[18]。以是推之，知非因门矣。俗或谓之偃乡涧水也。

【注释】

①浢津：在今河南灵宝东北老城西北三里。

②微行：帝王隐匿身份，易服出行或私访。

③深识：远见卓识。

④玉阶：指朝廷。

⑤赏赉(lài)：赏赐，赐给。

⑥河津：河边的渡口。

⑦鬻(yù)渡：收取渡钱谋生。鬻，卖。

⑧泰：太，甚，过分。

⑨谬官：滥加封官。

⑩袁豹：字士蔚。晋人。博学善文辞，有经国之才。

⑪夹侧：临近，靠近。水濆(fén)：水边。

⑫浢水：今山西芮城东浢水涧。源出中条山麓，南流入黄河。

⑬不从门始：不从窦门开始。

⑭天子：指西周穆王姬满。寘軨(diān líng)：亦名虞坂、巅軨坂。中条山上古坂道名。在今山西平陆北。

⑮丁亥：六十甲子的第二十四位。

⑯南郑：战国时秦邑。在今陕西汉中东二里。

⑰沿历：沿途经历。踵：似为躔之讹。《水经注序》："脉其枝流之吐纳，诊其沿路之所躔，访渎搜渠，缉而缀之。"躔：本义为践。这里

指经过。

⑱路直斯津：路线正经过这个河津。直，正对着，正遇到。

【译文】

河水到了这里，有洹津之名。据传说，汉武帝微服出行到柏谷，受到窦门的羞辱，又感谢窦门妻子慧眼识英雄，备酒款待他，回皇宫后，就给她丰厚的赏赐，并把津渡赐给他们，让他们靠收取渡钱谋生，就是现在的窦津。所以潘岳《西征赋》说：给那妇人的报酬已太过分，怎能又给她丈夫滥加封官？袁豹等人也都以为这话说得很对。我查考河的南岸水滨有个渡口，名叫洹津。河北县有洹水，南流注入河水。河水早就已有洹津之名，并不是因为窦门才有，大概因为事情相类，名字又相同，所以作者把两件事扯到一块了。竹书《穆天子传》说：天子从寘軨到洹水北岸歇宿。丁亥那天到了南郑。考证他沿途所经的地方，正好经过这个渡口。照此推断起来，可知地名并非因窦门而来。民间也有称为偃乡涧水的。

河水又东，左合一水。其水二源疏引，俱导薄山，南流会成一川。其二水之内，世谓之闲原①，言虞、芮所争之田②，所未详矣。又南注于河。河之右，曹水注之③。水出南山，北迳曹阳亭西④。陈涉遣周章入秦⑤，少府章邯斩之于此⑥。魏氏以为好阳⑦。《晋书地道记》曰：亭在弘农县东十三里。其水西北流，入于河。

【注释】

①闲原：即闲田。在今山西平陆西。

②虞、芮所争之田：事见《诗经·大雅·绵》："虞芮质厥成，文王蹶厥生。"毛传："虞、芮之君，相与争田，久而不平。乃相谓曰：西伯，仁人也，盍往质焉？乃相与朝周。入其境，则耕者让畔，行者让路；

入其邑,男女异路,班白不提挈;入其朝,士让为大夫,大夫让为卿。二国之君感而相谓曰:我等小人,不可以履君子之庭。乃相让,以其所争田为闲田而退。”正因为把本来争着的田地都让出来,故有闲田之名。虞,周诸侯国名。在今山西平陆一带。芮,周诸侯国名。在今陕西大荔东南。

③曹水:即今河南灵宝东北好阳河。

④曹阳亭:一名好阳亭。即曹阳。在今河南灵宝东北。

⑤陈涉:即陈胜,字涉。秦末农民起义领袖。曾有“燕雀安知鸿鹄之志”的感慨。周章:即周文。秦末农民起义领袖。

⑥少府章邯斩之于此:事见《史记·陈涉世家》:“周文败,走出关,止次曹阳二三月。章邯追败之,复走次渑池十余日。章邯击,大破之。周文自刭,军遂不战。”少府,皇帝的私府,主管山海池泽的税收,以供养皇帝。凡皇帝衣食起居,医药供养,园林游兴,器物制作,皆领于少府,属官甚多。章邯,秦朝将领,二世时官少府。

⑦魏氏以为好阳:《史记·陈涉世家》:“止次曹阳二三月。”司马贞索隐:“小颜云‘曹水之阳也。其水出陕县西南岘头山,北流入河。魏武帝谓之好阳’也。”张守节正义:“《括地志》云:曹阳故亭亦名好阳亭,在陕州桃林县东南十四里。崔浩云:曹阳,坑名,自南出,北通于河。按:魏武帝改曰好阳也。”魏氏,指魏武帝曹操。

【译文】

河水又往东流,在左边汇合了一条水。这条水有两个源头,都是从薄山流出,南流汇合成一条川流。两水中间的平原世人称之为闲原,说是虞、芮两国曾争夺过这片田地,关于这一点却不大清楚。水又南流,注入河水。河水右边,曹水注入。曹水发源于南山,往北流过曹阳亭西边。陈涉派周章攻入秦境,少府章邯就在这里杀了他。魏武帝改地名为好阳。《晋书地道记》说:亭在弘农县东十三里。水往西北流,注入河水。

河水又东，富水注之[①]。水出常烝之山[②]，西北迳曲沃城南[③]，又屈迳其城西，西北入河。诸注述者[④]，咸言曲沃在北，此非也。魏司徒崔浩[⑤]，以为曲沃地名也[⑥]。余按《春秋·文公十三年》[⑦]，晋侯使詹嘉守桃林之塞，处此以备秦[⑧]。时以曲沃之官守之故，曲沃之名，遂为积古之传矣[⑨]。

【注释】

①富水：在今河南灵宝东。

②常烝山：位于今河南三门峡市陕州区。

③曲沃城：战国魏邑。在今河南三门峡市陕州区西南曲沃。

④注述者：注家和著书立说之人。

⑤崔浩：字伯渊。清河东武城（今山东武城）人。北魏名臣。

⑥以为曲沃地名：《水经注疏》杨守敬按："潘岳《西征赋》有'升曲沃而惆怅'之文。崔浩注《西征赋》，见《洛水》篇，此盖其《注》中语。"

⑦文公十三年：即鲁文公十三年，前614年。

⑧晋侯使詹嘉守桃林之塞，处此以备秦：事见《左传·文公十三年》："十三年春，晋侯使詹嘉处瑕，以守桃林之塞。"杜预注："桃林在弘农华阴县东潼关。"孔颖达正义："桃林之塞在南河之南，远处晋之南竟。从秦适周，乃由此路。使詹嘉守此塞者，以秦与东方诸侯远结恩好，及西乞聘鲁亦应更交余国，虑其要结外援，东西图已，故使守此厄塞，欲断其来往也。"晋侯，指晋灵公夷皋。生性暴虐，不行君道。詹嘉，晋大夫。晋灵公赐予詹嘉瑕这个县邑，并命令他率领众人坚守桃林塞以防备秦军。

⑨积古之传：自古流传。

【译文】

河水又东流，富水注入。富水发源于常烝之山，往西北流经曲沃城南边，又转弯流经城西，往西北注入河水。各注述家都说曲沃在北边，这里并非曲沃。魏司徒崔浩以为曲沃是地名。我查考《春秋左传·文公十三年》,晋侯派詹嘉去守卫桃林之塞,驻在这里防备秦国。当时因为曲沃的官员守卫这地方,所以曲沃这地名就从古流传至今了。

河水又东得七里涧[①]。涧在陕城西七里[②],故因名焉。其水自南山通河,亦谓之曹阳坑[③]。是以潘岳《西征赋》曰:行于漫渎之口[④],憩于曹阳之墟。袁豹、崔浩亦不非其地矣。余按《汉书》,昔献帝东迁[⑤],逼以寇难,李傕、郭汜追战于弘农涧[⑥],天子遂露次曹阳[⑦]。杨奉、董承外与傕和[⑧],内引白波李乐等破傕[⑨],乘舆于是得进[⑩]。复来战,奉等大败,兵相连缀,四十余里方得达陕。以是推之,似非曹阳。然以《山海经》求之,嶺、曹字相类,是或有曹阳之名也。

【注释】

①七里涧:又名七里谷、曹阳墟。在今河南三门峡市陕州区西南。因涧在陕城西七里,故名。

②陕城:即陕县城。陕县,秦置,属三川郡。治所在今河南三门峡市西陕县老城。西汉属弘农郡。东汉属恒农郡。

③坑(kēng):陈桥驿按,"坑"实为"坑"字的异体字。

④漫渎:为漫涧和渎谷水。漫涧,即今河南三门峡南青龙涧水。渎谷水,《水经注疏》熊会贞按:"水当在今陕州(今河南三门峡市陕州区)城南。"

⑤献帝:名协。东汉灵帝中子。东汉末代皇帝。东迁:事亦见《三国志·魏书·董卓传》:"郭汜复欲胁天子,还都郿。天子奔奉营,奉击汜,破之。汜走南山。奉及将军董承,以天子还洛阳。傕、汜悔遣天子,复相与和,追及天子于弘农之曹阳。奉急招河东故白波

帅韩暹、胡才、李乐等合，与傕、汜大战。奉兵败，傕等纵兵杀公卿百官，略宫人入弘农。天子走陕，北渡河。失辎重，步行，唯皇后、贵人从。"

⑥李傕：字稚然。北地郡（治所在今宁夏吴忠）人。东汉末董卓部曲。郭汜：又名多。张掖郡（治所在今甘肃张掖）人。东汉末董卓部曲。

⑦天子：指汉献帝。露次：即露宿，在野外住宿。

⑧杨奉：原来是李傕的部将。后与白波农民起义军领袖韩暹联合进攻在长安控制汉献帝的李傕、郭汜，加入军阀混战。董承：汉灵帝母亲董太后的侄子，汉献帝时任车骑将军。与刘备等人密谋诛杀曹操，使献帝摆脱傀儡处境，行动失败被杀。

⑨白波：东汉末年一支农民起义军的名称。李乐：白波农民起义军领袖，与李傕的部将杨奉联合进攻在长安控制汉献帝的李傕、郭汜，加入军阀混战。后病死。

⑩乘舆：皇帝的代称。

【译文】

河水又东流，接纳了七里涧。因为涧水在陕城西七里，所以叫七里涧。涧水自南山与河水相通，也叫曹阳坑。所以潘岳《西征赋》说：在漫渎之口行路，在曹阳之墟歇息。袁豹、崔浩也不否定这地方。我查考《汉书》，从前汉献帝因受流寇所逼，逃往东方，李傕、郭汜追到了弘农涧，皇帝就在曹阳露宿。杨奉、董承表面上装作与李傕和好，暗地里却带了白波军李乐等来打败李傕，皇帝才得以前进。但他们重新又打回来，杨奉等大败，一路行军，队伍稀稀拉拉拖了四十余里，才到陕地。由此推断起来，似乎不是曹阳了。但据《山海经》来探究，蕾、曹两字形似，说不定是有曹阳这地名的。

河水又东合漁水①。水导源常烝之山，俗谓之为干山②，盖先后之异名也。山在陕城南八十里，其川二源双导，同注一壑，而西北流注于河。

【注释】

①滽水：一作谯水。《水经注疏》熊会贞按："《山海经·中次六经》，滽水出常烝之山。《名胜志》，滽水出陕州城南三里，平地涌出，北流入河，俗呼三里涧。其流甚短，且出平地，与此《注》所叙不合，非古滽水也。今州南百里有乾山，乾头河出此山，即干山，则水即滽水矣。"

②干山：《水经注疏》熊会贞按："今（陕）州南百里有乾山，乾头河出此山，即干山，则水即滽水矣。"

【译文】

河水又东流与滽水汇合。滽水发源于常烝之山，俗称干山，大概是时代先后不同的异名。山在陕城以南八十里，水有两个源头，一同注入一处深谷，然后往西北流，注入河水。

又东过陕县北，

橐水出橐山[①]，西北流。又有崖水[②]，出南山北谷，迳崖峡，北流与干山之水会[③]。水出干山东谷，两川合注于崖水。又东北注橐水，橐水北流出谷，谓之漫涧矣。与安阳溪水合[④]。水出石崤南[⑤]，西迳安阳城南[⑥]。汉昭帝封上官桀为侯国[⑦]。潘岳所谓我徂安阳也。东合漫涧水，水北有逆旅亭[⑧]，谓之漫口客舍也。又西迳陕县故城南，又合一水，谓之渎谷水。南出近溪，北流注橐。橐水又西北迳陕城西，西北入于河。

【注释】

①橐水、橐山：《水经注疏》杨守敬按："《山海经·中次六经》橐水出

橐山。山在今陕州东九十里，橐水出焉，一名永定涧。”

②崖水：《水经注疏》杨守敬按：“今有青龙河，出陕州东南明山，盖即崖水也。”

③干山之水：即上文的滈水。

④安阳溪水：《水经注疏》熊会贞按：“《寰宇记》，硖石水在硖石县东二十里，源出土岭，西经硖石山，与橐水合。即安阳溪水也。今在陕州东南。”

⑤石崤：今河南洛宁西北有崤山，西接三门峡陕州区界，东接渑池界。为秦岭东段支脉。山有东、西之分：东为土崤，又称盘崤；西为石崤，合称二崤。又有盘崤、石崤、千崤之分，又称三崤。

⑥安阳城：在今河南三门峡市陕州区东南硖石乡西四十里。

⑦汉昭帝封上官桀为侯国：事见《汉书·昭帝纪》：“（始元）二年春正月，大将军光、左将军桀皆以前捕斩反虏重合侯马通功封，光为博陆侯，桀为安阳侯。”汉昭帝，名刘弗陵。汉武帝之少子。谥昭。上官桀，字少叔。陇西上邽（今甘肃天水）人。武帝时官太仆，帝疾病，以桀为左将军，与霍光等同受遗诏辅佐少主弗陵。封安阳侯。后谋废昭帝事觉，灭族。

⑧逆旅亭：《水经注疏》熊会贞按：“惟以地论，郦氏所指之逆旅亭，在陕城东南。”

【译文】

河水又往东流过陕县北边，

橐水发源于橐山，往西北流。又有崖水发源于南山北谷，流经崖峡，北流与干山之水汇合。干山之水发源于干山东谷，两水汇合注入崖水。又往东北注入橐水，北流出谷称为漫涧。涧水与安阳溪水汇合。安阳溪水发源于石崤南边，往西流经安阳城南边。汉昭帝把安阳封给上官桀，立为侯国。就是潘岳说的：我前往安阳。安阳溪水东流与漫涧水汇合，北岸有个旅舍，叫漫口客舍。又往西流经陕县老城南边，又汇合了一条水，叫渎谷水。渎谷水发源于南方的近溪，北流注入橐水。橐水又往西北流经陕城西边，往西北注入河水。

河北对茅城[①]，故茅亭，茅戎邑也[②]。《公羊》曰[③]：晋败之大阳者也[④]。津亦取名焉[⑤]。《春秋·文公三年》[⑥]，秦伯伐晋，自茅津济，封崤尸而还是也[⑦]。

【注释】

①茅城：在今河南获嘉东北。

②茅戎：亦作贸戎。戎的一支，生活在今山西平陆南之茅津渡一带。或说在今河南济源西。

③《公羊》：书名。即《春秋公羊传》。旧题战国公羊高撰。以解释《春秋》经文为主，叙述史事少，专讲经文之“微言大义”。为《春秋》三传之一。

④晋败之大阳者：事见《公羊传·成公元年》：“[经]秋，王师败绩于茅戎。”大阳，即大阳县。西汉置，属河东郡。治所在今山西平陆西南三门峡水库区。

⑤津：即茅津，又名大阳关、陕津、大阳津。在今山西平陆西南二十里黄河北岸大阳渡村附近。春秋时，在茅戎境内，故名。

⑥文公三年：即鲁文公三年，前624年。

⑦“秦伯伐晋”几句：事见《左传·文公三年》：“秦伯伐晋，济河焚舟，取王官及郊。晋人不出，遂自茅津济，封崤尸而还。”秦伯，即秦穆公。封，堆土作坟，树立标记。崤尸，在崤之战中死去将士的尸骸。崤，山名。又名嵚崟山。在河南洛宁西北。山分东西二崤，地势极其险要，为重要的军事要冲。此处曾发生历史上著名的秦晋崤之战。

【译文】

河水北与茅城相对，就是旧时的茅亭，是茅戎的城邑。《春秋公羊传》说：晋在大阳打败他们。渡口也依此取名。《春秋左传·文公三年》记载，秦伯攻打晋国，从茅津渡河，在崤山秦军埋尸处封土后退回。

东则咸阳涧水注之①。水出北虞山②，南至陕津注河③，河南即陕城也④。昔周、召分伯，以此城为东、西之别⑤，东城即虢邑之上阳也。虢仲之所都⑥，为南虢⑦，三虢⑧，此其一焉。其大城中有小城，故焦国也⑨，武王以封神农之后于此⑩。王莽更名黄眉矣。戴延之云：城南倚山原，北临黄河，悬水百余仞⑪，临之者咸悚惕焉⑫。西北带河⑬，水涌起方数十丈，有物居水中，父老云：铜翁仲所没处⑭。又云：石虎载经⑮，于此沉没。二物并存⑯，水所以涌，所未详也。或云：翁仲头髻常出，水之涨减，恒与水齐。晋军当至⑰，髻不复出。今惟见水异耳，嗟嗟有声⑱，声闻数里。

【注释】

①咸阳涧水：《水经注疏》杨守敬按："咸阳涧水则出平陆北山也。"

②虞山：一名吴山。中条山支脉。在今山西运城东南，跨夏县、平陆界。

③陕津：即上文的茅津。

④陕城：陕县县城。

⑤周、召（shào）分伯（bà），以此城为东、西之别：事见《史记·燕召公世家》："其在成王时，召公为三公：自陕以西，召公主之；自陕以东，周公主之。"周，指周公旦。姓姬名旦，亦称叔旦。周文王姬昌之子，周武王姬发之弟。西周政治家。召，指召公奭（shì）。姓姬名奭。周文王庶子。西周初政治家。分伯，指周公、召公分

陕而治。

⑥虢仲:西周文王的弟弟。封地在虢,故称虢仲。

⑦南虢:西周文王弟姬仲的封地。本封于西虢,故城在今陕西宝鸡东。平王东迁,徙上阳,改称南虢。故城在今河南三门峡市陕州区东南。

⑧三虢:周诸侯国名。西虢在今陕西宝鸡东,后来迁到河南三门峡市陕州区东南。东虢在今河南荥阳东北。北虢在今河南三门峡、山西平陆一带。《水经注疏》杨守敬按:"自来言虢,甚为纷错。……郦以陕为虢仲都,盖从司马彪。其言三虢,则本《班志》而参以他书。班言北虢、东虢、西虢,郦别出南虢。……南虢与北虢虽两地,而实为一国。即为一虢,故以南虢为三虢之一。"

⑨焦国:西周封国。姬姓。在今河南三门峡市陕州区老城东北侧。春秋时为晋邑。

⑩神农:传说中远古人物。相传他教人从事农业生产,又亲尝百草,发明医药。一说即炎帝。

⑪悬水:瀑布。

⑫悚惕(sǒng tì):恐惧,害怕。

⑬带:临近环绕。

⑭铜翁仲:传说秦始皇初兼天下,有长人见于临洮,其长五丈,足迹六尺,仿写其形,铸金人以象之,称为"翁仲"。后遂称铜像或石像为"翁仲"。

⑮石虎:字季龙,羯族人。十六国时期后赵君主。穷兵黩武,四出征伐。

⑯二物:一说指剩下的两枚铜人,即铜翁仲。一说指铜人和石经。

⑰当:将要。

⑱嗟嗟(jiē):象声词。流水的声音。

【译文】

东边有咸阳涧水注入。涧水发源于北虞山,南流到陕津注入河水,河南就是陕城。从前周公、召公分地，以此城作为东西的分界，东城就是虢邑的上阳。虢仲建都的地方叫南虢，是三虢之一。大城之内还有小城，是旧时焦国的国治，周武王把神农氏的后裔封在这里。王莽时改名为黄眉。戴延之说：陕城南倚山地，北濒黄河，瀑布下泻百余仞，身临崖岸时，人们都不禁会胆战心惊。河水从西北边流过，有大片水浪腾涌，宽广达数十丈，水下藏着什么东西，父老们说：这是铜人沉没的地方。又说：石虎载了石经也沉在这里。因为这两件东西都在水下，所以流到这里水就涌起了，不知确否。有人说：铜人发髻常常露出水面，无论水涨水退，始终都与水平。晋军要来时，发髻就不再露出来了。现在只见这里的水有点特别，哗哗发响，几里外都能听到。

按秦始皇二十六年[①]，长狄十二见于临洮[②]，长五丈余，以为善祥，铸金人十二以象之，各重二十四万斤，坐之宫门之前，谓之金狄。皆铭其胸云：皇帝二十六年，初兼天下，以为郡县，正法律[③]，同度量[④]，大人来见临洮，身长五丈，足六尺。李斯书也[⑤]。故卫恒《叙篆》曰[⑥]：秦之李斯，号为工篆[⑦]，诸山碑及铜人铭[⑧]，皆斯书也。汉自阿房徙之未央宫前[⑨]，俗谓之翁仲矣。地皇二年[⑩]，王莽梦铜人泣，恶之，念铜人铭有皇帝初兼天下文，使尚方工镌灭所梦铜人膺文[⑪]。后董卓毁其九为钱[⑫]。其在者三，魏明帝欲徙之洛阳[⑬]，重不可胜，至霸水西停之[⑭]。《汉晋春秋》曰[⑮]：或言金狄泣，故留之。石虎取置邺宫[⑯]，苻坚又徙之长安[⑰]，毁二为钱，其一未至而苻坚乱，百姓推置陕北河中，于是金狄灭。余以为鸿河巨渎，故应不为细梗踬湍[⑱]；长津硕浪，无宜以微物屯流[⑲]。斯水之所以涛波者[⑳]，盖《史记》所云：魏文侯二十六年，虢山崩，壅河所致耳[21]。献帝东迁，日夕潜渡，坠坑争舟，舟指可掬，亦是处矣[22]。

【注释】

①秦始皇二十六年：前221年。

②长狄：春秋时狄族的一支，传说其人身体长大。临洮：即临洮县。秦置，属陇西郡。治所在今甘肃岷县。以临洮水得名。秦长城的西端。

③正法律：制定法律标准。

④同度量（liàng）：统一度量衡。度量，即度量衡，计量长短、容积和轻重的标准的统称。度，计量长短。量，计量容积。衡，计量轻重。

⑤李斯：楚国上蔡（今河南上蔡西）人。辅佐秦王政统一中国。秦始皇以李斯为丞相，力主废分封、立郡县，焚《诗》《书》，车同轨，书同文，明法度，定律令。秦二世时，为赵高构陷，腰斩于咸阳，夷三族。秦始皇多次巡游，纪功刻石，旧时亦多以为出自李斯之手。有《谏逐客书》文传世。

⑥卫恒：字巨山。河东安邑（今山西夏县）人。官至黄门郎，著名的书法家。著《四体书势》，并造散隶。

⑦篆：即小篆。字体名。秦相李斯等取大篆稍加整理简化而成的笔画较简省的篆书，也叫秦篆。

⑧铜人铭：即秦始皇时所铸的十二金狄上的铭文。

⑨阿房：即阿房宫，秦始皇时修建的宫殿。在今陕西西安长安区西北。未央宫：宫名。汉高祖时建，为朝见之处。故址在今陕西西安西北长安故城内西南隅。《水经注疏》熊会贞按："《后汉书·董卓传》注引《三辅旧事》，秦铜人立在阿房殿前，汉徙长乐宫中，大夏殿前。此云徙之未央宫前，盖别有据。然《汉书·王莽传》亦称长乐宫铜人，则以长乐为是。"译文用长乐。

⑩地皇二年：21 年。地皇，王莽年号（20—23）。

⑪尚方：古代制造帝王所用器物，尤其是主制刀剑等器物的官署，秦朝设置。膺（yīng）文：胸上的铭文。

⑫董卓：字仲颖。临洮（今甘肃岷县）人。有才武，屡建战功。汉灵帝时拜前将军。废少帝，立献帝。拥帝入长安，自为太师。残忍不仁，凶暴滋甚，司徒王允密诱董卓部将吕布杀之。

⑬魏明帝：即曹叡（ruì），字元仲。文帝曹丕之子。三国时魏皇帝。

⑭霸水：也作灞水。关中八川之一。源出陕西蓝田东秦岭北麓，西北流经西安入渭水。

⑮《汉晋春秋》：书名。晋习凿齿撰。记述自东汉、三国至西晋灭亡间历史。

⑯邺宫：指邺京宫殿。在今河北临漳。

⑰苻坚：字永固。氐族人。十六国时期前秦君主。大举进攻东晋，与谢玄等战于淝水，大败而还。后为姚苌所杀。

⑱细梗：细小的阻塞。踬湍（zhì tuān）：阻碍急流。踬，阻碍，牵绊。湍，急流的水。

⑲屯流：阻塞水流。

⑳涛波：名词作动词用，泛起波涛。

㉑"魏文侯二十六年"几句：事见《史记·魏世家》："二十六年，虢山崩，壅河。"魏文侯二十六年，前 420 年。虢山，即今河南三门峡市陕州区西南鸡足山。

㉒"献帝东迁"几句：事见《后汉书·董卓传》："董承、李乐拥卫左右，胡才、杨奉、韩暹、去卑为后距。傕等复来战，奉等大败，死者甚于东涧。自东涧兵相连缀四十里中，方得至陕，乃结营自守。时残破之余，虎贲羽林不满百人，皆有离心。承、奉等夜乃潜议过河，使李乐先度具舟船，举火为应。帝步出营，临河欲济，岸高十余丈，乃以绢缒而下。余人或匍匐岸侧，或从上自投，死亡伤残，不复相知。

争赴船者，不可禁制，董承以戈击披之，断手指于舟中者可掬。”

【译文】

按秦始皇二十六年，在临洮出现十二个长狄，身长五丈余，认为这是吉兆，于是仿着他们的样子铸了十二尊铜人，每尊重二十四万斤，把它们安置在宫门前，称为金狄。并在它们胸前刻字：皇帝二十六年，初兼天下，设立郡县，制定法律，统一度量衡，于是巨人出现于临洮，身长五丈，脚长六尺。这是李斯的手笔。卫恒《叙篆》说：秦国李斯，以擅长篆书著称，各处山上的石碑及铜人铭文，都是李斯所写。汉时把铜人从阿房宫迁到长乐宫，俗称翁仲。地皇二年，王莽梦见铜人哭泣，心里很感厌恶，读铜人铭文中有皇帝初次兼并天下之句，就派尚方工人凿去梦中所见铜人胸上的铭文。后来董卓毁掉九个铜人，铸成钱币。剩下的三个，魏明帝想把它们运到洛阳去，但太重了，搬也搬不动，到了霸水西岸就停下来了。《汉晋春秋》说：有人说铜人哭泣，所以把它们留下来。石虎把它们搬到邺宫，苻坚又把它们搬到长安，熔掉两个铜人，铸成钱币，另一个还没有运到，国内发生动乱，百姓把铜人推到陕北河里，于是铜人就一个也不留了。我想一条大河，不会因细梗而受阻，滔滔巨浪不会因微物而不流的。这条水之所以波涛汹涌，大概是因《史记》所说，魏文侯二十六年虢山崩塌，阻塞了河水之故。献帝东迁，天晚时偷渡，从人和兵卒从高岸坠下，争先恐后地攀着船舷往船上爬，被砍下的手指多得可以用手捧。这件事也发生在这地方。

又东过大阳县南，

交涧水出吴山[①]，东南流入河。河水又东，路涧水亦出吴山[②]，东迳大阳城西，西南流，入于河。

【注释】

①交涧水：在今山西平陆西南。吴山：即前虞山。又名吴坂、虞坂、

盐坂。中条山支脉。在今山西运城东南，跨夏县、平陆界。

②路涧水：《水经注疏》熊会贞按："水即今平陆县(今山西平陆)东十里之盘南涧，出中条山，由石槽沟南流入河。"

【译文】

河水又往东流过大阳县南边，

交涧水发源于吴山，往东南注入河水。河水又东流，路涧水也发源于吴山，往东流经大阳城西边，往西南流，注入河水。

河水又东迳大阳县故城南。《竹书纪年》曰：晋献公十有九年①，献公会虞师伐虢②，灭下阳③；虢公丑奔卫④，献公命瑕父吕甥邑于虢都⑤。《地理志》曰：北虢也，有天子庙。王莽更名勤田。应劭《地理风俗记》曰：城在大河之阳也。

【注释】

①晋献公十有九年：今本《竹书纪年》为周惠王十九年(658)。

②虢：此处指北虢。

③下阳：亦名夏阳。春秋虢邑。在今山西平陆东北。《左传·僖公二年》："夏，晋里克、荀息帅师会虞师伐虢，灭下阳。"

④丑：虢国的国君名。

⑤瑕父吕甥：姓瑕吕，名饴甥，字子金。晋大夫，食采于阴，故又称阴饴甥。又称吕甥、吕饴甥。《左传·僖公十五年》："晋侯使郤乞告瑕吕饴甥，且召之。"杜预注："瑕吕饴甥即吕甥也。盖姓瑕吕，名饴甥，字子金。"春秋时晋国大夫。邑：建立都邑。虢都：即北虢的都城大阳。在今河南三门峡。

【译文】

河水又往东流经大阳县旧城南边。《竹书纪年》说：晋献公十九年，献公与虞军会师，攻打虢国，攻下了下阳；虢公丑逃到卫国，献公命令瑕父吕甥建城于虢都。《地理志》说：这就是北虢，那里有天子的宗庙。王莽时改名为勤田。应劭《地理风俗记》说：城在大河以北。

河水又东，沙涧水注之[①]。水北出虞山，东南迳傅岩[②]，历傅说隐室前[③]，俗名之为圣人窟[④]。孔安国《传》：傅说隐于虞、虢之间，即此处也。傅岩东北十余里，即巅軨坂也[⑤]。《春秋左传》所谓入自巅軨者也。有东、西绝涧，左右幽空穷深，地壑中则筑以成道，指南北之路，谓之軨桥也[⑥]。傅说佣隐，止息于此，高宗求梦得之是矣[⑦]。桥之东北有虞原，原上道东有虞城，尧妻舜以嫔于虞者也[⑧]。周武王以封太伯后虞仲于此[⑨]，是为虞公。《晋太康地记》所谓北虞也。城东有山，世谓之五家冢[⑩]，冢上有虞公庙。

【注释】

①沙涧水：一名沙涧。即今山西平陆东圣人涧。

②傅岩：即傅险。今山西平陆东圣人涧。相传为殷武丁的贤相傅说版筑处。

③傅说：相传为殷武丁的贤相。名说。因在傅岩版筑而被武丁任用为相，故号为傅说。

④圣人窟：即傅说隐室。

⑤巅軨坂：亦称寘軨、虞坂。中条山上古坂道名。在今山西平陆北。

⑥軨桥：《水经注疏》熊会贞按："《元和志》《寰宇记》并云：巅軨坂，今谓之軨桥。"

⑦"傅说佣隐"几句：事见《史记·殷本纪》："武丁夜梦得圣人，名曰说。以梦所见视群臣百吏，皆非也。于是乃使百工营求之野，得说于傅险中。是时说为胥靡，筑于傅险。见于武丁，武丁曰是也。

得而与之语，果圣人，举以为相，殷国大治。”高宗，即殷高宗武丁。殷帝小乙之子。

⑧嫔（pín）：嫁人为妇叫嫔。虞：即虞城。在今山西平陆北。

⑨太伯：即吴太伯。周太王长子。因周太王要立幼子季历，他和弟弟仲雍同奔江南，改从当地风俗，被推举为当地君长。其后人建立吴国。虞仲：周初人。姬姓，吴君周章之弟。武王灭商后，被封于虞，列为诸侯。

⑩五家冢：当在今山西芮城东。

【译文】

河水又东流，沙涧水注入。沙涧水发源于北方的虞山，往东南流经傅岩，流过傅说隐居的石室前面，俗称圣人窟。孔安国《传》说：傅说在虞、虢之间隐居，指的就是这里。傅岩东北十余里，就是巅軨坂。《春秋左传》所说的从巅軨进入，就指这地方。东、西两边有绝涧，左右是幽深的空谷，中间筑成一条贯通南北的道路，叫軨桥。傅说隐居在这里当佣工，殷高宗寻求梦中所见的圣人，终于在这里得到了他。桥的东北边有虞原，原上路东有虞城，尧把女儿许配给舜，下嫁到虞，就是这地方。周武王把这里封给太伯的后裔虞仲，称为虞公。这就是《晋太康地记》所说的北虞。城东有山，世人称之为五家冢，墓上有虞公庙。

《春秋穀梁传》曰：晋献公将伐虢，荀息曰：君何不以屈产之乘，垂棘之璧，假道于虞？公曰：此晋国之宝也。曰：是取中府置外府也。公从之[①]。及取虢灭虞，乃牵马操璧[②]，璧则犹故，马齿长矣[③]。即宫之奇所谓[④]：虞、虢其犹辅车相依[⑤]，唇亡齿寒，虢亡，虞亦亡矣。其城北对长坂二十许里，谓之虞坂。戴延之曰：自上及下，七山相重[⑥]。《战国策》曰[⑦]：昔骐骥驾盐车上于虞坂[⑧]，迁延负辕而不能进[⑨]。此盖其困处也。桥之东北山溪中，有小水西南注沙涧，乱流迳大阳城东，河北郡治也[10]。沙涧水南流注于河。

【注释】

①"晋献公将伐虢"几句：事见《穀梁传·僖公二年》。《左传·僖公二年》亦载："晋荀息请以屈产之乘，与垂棘之璧，假道于虞以伐虢。公曰：'是吾宝也。'对曰：'若得道于虞，犹外府也。'……乃使荀息假道于虞……虞公许之，且请先伐虢。宫之奇谏，不听，遂起师。夏，晋里克、荀息帅师会虞师，伐虢，灭下阳。"《左传·僖公五年》："冬，十二月丙子朔，晋灭虢，虢公丑奔京师。师还，馆于虞。遂袭虞，灭之。"荀息，字叔。春秋时晋国大夫。晋献公时荀息设计伐虢灭虞。屈产之乘，屈地所产的良马。屈，晋地，有二屈。在今山西吉县，南屈与北屈相毗邻，是出产名马之地。垂棘之璧，垂棘所出的玉璧。垂棘，晋地。在今山西长治潞城区。出产美玉。假道，借道。晋献公时国都在今山西翼城东南。虞国当时在今山西平陆北。虢国当时在今河南三门峡、山西平陆一带。晋要讨伐虢国，必须经过虞国的地盘，所以要向虞国借道。中府，宫廷府库，即内府。外府，即外库。与王室府库称内府相对。

②牵马操璧：晋献公牵着宝马，拿着玉璧。

③马齿长：马的牙齿随年龄而添换，故看马齿就可知马的年龄。

④宫之奇：春秋时虞国大夫，有学识和政治远见。晋国为讨伐虢国，向虞国借道，宫之奇进谏，向虞公陈述"辅车相依，唇亡齿寒"的道理，虞公不听。宫之奇奔曹。晋国在灭虢后，回师袭虞，灭之。

⑤辅车相依：面颊骨和牙床骨相互依靠。辅，人的颊骨。车，指牙床。

⑥七山相重：七座山岭重重叠叠。

⑦《战国策》：书名。撰者不详。西汉刘向整理改编。分为西周、东周、秦、齐、楚、赵、魏、韩、燕、宋、卫、中山十二策，共三十三篇。反映

了战国时期二百三十多年各国的政治、军事、外交方面的一些动态及策士谋臣游说诸侯或相互辩论时提出的政治主张和斗争策略。

⑧骐骥（qí jì）：骏马。盐车：运载盐的车子。虞坂：今本《战国策·楚策四》“汗明见春申君”作：“服盐车而上太行。”

⑨负辕：套着车辕。辕，车前驾牲畜的两根直木。

⑩河北郡：十六国时期后秦置，属并州。治所在河北县（今山西芮城北）。北魏太和十一年（487）移治大阳县（今山西平陆西南），属司州。

【译文】

《春秋穀梁传》说：晋献公准备去打虢国，荀息说：您为什么不拿屈产的马、垂棘的璧去向虞国借路呢？献公说：这是晋国的国宝呀。荀息说：那只不过是从中央府库里拿出来放到外边府库罢了。献公按他说的去做了。待到并吞了虢国，灭亡了虞国，于是又牵了马、捧了璧回来，璧还是老样子，马却添龄了。正像宫之奇所说的，虞、虢两国互相依存，唇亡齿寒，虢国一亡，虞国也灭了。虞城北边面对一道长长的山坡，绵延二十来里，称为虞坂。戴延之说：从上到下，七座山岭层层相叠。《战国策》说：从前有一匹雄骏的千里马拉着盐车在虞坂上坡，背上套着车辕迟迟不能前进。这里大概就是骏马受困的地点了。桥东北边的山溪里，有一支细流往西南注入沙涧，乱流经过大阳城东边，这是河北郡的治所。沙涧水南流注入河水。

河水又东，左合积石、土柱二溪①。并北发大阳之山，南流入于河。是山也，亦通谓之为薄山矣。故《穆天子传》曰：天子自盬②，己丑，南登于薄山寘軨之隥③，乃宿于虞是也。

【注释】

①积石、土柱二溪：当在今山西平陆一带。

②盬（gǔ）：盐池名。在今山西运城南。

③隥(dèng):险峻的山坡,斜坡。

【译文】

河水又往东流,在左边与积石溪和土柱溪汇合。二溪都发源于北方的大阳之山,南流注入河水。这座山也通称薄山。所以《穆天子传》说:天子从盬出发,到己丑那天,往南攀登薄山寘軨的山坡,在虞城住宿。

又东过砥柱间[①],

砥柱,山名也。昔禹治洪水,山陵当水者凿之,故破山以通河。河水分流,包山而过,山见水中若柱然[②],故曰砥柱也。三穿既决[③],水流疏分,指状表目[④],亦谓之三门矣[⑤]。山在虢城东北、大阳城东也。《搜神记》称[⑥]:齐景公渡于江沈之河[⑦],鼋衔左骖[⑧],没之,众皆惕。古冶子于是拔剑从之[⑨],邪行五里[⑩],逆行三里,至于砥柱之下,乃鼋也。左手持鼋头,右手挟左骖,燕跃鹄踊而出[⑪],仰天大呼,水为逆流三百步,观者皆以为河伯也。亦或作江、沅字者也[⑫],若因地而为名,则宜在蜀及长沙。按《春秋》[⑬],此二土并景公之所不至,古冶子亦无因而骋其勇矣。刘向叙《晏子春秋》[⑭],称古冶子曰,吾尝济于河,鼋衔左骖以入砥柱之流,当是时也,从而杀之,视之乃鼋也。不言江沅矣。又考《史迁记》云[⑮]:景公十二年[⑯],公见晋平公[⑰];十八年[⑱],复见晋昭公[⑲]。旌轩所指[⑳],路直斯津[㉑]。从鼋砥柱事或在兹。又云:观者以为河伯。贤于江沅之证,河伯本非江神,又河可知也。

【注释】

①砥柱:山名。又名底柱山、三门山。在今河南三门峡市陕州区东

北黄河中。南面是河南三门峡。

②“河水分流”几句：语见《尚书·禹贡》“东至于厎柱”孔安国传文：“河水分流，包山而过，山见水中若柱然。”

③三穿既决：三个洞口已经贯通。穿，洞口。

④指状表目：依照形状标记名称。指，依照，依据。表，标记。目，名称。

⑤三门：南名鬼门，中名神门，北名人门，故名。

⑥《搜神记》：书名。晋干宝撰。志怪小说集。

⑦齐景公：名杵臼。春秋时齐国国君。在位初期好筑宫室，厚敛重刑，后任晏婴为正卿，稍有收抑。江沈：今本《搜神记》作江沅。

⑧鼋（yuán）：鼋鱼。爬行动物，外形像龟，吻短，近圆形，长有许多小疙瘩，生活在水中。也作元鱼，也叫癞头鼋。左骖（cān）：古代驾车三马、四马或六马中左边的马。骖，古代指驾在车辕两旁的马。

⑨古冶子：齐景公豢养的勇士，与田开疆、公孙接以勇力事景公。三人勇猛有加，然傲慢无礼，飞扬跋扈，被相国晏婴设计“二桃杀三士”。

⑩邪行：不遵直道而行。这里描写古冶子与大鼋在水中搏斗时弯弯曲曲地乱行。

⑪燕跃鹄踊：形容古冶子像燕子、鸿鹄一样轻巧地飞跃出水面。突显古冶子轻功非凡。鹄，天鹅。

⑫江、沅（yuán）：《水经注疏》杨守敬按：“此就江、沅字为说，江出蜀之岷山，沅至长沙入江。”江，即长江。沅，即沅江。发源于贵州，流入湖南。

⑬《春秋》：书名。编年体史书。相传为孔子据鲁史修订而成。记载自鲁隐公元年（前722）至鲁哀公十四年（前481）间的历史。叙事简略，后世有《左氏传》《穀梁传》与《公羊传》为之解释补充，合称《春秋》三传。

⑭刘向：字子政，本名更生。沛（今江苏沛县）人。西汉经学家、辞赋家、目录学家。曾校阅群书，撰成《别录》，为我国目录学鼻祖。整理编订了《战国策》等。另著有《列女传》《说苑》《新序》等。《晏子春秋》：旧题春秋齐晏婴撰。记载春秋时期齐国晏婴的生平言行。

⑮《史迁记》：即《史记》。

⑯景公十二年：前536年。

⑰晋平公：名彪。晋悼公之子。春秋时期晋国国君。

⑱十八年：即齐景公十八年，前530年。

⑲晋昭公：名夷。晋平公之子。春秋时期晋国国君。

⑳旌轩：建有旌旗的车。旌，古代一种旗杆顶上用彩色羽毛做装饰的旗帜。轩，古代一种有帷幕而前顶较高的车。

㉑路直斯津：路上正好要经过这个渡口。直，遇到，遇见。

【译文】

河水又往东流过砥柱之间，

砥柱是山名。从前大禹治水，凡有山陵阻挡洪水的，就都凿掉，在这里也开山以疏通河水。河水分道流泄，在山的两边流过，把山夹在中间，看去就像一支水中的石柱，所以叫砥柱。开了三个大洞口，河水疏导分流，以形状来命名，于是也称为三门。山在虢城东北、大阳城以东。《搜神记》说：齐景公在江沅之河渡水，有巨鼋张口衔了左边那匹拉车的马，没入水中，众人都大惊失色。古冶子于是拔剑下水追踪它，斜行了五里，又逆行了三里，到了砥柱下面，一看原来是一只巨鼋。他斩了巨鼋，左手提着鼋头，右臂挟着那匹马，身轻如燕如鹄，矫捷地腾跃而出，仰天大叫，震得河水倒流了三百步，岸上看的人都以为是河伯。江沅也有写作江、沅的，如果是因地命名的话，就应当在蜀和长沙了。查考《春秋》，这两个地区齐景公都没到过，那么古冶子也无从施展他的神勇了。刘向为《晏子春秋》作序，说古冶子曾讲过这样的话：我曾在河水过渡，巨鼋衔住左边那匹拉车的马，钻进砥柱的急流，这时我就追踪下水杀了它，一看原来是一只巨鼋。他没有说在江沅。又查阅司马迁的《史记》,说是景公十二年,景公会见晋平公;十八年,又会见晋昭公。一路上车马旌旗浩浩荡荡地前进,路经这个渡口。在砥柱追逐巨鼋的事也许就发生在这里。又说:在场观看的人,以为这是河伯。这记载比说在江沅要好得多了。河伯本来就不是江神,可知记载中的地点是河水。

河之右侧,崤水注之①。水出河南盘崤山②,西北流,水上有梁,俗谓之鸭桥也③。历涧东北流,与石崤水合④。水出石崤山。山有二陵:南陵,夏后皋之墓也⑤;北陵,文王所避风雨矣⑥。言山径委深,峰阜交荫,故可以避风雨也。秦将袭郑,蹇叔致谏而公辞焉,蹇叔哭子曰:吾见其出,不见其入,晋人御师必于崤矣,余收尔骨焉⑦。孟明果覆秦师于此⑧。崤水又北,左合西水,乱流注于河。

【注释】

①崤水:当在今河南三门峡市陕州区一带。

②盘崤山:今河南洛宁西北有崤山,西接三门峡市陕州区界,东接渑池界。为秦岭东段支脉。山有东、西之分:东为土崤,又称盘崤;西为石崤,合称二崤。又有盘崤、石崤、千崤之分,又称三崤。

③鸭桥:当在今河南三门峡市陕州区一带。

④石崤水:当在今河南洛宁一带。

⑤夏后皋:一位名皋的夏朝国君。后,国君。皋,夏帝的名字。

⑥文王:即周文王姬昌。生有圣德,为西伯。遵后稷、公刘之业,则古公、公季之法,笃仁,敬老,慈少,礼下贤者。积善累德,诸侯向之四十余国。其囚羑里,盖益《易》之八卦为六十四卦,司马迁有“文王拘而演《周易》”说。谥曰文王。

⑦“秦将袭郑”几句：事见《左传·僖公三十二年》：“召孟明、西乞、白乙，使出师于东门之外。蹇叔哭之，曰：‘孟子，吾见师之出而不见其入也。’……蹇叔之子与师，哭而送之，曰：‘晋人御师必于崤。崤有二陵焉：其南陵，夏后皋之墓也；其北陵，文王之所辟风雨也。必死是间，余收尔骨焉。’秦师遂东。”蹇叔，秦穆公时秦国大夫。西乞、白乙，秦国大将。

⑧孟明：即百里孟明，名视，故又称孟明视。为秦国元老百里奚之子。秦国大将。

【译文】

河水右边有崤水注入。崤水发源于河南的盘崤山，往西北流，水上有桥，俗称鸭桥。经山涧往东北流，与石崤水汇合。石崤水发源于石崤山。此山有两座丘陵：南陵是夏后皋的坟墓，北陵是文王避风雨的地方。说是山路曲折幽深，峰峦与丘冈夹峙荫蔽，所以可避风雨。秦准备袭击郑国，蹇叔进谏而穆公不纳，蹇叔为他的儿子哀哭，说：我看着你出去，不会再见你回来了，晋人一定会在崤山抵抗的，我在那儿给你收尸吧。孟明果然大败，秦军在这里覆灭。崤水又北流，左边汇合了西水，乱流注入河水。

河水又东，千崤之水注焉①。水南导于千崤之山②，其水北流，缠络二道③。汉建安中④，曹公西讨巴、汉⑤，恶南路之险，故更开北道，自后行旅，率多从之。今山侧附路有石铭云：晋太康三年⑥，弘农太守梁柳修复旧道⑦。太崤以东⑧，西崤以西，明非一崤也。西有二石，又南五十步，临溪有恬漠先生翼神碑⑨，盖隐斯山也。其水北流注于河。

【注释】

①千崤之水：当在今河南三门峡市陕州区一带。

②千崤之山：今河南洛宁西北有崤山，西接三门峡市陕州区界，东接渑池界。为秦岭东段支脉。山有东、西之分：东为土崤，又称盘崤；西为石崤，合称二崤。又有盘崤、石崤、千崤之分，又称三崤。

③缠络：缠绕。

④建安：东汉献帝刘协的年号（196—220）。

⑤曹公：即曹操，字孟德，一名吉利，小字阿瞒。沛国谯（今安徽亳州）人。建安中，假节钺，录尚书事。先后破袁绍、袁术。进位丞相，加九锡，爵魏王。谥号武。黄初初年，追尊武帝。曹操著述甚丰，明代张溥辑其遗文为《魏武帝集》，在《汉魏六朝百三家集》中。巴：即巴郡。东汉兴平元年（194）刘璋分巴郡为三郡，以垫江以上置巴郡，属益州。治所在安汉县（今四川南充北）。建安六年（201）改为巴西郡。汉：即汉中郡。战国秦惠文王更元十三年（前312）置。治所在南郑县（今陕西汉中东）。因汉水而得名。东汉末张鲁改为汉宁郡。东汉建安二十年（215）复改为汉中郡。

⑥太康三年：282年。太康，西晋武帝司马炎的年号（280—289）。

⑦梁柳：西晋官员，官弘农太守。有政绩。

⑧太崤：《水经注疏》熊会贞按："太崤未闻，土崤见《穀水注》，太与土形似，当土之误。"译文用土崤。

⑨恬漠先生：未详何代人。

【译文】

河水又东流，千崤之水注入。这条水发源于南方的千崤之山，往北流，弯弯曲曲地穿过两条古道。汉建安年间，曹操西征巴郡、汉中，因怕南路太险，所以在北边另开了一条路，此后往来旅人大都走这条路了。现在山边靠近路旁有石碑，碑文说：晋太康三年，弘农太守梁柳修复旧道。土崤以东，西崤以西，分明不止一座崤山。西边有两块岩石，又往南五十步，溪边有恬漠先生翼神碑，这位恬漠先生大概曾在山里隐居过。水往北流，注入河水。

河水翼岸夹山[1]，巍峰峻举，群山叠秀，重岭干霄。郑玄按《地说》[2]，河水东流，贯砥柱，触阏流[3]。今世所谓砥柱者，盖乃阏流也。砥柱当在西河，未详也。余按，郑玄所说非是，西河当无山以拟之[4]。自砥柱以下，五户已上[5]，其间百二十里，河中竦石杰出[6]，势连襄陆[7]，盖亦禹凿以通河，疑此阏流也。其山虽辟，尚梗湍流，激石云洄[8]，澴波怒溢[9]，合有十九滩，水流迅急，势同三峡[10]，破害舟船，自古所患。汉鸿嘉四年[11]，杨焉言，从河上下，患砥柱隘，可镌广之。上乃令焉镌之，裁没水中，不能复去，而令水益湍怒，害甚平日[12]。魏景初二年二月[13]，帝遣都督沙丘部、监运谏议大夫寇慈[14]，帅工五千人，岁常修治，以平河阻。晋泰始三年正月[15]，武帝遣监运大中大夫赵国、都匠中郎将河东乐世[16]，帅众五千余人，修治河滩，事见《五户祠铭》[17]。虽世代加功[18]，水流湍济[19]，涛波尚屯[20]，及其商舟是次[21]，鲜不踟蹰难济，故有众峡诸滩之言。五户，滩名也，有神祠，通谓之五户将军[22]，亦不知所以也。

【注释】

①翼岸夹山：河流两侧被高山所夹束。

②郑玄：字康成。北海高密（今山东高密）人。东汉著名的经学家。遍注群经，以《毛诗笺》《三礼注》影响最大。著作有《六艺论》《毛诗谱》等凡百余万言。

③阏（è）流：壅塞水流的（礁石）。阏，阻塞，壅塞。

④西河当无山以拟之：《水经注疏》熊会贞按："王鸣盛曰：郑于《礼记·檀弓》注，以西河为龙门至华阴之地，若于华阴以上求砥柱，

不但无山可当，而于《经》文序次亦不顺矣。”

⑤五户：即下文的五户滩。《水经注疏》熊会贞按：“《禹贡锥指》，今陕州东一百六十里，有五户滩，在河中，为湍激之处，自此而东，河流稍为宽衍。”

⑥竦石：耸立的巨石。杰出：高耸挺立。

⑦襄陆：高高的陆地。襄，高。

⑧激石云洄：冲激巨石，水气如云雾般旋绕。洄，回旋。

⑨澴(huán)波：打着漩涡的波浪。怒溢：汹涌奔腾。

⑩三峡：即长江三峡的简称。在今重庆奉节东白帝城至湖北宜昌西南津关间。自来有几种不同说法，一说以广溪峡、巫峡、西陵峡为三峡(《水经注·江水》)，通常以瞿塘峡、巫峡、西陵峡为三峡。

⑪鸿嘉四年：前17年。鸿嘉，西汉成帝刘骜(ào)的年号(前20—前17)。

⑫“杨焉言”几句：事见《汉书·沟洫志》：“杨焉言：‘从河上下，患底柱隘，可镌广之。’上从其言，使焉镌之。镌之裁没水中，不能去，而令水益湍怒，为害甚于故。”杨焉，西汉成帝刘骜时人，任丞相史，曾治黄河。湍怒，急速凶猛。

⑬景初二年：238年。景初，三国魏明帝曹叡(ruì)的年号(237—239)。

⑭帝：指三国魏明帝曹叡。都督：官名。督察并指挥军队的长官。沙丘部：三国魏明帝时任都督。复姓沙丘。其他不详。监运：清代《历代职官表》：“谨案：魏时漕事，盖亦郡国自遣官输送，而朝廷遣大夫监之。此即后世巡漕御史之任也。”谏议大夫：官名。负责向皇帝进谏。寇慈：三国魏明帝时任监运、谏议大夫。其他不详。

⑮泰始三年：267年。泰始，西晋武帝司马炎的年号(265—274)。

⑯武帝：即西晋武帝司马炎。河内温县(今河南温县)人。司马昭之子。即帝位，都洛阳。大举伐吴，灭之。结束了自汉末以来的全国分裂局面，统一全国。后大封宗室，遂有八王之乱。谥武。大

中大夫：郎中令属官。掌议论，为顾问应对之官。赵国：西汉高帝四年（前203）封张耳为赵王，都襄国县（今河北邢台）。东汉建安十七年（212）改为郡。三国魏太和六年（232）复为赵国，移治房子县（今高邑西南）。此"赵国"当为某人的籍贯。《水经注疏》："赵（一清）云：按下缺人姓名。"都匠：新朝官名。即汉将作大匠。主管宫室、宗庙、陵寝等土木营建。中郎将：秦置。汉沿置，为中郎的长官。武帝设中郎三将，分五官、左、右三署，职掌皇帝的侍卫。乐世：西晋武帝司马炎时人，任都匠、中郎将等职。其他不详。

⑰《五户祠铭》：五户神祠的铭文。五户祠，《水经注疏》熊会贞按："《寰宇记》，五户神在渑池县北一百二十里。又云，五户祠在垣县西十七里。"

⑱加功：施工。

⑲漰湃（pēng bēn）：水流激荡奔腾。

⑳屯：阻塞，艰阻。

㉑是次："次是"的倒装。到达这里。次，至，及。

㉒五户将军：《水经注疏》熊会贞按："据此《注》则祀五户滩之水神矣。至将军之名，则出流俗傅会耳。"

【译文】

河流两侧被高山所夹束，峰峦巍然高耸，群山叠秀，上接云霄。郑玄按《地说》：河水东流，穿过砥柱，冲激着阻碍水流的礁石。今天所谓的砥柱，大概就是这些礁石了。砥柱应当在西河，不大清楚。我认为，郑玄说得不对，西河并没有相当的山。从砥柱以下，五户滩以上，其间流程一百二十里，河中礁石参差屹立，势与岸上陆地相连，大概也是大禹开凿过疏通河水的，想来就是所谓阻碍水流的礁石了。这山虽然开凿过，但仍梗塞着湍急的河水。巨浪冲激礁石，腾起一片云雾，汹涌的漩涡狂奔怒溢。这一段共有十九处礁滩，水流迅急，形势与三峡相似，触礁破船，自古以来就使人畏惧。汉鸿嘉四年，杨焉说：从河中上行或下行，苦于砥柱太险要，可把它凿宽一些。成帝于是就叫杨焉负责开凿，但刚凿到水面以下，就凿不下去了，水流反而更加湍急凶猛，危害比往常更大。魏景初二年二月，明帝派都督沙丘部、监运谏议大夫寇慈，率领五千人常年进行治理，清除河道中的阻塞。晋泰始三年正月，武帝派监运大中大夫赵国、都匠中郎将河东乐世，率领工人五千余去治理河中险滩，这件事见于《五户祠铭》。以后虽然世世代代都有治理，但水流还是奔腾澎湃，波涛受阻，商船到了这里，很少不望险踌躇，深感渡河的艰难的，所以有多峡多滩的老话。五户是滩名，那里有一座神庙，通称五户将军，也不知是怎么来的。

又东过平阴县北①，清水从西北来注之②。

清水出清廉山之西岭③，世亦谓之清营山。其水东南流，出峡，峡左有城，盖古关防也。清水历其南，东流迳皋落城北④。服虔曰：赤翟之都也⑤。世谓之倚亳城，盖读声近转⑥，因失实也。《春秋左传》所谓晋侯使太子申生伐东山皋落氏者也⑦。与倚亳川水合⑧。水出北山矿谷⑨，东南流注于清。清水又东迳清廉城南⑩，又东南流，右会南溪水。水出南山，而东注清水。清水又东合干枣涧水⑪。水出石人岭下⑫，南流，俗谓之扶苏水。又南历奸苗北马头山⑬，亦曰白水原，西南迳垣县故城北⑭。《史记》：魏武侯二年城安邑、至垣⑮。即是县也。其水西南流，注清水。水色白浊，初会清流，乃有玄素之异也⑯。清水又东南迳阳壶城东⑰，即垣县之壶丘亭，晋迁宋五大夫所居也⑱。清水又东南流注于河。

【注释】

①平阴县：战国周置。入后秦，属三川郡。治所在今河南洛阳孟津区。

②清水：黄河支流。即今山西垣曲南亳清河。源于今山西闻喜东，东南流经垣曲南入黄河。

③清廉山：又名清襄山、清营山。即横岭。在今山西垣曲西北。

④皋落城：春秋时赤狄别种东山皋落氏聚居地。在今山西垣曲东南皋落镇。

⑤赤翟(dí)：亦作赤狄。春秋时狄人的一支。或说因其俗尚赤衣而得名。

⑥读声近转：声音相近而转读。

⑦晋侯：指晋献公。申生：晋献公太子。献公宠骊姬，欲立其子奚齐，使申生居曲沃。后为骊姬所谮，自杀。

⑧倚亳川水：今山西垣曲东亳清河上源。

⑨矿谷：《水经注疏》杨守敬按："今垣曲县(今山西垣曲)西北七十里，有折腰山，相传谷中旧有铜矿，一水出焉，即倚亳川水也，其水在亳清河源之西。"

⑩清廉城：即清廉县城。清廉县，北魏置，属邵郡。治所在今山西垣曲东南十六里前、后青廉村。

⑪干枣涧水：又称扶苏水。《水经注疏》熊会贞按："《一统志》，干枣涧即白水涧。《垣曲县志》，白水涧在县西。今亳清河即清水，东南流经县西干枣涧，西南注清水，是在清水东，则不得在县西。"

⑫石人岭：《水经注疏》熊会贞按："所出之石人岭，今虽不可考，以地望准之，当在垣曲之北。"

⑬奸苗：《水经注疏》熊会贞按："后文《瀍水》下，叙苗亭去此不远，但隔山阜耳。岂邑苗之人有流移于此者，仍从其故号欤？"马头山：《水经注疏》杨守敬按："《地形志》邵郡白水县有马头山。《方舆纪要》，在垣曲县东北。"

⑭垣(yuán)县：战国魏置，后入秦，属河东郡。治所在今山西垣曲东南约三十五里王茅镇。东汉改东垣县。

⑮魏武侯二年：前394年。安邑：战国时魏国都城。故址在今山西夏县西北禹王城。至垣：一作王垣。《史记·魏世家》："二年，城安邑、王垣。"裴骃集解："徐广曰：'垣县有王屋山也。'"司马贞索隐："按：《纪年》十四年城洛阳及安邑、王垣。徐广云：'垣县有王屋山，故曰王垣。'"王垣，战国时魏邑。在今山西垣曲东南。译文用王垣。

⑯玄素之异：黑白之别。

⑰阳壶城：战国魏邑。在今山西垣曲东南古城。

⑱晋迁宋五大夫所居：《左传·襄公元年》："彭城降晋，晋人以宋五大夫在彭城者归，置诸瓠丘。"宋五大夫，杜预注："鱼石、向为人、鳞朱、向带、鱼府。"

【译文】

河水又往东流过平阴县北边，清水从西北流来注入。

清水发源于清廉山的西岭，世人也叫清营山。水往东南流出山峡，山峡左边有城，是古代驻防的关隘。清水流过关南，往东流经皋落城北边。服虔说：这是赤狄的都城。世人叫它倚亳城，大概是因为读音相近，辗转失实的结果。《春秋左传》记载晋侯派遣太子申生去攻打东山皋落氏，指的就是这里。清水与倚亳川水汇合。倚亳川水发源于北山矿谷，往东南流，注入清水。清水又往东流经清廉城南边，又往东南流，在右边汇合南溪水。南溪水发源于南山，往东流入清水。清水又东流，与干枣涧水汇合。涧水发源于石人岭脚下，往南流，俗称扶苏水。又往南流过奸苗以北的马头山，也叫白水原，往西南流经垣县老城北边。《史记》记载：魏武侯二年，在安邑、王垣筑城。说的就是垣县。水往西南流，注入清水。这条涧水呈乳白色，起初与清水汇合时，一边水白，一边水黑，水色截然不同。清水又往东南流经阳壶城东边，就是垣县的壶丘亭，晋把宋的五位大夫迁到那里居住。清水又往东南流，注入河水。

河水又东与教水合[①]。水出垣县北教山[②]，南迳辅山[③]。山高三十许里，上有泉源，不测其深，山顶周圆五六里，少草木。《山海经》曰：孟门东南有平山[④]，水出于其上，潜于其下。又是王屋之次[⑤]，疑即平山也。其水南流，历鼓锺上峡[⑥]，悬洪五丈[⑦]，飞流注壑，夹岸深高，壁立直上，轻崖秀举[⑧]，百有余丈，峰次青松[⑨]，岩悬赪石[⑩]，于中历落[⑪]，有翠柏生焉，丹青绮分，望若图绣矣。水广十许步，南流历鼓锺川[⑫]，分为二涧：一涧西北出，百六十许里，山岫回岨[⑬]，才通马步[⑭]。今闻喜县东北谷口[⑮]，犹有干河里，故沟存焉，今无复有水。一水历冶官西[⑯]，世人谓之鼓锺城[⑰]，城之左右，犹有遗铜及铜钱也。城西阜下有大泉，西流注涧，与教水合，伏入石下，南至下峡[⑱]。《山海经》曰：鼓锺之山，帝臺之所以觞百神[⑲]。即是山也。其水重源又发，南至西马头山，东截坡下，又伏流南十余里，复出。又谓之伏流水[⑳]，南入于河。《山海经》曰：教山，教水出焉，而南流注于河。是水冬干夏流，寔惟干河也[㉑]，今世人犹谓之为干涧矣。

【注释】

①教水：黄河支流。在今山西垣曲东。源于山西绛县东南教山，南流至垣曲古城附近入黄河。

②教山：又名历山。在今山西绛县东南与垣曲交界处。

③辅山：《水经注疏》熊会贞按："《寰宇记》，东辅山在沁水县西南九十二里，其山及西辅山与析城山相连，有相辅之势。考《沁水》篇，上涧水所出之辅山，东辅山也。此教水所迳之辅山，则西辅山也。在今垣曲县（今山西垣曲）东北。"

④平山：在今山西垣曲东北。

⑤王屋之次：王屋山附近。王屋，在今河南济源西北九十里与山西阳城交界处。次，附近。

⑥鼓锺上峡：在今山西垣曲东。

⑦悬洪：巨大的瀑布。

⑧秀举：高峻挺拔。

⑨次：罗列，罗植。

⑩赪（chēng）石：红石。赪，红色。

⑪历落：参差错落的样子。

⑫鼓锺川：当在今山西垣曲东。

⑬山岫（xiù）：山峦。岫，山峦。回岨（zǔ）：回旋险峻。岨，同“阻”。险要，险峻。

⑭马步：本指骑马和步行，这里指单人匹马。

⑮闻喜县：西汉元鼎六年（前111）置，属河东郡。治所在今山西闻喜东北二十里。

⑯冶官：冶炼的官署。

⑰鼓锺城：在今山西垣曲东三十五里。

⑱下峡：与上文“鼓锺上峡”相呼应。当在今山西垣曲一带。

⑲帝臺之所以觞百神：帝臺宴请百神之处所。帝臺，郭璞注：“神人名。”

⑳伏流水：当在今山西垣曲一带。

㉑寔惟：的确是。

【译文】

河水又东流，与教水汇合。教水发源于垣县以北的教山，往南流经辅山。山高三十里左右，山上有水源，不知有多深，山顶周围五六里，草木稀少。《山海经》说：孟门东南有平山，水就发源于山上，潜流到山下。辅山又在王屋山近旁，想来可能就是平山。水往南流经鼓锺上峡，成为一道高达五丈的瀑布，倾泻入深渊中。两岸高峭极了，巍然直上，陡峻如壁。断崖凌空高举，高达百余丈。峰岭上青松罗列，岩壁上赤石高悬，其间参差错落地长着些苍翠的柏树，互相映衬，色彩鲜丽分明，望去就像图画一般。山涧宽约十来步，往南流经鼓锺川，分成两条：一条往西北流，一百六十里左右的流程间，高山深谷东回西转，山径崎岖，只能通过单人独马。现在闻喜县东北的谷口，还留有干河里老沟，但今天已不再有水了。另一条流经冶官西边，世人称之为鼓锺城，城旁还可以捡到当时留下的铜屑和铜钱。城西山冈下有一股大泉水，西流注入山涧，与教水汇合，潜入岩下，南流到下峡。《山海经》说：鼓锺之山，神祇帝臺在这里邀请诸神饮宴。指的就是此山。其水重源又发，往南流到西马头山，东流为山坡所阻，又潜入地下，往南流了十余里，重又冒出。此水又称伏流水，南流注入河水。《山海经》说：教山是教水的发源地，南流注入河水。这条水冬季枯涸，夏季才有水流通，实际上是一条枯水河，现在世人还把它叫干涧。

河水又与畛水合[1]。水出新安县青要山[2]，今谓之疆山。其水北流入于河。《山海经》曰：青要之山，畛水出焉。即是水也。

【注释】

①畛（zhěn）水：当在今河南新安。

②青要山：在今河南新安西北。

【译文】

河水又与畛水汇合。畛水发源于新安县青要山，现在称为疆山。水往北流，注入河水。《山海经》说：青要山是畛水的发源地。说的就是这条水。

河水又东，正回之水入焉。水出騩山[1]，疆山东阜也。东流，俗谓之疆川水，与石瓜畤川合[②]。水出西北石涧中，东南流注于疆川水。疆川水又东迳疆冶铁官东[③]，东北流注于河。

【注释】

①騩（guī）山：在今河南新安西北。

②石瓜畤川：《水经注疏》熊会贞按："此水出正回水之左，亦当在今新安县（今河南新安）西北。"

③疆冶铁官：《水经注疏》熊会贞按："《隋志》，新安县有冶官，当在今县西北。"

【译文】

河水又东流，正回之水注入。这条水发源于騩山，是疆山东边的丘陵。水往东流，民间称之为疆川水，与石瓜畤川汇合。这条水发源于西北的石涧中，往东南流，注入疆川水。疆川水又往东流经疆冶铁官东边，往东北流，注入河水。

河水又东合庸庸之水[①]。水出河东垣县宜苏山[②]，俗谓之长泉水。《山海经》曰：水多黄贝[③]，伊、洛门也[④]。其水北流，分为二水：一水北入河，一水又东北流注于河。

【注释】

①庸庸之水：亦称长泉水。《水经注疏》熊会贞按："《寰宇记》，水在河清县西南六十里，今为孟津县境，或指下流言，据《注》出东垣县，则出今新安县境矣。"

②河东垣县：一作河南垣县。《水经注疏》熊会贞按："赵（一清）、戴（震）知有河东之垣县，而不思庸庸水在河南。又不考《宋志》河南郡领东垣，凭臆改易，疏矣。东垣在今新安县境。《地形志》新

安郡之东垣县，即此也。”译文用河南垣县。宜苏山：当在今河南新安境内。

③黄贝：水虫名。

④伊、洛门：《水经注疏》杨守敬按：“此水去伊、洛甚远，不通流，且中隔穀水。郦氏以为伊、洛之门，未详。”考《山海经·中山经·中次四经》：“西五十里，曰扶猪之山。……虢水出焉，而北流注于洛。……又西一百二十里，曰釐山。……滽滽之水出焉，而南流注于伊水。……又西二百五十里，曰柄山。……滔雕之水出焉，而北流注于洛。……又西二百里，曰熊耳之山。……浮濠之水出焉，而西流注于洛。”郦道元可能依《山海经·中次四经》诸多水流都流注于伊、洛，从而认为滽滽之水为伊水和洛水的门户。

【译文】

河水又东流，汇合了庸庸之水。这条水发源于河南垣县的宜苏山，俗称长泉水。《山海经》说：水里有很多黄贝，是伊、洛两条水的门户。水往北流，分成两条：一条北流注入河水，一条又往东北流，注入河水。

河水又东迳平阴县北。《地理风俗记》曰：河南平阴县[①]，故晋阴地[②]，阴戎之所居[③]。又曰：在平城之南[④]，故曰平阴也。三老董公说高祖处[⑤]，陆机所谓皤皤董叟，谟我平阴者也[⑥]。魏文帝改曰河阴矣[⑦]。

【注释】

①河南：即河南郡。汉高祖二年（前205）改河南国置。治所在洛阳县（今河南洛阳东北汉魏故城）。

②阴地：春秋晋地。西起今陕西商洛，东至河南嵩县，北起黄河，南至秦岭山脉。今河南卢氏东北有阴地城。

③阴戎：即陆浑戎。古代少数民族名。

④平城：一作平津。《水经注疏》杨守敬按："汉有平县，在平阴之东，则平阴在其西，不在其南，且城南亦不得称阴。据《史记·高祖纪》，南渡平阴津。《周本纪》正义引《十三州志》，平阴在平津，大河之南，则此平城为平津之误。"译文从之。

⑤三老：古代掌教化之官。乡、县、郡均曾先后设置。

⑥陆机所谓皤皤（pó pó）董叟，谟我平阴：出自陆机《汉高祖功臣颂》："皤皤董叟，谋我平阴，三军缟素，天下归心。"陆机，字士衡，吴郡吴县（今江苏苏州）人。三国吴陆抗之子。与弟陆云并称二陆。工诗、善赋、佳文、美书。著述甚富，最为人所称道者为《文赋》，存留至今。皤皤，白发苍苍的样子。董叟，董公。叟，老人。谟（mó）我平阴，在平阴为我出谋划策。谟，出谋划策。

⑦魏文帝：曹丕，字子桓。沛国谯（今安徽亳州）人。建安二十二年（217）立为太子。二十五年（220）即位为魏王。十月，汉献帝禅位于丕，改元黄初。黄初七年（226）病卒。曹丕为建安文坛领袖。

【译文】

河水又往东流经平阴县北边。《地理风俗记》说：河南平阴县，从前是晋阴地，阴戎就定居在这里。又说：位于平津以南，所以叫平阴。这是三老董公向高祖进言的地方，陆机所谓白发满头的董叟，在平阴为我出谋划策，就是指这里。魏文帝把它改名为河阴。

河水又会瀍水[①]。水出垣县王屋山西瀍溪，夹山东南流，迳故城东，即瀍关也[②]。汉光武建武二年[③]，遣司空王梁北守瀍关、天井关[④]，击赤眉别校[⑤]，皆降之。献帝自陕北渡安邑，东出瀍关，即是关也。瀍水西屈，迳关城南[⑥]，历轵关南[⑦]，迳苗亭西[⑧]。亭，故周之苗邑也。又东流注于河。《经》书清水，非也，是乃瀍水耳。

【注释】

①溱(qí)水:即今河南济源西大峪河。

②溱关:即箕关。在今河南济源西,王屋山南。

③建武二年:26年。建武,东汉光武帝刘秀的年号(25—56)。

④司空:周为六卿之一,主造器械车服、土木工程。汉改御史大夫为大司空,与大司马、大司徒并列为三公,后去大字为司空。王梁:字君严。从光武帝灭王莽。自野王令召拜大司空,封武彊侯。天井关:亦曰太行关。即今山西泽州南天井关。

⑤赤眉:新莽末年农民起义军名。别校:赤眉起义军官名。

⑥关城:指溱关。

⑦轵(zhǐ)关:在今河南济源西北十五里。关当轵道之险,故名。

⑧苗亭:即春秋时苗邑。在今河南济源西。

【译文】

河水又与溱水汇合。溱水发源于垣县王屋山西边的溱溪,夹山往东南流经一处老城,就是溱关。汉光武帝建武二年,派司空王梁去北方驻守溱关、天井关,攻击赤眉军的别校,逼使他们都投降了。献帝从陕北渡河到安邑,往东出了溱关,说的就是此关。溱水往西转弯流经关城南边,流过轵关南边,又流经苗亭西边。苗亭就是周朝时的苗邑。又东流注入河水。《水经》却说是清水,不对,那实际上是溱水。

又东至邓[1]。

洛阳西北四十二里,故邓乡矣。

【注释】

①邓:战国魏邑。在今河南孟州西南。

【译文】

河水又往东流到邓城。

邓城在洛阳西北四十二里,就是旧时的邓乡。

卷五

河水五

【题解】

这是五卷黄河中的最后一卷。起于平县，此县是西汉初所置，为侯国，属河南郡，县城在今河南洛阳孟津区老城东的黄河南岸。终于利县，此县为西汉所置，属齐郡。《注》文记述的黄河在此处的甲下邑与济水交会，然后入海。

在《水经注》的五卷黄河之中，这一卷记叙的大部分是黄河下游。黄河是一条善淤、善决、善徙的河流，这三者，主要都发生在此一卷之中。20 世纪 70 年代末期，由于时局的重大变化，竺可桢先生早就发起的大型丛书《中国自然地理》恢复撰写。全套书共分近十个分册，《历史自然地理》（谭其骧、史念海、陈桥驿主编，科学出版社，1982 年版）是其中颇具特色（因此前从无此类著述）的分册，由全国十余位专家 1977 年在上海集中撰写，由谭其骧先生主持。谭先生在两月后因中风住院。次年到河南开封继续，主持人由我庖代。开封与郑州毗邻，我们特请郑州黄委会中好几位有经验的高级工程师前来共同商讨，以提高丛书的质量。关于黄河在历史上的善淤、善决、善徙的内容，属于此分册撰写组与黄委会长期积累的资料的结合。我在此书卷首写了《总论》，其中有关黄河的："据记载，黄河在历史上决溢达1500多次，重大的改道就有6次。洪水波及的范围，北遍冀鲁，南及苏皖，纵横达25万平方公里。由于黄河的频繁改道和决溢，今黄淮平原的水系受到严重的破坏和干扰。”后来，黄委会主编的大型志书《黄河志》（河南人民出版社，1995年版），请我为其第十一卷《人文志》作序。我在《序》中说：“黄河是我们民族的摇篮，但同时也是我们民族的忧患。”这里提及的“忧患”，在五卷黄河之中，主要是在这最后一卷。但郦注在这方面记叙，主要是在《经》文“又东过荥阳县北，蒗荡渠出焉”下写了“汉平帝之世，河、汴决坏”一段，其重点还是在王景治河事上，“发卒数十万，诏景与将作谒者王吴治渠”，完成了从荥阳到千乘海口，千有余里的长堤，“凿山开涧，防遏冲要，疏决壅积，十里一水门，更相回注，无复渗漏之患”。后人对这样的大工程，竟能在一年内完成感到不可思议。而此后，这一段河道多次决溢改道，今黄河已经完全不在此卷的流程之上。但此卷写北魏时代的黄河下游流程非常详细，是后代研究黄河与黄河史的学者的很有价值的资料。

河水五

又东过平县北[①]，湛水从北来注之[②]。

河水又东迳河阳县故城南[③]，《春秋经》书天王狩于河阳[④]，壬申，公朝于王所[⑤]，晋侯执卫侯归于京师[⑥]。《春秋左传·僖公二十八年》[⑦]：冬，会于温[⑧]，执卫侯。是会也，晋侯召襄王以诸侯见，且使王狩[⑨]。仲尼曰：以臣召君[⑩]，不可以训。故书曰：天王狩于河阳。言非其狩地[⑪]。服虔、贾逵曰[⑫]：河阳，温也。班固《汉书·地理志》、司马彪、袁山松《郡国志》《晋太康地道记》《十三州志》[⑬]：河阳别县[⑭]，非温邑也。汉高帝六年，封陈涓为侯国[⑮]，王莽之河亭也。《十三州志》曰：治河上，河，孟津河也[⑯]。郭缘生《述征记》曰[⑰]：践土[⑱]，今冶坂城[19]。是名异《春秋》焉，非也。今河北见者，河阳城故县也，在冶坂西北，盖晋之温地，故群儒有温之论矣。《魏土地记》曰[20]：冶坂城旧名汉祖渡，城险固，南临孟津河。河水右迳临平亭北[21]。《帝王世纪》曰[22]：光武葬临平亭南[23]，西望平阴者也[24]。

【注释】

①平县：西汉高祖六年（前201）置，为侯国，属河南郡。治所在今河南洛阳孟津区老城东黄河南岸。东汉废。

②湛水：在今河南济源西南。

③河阳县：西汉置，属河内郡。治所在今河南孟州西三十五里冶戍镇。

④《春秋经》：书名。本书指《春秋》。相传为孔子据鲁史修订而成。记载鲁隐公元年（前722）至鲁哀公十四年（前481），凡十二君、二百四十二年的历史。叙事简略，后世有《左氏传》《穀梁传》与《公羊传》为之解释补充，合称《春秋》三传。天王：周天子。

⑤壬申，公朝于王所：壬申，十月初七。此指周襄王参加践土之盟，鲁僖公借此机会朝见周王。公，此指僖公。春秋时鲁国国君。朝，动词，朝见，觐见。王所，犹如行宫。

⑥晋侯：晋文公重耳。春秋时晋国国君。晋献公之子。流亡在外十九年，后在秦穆公的帮助下，登上君位。重耳任用贤臣狐偃、赵衰等人，纳周襄王，救宋破楚，继齐桓公之后，成为春秋五霸之一。卫侯：卫成公。春秋时卫国国君。名郑。卫成公三年（前632），因拒绝晋假道伐曹，为晋人所攻，出奔。大夫元咺及立其弟叔武为君。不久，奉晋命归国，毁约杀叔武。复被晋执送周王处置。旋获释返国。三十一年（前604）因狄人来攻，迁于帝丘（今河南濮阳西南）。京师：这里指周天子所居住的都城。

⑦僖公二十八年：前632年。

⑧冬,会于温:《左传·僖公二十八年》:“冬,公会晋侯、齐侯、宋公、蔡侯、郑伯、陈子、莒子、邾子、秦人于温。”温,夏、周时国名。在今河南温县西南三十里。春秋晋曾置温县。

⑨晋侯召襄王以诸侯见,且使王狩:杜预注:“晋侯大合诸侯而欲尊事天子以为名义,自嫌强大不敢朝周,喻王出狩,因得尽群臣之礼,皆谲而不正之事。”襄王,即周襄王。周惠王子。名郑。

⑩以臣召君:这里的“臣”指晋文公,“君”指周襄王。

⑪非其狩地:不是襄王的田猎之所。杜预注:“河阳实以属晋,非王狩地。”孔颖达疏:“释例曰:天子诸侯田猎皆于其封内,不越国而取诸人。河阳实以属晋,非王狩所,故言非其地,且明德也,义在隐其召君之阙,是说改史之意也。”

⑫贾逵:字景伯。扶风平陵(今陕西咸阳西北)人。贾谊九世孙。精《左传》《国语》、古文《尚书》。后世称为通儒。

⑬班固《汉书·地理志》:班固等《汉书》中的内容,记载了自远古至汉代的地理沿革,包括郡县、封国设置,及山川户口、风土民情、海外交通等诸多内容。司马彪《郡国志》:司马彪《续汉书》中的内容。《水经注》中多引。司马彪,字绍统。河内温县(今河南温县)人。魏晋时期史学家。袁山松《郡国志》:袁山松,即袁崧,字山松。陈郡阳夏(今河南太康)人。东晋史学家。撰《后汉书》,今存辑本。郑德坤《水经注引书考》:“《晋书》本传称山松著《后汉书》百篇与《隋志注》合。《水经注》所引多《郡国志》文……”《晋太康地道记》:书名。郑德坤《水经注引书考》:“《旧唐志·地记》五卷,太康三年撰。今存毕沅辑本一卷,题云《太康三年地志》,其序曰:‘沈约止称《地志》,郦道元称为《地记》。’”《十三州志》:应劭有《十三州记》,黄义仲有《十三州记》,阚骃有《十三州志》。《水经注》引用时“志”“记”互出,此不知究竟为何家《十三州志》。

⑭别县:另外一县。

⑮陈涓：西汉诸侯。砀(今河南永城北)人。从刘邦入关，击项羽有功，加丞相衔。汉高祖六年(前201)封河阳侯。谥庄(一作严)。侯国：列侯的封地。

⑯孟津河：又名盟津、富平津、武济、陶河。古黄河津渡名。在今河南孟州南、洛阳孟津区东北。

⑰郭缘生《述征记》：郭缘生，晋末宋初人。所撰《述征记》，记述了他跟随刘裕北伐慕容燕、西征姚秦的沿途所见。

⑱践土：春秋郑邑。在今河南原阳西南。

⑲冶坂城：即冶坂津。在今河南孟州西南三十五里。

⑳《魏土地记》：书名。具体不详。

㉑临平亭：在今河南洛阳孟津区东。

㉒《帝王世纪》：书名。晋皇甫谧撰。起自三皇，迄于汉魏，专记帝王事迹。今存宋翔凤辑本。

㉓光武：东汉光武帝刘秀。

㉔平阴：战国时周置，昭襄王五十二年(前255)入秦，属三川郡。治所在今河南洛阳孟津区东北。

【译文】

河水五

河水又往东流过平县北边，湛水从北方流来注入。

河水又往东流经河阳县旧城南边，《春秋经》记载，周天子在河阳田猎，壬申那天，僖公到周王寓所去朝见，晋侯拘捕了卫侯，把他带回京师。《春秋左传·僖公二十八年》：冬，在温会盟，拘捕了卫侯。这次会盟，晋侯召请周襄王，约了诸侯去会见他，并要襄王去田猎。仲尼说：做臣子的召请君主，这件事不可效法。所以写道：天子在河阳田猎。意思是说这不是周王田猎的地方。服虔、贾逵说：河阳就是温。班固《汉书·地理志》、司马彪、袁山松《郡国志》、《晋太康地道记》《十三州志》都说：河阳是另一个县，并不是温邑。汉高帝六年，把这里封给陈涓，立为侯国，也就是王莽的河亭。《十三州志》说：治所在河上，这条河就是孟津河。郭缘生《述征记》说：践土就是今天的冶坂城。但冶坂这地方与《春秋》相异，这不是践土。现在河北所见的，是河阳城旧县城，在冶坂西北，是晋国温的地方，所以学者们有河阳为温的论点。《魏土地记》说：冶坂城从前叫汉祖渡，城池险要难攻，南濒孟津河。河水右岸流经临平亭北边。《帝王世纪》说：光武帝葬在临平亭南边，西与平阴相望。

河水又东迳雒阳县北①。河之南岸有一碑，北面题云：洛阳北界。津水二渚②，分属之也。上旧有河平侯祠③，祠前有碑，今不知所在。郭颁《世语》曰④：晋文王之世⑤，大鱼见孟津，长数百步，高五丈，头在南岸，尾在中渚，河平侯祠即斯祠也。

【注释】

①雒阳县：秦庄襄王元年（前249）置，为三川郡治。治所在今河南洛阳东北三十里汉魏故城。西汉为河南郡治。

②渚（zhǔ）：水中的小块陆地。

③河平侯祠：《水经注疏》杨守敬按："此河平侯当是河神。"

④郭颁《世语》：即《魏晋世语》。十卷，晋襄阳令郭颁撰。记述魏晋间名人事迹。已佚。

⑤晋文王：即司马昭。字子上。三国魏司马懿之子。景元四年（263），发兵灭蜀汉，称晋公，后为晋王。武帝司马炎即位，追尊为文帝。

【译文】

河水又往东流经雒阳县北边。河水南岸有一块石碑，朝北一面题着：洛阳北界。水中的两个沙洲分属两县。洲上从前有河平侯祠，祠前有碑，现在已不知原址所在了。郭颁《世语》说：晋文王时，孟津出现大鱼，长数百步，高五丈，头在南岸，尾在水中沙洲上的河平侯祠旁，说的就是此祠。

河水又东迳平县故城北。汉武帝元朔三年[1]，封济北贞王子刘遂为侯国[2]，王莽之所谓治平矣，俗谓之小平也[3]。有高祖讲武场[4]，河北侧岸有二城相对，置北中郎府[5]，徙诸徒隶府户[6]，并羽林、虎贲领队防之[7]。河水南对首阳山[8]，《春秋》所谓首戴也[9]。《夷齐之歌》所以曰登彼西山矣[10]。上有夷齐之庙，前有二碑，并是后汉河南尹广陵陈导、雒阳令徐循[11]，与处士平原苏腾、南阳何进等立[12]，事见其碑。又有周公庙[13]。魏氏起玄武观于芒垂[14]，张景阳《玄武观赋》所谓高楼特起[15]，竦跱岧峣[16]，直亭亭以孤立，延千里之清飙也[17]。朝廷又置冰室于斯阜，室内有冰井。《春秋左传》曰：日在北陆而藏冰[18]。常以十二月采冰于河津之隘[19]，峡石之阿[20]，北阴之中[21]，即《邠诗》：二之日凿冰冲冲矣。而内于井室，所谓纳于凌阴者也[22]。

【注释】

①元朔三年：前126年。元朔，西汉武帝刘彻的年号(前128—前123)。

②济北贞王：即刘勃。淮南厉王刘长之子。文帝八年(前172)封安阳侯。景帝三年(前154)吴楚七国之乱时，坚守封国，拒不参加叛乱。卒后谥贞。刘遂：济北贞王刘勃之子。参与吴楚联兵反叛，被诛。

③小平：即小平津。黄河津渡名。在今河南洛阳孟津区东北。东汉中平元年(184)为镇压黄巾起义，在津上置关戍守，为八关之一。

④讲武场：讲习武事的场所。讲武，讲习武事。古代皇帝校阅军队也称讲武。

⑤北中郎府：北中郎将的官署。北中郎将，官名。东汉时始置北、南、

西、东四中郎将。西晋以后，其任愈重，或领刺史，或持节，银印青绶，服同将军。

⑥徒隶：刑徒奴隶，服劳役的犯人。府户：军户的一种。指北魏时隶属于军府、世代执兵役的人户。其地位低于一般农民。

⑦羽林：皇帝禁卫军的名称。虎贲：本指猛怒如虎之奔赴的勇士。后为掌侍卫国君及保卫王宫、王门之官。

⑧首阳山：在今河南偃师西北，北接洛阳孟津区界。

⑨首戴：一名首止。春秋卫邑。在今河南睢县东南。

⑩《夷齐之歌》所以曰登彼西山矣：《史记·伯夷列传》："武王已平殷乱，天下宗周，而伯夷、叔齐耻之，义不食周粟，隐于首阳山，采薇而食之。及饿且死，作歌。其辞曰：'登彼西山兮，采其薇矣。以暴易暴兮，不知其非矣。神农、虞、夏忽焉没兮，我安适归矣？于嗟徂兮，命之衰矣！'遂饿死于首阳山。"《夷齐之歌》，伯夷、叔齐所唱之歌。

⑪河南尹：主管河南的官员。尹，官名。陈导：东汉广陵（今江苏扬州）人。曾任河南尹。其余不详。雒阳令徐循：东汉雒阳令。其余不详。雒阳，即雒阳县。治所在今河南洛阳东北汉魏故城。

⑫处士：隐居不愿为官的贤德之人。平原苏腾：字玄成。东汉处士。平原，即平原县。战国赵置。后入秦，属济北郡。治所在今山东平原县西南二十五里张官店。南阳何进：字遂高。南阳宛县（今河南南阳）人。汉灵帝时外戚。后与袁绍等谋诛宦官，谋泄，反为所害。

⑬周公庙：纪念周公旦的祠庙。

⑭魏氏：三国魏。玄武观：亦作玄武馆。芒：即北邙山。在今河南洛阳北。垂：边。

⑮张景阳《玄武观赋》：张景阳，即张协，字景阳。安平武邑（今河北武邑）人。工诗文。《玄武观赋》是其为玄武观所做之赋。特起：特、

起，均表示高耸、耸立义。

⑯竦跱(sǒng zhì)：耸立，屹立。跱，亦作峙。屹立。岧峣(tiáo yáo)：高峻的样子。

⑰清飙(biāo)：清风。飙，本指旋风，暴风。后泛指风。

⑱日在北陆而藏冰：太阳行至虚宿和危宿，是夏历十二月，在小寒和大寒时节，古人在这时取冰而藏。北陆，指虚宿与危宿二星宿。

⑲十二月：夏历十二月。河津之隘：水流之狭窄处。

⑳峡石之阿(ē)：峡谷中弯曲的角落。阿，弯曲的地方。

㉑北阴：深山北边背阴的地方。古人把山南水北称为阳，山北水南称为阴。

㉒"即《邠(bīn)诗》"几句：语见《诗经·豳风·七月》："二之日凿冰冲冲，三之日纳于凌阴。"《邠诗》，即《诗经·豳风》。邠，同"豳"。古邑名。在今陕西旬邑东北。周初的祖先公刘由邰迁居于此。二之日，指周历二月，相当于夏历的十二月。冲冲，凿冰的声音。纳，入。凌阴，冰室。

【译文】

河水又往东流经平县旧城北边。汉武帝元朔三年，把这地方封给济北贞王的儿子刘遂，立为侯国，也就是王莽所谓的治平，俗称小平。这里有高祖的讲武场，河北岸边有两城相对，设置北中郎府，把服役者编入府中户口，由羽林、虎贲领队防守。河水向南面对首阳山，就是《春秋》中所说的首戴。《夷齐之歌》中唱道：登上那边的西山。山上有伯夷、叔齐庙，庙前有两块石碑，是后汉河南尹广陵陈导、雒阳令徐循以及处士平原苏腾、南阳何进等人所立，事迹见碑上所载。又有周公庙。魏时在芒山旁建玄武观，张景阳《玄武观赋》中说：高楼拔地而起，巍然凌空高耸，独自亭亭屹立，招来千里外的清风。朝廷又在这座山上造了冰室，室内有冰井。《春秋左传》说：太阳轨道倾斜到虚宿与危宿时，就开始藏冰。常于十二月在河津的隘口、峡谷中弯曲的角落、朝北的阴处采冰，就如《豳风》诗中说的：十二月里凿冰响咚咚。采了冰就放进冰室里，就是所谓纳于凌阴。

河南有钩陈垒[①]，世传武王伐纣，八百诸侯所会处[②]，《尚书》所谓不期同时也。紫微有钩陈之宿[③]，主斗讼兵阵[④]，故遁甲攻取之法[⑤]，以所攻神与钩陈并气[⑥]，下制所临之辰[⑦]，则决禽敌[⑧]，是以垒资其名矣[⑨]。河水于斯，有盟津之目。《论衡》曰[⑩]：武王伐纣，升舟，阳侯波起，疾风逆流。武王操黄钺而麾之，风波毕除[⑪]。中流，白鱼入于舟，燔以告天，与八百诸侯咸同此盟[⑫]。《尚书》所谓不谋同辞也[⑬]。故曰孟津，亦曰盟津，《尚书》所谓东至于孟津者也[⑭]。又曰富平津。《晋阳秋》曰[⑮]：杜预造河桥于富平津[⑯]，所谓造舟为梁也[⑰]。又谓之为陶河[⑱]。魏尚书仆射杜畿，以帝将幸许，试楼船，覆于陶河，谓此也[⑲]。昔禹治洪水，观于河，见白面长人，鱼身，出曰：吾河精也。授禹《河图》而还于渊[⑳]。及子朝篡位[㉑]，与敬王战[㉒]，乃取周之宝玉，沉河以祈福。后二日，津人得之于河上，将卖之，则变而为石。及敬王位定，得玉者献之，复为玉也[㉓]。

【注释】

①钩陈垒：在今河南洛阳孟津区东。

②八百诸侯所会处：《史记·殷本纪》："西伯既卒，周武王之东伐，至盟津，诸侯叛殷会周者八百。诸侯皆曰：'纣可伐矣。'"

③紫微：即紫微垣。星官名，三垣之一。古时常比为朝廷。钩陈之宿：星官名。由六星组成，北极星就是钩陈星官中的一颗。

④斗讼：争讼。讼，争辩。

⑤遁甲：古代方士术数之一。其法以十天干的乙、丙、丁为三奇，以戊、己、庚、辛、壬、癸为六仪。三奇六仪，分置九宫，而以甲统之，视其加临吉凶，以为趋避，故称遁甲。

⑥所攻神：所进攻的神灵。

⑦所临之辰：攻取的时辰。

⑧禽：同“擒”。

⑨垒：此指钩陈垒。

⑩《论衡》：书名。东汉王充撰。内容丰富，涉及政治、哲学、文化、宗教诸方面。

⑪“武王伐纣”几句：为郦道元抄变《论衡·感虚》文：“武王伐纣，渡孟津，阳侯之波，逆流而击，疾风晦冥，人马不见。于是武王左操黄钺，右执白旄，瞋目而麾之曰：‘余在，天下谁敢害吾意者！’于是风霁波罢。”阳侯，古代传说中的波涛之神。疾风逆流，指狂风夹携着倒流的恶浪。黄钺，饰以黄金的长柄斧子。天子仪仗，亦用以征伐。麾（huī），挥动。毕，全部。

⑫“中流”几句：为郦道元抄变《史记·周本纪》文：“武王渡河，中流，白鱼跃入王舟中，武王俯取以祭。……是时，诸侯不期而会盟津者八百诸侯。”中流，河流中央。燔（fán），燔柴，古代祭天仪式。将玉帛、牺牲等置于积柴上而焚之。告天，敬告天帝。

⑬《尚书》所谓不谋同辞也：不见于今本《尚书》原文。语见《尚书·泰誓》孔颖达疏：“马融《书序》曰：‘《泰誓》后得，案其文似若浅露。又云八百诸侯不召自来，不期同时，不谋同辞。’”

⑭《尚书》所谓东至于孟津者也：语见《尚书·禹贡》：“南至于华阴，东至于砥柱，又东至于孟津。”

⑮《晋阳秋》：书名。晋孙盛撰。晋朝断代史。阳秋，即春秋，春秋是古代史书的通称，因晋简文帝生母郑太后名春，讳春作阳，故书

名为《晋阳秋》。仅存辑本。

⑯杜预造河桥于富平津:《晋书·杜预传》记载:"预又以孟津渡险,有覆没之患,请建河桥于富平津。"

⑰造舟为梁:造船搭浮桥。

⑱陶河:又称陶渚。今河南孟州南一段古黄河的别称。亦称孟津、盟津、富平津等。

⑲"魏尚书仆射(yè)杜畿(jī)"几句:《三国志·魏书·杜畿传》:"(文)帝征吴,以畿为尚书仆射,统留事。其后帝幸许昌,畿复居守。受诏作御楼船,于陶河试船,遇风没。"尚书仆射,官名。秦置,为少府属官。汉因之。汉成帝置尚书五人,一人为仆射,主文书启封。杜畿,字伯侯。京兆杜陵(今陕西西安)人。三国魏人。魏文帝时官至尚书仆射。卒谥戴。帝,此指魏文帝曹丕。幸,古代称帝王亲临。许,治所在今河南许昌东三十六里古城。楼船,高大有层楼的战船。

⑳《河图》:儒家关于《周易》卦形来源的传说。《尚书·顾命》:"大玉、夷玉、天球、河图,在东序。"汉代孔安国传:"伏羲王天下,龙马出河,遂则其文以画八卦,谓之'河图'。"

㉑子朝:春秋时周景王之子。姓姬,名朝。景王死后,子朝在争夺王位的斗争中失败,逃奔楚国。

㉒敬王:即周景王之子匄。

㉓"乃取周之宝玉"几句:为郦道元抄变《左传·昭公二十四年》文:"冬十月癸酉,王子朝用成周之宝珪于河。甲戌,津人得诸河上。阴不佞以温人南侵,拘得玉者,取其玉,将卖之,则为石。王定而献之,与之东訾。"

【译文】

河流南岸有钩陈垒,传说是武王讨伐纣王时八百诸侯会集之处,《尚书》说:事先没有约定,却都同时到达。紫微垣星座中有钩陈六星,掌管争讼，用兵布阵等事，所以奇门遁甲攻取的方法，是以所攻的神与钩陈星二气相合，在下界制约着攻战的日子，就一定能俘获敌人，所以钩陈垒也因而得名了。河水到了这里，有“盟津”的名称。《论衡》说：周武王讨伐纣王，上了船，水神阳侯掀起巨浪，刮起狂风，使河水倒流。武王挥舞黄钺，风波就完全平息了。船到中流，有白鱼跳入船舱，武王燔柴向天祷告，与八百诸侯一同盟誓。这就是《尚书》所说未经商量但异口同声，因而把这地方叫孟津，又称盟津。《尚书》所谓东至于孟津，就指此处。孟津又名富平津。《晋阳秋》说：杜预在富平津造河桥，就是造船搭浮桥。此水又称陶河。魏尚书仆射杜畿，因文帝将巡视许昌，开了楼船试航，在陶河覆没，就指的是这条河。从前禹治洪水，来视察大河，看见一个白面鱼身的巨人从水中出来，自称：我是河中精灵。他把《河图》交给禹，遂又回到深渊中去。王子朝篡位时，与敬王作战，拿了周的宝玉，投入水中祈祷。两天后，摆渡的船夫在河边拾到宝玉，想把它卖掉，却变成了石头。到敬王坐稳了王位，拾玉者把它献给敬王，又变成宝玉了。

河水又东，湨水入焉①。《山海经》曰：和山，上无草木，而多瑶碧，寔惟河之九都。是山也，五曲，九水出焉，合而北流，注于河。其阳多苍玉，吉神泰逢司之，是于萯山之阳，出入有光②。《吕氏春秋》曰：夏后氏孔甲，田于东阳萯山，遇大风雨，迷惑，入于民室③。皇甫谧《帝王世纪》以为即东首阳山也④。盖是山之殊目矣。今于首阳东山，无水以应之，当是今古世悬，川域改状矣。昔帝尧修坛河、洛⑤，择良议沉⑥。率舜等升于首山，而遵河渚。有五老游焉，相谓《河图》将来，告帝以期。知我者，重瞳也。五老乃翻为流星而升于昴⑦，即于此也。

【注释】

①溴(jú)水:即今河南济源、孟州、武陟境内之黄河支流漭河。

②“和山”几句:语见《山海经·中山经·中次三经》。和山,当在今河南境内。具体位置不详。瑶碧,本指次玉的美石。亦可泛指美玉。瑶,次玉之美石。碧,次玉之青色的美石。九都,很多水在此地下汇聚之所。九,言其多。都,水流汇聚。苍玉,杂有斑纹的青色的玉石。苍,青色。吉神,掌管吉善之神。泰逢,古代传说中的掌管吉善的神灵。萯山之阳,萯山的南边。萯山,亦称东首阳山。在今河南巩义北,黄河南岸。阳,山南水北为阳。

③“《吕氏春秋》曰”几句:语见《吕氏春秋·音初》。《吕氏春秋》,书名。战国末秦相吕不韦召集门客集体编撰而成。该书成于战国末期,内容相当庞杂,集儒、道、阴阳、墨、名、法、农家诸学说。夏后氏孔甲,夏朝第十四代国王。桀的曾祖父。田,狩猎。东阳,古地区名。春秋晋地,战国时先后属卫、赵,相当于今太行山以东的河北南部、河南北部地区。

④皇甫谧《帝王世纪》:皇甫谧,字士安,自号玄晏先生。魏晋安定朝那(今宁夏固原东南)人。后徙居新安(今河南渑池)。其《帝王世纪》,起自三皇,迄于汉魏,专记帝王事迹。东首阳山:在今河南巩义北,黄河南岸。

⑤洛:今河南洛河。黄河支流,发源于陕西,流入河南。古时作“雒”。

⑥议沉:商议沉璧。

⑦“率舜等升于首山”几句:宋代罗泌《路史》载:“事见《论语比考谶》云:仲尼曰:吾闻帝尧率舜等游首山。观河渚,有五老游河渚。一曰《河图》将来,告帝期;二曰《河图》将来,告帝谋;三曰《河图》将来,告帝书;四曰《河图》将来,告帝图;五曰《河图》将来,告帝符。有顷,赤龙衔玉苞舒图刻版,题命可卷,金泥玉检,封盛书咸曰:‘知我者,重瞳也。’五老乃为流星,上入昴。”首山,在今河南

偃师西北，为邙山最高处。河渚（zhǔ），黄河中的小块陆地。渚，水中的小块陆地。五老，五位老人。盖五星之精灵。重瞳，指舜。相传舜眼有双瞳子。翻，飞。昴（mǎo），二十八星宿之一。白虎七宿的第四宿，又名髦头、旄头，有亮星七颗（古代以为五颗，故有昴宿之精转化为五老的传说）。

【译文】

河水又往东流，淏水注入。《山海经》说：和山上面没有草木，却有许多瑶碧，这里实际上是大河九水的汇集之处。这座山有五个弯，九条水就发源于这里，汇合后往北流，注入河水。山南多苍玉，由吉神泰逢掌管，他在萯山南面，出入都有灵光。《吕氏春秋》说：夏后氏孔甲在东阳萯山田猎，碰到狂风暴雨，迷了路，躲进老百姓的屋子里。皇甫谧《帝王世纪》以为这就是东首阳山。大概是此山的异名。但现在首阳东山却没有相应的水，这一定是由于古今时代相隔太远，水流地貌都有了很大变化的缘故。从前帝尧在河、洛修建祭坛，选定吉日良辰沉璧于水。他带领舜等登上首山，然后又沿着河边走。有五位老人也在那里漫游，相互谈话间说《河图》就要来了，把日期告知大帝吧。并说知道我们的，就是那位有两个眸子的人。说罢，五老就都化作流星，飞向昴宿，这一事迹就出现在这里。

又东，济水注焉①。

【注释】

①济水：又写作泲水。古四渎之一。包括黄河南、北两部分。河北部分源出今河南济源西王屋山，下游屡经变迁。《禹贡》时济水在今武陟南入河。《水经注》时在今河南温县入河，略与今道同。

【译文】

河水又东流，济水注入。

又东过巩县北[①]。

河水于此有五社渡[②]，为五社津。建武元年[③]，朱鲔遣持节使者贾彊、讨难将军苏茂[④]，将三万人，从五社津渡，攻温[⑤]。冯异遣校尉与寇恂合击之[⑥]，大败，追至河上，生擒万余人，投河而死者数千人。县北有山临河，谓之崟原丘[⑦]。其下有穴，谓之巩穴[⑧]，言潜通淮浦[⑨]，北达于河。直穴有渚，谓之鲔渚[⑩]。成公子安《大河赋》曰：鳣鲤王鲔，春暮来游[⑪]。《周礼》[⑫]：春荐鲔[⑬]。然非时及佗处则无[⑭]。故河自鲔穴已上[⑮]，又兼鲔称[⑯]。《吕氏春秋》称：武王伐纣至鲔水，纣使胶鬲候周师[⑰]，即是处矣。

【注释】

①巩县：战国时周置，秦昭襄王五十二年（前255）入秦，属三川郡。治所在今河南巩义西南。

②五社渡：亦名五社津。在今河南巩义北。

③建武元年：25年。建武，东汉光武帝刘秀的年号（25—56）。

④朱鲔（wěi）：西汉淮阳（今河南周口淮阳区）人。更始帝刘玄时为大司马、胶东王。与赤眉军战。后归降光武帝刘秀。刘秀拜为平狄将军，封扶沟侯。后为少府。持节使者：本为使臣奉命出使所执的皇帝授予的符节。魏晋以后变为官名，为刺史总军戎者。贾彊：更始帝刘玄时讨难将军苏茂的副将。被刘秀的将领冯异、寇恂斩杀。苏茂：西汉陈留（今河南开封）人。更始帝刘玄时为讨难将军。附梁王刘永，受封大司马，淮阳王。光武建武五年（29），被张步斩杀。

⑤温：即温县。春秋时晋置。治所在今河南温县西南三十里古温城（今上苑村北）。

⑥冯异：字公孙。东汉初颍川父城（今河南宝丰）人。新莽时任郡掾，后归刘秀。每所止舍，诸将并坐论功，他常退避树下，军中号“大树将军”。刘秀即位后封为阳夏侯。校尉：官名。秦置。汉始为常职，其地位略次于将军，各随其职务冠以各种名称，如司隶校尉、城门校尉等。寇恂：字子翼。上谷昌平（今北京昌平区）人。世为地方豪强。刘秀占河内，任为太守。他负责转输军需，并与冯异大破刘玄将苏茂、贾彊等。后历任颍川、汝南太守。谥曰威侯。

⑦鉴（yín）原丘：在今河南巩义北。

⑧巩穴：巩山穴中。

⑨淮浦：淮河。发源于河南桐柏山，东流经河南、安徽，原在江苏北部独流入海。金代以后下游为黄河所夺，现由洪泽湖，经宝应湖、高邮湖，在今江苏扬州江都区入长江。

⑩鲔（wěi）渚：在今河南巩义西北。

⑪“成公子安《大河赋》曰”几句：今本《大河赋》无此二句。成公子安，成公绥，字子安。东郡白马（今河南滑县）人。西晋文学家，以赋得名。明人辑有《成公子安集》。鳣（zhān），古书上指鲟一类的鱼。鲔（wěi），鲔鱼。

⑫《周礼》：书名。儒家经典之一。是书作者及成书年代，历来见解不一。杂汇周王室官制及战国年间各国制度，附会儒家政治理想，增损排比而成，分《天官冢宰》《地官司徒》《春官宗伯》等六篇。

⑬春荐鲔：春季进献大鲔鱼。

⑭非时：不到一定的时节。佗处：其他的地方。佗，同“他”。其他的。

⑮鲔穴：即鲔渚。

⑯鲔称：有“鲔水”之称。鲔水，指在今河南巩义一段黄河。

⑰“《吕氏春秋》称”几句：语见《吕氏春秋·贵因》：“武王至鲔水，殷使胶鬲候周师，武王见之。”胶鬲（gé），殷末周初人。为文王举于鱼盐之中。殷商之贤臣。

【译文】

河水又往东流过巩县北边，

河水在这里有个五社渡，就是五社津。建武元年，朱鲔派持节使者贾彊、讨难将军苏茂，带领三万人从五社津渡河，去攻打温县。冯异派校尉与寇恂合力反击，大败敌军，追到河上，俘虏了万余人，投河而死的也有好几千。巩县北有一座临河的山，叫崟原丘。山下有个山洞，叫巩穴，据说地下暗通淮河，北至大河。正对山洞有个沙洲，叫鲔渚。成公子安《大河赋》说：鳣鱼、鲤鱼、大鲔鱼，暮春时节都游到这里来。《周礼》说：春季进献鲔鱼。但不是鱼汛季节或在别处，都没有这种鱼。所以河水从鲔渚以上，又兼称鲔水。《吕氏春秋》说：周武王讨伐纣王，到了鲔水，纣王派胶鬲等候周的部队，就在这里。

洛水从县西①，北流注之。

洛水于巩县，东迳洛汭②，北对琅邪渚③，入于河，谓之洛口矣④。自县西来，而北流注河，清浊异流，皦焉殊别⑤。应玚《灵河赋》曰⑥：资灵川之遐源⑦，出昆仑之神丘⑧，涉津洛之阪泉⑨，播九道于中州者也⑩。

【注释】

①洛水：今河南洛河。黄河支流，发源于陕西，流入河南。古时作“雒”。

②洛汭（ruì）：洛水与黄河交汇处。在今河南巩义东北。汭，河流汇合或弯曲的地方。

③琅邪渚：当在今河南巩义一带。

④洛口：在今河南巩义东北。因地处洛水入黄河之口而得名。

⑤皦（jiǎo）：分明，清晰。

⑥应玚(yáng):字德琏。汉末魏初汝南南顿(今河南项城)人。建安七子之一。《灵河赋》:应玚叙述黄河壮美的赋文。灵河,黄河。

⑦资:通“咨”。探寻,询问。灵川:黄河。

⑧昆仑:山名。古昆仑山包括今喀喇昆仑山、昆仑山。古代把塔里木河南源视为黄河源,昆仑山往往被误为黄河发源处。神丘:神山。

⑨津洛:孟津、洛汭。阪泉:一作峻泉。深渊,深泉。

⑩九道:即古代所说的“九河”,禹时黄河的九条支流。近人多认为是古代黄河下游许多支流的总称。中州:中原。

【译文】

洛水从巩县西向北流注入黄河。

洛水在巩县往东流经洛汭,北面正对琅邪渚,注入河水,汇流处叫洛口。水从县西流来,往北注入河水,两条水一清一浊,水色分明。应玚《灵河赋》说:若问灵河遥远的水源,它出自神仙所居的昆仑之丘,它流过孟津、洛汭的阪泉,在中原大地分为九大支流。

又东过成皋县北①,济水从北来注之。

河水自洛口又东,左迳平皋县南②,又东迳怀县南③,济水故道之所入,与成皋分河。河水右迳黄马坂北④,谓之黄马关⑤。孙登之去杨骏⑥,作书与洛中故人处也⑦。

【注释】

①成皋县:西汉置,属河南郡。治所在今河南荥阳西北汜水镇。

②平皋县:西汉高帝六年(前201)置,为侯国,后改县,属河内郡。治所在今河南温县东北二十里北平皋村。

③怀县:战国魏置,后属秦,为河内郡治。治所在今河南武陟西土城村附近。

④黄马坂:在今河南荥阳西汜水镇西。

⑤黄马关:在今河南荥阳西汜水镇西十五里。因关在黄马坂而得名。

⑥孙登之去杨骏:事见《晋书·杨骏传》:“初,骏征高士孙登,遗以布被。登截被于门,大呼曰:‘斫斫刺刺。’旬日托疾诈死。及是,其言果验。”孙登,字公和。隐居于汲郡共县(今河南辉县市)。好读《易》,鼓琴。杨骏,字文长。晋华阴(今陕西华阴)人。西晋时官骁骑镇军二府司马。晋武帝立,以皇后父超迁车骑将军,封临晋侯。晋武帝疾笃,后奏以骏辅政。晋惠帝即位,骏总揽朝政,遍树亲党。贾后惮骏,遂密旨诛骏,夷三族。

⑦作书与洛中故人处:《神仙传》记载:孙登死埋于振桥。后数日有人见登在黄马坂,因寄书与洛下故人。

【译文】

河水又往东流过成皋县北边,济水从北边流来注入。

河水从洛口继续东流,左边经过平皋县南面,又往东流经怀县南面,济水旧水道就在这里注入河水,怀县、成皋就以河水为分界。河水右边流经黄马坂北面,地名叫黄马关。孙登离开杨骏,写信给洛阳故友,就是在这里。

河水又东迳旋门坂北①,今成皋西大坂者也。升陟此坂,而东趣成皋也。曹大家《东征赋》曰:望河、洛之交流,看成皋之旋门者也②。

【注释】

①旋门坂:也称旋门、旋门关。在今河南荥阳西北汜水镇西南十里。

②“曹大家《东征赋》曰”几句:为班昭于和帝永初七年(113),随子曹谷至陈留为官所作。赋中叙述自洛阳出发至陈留之经历,为班昭最有名之作品。曹大家,即班昭。一名姬,字惠班。扶风安陵(今

陕西咸阳东北)人。班彪女,班固妹。博学高才。兄班固卒后,与同乡马续续写《汉书》而成。洛,今河南洛河。交流,交汇。洛水与黄河交汇于洛汭(在今河南巩义东北)。

【译文】

河水又往东流经旋门坂北面,就是今天成皋西面的大山坡。登上这道山坡,往东去就是成皋。曹大家《东征赋》说:眺望河、洛二水相汇流,观看成皋的旋门坂。

河水又东迳成皋大伾山下[①],《尔雅》曰:山一成谓之伾[②]。许慎、吕忱等[③],并以为丘一成也。孔安国以为再成曰伾[④],亦或以为地名,非也。《尚书·禹贡》曰[⑤]:过洛汭,至大伾者也。郑康成曰[⑥]:地喉也[⑦],沇出伾际矣[⑧]。在河内脩武、武德之界[⑨],济沇之水与荥播泽出入自此[⑩],然则大伾即是山矣。伾北,即《经》所谓济水从北来注之者也。今济水自温县入河,不于此也。所入者,奉沟水耳[⑪],即济沇之故渎矣。成皋县之故城在伾上,萦带伾阜[⑫],绝岸峻周[⑬],高四十许丈,城张翕险[⑭],崎而不平。《春秋传》曰:制,岩邑也,虢叔死焉[⑮],即东虢也[⑯]。鲁襄公二年七月,晋成公与诸侯会于戚,遂城虎牢以逼郑求平也[⑰]。盖修故耳。

【注释】

①大伾(pī)山:一作九曲山。在今河南荥阳西北汜水镇西北一里。一说即今河南浚县城东黎阳东山。

②一成:一重。成,重,层。

③许慎:字叔重。汝南召陵(今河南漯河市召陵区)人。东汉著名的经学家、文字学家。博学经籍,有“五经无双许叔重”之称。所著

《说文解字》，是中国文字学的奠基之作，也是我国第一部以六书理论系统分析字形、解释字义的字典。吕忱：字伯雍。任城（今山东济宁东南）人。晋文字学家，官义阳王典祠令。撰《字林》七卷。

④孔安国：字子国。鲁（今山东曲阜）人。孔子十二世孙。相传其得孔壁所藏古文《尚书》，开古文《尚书》学派。今存《尚书孔氏传》系后人伪托。

⑤《尚书·禹贡》：《尚书》篇名。详细记载了古代政治制度、九州划分、山川方位、物产分布以及土壤性质等。

⑥郑康成：即郑玄，字康成。北海高密（今山东高密）人。东汉著名的经学家。遍注群经，以《毛诗笺》《三礼注》影响最大。著作有《六艺论》《毛诗谱》等凡百余万言。

⑦地喉：大地的喉咙。黄河至大伾山开始流入下游大平原，大伾山处于控扼位置，好像喉咙一样，故称。

⑧沇（yǎn）：又作兖水，即济水。伾际：大伾山之山边。

⑨河内：即河内郡。西汉高帝二年（前205）改殷国置。治所在怀县（今河南武陟西南）。脩武：即脩武县。秦置，属河内郡。治所在今河南获嘉。武德：即武德县。秦置，属河内郡。治所在今河南武陟东南十四里大城村。

⑩荥播泽：一作荥泽，又名荥波。在河南郑州西北古荥镇北五里。春秋战国时尚与济水、黄河相通。

⑪奉沟水：济水之故渎。《水经注疏》杨守敬按："当合于今河内县（今河南沁阳）南。"

⑫萦带：环绕。

⑬绝岸：陡峭的岸。峻周：极其陡峭。周，至，极。

⑭城张翕险：此处费解，阙如。张，开。翕，收敛。

⑮"制"几句：此为《左传·隐公元年》文。制，又名虎牢。在今河南荥阳西北三十六里汜水镇西，原是东虢国的领地。东虢为郑所

灭,制遂为郑地。岩邑,险要的城邑。虢叔,东虢国的国君。

⑯东虢:虢为周诸侯国名。西虢在今陕西宝鸡,东虢在今河南荥阳东北。

⑰"鲁襄公二年七月"几句:郦道元抄变《左传·襄公二年》文:"秋,七月庚辰,郑伯睔卒。于是子罕当国,子驷为政,子国为司马。晋师侵郑,诸大夫欲从晋。子驷曰:'官命未改。'会于戚,谋郑故也。孟献子曰:'请城虎牢以逼郑。'"鲁襄公二年,前571年。晋成公,晋文公重耳之少子,晋襄公之弟,名黑臀。赐赵氏为公族。伐郑。伐秦,虏秦将赤。与楚庄王争强,会诸侯于扈。与楚战,败楚师。以逼郑求平,威逼郑国以求和平。

【译文】

河水又往东流经成皋大伾山脚下,《尔雅》说:山只有一层的叫伾。许慎、吕忱等人都认为是指只有一层的小丘。孔安国认为有两层叫伾,也有人以为伾是地名,其实不对。《尚书·禹贡》说:过了洛汭,到达大伾。郑康成说:大伾山是大地的喉咙,沇水就发源于山边。山在河内脩武、武德的边界上,济水与荥播泽都从这里出入,那么大伾山就是这座山了。伾北,《水经》说,济水从北方流来注入,就指的是这地方。今天济水从温县入河,而不是从这里。在这里注入河水的是奉沟水,也就是济水的旧河道。成皋县旧城在大伾山上,像一条带子萦绕着伾山,周围的崖岸险峻陡绝,高四十余丈,凭险而筑,崎岖不平。《春秋左传》说:制是建在险岩上的城,虢叔就死在此城,也就是东虢。鲁襄公二年七月,晋成公与诸侯会盟于戚,就在虎牢筑城来逼迫郑国,以求议和。那次是利用旧城重修而成的。

《穆天子传》曰[①]:天子射鸟猎兽于郑圃[②],命虞人掠林[③],有虎在于葭中[④],天子将至,七萃之士高奔戎生捕虎而献之天子[⑤],命之为柙[⑥],畜之东虢,是曰虎牢矣[⑦]。然则虎牢之名，自此始也。秦以为关[⑧]，汉乃县之[⑨]。城西北隅有小城，周三里，北面列观[⑩]，临河岧岧孤上[⑪]。景明中，言之寿春[⑫]，路值兹邑，升眺清远，势尽川陆[⑬]。羁途游至[⑭]，有伤深情。河水南对玉门，昔汉祖与滕公潜出[⑮]，济于是处也。门东对临河，侧岸有土穴。魏攻北司州刺史毛德祖于虎牢，战经二百日，不克[⑯]。城惟一井，井深四十丈，山势峻峭，不容防捍[⑰]，潜作地道取井。余顷因公至彼，故往寻之，其穴处犹存。

【注释】

①《穆天子传》：书名。撰者不详。约为春秋末到战国初时作。晋咸宁五年（279）在汲郡（今河南汲县）战国魏襄王墓中出土的汲冢书之一。主要记录的是周穆王西征西方诸国和巡游中原的故事。

②天子：此指西周穆王姬满，周昭王之子。在位期间，曾西击犬戎，东征徐戎。卒谥穆。郑圃：郑国的圃田泽。在今河南中牟西及郑州东。今中牟西南之丈八沟及附近诸陂湖，皆其遗迹。

③虞人：古掌山泽苑囿之官。掠林：砍伐林木。

④葭（jiā）：初生的芦苇。

⑤七萃之士高奔戎：高奔戎为穆天子的七萃之士，有勇力，能生擒猛虎。七萃之士，周朝设置，用以拱卫王宫、肃严徼道的卫兵。

⑥柙（xiá）：关野兽的木笼，旧时也用来押解、拘禁重犯。

⑦虎牢：本义为关押老虎的牢笼。这里指地名。

⑧秦以为关：秦朝在此设置虎牢关。

⑨汉乃县之：西汉在此设县。当时虎牢属成皋县。

⑩列观（guàn）：列置观阙。

⑪岧岧（tiáo tiáo）：形容高耸。

⑫景明中,言之寿春:《北史·郦范传》附“郦道元传”:“景明中,为冀州镇东府长史。”《水经注疏》杨守敬按:“《洧水注》言,景明中,宰颍川郡长社县,此言景明中之寿春,亦当是宦游。”景明,北魏宣武帝元恪(kè)的年号(500—503)。寿春,即寿春县。秦九江郡治。治所在今安徽寿县。东晋孝武帝时以避郑太后讳,改为寿阳县。南朝宋又改为睢阳县,北魏复名寿春县。

⑬势尽川陆:山川陆地等形胜尽收眼底。

⑭羁途:旅途。

⑮河水南对玉门,昔汉祖与滕公潜出:事见《汉书·高帝纪》:“汉王跳,独与滕公共车出成皋玉门,北渡河,宿小脩武。”玉门,成皋县城的北门。滕公,指夏侯婴。沛(今江苏沛县)人。与刘邦交好。刘邦为沛公,以夏侯婴为太仆。从击项羽。入蜀,定三秦,屡有战功。刘邦即位,封为汝阴侯。后与大臣共立文帝,复为太仆。初夏侯婴为滕令奉车,故又称滕公。

⑯“魏攻北司州刺史毛德祖于虎牢”几句:事见《魏书·太宗纪》。魏,此指北魏,亦称后魏。司州刺史,官名。北魏设。为司州最高行政长官。地位高于一般刺史。孝文帝二十三年(499)改称司州牧。毛德祖,荥阳阳武(今河南原阳东南)人。从刘裕伐,屡战克捷,封观阳县男,寻迁督司、雍、并三州诸军事、冠军将军、司州刺史。虎牢之战,因兵力悬殊,为北魏所败,城陷被俘,卒于虏中。潜作,秘密在地下修建。

⑰防捍:防卫,抵御。

【译文】

《穆天子传》说:穆天子在郑国的圃田泽射鸟猎兽,令虞人去砍伐山林,有一只老虎藏身在芦苇中,穆天子将到时,禁卫军勇士高奔戎活捉了老虎献给他,穆天子叫他做了一个虎栏,把虎养在东虢,因而叫虎牢。照此看来,虎牢的地名是从那时起就有的。秦时在这里设关,汉时才立县。

城的西北角有一座小城，周长三里，北面建了城楼，在河边巍然凌空高耸。景明年间，我去寿春，途经此城，登楼远眺，山川形胜一览无余。旅途中漫游到了这里，不免伤怀感慨起来。河水南朝玉门，从前汉高祖与滕公偷偷出城，就是在这里渡河的。玉门东面临河，岸边有个土洞。魏军在虎牢围攻北司州刺史毛德祖，一连打了二百日，还是打不下来。城里只有一口井，深四十丈，而山势峻峭，无法防御，于是暗中挖了一条地道夺取了这口井。我因公事到那里，所以就乘便去寻访旧迹，看到挖洞的地方还在。

河水又东，合汜水[①]。水南出浮戏山[②]，世谓之曰方山也。北流合东关水[③]。水出嵩渚之山[④]，泉发于层阜之上，一源两枝[⑤]，分流泻注，世谓之石泉水也[⑥]。东为索水[⑦]，西为东关之水。西北流，杨兰水注之[⑧]。水出非山[⑨]，西北流注东关水。东关水又西北，清水入焉[⑩]。水自东浦西流，与东关水合，而乱流注于汜。汜水又北，右合石城水[⑪]。水出石城山[⑫]，其山复涧重岭，攲叠若城[⑬]。山顶泉流，瀑布悬泻，下有滥泉[⑭]，东流泄注，边有数十石畦[⑮]，畦有数野蔬。岩侧石窟数口，隐迹存焉，而不知谁所经始也[⑯]。又东北流注于汜水。汜水又北合鄤水[⑰]，水西出娄山[⑱]，至冬则暖，故世谓之温泉。东北流迳田鄤谷[⑲]，谓之田鄤溪水[⑳]，东流注于汜水。汜水又北迳虎牢城东[㉑]，汉破司马欣、曹咎于是水之上[㉒]。汜水又北流注于河。《征艰赋》所谓步汜口之芳草[㉓]，吊周襄之鄙馆者也[㉔]。余按昔儒之论，周襄所居在颍川襄城县[㉕]，是乃城名，非为水目[㉖]，原夫致谬之由，俱以汜、郑为名故也[㉗]，是为爽矣[㉘]。又按郭缘生《述征记》、刘澄之《永初记》[㉙]，并言高祖即帝位于是水之阳[30]，今不复知旧坛所在。卢谌、崔云亦言是矣[31]。余按高皇帝受天命于定陶汜水[32]，不在此也。于是求坛，故无仿佛矣[33]。

【注释】

①汜水：源出今河南巩义东南，北流经荥阳汜水镇西，北入黄河。

②浮戏山：一名方山。在今河南荥阳西南（汜水镇东南三十二里）。

③东关水：《水经注疏》杨守敬按："水在今荥阳县西南。"

④嵩渚之山：《水经注疏》熊会贞按："今县南（今河南荥阳东南二十四里京襄城）大周山即嵩渚山。"

⑤一源两枝：一个源头分成两股水流。

⑥石泉水：当在今河南荥阳一带。

⑦索水：即古旃然水。一名索河。在今河南荥阳与郑州北境。

⑧杨兰水：《水经注疏》杨守敬按："水当在今汜水县（今河南荥阳西北）东南。"

⑨非山：即鹿蹄山。在今河南宜阳东南。

⑩清水：一作蒲水。《水经注疏》杨守敬按："水亦当在今汜水县东南。"

⑪石城水：亦当在今河南荥阳汜水镇一带。

⑫石城山：当在今河南荥阳汜水镇一带。

⑬攲（qī）叠：错落倾斜层层叠叠。攲，倾斜，歪斜。

⑭滥泉：涌出的水泉。

⑮石畦：用石头围着的一块块排列整齐的田地，一般为长方形。畦，有一定界限的长条田块。

⑯经始：创建。

⑰鄤（màn）水：《水经注疏》杨守敬按："《续汉志》，成皋有漫水。当在今汜水县西南。"

⑱娄山：当在今河南荥阳一带。

⑲田鄤谷:《水经注疏》熊会贞按:“此田鄤谷在郑之西北。”

⑳田鄤溪水:当在今河南郑州、荥阳一带。

㉑虎牢城:即成皋县故城。在今河南荥阳西北三十六里汜水镇西。

㉒汉破司马欣、曹咎于是水之上:事见《史记·高祖本纪》:“四年,项羽乃谓海春侯大司马曹咎曰:‘谨守成皋。若汉挑战,慎勿与战,无令得东而已。我十五日必定梁地,复从将军。’乃行击陈留、外黄、睢阳,下之。汉果数挑楚军,楚军不出,使人辱之五六日,大司马怒,度兵汜水。士卒半渡,汉击之,大破楚军,尽得楚国金玉货赂。大司马咎、长史欣皆自刭汜水上。”司马欣,曾任章邯的长史,佐章邯击败陈胜。不久从章邯降楚,为上将军。项羽入关中,封司马欣为塞王。刘邦定三秦,司马欣降归汉王。后复叛,归降项羽。汉王四年(前203)破楚军于成皋,司马欣自刭死。曹咎,秦时为蕲县狱掾。项梁尝坐事系栎阳狱,请咎书抵狱史司马欣,得免。后项羽封之为海春侯,任大司马。汉王三年(前204)守成皋。第二年,中汉军激将计,兵败被杀。

㉓《征艰赋》:赋名。卢谌所作。卢谌,范阳涿县(今河北涿州)人。娶晋武帝女荥阳公主,为驸马都尉。后随父北投刘琨。成帝咸康四年(338),石虎破辽西,以谌为中书侍郎、国子祭酒等。卢谌博学多艺,工书善属文。《水经注》多引《征艰赋》。步汜口之芳草:踩踏着汜口的绿草。步,踩踏。

㉔吊周襄之鄙馆:凭吊周襄王曾经居住的郊野别居。周襄,周襄王,周惠王子,名郑。鄙,地名。

㉕颍川:即颍川郡。秦始皇十七年(前230)置。治所在阳翟县(今河南禹州)。襄城县:战国楚置。楚怀王二十九年(前300)归秦,属颍川郡。治所即今河南襄城。

㉖水目:河流的名称。

㉗俱以汜、郑为名故:《水经注疏》杨守敬按:“汜郑当作郑汜,谓此

汜与周襄所居之汜，俱在郑地，故卢谌混而一之。”

㉘爽：差错。

㉙刘澄之《永初记》：刘澄之为南朝宋武帝刘裕的族弟刘遵考之子。《隋书·经籍志》：“《永初山川古今记》二十卷。齐都官尚书刘澄之撰。”郦道元《水经注》多引。刘澄之，有时引作“刘中书”。

㉚是水之阳：汜水的北边。古人以山南水北为阳。

㉛卢谌、崔云亦言是矣：郑德坤《水经注引书考》：“此注曰：‘卢谌、崔云亦言是矣。’杨氏《要删》曰：‘崔云未详其人，疑是崔豹之讹。’郦氏所据何书，未详也。”

㉜定陶：即定陶县。战国秦置，属东郡。治所在今山东菏泽定陶区西北四里。西汉彭越为梁王，都定陶。后为济阴郡治。汜水：古济水分流。源自今山东曹县北，东北流至今山东菏泽定陶区北注入古菏泽。《汉书·高帝纪》：“汉王即皇帝位于汜水之阳。”即此。今菏泽定陶区西北有汉高祖坛，高祖即位处。

㉝仿佛：依稀隐约的痕迹。

【译文】

河水又东流，与汜水汇合。汜水发源于南方的浮戏山，世人称之为方山。北流与东关水汇合。东关水发源于嵩渚山，泉水在层沓的丘冈上流出，一个源头分成两股水流，分道流泻，世人称之为石泉水。东流的一条叫索水，西流的一条就是东关水。东关水往西北流，杨兰水注入。杨兰水发源于非山，往西北流，注入东关水。东关水又往西北流，清水注入。清水从东浦往西流，与东关水汇合，乱流注入汜水。汜水又往北流，在右边与石城水汇合。石城水发源于石城山，山中涧水纵横，峰岭重重，斜叠有如城墙。山顶的泉水成为瀑布流泻下来，下面有地下泉涌出，往东流注，水边有数十处用石头围起的整齐的田地，长着各种野菜。岩边有几个石洞，还留着有人居住过的痕迹，但不知是谁营建的。石城水又往东北流，注入汜水。汜水又北流，汇合了鄤水，鄤水发源于西方的娄山，到了冬天水很温暖，所以世人称之为温泉。水往东北流过田鄤谷，称为田鄤溪水，东流注入汜水。汜水又往北流经虎牢城东边，汉军就是在这条水上打败了司马欣和曹咎。汜水又北流，注入河水。《征艰赋》说：在汜口踏着绿草漫步，凭吊周襄王的郊外别馆。我查考从前学者的说法，周襄王居住过的汜在颍川襄城县，汜是城名，不是水名，推想造成错误的原因，大概都是以汜、郑为名的缘故，故而有此差错。又据郭缘生《述征记》、刘澄之《永初记》，都说汉高祖是在水北即帝位的，当时的旧坛到底在哪里，现在已不知道了。卢谌、崔云也这么说。我查考汉高帝是在定陶汜水受天之命登位的，不是在这里，当然在这里连旧坛的影子也找不到了。

河水又东迳板城北①，有津，谓之板城渚口②。

【注释】

①板城：《水经注疏》杨守敬按："当在今汜水县(今河南荥阳西北)东北十余里。"

②板城渚口：即板渚。在今河南荥阳北牛口峪附近。

【译文】

河水又往东流过板城北边，有个渡口叫板城渚口。

河水又东迳五龙坞北①，坞临长河，有五龙祠。应劭云：昆仑山庙在河南荥阳县②。疑即此祠，所未详。

【注释】

①五龙坞：当在今河南荥阳一带。

②昆仑山庙：《水经注疏》熊会贞按："《风俗通》十，河出昆仑山，庙在河南。"河南，即河南郡。汉高祖二年(前205)改河南国置。治所在雒阳县(今河南洛阳东北汉魏故城)。荥阳县：秦置，属三

川郡。治所在今河南郑州西北古荥镇。西汉属河南郡。

【译文】

河水又往东流经五龙坞北边，坞在长河旁，有五龙祠。应劭说：昆仑山庙在河南荥阳县。我怀疑就是此祠，但不清楚。

又东过荥阳县北，蒗𦼮渠出焉[①]。

大禹塞荥泽[②]，开之以通淮、泗[③]，即《经》所谓蒗𦼮渠也。汉平帝之世[④]，河、汴决坏[⑤]，未及得修，汴渠东侵，日月弥广，门闾故处[⑥]，皆在水中。汉明帝永平十二年[⑦]，议治汳渠[⑧]，上乃引乐浪人王景问水形便[⑨]。景陈利害，应对敏捷，帝甚善之，乃赐《山海经》《河渠书》《禹贡图》及以钱帛[⑩]。后作堤，发卒数十万，诏景与将作谒者王吴治渠[⑪]，筑堤防修堨[⑫]，起自荥阳，东至千乘海口[⑬]，千有余里。景乃商度地势[⑭]，凿山开涧，防遏冲要[⑮]，疏决壅积，十里一水门，更相回注，无复渗漏之患。明年渠成，帝亲巡行，诏滨河郡国置河堤员吏[⑯]，如西京旧制[⑰]。景由是显名，王吴及诸从事者[⑱]，皆增秩一等[⑲]。顺帝阳嘉中[⑳]，又自汴口以东[㉑]，缘河积石，为堰通渠[㉒]，咸曰金堤[㉓]。灵帝建宁中，又增修石门，以遏渠口[㉔]。水盛则通注[㉕]，津耗则辍流。

【注释】

①蒗𦼮渠：即战国至秦、汉间之鸿沟。故道自今河南荥阳北广武镇北引黄河水东流，经中牟北，至开封东南。折而南流经通许东、太康西，至周口淮阳区东南，流经沈丘北入颍水。魏、晋以后，开封以上河段称汴水，以下河段称蔡水。

②荥泽：在今河南郑州西北古荥镇北。春秋战国时尚与济水、黄河相通。自西汉平帝以后，荥泽淤塞为平地。

③淮：即今淮河。泗：亦称清泗，别名清水。源出今山东泗水县东五十里陪尾山。四源并发，故名。

④汉平帝之世：1—5年之间。汉平帝，西汉平帝刘衎。

⑤汴：又称汴河、汴渠。历史上不同时代所指不同。《汉书·地理志》作卞水，指今河南荥阳西南索河。《后汉书》始作汴渠，移指荥阳一带从黄河分出的狼汤渠。决坏：决堤毁坏。

⑥门闾：城门与里门。后泛指房舍，房屋。

⑦汉明帝永平十二年：69年。永平，东汉明帝刘庄的年号（58—75）。

⑧汳渠：故道自今河南开封东北分狼汤渠水东流，至今商丘北，下接获水。自晋以后被认为是汴河的下游。"汳"名遂废弃不用，通称汴河或汴渠。

⑨乐浪：即乐浪郡。西汉元封三年（前108）置。治所在朝鲜县（今朝鲜平壤大同江南岸土城洞，一说即今平壤）。王景：字仲通。东汉王闳之子。少学《易》，广窥众书，好天文术数之事。深沉多技艺。明帝时治水数有功。官终庐江太守。形便：指有利的地理形势。

⑩《河渠书》：此指司马迁《史记·河渠书》。《禹贡图》：郑德坤《水经注引书考》："郦氏据《后汉·王景传》立说，非汉代《禹贡图》至后魏尚存也。郦氏生当晋后，裴秀所撰《禹贡地域图》或有所见，至于汉代之图则当已无考矣。"

⑪将作谒者王吴：东汉明帝时将作谒者，与王景共修浚仪渠、汴渠等。将作谒者，官名。秦设有将作少府一官，西汉因之。汉景帝时，改称将作大匠。掌修宗庙、路寝、宫室、陵园土木之功。东汉光武中元二年（57）省，以谒者领之，故称将作谒者。

⑫堨（è）：堤堰。

⑬千乘：即千乘县。秦置，属临淄郡。治所在今山东高青东南高城

镇北二十五里(今滨州南二十六里旧镇西南十里千乘遗址)。西汉为千乘郡治。东汉属乐安国。海口:入海口。

⑭商度(duó):计量,测算。

⑮防遏:防备遏止。冲要:即要冲,军事或交通等方面的要地。冲,交通要道。

⑯滨河郡国:濒临黄河的各郡国。郡国,郡和国的并称。汉初,兼采封建及郡县之制,分天下为郡与国。郡直属中央,国分封诸王、侯,封王之国称王国,封侯之国称侯国。南北朝仍沿郡、国并置之制,至隋始废国存郡。后亦以"郡国"泛指地方行政区划。河堤员吏:治理河堤的官吏。如河堤谒者、河堤掾匠等。

⑰西京:西汉都长安,东汉改都洛阳,因称洛阳为东京,长安为西京。旧制:《后汉书》李贤注:"《十三州志》曰:'成帝时河堤大坏,泛滥青、徐、兖、豫四州略遍,乃以校尉王延代领河堤谒者,秩千石,或名其官为护都水使者。中兴,以三府掾属为之。'"

⑱从事:官名。西汉以后三公及州郡长官皆自辟僚属,多以从事为称。

⑲增秩:增加俸禄,升官。一等:一级。以上见《后汉书·王景传》。

⑳阳嘉:东汉顺帝刘保的年号(132—135)。

㉑汴口:在今河南荥阳东北。

㉒为堰:建造堤堰。通渠:通连渠水。

㉓金堤:指东汉汴口(今河南荥阳东北)以东黄河两岸石堤。

㉔"灵帝建宁中"几句:事见郦道元《水经注·济水》:"灵帝建宁四年,于敖城西北垒石为门,以遏渠口,谓之石门。"建宁,东汉灵帝刘宏的年号(168—172)。

㉕通注:(打开石门)让水流通畅无阻。

【译文】

河水又往东流过荥阳县北,蒗荡渠在这里分出。

大禹堵塞了荥泽,开渠与淮水、泗水相通,这就是《水经》所谓的蒗碭渠。汉平帝时，河水、汴水决堤，来不及修治，汴渠向东侵蚀，日积月累，愈来愈宽阔，原来的聚落房舍都被淹没了。汉明帝永平十二年，建议治理汳渠，明帝于是引见乐浪人王景，询问如何利用地形之便来治水。王景陈述了利弊，对答敏捷，明帝觉得他的意见很好，就赏赐他《山海经》《河渠书》《禹贡图》以及钱币布帛等物。以后调动了数十万兵卒来筑堤，下诏要王景和将作谒者王吴一起来治河，所筑的堤防堰坝，从荥阳向东延至千乘海口，长达一千余里。王景测度地势，凿山开涧，防护险要的地方，把淤积堵塞处加以疏导，每十里设一座水门，可以互相调节水流，再也没有渗漏的弊病了。次年渠道修成，明帝亲自来巡察，下诏命令沿河诸郡国，依照西京老制度设置河堤官吏。王景自此以后就出了名，王吴和参加这一工作的僚属薪俸也都提升一级。顺帝阳嘉年间又从汴口以东沿河叠石筑成堤堰，与渠相通，都叫金堤。灵帝建宁年间，又增建石门，拦截渠口。水大时就开闸放水，水枯时关闸断流。

河水又东北迳卷之扈亭北[①]，《春秋左传》曰：文公七年，晋赵盾与诸侯盟于扈[②]。《竹书纪年》：晋出公十二年[③]，河绝于扈。即于是也。

【注释】

①卷：即卷县。战国秦置，属三川郡。治所在河南原阳西圈城。扈亭：春秋郑邑。在今河南原阳西。

②“文公七年”几句：事见《左传·文公七年》：“秋八月，齐侯、宋公、卫侯、陈伯、郑伯、许男、曹伯会晋赵盾盟于扈，晋侯立故也。”文公七年，前620年。文公，指鲁文公。春秋鲁僖公之子。谥文。晋赵盾，战国时晋国的正卿（相当于丞相）。谥号宣子。是敢于直谏、忠于国事的大臣。

③晋出公十二年：前 463 年。晋出公，晋定公之子，名凿。在位时知伯与赵、韩、魏强盛。后三卿灭知氏，分晋之势成，晋出公出奔。

【译文】

河水又往东北流经卷县扈亭北边，《春秋左传》说：文公七年，晋国赵盾与诸侯在扈会盟。《竹书纪年》：晋出公十二年，河水到扈断流。就是这地方。

河水又东迳八激堤北[①]。汉安帝永初七年[②]，令谒者太山于岑[③]，于石门东积石八所，皆如小山，以捍冲波，谓之八激堤。

【注释】

①八激堤：在今河南原阳西南古黄河南岸。八激堤，即八个险工。激堤，即险工之意。在这里，黄河大溜对堤坝形成冲激，因此，此处堤岸用石头砌成，以加固堤岸，现代称险工，激堤为古代对此种工程的称谓。

②汉安帝永初七年：113 年。永初，东汉安帝刘祜的年号（107—113）。

③太山：即泰山郡。楚汉之际刘邦改博阳郡置。治所在博县（今山东泰安东南三十里旧县）。因境内泰山得名。后移治奉高县（今泰安东北）。于岑：人名。东汉安帝时谒者。造八激堤于河阴。

【译文】

河水又往东流经八激堤北边。汉安帝永初七年，命令谒者太山于岑在石门以东八处堆积岩石，堆得像小山那么高，以阻挡波浪的冲击，称为八激堤。

河水又东迳卷县北，晋、楚之战，晋军争济，舟中之指可掬[①]。楚庄祀河告成而还[②]，即是处也。

【注释】

①舟中之指可掬：船中被砍下的手指多得可用双手捧起。掬，两手捧。

②楚庄：春秋楚君。名旅，一名吕、侣。在位期间整顿内政，兴修水利，向外征战，实力大增。在郯之战中大败晋军，成为春秋五霸之一。祀河：祭祀河神。告成：祈祷成功。

【译文】

河水又往东流经卷县北边，晋、楚战争时，晋军争渡，竞相攀着船舷企图登船，船中被砍下的手指多得可以用手来捧。楚庄王祭祀河神，祝告得胜后返回，就是在这地方。

河水又东北迳赤岸固北[①]，而东北注。

【注释】

①赤岸固：《水经注疏》熊会贞按："赤岸固当在今原武县（今河南原阳）北。"

【译文】

河水又往东北流经赤岸固北边，一直往东北流去。

又东北过武德县东，沁水从西北来注之[①]。

河水自武德县。汉献帝延康元年[②]，封曹叡为侯国[③]，即魏明帝也。东至酸枣县西[④]，濮水东出焉[⑤]。汉兴三十有九年，孝文时，河决酸枣，东溃金堤，大发卒塞之[⑥]。故班固云：文堙枣野[⑦]，武作《瓠歌》[⑧]。谓断此口也。今无水。

【注释】

①沁水：一名少水。即今山西东南部之沁河。源出沁源北绵山二郎神沟，南流经安泽、沁水、阳城诸县，入河南济源境，东流至武陟南

入黄河。

②汉献帝延康元年:220 年。

③曹叡(ruì):字元仲。沛国谯(今安徽亳州)人。文帝曹丕子。初封武德侯,后历封齐公、平原王。黄初七年(226)继位。

④酸枣县:战国魏置。后入秦,属东郡。治所在今河南延津西南十五里。

⑤濮水:一名濮渠水。流经春秋时卫地。上游一支首受济水于今河南封丘西,东北流;一支首受黄河于今原阳北,东流经延津南。二支合流于今长垣西。此后东流经长垣北至滑县东南,此下又分为二:一支经山东东明北,东北至鄄城南注于瓠子河;一支经东明南,又东经菏泽北注入巨野泽。

⑥"汉兴三十有九年"几句:事见《史记·河渠书》:"汉兴三十九年,孝文时河决酸枣,东溃金堤,于是东郡大兴卒塞之。"孝文,西汉皇帝刘恒。大发卒,大肆发动士卒。

⑦文:西汉孝文帝。堙(yīn):堵塞,填塞。枣野:此指酸枣县。

⑧武:此指汉武帝。《瓠歌》:《汉书·叙传》颜师古引张晏曰:"河决瓠子,武帝亲临,悼功不成而作歌。"《瓠歌》内容可参看《史记·河渠书》。

【译文】

河水又往东北流过武德县东边,沁水从西北流来注入。

河水从武德县流出。汉献帝延康元年,把武德县封给曹叡建立侯国,这就是魏明帝。河水自武德县往东流到酸枣县西边,濮水在这里向东分支流出。汉代兴起后三十九年,到了孝文帝时,河水在酸枣县决口,往东冲垮了金堤,朝廷调动了大部队把溃决处堵住。所以班固说:文帝堵塞枣野,武帝作《瓠歌》。说的就是堵塞决口的事。今天此水已枯涸。

河水又东北,通谓之延津[①]。石勒之袭刘曜[②],途出于此,以河冰泮为神灵之助[③],号是处为灵昌津[④]。昔澹台子羽赍千金之璧渡河[⑤]，阳侯波起[⑥]，两蛟夹舟[⑦]。子羽曰：吾可以义求，不可以威劫[⑧]。操剑斩蛟，蛟死波休。乃投璧于河，三投而辄跃出，乃毁璧而去，示无吝意。赵建武中，造浮桥于津上，采石为中济，石无大小，下辄流去，用工百万，经年不就。石虎亲阅作工，沉璧于河，明日，璧流渚上，波荡上岸，遂斩匠而还[⑨]。

【注释】

①延津：津渡名。亦称灵昌津。宋代以前黄河流经今河南延津西北至滑县一段为重要渡口，总称延津。

②石勒：字世龙。上党武乡（今山西榆社北）人。羯族。十六国时期后赵的建立者。刘曜：字永明。新兴（今山西忻州）人。十六国时期前赵皇帝。

③泮（pàn）：融解。神灵之助：《晋书·载记·石勒》："勒统步骑四万赴金墉，济自大堨。先是，流澌风猛，军至，冰泮清和，济毕，流澌大至，勒以为神灵之助也，命曰灵昌津。"

④灵昌津：即上文延津。

⑤澹台（tán tái）子羽：姓澹台，名灭明，字子羽。孔子弟子。状貌丑陋，不为孔子器重。后竟成高才。赍（jī）：持着，带着，拿着。

⑥阳侯波：汹涌的波涛。阳侯，古代传说中的波涛之神。

⑦蛟（jiāo）：蛟龙。古代传说中指兴风作浪、能发洪水的龙。

⑧以威劫：凭借淫威暴力来威胁。劫，威胁。

⑨"赵建武中"几句：事见《晋书·载记·石季龙》："先是，季龙起河桥于灵昌津，采石为中济，石无大小，下辄随流，用功五百余万而不成。季龙遣使致祭，沉璧于河。俄而，所沉璧流于渚上。地震，水波腾上，津所殿观莫不倾坏，压死者百余人。季龙恚甚，斩工匠而止作焉。"建武，后赵太祖石虎年号（335—348）。浮桥，在并

列的船或筏子上铺上木板而成的桥。津，灵昌津。中济，河中央渡河的设施。石虎，字季龙。羯族人，后赵石勒从子。十六国时期后赵国君。在位期间穷兵黩武，四处征伐，终酿成内乱。作工，修建的工人。渚，水中的陆地。

【译文】

河水又往东北流，通称延津。石勒袭击刘曜，行军时就经过这里，当时河水结冰，即将封冻，军队到时忽然融化，津渡畅通，石勒以为是神灵相助，所以称为灵昌津。从前澹台子羽带了价值千金的玉璧渡河，水神掀起巨浪，两条蛟龙从两边夹住他的船。子羽说：你可以好好地向我请求，却不能用暴力胁迫我屈服！于是他挥剑斩了蛟龙，蛟龙死了，波浪也平静了。于是子羽把璧投入河中，但一投下立即又跳了出来，如此接连三次，子玉就砸破了璧然后离去，表示并不吝惜。赵建武年间，在渡口建造浮桥，采石在河心筑墩，但石块不论大小，一投下去立即就随水漂走了，枉费了上百万人工，一整年还是筑不起来。石虎亲自来视察工程，沉璧于河中致祭，但第二天璧却被冲到沙洲上，水波把它激荡上岸，他就杀了匠人回去。

河水又迳东燕县故城北①，河水于是有棘津之名②，亦谓之石济津，故南津也。《春秋·僖公二十八年》：晋将伐曹，曹在卫东，假道于卫，卫人不许，还自南河济③。即此也。晋伐陆浑④，亦于此渡。宋元嘉中⑤，遣辅国将军萧斌，率宁朔将军王玄谟北入⑥，宣威将军垣护之，以水军守石济⑦，即此处也。

【注释】

①燕县：战国秦置，后入秦，属东郡。治所在今河南延津东北三十五里。西汉改为南燕县。东汉复为燕县。西晋废。

②棘津：亦名石济津、南津。黄河重要渡口。在今河南滑县西南古黄河畔。

③“《春秋·僖公二十八年》”几句：事见《左传·僖公二十八年》：“二十八年，春，晋侯将伐曹，假道于卫。卫人弗许。还，自南河济。侵曹伐卫。”僖公二十八年，前632年。晋将伐曹，此处晋指晋献公之子晋文公重耳，曹指曹共公，名襄，曹昭公之子。曹在卫东，此处曹指曹国，周诸侯国名，在今山东西南部，在卫国的东部。卫，周诸侯国名，在今河北南部和河南北部一带。假道，借路。这里专指军队借路，通过别国领土。南河，即南津。济，渡过。

④晋伐陆浑：事见《左传·昭公十七年》：“九月丁卯，晋荀吴帅师涉自棘津。使祭史先用牲于雒。陆浑人弗知，师从之。庚午，遂灭陆浑，数之以其贰于楚也。”陆浑，即陆浑戎，亦称阴戎。在今河南嵩县、栾川、伊川三县境内。后为晋国所灭。

⑤元嘉：南朝宋皇帝刘裕的年号（424—453）。

⑥遣辅国将军萧斌，率宁朔将军王玄谟北入：事见《魏书·世祖纪》：“秋七月，义隆遣其辅国将军萧斌之率众六万寇济州，刺史王买得弃州走，斌之遂入城，仍使宁朔将军王玄谟西攻滑台。”辅国将军萧斌，一作萧斌之。南朝宋将领。历辅国将军、青冀二州刺史等职。后与元凶劭谋逆篡位，兵败伏诛。宁朔将军王玄谟，字彦德。太原祁（今山西祁县）人。元嘉二十七年（450），率宋军攻魏，围滑台（今河南滑县），为魏所败。后官至车骑将军、南豫州刺史。

⑦宣威将军垣护之，以水军守石济：事见《南史·垣护之传》：“……随王玄谟入河。玄谟攻滑台，护之百舸为前锋，进据石济。”宣威将军，官名。东汉设，三国因之，为散号将军之一，阶五品。历朝多因之，品秩不一。垣护之，字彦宗。略阳桓道（今甘肃陇西东南）人。元嘉初为殿中将军。相继随到彦之、王玄谟攻魏。历任冀、徐等州刺史。所在多聚敛。

【译文】

河水又流经东燕县老城北边，这里有个渡口叫棘津，又称石济津，就是旧时的南津。《春秋·僖公二十八年》：晋国要攻打曹国，而曹国却在卫国以东，因而向卫借路，但卫人不答应，只得返回再从南河过渡。就是这地方。晋国攻打陆浑，也是从这里渡河的。宋元嘉年间，派辅国将军萧斌率领宁朔将军王玄谟向北方进军，宣威将军垣护之以水军防守石济，就是这里。

河水又东，淇水入焉①。又东迳遮害亭南②。《汉书·沟洫志》曰③：在淇水口东十八里④，有金堤，堤高一丈。自淇口东，地稍下，堤稍高，至遮害亭，高四五丈。又有宿胥口⑤，旧河水北入处也。

【注释】

①淇水：古黄河支流。即今河南淇河，南流至今卫辉东北淇门镇南入河。

②遮害亭：在今河南浚县西南。

③《汉书·沟洫志》：班固《汉书》十志之一，以司马迁《河渠书》为基础。主要记载农田水利。

④淇水口：《水经注疏》熊会贞按："淇水合清水入河，谓之淇水口。"

⑤宿胥口：先秦黄河决口处。在今河南浚县西南新镇附近。

【译文】

河水又东流，淇水注入。又往东流经遮害亭南边。《汉书·沟洫志》说：亭在淇水口东边十八里，有金堤，高一丈。从淇口以东，地势渐低，堤也渐高，到遮害亭时，堤高已有四五丈了。又有宿胥口，是旧河道流入北方之处。

河水又东，右迳滑台城北[①]，城有三重，中小城谓之滑台城，旧传滑台人自修筑此城[②]，因以名焉。城即故郑廪延邑也[③]，下有延津。《春秋传》曰：孔悝为蒯聩所逐[④]，载伯姬于平阳[⑤]，行于延津是也。廪延南故城，即卫之平阳亭也[⑥]，今时人谓此津为延寿津[⑦]。宋元嘉中，右将军到彦之[⑧]，留建威将军朱脩之守此城[⑨]，魏军南伐，脩之执节不下，其母悲忧。一旦乳汁惊出，母乃号踊，告家人曰：我年老，非有乳时，今忽如此，吾儿必没矣。脩之绝援，果以其日陷没[⑩]。城，故东郡治[⑪]。《续汉书》曰[⑫]：延熹九年[⑬]，济阴、东郡、济北、平原[⑭]，河水清。襄楷上疏曰[⑮]：《春秋》注记未有河清[⑯]，而今有之。《易乾凿度》曰[⑰]：上天将降嘉应[⑱]，河水先清。京房《易传》曰[⑲]：河水清，天下平，天垂异，地吐妖[⑳]，民厉疫[㉑]，三者并作而有河清，《春秋》，麟不当见而见[㉒]，孔子书以为异[㉓]。河者，诸侯之象；清者，阳明之征[㉔]，岂独诸侯有窥京师也？明年[㉕]，宫车宴驾[㉖]，征解渎侯为汉嗣[㉗]，是为灵帝[㉘]。建宁四年二月[㉙]，河水又清也。

【注释】

①滑台城：在今河南滑县东南八里城关镇。

②旧传滑台人自修筑此城：《元和郡县图志》“河南道四”：“州城，即古滑台城，城有三重，又有都城，周二十里。相传云卫灵公所筑小城，昔滑氏为垒，后人增以为城，甚高峻坚险。”

③郑：周诸侯国名。在今河南新郑一带。廪延：春秋郑邑。在今河南延津东北。

④孔悝为蒯聩（kuǎi kuì）所逐：事见《左传·哀公十六年》：“六月，

卫侯饮孔悝酒于平阳，重酬之，大夫皆有纳焉。醉而送之，夜半而遣之。”孔悝，春秋卫孔圉之子。卫出公时执国政。前481年，其母勾结引入出父之父蒯聩，强与其盟，立蒯聩为国君，是为庄公。第二年庄公逐悝，悝出奔宋。蒯聩，亦作蒉聩。卫灵公之太子。伯姬之弟，孔悝之舅。

⑤伯姬：春秋卫孔圉之夫人，孔悝之母，卫庄公蒯聩之姊。平阳：春秋卫邑。在今河南滑县东南。

⑥平阳亭：在今河南滑县东南。

⑦延寿津：即上文的延津。为郦道元时期的称呼。

⑧到彦之：字道豫。南朝宋彭城武原（今江苏邳州）人。东晋末从武帝刘裕讨伐孙恩起义。武帝即位，晋爵为侯。彦之佐守荆楚，垂二十载。士庶怀其威信。元嘉中改封建昌县公。迁南豫州刺史、监六州诸军事。伐魏无功免官。后起为护军。谥曰忠公。

⑨朱脩之：字恭祖。南朝宋义阳平氏（今河南桐柏）人。随到彦之北伐，留脩之戍滑台，为虏所围，数月粮尽，将士熏鼠食之，遂陷于虏。拓跋焘以为侍中，妻以宗室女。元嘉中回至京邑，为黄门侍郎，累迁江夏内史。孝武初，为宁蛮校尉、雍州刺史，加都督。以功封南昌县侯等。谥贞侯。

⑩“脩之执节不下”几句：事见《宋书·朱脩之传》：“初，脩之母闻其被围既久，常忧之，忽一旦乳汁惊出，母号泣告家人曰：‘吾今已老，忽复有乳汁，斯不祥矣。吾儿其不利乎？’后问至，脩之果以此日陷没。拓跋焘嘉其守节，以为侍中，妻以宗室女。”号踊（yǒng），号哭顿足。陷没，沦陷，被攻占。

⑪东郡：战国秦王嬴政五年（前242）置。治所在濮阳县（今河南濮阳东南二十里高城村）。北魏移治滑台城（今河南滑县东南城关镇）。

⑫《续汉书》：此当为晋司马彪《续汉书》。此处所引内容与今本范晔《后汉书》中“五行志”内容一致。今本范晔《后汉书》中的诸

志为后人以晋司马彪《续汉书》所补入。

⑬延熹九年:166年。延熹,东汉桓帝刘志的年号(158—167)。

⑭济阴:即济阴郡。西汉建元二年(前139)改济阴国置。治所在定陶县(今山东菏泽定陶区西北四里)。济北:即济北郡。秦置。治所在博阳县(今山东泰安东南旧县)。平原:即平原郡。西汉初置。治所在平原县(今山东平原县西南二十五里张家店)。

⑮襄楷:字公矩。东汉平原隰阴(今山东齐河县东北)人。好学博古,善天文阴阳之术。延熹九年(166),上疏朝廷,指斥桓帝为政荒淫,被下狱治罪。灵帝即位后举方正,征博士,皆不就。后卒于家。

⑯注记:记载,记录。河清:黄河水清澈。因为黄河水以水质浑浊而著称,一旦清澈,人们便觉灵异。

⑰《易乾凿度》:书名。即《周易乾凿度》,二卷。是书为《易》纬八种之二。主要宣扬天人感应与谶纬迷信之说。

⑱嘉应:祥瑞。

⑲京房《易传》:西汉京房撰。京房,字君明。西汉东郡顿丘(今河南清丰)人。本姓李,推律自定为京氏。治《易》,事梁人焦延寿。京房依据阴阳五行之说,以自然灾变附会人事,推衍祸福灾祥,宣扬"天人感应"论。后成为汉代《易》学一大流派。

⑳地吐妖:地面出现反常的事物。

㉑民厉疫:百姓得急性传染病。厉,病灾,瘟疫。

㉒麟:即麒麟。古代传说中的一种祥瑞动物,形状像鹿,头上有角,全身有鳞甲,有尾。不当见而见:《左传·哀公十四年》:"经十有四年春,西狩获麟。"杜预注:"麟者,仁兽,圣王之嘉瑞也。时无明王出而遇获,仲尼伤周道之不兴,感嘉瑞之无应,故因鲁《春秋》而修中兴之教,绝笔于'获麟'之一句,所感而作,固所以为终也。"

㉓孔子书以为异:《史记·孔子世家》:"(孔子)及西狩见麟,曰:'吾道穷矣!'"裴骃集解:"何休曰:'麟者,太平之兽,圣人之类也。

时得而死，此天亦告夫子将殁之证，故云尔。’”

㉔阳明之征：光明的征兆。

㉕明年：指延熹十年，即167年。

㉖宴驾：车驾晚出。古代称帝王死亡的讳辞。

㉗解渎侯：东汉灵帝刘宏。父解渎亭侯刘苌。世封解渎亭侯，帝袭侯爵。桓帝崩，无子，皇太后与父城门校尉窦武定策禁中，使守光禄大夫刘儵持节，将左右羽林至河间奉迎。

㉘“延熹九年”至“是为灵帝”：事见《后汉书·五行志》：“延熹八年四月，济北河水清。九年四月，济阴、东郡、济北、平原河水清。襄楷上言：‘河者诸侯之象，清者阳明之征，岂独诸侯有规京都计邪？’其明年，宫车晏驾，征解渎亭侯为汉嗣，即尊位，是为孝灵皇帝。”

㉙建宁四年：171年。建宁，东汉灵帝刘宏的年号（168—172）。

【译文】

河水又东流，右边经过滑台城北，城有三重，中央的小城叫滑台城，相传滑台人修筑此城，因此叫滑台城。此城也就是旧时郑国的廪延邑，下游有延津。《春秋传》说：孔悝为蒯聩所逐，在平阳以车载了伯姬，往延津而去。廪延南面的老城就是卫国的平阳亭，现在人们称渡口为延寿津。宋元嘉年间，右将军到彦之留下建威将军朱脩之驻守此城，魏军南征，朱脩之守节不降，他母亲十分忧愁。一天他母亲忽然心惊，竟流出乳汁来，她顿足捶胸号啕大哭，对一家人说：我老了，到这年纪本来不会再有乳汁了，现在忽然如此，我儿一定战死了！朱脩之得不到援军，果然就在那天城陷阵亡了。此城即旧时东郡的治所。《续汉书》说：延熹九年，济阴、东郡、济北、平原一带河水变清了。襄楷呈上奏疏说：《春秋》没有河水变清的记载，但今天却有了这样的事。《易乾凿度》说：上天将有吉兆降下，河水就先变清。京房《易传》说：河水变清，天下太平，现在上天昭示反常的预兆，地上出现妖异，民间疫病流行，这三件事同时发生，河水才变清的，《春秋》中麟原不该出现而出现，孔子把这当作灾异记载下来。河是诸侯的象征，清是光明的征兆，难道这是预示诸侯有袭击京师的阴谋吗？次年桓帝死了，征召解渎侯来做汉室的后嗣，这就是灵帝。建宁四年二月，河水又清了。

又东北过黎阳县南[1]，

黎[2]，侯国也。《诗·式微》[3]，黎侯寓于卫是也[4]。晋灼曰[5]：黎山在其南[6]，河水迳其东。其山上碑云：县取山之名[7]，取水之阳[8]，以为名也。王莽之黎蒸也。今黎山之东北故城，盖黎阳县之故城也。山在城西，城凭山为基，东阻于河[9]。故刘桢《黎阳山赋》曰[10]：南荫黄河[11]，左覆金城[12]，青坛承祀[13]，高碑颂灵[14]。昔慕容玄明自邺率众南徙滑台，既无舟楫，将保黎阳。昏而流澌冰合，于夜中济讫，旦而冰泮，燕民谓是处为天桥津[15]。东岸有故城，险带长河[16]，戴延之谓之逯明垒[17]，周二十里，言逯明，石勒十八骑中之一，城因名焉。郭缘生曰：城，袁绍时筑[18]。皆非也。

【注释】

①黎阳县：西汉置，属魏郡。治所在今河南浚县东。因古为九黎之地，故名。

②黎：殷商古国。在今山西长治上党区西北。

③《诗·式微》：即《诗经·邶风·式微》篇。

④黎侯寓于卫：《诗经·邶风·式微》诗序："黎侯寓于卫，其臣劝以归也。"黎侯被狄人所逐，弃国逃奔于卫。卫君给他两个邑居住，黎侯竟安于现状，不做回国的打算。黎国的臣子写了这首诗，劝黎侯急速回国。"式微"后来就成为"思归"的典故。

⑤晋灼：河南（治今河南洛阳东北）人。西晋学者，官尚书郎。撰《汉书集注》十四卷、《汉书音义》十七卷。

⑥黎山：又名黎阳山、大伾山。在今河南浚县东南二里。

⑦县取山之名：县以山为名。这里指黎阳县以黎山为名。

⑧取水之阳：在水的南边。古人以山南水北为阳，山北水南为阴。这里指黎阳县在黄河的南边。

⑨东阻于河：东边以黄河为屏障。

⑩刘桢：字公幹。东平宁阳（今山东宁阳南）人。建安七子之一。

⑪南荫黄河：南边遮蔽着黄河。荫，遮蔽，遮阴。能遮蔽着黄河，以突显黎阳山之崔嵬。

⑫左覆金城：左边掩映着坚固的城池。金城，称金，取其坚固。古人有“金城汤池”之说。

⑬青坛：帝王春日郊祭用的土台。承祀：主持祭祀。

⑭高碑颂灵：建立高高的石碑以祝告天地百神。

⑮“昔慕容玄明自邺率众南徙滑台”几句：事见《晋书·载记·慕容德》：“隆安二年，乃率户四万、车二万七千乘，自邺将徙于滑台。遇风，船没，魏军垂至，众惧，议欲退保黎阳。其夕流凘冻合，是夜济师，旦，魏师至而冰泮，若有神焉。遂改黎阳津为天桥津。”慕容玄明，即慕容德，字玄明。昌黎棘城（今辽宁义县西北）人。鲜卑族，前燕国国君慕容皝（huàng）之少子。400年称帝，年号建平，历史上称为“南燕”。谥献武皇帝。邺（yè），春秋齐邑。在今河北临漳西南邺镇。春秋齐桓公始筑，战国属魏，魏文侯时任西门豹守邺，河内称治。秦置县。滑台，在今河南滑县东南八里城关镇。保，依靠，依凭。流凘（sī），江河解冻时流动的冰块。冰合，结冰封冻。济，渡河。冰泮（pàn），冰冻融解。天桥津，亦称黎阳津。在今河南浚县东南古黄河畔。

⑯险带长河：以环绕的黄河为天险。

⑰戴延之：即戴祚，字延之。江东（今江苏长江下游南岸一带）人。官西戎主簿。曾从刘裕西征姚秦。著有《西征记》《甄异传》等。逯（lù）明垒：《水经注疏》熊会贞按："《寰宇记》，逯明垒即石勒之将所筑，因逯明名姓称垒，今遗址尚存。在今滑县（今河南滑县）东北。"

⑱袁绍：字本初。汝南汝阳（今河南商水县西北）人。灵帝时为中军校尉，帝崩，绍与何进谋召董卓军共诛宦官。卓未至而事泄，进被杀，绍乃勒兵捕宦官尽杀之。卓至，议废立，绍不从，出奔冀州，起兵讨卓，被推为关东军盟主。后绍据河北，与曹操战于官渡，大败，疾作而死。

【译文】

河水又往东北流过黎阳县南边，

黎是侯国。《诗经·邶风·式微》中黎侯寓于卫，可以说明。晋灼说：黎山在县南，河水流经县东。山上有碑，碑文说：黎阳县是按山名，并按地在水北而命名的。就是王莽的黎蒸。现在黎山东北的老城，就是黎阳县老城。山在城西，城依山为基，东边隔着河水。所以刘桢《黎阳山赋》说：南边屏蔽着黄河，左边掩护着坚城，青坛上举行祭祀，高碑颂扬神灵。从前慕容玄明从邺率领部属南迁于滑台，但没有船只渡河，于是打算据守黎阳。到了傍晚，流动的冰块封冻起来了，他们就连夜从冰上过河，次日，冰又化了，因而燕人就把这地方称为天桥津。东岸有一座老城，旁边有长河的天险，城周长二十里，戴延之把它称为逯明垒，逯明是石勒十八骑之一，城就是以此命名的。郭缘生说：这座城是袁绍时所筑。这些说法都不正确。

余按《竹书纪年》，梁惠成王十一年①，郑釐侯使许息来致地②，平丘、户牖、首垣诸邑③，及郑驰道，我取枳道与郑鹿④，即是城也。今城内有故台，尚谓之鹿鸣台⑤，又谓之鹿鸣城。王玄谟自滑台走鹿鸣者也[6]。济取名焉，故亦曰鹿鸣津[7]，又曰白马济。津之东南有白马城[8]，卫文公东徙[9]，渡河都之，故济取名焉。袁绍遣颜良攻东郡太守刘延于白马[10]，关羽为曹公斩良以报效[11]，即此处也。白马有韦乡、韦城[12]，故津亦有韦津之称[13]。《史记》所谓下脩武，渡韦津者也[14]。

【注释】

①梁惠成王十一年：前359年。梁惠成王，即魏惠王。魏是国名，姓魏名罃，因魏都大梁，故又称梁惠王。

②郑釐(xī)侯：战国韩哀侯之孙，郑懿侯之子。即韩昭侯。以申不害为相，修术行道，国内以治，诸侯不敢侵伐。韩灭郑之后，取郑为国号。许息：郑釐侯之大臣。致地：呈献土地。致，给予，送达。引申为招致之致。

③平丘：春秋卫邑。在今河南封丘东南平街。户牖：春秋卫邑。在今河南兰考东北二十里。首垣：战国时魏邑。在今河南长垣东北十四里。

④枳(zhǐ)道：即轵道。古道路名。在今河南济源境内，为豫北平原进入山西高原孔道。郑鹿：亦称鹿鸣城。战国魏鹿邑。在今河南滑县东北。为黄河重要渡口。

⑤鹿鸣台：当在今河南滑县东北。

⑥王玄谟自滑台走鹿鸣：事见《元和郡县图志》"河南道四"："《宋书》宋将王玄谟据滑台，宣令走鹿鸣城是也。"今本沈约《宋书》不载此事，《元和郡县图志》当本他家《宋书》。

⑦鹿鸣津：亦称白马津。在今河南滑县东北古黄河东岸。为黄河重要渡口。

⑧白马城：即白马县故城。白马县，秦置，属东郡。治所在今河南滑县东二十八里，取白马山为名。

⑨卫文公东徙：语见《诗经·鄘风·定之方中》小序："《定之方中》，美卫文公也。卫为狄所灭，东徙渡河，野处漕邑。"卫文公，卫戴公申之弟，名燬。春秋时，狄人攻破卫国，杀死卫懿公，卫人立戴公于漕邑。不久，戴公死。齐桓公以卫遭狄乱，乃率诸侯伐狄。为卫筑楚丘（今河南濮阳西南），立燬为卫君。卫文公务材训农，通商惠工，劝学任能，是一比较开明的国君。谥文。

⑩袁绍遣颜良攻东郡太守刘延于白马：事见《三国志·魏书·武帝纪》："（建安五年）春二月，绍遣郭图、淳于琼、颜良攻东郡太守刘延于白马，绍引兵至黎阳，将渡河。"颜良，袁绍手下大将军，被关羽斩杀。刘延，东汉末人。献帝时为东郡太守，曹操部下。建安五年（200），从曹操至官渡，与袁绍会战。

⑪关羽：字云长，本字长生。三国蜀汉河东解县（今山西临猗西南）人。从刘备起兵，与刘备、张飞结为兄弟，誓同生死。刘备为平原相，以关羽与张飞为别部司马，分统部曲。建安五年（200），刘备为曹操所败，关羽被操所执，拜偏将军，封汉寿亭侯。关羽斩颜良以报曹操厚遇之恩。后告辞曹操而奔刘备。刘备收江南诸郡，以关羽守襄阳。及西定益州，羽乃督荆州事，拜前将军。攻败曹仁，威震一时。孙权用吕蒙计，袭破荆州，关羽与子关平皆被害于临沮。追谥壮缪侯。曹公：即曹操。良：即颜良。

⑫韦乡：在今河南滑县。韦城：在今河南滑县。

⑬韦津：一作围津、垝津。在今河南滑县东北古黄河东岸。

⑭《史记》所谓下脩武，渡韦津者也：事见《史记·曹相国世家》："参以将军引兵围章邯于废丘。以中尉从汉王出临晋关。至河内，下脩武，渡围津，东击龙且、项他定陶，破之。"下，攻下。脩武，即脩武县。秦置，属河内郡。治所在今河南获嘉。

【译文】

我查考《竹书纪年》，梁惠成王十一年，郑釐侯派了许息前来献地，包括平丘、户牖、首垣等城,直到郑驰道,我国则取了枳道与郑鹿,就是此城。现在城内有一座古台,还叫鹿鸣台,城又称鹿鸣城。王玄谟从滑台退往鹿鸣城,指的就是此城。渡口也照此命名,叫鹿鸣津,又称白马济。渡口东南有白马城,卫文公东迁,渡河在这里定都,所以渡口以白马取名。袁绍派颜良到白马去攻打东郡太守刘延,关羽为曹公杀了颜良来报效他,就是这地方。白马有韦乡、韦城,所以渡口也有韦津之名。《史记》说的攻下脩武,渡过韦津,就是这里。

河水旧于白马县南泆通濮、济、黄沟[①],故苏代说燕曰[②]:决白马之口,魏无黄、济阳[③]。《竹书纪年》:梁惠成王十二年[④],楚师出河水,以水长垣之外者也[⑤]。金堤既建[⑥],故渠水断,尚谓之白马渎[⑦],故渎东迳鹿鸣城南,又东北迳白马县之凉城北[⑧]。《耆旧传》云[⑨]:东郡白马县之神马亭[⑩],实中层峙[⑪],南北二百步[⑫],东西五十许步,状丘斩城也[⑬]。自外耕耘垦斫,削落平尽。正南有躔陛陟上[⑭],方轨是由[⑮]。西南侧城有神马寺[⑯],树木修整。西去白马津可二十许里[⑰],东南距白马县故城可五十里,疑即《开山图》之所谓白马山也[⑱]。山下常有白马群行,悲鸣则河决,驰走则山崩。注云[⑲]:山在郑北[⑳],故郑也,所未详。刘澄之云[㉑]:有白马塞,孟达登之长叹[㉒]。可谓于川土疏妄矣[㉓]。亭上旧置凉城县[㉔],治此。白马渎又东南迳濮阳县[㉕],散入濮水,所在决会,更相通注,以成往复也。河水自津东北迳凉城县,河北有般祠[㉖]。《孟氏记》云[㉗]:祠在河中,积石为基,河水涨盛,恒与水齐。戴氏《西征记》曰[㉘]:今见祠在东岸,临河累石为壁,其屋宇容身而已。殊似无灵,不如孟氏所记,将恐言之过也。

【注释】

①泆(yì):泄,溢,流出。濮:即濮水。黄沟:春秋吴王夫差十四年(前482),为北上称霸中原而开凿。

②苏代:战国苏秦弟。亦习纵横家言。侍燕质子于齐。后之宋,宋善待之。齐伐宋。代遗燕昭王书,昭王善之,召代与谋伐齐,破之。燕使约诸侯从亲如苏秦时,天下由此宗苏氏之纵约。燕:周诸侯国名。在今河北北部和辽宁西南部。苏代游说的是当时的燕昭王。

③黄:春秋宋邑。在今河南民权东六十二里孔梁寺村。济阳:战国魏邑。在今河南兰考东北堌阳镇。

④梁惠成王十二年:前358年。梁惠成王,即魏惠王。

⑤长垣:在今河南长垣东北。

⑥金堤:泛指河堤。

⑦白马渎:即上文的白马济。

⑧凉城:在今河南滑县。

⑨《耆旧传》:书名。一说为晋王嘉撰。

⑩神马亭:在今河南滑县。

⑪实中:古代城墙多用土夯制而成,中间是实心的。实中,还可以引申出坚固义。层峙:高峻耸立。层,高峻。峙,耸峙。

⑫步:古代长度单位。历来定制不一。

⑬状丘斩城也:疑此句有脱误。从字面上看似乎约略可知其意:被垦斫的像山丘一样的城邑。

⑭躔陛(chán bì):路径台阶。躔,兽的足迹。引申为路径。陛,台阶。陟:登,升。

⑮方轨:车辆并行。方,本指两船并在一起。后引申为并行。

⑯神马寺:在今河南滑县。

⑰白马津:在今河南滑县东北古黄河东岸,与西岸黎阳津相望。

⑱《开山图》:即《遁甲开山图》。今存黄奭《汉学堂》辑本。白马山:

在今河南滑县东。

⑲《注》云:《水经注疏》杨守敬按:"《开山图》有荣氏注。"

⑳郑:周诸侯国名。在今河南新郑一带。

㉑刘澄之:南朝宋宗室。后任南朝齐都官尚书。著有《永初山川古今记》《司州山川古今记》等。

㉒有白马塞,孟达登之长叹:《元和郡县图志》"竹山县"下:"白马塞山,在县西南三十五里。初,孟达为新城太守,登此山而叹曰:'刘封、申耽据金城千里而不能守,岂丈夫也!'"孟达所登为湖北竹山县的白马塞,而此处白马山在河南滑县,故郦道元认为刘澄之"于川土疏妄"。孟达,字子度、子敬。扶风(今陕西兴平东南)人。刘备入蜀后以孟达为宜都太守。后以不发兵救关羽,惧罪,率众投降曹魏。加拜散骑常侍,领新城太守。诸葛亮伐魏,欲诱孟达为援,事泄被杀。

㉓川土:山川地理。

㉔凉城县:北魏天兴中(398—404)置,属东郡。治所在今河南滑县东北。

㉕濮阳县:战国秦置,为东郡治。治所在今河南濮阳东南二十里高城村。濮水经其南,故曰濮阳。

㉖般祠:在今河南滑县。《水经注疏》杨守敬按:"般祠本属凉城,故《注》于河水迳凉城下叙之,至后分属长乐,则郦氏所不及知也。"

㉗《孟氏记》:书名。《水经注疏》杨守敬按:"《孟氏记》未详。《初学记》《御览》并引孟奥《北征记》,当是其书。"

㉘戴氏《西征记》:书名。东晋末戴延之(戴祚)撰。记作者随刘裕西征关中时所见沿途山川形胜。已佚。

【译文】

从前河水在白马县南溢流,与濮水、济水、黄沟相通,所以苏代游说燕王道:在白马决个水口,魏的黄城、济阳就被淹没而消失了。《竹书纪年》：梁惠成王十二年，楚军决河，引水淹长垣城外。金堤筑成后，原来的河道就断流了，但还是称为白马渎，旧渠道往东流经鹿鸣城南，又往东北流经白马县凉城北边。《耆旧传》说：东郡白马县的神马亭，建筑坚固，层叠耸峙，南北二百步，东西五十多步，看来就像一座山丘一样。人们耕耘垦地，从外面逐渐侵削进来，年深月久，就慢慢弄平了。正南有台阶可以登上去，宽度容得下两辆车子并行。西南城边有神马寺，树木种得整整齐齐。这里西距白马津约二十来里，东南距白马县老城约五十里，想来也许这就是《开山图》所说的白马山了。山下常有白马成群行走，马群悲鸣时河水就会决口，奔跑时山就会崩塌。《开山图》荣氏注说：山在郑北，原属郑地，这也不大清楚。刘澄之说：这里有白马塞，孟达走到上面时不觉喟然长叹。他对山川地理可谓太浅陋无知了。亭上从前设了凉城县，县治就在这里。白马渎又往东南流经濮阳县，在这里以散流的形式流入濮水，而濮水又有水流回到白马渎中来，水流往来可以相通。河水从渡头东北流经凉城县，北岸有般祠。《孟氏记》说：祠在河中，用石块堆成地基，河水高涨时，地基常与水面相平。戴氏《西征记》说：现在可以看到祠在东岸，在河边用石块砌成墙壁，屋宇极小，仅能容身罢了。看来似乎并无神异之处，不像孟氏所记那样，恐怕是说得太过分了。

河水又东北，迳伍子胥庙南①，祠在北岸顿丘郡界②，临侧长河。庙前有碑，魏青龙三年立③。

【注释】

①伍子胥：名员。春秋时楚国人。父伍奢、兄伍尚为楚平王所杀。伍子胥奔吴，佐吴伐楚。入郢都时，平王已卒，乃掘其墓，鞭尸三百。后吴败越，越王勾践请和，劝王灭越，杀勾践，并阻王伐齐，王均不纳，终被赐死。

②顿丘郡：西晋泰始二年(266)置，属司州。治所在顿丘县(今河南

清丰西南)。

③魏青龙三年:235年。青龙,三国魏明帝曹叡(ruì)的年号(233—237)。

【译文】

河水又往东北流,从伍子胥庙南流过,庙在北岸顿丘郡边界上,旁边是长河。庙前有碑,是魏青龙三年所立。

河水又东北为长寿津①。《述征记》曰:凉城到长寿津六十里②,河之故渎出焉③。《汉书·沟洫志》曰④:河之为中国害尤甚,故导河自积石⑤,历龙门⑥,二渠以引河⑦。一则漯川⑧,今所流也。一则北渎,王莽时空,故世俗名是渎为王莽河也⑨。故渎东北迳戚城西⑩,《春秋·哀公二年》,晋赵鞅率师,纳卫太子蒯聩于戚,宵迷,阳虎曰:右河而南必至焉⑪。今顿丘卫国县西戚亭是也⑫,为卫之河上邑⑬。汉高帝十二年⑭,封将军李必为侯国矣⑮。故渎又迳繁阳县故城东⑯,《史记》赵将廉颇伐魏取繁阳者也⑰。

【注释】

①长寿津:在今河南濮阳西南古黄河上。

②凉城:在今河南滑县。

③故渎:《水经注疏》:"全(祖望)云:凡称故渎者,皆时已无水。"

④《汉书·沟洫志》:《汉书》十志之一,以司马迁《河渠书》为基础,主要记载农田水利。

⑤导河自积石:从积石山治引黄河。积石,一名大积石山。即今青海东南部阿尼玛卿山。

⑥历龙门:经历龙门。龙门,在今山西河津西北,西与陕西韩城以黄

河为界，两岸峭壁对峙，形如阙门，故名。相传为禹所凿。

⑦二渠以引河：《汉书·沟洫志》作“乃酾二渠以引其河”。《汉书》颜师古注：“孟康曰：酾，分也。分其流，泄其怒也。二渠，其一出贝丘西南南折者也，其一则漯川也。河自王莽时遂空，唯用漯耳。”

⑧漯川：似在今河南濮阳。

⑨王莽河：东汉以后对西汉时黄河自濮阳以下故道的俗称。因改徙于王莽时，故名。故道自今河南濮阳西南折北流经南乐西，又东北经河北大名、馆陶东，折东经山东聊城北，又折北经高唐东、平原西，再由德州经河北东光、沧州，东北至黄骅、天津入海。《水经注》亦称为大河故渎。

⑩戚城：春秋卫邑。在今河南濮阳北戚城。

⑪“《春秋·哀公二年》”几句：按，以上当为《春秋·哀公二年》与《左传·哀公二年》之合文：《春秋·哀公二年》：“晋赵鞅帅师纳卫世子蒯聩于戚。”《左传·哀公二年》：“晋赵鞅纳卫太子于戚。宵迷，阳虎曰：‘右河而南，必至焉。’”赵鞅，即赵简子、赵孟。春秋末晋国正卿。在内乱中灭范氏、中行氏，使私门势力日益强大，为赵国的建立奠定了基础。卒谥简。卫，周诸侯国名。在今河北南部和河南北部一带。蒯聩，亦作蒉聩。卫灵公之太子。伯姬之弟，孔悝之舅。阳虎，字货，春秋鲁国人。季氏家臣中最有权势者，事季平子。平子卒，虎遂专政，欲去三桓。三桓共攻阳虎，阳虎居阳关。鲁伐阳虎，阳虎奔齐，已而奔晋赵氏。

⑫顿丘：即顿丘郡。卫国县：北魏改卫县置，属顿丘郡。治所在今河南清丰东南。

⑬河上邑：河边上的城邑。

⑭汉高帝十二年：前195年。

⑮李必：一作季必。重泉（今陕西蒲城东南）人。原为秦军骑士，后加入刘邦军，以击项羽等功，于高祖十二年（前195）封戚侯。谥圉。

⑯繁阳县：西汉置，属魏郡。治所在今河南内黄西北。

⑰廉颇：赵之良将，赵惠文王时，为赵将伐齐，大破齐军，取阳晋，拜为上卿，以勇气闻于诸侯。与蔺相如为刎颈之交。赵孝成王时将兵攻秦，秦纵反间，孝成王以赵括代廉颇，赵括兵败于长平。燕举兵击赵，廉颇击破之，封信平君，任相国。赵悼襄王立，使乐乘代之，廉颇怒，奔魏。赵后困于秦，复思用之，其仇人郭开谗毁之，终不召用。后奔楚为将，终无功，死于寿春（今安徽寿县）。

【译文】

河水又往东北流，就是长寿津。《述征记》说：凉城到长寿津六十里，河水旧道就从这里流出。《汉书·沟洫志》说：大河对中原危害特别严重，所以从积石开始疏导河水，经过龙门，疏通了两条渠道来引导大河的水流。这两条渠道一条是漯川，就是今天通水的那一条。另一条是北渎，王莽时无水，所以民间把它叫王莽河。旧河道往东北通过戚城西，《春秋·哀公二年》，晋国赵鞅带领军队，在戚迎接卫太子蒯聩，夜里迷了路，阳虎说：沿着右边的河向南，一定会到达。戚，就是今天顿丘卫国县西边的戚亭，当时是卫国的河上邑。汉高帝十二年，把这地方封给将军李必，立为侯国。旧河道又通过繁阳县老城东边，《史记》中赵国将军廉颇攻打魏国，夺取繁阳，就是此城。

北迳阴安县故城西①。汉武帝元朔五年②，封卫不疑为侯国③。

【注释】

①阴安县：西汉置，属魏郡。治所在今河南清丰西北二十里古城集。

②元朔五年：前124年。

③卫不疑：卫青之子。

【译文】

旧河道又往北通过阴安县老城西边。汉武帝元朔五年，把阴安封给卫不疑，立为侯国。

故渎又东北迳乐昌县故城东[①]，《地理志》，东郡之属县也。汉宣帝封王稚君为侯国[②]。

【注释】

①乐昌县：西汉置，属东郡。治所在今河南南乐西北。东汉废。

②汉宣帝：西汉皇帝刘询。王稚君：名武，字稚君。常山广望（今河北元氏西北）人。宣帝舅父。地节三年（前67）封关内侯。次年封乐昌侯。谥共。

【译文】

旧河道又往东北通过乐昌县老城东边，查考《地理志》，乐昌是东郡的属县。汉宣帝把乐昌封给王稚君，立为侯国。

故渎又东北迳平邑郭西[①]。《竹书纪年》：晋烈公二年[②]，赵城平邑[③]。五年[④]，田公子居思伐邯郸[⑤]，围平邑。九年[⑥]，齐田肸及邯郸韩举[⑦]，战于平邑，邯郸之师败逋[⑧]，获韩举，取平邑、新城[⑨]。

【注释】

①平邑：战国赵邑。在今河南南乐东北八里平邑村。

②晋烈公二年：前414年。晋烈公，战国时晋国国君。

③城平邑：在平邑筑城。

④五年：前411年。

⑤田公子居思:《水经注疏》杨守敬按:“《竹书统笺》云,按《风俗通》,田完字敬仲,陈厉公之子也。厉公为蔡所灭杀,国内乱,完奔于齐,始食田采,姓田氏焉。田居思疑即是《齐策》田成思也。”《史记·田敬仲完世家》:“桓公午五年,秦、魏攻韩,韩求救于齐。齐桓公召大臣而谋曰……田臣思曰:‘过矣君之谋也!秦、魏攻韩,楚、赵必救之,是天以燕予齐也。’”司马贞索隐:“《战国策》作‘田期思’,《纪年》谓之徐州子期,盖即田忌也。”邯郸:战国赵都城。在今河北邯郸。

⑥九年:前407年。

⑦田肸:当为田肦。战国时齐国大臣,亦称肦子。齐宣王时曾与田忌等指挥马陵之役,大败魏兵。韩举:战国时韩国将领,曾任赵将,后返韩,被宣惠王任为韩将。周宣王四十四年(前325)与齐、魏交兵,战死于桑丘(今山东济宁兖州区西南)。

⑧邯郸之师:赵国的军队。败逋(bū):溃败逃亡。逋,逃亡。

⑨取平邑、新城:《水经注疏》熊会贞按:“今本《竹书》脱取字,新城无考。”

【译文】

旧河道又往东北流过平邑外城西边。《竹书纪年》:晋烈公二年,赵在平邑筑城。五年,田公子居思攻打邯郸,包围了平邑。九年,齐国田肦和邯郸韩举,在平邑打了一仗,赵国军队败逃,俘虏了韩举,夺取了平邑和新城。

又东北迳元城县故城西北[①],而至沙丘堰[②]。《史记》曰[③]:魏武侯公子元食邑于此[④],故县氏焉[⑤]。郭东有五鹿墟[⑥],墟之左右多陷城。《公羊》曰[⑦]:袭邑也[⑧]。《说》曰[⑨]:袭,陷矣。《郡国志》曰[⑩]:五鹿,故沙鹿,有沙亭[⑪]。周穆王丧盛姬[⑫],东征舍于五鹿[13]，其女叔姬届此思哭[14]，是曰女姬之丘[15]，为沙鹿之异名也。《春秋左传·僖公十四年》[16]，沙鹿崩。晋史卜之曰[17]：阴为阳雄，土火相乘[18]，故有沙鹿崩。后六百四十五年[19]，宜有圣女兴[20]，其齐田乎[21]？后王翁孺自济南徙元城[22]，正直其地，日月当之[23]。王氏为舜后[24]，土也。汉，火也。王禁生政君[25]，其母梦见月入怀。年十八，诏入太子宫[26]，生成帝[27]，为元后。汉祚道污[28]，四世称制[29]，故曰：火土相乘而为雄也。及崩[30]，大夫扬雄作诔曰[31]：太阴之精[32]，沙鹿之灵[33]，作合于汉[34]，配元生成者也[35]。

【注释】

①元城县：西汉置，属魏郡。治所在沙鹿旁(今河北大名东)。

②沙丘堰：《水经注疏》杨守敬按："沙丘堰在今元城县(今河北大名东)东北。"

③《史记》：戴震案：《汉书·地理志》"魏郡""元城"："应劭曰：'魏武侯公子元食邑于此，因而遂氏焉。'此引《史记》，当是《地理风俗记》之误。"

④魏武侯：魏文侯之子，名击。与韩、赵三分晋地，灭其后。卒谥武。公子元：似为公中缓。

⑤氏：取名，命名。

⑥五鹿墟：又名沙鹿。在今河北大名东。

⑦《公羊》：书名。即《春秋公羊传》。旧题战国公羊高撰。以解释《春秋》经文为主，叙述史事少，专讲经文之"微言大义"。与《左氏传》《穀梁传》合称《春秋》三传。

⑧袭邑：陷入地下的城邑。

⑨《说》：未详指何书。

⑩《郡国志》:晋司马彪《续汉书》篇名。记述东汉时期全国行政区划、人口以及《春秋》和“前三史”所载征伐、会盟所在的地名。《续汉书》唯存八志,南朝宋时为后人补入范晔《后汉书》中而流传至今。

⑪沙亭:在河北大名东南。

⑫周穆王:即周昭王之子姬满。曾两征犬戎,俘五王,迁戎于太原(今甘肃东部),开辟通向西北的大道。举兵九师,攻楚伐越,东至九江。联楚攻灭徐国,在涂山大会诸侯。谥穆。盛姬:周穆王之嬖宠,早死。

⑬舍:止。

⑭叔姓:周穆王女。届:至。

⑮女姓之丘:沙鹿之异名,亦称五鹿。在今河北大名东。

⑯僖公十四年:前646年。

⑰晋史:晋国的太史。卜:古代用龟甲占卜。

⑱阴为阳雄,土火相乘:语见《汉书·元后传》。此处阴指元后,阳指汉。这是阴阳五行家为王莽篡夺政权制造舆论。西汉末阴阳五行家用五行相生相克火生土之说,编造王氏为舜后,是土德,汉乃火德,土当胜火,王氏当代汉。

⑲六百四十五年:《汉书·元后传》颜师古注:“张晏曰:阴数八,八八六十四。土数五,故六百四十五岁也。《春秋·僖十四年》,沙鹿崩,岁在乙亥,至哀帝崩,元后始摄政,岁在庚申,沙鹿崩后六百四十五岁。”

⑳圣女:尊贵的女子。

㉑齐田:元后的先祖本为齐国田氏。

㉒王翁孺自济南徙元城:《汉书·元后传》:“与东平陵终氏为怨,乃徙魏郡元城委粟里,为三老,魏郡人德之。”王翁孺,元帝王皇后政君的祖父。名贺,字翁孺。为汉武帝绣衣御史,逐捕魏郡群盗坚卢等党与,及吏畏懦逗留当坐者,翁孺皆纵不杀。曾叹曰:“吾

闻活千人有封子孙，吾所活者万余人，后世其兴乎！”

㉓日月当之：时间也正好相吻合。日月，这里指时间，指后六百四十五年。当，直。这里指符合，相吻合。

㉔王氏为舜后：《汉书·元后传》：“孝元皇后，王莽之姑也。莽自谓黄帝之后，其《自本》曰：黄帝姓姚氏，八世生虞舜。舜起妫汭，以妫为姓。”

㉕王禁：字稚君。东平陵（今山东济南东）人。王翁孺之子，元后之父。以后父封阳平侯。卒谥顷。政君：即元后。

㉖太子宫：即太子刘奭的宫中。宣帝崩后，即帝位，为汉孝元帝。

㉗成帝：西汉皇帝刘骜（ào）。字太孙。孝元皇帝刘奭之子。孝元帝崩后，即帝位，为汉成帝。母为王皇后，即元后。

㉘汉祚（zuò）：指汉朝的皇位和国统。祚，君位，国统。

㉙四世称制：指元后在西汉成帝、哀帝、平帝及孺子婴四帝时代行皇帝职权。称制，本指即位执政，这里指代行皇帝的职权。

㉚及崩：元后于西汉建国五年（13）二月癸丑崩。年八十四。

㉛大夫：古代官职，位于卿之下，士之上。扬雄：一作杨雄。字子云。蜀郡成都（今四川成都）人。西汉文学家。撰有《法言》《太玄》等。诔（lěi）：叙述死者事迹表示哀悼的文章。

㉜太阴之精：月亮之精华。这里指元后之母李怀妊时，梦月入其怀之事。太阴，月亮。《汉书·元后传》：“太阴精者，谓梦月也。”

㉝沙鹿之灵：这里指《左传·僖公十四年》记载“沙鹿崩”。

㉞作合于汉：与汉朝结亲。作合，指男女结成夫妇。

㉟配元生成：许配给元帝，诞生成帝。

【译文】

旧河道又往东北流过元城县老城西北边，直到沙丘堰。《史记》说：魏武侯公子元的食邑就在这里，所以县也因而得名了。城东有五鹿墟，那一带有多处城墙塌陷。《春秋公羊传》说：就是袭邑。《说》解释道：袭，就是陷落的意思。《郡国志》说：五鹿，就是旧时的沙鹿，有沙亭。周穆王的盛姬死了，穆王东行，把灵柩安置在五鹿，她的女儿叔妣到了这里哀思哭泣，就称为女妣之丘，是沙鹿的异名。《春秋左传·僖公十四年》，沙鹿山崩。晋国太史占卜后说：阴凌驾于阳，土与火斗，所以发生了沙鹿的山崩。六百四十五年后，应当有圣女出世，难道就是齐田吗？后来王翁孺从济南迁往元城，到了这里，日月时间也正好相符合。王氏是舜的后代，属土。汉，属火。王禁生女儿政君时，她母亲梦见月亮飞进怀中。政君十八岁时，皇帝下诏书要她到太子宫中去，以后生了成帝，成为元帝的皇后。汉朝政权旁落，接连四代都由元后临朝执政，所以说火与土相斗争强。元后死后，大夫扬雄作了一篇祭文，说：太阴的精英，沙鹿的神灵，与汉室结了亲，许配给元帝，把成帝降生。

献帝建安中[①]，袁绍与曹操相御于官渡，绍逼大司农郑玄载病随军，届此而卒[②]。郡守已下受业者[③]，衰绖赴者千余人[④]。玄注五经、谶纬《候》、《历》《天文经》通于世[⑤]，故范晔赞曰：孔书遂明，汉章中辍矣[⑥]。县北有沙丘堰，堰障水也。《尚书·禹贡》曰：北过降水[⑦]。不遵其道曰降，亦曰溃，至于大陆[⑧]，北播为九河[⑨]。《风俗通》曰：河，播也，播为九河自此始也。《禹贡》沇州[⑩]：九河既道[⑪]。谓徒骇、太史、马颊、覆釜、胡苏、简、洁、句盘、鬲津也，同为逆河[⑫]。郑玄曰：下尾合曰逆河[⑬]。言相迎受矣[⑭]。盖疏润下之势[⑮]，以通河海，及齐桓霸世，塞广田居[⑯]，同为一河。故自堰以北，馆陶、廮陶、贝丘、鬲、般、广川、信都、东光、河间乐城以东[⑰]，城地并存，川渎多亡。汉世河决金堤[⑱]，南北离其害[⑲]，议者常欲求九河故迹而穿之，未知其所。是以班固云：自兹距汉，北亡八枝者也[20]。河之故渎,自沙丘堰南分,屯氏河出焉[21]。

【注释】

①建安:东汉献帝刘协的年号(196—220)。

②"袁绍与曹操相御于官渡"几句:事见《后汉书·郑玄传》:"时袁绍与曹操相拒于官度,令其子谭遣使逼玄随军。不得已,载病到元城县,疾笃不进,其年六月卒,年七十四。"官度,又作官渡。在今河南中牟东北。历史上著名的官渡之战即发生在此。大司农,官名。秦汉时九卿之一,主管国家财政经济。郑玄,字康成。北海高密(今山东高密)人。东汉著名经学家。遍注群经。

③郡守:郡的长官,主一郡之政事。秦废封建设郡县,郡置守、丞、尉各一人。守治民,丞为佐。汉唐因之。宋以后郡改府,知府亦称郡守。

④衰绖(cuī dié):丧服。这里指穿丧服服丧。衰,用粗麻布制成的丧服。绖,古时丧服上系在头上或腰间的麻布带子。

⑤玄注五经:指郑玄所注《周易》《尚书》《毛诗》《仪礼》《礼记》。谶纬《候》:即《中候》,或称《尚书中候握河记》《握河记》,属纬之类的书。《历》:即《后汉书·郑玄传》记载的《乾象历》。乾象历,是我国古代的一种历法。东汉末刘洪所制。自三国吴黄武二年(223)颁行,采用至吴亡。《天文经》:书名。具体不详。据《后汉书·郑玄传》记载,郑玄著《天文七政论》。不知二书是否为同一部书。

⑥"故范晔赞曰"几句:范晔的赞文为:"富平之绪,承家载世。伯仁先归,釐我国祭。玄定义乖,褒修礼缺。孔书遂明,汉章中辍。"范晔(yè),字蔚宗。南朝宋顺阳(今河南淅川西南)人。赞,范晔的《后汉书》每一列传后的"赞"语。孔书,指《诗》《书》《礼》《乐》《易》《春秋》。汉章,汉代的典章制度。

⑦降水:亦作洚水、绛水。

⑧大陆：古泽薮名。亦名钜鹿泽、广阿泽。在今河北邢台任泽区、巨鹿、隆尧之间。

⑨九河：上古时期黄河下游众多分支流的总称，这些分支流并非存在于同一时期，所谓九河，并不是确指九条分支流，而是很多分支流的意思。

⑩沇州：即兖州。

⑪道：疏导，疏通。

⑫逆河：解释不一：一说九河合而为一河，入渤海，海水逆此而上，故曰逆河。一说九河下游同为海潮逆上，故名逆河。

⑬下尾合曰逆河：河流末端相汇合叫逆河。

⑭言相迎受：说的就是相互汇合、接纳。

⑮疏润下之势：疏导水的流势。疏，疏导。润下，此指水。

⑯塞广田居：为了开拓田园居宅而堵塞（河流）。

⑰馆陶：即馆陶县。西汉置，属魏郡。治所即今河北馆陶（南馆陶镇）。廮（yǐng）陶：即廮陶县。西汉置，属钜鹿郡。治所在今河北宁晋西南二十九里。贝丘：即贝丘县。西汉置，属清河郡。治所在今山东临清南十五里大辛庄南。鬲（gé）：战国秦置，属济北郡。治所在今山东德州德城区抬头寺乡武家庄。西汉属平原郡。般：即般县。西汉置，属平原郡。治所在今山东乐陵西南。广川：即广川县。西汉置，属信都国。治所在今河北景县西南广川镇。信都：即信都县。西汉置，为信都国治。治所即今河北衡水市冀州区。东光：即东光县。西汉置，属勃海郡。治所在今河北东光东二十里。河间：即河间郡。西汉高帝置，文帝二年（前178）改为国。治所在乐成县（今河北献县东南十六里）。乐成：即乐成县。西汉置，为河间国治。治所在今河北献县东南。

⑱汉世河决金堤：《汉书·沟洫志》："汉兴三十有九年，孝文时河决酸枣，东溃金堤，于是东郡大兴卒塞之。"金堤，指东汉汴口以东

黄河两岸石堤。

⑲离(lí):同"罹"。遭受,遭遇。

⑳自兹距汉,北亡八枝:颜师古注引服虔曰:"本有九河,今塞,余有一也。"此为班固《汉书·叙传》中的文字:"夏乘四载,百川是导。唯河为艱,灾及后代。商竭周移,秦决南涯,自兹距汉,北亡八支。文堙枣野,武作《瓠歌》,成有平年,后遂滂沱。爰及沟渠,利我国家。述《沟洫志》第九。"

㉑屯氏河:黄河下游故道之一。西汉元封后,黄河北决于馆陶(今河北馆陶),分为屯氏河。

【译文】

献帝建安年间,袁绍与曹操在官渡对峙,袁绍逼迫大司农郑玄抱病随军,到这里就死了。从郡守以下,受过他教导的学生,披麻戴孝送葬的多达千余人。郑玄注过《五经》、谶纬《候》、《历》《天文经》,流传于世上,所以范晔的赞词说:孔子的书虽已解释明白,汉朝的典章却从此中断。县城北边有沙丘堰,堰是截流用的。《尚书·禹贡》说:往北过降水。水不循水道流叫降,又叫溃,到了大陆泽,就向北方分成九条河流。《风俗通》说:河,就是散播,散播为九条河流,就是从这里开始的。《禹贡》:沇州的九条河流都疏通了。这里指的就是徒骇河、太史河、马颊河、覆釜河、胡苏河、简河、洁河、句盘河和鬲津河,这些都是逆河。郑玄说:下端相汇合的称为逆河。就是说诸河相遇而汇合。顺着河水向下的流势加以疏导,引它通到河海里去,到了齐桓公称霸时,为了扩大耕地和住宅区,把诸河都堵塞了,合成一条。所以在堰坝以北,馆陶、廮陶、贝丘、鬲、般、广川、信都、东光、河间乐成以东,城和耕地都在,而河流却大多消失了。汉时,大河在金堤决口,南北各地都受灾,讨论治河的人常常想寻觅九河的遗迹,重新开凿疏导,但却都不知道在什么地方。所以班固说:从这时到汉代,北方的八条河流都消失了。大河的旧水道从沙丘堰南边分支,屯氏河就在这里流出。

河水故渎东北迳发干县故城西①，又屈迳其北，王莽之所谓戢楯矣。汉武帝以大将军卫青破右贤王功②，封其子登为侯国。大河故渎又东迳贝丘县故城南③。应劭曰：《左氏传》，齐襄公田于贝丘是也④。余按京相璠、杜预并言在博昌⑤，即司马彪《郡国志》所谓贝中聚者也⑥。应《注》于此事近违矣。大河故渎又东迳甘陵县故城南⑦，《地理志》之所谓厝也⑧，王莽改曰厝治者也。汉安帝父孝德皇，以太子被废为王⑨，薨于此，乃葬其地，尊陵曰甘陵，县亦取名焉。桓帝建和二年⑩，改清河曰甘陵。是周之甘泉市地也。陵在渎北，丘坟高巨，虽中经发坏，犹若层陵矣，世谓之唐侯冢。城曰邑城，皆非也。昔南阳文叔良⑪，以建安中为甘陵丞⑫，夜宿水侧，赵人兰襄梦求改葬，叔良明循水求棺，果于水侧得棺，半许落水。叔良顾亲旧曰：若闻人传此，吾必以为不然。遂为移殡，醊而去之⑬。

【注释】

①发干县：西汉置，属东郡。治所在今山东冠县东南。

②大将军：古代武官名。战国时期楚国始设，汉初因之。汉武帝以后大将军地位渐趋尊崇，位在三公之上，为将军最高称号，多由贵戚担任，统兵征战并掌握政权，职位极高。卫青：字仲卿。西汉河东平阳（今山西临汾西南）人。卫皇后弟。武帝时官至大将军，封长平侯。七次出击匈奴，战功显赫。

③贝丘县：西汉置，属清河郡。治所在今山东临清南十五里大辛庄南。

④齐襄公田于贝丘：事见《左传·庄公八年》："冬十二月，齐侯游于姑棼，遂田于贝丘。见大豕，从者曰：'公子彭生也！'公怒曰：'彭

生敢见！’射之，豕人立而啼。公惧，坠于车，伤足丧屦。”齐襄公，名诸儿。在位期间生活腐化，后被杀。田，田猎，打猎。

⑤博昌：西汉属千乘郡。治所在今山东博兴东南二十里寨郝镇南。

⑥贝中聚：即贝丘。在今山东博兴南五里。

⑦甘陵县：东汉安帝刘祜时改厝县而置，为清河国治。治所在今山东临清东北。

⑧厝（cuò）：即厝县。西汉置，为清河郡治。东汉安帝时改为甘陵县。

⑨汉安帝父孝德皇，以太子被废为王：事见《后汉书·肃宗孝章帝纪》：“（建初七年）夏六月甲寅，废皇太子庆为清河王，立皇子肇为皇太子。”汉安帝，东汉皇帝刘祜（hù）。孝德皇，清河孝王刘庆。

⑩桓帝建和二年：148年。桓帝，东汉皇帝刘志。建和，刘志的年号（147—149）。

⑪文叔良：即文颖，字叔良。后汉末荆州从事，魏建安中为甘陵府丞。曾注《汉书》，《史记》注和《汉书》颜师古注多引。

⑫建安：东汉献帝刘协的年号（196—220）。丞：秦汉时自中央到地方官吏的副职多称丞，如太常丞、卫尉丞、郡丞、县丞等。

⑬醊（zhuì）：把酒浇在地上以祭奠。

【译文】

大河旧水道往东北流经发干县老城西边，又转弯流经城北，这就是王莽的所谓戢楯。汉武帝因大将军卫青打败右贤王的功绩，把这地方封给他儿子卫登，立为侯国。大河旧道又往东流经贝丘县老城南边。应劭说：《春秋左传》载，齐襄公在贝丘田猎，指的就是这里。我查考京相璠和杜预都说贝丘在博昌，就是司马彪《郡国志》所说的贝中聚。应劭的《注》对这一点是有点弄错了。大河旧水道又往东流经甘陵县老城南边，甘陵就是《地理志》所说的厝，王莽改名为厝治。汉安帝的父亲孝德皇做太子时被废黜，降为王侯，就死在这里，葬在当地，安帝把他的陵尊称为甘陵，县也因陵而得名了。桓帝建和二年，把清河改名为甘陵。这是周时的甘泉市地方。陵墓在旧河道北边，十分高大，虽曾被盗掘过，但还是像山陵一样，世人称之为唐侯冢。城则称为邑城，这都不对。从前南阳文叔良，建安年间当甘陵县丞，夜晚宿在水边，赵人兰襄托梦求他迁葬，天亮文叔良沿着水滨去寻找，果然在水边找到一口棺材，约莫一半已淹在水中了。文叔良回头告诉身边的亲信和老下属说：如果我听别人在传这样的事，一定不会相信的。他就把棺材迁葬到别处，祭奠后才离去。

大河故渎又东迳艾亭城南①，又东迳平晋城南②，今城中有浮图五层③，上有金露盘④，题云：赵建武八年⑤，比释道龙和上竺浮图澄⑥，树德劝化⑦，兴立神庙。浮图已坏，露盘尚存，炜炜有光明⑧。大河故渎又东北迳灵县故城南⑨，王莽之播亭也⑩。河水于县别出为鸣犊河⑪。河水故渎又东迳鄃县故城东⑫，吕后四年⑬，以父婴功⑭，封子佗袭为侯国⑮，王莽更名之曰善陆。

【注释】

①艾亭城：《水经注疏》杨守敬按："后漯水下称甘陵县故城东二十里有艾亭城，当在今清平县（今山东临清东南）西北。"

②平晋城：《水经注疏》杨守敬按："《续通典》，石赵初，置平晋县为清河郡治。《补十六国疆域志》，后赵清河县有平晋城，在清平县西四十里，今水城也。"

③浮图：指佛塔。亦作浮屠。

④金露盘：为浮图顶上所建的盘盖。又名相轮或轮相。

⑤赵建武八年：342年。建武，后赵石虎的年号（335—348）。

⑥比释道龙：不明其义。和上：又名和尚。竺浮图澄：十六国时后赵高僧。一作佛图澄。西域人。西晋永嘉四年（310）东来洛阳，其

教义深得后赵石勒、石虎崇信,凡军国大事皆向其咨访。从其受学者甚众。

⑦劝化:佛教谓宣传教义,使人感悟向善。

⑧炜炜(wěi):光彩炫耀貌。

⑨灵县:西汉置,属清河郡。治所在今山东高唐南三十里南镇。

⑪鸣犊河:古河道。南出今山东高唐南,北至河北景县南入屯氏河。

⑫鄃(shū)县:西汉置,属清河郡。治所在今山东平原县西南五十里。

⑬吕后四年:前184年。

⑭以父婴功:因为父亲吕婴的功劳。事见《史记·惠景间侯者年表》"俞国":"以连敖从高祖破秦,入汉,以都尉定诸侯,功比朝阳侯。婴死,子它袭功,用太中大夫侯。"婴,吕后的父亲吕婴。

⑮子佗:吕婴的儿子吕佗。吕后八年(前180)因参与诸吕谋反,被诛,国除。

【译文】

大河旧水道又往东流经艾亭城南边,又往东流经平晋城南边,现在城中有座佛塔,高五层,顶上有金露盘,题着:赵建武八年,僧人龙和尚竺浮图澄,立德劝善,修建佛寺。塔已损坏,但露盘还在,闪闪发光。大河旧水道又往东北流经灵县老城南边,就是王莽的播亭。河水到了该县,又分出一条支流,就是鸣犊河。河水旧道又往东流经鄃县老城东面,吕后四年,因父亲吕婴的功绩,把鄃县封给他儿子吕佗,立为侯国,王莽改名为善陆。

大河故渎又东迳平原县故城西[①],而北绝屯氏三渎,北迳绎幕县故城东北[②],西流迳平原鬲县故城西[③]。《地理志》曰:鬲,津也,王莽名之曰河平亭,故有穷后羿国也[④]。应劭曰:鬲,偃姓,咎繇后[⑤]。光武建武十三年[⑥],封建义将军朱祜为侯国[⑦]。大河故渎又北迳脩县故城东[⑧]，又北迳安陵县西[⑨]，本脩之安陵乡也。《地理风俗记》曰：脩县东四十里有安陵乡，故县也。

【注释】

①平原县：战国赵置。后入秦，属济北郡。治所在今山东平原县西南二十五里张官店。西汉属平原郡。

②绎幕县：西汉置，属清河郡。治所在今山东平原县西北二十里王杲铺。

③平原：即平原郡。西汉置。治所在平原县（今山东平原县西南二十五里张官店）。鬲（gé）县：战国秦置，属济北郡。治所在今山东德州德城区抬头寺乡武家庄。西汉属平原郡。

④有穷：夏时诸侯国国名。在今山东平原县西北。后羿：有穷国的国君。相传后羿善射，为帝喾的射官。夏朝国君太康沉湎于游乐，羿推翻其统治，自立为君，号有穷氏。后羿亦因喜狩猎，不理民事，为其臣寒浞所杀。

⑤咎繇：即皋陶。传说虞舜时的司法官，贤能有德，禹选为继承人，早死未继位。

⑥建武十三年：37年。建武，东汉光武帝刘秀的年号（25—56）。

⑦建义将军：东汉杂号将军，光武帝建武元年（25）设立。朱祜：《后汉书》作朱祐。字仲先。南阳宛（今河南南阳）人。为人质直，尚儒学。从世祖刘秀征河北，常力战陷阵，以为偏将军，封安阳侯。世祖即位，拜为建义大将军。先后率军破延岑、秦丰等。

⑧脩县：西汉置，属信都国。治所在今河北景县南。

⑨安陵县：北魏改东安陵县置，属渤海郡。治所在今河北吴桥北十五里南运河东岸安陵镇。北魏改名安陵县。

【译文】

大河旧道又往东流经平原县老城西边，往北穿过屯氏三渎，往北流经绎幕县老城东北，往西流经平原郡鬲县老城西边。《地理志》说：鬲是渡口，王莽时叫河平亭，是古时有穷氏后羿的封国。应劭说：鬲人姓偃，是咎繇的后代。光武帝建武十三年，把这地方封给建义将军朱祐，立为侯国。大河旧道又往北流过脩县老城东边，又往北流经安陵县西边，这里原是脩县的安陵乡。《地理风俗记》说：脩县以东四十里有安陵乡，是个旧县。

又东北至东光县故城西[①]，而北与漳水合[②]。一水分大河故渎，北出为屯氏河[③]，迳馆陶县东[④]，东北出。《汉书·沟洫志》曰[⑤]：自塞宣防[⑥]，河复北决于馆陶县，分为屯氏河，广深与大河等。成帝之世[⑦]，河决馆陶及东郡金堤，上使河堤谒者王延世塞之[⑧]，三十六日堤成，诏以建始五年为河平元年[⑨]，以延世为光禄大夫[⑩]，是水亦断。

【注释】

①东光县：西汉置，属勃海郡。治所在今河北东光东二十里。东汉为侯国。

②漳水：有清漳水、浊漳水二源，均发源于山西东南部，在河北南部边境汇合后称漳河，其河道古今变迁很大。古漳河初为黄河中、下游最大的支流，今漳河仅是南运河的一支流。

③屯氏河：黄河下游故道之一。西汉元封后，黄河北决于馆陶（今河北馆陶），分为屯氏河。

④馆陶县：西汉置，属魏郡。治所即今河北馆陶（南馆陶镇）。

⑤《汉书·沟洫志》：班固《汉书》十志之一，以司马迁《河渠书》为

基础，主要记载农田水利。

⑥宣防：《汉书·沟洫志》："于是卒塞瓠子，筑宫其上，名曰宣防。"

⑦成帝：西汉皇帝刘骜（ào）。字太孙。孝元皇帝刘奭之子。孝元帝崩后，即帝位，为汉孝成皇帝。母为王皇后，即元后。

⑧河堤谒者王延世：字长叔。西汉犍为资中（今四川资阳）人。成帝时任河堤使者。建始四年（前29），黄河在馆陶和东郡金堤一带决口，四郡三十二县受灾，王延世奉命堵塞决口，《汉书·沟洫志》："河堤使者王延世使塞，以竹落长四丈，大九围，盛以小石，两船夹载而下之。三十六日，河堤成。"

⑨建始五年：前28年。建始，汉成帝刘骜（ào）的年号（前32—前28）。河平元年：前28年。河平，汉成帝刘骜的年号（前28—前25）。

⑩光禄大夫：秦光禄勋属官有中大夫，汉武帝改称光禄大夫。两汉均置，无常事，掌论议，备顾问、应对诏命。

【译文】

又往东北流到东光县老城西边，往北与漳水汇合。一条水从大河旧道分支北流，即屯氏河，流经馆陶县东边，往东北流去。《汉书·沟洫志》说：自从堵塞了宣防宫的河口以后，大河又在北边的馆陶县决口，分出一支，就是屯氏河，宽度与深度都与大河差不多。成帝时大河在馆陶县和东郡的金堤决口，成帝派河堤谒者王延世去堵塞决口，三十六日新堤筑成，成帝下诏把建始五年改元为河平元年，以王延世为光禄大夫，这条水就断流了。

屯氏故渎水之又东北，屯氏别河出焉。屯氏别河故渎又东北迳信成县[①]，张甲河出焉[②]。《地理志》，张甲河首受屯氏别河于信成县者也。张甲河故渎北绝清河于广宗县[③]，分为二渎，左渎迳广宗县故城西，又北迳建始县故城东[④]。田融云[5]：赵武帝十二年[6]，立建兴郡[7]，治广宗，置建始、兴德五县隶焉[8]。左渎又北迳经城东、缭城西[9]，又迳南宫县西[10]，北注绛渎[11]。

【注释】

①信成县：西汉置，属清河郡。治所在今河北清河县西城关西北十二里。东汉废。

②张甲河：在今河北清河县西。

③广宗县：东汉永元五年(93)置广宗国，后为县，属钜鹿郡。治所在今河北威县东南二十里古城。

④建始县：十六国时期后赵置，属建兴郡。治所在今河北威县东北。

⑤田融：十六国时前燕史学家。官太傅长史。著《邺都记》《赵书》。

⑥赵武帝十二年：346年。赵武帝，指十六国时期后赵有名的暴君石虎。

⑦建兴郡：十六国时期后赵置。治广宗(今河北威县东南)。

⑧兴德：《水经注疏》熊会贞按："《地形志》，广宗有建德城，或谓建德即兴德之讹。《一统志》，今威县东北有北古城村，盖即建始城，又有南古城村，盖即兴德等县。"

⑨经城：即经县。西汉置，属钜鹿郡。治所在今河北广宗东北二十里。缭城：即缭城县。亦为缭县。西汉置，属清河郡。治所在今河北南宫东南二十六里。

⑩南宫县：西汉置，属信都国。治所在今河北南宫西北三里旧城。

⑪绛渎：《水经注·浊漳水》："又有长芦淫水之名，绛水之称矣。今漳水既断，绛水非复缠络矣。又北，绛渎出焉，今无水。故渎东南迳九门城南，又东南迳南宫城北，又东南迳缭城县故城北。"

【译文】

屯氏河旧道的水又往东北流，分出屯氏别河。屯氏别河旧道又往东北流经信成县，分出了张甲河。查考《地理志》，张甲河上游在信成县承接屯氏别河。张甲河旧道在广宗县往北横穿过清河，分为两条，左边一条流经广宗县老城西边，又往北流经建始县老城东边。田融说：赵武帝十二年，设立建兴郡，治所在广宗，又设建始、兴德等五县，隶属该郡。左边这条水又往北从经城以东、缭城以西流过，又流经南宫县西边，往北注入绛渎。

右渎东北迳广宗县故城南，又东北迳界城亭北[①]，又东北迳长乐郡枣彊县故城东[②]。长乐，故信都也[③]，晋太康五年[④]，改从今名。又东北迳广川县[⑤]，与绛渎水故道合。又东北迳广川县故城西，又东迳棘津亭南[⑥]，徐广曰：棘津在广川。司马彪曰：县北有棘津城，吕尚卖食之困[⑦]，疑在此也。刘澄之云：谯郡酂县东北有棘津亭，故邑也，吕尚所困处也。余按《春秋左传》，伐巢、克棘、入州来[⑧]，无津字。杜预《春秋释地》又言：棘亭在酂县东北[⑨]，亦不云有津字矣。而竟不知澄之于何而得是说？然天下以棘为名者多，未可咸谓之棘津也。又《春秋·昭公十七年》，晋侯使荀吴帅师涉自棘津，用牲于洛，遂灭陆浑[⑩]。杜预《释地》阙而不书。服虔曰：棘津，犹孟津也。徐广《晋纪》又言[⑪]：石勒自葛陂寇河北[⑫]，袭汲人向冰于枋头[⑬]，济自棘。棘津在东郡、河内之间[⑭]，田融以为即石济南津也。虽千古茫昧[⑮]，理世玄远[⑯]，遗文逸句[⑰]，容或可寻[⑱]，沿途隐显，方土可验[⑲]。

【注释】

①界城亭：即界桥。在今河北威县东。

②长乐郡:北魏改长乐国置,属冀州。治所在信都县(今河北衡水市冀州区)。枣彊县:西汉置,属清河郡。治所在今河北枣强东南东故县村。

③信都:即信都县。西汉置,为信都国治。治所即今河北衡水市冀州区。东汉为安平国治。三国魏为冀州治。北魏为长乐郡治。

④晋太康五年:284年。太康,西晋武帝司马炎的年号(280—289)。

⑤广川县:西汉置,属信都国。治所在今河北景县西南广川镇。

⑥棘津亭:《水经注疏》杨守敬按:"当在今枣彊县东北。"

⑦吕尚卖食之困:张守节《史记正义》:"《尉缭子》云:太公望行年七十,卖食棘津云。古亦谓之石济津,故南津。"

⑧伐巢、克棘、入州来:事见《左传·襄公二十六年》。巢,商周至春秋时小国。在今安徽巢湖市东北。棘,春秋楚邑。在今河南永城西北。州来,春秋国名。即今安徽凤台。

⑨杜预《春秋释地》:杜预,字元凯。京兆杜陵(今陕西西安)人。西晋经学家。《隋书·经籍志》只记载有其《春秋释例》十五卷。

⑩"又《春秋·昭公十七年》"几句:事见《左传·昭公十七年》:"九月丁卯,晋荀吴帅师涉自棘津,使祭史先用牲于洛。陆浑人弗知,师从之。庚午,遂灭陆浑,数之以其贰于楚也。"昭公十七年,前525年。晋侯,晋顷公去疾。荀吴,春秋时晋大夫,荀偃之子。用牲于洛,用牺牲祭祀洛水。陆浑,即陆浑戎,亦称阴戎。在今河南嵩县、栾川、伊川三县境。后为晋国所灭。

⑪徐广《晋纪》:《隋书·经籍志》:"《晋纪》,四十五卷,宋中散大夫徐广撰。"徐广,字野民。东莞姑幕(今山东诸城北)人。晋、宋间史学家、辞赋家。著有《晋纪》《史记音义》《答礼问》等。

⑫葛陂:湖泊名。在今河南新蔡西北七十里。

⑬袭汲人向冰于枋头:事见《晋书·载记·石勒》。汲,即汲郡。西晋泰始二年(266)置,属司州。治所在汲县(今河南卫辉西南

二十里)。西晋末废。向冰,十六国后赵时期汲郡人。壁于枋头,有众数千。后为石勒所败。枋头,又名枋堰。在今河南浚县西南前枋城村。

⑭棘津:亦名石济津、南津。黄河重要渡口。在今河南滑县西南古黄河畔。河内:即河内郡。秦置。治所在怀县(今河南武陟西南)。

⑮茫昧:渺茫不明。

⑯理世:人世。玄远:久远。

⑰遗文逸句:遗留散逸的文句。

⑱容或:或许。容,或许。

⑲方土:一方的地理状况。

【译文】

右边一条河道往东北流经广宗县老城南边,又往东北流经界城亭北边,又往东北流经长乐郡枣彊县老城东边。长乐就是旧时的信都,晋太康五年改为今名。又往东北流经广川县,与绛渎水旧道汇合。又往东北流经广川县老城西边,又往东流经棘津亭南边,徐广说:棘津在广川。司马彪说:县北有棘津城,吕尚穷困时卖点心,可能就在这里。刘澄之说:谯郡酂县东北有棘津亭,是个旧城,吕尚穷困时就住在这里。我查考《春秋左传》:讨伐巢国,攻下棘,进入州来——这里不叫棘津,没有津字。杜预《春秋释地》又说:棘亭在酂县东北,地名中也没有津字。不知道刘澄之是从哪里找到这个说法的?但天下以棘为名的地方多得很,总不能都认为就是棘津吧。又《春秋·昭公十七年》,晋侯派荀吴率军从棘津涉水过河,在洛杀牲祭祀,于是就灭了陆浑。杜预《释地》没有记载这件事。服虔说:棘津就是孟津。徐广《晋纪》又说:石勒从葛陂侵犯河北,在枋头袭击汲人向冰,从棘渡河。棘津在东郡、河内之间,田融认为就是石济的南津。虽然远古时期已很渺茫,当时情况久远难知,但从所留的零散记载中,也许还可以找到一些线索,沿途也留下一些或隐或显的遗迹,一方的地理情况也可以验证。

司马迁云：吕望[①]，东海上人也，老而无遇，以钓干周文王[②]。又云：吕望行年五十[③]，卖食棘津；七十，则屠牛朝歌[④]；行年九十，身为帝师。皇甫士安云[⑤]：欲隐东海之滨，闻文王善养老，故入钓于周。今汲水城亦言有吕望隐居处[⑥]。起自东海，迄于酆、雍[⑦]，缘其迳趣[⑧]，赵、魏为密[⑨]，厝之谯宋[⑩]，事为疏矣。张甲故渎又东北至脩县东会清河[⑪]。《十三州志》曰：张甲河东北至脩县入清漳者也[⑫]。

【注释】

①吕望：西周初政治家，周代齐国的始祖。姜姓，吕氏，名望，一说字子牙。西周初官至太师，故亦称师尚父。俗称姜太公。曾辅佐周武王灭掉商朝。周初封于齐。

②干：求，干谒。

③行年：将到的年龄。

④屠牛朝歌：《史记·齐太公世家》司马贞索隐："谯周曰：'吕望尝屠牛于朝歌，卖饮于孟津。'"朝歌，商代帝乙、帝辛（商纣）的别都。即今河南淇县。西周为卫国都。春秋属晋。战国为魏邑。秦置县。

⑤皇甫士安：即皇甫谧。

⑥汲水城：当为汲县城之误。汲县，西汉置，属河内郡。治所在今河南卫辉西南二十里汲城。三国魏属朝歌郡。西晋为汲郡治。

⑦酆（fēng）：即丰。西周封国。在今陕西西安鄠邑区东。雍：西周封国。在今河南焦作西南十五里府城村。

⑧迳趣：指途径、路线。

⑨赵、魏为密：《水经注疏》杨守敬按："广川为赵境，汲县为魏境。"密，贴近，靠近。

⑩厝（cuò）：放置，安放。谯：即谯郡。东汉建安末，魏武析沛国置。

治所在谯县(今安徽亳州)。宋:周诸侯国名。在今河南商丘一带。

⑪张甲:即张甲河。在今河北清河县西。脩县:西汉置,属信都国。治所在今河北景县南十三里。

⑫清漳:古漳水有清漳水、浊漳水二源,均发源于山西东南部,在河北南部边境汇合后称漳河,其河道古今变迁很大。古漳河初为黄河中、下游最大的支流,今漳河仅是南运河的一支流。

【译文】

司马迁说:吕望是东海人,年老了却无人赏识他,于是以钓鱼来求见周文王。又说:吕望五十岁时在棘津卖点心,七十岁在朝歌宰牛,直到九十岁才当上了帝王的老师。皇甫士安说:他想到东海海边去隐居,听说文王尊敬优待有德望的老人,所以就到周去钓鱼。现在汲水城据说也有吕望隐居的地方。从东海直到酆雍,追踪他的足迹,以棘津在赵、魏境内较为切近,把它放在宋境的谯郡,那就太远了。张甲旧河道又往东北流到脩县东边,与清河汇合。《十三州志》说:张甲河往东北流到脩县,注入清漳水。

屯氏别河又东,枝津出焉,东迳信成县故城南,又东迳清阳县故城南①,清河郡北②,魏自清阳徙置也。又东北迳陵乡南③,又东北迳东武城县故城南④,又东北迳东阳县故城南⑤。《地理志》曰:王莽更之曰胥陵矣。俗人谓之高黎郭,非也。应劭曰:东武城东北三十里有阳乡,故县也。又东散绝⑥,无复津径⑦。

【注释】

①清阳县:西汉置,为清河郡治。治所在今河北清河县东南。东汉废。西晋复置,属清河国。

②清河郡：西汉高帝置。治所在清阳县（今河北清河县东南）。东汉桓帝时改为清河国，移治甘陵县（今山东临清东北）。三国魏复为清河郡。

③陵乡：在东武城县（今河北清河县东北）西南。

④东武城县：西汉置，属清河郡。治所在今河北清河县东北。东汉属清河国。

⑤东阳县：西汉高帝置，属清河郡。治所在今山东武城西北漳南镇。

⑥散绝：分散断绝。

⑦津径：通向渡口的路。

【译文】

屯氏别河又东流，分出一条支流，东经信成县老城南边，又往东流经清阳县老城南边，清河郡北边——郡城是魏从清阳迁过来的。又往东北流经陵乡南边，又往东北流经东武城县老城南边，又往东北流经东阳县老城南边。《地理志》说：王莽改名为胥陵。流俗之辈称为高黎郭，是不对的。应劭说：东武城东北三十里有阳乡，是旧时县址。又往东，水流分散，水道也就断绝了。

屯氏别河又东北迳清河郡南，又东北迳清河故城西。汉高帝六年，封王吸为侯国[①]。《地理风俗记》曰[②]：甘陵郡东南十七里有清河故城者[③]，世谓之鹊城也[④]。

【注释】

①王吸：随刘邦起兵于丰，为中涓。至霸上，为骑郎将。入汉中，迁将军，因击项羽有功，高祖六年（前201）封为清阳侯（《汉书》作清河定侯）。谥定。

②《地理风俗记》：书名。东汉应劭撰。今仅存辑本。

③甘陵郡：东汉安帝时改厝县置，为清河国治。治所在今山东临清

东北。

④鹊城:《水经注疏》杨守敬按:"甘陵即《地理志》之厝,在大河故渎之北,此清河故城,在屯氏别渎之南。两城中隔屯氏河,鹊城非即厝城也。或者世误以此城为厝城,音变为鹊,郦氏聊就所闻,书存之耳。"

【译文】

屯氏别河又往东北流经清河郡南边,又往东北流经清河老城西边。汉高帝六年,把清河封给王吸,立为侯国。《地理风俗记》说:甘陵郡东南十七里有清河旧城,世人称之为鹊城。

又东北迳绎幕县南,分为二渎,屯氏别河北渎东迳绎幕县故城南,东绝大河故渎,又东北迳平原县,枝津北出,至安陵县遂绝。屯氏别河北渎又东北迳重平县故城南①。应劭曰:重合县西南八十里有重平乡②,故县也。又东北迳重合县故城南,又东北迳定县故城南③。汉武帝元朔四年④,封齐孝王子刘越为侯国⑤。《地理风俗记》曰:饶安县东南三十里有定乡城⑥,故县也。屯氏别河北渎又东入阳信县⑦,今无水。又东为咸河,东北流迳阳信县故城北。《地理志》,渤海之属县也,东注于海。屯氏别河南渎自平原东绝大河故渎,又迳平原县故城北,枝津右出,东北至安德县界⑧,东会商河⑨。屯氏别河南渎又东北于平原界,又有枝渠右出,至安德县遂绝。

【注释】

①重平县:西汉置,属勃海郡。治所在今山东德州陵城区东北。东汉省。北魏孝昌中复置,属安德郡。

②重合县:西汉置,属勃海郡。治所在今山东乐陵西北。

③定县:西汉置,属勃海郡。治所在今山东乐陵东北。

④元朔四年:前125年。

⑤齐孝王:即刘将闾。沛(今江苏沛县)人。文帝四年(前176)封杨虚侯(一作阳虚侯)。文帝十六年(前164),晋封齐王。谥孝。刘越:齐孝王刘将闾之子。元朔四年(前125)封定侯。

⑥饶安县:东汉灵帝改千童县置,属勃海郡。治所在今河北盐山县西南千童镇。

⑦阳信县:西汉置,属勃海郡。治所在今山东无棣北十七里信阳乡。

⑧安德县:西汉置,属平原郡。治所在今山东德州陵城区东南郑家寨乡。

⑨商河:在今山东境内。

【译文】

屯氏别河又往东北流经绎幕县南边,分成两条:屯氏别河北支往东流经绎幕县老城南边,东流横穿过大河旧道,又往东北流经平原县,向北分出一条支流,到安陵县就断了。屯氏别河北支又往东北流经重平县旧城南边。应劭说:重合县西南八十里有重平乡,是旧时县址。又往东北流经重合县旧城南边,又往东北流经定县旧城南边。汉武帝元朔四年,把这地方封给齐孝王儿子刘越,立为侯国。《地理风俗记》说:饶安县东南三十里有定乡城,是个旧县址。屯氏别河北支又往东流入阳信县,现在已经无水了。又往东是咸河,往东北流经阳信县旧城北边。查考《地理志》,阳信县是渤海郡的属县,屯氏别河在此东流入海。屯氏别河南支从平原县东流穿过大河旧河道,又绕经平原县旧城北边,有支流向右分出,往东北流到安德县边界,往东流与商河汇合。屯氏别河南支又往东北流,在平原县边界,又有一条支流向右分出,到安德县就断了。

屯氏别河南渎自平原城北首受大河故渎,东出,亦通谓之笃马河[①]，即《地理志》所谓平原县有笃马河，东北入海，行五百六十里者也。东北迳安德县故城西，又东北迳临齐城南[②]。始东齐未宾[③]，大魏筑城以临之[④]，故城得其名也。又屈迳其城东，故渎广四十步，又东北迳重丘县故城西[⑤]。《春秋·襄公二十五年》[⑥]，秋，同盟于重丘[⑦]，伐齐故也。应劭曰：安德县北五十里有重丘乡，故县也。

【注释】

①笃马河：即今山东之马颊河。

②临齐城：北魏时鬲县（在今山东平原县西北）的治所。

③东齐：周朝时齐国。因地处周朝之东，故称。在今山东北部和河北东南部。汉以后仍沿称为齐。宾：服从，归顺。

④大魏：此指北魏，亦称后魏。

⑤重丘县：西汉置，属平原郡。治所在今山东德州陵城区东北。东汉省。

⑥襄公二十五年：前548年。

⑦重丘：关于重丘具体位置众说纷纭，或谓在今山东聊城东南，或谓在今山东德州东北。

【译文】

屯氏别河南支上游在平原城北边承接大河，往东流出，也通称笃马河，就是《地理志》所说平原县的笃马河，往东北注入大海，流程五百六十里。笃马河往东北流经安德县老城西边，又往东北流经临齐城南边。先前东齐没有归服，大魏筑城防备，城就因此得名。笃马河又转弯流经城东旧河道，河宽四十步，又往东北流经重丘县老城西边。《春秋·襄公二十五年》记载，秋，在重丘会盟，为了讨伐齐国的缘故。应劭说：安德县北五十里有重丘乡，是个旧县址。

又东北迳西平昌县故城北①,北海有平昌县②,故加西。汉宣帝元康元年③,封王长君为侯国④。故渠川派⑤,东入般县为般河⑥。盖亦九河之一道也⑦。《后汉书》称公孙瓒破黄巾于般河⑧,即此渎也。又东为白鹿渊水⑨,南北三百步,东西千余步,深三丈余。其水冬清而夏浊,渟而不流⑩,若夏水洪泛,水深五丈,方乃通注⑪。般渎又迳般县故城北,王莽更之曰分明也。东迳乐陵县故城北⑫。《地理志》曰:故都尉治。伏琛、晏谟言平原邑⑬,今分为郡。又东北迳阳信县故城南,东北入海。

【注释】

①西平昌县:东汉改平昌县置,属平原郡。治所在今山东临邑北德平镇西南三十里。因北海郡有平昌,故此加西。

②北海:即北海郡。西汉景帝二年(前155)分齐郡置。治所在营陵县(今山东昌乐东南五十里古城)。东汉改为国,移治剧县(今寿光东南三十里)。

③汉宣帝元康元年:前65年。

④王长君:名无故,字长君。赵国常山广望(今河北元氏西北)人。宣帝舅父。宣帝即位后,于地节三年(前67)被召入京,赐爵关内侯,次年又封平昌侯。谥节。

⑤川派:分流。派,水分道而流。

⑥般县:西汉置,属平原郡。治所在今山东乐陵西南。北魏为安德郡治。

⑦九河之一道:即九河之一句盘。九河,禹时黄河的九条分支流。

⑧《后汉书》称公孙瓒破黄巾于般河:事见《后汉书·袁绍传》:"(初平二年)其冬,公孙瓒大破黄巾,还屯槃河,威震河北,冀州诸城无

不望风响应。”公孙瓒，字伯珪。东汉辽西令支（今河北迁安西）人。从涿郡卢植学。后官拜奋武将军，封蓟侯。为袁绍所败，引火自焚。黄巾，东汉末年张角所领导的农民起义军，因头缠黄巾而得名。

⑨白鹿渊水：在今山东临邑东北德平镇东。

⑩渟（tíng）而不流：水聚集而不流。渟，止。

⑪方乃：才。通注：流通灌注。

⑫乐陵县：战国秦置，属济北郡。西汉属平原郡。治所在今山东乐陵东南二十五里花园乡城子后。东汉建安末为乐陵郡治。

⑬伏琛：晋人。撰《齐记》，或称《齐地记》《三齐略记》。晏谟：十六国时前燕青州（今山东莱州）人。为慕容德嘉许，拜尚书郎。撰《齐地记》，或称《齐记》。

【译文】

笃马河又往东北流经西平昌县旧城北边，北海郡有平昌县，所以这里加西字，叫西平昌县。汉宣帝元康元年，把该县封给王长君，立为侯国。旧渠分支往东流入般县，就是般河。也是九河中的一支。《后汉书》说：公孙瓒在般河打垮黄巾军，就指此河。又东流，就是白鹿渊水，南北三百步，东西千余步，深三丈余。这条水冬天澄清，夏天变浊，静止不流，如果夏天洪水泛滥，水的深度达到五丈，方才流通注入般河。又流经般县旧城北边，王莽改名为分明。往东流经乐陵县老城北边。《地理志》说：这是旧都尉治所。伏琛、晏谟说这是平原郡的一座城，现在分出另立为郡了。又往东北流经阳信县老城南边，往东北注入大海。

屯氏河故渎自别河东迳甘陵之信乡县故城南。《地理志》曰：安帝更名安平①。应劭曰：甘陵西北十七里有信乡，故县也。屯氏故渎又东迳甘陵县故城北，又东迳灵县北，又东北迳鄃县，与鸣犊河故渎合，上承大河故渎于灵县南。《地理志》曰：河水自灵县别出为鸣犊河者也。东北迳灵县东，东入鄃县，而北合屯氏渎。屯氏渎兼鸣犊之称也。又东迳鄃县故城北，东北合大河故渎，谓之鸣犊口。《十三州志》曰：鸣犊河东北至脩入屯氏，考渎则不至也。

【注释】

①安帝：此当为“顺帝”之讹。译文从之。

【译文】

屯氏河旧道从别河往东流经甘陵郡信乡县老城南边。《地理志》说：顺帝时改名安平。应劭说：甘陵西北十七里有信乡，是个旧县城。屯氏河旧道又往东流经甘陵县老城北边，又往东流经灵县北边，又往东北流经鄃县，与鸣犊河旧道汇合，鸣犊河上游在县南承接大河旧道。《地理志》说：河水从灵县分支流出，就是鸣犊河。往东北流经灵县东边，往东流入鄃县，然后北流与屯氏渎汇合。屯氏渎又兼有鸣犊河之称。又往东流经鄃县老城北边，往东北与大河旧道汇合，汇流处称为鸣犊口。《十三州志》说：鸣犊河往东北流，到脩县注入屯氏河，但经查核，这条河却不流到脩县。

又东北过卫县南[①]，又东北过濮阳县北[②]，瓠子河出焉[③]。

河水东迳铁丘南[④]，《春秋左氏传·哀公二年》，郑罕达帅师，邮无恤御简子，卫太子为右，登铁上，望见郑师，卫太子自投车下[⑤]，即此处也。京相璠曰[⑥]：铁，丘名也。杜预曰：在戚南[⑦]。河之北岸，有古城，戚邑也。东城有子路冢[⑧]，河之西岸有竿城。《郡国志》曰：卫县有竿城者也。河南有龙渊宫，武帝元光中[⑨]，河决濮阳，泛郡十六，发卒十万人塞决河，起龙渊宫。盖武帝起宫于决河之傍，龙渊之侧，故曰龙渊宫也。

【注释】

①卫县：东汉改观县置，属东郡。治所在今河南清丰东南。西晋属顿丘郡。北魏改为卫国县。

②濮阳县：战国秦置，为东郡治。治所在今河南濮阳东南二十里高城村。

③瓠子河：古黄河支流。自今河南濮阳南分黄河水东出经山东鄄城、郓城南，折北经梁山西、阳谷东南，至阿城镇折东北经山东聊城茌平区南，东注济水。

④铁丘：即铁。在今河南濮阳西南十里铁丘。

⑤"《春秋左氏传·哀公二年》"几句：事见《左传·哀公二年》："甲戌，将战，邮无恤御简子，卫太子为右。登铁上，望见郑师众，太子惧，自投于车下。"哀公二年，前493年。郑，周诸侯国名。在今河南新郑一带。罕达，郑国子皮之孙。又名子姚。邮无恤，即王良。简子，即赵简子。卫太子，卫国的太子蒯聩（kuǎi kuì），亦作蒉聩。卫灵公之太子。伯姬之弟，孔悝之舅。为右，为车右。亦名骖乘。古制一车乘三人，尊者居左，御车人居中，骖乘居右，以有勇力的人担任。

⑥京相璠（fán）：晋人。撰有《春秋土地名》。

⑦戚：春秋卫邑。在今河南濮阳北十里。

⑧子路冢：《水经注疏》："《地形志》，卫国有子路冢。《大名府志》，子路墓在府境者三：一在清丰县西南三十里，一在长垣县东三里，一在开州北，戚城之东，未详孰是？由未考郦《注》，故不知在开州北者为是也。"子路，孔子的学生。

⑨元光：西汉武帝刘彻的年号（前134—前129）。

【译文】

河水又往东北流过卫县南边，又往东北流过濮阳县北边，瓠子河从这里分出。

河水往东流经铁丘南边，《春秋左传·哀公二年》，郑国罕达率领部队，邮无恤为简子驾车，卫太子为骖右，升登铁上，望见郑国的军队，卫太子吓得跌下车来，就是在这地方。京相璠说：铁是丘名。杜预说：在戚的南边。河水北岸有古城，就是戚邑。东城有子路墓，大河西岸有竿城。《郡国志》说：卫县有竿城。大河南岸有龙渊宫，武帝元光年间，河水在濮阳决口，淹没了十六郡，武帝调动了十万兵丁去堵塞决口，在那里建了龙渊宫。因武帝在决口近旁龙渊一侧建宫，所以叫龙渊宫。

河水东北流而迳濮阳县北，为濮阳津。故城在南与卫县分水①，城北十里有瓠河口，有金堤、宣房堰。粤在汉世，河决金堤，涿郡王尊②，自徐州刺史迁东郡太守，河水盛溢③，泛浸瓠子④，金堤决坏。尊躬率民吏，投沉白马，祈水神河伯，亲执圭璧⑤，请身填堤。庐居其上，民吏皆走，尊立不动，而水波齐足而止。公私壮其勇节。河水又东北迳卫国县南⑥，东为郭口津。

【注释】

①分水：《水经注疏》杨守敬按："濮阳在河南，卫国在河北，二县以河为界，故云分水。"

②涿郡：西汉高帝置。治所在涿县（今河北涿州）。王尊：字子赣。涿郡高阳（今河北高阳东）人。为东郡太守，遇河水泛滥，亲率吏民日夜守堤。堤坏，人皆惊恐奔走，他依然身当水冲而不退。吏民感其勇节，复还守堤。

③盛溢：盛大漫溢。

④泛浸：泛滥淹没。

⑤圭璧：古代帝王、诸侯祭祀或朝聘时所用的一种玉器。也泛指贵重的玉器。

⑥卫国县：北魏改卫县置，属顿丘郡。治所在今河南清丰东南。

【译文】

河水往东北流经濮阳县北边，就是濮阳津。旧城在南边，濮阳县与卫县以水为分界，城北十里有瓠河口，有金堤、宣房堰。汉时大河在金堤决口，涿郡王尊从徐州刺史调任东郡太守，河水猛涨，瓠子河泛滥，致使金堤决口。王尊亲自率领民众和官吏，把白马沉入水中致祭，祈求水神河伯，并亲自捧着圭璧，请求让他以自己的肉体来填塞河堤决口。他在堤上搭了棚屋，就住在那里，民众和官吏都逃开了，王尊却一动也不动地站着，水涨到与他两脚相平就停止了。朝野人士都夸赞他的勇敢坚毅。河水又往东北流经卫国县南边，东边就是郭口津。

河水又东迳鄄城县北[①]，故城在河南十八里，王莽之鄄良也，沇州旧治[②]。魏武创业始自于此。河上之邑最为峻固。《晋八王故事》曰[③]：东海王越治鄄城[④]，城无故自坏七十余丈，越恶之，移治濮阳[⑤]。城南有魏使持节征西将军太尉方城侯邓艾庙[⑥]，庙南有艾碑，秦建元十二年[⑦]，广武将军沇州刺史关内侯安定彭超立[⑧]。河之南岸有新城，宋宁朔将军王玄谟前锋入河所筑也[⑨]。北岸有新台，鸿基层广高数丈[⑩]，卫宣公所筑新台矣[⑪]。《诗》齐姜所赋也[⑫]。为卢关津[⑬]。台东有小城，崎岖颓侧[⑭]，台址枕河[⑮]，俗谓之邸阁城。疑故关津都尉治也，所未详矣。

【注释】

①鄄（juàn）城县：战国秦置，属东郡。治所在今山东鄄城北旧城镇。两汉属济阴郡，北魏为濮阳郡治。

②沇（yǎn）州：西汉武帝置，为十三刺史部之一。东汉时治所在昌邑县（今山东巨野东南）。魏晋时移治廪丘（今山东郓城西六十四里）。

③《晋八王故事》：书名。卢綝撰。

④东海王越：即司马越。字元超，司马懿族孙，高密王泰之子。讨杨骏有功，迁尚书右仆射，领游击将军，别封东海王。后劫持并毒死惠帝，立司马炽，控制朝政。永嘉五年（311），发兵讨石勒，病死军中。

⑤濮阳：即濮阳县。战国秦置，为东郡治。治所在今河南濮阳东南二十里高城村。西晋为濮阳国治。北魏属濮阳郡。

⑥魏：此指三国魏。邓艾：字士载。义阳郡棘阳（今河南新野东北）人。以破文钦等功，进封方城乡侯，行安西将军。甘露元年（前53）诏进封邓侯。景元四年（263），与锺会率军分道灭蜀，以功拜太尉。次年，遭锺会诬，被杀。

⑦秦建元十二年：376年。秦，此指前秦。建元，苻坚的年号（365—385）。

⑧安定：即安定县。西汉置，属安定郡。治所在今甘肃泾川北五里水泉寺村。东汉废。东晋复置，为安定郡置。十六国时期，先后为雍州及泾州治。彭超：十六国前秦苻坚将领。曾为苻坚扬武将军、兖州刺史。有勇力，能一人当数十人。

⑨宋：即南朝宋（420—479），刘裕所建。

⑩鸿基：宏大建筑物的基础。层广：高耸宽广。

⑪卫宣公：春秋时卫国国君。立夫人夷姜子伋为太子。为伋娶齐女，未入室，悦而自娶。及夷姜死，听夫人宣姜与公子朔谗言，改立朔为太子。新台：古台名。卫宣公为截夺儿媳所筑。故址当在今山

东鄄城东北，古黄河道北四里。

⑫齐姜所赋：《诗经·邶风·新台》"毛诗序"："《新台》，刺卫宣公也。纳伋之妻，作新台于河上而要之，国人恶之，而作是诗也。"

⑬卢关津：在今河南范县南古黄河北岸。

⑭颓侧：坍塌歪斜。

⑮枕河：临近河水。枕，靠近，接近。

【译文】

河水又往东流经鄄城县北边，老城在河南十八里，就是王莽的鄄良，也是沇州的旧治所。魏武帝就是在这里创业的。河上的城最险固。《晋八王故事》说：东海王司马越的治所在鄄城，城墙无缘无故地塌了七十余丈，司马越以为不吉，就把治所迁到濮阳。城南有魏使持节征西将军太尉方城侯邓艾庙，庙南有邓艾碑，是秦建元十二年广武将军沇州刺史关内侯安定彭超所立。大河南岸有新城，是宋宁朔将军王玄谟的前锋进入大河一带时所筑。北岸有新台，宏大的台基，宽广的层台高达数丈，这是卫宣公所筑的新台。《诗经》中齐姜就吟咏过此台。这地方就是卢关津。台东有小城，已歪斜倾侧，摇摇欲坠了，台基傍着河滨，俗称邸阁城。可能是旧时关津都尉的治所，但不大清楚。

河水又东北迳范县之秦亭西[①]，《春秋经》书筑台于秦者也[②]。

【注释】

①范县：西汉置，属东郡。治所在今河南范县东南张庄乡旧城村。秦亭：一名秦城。即春秋鲁秦邑。在今河南范县东南四十二里旧城。

②《春秋经》书筑台于秦者也：《春秋·庄公三十一年》："秋，筑台于秦。"《春秋经》，书名。为鲁国史书之专名。

【译文】

河水又往东北流经范县秦亭西边，《春秋经》记载筑台于秦，就指秦亭。

河水又东北迳委粟津[1]，大河之北，即东武阳县也[2]。左会浮水故渎[3]，故渎上承大河于顿丘县而北出[4]，东迳繁阳县故城南[5]。应劭曰：县在繁水之阳[6]。张晏曰[7]：县有繁渊[8]。《春秋·襄公二十年》经书：公与晋侯、齐侯盟于澶渊[9]。杜预曰：在顿丘县南，今名繁渊[10]。澶渊，即繁渊也，亦谓之浮水焉。昔魏徙大梁，赵以中牟易魏[11]。故《志》曰：赵南至浮水、繁阳。即是渎也。故渎东绝大河故渎，东迳五鹿之野[12]，晋文公受块于野人[13]，即此处矣。京相璠曰：今卫县西北三十里[14]，有五鹿城，今属顿丘县。浮水故渎又东南迳卫国邑城北[15]，故卫公国也[16]。汉光武以封周后也[17]。又东迳卫国县故城南[18]，古斟观。应劭曰：夏有观扈[19]，即此城也。《竹书纪年》：梁惠成王二年，齐田寿率师伐我，围观，观降[20]。浮水故渎又东迳河牧城而东北出[21]。《郡国志》曰：卫本观故国，姚姓，有河牧城，又东北入东武阳县，东入河。又有漯水出焉[22]，戴延之谓之武水也[23]。河水又东迳武阳县东、范县西而东北流也[24]。

【注释】

①委粟津：在今河南东北部清风县东面。

②东武阳县：战国秦置，属东郡。治所在今山东莘县东南十里。

③浮水：在今河北沧县东南，东入盐山县界。

④顿丘县：战国魏置。后入秦，属东郡。治所在今河南清丰西南

二十五里。西晋为顿丘郡治。

⑤繁阳县：西汉置，属魏郡。治所在今河南内黄西北。

⑥繁水：在今河南南乐西北。阳：山南水北为阳。

⑦张晏：字子博。中山（今河北定州）人。有《汉书》注，多存于今《汉书》颜师古注中。

⑧繁渊：即澶渊。在今河南濮阳西。

⑨公与晋侯、齐侯盟于澶渊：事见《春秋·襄公二十年》："夏六月庚申，公会晋侯、齐侯、宋公、卫侯、郑伯、曹伯、莒子、邾子、滕子、薛伯、杞伯、小邾子盟于澶渊。"公，即鲁襄公，鲁成公黑肱之子午。晋侯，即晋平公，即晋悼公之子，名彪。齐侯，即齐庄公，齐灵公之子，名光。

⑩今名繁渊：与今本《左传》杜预注有异。今本杜预注："澶渊在顿丘县南，今名繁汙。此卫地，又近戚田。"

⑪昔魏徙大梁，赵以中牟易魏：此语不见于他书，亦见于《水经注·渠水》："昔魏徙大梁，赵以中牟易魏。故赵之南界，极于浮水，匪直专漳也。"

⑫五鹿之野：春秋卫地。在今河南清丰西北。

⑬晋文公受块于野人：事见《左传·僖公二十三年》："过卫，卫文公不礼焉。出于五鹿，乞食于野人，野人与之块。公子怒，欲鞭之。子犯曰：'天赐也。'稽首受而载之。"晋文公，即重耳。

⑭卫县：东汉改观县置，属东郡。治所在今河南清丰东南。西晋属顿丘郡。北魏改为卫国县。

⑮卫国邑城：《水经注疏》杨守敬按："郦氏叙卫国邑与卫国县为二，盖汉封卫公于此，与县不同城。《地形志》，卫国县有卫国城，即此卫国邑地也。在今清丰县西南十五里。"

⑯卫公国：古县名。故治在今河南清风东南。王莽曰观治，东汉改为卫公国。

⑰汉光武以封周后也：事见《后汉书·百官志》："卫公、宋公。本注曰：建武二年，封周后姬常为周承休公；五年，封殷后孔安为殷绍嘉公。十三年，改常为卫公，安为宋公，以为汉宾，在三公上。"汉光武，东汉光武帝刘秀。周后，周王室的后裔姬常。

⑱卫国县：北魏改卫县置，属顿丘郡。治所在今河南清丰东南。

⑲观：夏代诸侯国。在今河南清丰东南。扈：亦称有扈。夏时国名。在今陕西西安鄠邑区北。一说夏代时已向东迁至今河南范县一带。

⑳"梁惠成王二年"几句：《水经注疏》杨守敬按："《史记·田完世家》，威王九年，败魏于浊泽而围惠王，惠王请献观以和解。即是役也。惟浊泽为观泽之误。《史》又称，湣王七年伐魏，败之观泽，可证。"梁惠成王二年，前368年。

㉑河牧城：在今山东莘县西南观城镇东北。

㉒漯（tà）水：一作漯川。古代黄河下游主要支津之一。

㉓戴延之：即戴祚，字延之。江东（今江苏长江下游南岸一带）人。官西戎主簿。曾从刘裕西征姚秦。著有《西征记》《甄异传》等。

㉔武阳县：北魏改东武阳县置，属阳平郡。治所在今山东莘县西南朝城镇。

【译文】

河水又往东北流经委粟津，大河北边就是东武阳县。左边与浮水旧道汇合，旧河道上游在顿丘县承接大河，往北分出，往东流经繁阳县老城南边。应劭说：繁阳县在繁水北岸。张晏说：县里有繁渊。《春秋·襄公二十年》记载：襄公与晋侯、齐侯在澶渊会盟。杜预说：澶渊在顿丘县南，现在叫繁渊。澶渊就是繁渊，繁水也叫浮水。从前魏国迁都大梁，赵国用中牟来与魏交换繁渊。所以《地理志》说：赵国国境南到浮水、繁阳。就指的是这条河。河道往东横穿过大河旧河道，往东流经五鹿之野，晋文公接受了农夫给他的土块，就在这地方。京相璠说：卫县西北三十里有五鹿城，现在属于顿丘县。浮水旧河道又往东南流经卫国邑城北，这里从前是卫公的封国。汉光武帝把这里封给周朝的后裔。浮水旧道又往东流经卫国县老城南，就是古时的斟观。应劭说：夏有观扈，就是此城。《竹书纪年》：梁惠成王二年，齐国田寿率领军队来攻打我国，包围了观，观投降。浮水旧道又往东流经河牧城，然后转向东北流去。《郡国志》说：卫本来是观的故国，姓姚，有河牧城，又往东北流入东武阳县，东流注入大河。又有漯水从这里流出，戴延之称为武水。河水又往东流经武阳县东边、范县西边，往东北流去。

又东北过东阿县北[①]，

河水于范县东北流为仓亭津[②]。《述征记》曰：仓亭津在范县界，去东阿六十里。《魏土地记》曰：津在武阳县东北七十里，津，河济名也[③]。

【注释】

①东阿县：战国秦置，属东郡。治所在今山东阳谷东北五十里阿城镇。三国魏属济北国。

②仓亭津：在今河南范县东南。

③济：渡口。

【译文】

河水又往东北流过东阿县北边，

河水从范县往东北流，就到仓亭津。《述征记》说：仓亭津在范县边界，离东阿六十里。《魏土地记》说：渡口在武阳县东北七十里，仓亭津是大河上的渡口名。

河水右历柯泽[①]，《春秋左传·襄公十四年》[②]，卫孙文子败公徒于阿泽者也[③]。又东北迳东阿县故城西，而东北出流注河水。枝津东出[④],谓之邓里渠也。

【注释】

①柯泽:又作阿泽、河泽。在今山东阳谷东北。

②襄公十四年:前559年。

③卫孙文子:卫献公的大臣孙林父。公徒:卫献公的军队。卫献公,卫定公之子衎。

④枝津:支流。

【译文】

河水右边流经柯泽,《春秋左传·襄公十四年》,卫国孙文子在阿泽打败献公的兵,就指的是这地方。河水又往东北流经东阿县老城西边,然后往东北流,注入河水。一条支流向东分出,叫邓里渠。

又东北过茌平县西[①],

河自邓里渠东北迳昌乡亭北[②],又东北迳碻磝城西[③]。《述征记》曰:碻磝[④],津名也,自黄河泛舟而渡者,皆为津也。其城临水,西南崩于河。宋元嘉二十七年[⑤],以王玄谟为宁朔将军,前锋入河,平碻磝,守之[⑥]。都督刘义恭以沙城不堪守[⑦],召玄谟令毁城而还,后更城之。魏立济州[⑧],治此也。河水冲其西南隅,又崩于河,即故茌平县也。应劭曰:茌,山名也,县在山之平地,故曰茌平也,王莽之功崇矣。《经》曰大河在其西,邓里渠历其东[⑨],即斯邑也。昔石勒之隶师懽,屯耕于茌平,闻鼓角鞞铎之声于是县也[⑩]。西与聊城分河[⑪]。

【注释】

①茌(chí)平县:东汉改茬平县置,属济北国。治所在今山东聊城茌

平区西南。

②邓里渠：在今山东聊城茌平区东。昌乡亭：《水经注疏》杨守敬按："亭当在今聊城县东南。"

③碻磝（qiāo áo）城：在今山东聊城茌平区西南古黄河南岸，碻磝津东。

④碻磝：此指碻磝津。在今山东聊城茌平区西南古黄河南岸，其东为碻磝城。

⑤宋元嘉二十七年：450年。元嘉，宋文帝刘义隆年号（424—453）。

⑥"以王玄谟为宁朔将军"几句：事见《宋书·王玄谟传》："及大举北征，以玄谟为宁朔将军，前锋入河，受辅国将军萧斌节度。玄谟向碻磝，戍主奔走，遂围滑台，积旬不克。"

⑦刘义恭：南朝宋武帝刘裕之子。封江夏王。文帝时，出镇彭城（今江苏徐州）。北魏兵退，不敢追，降号骠骑将军。

⑧魏：此指北魏，亦称后魏。济州：北魏泰常八年（423）置。治所在碻磝城（今山东聊城茌平区西南）。

⑨《经》曰大河在其西，邓里渠历其东：《水经注·瓠子河》："又东北过临邑县西，又东北过茌平县东，为邓里渠。"《水经注疏》："大河句指本篇《经》文，邓里渠句指《瓠子河》篇《经》文。"

⑩"昔石勒之隶师懽"几句：事见《晋书·载记·石勒》："（石勒）每闻鞞铎之音，归以告其母，母曰：'作劳耳鸣，非不祥也。'……既而卖与茌平人师懽为奴。……每耕作于野，常闻鼓角之声。"鼓角，古代军队中用来发出号令的战鼓和号角。鞞（pí）铎，小鼓和大铃。鞞，同"鼙"。小鼓。铎，古代宣布政教法令或有战事时用的大铃。

⑪西与聊城分河：《水经注疏》杨守敬按："茌平在河东，聊城在河西，二县以河为界，故云分河。"聊城，即聊城县。战国齐置。后入秦，属东郡。治所在今山东聊城西北二十里。北魏太和二十三年（499）徙今聊城东北二十五里王城，为平原郡治。

【译文】

河水又往东北流过茌平县西边，

大河从邓里渠往东北流经昌乡亭北边，又往东北流经碻磝城西边。《述征记》说：碻磝是个渡口名，从黄河摇船过渡的地方，都是渡口。碻磝城濒水，西南角已崩塌到河中了。宋元嘉二十七年，任王玄谟为宁朔将军，前锋直打到河边，平定了碻磝，驻守于此。都督刘义恭认为沙城不能守，召回王玄谟，命令他毁城退回，以后又重新建城。北魏设济州，以此城为治所。河水冲激城西南角，又崩塌到河中，碻磝就是旧时的茌平县。应劭说：茌是山名，县在山边平地上，所以叫茌平，也就是王莽的功崇。《水经》说：大河在茌平县西，邓里渠流经城东，就是此城。从前石勒在师懽手下做奴仆，在茌平耕田时，听到鼓角和铃声，就是在这县内。茌平西与聊城以河水为分界。

河水又东北与邓里渠合，水上承大河于东阿县西，东迳东阿县故城北，故卫邑也。应仲瑗曰[①]：有西，故称东[②]。魏封曹植为王国。大城北门内西侧，皋上有大井[③]，其巨若轮，深六七丈，岁尝煮胶，以贡天府[④]，《本草》所谓阿胶也[⑤]。故世俗有阿井之名[⑥]。县出佳缯缣[⑦]，故《史记》云：秦昭王服太阿之剑，阿缟之衣也[⑧]。又东北迳临邑县[⑨]，与将渠合[⑩]。又北迳茌平县东，临邑县故城西，北流入于河。

【注释】

①应仲瑗：即应劭。

②有西，故称东：《水经注疏》按："《括地志》，故葛城一名依城，又名西阿城，在瀛洲高阳县西北五十里。"

③皋：水边的高地。

④天府：原为周代的官名，掌祖庙之守藏，后因称朝廷藏物之府库为天府。

⑤《本草》：书名。即《神农本草》。

⑥阿井：在古东阿县城（今山东阳谷东北阿城镇）。井水甘甜清冽，用以煮胶，称为“阿胶”。

⑦缯缣（zēng jiān）：泛指丝织品。缯，古代对丝织品的统称。缣，由多根丝线并在一起织成的丝织品。

⑧秦昭王服太阿之剑，阿缟（gǎo）之衣也：《水经注疏》杨守敬按：“二语见《李斯传·谏逐客书》中。《史记》明云，会庄襄王卒，李斯求为吕不韦舍人，因以得说秦王，则始皇之初年，非昭王也。昭字是衍文，今删。”译文从之。太阿之剑，古宝剑名。司马贞《史记索隐》：“《越绝书》曰：‘楚王召欧冶子、干将作铁剑三，一曰干将，二曰莫邪，三曰太阿也。’”阿缟之衣，古代齐东阿所出的细缯。

⑨临邑县：西汉置，属东郡。治所即今山东东阿铜城镇。

⑩将渠：《水经注疏》杨守敬按：“此邓里渠与瓠子河合，《瓠子河》经文所云，东北为邓里渠，是也。因将渠会瓠子河，通谓之将渠，故此变言将渠合。”

【译文】

河水又往东北流，与邓里渠汇合，邓里渠上游在东阿县西边承接大河，往东流经东阿县老城北边，就是旧时的卫邑。应仲瑗说：因为有西阿县，所以叫东阿。魏时封给曹植，立为王国。大城北门内西侧高地上有一口井，大如车轮，深六七丈，每年汲水煮胶，进贡朝廷府库，就是《本草》所说的阿胶。所以民间称此井为阿井。县里出产优质丝织品，所以《史记》说：秦王佩着太阿宝剑，穿着东阿绸衣。又往东北流经临邑县，与将渠汇合。又往北流经茌平县东边，临邑县老城西边，北流注入大河。

河水又东北流迳四渎津[①]，津西侧岸。临河有四渎祠，东对四渎口[②]。河水东分济，亦曰济水受河也。然荥口石门水断不通[3]，始自是出东北流，迳九里与清水合[4]，故济渎也[5]。自河入济，自济入淮，自淮达江，水径周通[6]，故有四渎之名也[7]。昔赵杀鸣犊，仲尼临河而叹，自是而返曰：丘之不济，命也[8]。夫《琴操》以为孔子临狄水而歌矣[9]，曰：狄水衍兮风扬波[10]，船楫颠倒更相加[11]。余按临济[12]，故狄也[13]。是济所迳，得其通称也。

【注释】

①四渎津：在今山东聊城茌平区南古黄河上。北魏在此设置四渎关，因四渎津为名。

②四渎口：《水经注疏》熊会贞按："《元和志》，废四口关在长清县(今山东济南长清区西南三十里)西南五十里。后魏置，武德九年废。盖即四渎之口。唐长清在今县东南。"

③荥口：在今河南荥阳北。古荥泽受河水之口。

④清水：《水经注·济水》："济水自鱼山北，迳清亭东……是下济水通得清水之目焉。亦水色清深，用兼厥称矣。"

⑤济渎：《水经注疏》熊会贞按："《济水注》云，自清亭下，济水通得清水之目，故此谓清水即济渎。"

⑥周通：循环贯通。

⑦四渎：长江、黄河、淮河、济水的合称。

⑧"昔赵杀鸣犊"几句：事见《史记·孔子世家》："孔子既不得用于卫，将西见赵简子。至于河而闻窦鸣犊、舜华之死也，临河而叹曰：'美哉水，洋洋乎！丘之不济此，命也夫！'子贡趋而进曰：'敢问何谓也？'孔子曰：'窦鸣犊、舜华，晋国之贤大夫也。赵简子未得志之时，须此两人而后从政；及其已得志，杀之乃从政。'"鸣犊，指春秋时期晋国的贤大夫窦鸣犊。

⑨《琴操》：二卷，蔡邕撰。狄水：在今河南封丘东。

⑩衍：满溢。

⑪船楫：船桨。更：复。相加：这里指船桨一下紧挨着一下划。

⑫临济：东汉永初二年（108）改狄县置，为乐安国治。治所在今山东高青东南高城镇西北二里。

⑬狄：战国齐地。在今山东高青东南高城镇西北二里。秦置狄县。

【译文】

河水又往东北流经四渎津，这个渡口靠西侧岸边。临河有四渎祠，东边对着四渎口。河水向东分出济水，换言之也就是济水承接大河。但荥口石门水断，已不再流通了，才从这里分出，往东北流经九里，与清水汇合，这就是济水旧道。从大河进入济水，从济水进入淮水，从淮水到达大江，水路都能相通，所以称为四渎。从前赵国杀鸣犊，仲尼到河边时听到消息，喟然长叹，就从这里掉头返回，说道：我不能渡过河水，该是命当如此了！《琴操》则以为孔子到了狄水，作歌唱道：狄水浩荡奔流，狂风激起巨浪，船桨颠倒，一桨紧挨着一桨快速划动。我考寻：临济就是旧时的狄。因为济水流经这里，所以也得到这个通称了。

河水又迳杨墟县之故城东①，俗犹谓是城曰阳城矣②。河水又迳茌平城东，疑县徙也。城内有故台，世谓之时平城，非也，盖茌、时音相近耳。

【注释】

①杨墟县：在山东聊城茌平区东北。西汉时置杨虚侯国。

②阳城：《水经注疏》杨守敬按："《经》文河水过茌平有阳城即此。又太原郡祝阿有阳城，则别一阳城矣。"

【译文】

河水又流经杨墟县老城东边，俗称阳城。河水又流经茌平城东边，我怀疑县城曾迁到这里。城内有旧台，世人称之为时平城，因为茌、时二字音近，所以致误。

又东北过高唐县东[①]，

河水于县，漯水注之。《地理志》曰：漯水出东武阳。今漯水上承河水于武阳县东南，西北迳武阳新城东[②]，曹操为东郡所治也。引水自东门石窦北注于堂池，池南故基尚存。城内有一石甚大，城西门名冰井门，门内曲中[③]，冰井犹存。门外有故台，号武阳台[④]，匝台亦有隅雉遗迹[⑤]。水自城东北迳东武阳县故城南。应劭曰：县在武水之阳[⑥]，王莽之武昌也。然则漯水亦或武水矣。臧洪为东郡太守[⑦]，治此。曹操围张超于雍丘[⑧]，洪以情义，请袁绍救之，不许，洪与绍绝。绍围洪，城中无食，洪呼吏士曰：洪于大义[⑨]，不得不死，诸君无事空与此祸[⑩]。众泣曰：何忍舍明府也[⑪]。男女八千余人，相枕而死[⑫]。洪不屈，绍杀洪。邑人陈容为丞[⑬]，谓曰：宁与臧洪同日死，不与将军同日生。绍又杀之，士为伤叹。今城四周，绍围郭尚存，水匝隍壍[⑭]，于城东北合为一渎，东北出郭，迳阳平县之冈成城西[⑮]。《郡国志》曰：阳平县有冈成亭。又北迳阳平县故城东，汉昭帝元平元年[⑯]，封丞相蔡义为侯国[⑰]。

【注释】

①高唐县：战国秦置。后入秦，属济北郡。西汉属平原郡。治所在今山东禹城西南四十里。

②武阳新城：即东武阳县城。

③曲中:弯曲偏僻处。

④武阳台:《水经注疏》杨守敬按:"《元和志》《寰宇记》,武阳台在朝城县(今山东莘县西南朝城镇)西南一里。唐、宋朝城即今县治。"

⑤隅雉:城墙的边角。

⑥武水:即今山东兰陵东南武河。

⑦臧洪:字子源。东汉广陵射阳(今江苏宝应东北)人。董卓专权,他为广陵太守张超功曹。曹操攻张超,臧洪向袁绍请兵救赵,袁绍不许。张超败死,臧洪拥兵自保。袁绍发兵围洪,城破被杀。

⑧曹操围张超于雍丘:事见《三国志·魏书·臧洪传》。张超,东汉东平寿张(今山东东平南)人。汉灵帝末为广陵太守。与臧洪善。后被曹操族灭。雍丘,战国魏置。后入秦,属砀郡。汉属陈留郡。治所即今河南杞县。

⑨大义:此处指为朋友张超报仇之事。

⑩无事:不必,没有必要。空与此祸:白白地遭受此等杀头的灾祸。与,遭受,参与。

⑪明府:官名别称。汉魏以来对太守、牧尹皆称府君,或明府君,省称明府。

⑫相枕而死:相互枕着而死去。形容死的人非常多。

⑬陈容:与臧洪同为东汉末广陵射阳(今江苏宝应东北)人。少为书生,亲慕臧洪,随洪为东郡丞。亦被袁绍杀害。丞:官名。秦汉时自中央到地方长官的副职多称丞,如太常丞、卫尉丞、郡丞、县丞等。

⑭隍壍(qiàn):壕沟。隍,没有水的护城壕。壍,壕沟。

⑮阳平县:西汉置,属东郡。治所即今山东莘县。冈成城:在今山东莘县西。

⑯汉昭帝元平元年:前74年。

⑰蔡义:西汉河内温县(今河南温县)人。善《韩诗》,为昭帝解《诗》,

帝悦，擢为光禄大夫、给事中，为昭帝授《诗》。后拜为少府、御史大夫。元平元年（前74）代杨敞为丞相，封阳平侯。

【译文】

河水又往东北流过高唐县东边，

河水流到高唐县，有漯水注入。《地理志》说：漯水发源于东武阳。现在漯水上游在武阳县东南承接河水，往西北流经武阳新城东边，这是曹操当东郡太守时的治所。从东门的石沟引水往北流入堂池，池南还留有遗址。城内有一块大石，城西门叫冰井门，门内弯曲处，还留有冰井。城门外有个古台，叫武阳台，周围也有墙角雉堞的遗迹。水从新城往东北流经东武阳县旧城南边。应劭说：县在武水北边，就是王莽的武昌。那么漯水也许就是武水了。臧洪做东郡太守时，治所就在此城。曹操在雍丘包围了张超，臧洪出于友情和义气，请求袁绍来救援他，被袁绍拒绝了，臧洪就与袁绍绝交。袁绍包围臧洪，城中没有粮食，臧洪向下属呼叫道：我为了大义不能不死，诸位不必遭此灾祸。众人都哭泣着说：我们怎能忍心抛弃你呀！男女八千余人都交错倒地，死在一起。臧洪坚强不屈，被袁绍杀了。县人陈容当郡丞，说道：我宁愿与臧洪同日死，也不愿与将军你同日生。袁绍又杀了他，士人都为他悲伤感叹。现在城的四面，袁绍包围时的外城还在，水绕护城河而流，在城的东北面合成一条，往东北流出外城，流经阳平县冈成城西边。《郡国志》说：阳平县有冈成亭。又往北流经阳平县老城东边，汉昭帝元平元年，把阳平封给丞相蔡义，立为侯国。

漯水又北绝莘道[①]，城之西北，有莘亭。《春秋·桓公十六年》，卫宣公使伋使诸齐，令盗待于莘，伋、寿继殒于此亭[②]。京相璠曰：今平原阳平县北十里，有故莘亭，阸限蹊要[③]，自卫适齐之道也。望新台于河上[④]，感二子于夙龄，诗人《乘舟》[5],诚可悲矣。今县东有二子庙,犹谓之为孝祠矣。

【注释】

①莘道:莘县的官道。莘,春秋时卫邑。在今山东莘县北十里。

②"《春秋·桓公十六年》"几句:事见《左传·桓公十六年》:"初,卫宣公烝于夷姜,生急子……为之娶于齐,而美,公取之。生寿及朔……宣姜与公子朔构急子。公使(急子)诸齐,使盗待诸莘,将杀之。寿子告之,使行。不可,曰:'弃父之命,恶用子矣!有无父之国则可也。'及行,饮以酒。寿子载其旌以先,盗杀之。急子至,曰:'我之求也,此何罪?请杀我乎!'又杀之。"桓公十六年,前696年。卫宣公,卫桓公完的弟弟晋。伋,亦作急子。殒,丧命,死亡。

③阸(è)限:阻塞,阻碍。蹊要:犹险要。

④新台:古台名。春秋时卫宣公为截夺儿媳所筑。故址在今山东鄄城东北,古黄河道北四里。

⑤《乘舟》:即《诗经·邶风·二子乘舟》:"二子乘舟,泛泛其景。愿言思子,中心养养。二子乘舟,泛泛其逝。愿言思子,不瑕有害。"《毛传》:"《二子乘舟》,思伋、寿也。卫宣公之二子争相为死,国人伤而思之,作是诗也。"夙龄,早年。这里指早亡。

【译文】

漯水又北流,截断通往莘城的大路,城的西北角有莘亭。《春秋·桓公十六年》,卫宣公派伋出使齐国,叫强盗在莘等候他,伋和寿两人相继在此亭被杀。京相璠说:现在平原阳平县北边十里,还有旧时的莘亭,地当小路上的险要据点,是从卫去齐的必经之路。从河上眺望新台,感叹两位公子早年遇害,诗人作《二子乘舟》咏叹此事,确实也很可悲。现在县东有二子庙,还称为孝祠。

漯水又东北迳乐平县故城东[①]，县，故清也[②]。汉高帝八年[③]，封室中同于清[④]，宣帝封许广汉少弟翁孙于乐平[⑤]，并为侯国。王莽之清治矣。汉章帝建初中[⑥]，更从今名也。漯水又北迳聊城县故城西，城内有金城，周匝有水，南门有驰道，绝水南出，自外泛舟而行矣。东门侧有层台，秀出云表，鲁仲连所谓还高唐之兵[⑦]，却聊城之众者也。漯水又东北迳清河县故城北[⑧]，《地理风俗记》曰：甘陵[⑨]，故清河。清河在南十七里，今于甘陵县故城东南，无城以拟之。直东二十里有艾亭城[⑩]，东南四十里有此城，拟即清河城也。后蛮居之，故世称蛮城也。

【注释】

①乐平县：东汉章帝时改清县置乐平侯国，后为乐平县，属东郡。治所在今山东聊城西南。

②清：春秋时齐县邑。东汉章帝时改清县置乐平侯国，后为乐平县，属东郡。治所在今山东聊城西南。

③汉高帝八年：前199年。

④窒中同：即室中同。西汉诸侯。初以弩将从刘邦起事，后任都尉，击项羽、破韩王信于代等，有功。高祖八年（前199）封为清侯。

⑤许广汉：西汉昌邑（今山东金乡西）人。汉宣帝许皇后之父。翁孙：许延寿字翁孙，为许广汉少弟。因侄女平君为宣帝皇后而封为乐成侯。

⑥建初：东汉章帝刘炟（dá）的年号（76—84）。

⑦鲁仲连：省称鲁连。战国时齐人。好辩，善谋略。常周游列国，为人排难解纷。高唐：春秋战国时齐邑。在今山东禹城西南。

⑧清河县：三国魏置，为清河郡治。治所在今山东临清东北。西晋

为清河国治。北魏为东清河郡治。

⑨甘陵：东汉安帝刘祜时改厝县而置，为清河国治。治所在今山东临清东北。

⑩艾亭城：《水经注疏》杨守敬按："后漯水下称甘陵县故城东二十里有艾亭城，当在今清平县(今山东临清东南)西北。"

【译文】

漯水又往东北流经乐平县旧城东边，就是旧时的清。汉高帝八年，把室中同封于清，宣帝则把许广汉的小弟翁孙封于乐平，都立为侯国。就是王莽的清治。汉章帝建初年间，改为今名。漯水又往北流经聊城县旧城西边，城内有金城，周围有水，南门有驰道，穿过护城河往南出城，从这里起往外可以划船来往。东门旁有层台，高入云端，鲁仲连说的撤回高唐的大兵，打退聊城的部队，就指的是这地方。漯水又往东北流经清河县老城北边，《地理风俗记》说：甘陵就是旧时的清河。清河在水南十七里，现在甘陵县老城东南并无一座相应的城。正东二十里有艾亭城，东南四十里有此城，可能就是清河城。以后蛮人住在这里，所以世人称之为蛮城。

漯水又东北迳文乡城东南①，又东北迳博平县故城南②，城内有层台秀上，王莽改之曰加睦也。右与黄沟同注川泽③。

【注释】

①文乡城：在今山东高唐县西南清平镇南。

②博平县：西汉置，属东郡。治所在今山东聊城茌平区西北肖王庄乡西南王菜瓜村西二里。

③黄沟：春秋吴王夫差十四年(前482)为北上称霸中原而开凿。东自今江苏沛县，经山东单县、曹县及河南兰考、封丘等地，西达济水。史称黄沟。

【译文】

漯水又往东北流经文乡城东南，又往东北流经博平县老城南边，城内有层台高耸，王莽改名为加睦。漯水右边与黄沟一同流入河沼。

黄沟承聊城郭水，水泛则津注[①]，水耗则辍流。自城东北出，迳清河城南，又东北迳摄城北[②]，《春秋》所谓聊、摄以东也[③]。俗称郭城，非也。城东西三里，南北二里，东西隅有金城，城卑下，墟郭尚存[④]，左右多坟垄[⑤]。京相璠曰：聊城县东北三十里有故摄城，今此城西去聊城二十五六里许，即摄城者也。又东迳文乡城北，又东南迳王城北[⑥]。魏太常七年[⑦]，安平王镇平原所筑[⑧]，世谓之王城。太和二十三年，罢镇立平原郡[⑨]，治此城也。黄沟又东北流，左与漯水隐覆，势镇河陆[⑩]，东出于高唐县，大河右迤[⑪]，东注漯水矣。

【注释】

①津注：流注。

②摄城：在今山东聊城东北。

③《春秋》所谓聊、摄以东也：《左传·昭公二十年》："聊、摄以东，姑、尤以西，其为人也多矣！"聊，即聊城。摄，即聂城。聊、摄为齐国西部边界。

④墟郭：荒废的外城。墟，故城，废址。郭，古代在城的外围加筑的一道城墙。

⑤坟垄：坟墓。垄，冢。

⑥王城：在今山东聊城东北二十五里。

⑦魏太常七年：422 年。魏，北魏，亦称后魏。太常，当为泰常。

⑧安平王：无考。

⑨太和二十三年，罢镇立平原郡：《魏书·地形志》中记载是太和十一年，非太和二十三年。《魏书·地形志》“济州”下：“平原郡，汉高帝置。皇始中属冀州，太和十一年分属，武泰初立南冀州，永安中罢州。”译文从之。

⑩势镇河陆：《水经注疏》杨守敬按：“与漯水隐覆势镇河陆，疑有讹文。”

⑪迤（yǐ）：曲折延伸貌。

【译文】

黄沟承接聊城护城河，水满时相通，枯水时就断流。从城中往东北流出城，流经清河城南边，又往东北流经摄城北边，就是《春秋》所说聊、摄以东的地方。民间称之为郭城是不对的。从城的东头到西头是三里，从南端到北端是二里，东西角有金城，地势低洼，城郭旧址还在，近旁有许多坟墓。京相璠说：聊城东北三十里有古摄城，现在此城西距聊城二十五六里，可见就是摄城了。又往东流经文乡城北边，又往东南流经王城北边。魏泰常七年，安平王镇守平原郡时筑此城，世人称之为王城。太和十一年，废镇改置平原郡，治所就在此城。黄沟又在东北流，左边与漯水汇合流注……往东流出高唐县，大河从右岸分支东出，注入漯水。

桑钦《地理志》曰：漯水出高唐[①]。余按竹书《穆天子传》称[②]：丁卯[③]，天子自五鹿东征[④]，钓于漯水，以祭淑人[⑤]，是曰祭丘。己巳，天子东征[⑥]，食马于漯水之上[⑦]。寻其沿历逕趣[⑧]，不得近出高唐也。桑氏所言，盖津流所出，次于是间也[⑨]。俗以是水上承于河[⑩]，亦谓之源河矣。

【注释】

①漯水出高唐：此为《汉书·地理志》“高唐”下引桑钦之说，并非

桑钦别撰《地理志》。桑钦,字君长。西汉成帝时人。撰有《水经》一部。

②竹书《穆天子传》:书名。撰者不详。约为春秋末到战国初时作。晋咸宁五年(279)在汲郡(今河南汲县)战国魏襄王墓中出土的汲冢书之一。主要记录的是周穆王西征西方诸国和巡游中原的故事。

③丁卯:此处"丁卯"与下文"己巳"都是古人用十天干和十二地支搭配来纪时。

④天子:指周穆王。五鹿:即五鹿墟,又名沙鹿。在今河北大名东二十五里。

⑤淑人:这里指盛姬。盛姬为周穆王之嬖宠,早死。

⑥天子东征:《穆天子传》中记载,周穆王多次向东方进军征讨,扩大地盘。

⑦食(sì)马:喂马。

⑧沿历:经历。逕趣:指途径、路线。

⑨次:本指驻扎,这里指途经、经过。

⑩上承于河:上游承接于黄河。

【译文】

《汉书·地理志》引桑钦说:漯水出自高唐。我查考竹书《穆天子传》说:丁卯日,穆天子从五鹿东进,在漯水垂钓,祭祀淑人盛姬,因此称为祭丘。己巳日,穆天子东进,在漯水上喂马。探究这里所述穆天子沿途所经的地方和去向,漯水是不可能发源于高唐近处的。桑钦是指漯水流经高唐近旁。民间因这条水上游承接大河,所以也称为源河。

漯水又东北迳援县故城西①,王莽之东顺亭也。杜预《释地》曰:济南祝阿县西北有援城②。

【注释】

①援县：亦作瑗县。西汉置，属平原郡。治所在今山东禹城西南。东汉废。

②祝阿县：西汉置，属平原郡。治所在今山东济南西南丰齐集北五里古城。援城：即瑗城。在今山东阳信东一里。

【译文】

漯水又往东北流经援县老城西边，就是王莽的东顺亭。杜预《释地》说：济南祝阿县西北有援城。

漯水又东北迳高唐县故城东。昔齐威王使肸子守高唐[①]，赵人不敢渔于河，即鲁仲连子谓田巴曰[②]：今楚军南阳，赵伐高唐者也。《春秋左传·哀公十年》：赵鞅帅师伐齐，取犁及辕，毁高唐之郭[③]。杜预曰：辕即援也。祝阿县西北有高唐城。

【注释】

①齐威王：战国时期齐国国君。田氏，名因齐，一作婴齐。在位期间任用邹忌为相，田忌为将，孙膑为军师，国势日强，先后在桂陵、马陵大败魏军，并称雄诸侯。肸（xī）子：《史记》作肦子，即田肦。战国初人，齐将。齐宣王时曾与田忌等指挥马陵之役，大败魏兵。齐威王二十五年（前332），又借魏兵大败赵军。

②鲁仲连子：即鲁仲连、鲁连。田巴：战国时齐国的将领，有辩才。

③"赵鞅帅师伐齐"几句：《左传·哀公十年》："夏，赵鞅帅师伐齐，大夫请卜之。赵孟曰：'吾卜于此起兵，事不再令，卜不袭吉，行也。'于是乎取犁及辕，毁高唐之郭，侵及赖而还。"哀公十年，前485年。犁，春秋时齐犁邑，亦称犁丘。在今山东齐河县东北。辕，

即援（瑗）县。高唐之郭，高唐的外城。

【译文】

漯水又往东北流经高唐县老城东边。从前齐威王派肦子去镇守高唐，赵国的人都不敢在河里捕鱼了，鲁仲连子对田巴说：现在楚国军队驻扎在南阳，赵国去进攻高唐。就指的是这里。《春秋左传·哀公十年》：赵鞅率领军队去攻打齐国，占领了犁、辕两城，破坏了高唐的城郭。杜预说：辕，就是援。祝阿县西北有高唐城。

漯水又东北迳漯阴县故城北①，县，故犁邑也②。汉武帝元光三年封匈奴降王③，王莽更名翼城。历北漯阴城南，伏琛谓之漯阳④，城南有魏沇州刺史刘岱碑⑤。《地理风俗记》曰：平原漯阴县，今巨漯亭是也。

【注释】

①漯（tà）阴县：西汉置，属平原郡。治所在今山东齐河县东北。县在漯水之南而得名。

②犁邑：亦称犁、犁丘。在今山东齐河县东北。

③汉武帝元光三年封匈奴降王：事见《史记·卫将军骠骑列传》："骠骑乃驰入与浑邪王相见，斩其欲亡者八千人，遂独遣浑邪王乘传先诣行在所，尽将其众渡河，降者数万，号称十万。既至长安，天子所以赏赐者数十巨万。封浑邪王万户，为漯阴侯。"元光三年，前132年。元光，西汉武帝刘彻的年号（前134—前129）。匈奴，我国古代北方少数民族之一。

④伏琛（chēn）：晋人。撰《齐记》，或称《齐地记》《三齐略记》。

⑤刘岱：字公山。东莱牟平（今山东福山西北）人。灵帝时历任侍御史、侍中等职。献帝时出为兖州刺史。初平元年（190），岱与袁

绍等结盟，反对董卓专权。三年（192），岱为青州黄巾起义军击杀于东平。沇州刺史，即兖州刺史。兖州一州的行政长官。

【译文】

漯水又往东北流经漯阴县老城北边，就是旧时的犁邑。汉武帝元光三年，把漯阴封给降于汉的匈奴王，王莽改名为翼城。漯水流经北漯阴城南边，伏琛称为漯阳，城南有魏沇州刺史刘岱碑。《地理风俗记》说：平原漯阴县，就是现在的巨漯亭。

漯水又东北迳著县故城南[①]，又东北迳崔氏城北[②]。《春秋左传·襄公二十七年》：崔成请老于崔者也[③]。杜预《释地》曰：济南东朝阳县西北有崔氏城[④]。

【注释】

①著县：战国秦置，属济北郡。西汉属济南郡。治所在今山东济南济阳区西二十里邿城。

②崔氏城：春秋时齐县邑。在今山东邹平西崔氏城。

③崔成请老于崔者也：事见《左传·襄公二十七年》："齐崔杼生成及彊而寡。娶东郭姜，生明。东郭姜以孤入，曰棠无咎，与东郭偃相崔氏。崔成有疾而废之，而立明。成请老于崔，崔子许之。"襄公二十七年，前546年。

④朝阳县：西汉置，属济南郡。治所在今山东邹平西北七十二里码头镇北。

【译文】

漯水又往东北流经著县老城南边，又往东北流经崔氏城北边。《春秋左传·襄公二十七年》：崔成请求让他退休告老，到崔去居住。杜预《释地》说：济南东朝阳县西北有崔氏城。

漯水又东北迳东朝阳县故城南[①],汉高帝七年[②],封都尉宰寄为侯国[③]。《地理风俗记》曰:南阳有朝阳县[④],故加东。《地理志》曰:王莽之脩治也。

【注释】

①东朝阳县:即上文“朝阳县”。

②汉高帝七年:前200年。

③宰寄:当为华寄。西汉薛(今山东枣庄西)人。因功封朝阳侯。译文从之。

④南阳:即南阳郡。战国秦昭襄王三十五年(前272)置。治所在宛县(今河南南阳)。朝阳县:西汉置,属南阳郡。治所在今河南邓州东南刁河南岸。

【译文】

漯水又往东北流经东朝阳县旧城南边,汉高帝七年,把这里封给都尉华寄,立为侯国。《地理风俗记》说:南阳有朝阳县,所以这里加东字,叫东朝阳。《地理志》说:这就是王莽的脩治。

漯水又东迳汉征君伏生墓南[①],碑碣尚存[②],以明经为秦博士[③]。秦坑儒士[④],伏生隐焉。汉兴,教于齐、鲁之间,撰五经、《尚书大传》[⑤],文帝安车征之[⑥]。年老不行,乃使掌故欧阳生等受《尚书》于征君[⑦],号曰伏生者也。

【注释】

①征君:因为受到皇帝的征聘,故称征君。伏生墓:《水经注疏》熊会贞按:“当在今章丘县(今山东济南章丘区西北)之东北,邹平县(今山东邹平东北)之西北。”伏生,名胜。西汉济南(今山东济南)

人。旧为秦博士。秦时焚书，伏生藏书于墙壁间。汉定，亡数十篇，独得二十九篇，以教于齐鲁之间。西汉孝文帝时求能治《尚书》者，天下无有，闻伏生能治，欲召之。时伏生年九十余，老，不能行，于是乃诏太常使掌故晁错前往受学。

②碑碣：石碑方首者称碑，圆首者称碣。后多不分，以之为碑刻的统称。

③明经：精通经书。博士：官名。春秋战国前，已有博士之号，但非官名，泛指博学之士。六国时已出现博士官。秦统一后置博士官，掌通古今，备顾问。汉承秦制。汉武帝时，设五经博士，掌教授经学，国有疑事，掌承问对。东汉因置。

④秦坑儒士：秦始皇三十五年，将犯禁的四百六十余儒生在咸阳活埋。史称坑儒。

⑤《尚书大传》：书名。旧题西汉伏生（一作伏胜）撰。是最早解释《今文尚书》的著作，但其内容不尽在解经，与经义在离合之间。

⑥文帝：西汉孝文帝刘恒。统治时期，出现历史上著名的"文景之治"。安车：古代可以坐乘的小车。古车一般为立乘，此为坐乘，故称安车。凡妇人车皆坐乘，高官告老还乡或征召有重望的人，亦往往赐乘安车。

⑦乃使掌故欧阳生等受《尚书》于征君：受《尚书》者当是晁错，而非欧阳生。掌故，汉代官名，一作掌固，为百石之吏，掌管典章制度的故实。欧阳生，字和伯。西汉千乘（今山东高青东南）人。事伏生，授倪宽。

【译文】

漯水又往东流经汉时征君伏生的坟墓南边，碑碣都还在，伏生因精通经书，秦时做了博士。秦把儒生都活埋了，伏生归隐，未遭此难。汉朝建立后，他在齐、鲁一带教书，著五经、《尚书大传》，文帝备车去征召他。伏生托词年老不去，于是派掌故欧阳生等去跟他学《尚书》，号称伏生。

漯水又东迳邹平县故城北[1]，古邹侯国[2]，舜后姚姓也[3]。

【注释】

①邹平县：西汉置，属济南郡。治所在今山东邹平北孙镇。

②古邹侯国：周诸侯国名。在今山东邹城一带。本邾国，亦称邾娄国，曹姓。

③舜后姚姓也：《说文·女部》“姚”：“虞舜居姚虚，因以为姓。”

【译文】

漯水又往东流经邹平县老城北面，就是古时的邹侯国，是舜的后代，姓姚。

又东北迳东邹城北[1]。《地理志》，千乘郡有东邹县[2]。

【注释】

①东邹城：东邹县的治所。在今山东高青西南花沟镇。

②千乘郡：汉高帝置。治所在今山东高青东南高城镇北二十五里。东邹县：西汉置，属千乘郡。治所在今山东高青西南花沟镇。东汉废。

【译文】

漯水又往东北流经东邹城北面。查考《地理志》，千乘郡有东邹县。

漯水又东北迳建信县故城北[1]。汉高帝七年[2]，封娄敬为侯国[3]。应劭曰：临济县西北五十里有建信城[4]，都尉治故城者也。

【注释】

①建信县：西汉置，属千乘郡。治所在今山东高青西北青城镇东北

小新城。东汉省。

②汉高帝七年：前 200 年。

③娄敬：西汉齐（今山东淄博临淄区）人。本姓娄，高祖在洛阳，敬献都关中之策。赐姓刘氏，拜为郎中，号奉春君。后封关内侯，称建信侯。刘邦在白登被围后，他建和亲之策；又建议迁六国贵族后裔至关中，以削弱地方割据势力，均被采纳。

④临济县：东汉永初二年（108）改狄县置，为乐安国治。治所在今山东高青东南高城镇西北二里。

【译文】

漯水又往东北流经建信县老城北面。汉高帝七年，把这地方封给娄敬，立为侯国。应劭说：临济县西北五十里有建信城，是从前的都尉治所旧城。

漯水又东北迳千乘县二城间，汉高帝六年[①]，以为千乘郡，王莽之建信也。章帝建初四年为王国[②]；和帝永元七年[③]，改为乐安郡[④]，故齐地。伏琛曰：千乘城在齐城西北百五十里[⑤]，隔会水[⑥]，即漯水之别名也。

【注释】

①汉高帝六年：前 201 年。

②章帝建初四年：79 年。为王国：《水经注疏》杨守敬按："《后汉书·孝明八王传》，永平三年已封子建为千乘王，逾年薨，无子国除。故郦氏不数。《章帝八王传》，建初四年，封子伉为千乘王。"

③和帝永元七年：95 年。

④乐安郡：东汉本初元年（146）改乐安国置。治所在高苑县（今山东邹平东北苑城）。

⑤齐城：即今山东淄博东北临淄故城。西周、春秋以及战国时，齐国均建都于此。《水经注·淄水》："城对天齐渊，故城有齐城之称。"

⑥会水：漯水之别名。

【译文】

漯水又往东北流经千乘县两城之间，汉高帝六年立为千乘郡，也就是王莽的建信。章帝建初四年，立为王国；和帝永元七年，改为乐安郡，从前是齐国地方。伏琛说：千乘城在齐城西北一百五十里，中间隔着会水，就是漯水的别名。

又东北为马常坑[①]，坑东西八十里，南北三十里，乱河枝流而入于海。河海之饶，兹焉为最。《地理风俗记》曰：漯水东北至千乘入海。河盛则通津委海[②]，水耗则微涓绝流[③]。《书》[④]：浮于济、漯[⑤]，亦是水者也。

【注释】

①马常坑：在齐地。本书出现的"坑"，其义多为湖泽。

②通津：四通八达之津渡。委海：聚集于大海。委，水流聚集之处。

③微涓：小水流。

④《书》：书名。即《尚书》。

⑤浮于济、漯：《尚书·禹贡》："济河惟兖州……浮于济、漯，达于河。"

【译文】

又往东北流，就是马常坑，这片洼地东西八十里，南北三十里，漯水与河水支流汇合注入大海。河海物产的富饶，这里要首屈一指了。《地理风俗记》说：漯水往东北流，到千乘注入大海。河水升涨时，水流畅通，注入大海；枯涸时就只有一缕小水流，至于断流。《尚书》：在济水、漯水航行，指的就是此水。

又东北过杨虚县东[①]，商河出焉[②]。

《地理志》：杨虚，平原之隶县也。汉文帝四年[③]，以封齐悼惠王子将闾为侯国也[④]。城在高唐城之西南[⑤]，《经》次于此，是不比也。商河首受河水，亦漯水及泽水所潭也[⑥]。渊而不流[⑦]，世谓之清水。自此虽沙涨填塞[⑧]，厥迹尚存。历泽而北，俗谓之落里坑。迳张公城西[⑨]，又北，重源潜发，亦曰小漳河，商、漳声相近，故字与读移耳。

【注释】

①杨虚县：西汉置，属平原郡。治所在今山东聊城茌平区东北。

②商河：在今山东境内。大致由今山东聊城茌平区东北经临邑、商河等县，至滨州东北入海。

③汉文帝四年：前 176 年。

④齐悼惠王：即刘肥，汉高祖刘邦长庶男。将闾：即齐孝王，齐悼惠王刘肥之子。文帝前元四年（前 176）封杨虚侯。十六年（前 164）晋封齐王。景帝前元三年（前 154），吴楚七国反，他曾与吴楚约谋，但未及参与起兵，及吴楚败，畏罪服毒自杀。

⑤高唐城：高唐县治所。在今山东禹城西南四十里伦镇。

⑥潭：聚水成深潭。

⑦渊而不流：水深而不流动。渊，水深谓之渊。

⑧沙涨：谓沙淤积露出水面。

⑨张公城：在今山东平原县南。

【译文】

河水又往东北流过杨虚县东边，商河从这里分支流出。

《地理志》：杨虚，是平原郡的属县。汉文帝四年，把这地方封给齐悼惠王的儿子将闾，立为侯国。城在高唐城西南，《水经》却把它放在这里，是安排不当。商河上口承受河水，也是漯水和泽水积聚的地方。水深不流，世人称之为清水。此后虽然涨沙堵塞了，但痕迹还在。经过沼泽往北，俗称落里坑。经过张公城西边，又往北，水流从地下再次流出，又叫小漳河，商、漳二字读音相近，所以字和读音都转了。

商河又北迳平原县东①，又迳安德县故城南②，又东北迳平昌县故城③，又东迳般县故城南④，又东迳乐陵县故城南⑤。汉宣帝地节四年⑥，封侍中史子长为侯国⑦。

【注释】

①平原县：战国赵置，后入秦，属济北郡。西汉属平原郡。治所在今山东平原县西南二十五里张官店。

②安德县：西汉置，属平原郡。治所在今山东德州陵城区东南郑家寨乡。

③平昌县：西汉置，属平原郡。治所在今山东临邑东北古城。东汉移今临邑北德平镇西南，改称西平昌县。

④般县：西汉置，属平原郡。治所在今山东乐陵西南。北魏为安德郡治。

⑤乐陵县：战国秦置，属济北郡。西汉属平原郡。治所在今山东乐陵东南二十五里花园乡城子后。东汉建安末为乐陵郡治。

⑥汉宣帝地节四年：前66年。

⑦侍中：官名。秦始置，为丞相属官。两汉沿袭，是正规官职外的加官之一。侍从皇帝左右，出入宫廷。史子长：即西汉的史高。宣帝即位，召为侍中。地节四年(前66)封为乐陵侯。

【译文】

商河又往北流经平原县东边，又流经安德县老城南边，又往东北流经平昌县老城，又往东流经般县老城南边，又往东流经乐陵县老城南边。

汉宣帝地节四年，把乐陵封给侍中史子长，立为侯国。

商河又东迳杨县故城南①。高后八年②，封齐悼惠王子刘辟光为侯国③，王莽更之曰张乡。应劭曰：般县东南六十里有杨乡城，故县也。沙沟水注之④，水南出大河之阳⑤，泉源之不合河者二百步，其水北流注商河。

【注释】

①杨(lì)县：西汉置，属平原郡。治所在今山东商河县东北四十里龙桑寺镇。

②高后八年：前180年。高后，即西汉皇帝刘邦的皇后吕后。

③刘辟光：齐悼惠王刘肥之子。文帝前元四年(前176)封杨侯。景帝前元三年(前154)因与吴、楚联合反汉而被杀。

④沙沟水：又名中川水。在今山东济南长清区南。

⑤大河之阳：黄河的北边。阳，山南水北为阳。

【译文】

商河又往东流经杨县老城南边。高后八年，把杨县封给齐悼惠王的儿子刘辟光，立为侯国，王莽时改名为张乡。应劭说：般县东南六十里有杨乡城，是个旧县城。沙沟水在这里注入商河，沙沟水发源于大河北边，泉源与大河相隔只有两百步，水往北流，注入商河。

商河又东北流迳马岭城西北①，屈而东注南转，迳城东。城在河曲之中，东海王越斩汲桑于是城②。

【注释】

①马岭城：在今山东阳信东南三十五里。

②东海王越斩汲桑：汲桑非为东海王越斩杀，而是被田兰、薄盛以及田甄等人斩杀。事见《晋书·孝怀帝纪》："（永嘉元年）秋七月己酉朔，东海王越进屯官渡，以讨汲桑……十二月戊寅，并州人田兰、薄盛等斩汲桑于乐陵。"

【译文】

商河又往东北流经马岭城西北，折向东方，然后转向南方，流经城东。城在河曲之中，东海王司马越就在这里杀了汲桑。

商河又东北迳富平县故城北[①]，《地理志》曰：侯国也。王莽曰乐安亭。应劭曰：明帝更名厌次[②]。阚骃曰：厌次县本富平侯、车骑将军张安世之封邑[③]。非也。按《汉书》，昭帝元凤六年[④]，封右将军张安世为富平侯[⑤]。薨，子延寿嗣[⑥]，国在陈留[⑦]，别邑在魏郡[⑧]。《陈留风俗传》曰[⑨]：陈留尉氏县安陵乡[⑩]，故富平县也，是乃安世所食矣。岁入租千余万，延寿自以身无功德，何堪久居先人大国，上书请减户。天子以为有让，徙封平原，并食一邑，户口如故，而税减半。《十三州志》曰[⑪]：明帝永平五年[⑫]，改曰厌次矣。按《史记·高祖功臣侯者年表》，高帝六年[⑬]，封元顷为侯国[⑭]。徐广《音义》曰：《汉书》作爰类，是知厌次旧名，非始明帝，盖复故耳[⑮]。县西有东方朔冢[⑯]，冢侧有祠，祠有神验。水侧有云城[⑰]，汉武帝元封四年，封齐孝王子刘信为侯国也[⑱]。

【注释】

①富平县：西汉改厌次镇置，属平原郡。治所在今山东惠民东四十里桑落墅镇。

②明帝：东汉明帝刘庄。

③车骑将军：官名。汉高祖初年设置。文帝复置，西汉间时置时废。东汉章帝时青绶银印，在诸卿之上。和帝又赐之金紫，位次司空。张安世：字子孺。西汉京兆杜陵（今陕西西安东南）人。参决大政，审慎周密。元凤六年（前74）封富平侯。地节二年（前68），被任为大司马车骑将军。

④昭帝元凤六年：前75年。昭帝，汉武帝之少子，名刘弗陵。

⑤右将军：官名。汉代有右将军，金印紫绶，地位如上卿，掌京师兵卫及戍守边隘、讨伐征战，但不常设。

⑥延寿：张安世之子。元康四年（前62）嗣为富平侯。

⑦陈留：即陈留郡。汉武帝元狩元年（前122）置。治所在陈留县（今河南开封东南陈留镇）。

⑧别邑：旧都邑。慧琳《一切经音义》卷二二引汉应劭《风俗通》："天子治居之城曰都，旧都曰邑者也。"魏郡：西汉高帝十二年（前195）置。治所在邺县（今河北临漳西南邺镇）。

⑨《陈留风俗传》：书名。东汉圈称撰。叙述陈留（今河南开封）一带风俗民情。今存清王仁俊辑本一卷。

⑩尉氏县：秦始皇二年（前245）置，属颍川郡。治所即今河南尉氏。西汉属陈留郡。

⑪《十三州志》：书名。未知为应劭、黄义仲、阚骃何家所作。

⑫永平五年：62年。永平，东汉明帝刘庄的年号（58—75）。

⑬高帝六年：前201年。

⑭元顷：也作爰类。秦二世元年（前209），从刘邦起兵于留，任慎将。入汉中，为都尉。高祖六年以功封厌次侯。

⑮复故：恢复以前的旧名。

⑯东方朔：字曼倩。西汉平原厌次（今山东德州陵城区）人。善诙谐滑稽。其《答客难》《非有先生论》二篇最善，存于萧统《文选》之中。

⑰云城:在今山东阳信东。

⑱汉武帝元封四年,封齐孝王子刘信为侯国也:当为汉武帝元朔四年(前125)事。《史记·建元已来王子侯者年表》“云侯”:“元朔四年四月乙卯,夷侯刘信元年。”齐孝王,齐悼惠王刘肥之子将闾。孝文帝封之为齐王。刘信,齐孝王刘将闾之子,元朔四年封云侯。译文从之。

【译文】

商河又往东北流经富平县老城北边,《地理志》说:这是个侯国。王莽时称为乐安亭。应劭说:明帝时改名厌次。阚骃说:厌次县本来是富平侯、车骑将军张安世的封邑。但实则不是。查考《汉书》,昭帝元凤六年,封右将军张安世为富平侯。张安世死后,由儿子延寿继承,国都在陈留,旧都邑是魏郡。《陈留风俗传》说:陈留尉氏县安陵乡,就是旧时的富平县,是张安世的食邑。每年租赋收入千余万,张延寿以为自己既无功绩又无德行,怎么可以久居在先人的大国,因此上书请求减削户口。皇帝认为他谦让,把封国迁到平原郡去,并以一城作为他的食邑,户口仍和过去一样,但赋税减半。《十三州志》说:明帝永平五年改称厌次。查考《史记·高祖功臣侯者年表》,高帝六年,把这里封给元顷,立为侯国。徐广《音义》说:《汉书》写作爰类,由此可知厌次是旧名,并非从明帝时才有,明帝时不过恢复了原名而已。县西有东方朔墓,墓旁有祠,非常灵验。水边有云城,汉武帝元朔四年把这里封给齐孝王的儿子刘信,立为侯国。

商河又分为二水,南水谓之长丛沟,东流倾注于海。沟南海侧,有蒲台①,台高八丈,方二百步。《三齐略记》曰②:鬲城东南有蒲台③,秦始皇东游海上,于台上蟠蒲系马④,至今每岁蒲生,萦委若有系状,似水杨⑤,可以为箭。今东去海三十里。北水世又谓之百薄渎,东北流注于海水矣。

【注释】

①蒲台：在今山东滨州滨城区南蒲城街道。

②《三齐略记》：书名。晋人伏琛（chēn）撰。

③鬲（gé）城：在今山东德州附近。

④蟠（pán）：弯曲盘结。蒲：蒲柳。

⑤水杨：蒲柳。

【译文】

商河又分成两支，南支叫长丛沟，东流注入大海。沟南海边有蒲台，高八丈，方圆二百步。《三齐略记》说：鬲城东南有蒲台，秦始皇东游于海上，在台上把蒲柳盘结起来拴马，直到今天，每年蒲柳长出以后，还是盘盘曲曲，像是拴过什么似的，蒲柳很像水杨，可以制箭。现在东边离海三十里。北支世人又称百薄渎，往东北流，注入大海。

大河又东北迳高唐县故城西，《春秋左传·襄公十九年》[①]：齐灵公废太子光而立公子牙[②]，以夙沙卫为少傅[③]。齐侯卒[④]，崔杼逆光[⑤]，光立，杀公子牙于句渎之丘[⑥]，卫奔高唐以叛[⑦]。京相璠曰：本平原县也，齐之西鄙也[⑧]。大河迳其西而不出其东，《经》言出东，误耳。

【注释】

①襄公十九年：前554年。

②齐灵公：春秋齐顷公无野之子，名环。太子光：齐灵公娶鲁女鬷声姬，生光，以为太子。后为齐庄公。公子牙：齐灵公姬妾仲姬生子牙。

③夙沙卫：齐灵公时的宠臣。少傅：官名。周成王时置，与少师、少保合称三孤，为三公副职，辅佐国君。春秋时，齐国以少傅辅导太子，西汉称太子少傅。东汉沿置。

④齐侯：即齐灵公。

⑤崔杼：春秋齐国大夫。齐棠邑大夫棠公妻好，棠公死，崔杼娶之。齐庄公与之私通。崔杼遂弑庄公。立庄公异母弟杵臼，是为景公。景公立，以崔杼为右相。后为庆封所杀。谥武子。逆：迎接。

⑥句渎之丘：在当时齐地。

⑦卫奔高唐以叛：《左传·襄公十九年》："庄公即位，执公子牙于句渎之丘。以夙沙卫易己，卫奔高唐以叛。"卫，夙沙卫。

⑧西鄙：西部边邑。

【译文】

大河又往东北流经高唐县老城西边，《春秋左传·襄公十九年》：齐灵公废黜了太子光，把公子牙立为太子，任命夙沙卫为少傅。齐侯死后，崔杼迎太子光，太子光即位，在句渎之丘杀了公子牙，夙沙卫逃到高唐去造反。京相璠说：高唐本来是平原县，是齐国的西部边疆。大河流经县西，不是流过县东，《水经》说流过县东，是弄错了。

大河又北迳张公城[①]，临侧河湄[②]，魏青州刺史张治此[③]，故世谓之张公城。水有津焉，名之曰张公渡。

【注释】

①张公城：在今山东平原县南。

②临侧：临近，侧近。河湄：黄河岸边。湄，水边，岸旁。

③魏：此指北魏，亦称后魏。青州刺史张治此："张"下失其名字，似指张幸。段熙仲点校、陈桥驿复校《水经注疏》："《魏书·张彝传》：'曾祖幸率户归国，拜青州刺史。''初彝曾祖幸，所招引河东民为州，裁千余家，后相依合，至于罢入冀州，积三十年，析别有数万户，故高祖比较天下民户，最为大州。'今按：张公关、张公渡或皆以幸招民户故，俗称张公，赵（一清）氏说疑为彝之祖，当是幸，不必指彝。"

【译文】

大河又往北流经张公城，城在河边，魏青州刺史张某的治所就设在这里，所以世人称之为张公城。水边有渡口，叫张公渡。

河水又北迳平原县故城东。《地理风俗记》曰：原，博平也[①]，故曰平原矣。县，故平原郡治矣。汉高帝六年置[②]，王莽改曰河平也。晋灼曰[③]：齐西有平原。河水东北过高唐，高唐，即平原也。故《经》言，河水迳高唐县东。非也。按《地理志》曰：高唐，漯水所出，平原，则笃马河导焉[④]。明平原非高唐，大河不得出其东，审矣。大河右溢，世谓之甘枣沟[⑤]，水侧多枣，故俗取名焉。河盛则委泛，水耗则辍流。故沟又东北历长堤，迳漯阴县北[⑥]，东迳著城北[⑦]，东为陂淀[⑧]，渊潭相接，世谓之秽野薄。

【注释】

①博平：广大而平坦。

②汉高帝六年：前201。

③晋灼：河南（今河南洛阳东北）人。晋尚书郎。《新唐书·艺文志》："晋灼《汉书集注》十四卷。又《音义》十七卷。"

④笃马河：即今山东之马颊河。

⑤甘枣沟：在今山东临邑北古黄河之南。

⑥漯（tà）阴县：西汉置，属平原郡。治所在今山东齐河县东北。县在漯水之南而得名。

⑦著城：著县县城。著县，战国秦置，属济北郡。西汉属济南郡。治所在今山东济南济阳区西二十里郝城。

⑧陂（bēi）：池塘，水池。淀：浅的湖泊。

【译文】

河水又往北流经平原县老城东边。《地理风俗记》说：原，就是广大而平坦的意思，所以叫平原。平原县是旧时平原郡的治所。汉高帝六年置，王莽改名为河平。晋灼说：齐的西部有平原。河水往东北流经高唐，高唐就是平原。所以《水经》说：河水流过高唐县东边。这是错误的。查考《地理志》说：高唐是漯水的发源地，平原则是笃马河经过的地方。这说明平原不是高唐，大河不可能流过县东，这是一清二楚的事。大河从右边溢出，世人称之为甘枣沟，水边多枣，所以民间取了这水名。河水盛大时向此沟溢出，水枯时此沟就断流。老沟又往东北流经长堤，流过漯阴县北边，往东流过著城北边，东边是湖荡，渊潭相接，世人称之为秽野薄。

河水又东北迳阿阳县故城西①，汉高帝六年，封郎中万䜣为侯国②。应劭曰：漯阴县东南五十里有阿阳乡，故县也。

【注释】

①阿阳县：西汉置，属平原郡。治所在今山东禹城西南。

②郎中万䜣：具体不详。

【译文】

河水又往东北流经阿阳县老城西边，汉高帝六年，把这里封给郎中万䜣，立为侯国。应劭说：漯阴县东南五十里有阿阳乡，是个旧县址。

又东北过漯阳县北，

河水自平原左迳安德城东，而北为鹿角津①。东北迳般县、乐陵、朸乡至厌次县故城南②，为厌次河。汉安帝永初二年，剧贼毕豪等数百，乘船寇平原，县令刘雄、门下小吏所辅，浮舟追至厌次津，与贼合战，并为贼擒，求代雄，豪纵雄于此津[③]。所辅可谓孝尽爱敬[④]，义极君臣矣[⑤]。

【注释】

①鹿角津：在今山东临邑北。

②般县：西汉置，属平原郡。治所在今山东乐陵西南。北魏为安德郡治。乐陵：即乐陵县。战国秦置，属济北郡。西汉属平原郡。治所在今山东乐陵东南二十五里花园乡城子后。东汉建安末为乐陵郡治。朸(lì)乡：朸县县城。朸县，西汉置，属平原郡。治所在今山东商河县东北四十里龙桑寺镇。厌次县：秦置，属济北郡。治所在今山东德州陵城区东北神头镇。

③"汉安帝永初二年"几句：事见《后汉书·独行列传·刘茂传》："永初二年，剧贼毕豪等入平原界，县令刘雄将吏士乘船追之。至厌次河，与贼合战。雄败，执雄，以矛刺之。时小吏所辅前叩头求哀，愿以身代雄。豪等纵雄而刺辅，贯心洞背即死。"汉安帝永初二年，108年。剧贼毕豪，东汉北海剧(今山东昌乐西)人。安帝初，起兵反抗官府，后为东郡太守捕杀。刘雄，汉安帝时平原县令。因征讨毕豪等被擒，雄下属小吏所辅以身代雄，得免。门下小吏，汉郡县佐吏有内部、外部之分，居门下办事者为门下吏，以别于在外办事的外部吏。所辅，刘雄的门下小吏。刘雄被毕豪所擒，所辅愿以身代雄，后为毕豪杀死。

④孝尽爱敬：在孝道上做到了敬爱的极点。

⑤义极君臣：在仁义上做到了下属忠于上级的极点。

【译文】

河水又往东北流过漯阳县北边，

河水从平原县左边流经安德城东边，往北是鹿角津。水往东北流经般县、乐陵、朸乡，到厌次县旧城南边，称为厌次河。汉安帝永初二年，强盗毕豪等数百人乘船来抢劫平原，县令刘雄、门下小吏所辅，开船追至厌次津，与强盗作战，都被强盗俘虏了，所辅请求代替刘雄死，毕豪就在这渡口释放了刘雄。所辅可说在孝道上尽了敬爱之心，在节义上做到了下属忠于上级的极点了。

河水右迳漯阴县故城北，王莽之巨武县也。

【译文】

河水右边流经漯阴县老城北边，就是王莽的巨武县。

河水又东北为漯沃津[①]，在漯沃县故城南[②]，王莽之延亭者也。《地理风俗记》曰：千乘县西北五十里有大河[③]，河北有漯沃城，故县也。魏改为后部亭，今俗遂名之曰右辅城。

【注释】

①漯沃津：在今山东滨州一带。

②漯沃县：即湿沃县。西汉置，属千乘郡。治所在今山东滨州西北滨北街道西。

③千乘县：秦置，属临淄郡。西汉属千乘郡。治所在今山东高青东南高城镇北二十五里（今滨州南二十六里旧镇西南十里千乘遗址）。

【译文】

河水又往东北流，就到漯沃县老城南边，这就是王莽的延亭。《地理风俗记》说：千乘县西北五十里有大河，河北有漯沃城，是个旧县城。魏时改为后部亭，现在俗称右辅城。

河水又东迳千乘城北，伏琛之所谓千乘北城者也。

【译文】

河水又往东流经千乘城北边，就是伏琛所说的千乘北城。

又东北过利县北[①]，又东北过甲下邑[②]，济水从西来注之，又东北入于海。

河水又东分为二水，枝津东迳甲下城南[③]，东南历马常坑注济。《经》言济水注河，非也。河水自枝津东北流，迳甲下邑北，世谓之仓子城[④]。又东北流，入于海。《淮南子》曰[⑤]：九折注于海，而流不绝者，昆仑之输也。《尚书·禹贡》曰：夹右碣石入于河[⑥]。《山海经》曰：碣石之山，绳水出焉[⑦]，东流注于河。河之入海，旧在碣石，今川流所导，非禹渎也。周定王五年，河徙故渎。故班固曰：商竭，周移也[⑧]。又以汉武帝元光二年[⑨]，河又徙东郡，更注渤海。是以汉司空掾王璜言曰[⑩]：往者，天尝连雨，东北风，海水溢，西南出侵数百里。故张折云[⑪]：碣石在海中。盖沦于海水也。昔燕、齐辽旷，分置营州[⑫]，今城届海滨，海水北侵，城垂沦者半。王璜之言，信而有征，碣石入海，非无证矣。

【注释】

①利县：西汉置，属齐郡。治所在今山东博兴东四十里利城。东汉属乐安国。

②甲下邑：《水经注疏》熊会贞按："当在今利津县（今山东利津）东南。"

③甲下城：甲下邑之城，当在今山东利津东南。

④仓子城：亦称甲下邑。

⑤《淮南子》:书名。也称《淮南鸿烈》。西汉淮南王刘安及其门客集体撰写的杂家著作,以道家思想为主体,兼采先秦儒、法、阴阳等诸家学说。

⑥碣(jié)石:山名。在今河北昌黎西北仙台山。

⑦绳水:即《水经·圣水注》中的圣水,上游为今北京房山区大石河或小清河,下游在今河北廊坊安次区南合河,今堙。

⑧"周定王五年"几句:《汉书·沟洫志》:"禹之行河水,本随西山下东北去。《周谱》云定王五年河徙,则今所行非禹之所穿也。"周定王五年,前602年。周定王,东周匡王姬班的弟弟姬瑜。移,移道,改道。

⑨元光二年:前133年。元光,西汉武帝刘彻的年号(前134—前129)。

⑩司空掾(yuàn)王璜:西汉末年儒者。字平中(或作平仲),琅邪(治今山东诸城)人。新莽时官大司空掾,曾参与治河议。

⑪张折:具体不详。

⑫营州:北魏太平真君五年(444)置。治所在龙城县(今辽宁朝阳)。

【译文】

河水又往东北流过利县北边,又往东北流过甲下邑,济水从西边流来注入,又往东北流入大海。

河水又东流,分成两条,支流往东流经甲下城南边,往东南流经马常坑注入济水。《水经》说济水注入河水,实际上并不是。河水从支流分出处往东北流经甲下邑北边,世人称之为仓子城。河水又往东北流,注入大海。《淮南子》说:河水拐了九个弯注入大海,而水流仍源源不断,这是因为有昆仑不断供水的缘故。《尚书·禹贡》说:右边傍着碣石进入大河。《山海经》说:碣石山,绳水就发源于那里,东流注入河水。河水从前原在碣石注入大海,现在水流经过的地方,已不是大禹时的旧河道了。周定王五年,大河改道。所以班固说:商时枯竭,周时改道。在汉武帝元光二年,大河又改道,于东郡注入渤海。所以汉司空掾王璜说:从前曾连日下雨，刮东北风，海水横溢，向西南涌去，入侵达数百里。所以张折说：碣石在海中。大概碣石是沉没到海水中去了。从前燕、齐土地辽阔，因此划出部分土地设置营州，现在城已靠近海边，海水北侵，半个城就将被淹没了。王璜的话有根有据，碣石陷入海中，不是全无凭据的。

卷六

汾水　浍水　涑水　文水
原公水　洞过水　晋水　湛水

【题解】

此卷共记叙了山西境内的八条河流，分属黄河、海河两大水系。《水经注》记及的今山西境内河流达一百八十余条，此卷即达六十条。若需参阅这方面的资料，我往年曾撰有《〈水经注〉记载的三晋河流》一文(《中国历史地理论丛》1988年第4期，又收入《郦学新论——水经注研究之三》，山西人民出版社1992年版)。此卷以汾水为首，汾水即今汾河，是黄河在山西的最大支流，也是黄河的第二大支流，全长七百多公里，流域面积近四万平方公里。第二条浍水，即今浍河，是汾河的支流，在今新绛附近注入汾河。第三条涑水，今称涑水河，是一条短小的黄河支流，在今永济附近注入黄河，因此河流域中的解池在古代为民供盐，为此受到重视。其他如文水、原公水、洞过水、晋水，都是流程不长、流域面积不大的汾水支流。最后一条湛水，也是流程短而流域窄的小河，但它独流注入黄河，而且是南流在今河南洛阳以北的孟州入黄的。这一卷中的有些小河，现在的一般地图上已经不再绘入了。

汾水

汾水出太原汾阳县北管涔山[①]，

《山海经》曰：《北次二经》之首，在河之东，其首枕汾[②]，曰管涔之山，其上无木，而下多玉，汾水出焉，西流注于河。《十三州志》曰[③]：出武州之燕京山[④]。亦管涔之异名也。其山重阜修岩，有草无木，泉源导于南麓之下，盖稚水蒙流耳[⑤]。又西南，夹岸连山，联峰接势。刘渊族子曜尝隐避于管涔之山[⑥]，夜中忽有二童子入，跪曰：管涔王使小臣奉谒赵皇帝，献剑一口。置前，再拜而去[⑦]。以烛视之，剑长二尺，光泽非常，背有铭曰：神剑御，除众毒。曜遂服之，剑随时变为五色也。后曜遂为胡王矣。

【注释】

①汾水：黄河支流。在今山西中部。源出宁武管涔山，经太原南流到新绛折向西，在河津西入黄河。太原：即太原郡。战国秦庄襄王四年（前246）置。治所在晋阳县（今山西太原西南古城营村）。汾阳县：西汉置，属太原郡。治所在今山西静乐西。管涔（cén）山：一名燕京山。在今山西宁武西南。《山海经·北次二经》："《北次二经》之首，在河之东，其首枕汾，其名曰管涔之山。其上无木而多草，其下多玉。汾水出焉，而西流注于河。"

②枕：靠近，毗邻。

③《十三州志》：应劭有《十三州记》，黄义仲有《十三州记》，阚骃有《十三州志》。《水经注》引用时"志""记"互出，此不知究竟为何家《十三州志》。

④武州：即武州县。西汉置，属雁门郡。治所在今山西左云东北。

⑤稚水蒙流：涓涓细流。

⑥刘渊：冒姓刘氏，字元海。新兴（今山西忻州）人。十六国时期汉国的建立者。匈奴贵族都尉刘豹之子。博习经史，轻财好施。晋永兴元年(304)，在离石（今山西吕梁离石区）起兵反晋，自称大单于，又称汉王。族子曜：即刘渊同宗的侄子刘曜。字永明。十六国时期前赵皇帝。

⑦再拜：拜了两拜。

【译文】

汾水

汾水发源于太原郡汾阳县以北的管涔山，

《山海经》说：《北次二经》头一座山，在大河东边，头靠汾水，叫管涔山，山上没有树木，山下多玉，汾水就发源于这里，西流注入大河。《十三州志》说：汾水发源于武州的燕京山，这也是管涔山的异名。这座山冈峦层沓，危岩高耸，只有蔓草，却没有树木，源泉就在南麓冒出，不过是一道涓涓细流而已。又往西南流，两岸山脉连绵，峰峦相接。刘渊同宗的侄子刘曜曾隐避在管涔山，夜间忽然进来两个孩子，跪着说：管涔王派我们俩来拜见赵皇帝，献上宝剑一把。于是把剑放在面前，拜了两拜然后离去。刘曜擎着蜡烛去看，剑长两尺，非常光亮，背面有铭文，刻的是：佩上神剑，可除各种邪毒。刘曜于是就佩上它，宝剑随时会变幻出五色光芒。以后刘曜就做了胡王。

汾水又南，与东、西温溪合①。水出左右近溪，声流翼注。水上杂树交荫，云垂烟接。自是水流潭涨，波襄转泛②。又南迳一城东，凭墉积石③，侧枕汾水，俗谓之代城④。又南出二城间，其城角倚⑤，翼枕汾流，世谓之侯莫干城⑥，盖语出戎方⑦，传呼失实也。

【注释】

①东、西温溪:《水经注疏》熊会贞按:"《方舆纪要》静乐县(今山西静乐)下云:温泉在县东十五里北山下,出石罅中,流分数派,注于碾河。碾河西流入汾。盖此《注》之东温溪也,然则西温溪亦在静乐境矣。"

②襄:漫溢。

③墉:城垣。

④代城:《水经注疏》:"董佑诚曰:代城阙,疑系伏戎城之误。《元和志》,伏戎城在静乐县北八十里。在今宁武(今山西宁武)西南。守敬按:伏戎二字,与代城并形近,董说是也。"

⑤角倚:像兽角一样对峙。

⑥侯莫干城:《水经注疏》:"董佑诚曰:当在今静乐县。"

⑦戎方:指西、北方少数民族。

【译文】

汾水又南流,与东温溪和西温溪汇合。这两条水都出自邻近一带的小溪,在两边淙淙地奔流注入汾水。水上各种树木繁荫交错,就像一片云烟似的。两条水汇入后,水流高涨起来,波浪升腾,流转泛涌。又往南流经一座城邑东边,城脚堆积了许多石块,城临汾水之滨,俗称代城。汾水往南又从两城中间流过,这两座城左右相对,坐落在汾水两边,世人称之为侯莫干城,地名大概源出戎语,口头相传,因而造成音讹。

汾水又南迳汾阳县故城东,川土宽平,峘山夷水[①]。《地理志》曰[②]:汾水出汾阳县北山,西南流者也。汉高帝十一年[③],封靳彊为侯国[④]。后立屯农,积粟在斯,谓之羊肠仓。山有羊肠坂[⑤],在晋阳西北[⑥],石隥萦行[⑦],若羊肠焉,故仓坂取名矣。汉永平中[⑧],治呼沱、石臼河[⑨]。按司马彪《后汉郡国志》[10]：常山南行唐县有石臼谷[11]，盖资承呼沱之水，转山东之漕[12]，自都虑至羊肠仓[13]，将凭汾水以漕太原，用实秦、晋。苦役连年，转运所经，凡三百八十九隘，死者无算。拜邓训为谒者[14]，监护水功。训隐括知其难立[15]，具言肃宗[16]，肃宗从之，全活数千人[17]。和熹邓后之立，叔父陔以为训积善所致也[18]。羊肠即此仓也。又南迳秀容城东[19]。《魏土地记》曰[20]：秀容，胡人徙居之，立秀容护军治[21]，东去汾水六十里。南与酸水合[22]。水源西出少阳之山[23]，东南流注于汾水。

【注释】

①峘（huán）山：周围小山连着大山。夷：平缓。

②《地理志》：即《汉书·地理志》。概述先秦至汉地理沿革、西汉行政区划、山川名胜、户口物产及中外交通等。

③汉高帝十一年：前196年。

④靳彊：其先河西人，后徙曲沃（今山西闻喜东北）。以郎中骑从高祖击项羽，迁中尉，破锺离眛，封汾阳侯。

⑤羊肠坂：在今山西太原西、古交东南。

⑥晋阳：即晋阳县。秦庄襄王二年（前248）取赵晋阳邑置。治所在晋阳城（山西太原西南古城营）。

⑦石隥（dèng）：石阶，石级。

⑧永平：东汉明帝刘庄的年号（58—75）。

⑨呼沱：又名滹沱河。在今河北西部。源出山西五台山东北泰戏山，西南流至忻州北折向东流，至盂县北穿割太行山进入河北平原，在献县与滏阳河汇合为子牙河，全长五百四十公里。石臼河：在今河北平山县西北。

⑩司马彪《后汉郡国志》：司马彪《续汉书》中的内容。《续汉书》记

载东汉一代史实，为纪、志、传三体。唯八志为后人补入范晔《后汉书》而流传至今。司马彪，字绍统。河内温县（今河南温县）人。魏晋时期史学家、文人。

⑪常山：即常山郡。西汉刘邦时置恒山郡。《汉书·地理志》"常山郡"颜师古注："张晏曰：'恒山在西，避文帝讳，故改曰常山。'"治所在真定县（今河北石家庄东北）。南行唐县：战国赵置。后入秦，属常山郡，为都尉治。治所在今河北行唐东北三十里故郡村。

⑫漕：通过水路运送粮食。

⑬都虑：地名。大致在今河北中部偏西、山西汾河上游以东的太行山脉一带。

⑭邓训：字平叔。南阳新野（今河南新野）人。邓禹之子。谒者：官名。守宫殿门户，掌传达、接待宾客以及临时差遣等职务。

⑮隐括：审度，查核。

⑯肃宗：即东汉章帝刘炟（dá），庙号肃宗。

⑰全活：保全性命。按，以上事见《后汉书·邓禹传》附"邓训传"："永平中，理虖沱、石臼河，从都虑至羊肠仓，欲令通漕太原。吏人苦役，连年无成，转运所经三百八十九隘，前后没溺死者不可胜算。建初三年（78），拜训谒者，使监领其事。训考量隐括，知大功难立，具以上言。肃宗从之，遂罢其役，更用驴辇，岁省费亿万计，全活徒士数千人。"

⑱和熹邓后之立，叔父陔（gāi）以为训积善所致也：事见《后汉书·皇后纪》："后叔父陔言：'常闻活千人者，子孙有封。兄训为谒者，使修石臼河，岁活数千人。天道可信，家必蒙福。'初，太傅禹叹曰：'吾将百万之众，未尝妄杀一人，其后世必有兴者。'"和熹邓后，名绥，邓训之女，汉和帝刘肇的皇后。

⑲秀容城：一名秀容都。在今山西岚县南。《元和郡县志》："秀容故城，在县南三十里。刘元海感神而生，姿容秀美，因以为名也。"

⑳《魏土地记》:书名。地志类著作。具体不详。

㉑护军:统护蛮夷种族之军将。始于曹魏时司马懿所置之抚夷护军。两晋、北魏及南朝均置以领护少数民族部落。

㉒酸水:《水经注疏》:"诸志俱不言酸水所在,李吉甫言,少阳山周回二十里,则山之绵亘可知。今孔河出交城县(今山西交城)西北龙须山,东南流,又东迳故交村巡检司入汾,疑即酸水也。"

㉓少阳之山:在今山西交城西北。《山海经·北次二经》:"又西二百五十里,曰少阳之山,其上多玉,其下多赤银。酸水出焉,而东流注于汾水,其中多美赭。"

【译文】

汾水又往南流经汾阳县老城东边,这里的河川宽广而平坦,周围小山连着大山,河水平缓。《地理志》说:汾水发源于汾阳县的北山,往西南流。汉高帝十一年,把汾阳封给靳彊,立为侯国。后来设立屯垦区,在这里积贮粮食,称为羊肠仓。山间有羊肠坂,在晋阳西北,山径石级盘回曲折,好像羊肠一般,粮仓和山道都因此而得名。汉永平年间,浚治呼沱河、石臼河。查考司马彪的《后汉郡国志》:常山郡南行唐县有石臼谷,当时想引导呼沱之水,来转运常山以东的粮食,从都虑到羊肠仓,经汾水从太原运粮,以补秦、晋的不足。这项工程使人民连年苦役,而转运所经的地方,共有三百八十九处险隘,以致死了无数人。后来任命邓训为谒者,来督察这项水利工程。邓训考察之后,知道工程很难建立起来,就详详细细地向肃宗做了报告,肃宗接受了他的意见,停止了工程,因而使数千服役的民工得以活命。和帝时邓训的女儿立为皇后,叔父邓陔认为这是邓训行善积德的结果。这里提到的就是这羊肠仓。汾水又往南流经秀容城东。《魏土地记》说:秀容有胡人迁来居住,设立秀容护军治所,东距汾水六十里。汾水南流与酸水汇合。酸水源头出自西边的少阳之山,往东南流,注入汾水。

汾水又南出山,东南流,洛阴水注之[①]。水出新兴郡[②],

西流迳洛阴城北③。又西迳盂县故城南④。《春秋左传·昭公二十八年》⑤，分祁氏七县为大夫之邑⑥，以孟丙为盂大夫⑦。洛阴水又西迳狼孟县故城南⑧，王莽之狼调也。左右夹涧幽深，南面大壑，俗谓之狼马涧。旧断涧为城，有南、北门，门闉故壁尚在⑨。洛阴水又西南迳阳曲城北。《魏土地记》曰：阳曲胡寄居太原界，置阳曲护军治。其水西南流，注于汾水。汾水又南迳阳曲城西南注也。

【注释】

①洛阴水：汾水支流。在今山西太原北。

②新兴郡：东汉建安二十五年(215)置。治所在九原县(今山西忻州)。

③洛阴城：在今山西阳曲东十二里洛阴村。

④盂县：春秋晋置。治所在今山西阳曲东北二十五里大盂镇。秦属太原郡。西晋属太原国。

⑤昭公二十八年：前514年。

⑥祁氏：指晋国大夫祁盈。

⑦孟丙：似为“盂丙”。顾炎武云：“今本作‘孟丙’者非。《汉书·地理志》云：‘盂，晋大夫盂丙邑。’以其为盂大夫而谓之盂丙，犹魏大夫之为魏寿馀，阎大夫之为阎嘉，邯郸大夫之为邯郸午也。”译文从之。

⑧狼孟县：战国赵置。后入秦，属太原郡。治所在今山西阳曲。

⑨闉(yīn)：古代瓮城的门，即城门外的护城小门。

【译文】

汾水又往南从山间流出，往东南流，洛阴水注入汾水。洛阴水发源于新兴郡，西流经洛阴城北边。又往西流经盂县老城南边。《春秋左传·昭公二十八年》，把祁氏的田分成七县，作为大夫的食邑，把盂丙封为孟大夫。洛阴水又往西流经狼孟县旧城南边，这就是王莽的狼调县。老城左右两边都是幽深的山涧，城南朝向一条大沟，俗称狼马涧。旧时凭临山涧来筑城，有南门和北门，城门和老城墙还在。洛阴水又往西南流经阳曲城北边。《魏土地记》说：阳曲的胡人寄居在太原边界，设置了阳曲护军治所。洛阴水往西南流，注入汾水。汾水又往南流经阳曲城往西南流去。

东南过晋阳县东①，晋水从县南东流注之②。

太原郡治晋阳城③，秦庄襄王三年立④。《尚书》所谓既修太原者也⑤。《春秋说题辞》曰⑥：高平曰太原。原，端也，平而有度。《广雅》曰⑦：大卤，太原也。《释名》曰⑧：地不生物曰卤。卤，炉也。《穀梁传》曰⑨：中国曰太原，夷狄曰大卤。《尚书大传》曰⑩：东原底平，大而高平者谓之太原，郡取称也。《魏土地记》曰：城东有汾水南流，水东有晋使持节、都督并州诸军事、镇北将军、太原成王之碑⑪。水上旧有梁，青荓殒于梁下⑫，豫让死于津侧⑬，亦襄子解衣之所在也⑭。

【注释】

①晋阳县：秦庄襄王二年（前248），取赵晋阳邑置，秦为太原郡治。治所在晋阳城（今山西太原西南古城营村）。

②晋水：汾水支流。在今山西太原西南。《水经·晋水》："晋水出晋阳县西悬瓮山。"

③晋阳城：在今山西太原西南古城营村。

④秦庄襄王三年：前247年。秦庄襄王，初名异人，后改名子楚。孝文王之庶子，昭襄王之孙。

⑤既修太原：语见《尚书·禹贡》："壶口治梁及岐。既修太原，至于

岳阳。”

⑥《春秋说题辞》：书名。又作《说题辞》。汉代谶纬类著作。撰者不详。

⑦《广雅》：书名。三国魏张揖撰。为增广《尔雅》而作，篇目与《尔雅》相同。清代学者王念孙著《广雅疏证》，成为训诂学的重要典籍。引文语见《广雅·释丘》。

⑧《释名》：书名。东汉刘熙撰。是中国第一部词源词典，全面运用声训的方式，以音同、音近的字解释意义，从而探讨事物得名的由来。下文语见《释名·释地》。

⑨《穀梁传》：书名。即《春秋穀梁传》。撰人不详，或为穀梁喜、穀梁淑、穀梁赤，众说纷纭。其学说大抵出于鲁儒，更注重传扬经义，谨守《春秋》书法，阐明义理。与《左氏传》《公羊传》合称《春秋》三传。

⑩《尚书大传》：书名。旧题西汉伏生（一作伏胜）撰。是最早解释《今文尚书》的著作，但其内容不尽在解经，与经义在离合之间。

⑪太原成王：《晋书·宗室传》“太原成王辅”：“武帝受禅，封渤海王……咸宁三年（277），徙为太原王，监并州诸军事。太康四年（283）入朝，五年薨，追赠镇北将军。”

⑫青荓（píng）殒于梁下：事见《吕氏春秋·序意》：“赵襄子游于囿中，至于梁，马却不肯进。青荓为骖乘。襄子曰：‘进视梁下，类有人。’青荓进视梁下。豫让却寝，佯为死人，叱青荓曰：‘去，长者吾且有事。’青荓曰：‘少而与子友，子且为大事，而我言之，是失相与友之道；子将贼吾君，而我不言之，是失为人臣之道。如我者，惟死为可。’乃退而自杀。”青荓，赵襄子的大臣。

⑬豫让死于津侧：事见《史记·刺客列传》：“豫让者，晋人也……事智伯，智伯甚尊宠之……赵襄子最怨智伯，漆其头以为饮器。豫让遁逃山中……乃变名姓为刑人，入宫涂厕，中挟匕首，欲以刺襄子……襄子曰：‘彼义人也……’卒醳去之……顷之，襄子当出，豫

让伏于所当过之桥下……于是襄子大义之，乃使使持衣与豫让。豫让拔剑三跃而击之，曰：'吾可以下报智伯矣！'遂伏剑自杀。死之日，赵国志士闻之，皆为涕泣。"

⑭襄子解衣：赵襄子感佩豫让的义勇，脱衣给他以剑击之，为智伯报仇。

【译文】

汾水往东南流过晋阳县东边，晋水从县南往东流注入。

太原郡设置于秦庄襄王三年，郡治在晋阳城。《尚书》所说的太原的河道也已得到整治，指的就是这里。《春秋说题辞》说：又高又平的土地叫太原。原是端正的意思，平坦而有规度。《广雅》说：大卤就是太原。《释名》说：土地不长草木叫卤。卤就是炉。《春秋穀梁传》说：中国叫太原，夷狄地区叫大卤。《尚书大传》说：东部的原野很平坦，广大而又高又平的土地叫太原，郡就照此取名。《魏土地记》说：城东有汾水南流，汾水东边有晋使持节、都督并州诸军事、镇北将军、太原成王碑。水上从前有一座桥，青荓死于这座桥下，豫让死于桥边，那也是赵襄子脱衣给豫让刺击的地方。

汾水西迳晋阳城南，旧有介子推祠[1]，祠前有碑。庙宇倾颓，惟单碑独存矣。今文字剥落，无可寻也。

【注释】

①介子推：春秋时晋人。追随晋公子重耳出亡十九年。重耳即位为文公后赏赐跟从流亡者未及介子推，子推偕母隐于绵上山，文公焚山欲迫其出山，子推竟抱木不出而焚死。后世遂有寒食之俗纪念之。

【译文】

汾水往西流经晋阳城南边，那里从前有介子推祠，祠前有石碑。如今庙宇早已塌毁，只留下那块孤零零的石碑了。现在碑上的字也已剥落，再也看不出来了。

又南，洞过水从东来注之[1]。

汾水又南迳梗阳县故城东[2]。故榆次之梗阳乡也[3]，魏献子以邑大夫魏戊也[4]。京相璠曰[5]：梗阳，晋邑也。今太原晋阳县南六十里榆次界有梗阳城[6]。汾水又南，即洞过水会者也。

【注释】

①洞过水：又名洞涡水，俗名小河。汾水支流。在今山西太原东南。

②梗阳县：春秋晋置。治所在今山西清徐。西汉废。

③榆次：即榆次县。战国赵置。后入秦，属太原郡。治所在今山西晋中榆次区。梗阳乡：春秋晋之梗阳县，西汉降为梗阳乡。故址在今山西清徐。

④魏献子：即魏舒。春秋时晋国正卿。魏嬴之子，魏绛之孙（《左传》《世本》等称魏绛之子）。晋顷公十二年（前514），韩宣子老，魏献子为国政。攻灭祁氏、羊舌氏，改两家采邑为十县，并荐举包括自己的庶子魏戊在内的十位贤士为县大夫治之。孔子称他近不失亲，远不失举。邑：本指食邑。这里指赏赐给……作食邑。魏戊：魏献子之庶子。

⑤京相璠（fán）：西晋地理学者裴秀的门客。撰有《春秋土地名》三卷。

⑥梗阳城：春秋晋之梗阳县的县城。故址在今山西清徐。

【译文】

汾水又往南流，洞过水从东边流来注入。

汾水继续往南流，经过梗阳县旧城东边。这里本来是榆次的梗阳乡，魏献子把梗阳赐给大夫魏戊作为食邑。京相璠说：梗阳是晋国的城邑。现在太原郡晋阳县南六十里榆次的边界上有梗阳城。汾水又南流，就是洞过水的汇流处。

又南过大陵县东[①],

昔赵武灵王游大陵,梦处女,鼓琴而歌。想见其人,吴广进孟姚焉[②],即于此县也。王莽改曰大宁矣。汾水于县左迤为邬泽[③]。《广雅》曰:水自汾出为汾陂[④]。其陂东西四里,南北十余里,陂南接邬[⑤]。《地理志》曰:九泽在北[⑥],并州薮也[⑦]。《吕氏春秋》谓之大陆[⑧]。又名之曰沤洟之泽,俗谓之邬城泊。许慎《说文》曰[⑨]:漹水出西河中阳县北沙[⑩],南入河。即此水也。漹水又会婴侯之水[⑪]。《山海经》称谒戾之山,婴侯之水出于其阴,北流注于祀水[⑫]。水出祀山,其水殊源共舍,注于婴侯之水,乱流迳中都县南,俗又谓之中都水,侯甲水注之[⑬]。

【注释】

①大陵县:战国赵改平陵县置。后入秦,属太原郡。治所在今山西交城西南大陵庄。

②“昔赵武灵王游大陵”几句:事见《史记·赵世家》:“王游大陵。他日,王梦见处女鼓琴而歌诗曰:‘美人荧荧兮,颜若苕之荣。命乎命乎,曾无我嬴!’异日,王饮酒乐,数言所梦,想见其状。吴广闻之,因夫人而内其女娃嬴,孟姚也。孟姚甚有宠于王,是为惠后。”赵武灵王,名雍。赵肃侯之子。是赵国第一个称王的国君。

③邬泽:即古昭馀祁泽。又名蒿泽、邬城泊。在今山西平遥西南,跨介休界。唐宋以来日渐涸塞。

④水自汾出为汾陂:《水经注疏》杨守敬按:“《广雅》,水自汾出为派。王念孙谓……《水经注》,水自汾出为下,当有脱文,是也。今拟订之曰,水自汾出为派,积而成陂,谓之汾陂。”译文从之。

⑤邬:即邬县。春秋晋置,秦属太原郡。治所在今山西介休东北

三十里邬城店村。

⑥九泽:即九薮。古泽薮的总称。一说为具区、云梦、圃田、望诸、大野、弦蒲、貕养、杨纡、昭馀祁。

⑦并州薮:《周礼·夏官·职方氏》中记载:"正北曰并州,其山镇曰恒山,其泽薮曰昭馀祁。"

⑧《吕氏春秋》:书名。为杂家代表作。秦相吕不韦召集门客集体编撰而成。该书成于战国末期,内容相当庞杂,基本倾向似糅合黄老之学和儒家学说,旁及阴阳家、墨家、名家、法家、农家诸学说。

⑨许慎《说文》:即许慎《说文解字》。中国文字学的奠基之作,也是我国第一部以六书理论系统分析字形、解释字义的字典。许慎,字叔重。汝南召陵(今河南漯河市召陵区)人。引文语见《说文·水部》。

⑩西河:即西河郡。西汉元朔四年(前125)置。治所在平定县(今内蒙古伊金霍洛旗东南)。三国魏黄初二年(221)移治兹氏县(今山西汾阳)。中阳县:战国秦置,属太原郡。治所在今山西中阳。西汉属西河郡。

⑪婴侯之水:一名中都水。即今山西平遥东南之惠济河。为汾水支流。

⑫"《山海经》称谒戾之山"几句:语见《山海经·北次三经》。祀水:具体不详。

⑬侯甲水:又名侯谷水、胡甲水。即今山西祁县东昌源河。源出山西平遥东南,向北纵贯祁县境入汾河。

【译文】

汾水又往南流过大陵县东边,

从前赵武灵王游大陵,梦见一位姑娘在弹琴唱歌。他很想见见那位姑娘,于是吴广就在大陵这个地方找了孟姚献给他。王莽把大陵改名为大宁。汾水在大陵县向左分支流出,积成邬泽。《广雅》说:从汾水分支流出的水,积聚成为汾陂。这片陂塘东西宽四里,南北长十余里,南端与邬县相接。《地理志》说：九泽在北方，是并州的沼泽地。《吕氏春秋》称为大陆。又叫沤洟之泽，俗称邬城泊。许慎《说文解字》说：溤水发源于西河郡中阳县北沙，南流注入河水。说的就是这条水。溤水又与婴侯之水汇合。《山海经》说，谒戾之山，婴侯之水发源于它的北麓，北流注入祀水。祀水发源于祀山，有多个源头，位于同一个山坳，合流后注入婴侯之水，乱流经过中都县南边，民间又叫中都水，有侯甲水注入。

水发源祁县胡甲山①，有长坂，谓之胡甲岭，即刘歆《遂初赋》所谓越侯甲而长驱者也②。蔡邕曰③：侯甲，亦邑名也，在祁县。侯甲水又西北历宜岁郊④，迳太谷，谓之太谷水⑤。出谷西北流，迳祁县故城南，自县连延，西接邬泽，是为祁薮也。即《尔雅》所谓昭馀祁矣，贾辛邑也⑥。辛貌丑，妻不为言，与之如皋，射雉双中之则笑也⑦。王莽之示县也。又西迳京陵县故城北⑧，王莽更名曰致城矣。于春秋为九原之地也⑨。故《国语》曰⑩：赵文子与叔向游于九原⑪，曰：死者若可作也⑫，吾谁与归？叔向曰：其阳子乎？文子曰：夫阳子行并植于晋国，不免其身，智不足称⑬。叔向曰：其舅犯乎⑭？文子曰：夫舅犯见利不顾其君，仁不足称⑮。吾其随会乎⑯！纳谏不忘其师，言身不失其友⑰，事君不援而进，不阿而退⑱。其故京尚存。汉兴，增陵于其下，故曰京陵焉。

【注释】

①祁县：春秋晋置。治所在今山西祁县东南七里之祁城。西汉属太原郡。胡甲山：亦名侯甲山、胡甲岭。在今山西武乡西北百里。

②刘歆《遂初赋》：刘歆，字子骏。沛（今江苏沛县）人。西汉经学家、目录学家。刘向之子。总校秘府群书，成《七略》七卷。因上书

为朝廷大臣所非，求出补吏。后徙五原太守，志意不得，经故晋之城，感今思古而作《遂初赋》。

③蔡邕：字伯喈。陈留圉（今河南杞县）人。东汉文学家、书法家。

④宜岁郊：《水经注疏》："董祐诚曰：当在今武乡（今山西武乡）西北境。"

⑤太谷水：《水经注疏》："董祐诚曰：当在今太谷县（今山西晋中太谷区）南。"

⑥贾辛：春秋中后期晋国大夫。封邑在祁（今山西祁县东南）。

⑦"辛貌丑"几句：事见《左传·昭公二十八年》："昔贾大夫恶，娶妻而美，三年不言不笑，御以如皋。射雉，获之，其妻始笑而言。贾大夫曰：'才之不可以已。我不能射，女遂不言不笑夫！'"杜预注："贾国之大夫。恶亦丑也。"显然他认为"贾大夫"不是"贾辛"。《水经注疏》："朱（谋㙔）《笺》曰：据《左传》，貌丑者自是贾大夫，非贾辛也。会贞按：《元和志》《寰宇记》已驳《注》文之误。"

⑧京陵县：西汉置，属太原郡。治所在今山西平遥东北京陵城。郦注认为，京为晋墓地，汉朝在此增修陵墓而称"京陵"："汉兴，增陵于其下，故曰京陵焉。"京，大。

⑨九原之地：郦注误。清顾炎武《日之录》"九原"条："《礼记·檀弓》：'赵文子与叔誉观乎九原。'《水经注》以在京陵县。《汉志·太原郡》'京陵'，师古曰：'即九京。'因《记》文'或作九京'而附会之尔……古者卿大夫之葬必在国都之北，不得远涉数百里，而葬于今之平遥也，《志》以为太平之西南二十五里有九原山，近是。"

⑩《国语》：书名。相传为左丘明所作。大约成书于战国初年。为西周末年和春秋时期各诸侯国历史的记录，是我国第一部国别体史书。

⑪赵文子：即赵武。春秋时晋国正卿。赵盾之孙、赵朔之子。也即民间所说的"赵氏孤儿"。后辅佐晋悼公、平公，以知人善任闻名诸侯间。叔向：名肸（xī），字叔向。晋羊舌大夫之后。因封邑在

杨(今山西洪洞东南),又称杨肸。

⑫作:站起。这里指死人活过来。

⑬“夫阳子行并植于晋国”几句:事见《左传·文公五年》:“晋阳处父聘于卫,反过宁,宁嬴从之。及温而还,其妻问之。嬴曰:‘以刚。《商书》曰:“沈渐刚克,高明柔克。”夫子壹之,其不没乎?天为刚德,犹不干时,况在人乎?且华而不实,怨之所聚也。犯而聚怨,不可以定身。余惧不获其利,而离其难,是以去之。’”阳子,即阳处父。晋襄公之太傅。为人廉直而纯刚,后为贾季所杀。并植,当为“廉直”之讹。《国语·晋语》正作“廉直”。不免其身:阳处父因刚直而无谋,最终被贾季(狐射姑)所杀。

⑭舅犯:即春秋晋大夫狐突之子狐偃,字子犯,又称咎犯。因其为晋文公重耳的舅舅,故又称舅犯。是重耳为公子时的五贤士之一。

⑮夫舅犯见利不顾其君,仁不足称:《史记·晋世家》:“文公元年春,秦送重耳至河。咎犯曰:‘臣从君周旋天下,过亦多矣。臣犹知之,况于君乎?请从此去矣。’重耳曰:‘若反国,所不与子犯共者,河伯视之!’乃投璧河中,以与子犯盟。”

⑯随会:字季,又称士季、士会、随武子、范武子、范会。春秋时晋国正卿。

⑰言身不失其友:《左传·文公七年》:“己丑,先蔑奔秦,士会从之……士会在秦三年,不见士伯。其人曰:‘能亡人于国,不能见于此,焉用之?’士季曰:‘吾与之同罪,非义之也,将何见焉?’及归,遂不见。”士伯为先蔑别称。

⑱事君不援而进,不阿而退:《孔子家语·弟子行》:“其事君也,不敢爱其死,然亦不敢忘其身,谋其身不遗其友,君陈则进而用之,不陈则行而退,盖随武子之行也。”援,攀援,攀附。阿,阿谀,逢迎。

【译文】

侯甲水发源于祁县胡甲山,有一道长长的山岭,叫胡甲岭,刘歆《遂初赋》说翻过侯甲岭向前走，说的就是这道山岭。蔡邕说：侯甲也是城名，在祁县。侯甲水又往西北流过宜岁郊，穿过太谷，叫太谷水。出谷后往西北，流经祁县老城南，从县城往西与邬泽相连，就是祁薮。祁薮就是《尔雅》所说的昭馀祁，祁县是贾辛的食邑。贾辛状貌丑陋，他的妻子不同他说话，和他一起到沼泽旁边猎雉，两人都射中时才嫣然一笑。祁县也就是王莽的示县。太谷水又往西流经京陵县旧城北面，王莽改名为致城。春秋时这是九京的地方。所以《国语》说：赵文子和叔向一起在九原游览，对叔向说：假如死人能够活着走出来的话，你看我该同谁一起回去呢？叔向说：该是阳子了吧？文子说：阳子在晋国行为廉直，可是却未能逃脱杀身之祸，他的智慧不值得称道。叔向说：那么是舅犯吧？文子说：舅犯一见有利可图，就不顾自己的君主，他的仁德不值得称道。我看还是同季会一起吧！季会在接受劝告的时候不忘记自己的老师，说到自身的时候，不伤朋友的感情，事奉君主不攀附他人而进身，也不曲意逢迎而引退。旧时的墓地现在还留着。汉朝兴起后，在山下增建了陵墓，所以叫京陵。

侯甲水又西北迳中都县故城南①，城临际水湄②。《春秋·昭公二年》③，晋侯执陈无宇于中都者也④。汉文帝为代王，都此⑤。武帝元封四年⑥，上幸中都宫，殿上见光，赦中都死罪以下⑦。侯甲水又西，合于婴侯之水，迳邬县故城南⑧，晋大夫司马弥牟之邑也，谓之邬水，俗亦曰虑水，虑、邬声相近，故因变焉。又西北入邬陂，而归于汾流矣。

【注释】

①中都县：秦置，属太原郡。治所在今山西平遥西南。

②际：靠近，连接。水湄（méi）：水边。

③昭公二年：前540年。

④晋侯执陈无宇于中都：事见《左传·昭公二年》："夏，四月，韩须如齐逆女。齐陈无宇送女，致少姜。少姜有宠于晋侯，晋侯谓之少齐。谓陈无宇非卿，执诸中都。"晋侯，即晋平公，名彪。春秋时晋国国君。晋悼公之子。陈无宇，齐大夫。陈须无之子。

⑤汉文帝为代王，都此：事见《史记·孝文本纪》："孝文皇帝，高祖中子也。高祖十一年(前196)春，已破陈豨军，定代地，立为代王，都中都。"汉文帝，西汉皇帝刘恒。

⑥元封四年：前107年。元封，西汉武帝刘彻的年号(前110—前105)。

⑦赦中都死罪以下：把中都等地死罪以下的人的罪过都赦免了。事见《汉书·武帝纪》："诏曰：'朕躬祭后土地祇，见光集于灵坛，一夜三烛。幸中都宫，殿上见光。其赦汾阴、夏阳、中都死罪以下，赐三县及杨氏皆无出今年租赋。'"

⑧邬县：春秋晋置，秦属太原郡。治所在今山西介休东北三十里邬城店村。

【译文】

侯甲水又往西北流，从中都县老城南边流过，老城靠近水边。《春秋·昭公二年》，晋侯在中都逮捕了陈无宇。汉文帝封为代王时就建都在这里。元封四年，武帝来到中都宫，殿上有祥光出现，于是把中都的犯人还够不上死罪的都赦免了。侯甲水又西流，与婴侯之水汇合，流经邬县老城南——这是晋大夫司马弥牟的食邑——称为邬水，民间也叫虑水，虑、邬读音相近，因而字也转变了。侯甲水又往西北注入邬陂，最后流入汾水。

又南过平陶县东[①]，文水从西来流注之[②]。

汾水又南与石桐水合[③]，即绵水也。水出界休县之绵山[④]，北流迳石桐寺西，即介之推之祠也。昔子推逃晋文公之赏[⑤]，而隐于绵上之山也[⑥]。晋文公求之不得，乃封绵为介子推田。曰:以志吾过[7],且旌善人[8]。因名斯山为介山。故袁山松《郡国志》曰[9]:界休县有介山、绵上聚、子推庙。王肃《丧服要记》曰[10]:昔鲁哀公祖载其父[11],孔子问曰:宁设桂树乎?哀公曰:不也。桂树者,起于介子推。子推,晋之人也。文公有内难,出国之狄,子推随其行,割肉以续军粮[12]。后文公复国,忽忘子推,子推奉唱而歌[13],文公始悟,当受爵禄,子推奔介山,抱木而烧死。国人葬之,恐其神魂霣于地[14],故作桂树焉。吾父生于宫殿,死于枕席,何用桂树为?余按夫子尚非璠玙送葬[15],安能问桂树为礼乎?王肃此证,近于诬矣。石桐水又西流注于汾水。

【注释】

①平陶县:西汉置,属太原郡。治所在今山西文水县西南二十里平陶村。

②文水:亦名文谷水、文峪河。汾水支流。源出今山西交城西北孝文山,南流至文水县东南入汾水。

③石桐水:一名绵水、洪山水。在今山西介休东,源于绵山,西北流入汾水。

④界休县:秦置,属太原郡。治所在今山西介休东南十五里。绵山:又名介山。在今山西介休东南。古时山下有绵上之田,因名。

⑤子推逃晋文公之赏:事见《史记·晋世家》。介子推追随晋公子重耳出亡,共十九年。重耳即位为文公后赏赐跟从流亡者未及介子推。子推偕母隐于绵上山,文公焚山欲迫其出山,子推竟抱木不出而焚死。晋文公,即重耳。春秋时晋国国君。晋献公之子。春秋五霸之一。

⑥绵上:在今山西介休东南。

⑦志：记载，记录。

⑧旌：彰显，显扬。

⑨袁山松《郡国志》：袁山松，即袁崧，字山松。陈郡阳夏（今河南太康）人。东晋史学家。撰《后汉书》，今存辑本。郑德坤《水经注引书考》："《晋书》本传称山松著《后汉书》百篇与《隋志注》合。《水经注》所引多《郡国志》文……"

⑩王肃《丧服要记》：王肃，字子雍。东海郯（今山东郯城）人。三国魏经学家。《丧服要记》为其申明丧服意义之书。

⑪鲁哀公：名将。春秋时鲁国国君。鲁定公之子。祖载：将葬之际，以柩载车上行祖祭之礼。

⑫割肉以续军粮：事见《韩诗外传》卷十："晋文公重耳亡过曹，里凫须从，因盗重耳资而亡。重耳无粮，馁不能行。子推割股肉以食重耳，然后能行。"

⑬子推奉唱而歌：古书中对介子推的歌词记载较多，大同小异。《史记·晋世家》："介子推从者怜之，乃悬书宫门曰：'龙欲上天，五蛇为辅。龙已升云，四蛇各入其宇，一蛇独怨，终不见处所。'"

⑭霣（yǔn）：通"陨"。坠落，下落。

⑮余：此指郦道元。夫子尚非璠玙（fán yú）送葬：事见《吕氏春秋·安死》："鲁季孙有丧，孔子往吊之……主人以玙璠收，孔子径庭而趋，历级而上，曰：'以宝玉收，譬之犹暴骸中原也。'"高诱注："玙璠，君佩玉也。昭公在外，平子行君事。入宗庙佩玙璠，故用之。孔子以平子逐昭公出之，其行恶，不当以敛，而反用之，肆行非度，人又利之，必见发掘，故犹暴骸中原也。"夫子，指孔子。璠玙，鲁地出产的美玉。

【译文】

汾水又往南流过平陶县东，文水从西边流来注入。

汾水又往南流，与石桐水汇合，这就是绵水。绵水发源于界休县的绵山，往北流经石桐寺西边，石桐寺实际上就是介子推祠。从前介子推不受晋文公的赏赐而出逃，隐居在绵山之上。晋文公找不到他，于是在绵划地立为介子推田。说道：留下这地方来记录我的过失吧，同时也用以表扬好人。因此把这座山称为介山。所以袁山松《郡国志》说：界休县有介山，有绵上聚、子推庙。王肃《丧服要记》说：从前鲁哀公的祖父用车载了他父亲的遗体行祖祭之礼，孔子问道：要立一棵桂树吗？哀公说：不用立。立桂树是从介子推开始的。介子推是晋国人。晋文公国内有难，出逃到狄去避难，介子推跟他出走，因军粮吃完了，就割下自己的肉给文公吃。后来文公回国，却忘记了介子推，介子推唱了一首歌，文公这才醒悟，想到应当给他奖赏爵位和俸禄，可是介子推却逃到介山去不肯出来，抱着树木被火烧死。晋国人把他安葬了，恐怕他的魂魄仆地而灭，所以立了一棵桂树。我父亲生在宫殿里，死在床上，哪里用得着桂树呢？我查考孔夫子甚至反对用美玉陪葬，怎能向哀公询问立桂树行丧礼的事呢？王肃这些话有点近于污蔑了。石桐水又西流，注入汾水。

汾水又西南迳界休县故城西，王莽更名之曰界美矣。城东有征士郭林宗、宋子浚二碑[①]。宋冲以有道、司徒征[②]。林宗县人也，辟司徒，举太尉[③]，以疾辞。其碑文云：将蹈洪崖之遐迹[④]，绍巢、由之逸轨[⑤]，翔区外以舒翼，超天衢以高峙。禀命不融，享年四十有二，建宁二年正月丁亥卒[⑥]。凡我四方同好之人，永怀哀痛，乃树碑表墓[⑦]，昭铭景行云。陈留蔡伯喈、范阳卢子幹、扶风马日磾等[⑧]，远来奔丧，持朋友服[⑨]。心丧期年者如韩子助、宋子浚等二十四人[⑩]，其余门人着锡衰者千数[⑪]。蔡伯喈谓卢子幹、马日磾曰：吾为天下碑文多矣，皆有惭容，惟郭有道无愧于色矣。汾水之右有左部城[⑫]，侧临汾水，盖刘渊为晋都尉所筑也[⑬]。

【注释】

①征士:有学行而不接受朝廷征聘的隐士。郭林宗:名太(原名泰,避范晔父范泰讳而改),字林宗。太原界休(今山西介休)人。东汉名士。博通典籍,居家教授,弟子以千数,屡征不应。及卒,蔡邕为其碑文,曰:"吾为碑铭多矣,皆有惭德,唯郭有道铭无愧色耳。"宋子浚:即下文的宋冲。字子浚。郭林宗同县人。

②宋冲以有道、司徒征:武英殿本《水经注》:"案此句有脱误,未详。"段熙仲点校、陈桥驿复校《水经注疏》:"此句当读宋冲以司徒辟(句),有道征,皆不就。沈钦韩《疏证》云:'司徒府所举有道。'是也。敦朴有道与贤良方正在《汉官仪》同为特征。"译文从之。有道,东汉察举科目之一。司徒,官名。掌教化之官。

③太尉:官名。秦始置。为三公之一,是最高军事长官。汉武帝元狩四年(前119)改称大司马,并加"大将军"称号,实际权力在丞相之上。东汉以后权力受侵夺,地位渐低。

④蹈:遵循,履行。洪崖:传说中的上古仙人名。一说即黄帝之臣伶伦。帝尧时三千岁。

⑤巢:即巢父。传说为尧时的隐士。因巢居树上而得名。尧拟传位与他,他坚辞不就。由:即许由。传说中的隐士。隐于颍水之阳箕山之下。相传尧让以天下,许由闻之,乃临河洗耳。

⑥建宁二年:169年。似为"建宁四年(171)"。《水经注疏》:"《通鉴》系于二年十月,是则建宁二年,林宗尚存。郦氏目验石刻,云卒于建宁四年正月,年四十三,为得其实。"建宁,东汉灵帝刘宏的年号(168—172)。译文从之。

⑦表墓:在死者墓前刻石,以彰其善,谓之表墓。

⑧蔡伯喈(jiē):即蔡邕,字伯喈。陈留圉(今河南杞县)人。东汉文学家、书法家。卢子幹:即卢植,字子幹。涿郡涿县(今河北涿州)人。东汉经学家、文学家。马日磾(dī):字翁叔。马融族孙。扶

风茂陵(今陕西兴平东北)人。汉献帝时位至太傅。

⑨持朋友服:穿着表示朋友身份的丧服。《仪礼·丧服》郑玄注:"朋友虽无亲,有同道之恩,相为服缌之绖带。"

⑩心丧:古时谓老师去世,弟子守丧,身无丧服而心存哀悼。期年:一年。韩子助:陈留外黄(今河南民权西北)人。东汉末学者。

⑪锡衰(xī cuī):细麻布所制的丧服。锡,通"緆"。细布。衰,旧时丧服。用粗麻布制成,披于胸前。服三年之丧(臣为君、子为父、妻为夫)者用之。

⑫左部城:在今山西孝义南二十五里。

⑬刘渊为晋都尉所筑:《水经注疏》:"《晋书·刘元海载记》,魏武分匈奴之众为五部,以元海父豹为左部帅。晋太康中,改置都尉,左部居太原兹氏。会豹卒,以元海代为左部帅。"刘元海即刘渊。都尉,汉以后地方武官名。佐太守主一郡武事。

【译文】

汾水又往西南流,从界休县老城西边流过,王莽改名为界美。城东有郭林宗和宋子浚两人的墓碑。宋冲被司徒辟为僚属,举荐参加有道科考察,但都没有去。郭林宗是本县人,被征召为司徒,授以太尉的官职,他却借口有病推辞了。碑文说:他踏着仙人洪崖的足迹,循着高士巢父、许由的道路,展翅翱翔于远绝尘寰的天宇,超越青云而傲然独峙。享寿不长,只活到四十二岁,死于建宁四年正月丁亥日。我们这些来自各地志同道合的人,长怀着哀痛的心情,在他的墓前刻石立碑,以旌表他的崇高德行。陈留蔡伯喈、范阳卢子幹,扶风马日磾等,远道前来参加丧礼,穿的是朋友身份的丧服。以弟子身份守丧满一年的,有韩子肋、宋子浚等二十四人,其余门生披麻戴孝的还有上千人。蔡伯喈对卢子幹、马日磾说:我为天下人写的碑文很多,自己却感到有点惭愧,只有为郭有道写这篇碑文,可以毫无愧色。汾水右岸有左部城,靠近水边,这是刘渊在晋朝当都尉时所筑。

又南过冠爵津[①]，

汾津名也，在界休县之西南，俗谓之雀鼠谷。数十里间道险隘，水左右悉结偏梁阁道[②]，累石就路，萦带岩侧，或去水一丈，或高五六尺，上戴山阜，下临绝涧，俗谓之为鲁般桥[③]，盖通古之津隘矣，亦在今之地险也。

【注释】

①冠爵津：俗称雀鼠谷。在今山西介休西南、霍州以北的汾河河谷。

②阁道：即栈道。

③鲁般：亦作鲁班。姓公输，名班（般）。我国古代杰出的建筑工匠，后世尊为建筑工匠的祖师。

【译文】

汾水又往南流过冠爵津，

冠爵津是汾水上的渡口名，在界休县西南，俗称雀鼠谷。谷内数十里的小路险阻难行，河水两岸都架设了栈道，沿着岩边用石块筑成弯弯曲曲的山路，有的离水一丈，有的高约五六尺，头上有山冈遮顶，脚下临着深涧，这条栈道俗称鲁般桥，不仅是古代的津渡要隘，在今天也属险要之地。

又南入河东界[①]，又南过永安县西[②]，

故彘县也[③]，周厉王流于彘[④]，即此城也。王莽更名黄城。汉顺帝阳嘉三年[⑤]，改曰永安。县，霍伯之都也[⑥]。

【注释】

①河东：即河东郡。战国魏置。后属秦。治所在安邑县（今山西夏县西北十五里禹王城）。

②永安县：东汉顺帝时改彘县置，属河东郡。治所在今山西霍州。

③彘（zhì）县：西汉置，属河东郡。治所在今山西霍州。因彘水为名。东汉顺帝时改为永安县。

④周厉王：名胡。西周国王。周夷王之子。贪狠好利，横征暴敛，钳制言论，致使百姓道路以目。"国人"暴动，他逃奔于彘，前828年死去。

⑤阳嘉三年：134年。阳嘉，东汉顺帝刘保的年号（132—135）。

⑥霍伯：晋大夫先轸之子先且居，晋中军帅，受霍为霍伯。霍，西周封国名。在今山西霍州西南十六里。

【译文】

汾水又往南流入河东郡地界，又往南流过永安县西，

永安县是从前的彘县，周厉王被流放于彘，就是这座城。王莽改名为黄城。汉顺帝阳嘉三年，改称永安县。这里曾经也是霍伯的都城。

历唐城东[①]，

薛瓒注《汉书》云[②]：尧所都也。东去彘十里。汾水又南与彘水合[③]。水出东北太岳山[④]，《禹贡》所谓岳阳也[⑤]，即霍太山矣。上有飞廉墓[⑥]。飞廉以善走事纣，恶来多力见知[⑦]。周武王伐纣，兼杀恶来。飞廉先为纣使北方，还无所报[⑧]，乃坛于霍太山而致命焉[⑨]。得石棺，铭曰：帝令处父[⑩]，不与殷乱，赐汝石棺以葬。死，遂以葬焉。霍太山有岳庙[⑪]，庙甚灵。鸟雀不栖其林，猛虎常守其庭。又有灵泉以供祭祀[⑫]，鼓动则泉流，声绝则水竭。湘东阴山县有侯昙山[⑬]，上有灵坛，坛前有石井深数尺，居常无水，及临祈祷，则甘泉涌出，周用则已，亦其比也。彘水又西流迳观阜北[⑭]，故百邑也[⑮]。原过之从襄子也[⑯]，受竹书于王泽[⑰]，以告襄子。襄子斋三日[⑱]，亲

自剖竹，有朱书曰：余霍太山山阳侯，天使也，三月丙戌，余将使汝反灭智氏[19]，汝亦立我于百邑。襄子拜受三神之命[20]，遂灭智氏，祠三神于百邑[21]，使原过主之，世谓其处为观阜也。彘水又西流迳永安县故城南，西南流，注于汾水。

【注释】

①唐城：在今山西霍州西。

②薛瓒注《汉书》：《汉书》颜师古注中收录有"臣瓒"注《汉书》。但臣瓒姓氏，历来学者考辨，众说纷纭，莫衷一是。郦注屡作薛瓒，未知何据。

③彘水：汾水支流。在今山西霍州西南。

④太岳山：一名霍山、霍太山。即今山西霍州东南太岳山。为汾河与沁河、浊漳河分水岭。

⑤《禹贡》：即《尚书·禹贡》。详细记载了古代九州的划分、山川的方位、物产分布以及土壤性质等。

⑥飞廉：一作蜚廉。商纣的谀臣。善走，与其子恶来俱以材力事商纣。

⑦恶来：飞廉之子，有力气，据说能手裂虎兕。事商纣王，纣王嬖之。恶来善毁谗诸侯，纣王以此益疏诸侯，因之以亡国。

⑧还无所报：等到出使归来，纣王已死，飞廉找不到复命的人了。

⑨坛：此指修建祭坛。致命：报命。

⑩处父：飞廉的别号。

⑪岳庙：《水经注疏》熊会贞按："《地形志》，永安有霍山祠。《元和志》，霍山庙在赵城县东南三十里霍山上，甚有灵验。庙在今赵城县（今山西洪洞北赵城镇东北）东南。"

⑫灵泉：《水经注疏》熊会贞按："《一统志》，灵泉在州东霍山三十里，今名打鼓泉。"

⑬湘东：即湘东郡。三国吴太平二年(257)置。治所在酃县(今湖南衡阳东)，以在湘水之东而命名。阴山县：西汉置，本名阳山县，属贵阳郡。治所在今湖南攸县西南。三国吴属湘东郡。侯昙山：一名侯堂山。在今湖南耒阳东八十里。

⑭观阜：又名观堆、观塠峰。在今山西霍州东南三十里霍山上。

⑮百邑：战国赵邑。在今山西霍州东南。

⑯原过：赵襄子的家臣。襄子：赵简子之子，名毋卹。晋六卿之一。联合韩、魏三家灭知氏，尽分其地。

⑰受竹书于王泽：事见《史记·赵世家》："见三人，自带以上可见，自带以下不可见。与原过竹二节，莫通。"王泽，在今山西新绛南。

⑱斋：即斋戒。旧时祭祀鬼神时，穿整洁衣服，戒除嗜欲(如不喝酒、不吃荤等)，以表示虔诚。

⑲智氏：亦作知氏。知氏与中行氏皆晋大夫荀氏逝遨之后，同为荀氏。逝遨子桓伯林父，其后为中行氏；逝遨另一子庄子首，其后为知氏。这里指知氏家族。

⑳三神：指原过在王泽所见到的三位神人。

㉑祠三神：《水经注疏》熊会贞按："《括地志》，三神祀，今名原过祠，在霍山侧。《寰宇记》，观堆祠在霍邑县(今山西霍州)东南三十里，堆高二里，周回十里，俗谓其处为观阜。《一统志》，观堆祠在霍州东南。"

【译文】

汾水流过唐城东边，

薛瓒为《汉书》作注时说：唐城是尧定都的地方。东边离彘十里。汾水又南流，与彘水汇合。彘水发源于东北的太岳山，《禹贡》称为岳阳，就是霍太山。山上有飞廉墓。飞廉以善走为纣王效力，恶来以力大而知名。周武王征伐纣王，连恶来也杀了。飞廉早先为纣王出使北方，回来后却不能向纣王报告了，于是在霍太山设坛祭祀，打算以身殉纣。他在山上看到一具石棺，上面刻着：天帝命令飞廉不要参与殷朝的作乱，特此赐你石棺安葬。他死了，于是就葬在霍太山。山上有霍山庙，十分灵验。庙旁的树林里，鸟雀都不来栖息，庭院里常有猛虎在守卫。又有灵泉可供人祭祀之用，鼓声一响就有泉水流出，鼓声一停泉水也就干了。湘东郡阴山县有侯昙山，山上有灵坛，坛前有一口数尺深的石井，平常都没有水，待到祈祷时，就有甘泉涌出，大家都用遍后，泉水就不流了，也是这一类。彘水又往西流经观阜以北，就是旧时的百邑。原过跟从赵襄子，在王泽得到竹书，他把这件事报告了襄子。襄子斋戒了三天，亲自剖开竹子，看到里面有朱砂写的红字：我是霍太山山阳侯，是天帝的使者，三月丙戌日，我将派遣你去杀掉智氏，你也要在百邑为我立庙。襄子跪拜领受了三位神人的命令，于是就杀了智氏，在百邑为三位神人立祠，让原过去管理，人们就把这地方称为观阜。彘水又西流，从永安县老城南面流过，然后往西南流，注入汾水。

汾水又南迳霍城东①，故霍国也。昔晋献公灭霍②，赵夙为御③，霍公求奔齐④。晋国大旱，卜之曰：霍太山为祟⑤。使赵夙召霍君奉祀，晋复穰⑥。盖霍公求之故居也。

【注释】

①霍城：古霍国的都城。在今山西霍州西南十六里。西周初武王封叔处于霍。

②晋献公灭霍：事见《史记·晋世家》："十六年，晋献公作二军。公将上军，太子申生将下军，赵夙御戎，毕万为右，伐灭霍，灭魏，灭耿。"晋献公，名诡诸。春秋时晋国国君。晋武公之子。

③赵夙：春秋时晋国大夫。晋献公讨灭霍、魏、耿三国后，赵夙被赐为大夫，同时被赐予耿国。为御：给……驾车。

④霍公求：霍国的国君名求。奔：逃亡他国。

⑤霍太山为祟（suì）：因霍国被灭，无人给霍太山之神上供，故为祟。祟，鬼神给人制造的灾祸。

⑥穰（ráng）：丰收。按，以上事见《史记·赵世家》。

【译文】

汾水又往南流经霍城东边，就是旧时的霍国。从前晋献公灭了霍国，赵夙当驾车人，载着霍公求逃奔到齐国。当时晋国大旱，巫师占卜说：这是霍太山之神作祟的缘故。于是派赵夙去招回霍君主持祭祀，晋国又重新获得丰收。霍城就是霍公求的故居。

汾水又迳赵城西南[①]，穆王以封造父，赵氏自此始也[②]。

【注释】

①赵城：今山西洪洞北赵城镇东北三里。

②穆王以封造父，赵氏自此始也：事见《史记·赵世家》："造父幸于周穆王。造父取骥之乘匹，与桃林盗骊、骅骝、绿耳，献之穆王。穆王使造父御，西巡狩，见西王母，乐之忘归。而徐偃王反，穆王日驰千里马，攻徐偃王，大破之。乃赐造父以赵城，由此为赵氏。"穆王，即周昭王之子姬满。造父，西周著名的善御车者。

【译文】

汾水又流经赵城西南，穆王把赵城封给造父，他就是赵氏的始祖。

汾水又南，霍水入焉[①]。水出霍太山，发源成潭，涨七十步而不测其深。西南迳赵城南，西流注于汾水。

【注释】

①霍水：汾水支流。源出今山西霍州霍山南麓，西南流至洪洞北入汾水。

【译文】

汾水又南流，霍水注入。霍水发源于霍太山，源泉流出后积成深潭，宽七十步，深不可测。水往西南流经赵城南边，西流注入汾水。

又南过杨县东[①]，

涧水东出穀远县西山[②]，西南迳霍山南，又西迳杨县故城北，晋大夫僚安之邑也[③]。应劭曰：故杨侯国[④]。王莽更名有年亭也。其水西流入于汾水。汾水迳杨城西，不于东矣。《魏土地记》曰：平阳郡治杨县[⑤]，郡西有汾水南流者是也。

【注释】

①杨县：西汉改杨氏县置，属河东郡。治所在今山西洪洞东南十五里范村东古城址。

②涧水：在今山西洪洞南。穀远县：西汉置，属上党郡。治所在今山西沁源。

③晋大夫僚安之邑：《左传·昭公二十八年》："秋，晋韩宣子卒，魏献子为政。分祁氏之田以为七县，分羊舌氏之田以为三县。司马弥牟为邬大夫……僚安为杨氏大夫。"杜预注："平阳杨氏县。"

④杨侯国：西周封国。在今山西洪洞东南十五里范村。周幽王时封周宣王之子尚父为杨侯。一说唐叔虞之后，至晋武公，逊于齐，生伯侨，归周天子，封杨侯。

⑤平阳郡：三国魏正始八年（247）分河东郡置。治所在平阳县（今山西临汾西南十八里金殿镇）。杨县：西汉改杨氏县置，属河东郡。治所在今山西洪洞东南十五里范村东古城址。三国魏改为杨国，属平阳郡。西晋复为杨县。未知何时曾为平阳郡治。

【译文】

汾水又往南流过杨县东边，

涧水发源于东方縠远县的西山，往西南流经霍山南，又往西流经杨县老城以北，这是晋大夫僚安的食邑。应劭说：这是从前杨侯的封国。王莽改名为有年亭。水往西流入汾水。汾水是从杨城西边而不是东边流过的。《魏土地记》说：平阳郡的治所是杨县，郡西有汾水，往南流。

西南过高梁邑西[1]，

黑水出黑山[2]，西迳杨城南，又西与巢山水会[3]。《山海经》曰：牛首之山，劳水出焉，西流注于潏水[4]，疑是水也，潏水，即巢山之水也。水源东南出巢山东谷，北迳浮山东[5]，又西北流与劳水合，乱流西北迳高梁城北[6]，西流入于汾水。

【注释】

①高梁邑：春秋晋邑。在今山西临汾东北。一说在今临汾北高河村。

②黑水：即涝水，一名劳水。在今山西临汾北。黑山：一名牛首山。在今山西浮山县东北。

③巢山水：又名三交水、潏（yù）水。即今山西临汾东南洰河。

④“牛首之山”几句：语见《山海经·中山经》。

⑤浮山：在今山西临汾东南。

⑥高梁城：春秋晋地。在今山西临汾东北。

【译文】

汾水往西南流过高梁邑西边，

黑水发源于黑山，往西流过杨城南边，又往西流，与巢山水汇合。《山海经》说：牛首之山，劳水发源于那里，往西流注入潏水，说不定就是汾水，而潏水则是巢山之水。巢山水的源头，从东南方巢山的东谷流出，往北流经浮山东边，又往西北流与劳水汇合，往西北乱流，经过高梁城北边，西流注入汾水。

汾水又南迳高梁故城西,故高梁之墟也①。《春秋·僖公二十四年》②,秦穆公纳公子重耳于晋,害怀公于此③。《竹书纪年》④:晋出公十三年⑤,智伯瑶城高梁⑥。汉高帝十二年以为侯国⑦,封恭侯郦疥于斯邑也⑧。

【注释】

①高梁之墟:《左传·僖公十五年》:"初,晋献公筮嫁伯姬于秦……六年其逋,逃归其国,而弃其家,明年其死于高梁之虚。"

②僖公二十四年:前636年。

③秦穆公纳公子重耳于晋,害怀公于此:事见《左传·僖公二十四年》:"二十四年春,王正月,秦伯纳之……二月甲午,晋师军于庐柳。秦伯使公子絷如晋师,师退,军于郇……戊申,使杀怀公于高梁。"秦穆公,名任好。春秋时秦国国君。秦德公第三子。既立,任用百里奚、蹇叔等谋臣,奋发图强,使国势强大。怀公,晋惠公之子圉,谥号怀,故称怀公。

④《竹书纪年》:书名。因原本写于西晋时汲郡出土的竹简之上,故名。是一部编年体史书,记述夏商周及春秋晋国、战国魏国的史事,至魏襄王时止。今存辑本。

⑤晋出公十三年:前462年。晋出公,名凿。晋定公之子。

⑥智伯瑶:晋国智伯文子荀跞之孙,亦称荀瑶、知襄子。

⑦汉高帝十二年:前195年。

⑧郦疥:陈留高阳(今河南杞县西)人。秦末农民起义时,从其父郦食其(yì jī)投刘邦,有功,然尚不足以封侯。刘邦追念其父之功,封他为高梁侯。

【译文】

汾水又往南流经高梁老城西边,这就是旧时的高梁之墟。《春秋·僖公二十四年》,秦穆公接纳了来自晋国的公子重耳,并在这里杀害了怀公。《竹书纪年》:晋出公十三年,智伯瑶在高梁筑城。汉高帝十二年,把高梁立为侯国,封恭侯郦疥于此城。

又南过平阳县东[1],

汾水又南迳白马城西[2],魏刑白马而筑之[3],故世谓之白马城。今平阳郡治[4]。

【注释】

①平阳县:春秋置。治所在今山西临汾西南十八里金殿镇。在平水之阳(北),故曰平阳。

②白马城:北魏置。即今山西临汾。

③刑:杀,割。

④平阳郡:三国魏正始八年(247)分河东郡置。治所在平阳县。北魏移治白马城。

【译文】

汾水又往南流过平阳县东边,

汾水又往南流经白马城西边。魏杀白马致祭筑了此城,所以人们称之为白马城。现在是平阳郡的治所。

汾水又南迳平阳县故城东,晋大夫赵鼌之故邑也[1]。应劭曰:县在平河之阳[2],尧、舜并都之也[3]。《竹书纪年》:晋烈公元年[4],韩武子都平阳[5]。汉昭帝封度辽将军范明友为侯国[6],王莽之香平也。魏立平阳郡[7],治此矣。水侧有尧庙[8],庙前有碑。《魏土地记》曰:平阳城东十里,汾水东原上有小台,台上有尧神屋石碑[9]。永嘉三年,刘渊徙平阳[10],于汾水得白玉印,方四寸,高二寸二分,龙纽[11]。其文曰:有新宝之印,王莽所造也。渊以为天授,改永凤二年为河瑞元年。

【注释】

①晋大夫赵鼍:赵胜曾孙,为平阳大夫。《左传·昭公二十八年》:"秋,晋韩宣子卒,魏献子为政。分祁氏之田以为七县,分羊舌氏之田以为三县……赵朝为平阳大夫……"赵朝,即赵鼍。

②平河:即平水。在今山西临汾西。阳:山南水北为阳。

③尧、舜并都之:《水经注疏》杨守敬按:"《汉志》颜(师古)注引应劭曰:尧都也,在平河之阳。又《史记·五帝本纪》集解引皇甫谧曰:舜所都,或言平阳。"

④晋烈公元年:前415年。晋烈公,名止。战国时晋国国君。晋幽公之子,一作幽公弟。

⑤韩武子都平阳:《史记》和《汉书》中均为"贞子徙居平阳"。《汉书·地理志》"河东郡":"平阳,韩武子玄孙贞子居此。"韩武子,姬姓,韩氏,名启章。战国时韩国国君。韩康子之子。周威烈王二年(424)代其父为韩君。

⑥范明友:陇西(今甘肃境)人。事昭帝,多次率兵征伐匈奴、乌桓。汉昭帝刘弗陵元凤三年(前78)为度辽水攻击乌桓,以中郎将范明友为度辽将军。封平陵侯。

⑦魏立平阳郡:《三国志·魏书·三少帝纪》:"齐王芳八年夏五月,分河东之汾北十县为平阳郡。"

⑧尧庙:《水经注疏》熊会贞按:"《魏书·地形志》,平阳有尧庙。《孝文帝纪》太和十六年(492),诏祀唐尧于平阳;二十一年(497),又诏修尧庙。"

⑨尧神屋石碑:《太平寰宇记·晋州·临汾县》:"《尧碑》云:'旧在汾水西,晋元康中移于汾水东,显庆三年(658)移就今庙。'"神

屋，祭神之处，即神庙。

⑩永嘉三年，刘渊徙平阳：《晋书·载记·刘元海》："永嘉二年，元海僭即皇帝位，大赦境内，改元永凤……太史令宣于脩之言于元海曰：'……平阳势有紫气，兼陶唐旧都，愿陛下上迎乾象，下协坤祥。'于是迁都平阳。"永嘉三年，309年。永嘉，西晋怀帝司马炽的年号（307—312）。

⑪龙纽：龙形的印鼻。纽，通"钮"。印鼻。

【译文】

汾水又往南流经平阳县老城东边，这里从前是晋大夫赵鼌的封邑。应劭说：县城在平河的北岸，尧、舜都在这里建都过。《竹书纪年》：晋烈公元年，韩武子建都于平阳。汉昭帝把这地方封给度辽将军范明友，立为侯国，这里也是王莽的香平。魏时设置平阳郡，治所就在这里。水边有尧庙，庙前有碑。《魏土地记》说：平阳城东十里，汾水以东的高地上，有一座小台，台上有尧的祠庙和石碑。永嘉三年，刘渊迁都平阳，在汾水上得到一枚白玉印，四寸见方，高二寸二分，上有龙形印纽。印上刻的是：有新宝之印，是王莽刻的。刘渊以为这是上天所赐，于是把永凤二年改为河瑞元年。

汾水南与平水合。水出平阳县西壶口山①。《尚书》所谓壶口治梁及岐也②。其水东迳狐谷亭北③，春秋时，狄侵晋取狐厨者也④。又东迳平阳城南，东入汾。俗以为晋水⑤，非也。

【注释】

①壶口山：一名平山。在今山西临汾西南。

②壶口治梁及岐：语见《尚书·禹贡》："既载壶口，治梁及岐。"

③狐谷亭：在今山西襄汾西北。

④狄侵晋取狐厨：事见《左传·僖公十六年》："秋，狄侵晋，取狐厨、受铎，涉汾，及昆都，因晋败也。"狐厨，春秋晋邑。在今山西襄汾西北襄陵镇西。

⑤晋水：汾水支流。在今山西太原西南。

【译文】

汾水南流与平水汇合。平水发源于平阳县西边的壶口山。就是《尚书》所说的继壶口山之后，又凿梁山及岐山。此水往东流经狐谷亭北面，春秋时，狄族入侵晋国，占领了狐厨，就指的是这地方。又往东流经平阳城南边，东流注入汾水。民间以为这是晋水，那是弄错了。

汾水又南历襄陵县故城西①，晋大夫郤犨之邑也②，故其地有犨氏乡亭矣③。西北有晋襄公陵④，县，盖即陵以命氏也。王莽更名曰干昌矣。

【注释】

①襄陵县：西汉置，属河东郡。治所在今山西襄汾北十五里古城庄。三国魏属平阳郡。

②郤犨（xì chōu）：晋大夫。郤克从父兄弟。郤犨与郤锜、郤至称为三郤，俱各骄奢，为晋厉公所杀。

③犨氏乡亭：在今山西襄汾境内。

④晋襄公陵：《水经注疏》："《一统志》，襄公墓在襄陵县（今山西襄汾北）南十五里。"晋襄公，名驩。晋文公之子。

【译文】

汾水又往南流经襄陵县旧城西，这是晋大夫郤犨的食邑，所以那里有犨氏乡亭。西北有晋襄公的陵墓，该县就是以这座陵墓来命名的。王莽改名为干昌。

又南过临汾县东[①],

天井水出东陉山西南[②],北有长岭,岭上东西有通道,即钘隥也。《穆天子传》曰[③]:乙酉,天子西绝钘隥[④],西南至盬是也[⑤]。其水三泉奇发,西北流,总成一川,西迳尧城南[⑥],又西流入汾。

【注释】

①临汾县:西汉置,属河东郡。治所在今山西襄汾西南五十里晋城村。三国魏属平阳郡。

②天井水:在今山西曲沃北。东陉(xíng)山:亦称乌岭山、黑水岭。在今山西翼城东北六十五里,南接沁水县界。

③《穆天子传》:书名。撰者不详。约为春秋末到战国初时作。晋咸宁五年(279)在汲郡(今河南汲县)战国魏襄王墓中出土的汲冢书之一。主要记录的是周穆王西征西方诸国和巡游中原的故事。

④天子:此指西周穆王姬满。周昭王之子。

⑤盬(gǔ):盐池名。在今山西运城南。

⑥尧城:《水经注疏》杨守敬按:"《元和志》,故尧城在河东县(今山西永济西南蒲州镇)南二十八里。"

【译文】

汾水又往南流过临汾县东边,

天井水发源于东陉山西南,北边有长岭,岭上东西有通道,就是钘隥。《穆天子传》说:乙酉日,穆天子西行翻过钘隥,往西南到达盬。这条水的源头由三道泉水涌发出来,往西北流,合并成一条溪流,西经尧城以南,又往西流入汾水。

又屈从县南西流,

汾水又迳绛县故城北[①]。《竹书纪年》：梁武王二十五年[②]，绛中地坼[③]，西绝于汾。

【注释】

①绛县：春秋晋置。后入秦，属河东郡。治所在今山西侯马西新田遗址。

②梁武王二十五年：陈桥驿按，武英殿本《水经注》："案朱谋㙔云：当作梁惠成王。"赵一清《水经注释》改梁惠成王。《水经注疏》："梁有惠成王而无武王，今本《竹书》系此于周显王二十三年，适当惠成王二十五年，戴震何以不改？"而戴氏《微波榭本水经注》作惠成王，这恐是孔继涵刊印《微波榭本》时由孔所校改。译文从之。

③坼：裂。

【译文】

汾水又转弯从县南往西流，

汾水又流经绛县老城北面。《竹书纪年》：梁惠成王二十五年，绛县发生地裂，西到汾水为止。

汾水西迳虒祁宫北[①]，横水有故梁，截汾水中，凡有三十柱，柱径五尺，裁与水平[②]，盖晋平公之故梁也[③]。物在水，故能持久而不败也。又西迳魏正平郡南[④]，故东雍州治[⑤]。太和中[⑥]，皇都徙洛[⑦]，罢州立郡矣[⑧]。又西迳王泽[⑨]，浍水入焉[⑩]。

【注释】

①虒祁宫：宫名。春秋时晋平公所筑。在今山西侯马西南十里汾祁村。

②裁：刚刚，仅仅。

③晋平公：名彪。春秋时晋国国君。晋悼公之子。

④正平郡：北魏太和十八年（494）改征平郡置，属东雍州。治所在临汾县(今山西新绛)。

⑤东雍州：北魏初置。治所在南太平郡，神䴥元年（428）改征平郡，后改正平郡，即今山西新绛。

⑥太和：北魏孝文帝元宏的年号（477—499）。

⑦皇都徙洛：495年，北魏孝文帝把平城的文武百官和六宫后妃全部迁徙到洛阳。

⑧罢州立郡：《水经注疏》熊会贞按："《地形志》，东雍州，世祖置，太和中罢。又云，天平初复，则郦氏后又置此州。"

⑨王泽：在今山西新绛西南。

⑩浍（huì）水：汾水支流。源出今山西翼城东南，流经绛县、曲沃、侯马、新绛等县入汾水。

【译文】

汾水往西流经虒祁宫北，水上有一座老桥，横跨过汾水，共有三十根桥柱，直径五尺，高度与水面相平，这是晋平公时造的桥。木头浸在水里，所以能经久不烂。又往西流经魏正平郡南边，这里是旧时东雍州的治所。太和年间，皇都迁到洛阳，于是废州立郡。又往西流经王泽，有浍水注入。

又西过长脩县南[①]。

汾水又西与古水合[②]。水出临汾县故城西黄阜下，其大若轮，西南流，故沟横出焉，东注于汾，今无水。又西南迳魏正平郡北，又西迳荀城东[③]，古荀国也[④]。汲郡古文[⑤]：晋武公灭荀以赐大夫原氏也[⑥]。古水又西南入于汾。

【注释】

①长脩县：西汉初为长脩侯国，后改为长脩县，属河东郡。治所在今山西新绛西北泽掌镇。

②古水：一名鼓水、鼓堆泉。汾河支流。在今山西南部。源出新绛西北古山下，南流入汾河。

③荀城：春秋时古荀国的都城。故址在今山西新绛西十五里。

④荀国：西周姬姓封国。春秋时被晋所灭。

⑤汲郡古文：亦称汲冢书。西晋咸宁五年（279）在汲郡汲县（今河南汲县）战国魏襄王古冢中出土的古书，皆用蝌蚪文（即战国文字）写在简册上。

⑥晋武公：名称。春秋时晋国国君。晋穆侯曾孙，曲沃桓侯孙，庄伯之子。

【译文】

汾水又往西流过长脩县南边。

汾水又西流与古水汇合。古水发源于临汾县老城西边的黄阜脚下，源头的水口大如车轮，往西南流，有旧沟从旁边横通出去，往东注入汾水，现在已经枯涸无水了。又往西南流，经魏正平郡北边，又往西流经荀城东边，就是古时的荀国。汲郡古文载：晋武公灭了荀国，把那地方赏赐给大夫原氏。古水又往西南注入汾水。

汾水又西南迳长脩县故城南。汉高帝十一年以为侯国①，封杜恬也②。有脩水出县南③，而西南流入汾。

【注释】

①汉高帝十一年：前196年。

②杜恬：汉王二年（前205）为御史。从高祖出关。五年（前203）为内史，击诸侯，功封长脩侯。

③脩水：亦名泉掌泉。在今山西新绛西北泉掌镇一带。

【译文】

汾水又往西南流经长脩县老城南。汉高帝十一年，把这里立为侯国，封给杜恬。有脩水发源于县南，往西南流入汾水。

汾水又西迳清原城北[①]，故清阳亭也[②]。城北有清原，晋侯蒐清原，作三军处也[③]。

【注释】

①清原城：春秋晋地。在今山西稷山县东南。

②清阳亭：《水经注疏》熊会贞按："《魏志·裴潜传》，封清阳亭侯。潜，闻喜人，此为闻喜地，当即潜所封也。"

③晋侯蒐（sōu）清原，作三军处也：事见《左传·宣公十四年》："晋侯伐郑，为郔故也。告于诸侯，蒐焉而还。"晋侯，即晋献公之子重耳。蒐，检阅，阅兵。三军，当为"五军"之讹。《左传·僖公三十一年》："秋，晋蒐于清原，作五军以御狄。"译文从之。

【译文】

汾水又往西流经清原城北面，就是旧时的清阳亭。城北有清原，晋侯在清原检阅部队，建立五军，就在这地方。

汾水又迳冀亭南[①]，昔臼季使[②]，过冀野，见郤缺耨[③]，其妻馌之[④]，相敬如宾。言之文公，文公命之为卿，复与之冀[⑤]。京相璠曰：今河东皮氏县有冀亭[⑥]，古之冀国所都也[⑦]。杜预《释地》曰[⑧]：平阳皮氏县东北有冀亭，即此亭也。

【注释】

①冀亭：在今山西稷山县北。

②臼季：晋文公重耳的大夫，荐郤缺于晋文公。《通志》卷九十："胥臣，字季子，食邑于臼，曰臼季。官为司空，又曰司空季子。"

③郤（xì）缺：即郤成子，亦称冀缺。春秋时晋国大夫。耨（nòu）：锄草。

④馌（yè）：往田间送饭。

⑤文公命之为卿，复与之冀：《左传·僖公三十三年》："初，臼季使过冀，见冀缺耨，其妻馌之。敬，相待如宾。与之归，言诸文公曰：'敬，德之聚也。能敬必有德，德以治民，君请用之。臣闻之，出门如宾，承事如祭，仁之则也。'……以一命命郤缺为卿，复与之冀，亦未有军行。"与郦注稍有不同。

⑥皮氏县：战国魏置。后入秦，属河东郡。治所在今山西河津西。

⑦冀国：商、周国名。在今山西河津东北冀亭。春秋时为晋所灭。

⑧杜预《释地》：即杜预《春秋释地》。杜预，字元凯。京兆杜陵（今陕西西安）人。西晋经学家。《隋书·经籍志》只记载其有《春秋释例》十五卷。

【译文】

汾水又流经冀亭南，从前臼季出使，经过冀野，看见郤缺在田间耨草，他的妻子给他送饭，两人相敬如宾。臼季把所见报告文公，文公就任命郤缺为大臣，又把冀这地方赐给他。京相璠说：现在河东皮氏县有冀亭，是古代冀国建都的地方。杜预《释地》说：平阳皮氏县东北有冀亭，就是此亭。

汾水又西与华水合[①]。水出北山华谷，西南流迳一故城西，俗谓之梗阳城[②]，非也。梗阳在榆次不在此[③]。按《故汉上谷长史侯相碑》云[④]：侯氏出自仓颉之后[⑤]，逾殷历周，各以氏分，或著楚、魏，或显齐、秦，晋卿士芳[⑥]，斯其胄也[⑦]。食采华阳[⑧]，今蒲坂北亭[⑨]，即是城也。其水西南流注于汾。

【注释】

①华水：《水经注疏》熊会贞按："《一统志》，华水在稷山县（今山西稷山县）北，亦曰清水，亦曰黄华谷涧。"

②梗阳城：春秋晋之梗阳县的县城。故址在今山西清徐。

③榆次：即榆次县。战国赵置，后入秦，属太原郡。治所在今山西晋中榆次区。西汉降为梗阳乡。

④上谷：即上谷郡。战国燕置，秦时治所在沮阳县(今河北怀来东南官厅水库南岸之大古城)。长史：官名。官府、军府属吏之长。本为秦官。汉承秦制，丞相、太尉、御史大夫诸府及边郡太守府等均置长史。

⑤侯氏：《水经注疏》杨守敬按："邓名世《古今姓氏书辨证》引《地记》云，仓颉姓侯冈氏，其后居冯翊衙县。"唐林宝《元和姓纂》"十九侯"："汉末侯氏徙上谷。"仓颉(jié)：相传为黄帝的史官、汉字的创造者，实则为古代整理汉字的代表者。

⑥士蒍(wěi)：春秋时晋大夫。士会的祖父。

⑦胄：古代称帝王或贵族的后代、继嗣。

⑧食采：享用封邑的租赋。采，指古代卿大夫的封地。

⑨蒲坂北亭：今称华谷城。在今山西稷山县西北二十里化峪镇。

【译文】

汾水又西流，与华水汇合。华水发源于北山的华谷，往西南流经一座老城西边，俗称梗阳城，其实是不对的。梗阳在榆次，并不在这里。查考《故汉上谷长史侯相碑》说：侯氏是仓颉的后裔，经过商、周两朝，各个支系分成不同的姓氏，有的在楚国和魏国成为著名的氏族，有的在齐国和秦国取得显要的地位，晋国大臣士蒍，也是他的后代。他的食邑华阳，在现在蒲坂的北亭，就是此城。华水往西南流，注入汾水。

汾水又迳稷山北[①]，在水南四十许里。山东西二十里，南北三十里，高十三里，西去介山十五里[②]。山上有稷祠，山下稷亭。《春秋·宣公十五年》[③]，秦桓公伐晋，晋侯治兵于稷，以略狄土是也[④]。

【注释】

①稷山:一名稷神山,俗呼稷王山。在今山西稷山县南五十里。

②介山:一名介休山、绵山。在今山西介休东南。古时山下有绵上之田,亦名绵山。

③宣公十五年:前594年。

④"秦桓公伐晋"几句:事见《左传·宣公十五年》:"秋七月,秦桓公伐晋,次于辅氏。壬午,晋侯治兵于稷,以略狄土。"杜预注:"壬午,七月二十九日。晋时新破狄,土地未安,权秦师之弱,故别遣魏颗拒秦,而东行定狄也。"秦桓公,名荣。春秋时秦国国君。秦共公之子。晋侯,即晋厉公寿曼。春秋时晋国国君。

【译文】

汾水又流经稷山以北,山在水南约四十里。山东西二十里,南北三十里,高十三里,西边离介山十五里。山上有稷祠,山下有稷亭。《春秋·宣公十五年》,秦桓公攻打晋国,晋侯在稷练兵,准备夺取狄族的土地,指的就是这地方。

又西过皮氏县南,

汾水西迳郯丘北[①],故汉氏之方泽也。贾逵云[②]:汉法,三年祭地汾阴方泽[③]。泽中有方丘,故谓之方泽。丘即郯丘也。许慎《说文》称:从邑,癸声[④]。河东临汾地名矣,在介山北,山即汾山也[⑤]。其山特立,周七十里,高三十里。文颖言在皮氏县东南[⑥],则可,三十里,乃非也。今准此山可高十余里,山上有神庙,庙侧有灵泉,祈祭之日,周而不耗,世亦谓之子推祠。扬雄《河东赋》曰[⑦]:灵舆安步[⑧],周流容与[⑨],以览于介山。嗟文公而愍推兮,勤大禹于龙门[⑩]。《晋太康记》及《地道记》与《永初记》[⑪],并言子推所逃隐于是山,即实非也。余按介推所隐者，绵山也。文公环而封之，为介推田，号其山为介山。杜预曰：在西河界休县者是也⑫。

【注释】

①郰（kuí）丘：在今山西万荣东北。

②贾逵：字景伯。扶风平陵（今陕西咸阳西北）人。贾谊九世孙。精《左传》《国语》、古文《尚书》。后世称为通儒。

③三年祭地：古人祭祀皇天后土。祭祀后土每三年一次。汾阴：即汾阴县。战国秦置，属河东郡。治所在今山西万荣西南庙前村北古城。

④从邑，癸声：是说这个字的部首为“邑”部，音读为“癸”声。

⑤汾山：具体不详。

⑥文颖：字叔良。南阳（今河南南阳）人。后汉末荆州从事，魏建安中为甘陵府丞。曾注《汉书》。

⑦扬雄《河东赋》：赋名。写汉成帝横渡黄河去祭祀后土的活动。除叙述帝王出行和祭祀外，主旨写成帝“思唐虞之风”的感想和作者“临川羡鱼不如归而结网”的劝谏。扬雄，一作杨雄，字子云。蜀郡成都（今四川成都）人。西汉文学家。

⑧灵舆：天子之车舆。安步：徐徐缓步而行。

⑨周流：到处，处处。容与：即犹豫，徘徊不进，犹豫不前。

⑩勤大禹于龙门：因大禹开凿龙门，而颂扬他勤劳功高。

⑪《晋太康记》：书名。又名《晋太康地记》等。撰者不详。记载晋初十九州及郡县建置沿革、山水、物产、风俗，兼及历史事件、名胜古迹等。《地道记》：书名。即《晋书地道记》。东晋王隐撰。今存清人辑本。《永初记》：书名。又作《永初山川古今记》。南朝宋武帝刘裕的族弟刘遵考之子刘澄之撰。

⑫界休县：秦置，属太原郡。治所在今山西介休东南十五里。

【译文】

汾水又往西流过皮氏县南边，

汾水往西流经郏丘北边，就是从前汉代的方泽。贾逵说：按汉代的传统，每三年须在汾阴的方泽举行祭地。泽中有个方丘，所以泽称方泽，这方丘就是郏丘。许慎《说文解字》说：郏字偏旁从邑，读作癸。这是河东临汾的地名，在介山以北，就是汾山。汾山巍然耸立，周围七十里，高三十里。文颖说：介山在河东皮氏县东南，倒也差不多，说三十里却不对了。现在据目测，此山高十余里，山上有神庙，庙旁有灵泉，在祈祷祭祀的日子，泉水供应源源不绝，世人也称神庙为子推祠。扬雄《河东赋》说：天子的车驾缓缓前行，到处从容不迫地漫游，在介山观赏风光。他为文公而嗟叹，为介子推而悲伤，因为大禹开凿龙门，而称颂他劳苦功高。《晋太康记》以及《地道记》《永初记》都说介子推出逃，隐居在这座山中，但证之于史实，却不是这里。我查考介子推所隐的地方，其实是绵山。文公绕山划定范围，立为介推田，称山为介山。杜预说：介山在西河界休县。

汾水又西迳耿乡城北①，故殷都也。帝祖乙自相徙此②，为河所毁，故《书叙》曰③：祖乙圮于耿④。杜预曰：平阳皮氏县东南耿乡是也。盘庚以耿在河北⑤，迫近山川，乃自耿迁亳⑥。晋献公灭耿，以封赵夙⑦，后襄子与韩、魏分晋⑧，韩康子居平阳⑨，魏桓子都安邑⑩，号为三晋⑪，此其一也。汉武帝行幸河东，济汾河，作《秋风辞》于斯水之上⑫。

【注释】

①耿乡城：《水经注疏》杨守敬按："《一统志》，耿城在河津县（今山西河津）南十二里。一名耿乡城。"

②帝祖乙自相徙此：《水经注疏》杨守敬按："郑玄曰，祖乙去相居耿，而国为水所毁，于是修德以御之，不复徙也。"帝祖乙，商朝第

十四代王，继叔父河亶甲而立。帝祖乙立，殷复兴。相，一名亶甲城。在今河南安阳西北。

③《书叙》：即《尚书叙》。《尚书》为儒家经典之一，中国最早的文书汇编。

④祖乙圮(pǐ)于耿：此指祖乙在相的都城被水冲毁了，于是从相迁来于耿。圮，毁坏。

⑤盘庚：殷王。汤九世孙，帝阳甲弟。继位后经几次迁都后到殷(今河南安阳小屯)，因此商朝又称为殷朝。

⑥亳：在今河南偃师西尸乡沟一带。

⑦晋献公灭耿，以封赵夙：事见《左传·闵公元年》："晋侯作二军。公将上军，太子申生将下军，赵夙御戎，毕万为右。以灭耿，灭霍，灭魏。还，为太子城曲沃，赐赵夙耿，赐毕万魏，以为大夫。"赵夙，春秋晋大夫。赵衰之兄。

⑧襄子：即赵襄子，名毋卹。赵简子之子。韩：即韩康子，名虎。韩宣子之曾孙、韩庄子之子。魏：即魏桓子，名驹。魏献子之子曼多(魏侈)之孙，魏文侯都之祖父。

⑨平阳：即平阳县。在今山西临汾西南十八里金殿镇。

⑩安邑：战国时魏国都城。故址在今山西夏县西北禹王城。

⑪三晋：战国时韩、赵、魏三国的合称。

⑫"汉武帝行幸河东"几句：《文选·汉武帝〈秋风辞〉并序》："上行幸河东，祠后土，顾视帝京欣然，中流与群臣饮燕。上欢甚，乃自作《秋风辞》曰：秋风起兮白云飞，草木黄落兮雁南归。兰有秀兮菊有芳，怀佳人兮不能忘。泛楼船兮济汾河，横中流兮扬素波。箫鼓鸣兮发棹歌，欢乐极兮哀情多。少壮几时兮奈老何！"幸，古代称帝王亲临。

【译文】

汾水又往西流，经耿乡城北边，这里是殷商的故都。帝祖乙从相迁移到这里，相被黄河冲毁，所以《尚书叙》说：祖乙在相的都城被水冲毁了，于是迁徙到耿这个地方。杜预说：耿，就是平阳郡皮氏县东南的耿乡。盘庚因耿在河水以北，近山临水，地方狭窄，于是从耿迁都于亳。晋献公灭耿，把这地方封给赵夙，后来赵襄子与韩康子、魏桓子分割了晋国，韩康子居留在平阳，魏桓子定都于安邑，号称三晋，这就是其中之一。汉武帝巡游河东，渡过汾河，在这条水上作了一篇《秋风辞》。

汾水又西迳皮氏县南。《竹书纪年》：魏襄王十二年[①]，秦公孙爰率师伐我[②]，围皮氏。翟章率师救皮氏围[③]，疾西风[④]。十三年，城皮氏者也。汉河东太守潘係穿渠引汾水以溉皮氏县[⑤]，故渠尚存，今无水也。

【注释】

①魏襄王十二年：前307年。魏襄王，战国时魏国国君。魏惠王之子。以张仪为相，秦屡败魏军，襄王予秦以河西地。

②公孙爰：战国时秦国将领。

③翟章：本为魏将，后入赵。《战国策·赵策》："翟章从梁来，甚善赵王。赵王三延之以相，翟章辞不受。"

④疾西风：以西风为疾苦。

⑤汉河东太守潘係穿渠引汾水以溉皮氏县：事见《汉书·沟洫志》："后河东守潘係言：'漕从山东西，岁百余万石，更底柱之艰，败亡甚多而烦费。穿渠引汾溉皮氏、汾阴下，引河溉汾阴、蒲坂下，度可得五千顷。故尽河堧弃地，民茭牧其中耳，今溉田之，度可得谷二百万石以上。谷从渭上，与关中无异，而底柱之东可毋复漕。'"

【译文】

汾水又往西流经皮氏县南边。《竹书纪年》：魏襄王十二年，秦国公孙爰领兵攻打我国，包围皮氏。翟章领兵来援救被围困的皮氏，苦于猛烈的西风。十三年，给皮氏筑城。汉朝河东太守潘係，开渠引汾水来灌溉皮氏县，这条旧渠道还在，但现在已无水了。

又西至汾阴县北①，西注于河。

水南有长阜，背汾带河，阜长四五里，广二里余，高十丈，汾水历其阴②，西入河。《汉书》谓之汾阴脽③。应劭曰④：脽，丘类也。汾阴男子公孙祥望气⑤，宝物之精上见，祥言之于武帝，武帝于水获宝鼎焉。迁于甘泉宫⑥，改其年曰元鼎⑦，即此处。

【注释】

①汾阴县：战国秦置，属河东郡。治所在今山西万荣西南庙前村北古城。

②阴：山的北面。

③汾阴脽（shuí）：又作魏脽。汾水之南一土阜。在今山西万荣西南宝井镇庙前村北。脽，小土山。

④应劭：字仲远，一作仲瑗。汝南南顿（今河南项城）人。东汉末学者。撰有《风俗通义》《汉官仪》《地理风俗记》等。

⑤汾阴男子公孙祥望气：《汉书·郊祀志》："于是天子东幸汾阴。汾阴男子公孙滂洋等见汾旁有光如绛，上遂立后土祠于汾阴脽上。"作"公孙滂洋"。望气，古代方士的一种占候术。观察云气以预测吉凶。

⑥甘泉宫：宫名。一名云阳宫。在今陕西淳化西北甘泉山。

⑦改其年：这种做法亦称改元，即君主改用新年号纪年，年号以一为元，故称改元。元鼎：西汉武帝刘彻的年号（前116—前111）。

【译文】

汾水又往西流到汾阴县北边，往西注入河水。

汾水南岸有一条长长的山冈，背倚汾水，河水从旁边流过，山冈长四五里，宽二里余，高十丈，汾水经山北，西流注入河水。《汉书》把这条山冈称为汾阴脽。应劭说：脽是丘陵一类。汾阴有个汉子叫公孙祥，能够望气，他看到宝物的精光冲天而上，就去报告武帝，于是武帝在水中获得宝鼎。武帝把宝鼎移到甘泉宫，并改年号为元鼎，就在这里。

浍水

浍水出河东绛县东浍交东高山[①]，

浍水东出绛高山[②]，亦曰河南山，又曰浍山。西迳翼城南[③]。按《诗谱》言[④]：晋穆侯迁都于绛[⑤]，暨孙孝侯[⑥]，改绛为翼，翼为晋之旧都也[⑦]。后献公北广其城，方二里，又命之为绛。故司马迁《史记·年表》称，献公九年，始城绛都[⑧]。《左传·庄公二十六年》[⑨]，晋士芳城绛以深其宫是也[⑩]。其水又西南合黑水[⑪]。水导源东北黑水谷，西南流迳翼城北，右引北川水[⑫]，水出平川，南流注之，乱流西南入浍水。

【注释】

①浍（huì）水：汾水支流。源出今山西翼城东南，流经绛县、曲沃、侯马、新绛等县入汾水。绛县：春秋晋置。后入秦，属河东郡。治所在今山西侯马西新田遗址。浍交：即今山西绛县东北三十四里大交镇。

②绛高山：亦名浍高山、浍山。在今山西翼城东南。

③翼城：在今山西翼城东南十里故城村。

④《诗谱》：郑德坤《水经注引书考》："此注所引直称《诗谱》，不举撰名，考其引言，其为郑氏（郑玄）文无疑。"

⑤晋穆侯迁都于绛：事见《竹书纪年》："（周宣王）十六年晋迁于绛。"

晋穆侯，晋献侯之子费生，或作弗生。

⑥暨：至，到。孝侯：即晋昭侯之子，名平。

⑦翼为晋之旧都：《左传·隐公五年》："曲沃庄伯以郑人、邢人伐翼。"杜预注："翼，晋旧都，在平阳绛邑县东。"

⑧献公九年，始城绛都：语见《史记·十二诸侯年表》。献公九年，前668年。献公，即晋献公诡诸。绛都，一名翼。春秋晋都。在今山西翼城东南十五里故城村。晋穆侯自曲沃迁都于此。

⑨庄公二十六年：前668年。

⑩士蒍（wěi）：晋大夫，官司空。士会祖父。

⑪黑水：在今山西翼城北。源出乌岭山，西流入浍水。

⑫北川水：《水经注疏》："董祐诚曰：当在翼城县（今山西翼城）北。"

【译文】

浍水

浍水发源于河东郡绛县东边的浍交东高山，

浍水发源于东方的绛高山，绛高山也叫河南山，又称浍山。浍水往西流经翼城南面。据《诗谱》说：晋穆侯迁都于绛，到了他孙子孝侯的时候，按照晋国旧都名，把绛改名为翼。后来献公把城向北扩展，面积增至二里见方，重又命名为绛。所以司马迁《史记·十二诸侯年表》说：献公九年，才开始在绛筑城。《左传·庄公二十六年》，晋国士蒍在绛筑城，以便把他的宫殿造得更为高大。浍水又往西南流，与黑水汇合。黑水发源于东北方的黑水谷，往西南流经翼城北面，右边引了出自平原的北川水，南流注入黑水，然后乱流往西南注入浍水。

浍水又西南与诸水合，谓之浍交。《竹书纪年》曰：庄伯十二年[①]，翼侯焚曲沃之禾而还[②]，作为文公也[③]。又有贺水[④]，东出近川，西南至浍交入浍。又有高泉水[⑤]，出东南近川，西北趣浍交注浍。又南，紫谷水东出白马山白马川[⑥]。

《遁甲开山图》曰[⑦]:绛山东距白马山[⑧],谓是山也。西迳荧庭城南[⑨],而西出紫谷,与干河合[⑩],即教水之枝川也[⑪]。《史记·白起传》称:涉河取韩安邑,东至干河是也[⑫]。其水西与田川水合[⑬]。水出东溪,西北至浍交入浍。又有于家水出于家谷[⑭]。《竹书纪年》曰:庄伯以曲沃叛,伐翼,公子万救翼,荀叔轸追之至于家谷[⑮]。有范壁水出于壁下[⑯],并西北流,至翼广城[⑰]。昔晋军北入翼,广筑之,因即其姓以名之。二水合而西北流,至浍交入浍。

【注释】

①庄伯十二年:前712年。今本《竹书纪年》为周桓王元年。庄伯,名鲜,晋人,曲沃桓侯之子,晋武公之父。

②翼侯:《国语·晋语》"武公伐翼,杀哀侯",韦昭注:"晋人立昭侯之子孝侯于翼,更为翼侯。"曲沃:在今山西闻喜东北。

③作为文公也:武英殿本《水经注》:"案此句有讹舛,未详。"故不译。

④贺水:在今山西翼城东。

⑤高泉水:在今山西翼城东南。

⑥紫谷水:在今山西翼城东。白马山:《水经注疏》熊会贞按:"《一统志》紫谷水在翼城县(今山西翼城)东。当亦出县东南。《地形志》,清廉县(今山西垣曲)有白马山。《方舆纪要》,垣曲县(今山西垣曲)西北有白马山,与绛县(今山西绛县)接界。"

⑦《遁甲开山图》:书名。又作《开山图》。撰者不详。所记皆天下名山及洪古帝王发迹之处。

⑧绛山:在今山西绛县西北,与曲沃接界。

⑨荧庭城:春秋晋邑。在今山西翼城东南。

⑩干河:在今山西翼城南。裴骃《史记集解》:"郭璞曰:'今河东闻喜

县东北有干河口，因名干河里，但有故沟处，无复水也。'"

⑪教水：黄河支流。在今山西垣曲东。源于山西绛县东南教山，南流至垣曲古城附近入黄河。《山海经·北次三经》："又东北三百里，曰教山，其上多玉而无石。教水出焉，西流注于河。是水冬乾（干）而夏流，实惟乾（干）河。"

⑫涉河取韩安邑，东至干河是也：《史记·白起列传》："又虏其将公孙喜，拔五城。起迁为国尉。涉河，取韩安邑以东，到干河。"白起，战国秦名将。郿（今陕西眉县）人。善用兵，事秦昭王。以上将军击赵于长平，前后坑杀赵俘四十五万。

⑬田川水：具体不详。

⑭于家水：在今山西翼城东南。

⑮"庄伯以曲沃叛"几句：《水经注疏》杨守敬按："今本《竹书》周桓王元年。"

⑯范壁水：《水经注疏》："董祐诚曰：今亦曰故郡水，在绛县东北四十里，其地有范壁里，亦曰范壁水。"

⑰翼广城：《水经注疏》："董祐诚曰：当近今大交镇。"

【译文】

浍水又往西南流，与诸水汇合，汇流处称为浍交。《竹书纪年》说：庄伯十二年，翼侯焚烧了曲沃的庄稼后退了回去。……还有一条贺水，出自东边近处的平原，往西南到浍交注入浍水。又有高泉水，源出东南邻近的平原，往西北到浍交注入浍水。浍水又南流，紫谷水出自东方白马山的白马川。《遁甲开山图》说：绛山东到白马山。说的就是这座山。往西流经荧庭城南边，然后往西流出紫谷，与干河汇合——干河是教水的支流。《史记·白起列传》说：涉水过河，占领韩国的安邑，往东直至干河。干河西流与田川水汇合。田川水源出东溪，往西北流，到浍交注入浍水。又有于家水，发源自于家谷。《竹书纪年》说：庄伯据有曲沃，起兵反叛，向翼进攻，公子万前来援救，荀叔轸追击他，直到于家谷。又有范壁水发源于壁下，也往西北流到翼广城。从前晋军北上攻入翼，扩大修建此城，因而叫翼广城。两水汇合后往西北流，到浍交注入浍水。

浍水又西南与绛水合，俗谓之白水，非也。水出绛山东，寒泉奋涌，扬波北注，悬流奔壑，一十许丈。青崖若点黛，素湍如委练，望之极为奇观矣。其水西北流注于浍。应劭曰：绛水出绛县西南，盖以故绛为言也。《史记》称：智伯率韩、魏引水灌晋阳，不没者三版[①]。智氏曰：吾始不知水可以亡人国，今乃知之。汾水可以浸安邑[②]，绛水可以浸平阳[③]。时韩居平阳，魏都安邑，魏桓子肘韩康子，韩康子履魏桓子，肘足接于车上，而智氏以亡[④]。鲁定公问，一言可以丧邦，有诸？孔子以为几乎，余睹智氏之谈矣[⑤]。汾水灌安邑，或亦有之；绛水灌平阳，未识所由也。

【注释】

①智伯率韩、魏引水灌晋阳，不没者三版：事见《史记·魏世家》："当晋六卿之时，知氏最强，灭范、中行，又率韩、魏之兵以围赵襄子于晋阳，决晋水以灌晋阳之城，不湛者三版。"智伯，春秋末晋国正卿荀瑶，谥曰襄子。三版，六尺高。版，古代计量城墙的度量单位。每版高二尺，长一丈，或八尺，或六尺。

②安邑：在今山西夏县禹王城。

③平阳：在今山西临汾西南十八里金殿镇。

④"时韩居平阳"几句：《史记·魏世家》："魏侈之孙曰魏桓子，与韩康子、赵襄子共伐灭知伯，分其地。"又见《史记·晋世家》："哀公四年，赵襄子、韩康子、魏桓子共杀知伯，尽并其地。"魏桓子，春秋末晋国正卿魏驹，魏侈之孙。肘，用胳膊肘捣。韩康子，春秋

时晋国正卿。姬姓，韩氏，名虎。履，用脚尖踢。韩兆琦《史记笺证》："极生动形象之文学语，以言其串通、倒戈之快，与三家联合打败知氏之易。"

⑤"鲁定公问"几句：语见《论语·子路》："定公问：'一言而可以兴邦，有诸？'孔子对曰：'言不可以若是其几也……'曰：'一言而丧邦，有诸？'孔子对曰：'言不可以若是其几也……'"鲁定公，春秋时鲁国国君宋。襄公之子，昭公之弟。几，差不多。

【译文】

浍水又往西南流，与绛水汇合，俗称白水，其实不对。绛水发源于绛山东麓，一股冷泉强劲地直冒出来，波浪滔滔地往北流去，从高约十丈的悬崖一泻而下，倾注入深壑中。青苍的崖壁像是点上了黛色，霜雪似的急流宛如下垂的白绢，望去真是壮观极了。绛水往西北流，注入浍水。应劭说：绛水发源于绛县西南，这是就旧绛城而说的。《史记》说：智伯率领韩、魏两国军队引水淹晋阳，城没有被淹的只有六尺高。智伯说：起初我还不知道水可以使人亡国，现在才知道。汾水可以淹没安邑，绛水可以淹没平阳。当时韩国建都平阳，魏国建都安邑，魏桓子用手肘碰碰韩康子，韩康子用脚尖踢踢魏桓子，两人的手肘和脚尖在车上相触，智氏于是就灭亡了。鲁定公问，一句话可以亡国，有这样的事吗？孔子以为差不多是可能的，我从智伯的话里就看到一个例证。但以汾水来淹安邑，也许还是可行的；以绛水来淹平阳，却不知怎么流的过去。

西过其县南，

《春秋·成公六年》[①]，晋景公谋去故绛[②]，欲居郇、瑕[③]。韩献子曰[④]：土薄水浅，不如新田[⑤]，有汾、浍以流其恶。遂居新田。又谓之绛，即绛阳也，盖在绛、浍之阳[⑥]。汉高帝六年[⑦]，封越骑将军华无害为侯国[⑧]。县南对绛山，面背二水。

《古文琐语》曰[⑨]：晋平公与齐景公乘至于浍上，见乘白骖八驷以来，有大狸身狐尾，随平公之车。公问师旷，对首阳之神，有大狸身狐尾，其名曰者。饮酒得福，则徼之[⑩]。盖于是水之上也。

【注释】

①成公六年：前585年。

②晋景公：名据，一名獳。春秋时晋国国君。晋成公之子。去：离开。故绛：绛为晋都。在今山西翼城东南。晋景公迁都于新田，亦谓之绛，因称旧都为故绛。

③郇（xún）：春秋时晋邑。在今山西临猗西南。瑕：春秋时晋邑。在今山西临猗南。

④韩献子：即韩厥。春秋时晋国正卿。

⑤新田：又名新绛、绛阳。春秋晋邑。在今山西侯马西晋国遗址。

⑥阳：山南水北为阳。此指绛水、浍水北面。

⑦汉高帝六年：前201年。

⑧华无害：留（今江苏沛县东南）人。高祖开国功臣。从刘邦入关，进汉中。还定三秦、击项羽。又参与平定燕王臧荼反叛，有功。封绛阳侯。

⑨《古文琐语》：书名。又作《汲冢琐语》。汲冢古书的一种。记夏、商、西周及春秋晋、齐、宋诸国时事。今仅存辑本。

⑩"晋平公与齐景公乘至于浍上"几句：此处似有脱文。事又见《太平广记》卷二九一"晋平公"："晋平公至浍上，见人乘白骖八驷以来。有狸身而狐尾，去其车而随公之车。公问师旷。师旷曰：狸身而狐尾，其名曰首阳之神，饮酒于霍太山而归，其逢君于浍乎？君其有喜焉。出《古文琐语》。"晋平公，名彪。春秋时晋国国君。晋悼公之子。齐景公，名杵白。春秋齐庄公异母弟。骖，驾车时

位于两边的马。驷，马。师旷，字子野。春秋时晋国乐师。善于辨音。首阳，即首阳山。在今山西永济西南蒲州镇南。徼（yāo），招致。

【译文】

浍水往西流过绛县南，

《春秋·成公六年》，晋景公打算离开旧绛城，迁居到郇、瑕去。韩献子说：郇、瑕地方土壤瘠薄，河水又浅，不如新田，有汾水、浍水能把脏污涤荡净尽。于是就迁居到新田。也叫绛，就是绛阳，因为在绛、浍两条水北边的缘故。汉高帝六年，把这里封给越骑将军华无害，立为侯国。县城南与绛山相望，前后是汾、浍两水。《古文琐语》说：晋平公与齐景公乘车到浍上，看见有人驾着八匹白马而来，此物身如狸，尾如狐，一直跟在平公的车后。平公问师旷，师旷回答说：是首阳山的神祇，身如狸，尾如狐，名叫……者。如果饮酒得福，就会招来此神。他就是在这条水边碰到的。

又西南过虒祁宫南[①]，

宫在新田绛县故城西四十里，晋平公之所构也。时有石言于魏榆，晋侯以问师旷，旷曰：石不能言，或凭焉。臣闻之，作事不时，怨讟动于民，则有非言之物言也。今宫室崇侈，民力凋尽，石言不亦宜乎？叔向以为子野之言君子矣[②]。其宫也，背汾面浍，西则两川之交会也。《竹书纪年》曰：晋出公五年[③]，浍绝于梁[④]，即是水也。

【注释】

①虒祁宫：宫名。春秋时晋平公筑。在今山西侯马西南十里汾祁村。

②“时有石言于魏榆”几句：事见《左传·昭公八年》。魏榆，春秋晋

邑。在今山西榆次西北。不时，不善，不合时宜。怨讟（dú），怨恨。讟，怨恨。

③晋出公五年：前 470 年。晋出公，名凿。晋定公之子。

④梁：即上文《汾水》中记载的“故梁”：“汾水西迳虒祁宫北，横水有故梁，截汾水中，凡有三十柱，柱径五尺，裁与水平，盖晋平公之故梁也。”

【译文】

浍水又往西南流过虒祁宫南，

虒祁宫在新田绛县旧城西四十里，是晋平公所建。当时魏榆有一块石头竟说起话来，晋侯问师旷怎么回事，师旷说：石头是不能说话的，或许有什么东西凭借着石头在说话。我听说做事情不合时，民怨沸腾，那么原来不会说话的东西也就说话了。现在宫廷的房子造得这么高大豪华，把民间的财力都耗尽了，石头开口说话岂不是很自然的吗？叔向认为子野的话真是君子之言，语重心长。平公的宫殿背倚汾水，前临浍水，西边是这两条河流的汇合处。《竹书纪年》说：晋出公五年，浍水到梁就断流了，指的就是此水。

又西至王泽[①]，注于汾水。

晋智伯瑶攻赵襄子，襄子奔保晋阳。原过后至，遇三人于此泽，自带以下不见。持竹二节与原过曰：为我遗无衈[②]。原过受之于是泽，所谓王泽也。

【注释】

①王泽：在今山西新绛西南。

②“晋智伯瑶攻赵襄子”几句：事见《史记·赵世家》：“知伯益骄。请地韩、魏，韩、魏与之。请地赵，赵不与，以其围郑之辱。知伯怒，

遂率韩、魏攻赵。赵襄子惧，乃奔保晋阳……”知伯，即智伯。亦见《水经注·汾水》：“襄子斋三日，亲自剖竹，有朱书曰：余霍太山山阳侯，天使也，三月丙戌，余将使汝反灭智氏，汝亦立我于百邑。襄子拜受三神之命，遂灭智氏，祠三神于百邑，使原过主之，世谓其处为观阜也。”晋智伯瑶，亦称荀瑶、知襄子。赵襄子，赵简子之子，名毋卹、无卹。奔，即出奔，逃亡。保，依凭，依恃。原过，赵襄子的家臣。遗，赠送。

【译文】

浍水又往西流到王泽，注入汾水。

晋国智伯瑶进攻赵襄子，襄子逃奔到晋阳，守城自卫。原过随后来到，在这片泽地里遇见三个人，但腰带以下却看不到他们的下身。他们手里拿着一支两节的竹筒交给原过，说道：请替我们送给无卹吧。原过就在这片泽地接过竹筒，这就是所谓的王泽。

涑水

涑水出河东闻喜县东山黍葭谷[①]，

涑水所出，俗谓之华谷[②]。至周阳与洮水合[③]。水源东出清野山[④]，世人以为清襄山也。其水东迳大岭下，西流出谓之唅口[⑤]。又西合涑水。郑使子产问晋平公疾[⑥]，平公曰：卜云臺骀为祟[⑦]，史官莫知，敢问？子产曰：高莘氏有二子[⑧]，长曰阏伯，季曰实沈，不能相容，帝迁阏伯于商丘[⑨]，迁实沈于大夏[⑩]。臺骀，实沈之后，能业其官，帝用嘉之，国于汾川。由是观之，臺骀，汾、洮之神也。贾逵曰：汾、洮，二水名。司马彪曰：洮水出闻喜县，故王莽以县为洮亭也[⑪]。然则涑水殆亦洮水之兼称乎？

【注释】

①涑（sù）水：又称涑川，今称涑水河。在今山西绛县、闻喜、运城、临猗、永济境内。河东：即河东郡。战国魏置，后属秦。治所在安邑县（今山西夏县西北十五里禹王城）。闻喜县：西汉元鼎六年（前111）置，属河东郡。治所在今山西闻喜东北二十里。黍葭谷：具体不详。

②华谷：在今山西绛县东南二十里陈村峪附近。

③周阳：在今山西绛县西南。一说在今闻喜东三十里东镇城南。洮（táo）水：在今山西绛县南。源出横岭山，西北流入涑水河。

④清野山：又称清襄山、清营山、清廉山，即横岭山。在今山西垣曲西北。《大清一统志》：横岭山"在闻喜县（今山西闻喜）东南。山脊横亘，故名。跨绛及垣曲二县界，在闻喜县者名小横岭，在绛县南四十里者名大横岭，在垣曲县西北八十里者名清廉山"。

⑤唅（hán）口：亦称含口。在今山西闻喜东南。

⑥子产：即春秋时郑国大夫公孙侨，字子产。博洽多闻，为政贤明。执政几十年，晋、楚不能加兵于郑。晋平公：名彪。春秋时晋国国君。晋悼公之子。

⑦臺骀（tāi）：传说中汾水、洮水之神。为祟：作祟。祟，鬼神给人制造的灾祸。

⑧高莘氏：又作高辛氏。即黄帝之曾孙帝喾（kù）。

⑨商丘：春秋宋地。在今河南商丘西南。

⑩大夏：在今山西太原一带。相传为夏墟所在，故名。

⑪以县为洮亭：《水经注疏》："董祐诚曰：今按《续汉志》别无左邑，而闻喜移治左邑，则后汉之闻喜，正王莽之洮亭。"

【译文】

涑水

涑水发源于河东郡闻喜县东山黍葭谷，

黍葭谷是涑水的发源地，俗称华谷。涑水流到周阳后，与洮水汇合。洮水源出东边的清野山，世人称之为清襄山。洮水往东流经大岭下，西流出山，那地方叫啥口。又西流，与涑水汇合。晋平公有病，郑国派遣子产去探病，平公说：巫师说我的病是因为臺骀作祟，可是史官也不知道臺骀是什么，请问您可知道？子产说：高辛氏有两个儿子，大儿子叫阏伯，小儿子叫实沈，两人互不相容，于是他就把阏伯下放到商丘，把实沈下放到大夏。臺骀是实沈的儿子，能继承先人的事业，因而受到帝喾的嘉奖，在汾川建都。这样看来，臺骀应当是汾水和洮水的神祇了。贾逵说：汾、洮是两条河名。司马彪说：洮水发源于闻喜县，所以王莽时把该县改为洮亭。那么涑水大概也就是洮水的兼称了吧？

西过周阳邑南，

其城南临涑水，北倚山原。《竹书纪年》：晋献公二十五年正月①，翟人伐晋②，周有白兔舞于市。即是邑也。汉景帝以封田胜为侯国③。

【注释】

①晋献公二十五年：前652年。

②翟人：即狄人。据《元和姓纂》，姬姓，狄氏。周成王封母弟于狄城，因以为氏。在今山西吉县一带。

③汉景帝：西汉皇帝刘启。田胜：长陵（今陕西咸阳东北）人。汉景帝王皇后同母异父弟。封周阳侯。

【译文】

涑水往西流过周阳邑南边，

周阳城南濒涑水，北依山地。《竹书纪年》：晋献公二十五年正月，翟人攻打晋国，周有白兔在市场上跳舞。周，就是周阳城。汉景帝把这地方封给田胜，立为侯国。

涑水西迳董泽陂南[①]，即古池，东西四里，南北三里。《春秋·文公六年》[②]，蒐于董[③]，即斯泽也。

【注释】

①董泽陂：又作董池陂、董泽。春秋晋地。相传古豢龙氏董父居此，故名。在今山西闻喜东北。

②文公六年：前621年。

③蒐：阅兵。董：春秋晋地。在今山西万荣西南。

【译文】

涑水往西流经董泽陂南边，这就是古池，东西四里，南北三里。《春秋·文公六年》，在董地阅兵，指的就是这片泽地。

涑水又与景水合[①]。水出景山北谷[②]。《山海经》曰：景山南望盐贩之泽，北望少泽。其草多藷藇、秦椒，其阴多赭，其阳多玉[③]。郭景纯曰：盐贩之泽即解县盐池也[④]。按《经》不言有水，今有水焉，西北流，注于涑水也。

【注释】

①景水：涑水河支流。在今山西闻喜东南。

②景山：又名汤寨山、汤王山。在今山西闻喜东南，为中条山脉最高峰。

③"景山南望盐贩之泽"几句：语见《山海经·北次三经》。盐贩之泽，亦称盐贩泽。即今山西运城南之盐地。藷藇（yù），亦称薯蓣，即今山药。秦椒，郭璞注："子似椒而细叶，草也。"赭（zhě），红土。

④解县：西汉置，属河东郡。治所在今山西临猗西南三十里城东、城西二村之间。

【译文】

涑水又与景水汇合。景水发源于景山北谷。《山海经》说:景山向南可以望见盐贩之泽,向北可以望见少泽。山上的草,以山药、秦椒居多,山北多红壤,山南多玉。郭景纯说:盐贩之泽,就是解县的盐池。查考《山海经》没有提到山上有水,今天却有水,往西北流,注入涑水。

又西南过左邑县南[①],

涑水又西迳仲邮鄍北[②],又西迳桐乡城北[③]。《竹书纪年》曰:翼侯伐曲沃[④],大捷,武公请成于翼[⑤],至桐乃返者也。《汉书》曰:武帝元鼎六年[⑥],将幸缑氏[⑦],至左邑桐乡,闻南越破[⑧],以为闻喜县者也。

【注释】

①左邑县:秦置,属河东郡。治所在今山西闻喜。东汉废。

②仲邮鄍:具体不详。

③桐乡城:在今山西闻喜东北二十里。

④翼侯:《国语·晋语》:"武公伐翼,杀哀侯"韦昭注:"晋人立昭侯之子孝侯于翼,更为翼侯。"曲沃:西周时晋都。在今山西闻喜东北。

⑤武公:即晋武公,名称。春秋时晋国国君。晋穆侯曾孙,曲沃庄伯之子。请成:请和,求和。

⑥元鼎六年:前111年。元鼎,西汉武帝刘彻的年号(前116—前111)。

⑦缑(gōu)氏:即缑氏县。战国时周置。后入秦,属三川郡。治所在今河南偃师东南府店镇北二里。因山为名。西汉属河南郡。

⑧南越:西汉高帝四年(前203),南海龙川令赵佗自立为南越武王,十一年(前196)遣陆贾立佗为南越王,高后时自号为南越武帝,都番禺(今广东广州)。

【译文】

涑水又往西南流过左邑县南边，

涑水又往西流经仲邮郫北面，又往西流经桐乡城北面。《竹书纪年》说：翼侯攻打曲沃，打了个大胜仗，武公请求在翼议和，到了桐才回去。《汉书》说：武帝元鼎六年，将到缑氏去巡察，到了左邑桐乡，听说打垮了南越，就把这地方称为闻喜县。

涑水又西与沙渠水合①。水出东南近川，西北流注于涑水。

【注释】

①沙渠水：在今山西闻喜东南。

【译文】

涑水又西流，与沙渠水汇合。沙渠水源出东南邻近的溪流，往西北流，注入涑水。

涑水又西南迳左邑县故城南，故曲沃也。晋武公自晋阳徙此，秦改为左邑县，《诗》所谓从子于鹄者也①。《春秋传》曰：下国有宗庙②，谓之国。在绛曰下国矣，即新城也。王莽之洮亭也。涑水自城西注，水流急浚，轻津无缓，故诗人以为激扬之水，言不能流移束薪耳③。水侧，即狐突遇申生处也④。《春秋传》曰：秋，狐突适下国，遇太子，太子使登，仆，曰：夷吾无礼，吾请帝以畀秦。对曰：神不歆非类，君其图之。君曰：诺，请七日见我于新城西偏。及期而往，见于此处⑤。故《传》曰：鬼神所凭，有时而信矣⑥。

【注释】

①从子于鹄：语见《诗经·唐风·扬之水》。

②下国：春秋晋旧都曲沃之别称。裴骃《史记集解》："服虔曰：'晋所灭国以为下邑。一曰曲沃有宗庙，故谓之国。在绛下，故曰下国也。'"

③故诗人以为激扬之水，言不能流移束薪耳：语见《诗经·郑风·扬之水》："扬之水，不流束薪。"

④狐突：字伯行。翟人。春秋晋大夫。公子重耳（晋文公）之外祖父。狐偃、咎犯之父。申生：晋献公烝于齐姜，生太子申生。

⑤"秋"几句：事见《左传·僖公十年》。适，往，到。太子使登，仆，杜预注："忽如梦而相见，狐突本为申生御，故复使登车为仆。"仆，御者，驾车之人。夷吾，晋献公诡诸与戎族允姓女之子。后为晋惠公。畀，给予。神不歆（xīn）非类，神灵不享用异族的祭祀。歆，本指神灵享用祭品的香气。这里引申为享用。新城，指曲沃。西偏，西边，西郊。

⑥鬼神所凭，有时而信矣：此两句为杜预注。《左传·僖公十年》："帝许我罚有罪矣，敝于韩。"杜预注："传言鬼神所凭，有时而信。"

【译文】

涑水又往西南流经左邑县旧城南，就是旧时的曲沃。晋武公从晋阳迁都到这里，秦时改为左邑县。《诗经》所说的跟着你来到鹄，指的就是这地方。《春秋传》说：下国有宗庙的城称为国。在绛因此叫下国，也就是新城。王莽叫洮亭。涑水从城边往西流，水流湍急，滩高水浅，流得倒很轻快，所以诗人把它叫作激扬的水，说它却连一捆柴也冲不走。水边就是狐突碰到申生鬼魂的地方。《春秋传》说：秋天，狐突去到下国，遇见太子，太子叫他上车驾御，对他说：夷吾没有礼度，我已请天帝把晋交给秦国了。狐突答道：鬼神不享用异类的祭祀，请您想想办法吧。太子说：好的，请你七日后在新城西侧来见我。到了那一天，狐突前往，就在这里见到他。所以《传》说：对鬼神有所请求，鬼神往往也会听从的。

涑水又西迳王官城北①，城在南原上。《春秋左传·成公十三年》四月②，晋侯使吕相绝秦曰：康犹不悛，入我河曲，伐我涑川，俘我王官。故有河曲之战是矣③。今世人犹谓其城曰王城也。

【注释】

①王官城：春秋晋邑。在今山西闻喜南。

②成公十三年：前578年。

③"晋侯使吕相绝秦曰"几句：晋侯，指晋厉公寿曼，晋景公之太子。吕相，晋大夫魏锜子。绝，绝交。康，指秦康公，晋献公女穆姬所生。悛（quān），悔改。河曲，晋地。在今山西芮城西南七十余里。黄河至此折而东流，故云河曲。

【译文】

涑水又往西流经王官城北面，城在南原上。《春秋左传·成公十三年》四月，晋侯派遣吕相与秦绝交，信中说：康公还不悔过，侵犯我国的河曲，进攻我国的涑水，又把王官的老百姓抓走。因而发生河曲之战。现在世人还把那座城称为王城。

又西南过安邑县西①，

安邑，禹都也②。禹娶塗山氏女③，思恋本国，筑台以望之，今城南门，台基犹存。余按《礼》，天子、诸侯，台门隅阿相降而已④，未必一如书传也。故晋邑矣，春秋时，魏绛自魏徙此⑤。昔文侯悬师经之琴于其门，以为言戒也⑥。武侯二年，又城安邑⑦，盖增广之。秦始皇使左更白起取安邑⑧，置河东郡⑨。王莽更名洮队⑩，县曰河东也。有项宁都，学道升仙，忽复还此，河东号曰斥仙⑪。汉世又有闵仲叔，隐遁市邑，罕有知者，后以识瞻而去[12]。

【注释】

①安邑县：战国魏置。后入秦，为河东郡治。治所在今山西夏县西北十五里禹王城。

②禹都：《水经注疏》杨守敬按："《汉志》，夏禹自平阳徙都安邑，后徙晋阳。"

③塗山氏：部落名。具体地址说法不一。一说在今安徽怀远东南淮河南岸的当涂山。一说在今浙江绍兴西北

④天子、诸侯，台门隅阿相降而已：见《周礼·冬官·匠人》贾公彦疏。是说天子、诸侯台上的门，不过边角层层下降罢了。台门，天子诸侯宫门之上，两边起土为台，台上架屋，谓之台门。隅阿，宫隅门阿。

⑤魏绛自魏徙此：事见《史记·魏世家》："卒任魏绛政，使和戎、翟，戎、翟亲附。悼公之十一年，曰：'自吾用魏绛，八年之中，九合诸侯，戎、翟和，子之力也。'赐之药，三让，然后受之。徙治安邑。"魏绛，晋大夫。魏悼子之子，谥庄子，一说谥昭子。

⑥昔文侯悬师经之琴于其门，以为言戒也：事见《说苑·君道》："师经鼓琴，魏文侯起舞，赋曰：'使我言而无见违。'师经援琴而撞文侯，不中，中旒，溃之。文侯顾谓左右曰：'为人臣而撞其君，其罪如何？'左右曰：'罪当烹。'提师经下堂一等，师经曰：'臣可一言而死乎？'文侯曰：'可。'师经曰：'昔尧、舜之为君也，唯恐言而人不违；桀、纣之为君也，唯恐言而人违之。臣撞桀、纣，非撞吾君也。'文侯曰：'释之，是寡人之过也。悬琴于城门，以为寡人符，不补旒，以为寡人戒。'"文侯，即战国时魏国第一位国君魏文侯。名都。任用李悝为相，实行变法，使魏国成为强大的国家。师经，善鼓琴。

⑦武侯二年，又城安邑：事见《史记·魏世家》："（魏武侯）二年，城安邑、王垣。"武侯二年，前394年。武侯，即魏武侯，名击。魏文侯之子。

⑧左更：秦武功爵二十级的第十二级。白起：秦朝名将。郿（今陕西眉县）人。善用兵，事秦昭王。

⑨河东郡：战国魏置，后属秦。治所在安邑县（今山西夏县西北十五里禹王城）。

⑩王莽更名洮队：《汉书·地理志》"河东郡"下："秦置，莽曰兆阳。"《水经注疏》："全（祖望）云：洮阳当作洮队，乃臣君六队之一，今本《汉志》亦误，以《莽传》考之，则知善长所见之《汉书》已误。"

⑪"有项宁都"几句：项宁都，一作项曼都。《论衡·道虚》："是与河东蒲坂项曼都之语无以异也。曼都好道学仙，委家亡去，三年而返……河东号之曰斥仙。"

⑫"汉世又有闵仲叔"几句：《后汉书·周黄徐姜申屠列传》："太原闵仲叔者，世称节士……复以博士征，不至。客居安邑。老病家贫，不能得肉，日买猪肝一片，屠者或不肯与，安邑令闻，敕吏常给焉。仲叔怪而问之，知，乃叹曰：'闵仲叔岂以口腹累安邑邪？'遂去，客沛。以寿终。"闵仲叔，即闵贡，字仲叔。东汉时太原（今山西太原）人。

【译文】

涑水又往西南流过安邑县西边，

安邑是禹的都城。禹娶了涂山氏女子，她思念母国，于是筑台望乡，今天安邑城的南门，那座高台的基址还在。我查考《礼》，天子、诸侯台上的门，不过边角层层下降罢了，未必都像书中所载。安邑是古时晋国的城邑，春秋时，魏绛从魏迁都到这里。从前魏文侯把师经的琴挂在城门上，作为对待批评的鉴戒。魏武侯二年，又在安邑筑城，这次是扩建。秦始皇派左更白起去夺取安邑，设置了河东郡。王莽改郡名为洮队，县名叫河东。有个项宁都,学道升天成了仙人,忽然又回到这里,河东人都称他为斥仙。汉时又有个闵仲叔,隐居于市廛之间,很少有人知道他,后来因人们知道了,又来周济他,他才离去。

涑水西南迳监盐县故城[①],城南有盐池,上承盐水[②]。水出东南薄山[③],西北流迳巫咸山北[④]。《地理志》曰:山在安邑县南。《海外西经》曰[⑤]:巫咸国在女丑北[⑥],右手操青蛇,左手操赤蛇,在登葆山,群巫所从上下也。《大荒西经》云[⑦]:大荒之中有灵山,巫咸、巫即、巫朌、巫彭、巫姑、巫真、巫礼、巫抵、巫谢、巫罗十巫,从此升降,百药爰在。郭景纯曰:言群巫上下灵山,采药往来也。盖神巫所游,故山得其名矣。谷口岭上,有巫咸祠[⑧]。其水又迳安邑故城南,又西流注于盐池。《地理志》曰:盐池在安邑西南。许慎谓之盬[⑨]。长五十一里,广七里,周百一十六里,从𪉤省古声。吕忱曰[⑩]:夙沙初作煮海盐[⑪],河东盐池谓之盬。今池水东西七十里,南北十七里,紫色澄渟[⑫],潭而不流[⑬]。水出石盐,自然印成,朝取夕复,终无减损[⑭]。惟山水暴至,雨澍潢潦奔泆[⑮],则盐池用耗。故公私共堨水径[⑯],防其淫滥,谓之盐水,亦谓之为堨水。《山海经》谓之盐贩之泽也。

【注释】

①监盐县:《水经注疏》:"董祐诚曰:在今安邑县(今山西夏县西北)西南十五里,即运城。"

②盐水:又名白沙河、巫咸河、姚暹(xián)渠。源于今山西夏县南中条山,经盐池北入永济五姓湖,又西入黄河。

③薄山：即雷首山。在今山西永济西南蒲州镇南。《水经注疏》："董祐诚曰：《河水注》以中条山在蒲坂者为薄山，此为安邑之薄山，《河水注》所云通谓之薄山也。"

④巫咸山：亦名瑶台山、覆奥山。在今山西夏县东五里。

⑤《海外西经》：此指《山海经·海外西经》。

⑥巫咸国：袁珂《山海经校注》："则巫咸国者，乃一群巫师组织之国家也。"女丑：神名。《山海经·海外西经》："女丑之尸，生而十日炙杀之。在丈夫北。以右手障其面。十日居上，女丑居山之上。"

⑦《大荒西经》：此指《山海经·大荒西经》。

⑧巫咸祠：《水经注疏》杨守敬按："《寰宇记》，巫咸祠在夏县（今山西夏县）东五里巫咸山下。"

⑨盬（gǔ）：盐池。下文的"从盐省古声"，是说"盬"字的形旁从"鹽（盐）"省，声旁为"古"。

⑩吕忱：字伯雍。任城（今山东济宁东南）人。晋文字学家，官义阳王典祠令。撰《字林》七卷。

⑪夙沙：一作宿沙。炎帝时诸侯国。在今山东滨海之地。善煮盐。

⑫澄渟（chéng tíng）：形容水清澈平静。

⑬潭而不流：水深而不流动。潭，深。

⑭"水出石盐"几句：唐段公路《北户录》"红盐"："夫盐，《本草》云：'牢肌骨，去毒虫，明目益气。'亦有如虎、如印、如伞、如石、如水精状者，或朝取暮生，又非煮海所致者也。"自然印成，自然形成像印章一样的盐粒。

⑮澍（shù）：大雨。潢潦：地上到处漫流的洪水。奔泆：奔流漫溢。

⑯堨（è）：阻塞。

【译文】

涑水往西南流经监盐县老城，城南有盐池，上游承接盐水。盐水发源于东南方的薄山，往西北流经巫咸山北。《地理志》说：山在安邑县南。

《山海经·海外西经》说：巫咸国在女丑北边，他右手握着青蛇，左手握着赤蛇，群巫都跟着他在登葆山上上下下。《山海经·大荒西经》说：大荒之中有灵山，巫咸、巫即、巫朌、巫彭、巫姑、巫真、巫礼、巫抵、巫谢、巫罗这十位巫师都从这里上山下山，山上长着各种药草。郭景纯说：这里是说群巫在灵山上上下下往来采药。因为神巫在这里漫游，所以山也因而得名了。谷口岭上，还有巫咸祠。盐水又流经安邑老城南，又西流注入盐池。《地理志》说：盐池在安邑西南。许慎则称之为盬。池长五十一里，宽七里，周围一百十六里，盬字偏旁从鹽（盐）而笔画较简，读作古。吕忱说：夙沙氏开始煮海水，提取食盐，河东盐池称为盬。现在池水东西七十里，南北十七里，澄清而带紫色，深沉而不流动。水中出产石盐，全是自然形成，早上取盐，到了晚上又会再结起来，始终不会减少。但在雨后山洪暴发，积水横流的时候，池里的盐就会被冲尽。所以官民协力堵截水路，防止泛滥，于是这条水就叫盐水，也叫堨水了。《山海经》则称之为盐贩之泽。

泽南面层山[①]，天岩云秀，地谷渊深，左右壁立，间不容轨[②]，谓之石门，路出其中，名之曰径，南通上阳[③]，北暨盐泽。池西又有一池，谓之女盐泽[④]，东西二十五里，南北二十里，在猗氏故城南[⑤]。《春秋·成公六年》[⑥]，晋谋去故绛，大夫曰：郇、瑕，地沃饶近盬[⑦]。服虔曰[⑧]：土平有溉曰沃。盬，盐池也。土俗裂水沃麻[⑨]，分灌川野，畦水耗竭，土自成盐，即所谓咸鹾也[⑩]，而味苦，号曰盐田。盐盬之名，始资是矣[⑪]。本司盐都尉治[⑫]，领兵千余人守之。周穆王、汉章帝并幸安邑而观盐池[⑬]。故杜预曰：猗氏有盐池。后罢尉司，分猗氏、安邑，置县以守之。

【注释】

①层山：高山。层，高。

②间不容轨：中间的距离很窄，容不下一辆车子。轨，车子两轮间的距离。代指车子。

③上阳：又名大阳。在今河南三门峡市区。春秋时为虢国都。号西虢。

④女盐泽：一名女盐池。在今山西运城解州镇西北之硝池。

⑤猗氏：春秋晋地，战国属魏。在今山西临猗南二十里铁匠营村。

⑥成公六年：前585年。

⑦“晋谋去故绛”几句：《左传·成公六年》：“晋人谋去故绛。”杜预注：“晋复命新田为绛，故谓此故绛。”故绛，绛为晋都，在今山西翼城东南。晋景公迁都于新田，亦谓之绛，因称旧都为故绛。郇(xún)，春秋时晋邑。在今山西临猗西南。瑕，春秋时晋邑。在今山西临猗南。

⑧服虔：字子慎。初名重，又名祇。河南荥阳(今河南荥阳)人。东汉经学家。

⑨裂水：分水，引水。沃：浇灌。

⑩咸鹾(cuó)：盐的别名。

⑪资：凭借，依靠。

⑫司盐都尉：官名。汉置，掌盐务。

⑬汉章帝：即东汉章帝刘炟(dá)。明帝刘庄第五子。

【译文】

盐贩之泽南对高山，凌霄的巉岩高耸，地底的山谷险峻幽深，两边石崖陡峻如壁，中间只留一条极狭的空隙，称为石门，道路在其间通过，名为白径，南通上阳，北到盐泽。池西又有一口池，称为女盐泽，东西二十五里，南北二十里，坐落在猗氏老城南面。《春秋·成公六年》，晋国准备离开旧绛城，大夫说：郇、瑕二处，土地肥沃，又与盐池邻近。服虔说：土地平整有水可以灌溉叫沃。盬就是盐池。当地风俗各家分引池水灌溉原野，来浇灌田地中的大麻，田间的水干了，泥土中就结出盐来，这就是所谓咸鹾，带有苦味，这种田叫盐田。池以盐盬为名就是由此开始的。盐池原属司盐都尉管理，他带领了一千余兵士守在这里。周穆王、汉章帝都到过安邑，参观过盐池。所以杜预说：猗氏有盐池。后来裁撤了司盐都尉，分为猗氏、安邑二县，设县来防守。

又南过解县东①，又西南注于张阳池②。

涑水又西迳猗氏县故城北③。《春秋·文公七年》④，晋败秦于令狐⑤，至于刳首⑥，先蔑奔秦⑦，士会从之⑧。阚骃曰⑨：令狐即猗氏也。刳首在西三十里。县南对泽，即猗顿之故居也⑩。《孔丛》曰⑪：猗顿，鲁之穷士也，耕则常饥，桑则常寒。闻朱公富⑫，往而问术焉。朱公告之曰：子欲速富，当畜五牸⑬。于是乃适西河，大畜牛羊于猗氏之南，十年之间，其息不可计⑭，资拟王公⑮，驰名天下。以兴富于猗氏，故曰猗顿也。

【注释】

①解县：西汉置，属河东郡。治所在今山西临猗西南三十里城东、城西二村之间。

②张阳池：《大清一统志》："在永济县（今山西永济）东南三十里，分属临晋县、虞乡县界，即古张阳池东西二陂也。"《水经注》："涑水又西南属于陂，陂分为二……东陂世谓之晋兴泽，东西二十五里，南北八里……西陂即张泽也，西北去蒲坂十五里。东西二十里，南北四五里，冬夏积水，亦时有盈耗也。"

③猗氏县：春秋晋地，战国属魏。西汉置县，属河东郡。治所在今山西临猗南二十里铁匠营村。

④文公七年：前 620 年。

⑤令狐：春秋晋邑。在今山西临猗西。

⑥刳（kū）首：一说在今山西临猗西，一说在今陕西合阳东南。

⑦先蔑：一称士伯。春秋晋大夫。迎公子雍之正使。

⑧士会：字季，又称士季、随武子、范武子、范会。晋大夫，世掌刑官。

⑨阚骃（kàn yīn）：字玄阴。敦煌（今甘肃敦煌）人。北凉至北魏学者。所撰《十三州志》为地理类著作。

⑩猗顿：春秋时鲁国人。

⑪《孔丛》：书名。即《孔丛子》。旧题汉孔鲋撰。该书记载孔子及子鱼、子高、子顺等人之事。有学者疑其为王肃或其门徒伪托而作。

⑫朱公：即陶朱公。春秋时越国大夫范蠡的别称。范蠡辅佐越王勾践灭吴后，以越王不可共安乐而弃官远去，居于陶，经商致巨富，称陶朱公。

⑬五牸（zì）：牛、马、猪、羊、驴五类的母畜。牸，雌性的牲畜。

⑭息：繁育。

⑮资：资产，财产。

【译文】

涑水又往南流过解县东，又往西南注入张阳池。

涑水又往西流经猗氏县老城北面。《春秋·文公七年》，晋国在令狐打败秦国，一直打到刳首，先蔑逃往秦国，士会也跟着他走。阚骃说：令狐就是猗氏。刳首在猗氏以西三十里。县城朝南，面对沼泽，这里就是猗顿的故居。《孔丛子》说：猗顿是鲁国的穷书生，他耕田却常常饥饿，他种桑养蚕却常常挨冻。听说朱公很富有，就去向朱公请教有什么妙法可以致富。朱公告诉他说：你要想富得快，就应当养些母的家畜。于是他就去到西河，在猗氏以南大规模放牧牛羊，十年之中，获利无算，家财可与王公相比，名扬天下。因为他是在猗氏发家致富的，所以叫他猗顿。

涑水又西迳郇城[①]。《诗》云:郇伯劳之[②]。盖其故国也。杜元凯《春秋释地》云:今解县西北有郇城。服虔曰:郇国在解县东,郇、瑕氏之墟也。余按《竹书纪年》云:晋惠公十有四年[③],秦穆公率师送公子重耳[④],围令狐[⑤],桑泉、臼衰皆降于秦师[⑥]。狐毛与先轸御秦[⑦],至于庐柳[⑧],乃谓秦穆公,使公子絷来与师言[⑨],退舍[⑩],次于郇,盟于军[⑪]。京相璠《春秋土地名》曰:桑泉、臼衰并在解东南,不言解,明不至解。可知《春秋》之文,与《竹书》不殊,今解故城东北二十四里有故城,在猗氏故城西北,乡俗名之为郇城。考服虔之说,又与俗符,贤于杜氏单文孤证矣。

【注释】

①郇(xún)城:春秋时晋地。在今山西运城解州镇西北有郇城,即其地。

②郇伯劳之:语见《诗经·曹风·下泉》:"芃芃黍苗,阴雨膏之。四国有王,郇伯劳之。"郇伯,指晋大夫荀跞(一作栎),曾护卫周敬王返回成周。

③晋惠公十有四年:前637年。

④秦穆公:名任好。春秋时秦国国君。既立,任用百里奚、蹇叔等谋臣,奋发图强,使国势强大。公子重耳:姬姓,名重耳。春秋时晋国国君。晋献公之子。春秋五霸之一。

⑤令狐:春秋晋邑。在今山西临猗西。

⑥桑泉:春秋晋邑。在今山西临猗西南临晋镇东北。臼衰(cuī):又名臼城。春秋晋大夫臼季的食邑。在今山西运城解州镇西北。

⑦狐毛:春秋时晋国卿。文公重耳的舅父。先轸:春秋时晋国卿。因封于原(今河南济源西北),又称原轸。

⑧庐柳：春秋晋邑。在今山西临猗西北。

⑨公子絷（zhí）：春秋时秦穆公之子。

⑩退舍：退却，撤退。舍，军行三十里为一舍。

⑪盟于军：按，以上事又见《左传·僖公二十四年》："济河，围令狐，入桑泉，取臼衰。二月甲午，晋师军于庐柳。秦伯使公子絷如晋师。师退，军于郇。辛丑，狐偃及秦、晋之大夫盟于郇。"

【译文】

涑水又往西流经郇城。《诗经》说：郇伯去慰劳他们。这就是郇伯的故都。杜元凯《春秋释地》说：现在解县西北有郇城。服虔说：郇国在解县东，是郇、瑕氏的废址。我查考《竹书纪年》说：晋惠公十四年，秦穆公领兵送公子重耳，包围了令狐、桑泉、臼衰，三地都向秦军投降了。狐毛和先轸抵抗秦军，来到庐柳，要求秦穆公派公子絷来与晋军谈判，于是晋军撤退，驻于郇，并订立盟约。京相璠《春秋土地名》说：桑泉、臼衰都在解县东南，没有提到解，可见军队没有到解。《春秋》的记载与《竹书纪年》无异，而现今解县旧城东北二十四里又有一座旧城，在猗氏旧城的西北面，乡里间俗名叫郇城。推究服虔的说法，又与民间所说相符，那么此说比杜氏文中独家之说要可靠得多了。

涑水又西南迳解县故城南。《春秋》：晋惠公因秦返国，许秦以河外五城，内及解梁①。即斯城也。

【注释】

①"晋惠公因秦返国"几句：事见《左传·僖公十五年》："晋侯许赂中大夫，既而皆背之。赂秦伯以河外列城五，东尽虢略，南及华山，内及解梁城，既而不与。"晋侯，即晋惠公夷吾，逃亡期间受惠于秦穆公，即位后又背信弃义。河外，春秋晋人称黄河以北为河内，黄河以南为河外。黄河自龙门至华阴一段，自北向南流，故以河

西与河南为河外。解(xiè)梁,即解梁城、解县故城。在今山西临猗西南。

【译文】

涑水又往西南流经解县老城南面。《春秋》:晋惠公仗着秦国帮助回到本国,于是答应割让河水以外的五座城池,直到河水以内的解梁城。解梁说的就是此城。

涑水又西南迳瑕城,晋大夫詹嘉之故邑也①。《春秋·僖公三十年》②,秦、晋围郑③,郑伯使烛之武谓秦穆公曰④:晋许君焦、瑕⑤,朝济而夕设版者也⑥。京相璠曰:今河东解县西南五里有故瑕城。

【注释】

①詹嘉:晋大夫。晋灵公赐予詹嘉瑕这个县邑,并命令他率领众人坚守桃林塞以防备秦军。

②僖公三十年:前630年。

③秦、晋围郑:《左传·僖公三十年》:"九月甲午,晋侯、秦伯围郑,以其无礼于晋,且贰于楚。晋军函陵,秦军氾(应作汜)南。"

④郑伯:即郑文公踕,一名捷。春秋时郑国国君。郑厉公之子。烛之武:郑大夫。秦、晋围郑,郑文公用佚之狐言,使烛之武夜缒而出,说秦穆公。穆公大悦,与郑人结盟。

⑤焦:春秋晋邑。在今河南三门峡市陕州区老城东北侧。瑕:春秋晋邑。在今河南灵宝西北。

⑥朝济而夕设版:谓晋惠公刚回到晋国,就在焦、瑕修筑城墙。济,渡过黄河。设版,指筑墙。版,筑墙用的夹板。

【译文】

涑水又往西南流经瑕城,这是从前晋大夫詹嘉的食邑。《春秋·僖公三十年》,秦、晋包围了郑,郑伯派遣烛之武对秦穆公说:晋国答应把焦、瑕两城给您,早上刚渡河回国,晚上就在这里筑城防您了。京相璠说:现在河东解县西南有座旧瑕城。

涑水又西南迳张阳城东①。《竹书纪年》:齐师逐郑太子齿②,奔张城、南郑者也③。《汉书》之所谓东张矣。高祖二年④,曹参假左丞相⑤,别与韩信东攻⑥,魏将孙遫军东张⑦,大破之。苏林曰⑧:属河东。即斯城也。

【注释】

①张阳城:《水经注疏》:"在今虞乡县(山西永济东)西。"

②齐师逐郑太子齿:《水经注疏》杨守敬按:"此事于《内》《外传》《史记》均无所见。"

③张城:即上文"张阳城"。南郑:在今陕西汉中东二里。

④高祖二年:前205年。

⑤曹参:西汉沛(今江苏沛县)人。秦时为沛狱掾,与萧何一起辅佐刘邦定天下,封平阳侯。萧何将死,推贤唯曹参。曹参代萧何为相国,举事无所变更,全遵照萧何规定,史称萧规曹随。假:官吏代理政事称假。左丞相:秦始皇统一中国后,置左右丞相。以左为上、右为下。

⑥韩信:淮阴(今江苏淮安淮阴区)人。初从项羽,后归刘邦,拜为大将,帮助刘邦打败项羽,统一中国,战功卓著,与萧何、张良合称汉兴三杰。

⑦魏:此指魏王豹的王国。魏王豹为六国时故魏诸公子。宁陵君魏咎之弟。项羽破秦,立豹为魏王。后归刘邦,不久叛汉。刘邦派韩信击魏豹并俘获之。后被汉将周苛所杀。孙遫(sù):魏王豹的将军。军:驻扎。

⑧苏林：字孝友。陈留外黄（今河南民权西北）人。汉、魏间学者。与邯郸淳等并为当时儒宗。

【译文】

涑水又往西南流经张阳城东边。《竹书纪年》：齐军追赶郑国太子齿，太子逃奔到张城、南郑。张城就是《汉书》中所说的东张。汉高祖二年，曹参代理左丞相，分兵与韩信向东进攻，当时魏将孙遬驻军于东张，被打得大败。苏林说：东张属河东。说的就是此城。

涑水又西南属于陂[①]。陂分为二，城南面两陂，左右泽渚[②]。东陂世谓之晋兴泽[③]，东西二十五里，南北八里，南对盐道山[④]。其西则石壁千寻[⑤]，东则磻溪万仞[⑥]，方岭云回[⑦]，奇峰霞举[⑧]，孤标秀出，罩络群山之表。翠柏荫峰，清泉灌顶。郭景纯云：世所谓鸯浆也[⑨]。发于上而潜于下矣。厥顶方平，有良药。《神农本草》曰[⑩]：地有固活、女疏、铜芸、紫菀之族也[⑪]。是以缁服思元之士、鹿裘念一之夫[⑫]，代往游焉。路出北巘[⑬]，势多悬绝，来去者咸援萝腾崟[⑭]，寻葛降深。于东则连木乃陟[⑮]，百梯方降。岩侧縻锁之迹[⑯]，仍今存焉，故亦曰百梯山也[⑰]。水自山北流五里而伏，云潜通泽渚，所未详也。西陂即张泽也[⑱]，西北去蒲坂十五里[⑲]。东西二十里，南北四五里，冬夏积水，亦时有盈耗也。

【注释】

①属（zhǔ）：连接。陂（bēi）：水池。

②泽：水交汇处为泽。渚（zhǔ）：水中小的陆地。

③晋兴泽：《水经注疏》熊会贞按："此东陂正在虞乡（今山西永济东）之西，世盖取晋阳之名，谓之晋兴泽……"

④盐道山：一作坛道山。在今山西永济东南。《水经注疏》杨守敬按："盐为坛之误。《山海经》注作坛，《御览》五十九引《山海经》注亦作坛，今订。《一统志》，坛道山在虞乡县西南。"

⑤寻：古代长度单位。一般为八尺。

⑥磻（pán）溪：一名璜河。在今陕西宝鸡陈仓区东南，源出南山兹谷，北流入渭。仞：古代长度单位。一说七尺为一仞，一说八尺为一仞。

⑦方岭：亦名百梯山。

⑧霞举：高耸，耸立。霞，通"遐"。远。

⑨耈浆：《水经注疏》杨守敬按："郭璞《注》，今河东解县南，坛道山上，有水潜出，停而不流，俗名为盎浆，即此类也。《寰宇记》引亦作盎浆，此耈字无义。郭《注》，停而不流，则盎字是。今订。"译文从之。

⑩《神农本草》：书名。中医本草类著作。约成书于东汉末年。因托名为神农所记，且各药以草类为多，故称《神农本草》。

⑪固活、女疏、铜芸、紫菀（wǎn）：俱为草药名。

⑫缁（zī）服思元之士：研求精妙佛理的僧人。缁服，黑色的衣服。僧人穿缁衣。鹿裘念一之夫：探讨道家精理的道人。鹿裘，鹿皮做的大衣，多为隐士、修道之人所服。念一，谓修道。一，指道。

⑬巘（yǎn）：大小成两截的山。

⑭腾崟（yín）：腾空而上至高山。崟，高。

⑮陟：升，登。

⑯縻（mí）：绳索。

⑰百梯山：《水经注疏》杨守敬按："《隋志》，虞乡县有百梯山。《元和志》，坛道山，一名百梯山，在虞乡县西南十二里，山高万仞，跻攀者百梯，方可升降，故曰百梯山。"

⑱张泽：即张阳池。

⑲蒲坂：又作蒲阪。战国初为魏邑，后置县。在今山西永济西南蒲州镇。

【译文】

涑水又往西南与陂塘相通。陂塘分成两个部分，城朝南面对两个陂塘，左右两边都是沼泽。东边的陂塘人们称之为晋兴泽，东西长二十五里，南北八里，南朝盐道山。西边是极高的石壁，东边是极深的磻溪，方岭挡住浮云，奇峰高接彩霞，峰峦以独特的风姿高高耸起，超越周围群山之上。峰岭上翠柏成荫，清泉从顶上飞泻而下。郭景纯说：这山泉就是世人所谓的盎浆。泉水发源于山上，从地下潜流到山下。山顶方且平，长着各种优质的药草。《神农本草》说：那地方有固活、女疏、铜芸、紫菀之类。所以僧人道士、苦修隐逸的人去那里游览的往来不绝。登山之路在山的陡峭的北侧，多悬崖峭壁，往来行人都要攀缘着藤萝和葛蔓才能登峰或下谷。东边险处，用木材连接起来架设天梯栈道，人们上下要爬过上百道的梯桥。今天山上岩边还留着当时为固定这些梯桥而斧凿过的痕迹，因此又称为百梯山。水从山间北流了五里后，潜入地下，据说与沼泽有暗流相通，不知是否如此。西边的陂塘就是张泽，西北与蒲坂相距十五里。陂塘东西长二十里，南北宽约四五里，冬夏都有积水，不过也时常有满有浅，有涨有落。

文水

文水出大陵县西山文谷①，东到其县，屈南到平陶县东北②，东入于汾。

文水迳大陵县故城西而南流，有泌水注之③。县西南山下，武氏穿井给养，井至幽深，后一朝水溢平地，东南注文水。

【注释】

①文水：亦名文谷水、文峪河。汾水支流。源出今山西交城西北孝文山，南流至文水县东南入汾水。大陵县：西汉置，属太原郡。治

所在今山西交城西南大陵庄。

②平陶县：西汉置，属太原郡。治所在今山西文水县西南二十里平陶村。

③泌水：《水经注疏》杨守敬按："《隋志》，文水县（今山西文水县）有泌水。《方舆纪要》，在文水县北八里。《寰宇记》谓之神福泉。"

【译文】

文水

文水发源于大陵县西山文谷，往东流到县城，转向南边，流到平陶县东北，往东注入汾水。

文水经过大陵县老城西边往南流，有泌水注入。大陵县西南山下，有一家姓武的人家凿井汲水，井凿得极深，后来有一天忽然井中冒出一道泉水，在平地流溢成河，往东南注入文水。

文水又南迳平陶县之故城东，西迳其城内，南流出郭①。王莽更曰多穰也。

【注释】

①郭：外城。

【译文】

文水又往南流经平陶县老城东面，转向西边流过城内，然后南流出城。王莽改名为多穰。

文水又南迳县，右会隐泉口①。水出谒泉山之上顶②，俗云：旸雨愆时③，是谒是祷④，故山得其名，非所详也。其山石崖绝险，壁立天固，崖半有一石室，去地可五十余丈，爰有层松饰岩，列柏绮望。惟西侧一处得历级升陟，顶上平地十许顷，沙门释僧光表建二刹[⑤]。泉发于两寺之间，东流沥石，沿注山下，又东，津渠隐没而不恒流，故有隐泉之名矣。雨泽丰澍[⑥]，则通入文水。

【注释】

①隐泉口：隐泉之发源口。隐泉，在今山西文水县西南。《水经注·文水》："泉发于两寺之间，东流沥石，沿注山下，又东，津渠隐没而不恒流，故有隐泉之名矣。"

②谒（yè）泉山：即隐泉山。在今山西文水县西南。

③旸（yáng）：天旱。愆（qiān）时：失时。愆，违背，错失。

④是谒是祷：拜请和祈祷。

⑤沙门：佛教用以专指依照戒律出家修道的人。释僧光：僧名。具体不详。表：启奏，上奏章。刹：佛寺。

⑥丰澍（shù）：丰沛。澍，水满溢貌。

【译文】

文水又往南流经县城右边，在隐泉口汇合了一条水。这条水发源于谒泉山顶上，民间相传：无论久晴久雨，人们都要上山朝拜祈祷，山也因而得名，不知是否如此。山上石崖极其险峻，陡如墙壁，上接青天，半腰有一个石洞，离地五十余丈，岩上层层点缀着苍松，洞外生长着成行的翠柏。只在西边一处可以沿着石级上登，顶上有一片平地，面积约十来顷，有个名叫光的僧人建造了两座寺院。一道泉水在两寺间流出，在岩石上往东流泻到山下，又东流，水道隐没而不长流，所以有隐泉之称。每逢雨水丰沛的季节，水流就通入文水。

文水又南迳兹氏县故城东为文湖[①]。东西十五里，南北三十里，世谓之西湖，在县直东十里。湖之西侧，临湖又有一城，谓之潴城[②]。水泽所聚谓之都，亦曰潴，盖即水以名城也。

【注释】

①兹氏县：战国赵置。后入秦，属太原郡。治所在今山西汾阳东南。三国魏移治今汾阳市，为西河郡治。西晋改为隰城县。文湖：《水经注疏》熊会贞按："《元和志》，文湖，一名西河泊，多蒲鱼之利。《寰宇记》同。《方舆纪要》，文水至汾州府东十五里，谓之西河泊。"

②潴（zhū）城：亦作猪城。即今山西汾阳东潴城村。

【译文】

文水又往南流经兹氏县老城东，就到文湖。文湖东西十五里，南北三十里，世人称之为西湖，在县城正东十里。湖的西边临湖又有一座城池，称为潴城。水流汇聚成泽叫都，也叫潴，潴城就是以水命名的。

文湖又东迳中阳县故城东[①]。案《晋书地道记》《太康地记》[②]，西河有中阳城，旧县也。

【注释】

①文湖：《水经注疏》杨守敬按："《通鉴》周赧王三十年，《注》引此湖下有水字，今增。"译文从之。

②《晋书地道记》：书名。又称《晋地道志》《晋地道记》。东晋王隐撰。今存清人辑本。《太康地记》：书名。又称《晋太康地记》等。撰者不详。成书于晋太康三年（282）。记载晋初州、郡、县建制沿革、地名取义、山水、物产等。

【译文】

文湖水又东经中阳县老城以东。查考《晋书地道记》《太康地记》，西河有中阳城，是个旧县城。

文水又东南流，与胜水合[①]。水西出狐岐之山[②]，东迳六壁城南[③]。魏朝旧置六壁于其下[④]，防离石诸胡[⑤]，因为大镇。太和中罢镇[⑥]，仍置西河郡焉[⑦]。胜水又东合阳泉水[⑧]。水出西山阳溪，东迳六壁城北，又东南流注于胜水。胜水又东迳中阳故城南，又东合文水。文水又东南，入于汾水也。

【注释】

①胜水：亦名孝水、下堡河。在今山西孝义南。源于狐岐山，东南流入汾水。

②狐岐之山：即狐岐山，一名薛颉山。在山西孝义西。《山海经·北次二经》："狐岐之山，无草木，多青碧，胜水出焉，而东北流注于汾水。"

③六壁城：在今山西孝义西二十里六壁头村。

④魏朝：此指北魏。亦称后魏。鲜卑人拓跋珪所建，后来分裂为东魏和西魏。六壁：《太平寰宇记·汾州·孝义县》："六壁府，《后魏书》云：'太平真君五年(444)讨胡人于六壁'，即此城也。俗以城有六面，因以为名。"

⑤离石：即离石县。秦置，属太原郡。治所在今山西吕梁离石区。

⑥太和：北魏孝文帝元宏的年号(477—499)。

⑦西河郡：西汉元朔四年(前125)置。治所在平定县(今内蒙古伊金霍洛旗东南)。三国魏黄初二年(221)移治兹氏县(今山西汾阳)。

⑧阳泉水：又名芦河。即今山西阳城北芦苇河。

【译文】

文水又往东南流，与胜水汇合。胜水发源于西边的狐岐之山，往东流经六壁城南面。从前魏朝曾在城下造了六道壁垒，以防备离石的各族胡人，因而成为大镇。太和年间撤去镇的建制，仍设西河郡。胜水又东流，与阳泉水汇合。阳泉水发源于西山的阳溪，往东流经六壁城以北，又往东南流，注入胜水。胜水又往东流经中阳旧城南，又东流与文水汇合。文水又往东南流，注入汾水。

原公水

原公水出兹氏县西羊头山[①]，东过其县北，

县，故秦置也，汉高帝更封沂阳侯婴为侯国[②]。王莽之兹同也。魏黄初二年[③]，分太原，复置西河郡。晋徙封陈王斌于西河[④]，故县有西河缪王司马子政庙。碑文云：西河旧处山林，汉末扰攘，百姓失所。魏兴，更开疆宇，分割太原四县，以为邦邑，其郡带山侧塞矣。王以咸宁三年[⑤]，改命爵土[⑥]，明年十二月丧国[⑦]。臣太农阎崇、离石令宗群等二百三十四人[⑧]，刊石立碑，以述勋德。碑北庙基尚存也。

【注释】

①原公水：亦名壶溪水、马跑泉。汾水支流。源出今山西汾阳西北白彪山麓，注于文湖。羊头山：在今山西汾阳西北。《大清一统志》：羊头山"在汾阳县(今山西汾阳)西北十五里。土山戴石，以形似名"。

②沂阳侯婴：即夏侯婴，姓夏侯，名婴。西汉沛(今江苏沛县)人。刘邦旧友。封侯事见《汉书·夏侯婴传》："汉王既至荥阳，收散兵，复振，赐婴食邑沂阳。击项籍下邑，追至陈，卒定楚。至鲁，益食兹氏。"

③黄初二年：221年。黄初，三国魏文帝曹丕的年号(220—226)。

④陈王斌：即司马斌，字子政。河内温县(今河南温县西)人。司马懿从孙，任城王司马陵第三子。仕魏为中郎。入晋封陈王，泰始三年(267)改封西河，卒称西河缪王。

⑤王：此指西河缪王司马子政。咸宁三年：277年。咸宁，西晋武帝司马炎的年号(275—280)。

⑥改命爵土：更改爵位和封地。爵土，官爵和封地。

⑦明年：第二年，即咸宁四年（278）。丧国：死于封国。

⑧阎崇、宗群：具体不详。

【译文】

原公水

原公水发源于兹氏县西面的羊头山，往东流过县城北边，

兹氏县原是秦时设置，汉高帝把这里改封给沂阳侯夏侯婴，立为侯国。王莽时叫兹同。三国魏黄初二年，从太原划地重新设置西河郡。晋时把陈王司马斌迁封于西河，旧县城有西河缪王司马子政庙。碑文说：西河过去地处山林之中，汉朝末年天下大乱，百姓流离失所。魏朝兴起后，重新划分疆界，把太原郡分为四县，作为封国都城，郡的领域就一边靠山一边邻接边塞了。西河缪王于咸宁三年更改封爵与封地，次年十二月死于封国内。他的臣属太农阎崇、离石县令宗群等二百三十四人，刻石立碑，叙述他的功勋和恩德。此碑北面的祠庙废址如今还在。

又东入于汾。

水注文湖，不至汾也。

【译文】

原公水又往东流注入汾水。

原公水注入文湖，并不流到汾水。

洞过水

洞过水出沾县北山[①]，

其水西流[②]，与南溪水合[③]。水出南山，西北流注洞过水。洞过水又西北，黑水西出山[④]，三源合舍，同归一川，东流南屈，迳受阳县故城东[⑤]。按《晋太康地记》，乐平郡有受

阳县[⑥]。卢谌《征艰赋》所谓历受阳而总辔者也[⑦]。其水又西南入洞过水。

【注释】

①洞过水:又名洞涡水。俗名小河。汾水支流。在今山西太原东南。沾县:西汉置,属上党郡。治所在今山西昔阳西南三十里西寨乡附近。

②其水西流:按,《水经注疏》:"突言其水西流,不叙水源,郦氏无此例。守敬按:《初学记》八引《水经注》有此句("洞过水出乐平县西北"),今补。乐平县(今山西昔阳)详《清漳水》篇。《元和志》,此水出沾县(今山西昔阳西南)北山,沾即今乐平县也。水经县西南二十五里,入汾水。"译文从之。

③南溪水:《水经注疏》杨守敬按:"水当在今寿阳县(今山西寿阳)南。"

④黑水:《水经注疏》:"董祐诚曰:黑水出今寿阳县西北七十里西山。"

⑤受阳县:又作寿阳。西晋初分榆次县置,属乐平郡。治所在今山西寿阳西。

⑥乐平郡:东汉末分上党郡置。治所在沾县(今山西昔阳西南)。

⑦卢谌(chén)《征艰赋》:卢谌,字子谅。范阳涿县(今河北涿州)人。西晋文学家。好老庄之学。其所作《征艰赋》,今不传。总辔:系马,犹停驻。总,系结。

【译文】

洞过水

洞过水发源于沾县北山,

洞过水发源于乐平县西北,向西流,与南溪水汇合。南溪水发源于南山,往西北流,注入洞过水。洞过水又往西北流,黑水西流出山,三个源头相汇合，归并为一条溪流，先往东流，然后折向南边，流经受阳县老城东面。查考《晋太康地记》，乐平郡有受阳县。卢谌《征艰赋》所说的经过受阳时系马小憩，就是这里。水又往西南流，注入洞过水。

洞过水又西，蒲水南出蒲谷①，北流注之。

【注释】

①蒲水：《水经注疏》："董祐诚曰：……按《水经注》涂水入洞涡，在原过水之下，今此水反在原过水上，盖《水经注》所谓涂水（今山西晋中榆次区东南之涂河），即今金水河，而此实蒲水也。按，涂、蒲音近，此俗传之误。"

【译文】

洞过水又西流，有蒲水发源于南边的蒲谷，北流注入。

洞过水又西与原过水合①，近北便水源也。水西阜上有原过祠②，盖怀道协灵，受书天使，忧结宿情③，传芳后日。栋宇虽沦，攒木犹茂，故水取名焉。其水南流，注于洞过水也。

【注释】

①原过水：当在今山西榆次东。

②原过祠：即三神祠。在霍山（今山西霍州东南太岳山）侧。原过，赵襄子的家臣。《水经注·汾水》："原过之从襄子也，受竹书于王泽，以告襄子。襄子斋三日，亲自剖竹，有朱书曰：余霍太山山阳侯，天使也，三月丙戌，余将使汝反灭智氏，汝亦立我于百邑。襄子拜受三神之命，遂灭智氏，祠三神于百邑，使原过主之，世谓其处为观阜也。"

③忧结宿情：平素胸怀忠君的情怀。

【译文】

洞过水又西流，与原过水汇合，这条水的源头就在北边近处。水西山上，有原过祠，原过怀仁义之道，感动神灵，接受天使所授的竹书，他为主上而忧思，忠忱流芳于后世。祠庙屋宇虽已废毁，但树丛还长得很茂盛，所以水也以原过取名了。原过水往南流，注入洞过水。

西过榆次县南[①]，又西到晋阳县南[②]，

榆次县，故涂水乡，晋大夫智徐吾之邑也[③]。《春秋·昭公八年》[④]，晋侯筑虒祁之宫，有石言晋之魏榆[⑤]。服虔曰：魏，晋邑；榆，州里名也。《汉书》曰榆次。《十三州志》以为涂阳县矣[⑥]。王莽之太原亭也。县南侧水有凿台[⑦]，韩、魏杀智伯瑶于其下[⑧]，刳腹绝肠[⑨]，折颈摺颐处也[⑩]。其水又西南流，迳武灌城西北[⑪]。卢谌《征艰赋》曰：迳武馆之故郛[⑫]，问厥涂之远近。

【注释】

①榆次县：战国赵置。后入秦，属太原郡。治所在今山西晋中榆次区。

②晋阳县：秦庄襄王二年（前248），取赵晋阳邑置，秦为太原郡治。治所在晋阳城（今山西太原西南古城营村）。

③智徐吾：又作知徐吾。晋大臣，智盈之孙。封邑在涂水（今山西晋中榆次区）。

④昭公八年：前534年。

⑤晋侯筑虒祁之宫，有石言晋之魏榆：事见《左传·昭公八年》："八年春，石言于晋魏榆。晋侯问于师旷曰：'石何故言？'对曰：'石不能言，或冯焉。不然，民听滥也。抑臣又闻之曰："作事不时，怨讟动于民，则有非言之物而言。"今宫室崇侈，民力凋尽，怨讟并

作，莫保其性。石言，不亦宜乎？'于是晋侯方筑虒祁之宫。叔向曰：'子野之言，君子哉！'"晋侯，此指晋平公彪。虒祁之宫，即虒祁宫。晋平公所筑。在今山西侯马西南十里汾祁村。

⑥《十三州志》：应劭有《十三州记》，黄义仲有《十三州记》，阚骃有《十三州志》。《水经注》引用时"志""记"互出，此不知究竟为何家《十三州志》。涂阳县：《水经注疏》："涂阳县无考，当是东汉安、顺以后，旋置旋废者。"

⑦凿台：战国赵地。在今山西晋中榆次区南约十里郭村。

⑧韩、魏杀智伯瑶：事见《战国策·秦策四》："智氏信韩、魏，从而伐赵，攻晋阳之城，胜有日矣。韩、魏反之，杀智伯瑶于凿台。"智伯瑶，春秋末晋国正卿，亦称荀瑶、知襄子。

⑨刳（kū）腹：把腹部剖开。刳，剖开。绝肠：把肠子截断。

⑩摺颐（lā yí）：毁坏下巴。摺，同"拉"。摧折。颐，下巴。

⑪武灌城：一名武馆城。在今山西晋中榆次区西南二十里陈侃村。

⑫故郛（fú）：旧城郭。郛，城外大郭。

【译文】

洞过水往西流过榆次县南边，又往西流到晋阳县南边，

榆次县就是旧时的涂水乡，原是晋大夫智徐吾的食邑。《春秋·昭公八年》，晋侯建了虒祁之宫，在晋国魏榆地方有一块石头竟说起话来。服虔说：魏是晋国的城；榆是乡里名。《汉书》称为榆次。《十三州志》说是涂阳县。王莽则叫太原亭。县城南面水边有凿台，韩、魏就在台下杀了智伯瑶，把他剖腹断肠砍头，还砸烂他的下巴。水又往西南流经武灌城西北面。卢谌的《征艰赋》说：经过武馆的旧城，询问路途的远近。

洞过水又西南为淳湖[①]，谓之洞过泽。泽南，涂水注之[②]。水出阳邑东北大嵰山涂谷[③]，西南迳萝磨亭南[④]，与蒋谷水合[⑤]。水出县东南蒋溪。《魏土地记》曰：晋阳城东南百一十里至

山有蒋谷大道[⑥],度轩车岭[⑦],通于武乡[⑧]。水自蒋溪西北流,西迳箕城北[⑨]。《春秋·僖公三十三年》[⑩],晋人败狄于箕。杜预《释地》曰:城在阳邑南,水北即阳邑县故城也。《竹书纪年》曰:梁惠成王九年[⑪],与邯郸榆次、阳邑者也[⑫]。王莽之繁穰矣。蒋溪又西合涂水,乱流西北入洞过泽也。

【注释】

①淳湖:亦名洞过泽。当在今山西晋中榆次区西南。

②涂水:今山西晋中榆次区东南之金水河。《水经注疏》熊会贞按:"董祐诚曰:《一统志》,金水河即涂水。出今太谷县(今山西晋中太谷区)东北大塔山。则大塔山即大嵰山,魏收所谓大廉山。"

③阳邑:即阳邑县。西汉置,属太原郡。治所在今山西晋中太谷区东北二十里阳邑乡。大嵰(qiǎn)山:在今山西晋中榆次区东南。

④萝蘑亭:一名落漠城,今称六门村。在今山西晋中太谷区西北。

⑤蒋谷水:一名象谷水。即今山西晋中太谷区东北嵾峪河。

⑥蒋谷大道:当在今山西晋中太谷区。

⑦轩车岭:一称得车岭。

⑧武乡:即武乡县。西晋置,属上党郡。治所在今山西榆社北三十里社城镇。

⑨箕城:春秋晋地。在今山西晋中太谷区东三十五里。

⑩僖公三十三年:前627年。

⑪梁惠成王九年:前361年。梁惠成王,即魏惠王。魏是国名,姓魏名罃,因魏都大梁,故又称梁惠王。

⑫邯郸:战国赵都城。在今河北邯郸。这里借指赵国。

【译文】

洞过水又往西南流,就到淳湖,称为洞过泽。涂水在泽南注入。涂水发源于阳邑东北大嵰山的涂谷,往西南流经萝蘑亭南面,与蒋谷水汇合。蒋谷水发源于县城东南的蒋溪。《魏土地记》说：晋阳城东南一百一十里有蒋谷大道通到山里，翻过轩车岭，通向武乡。蒋谷水从蒋溪往西北流，往西流经箕城北面。《春秋·僖公三十三年》，晋人在箕打败了狄人。杜预《释地》说：箕城在阳邑南，北岸就是阳邑县老城。《竹书纪年》说：梁惠成王九年，把榆次和阳邑给予赵国。阳邑就是王莽的繁穰。蒋溪又西流，与涂水汇合，往西北乱流注入洞过泽。

西入于汾，出晋水下口者也①。

刘琨之为并州也②，刘曜引兵邀击之③，合战于洞过④，即是水也。

【注释】

①晋水：汾水支流。在今山西太原西南。《水经·晋水》："晋水出晋阳县西悬瓮山。"下口：下游出口处。

②刘琨：字越石。中山魏昌（今河北定州）人。晋愍帝时拜都督并、冀、幽三州军事。忠于晋室，素有重望。为并（bīng）州：即为并州刺史。《晋书·刘琨传》："永嘉元年（307），为并州刺史，加振威将军，领匈奴中郎将。"

③刘曜：字永明。新兴（今山西忻州）人。十六国时期前赵皇帝。邀击：拦截，阻击。邀，拦截。

④合战于洞过：事见《晋书·载记·刘曜》："聪遣刘粲、刘曜等攻刘琨于晋阳，琨使张乔距之，战于武灌，乔败绩，死之，晋阳危惧。太原太守高乔、琨别驾郝聿以晋阳降粲。琨与左右数十骑，携其妻子奔于赵郡之亭头，遂如常山。"

【译文】

洞过水西流注入汾水，从晋水下游出口流出去。

刘琨任并州刺史时，刘曜领兵去攻打他，会战于洞过，就是此水。

晋水

晋水出晋阳县西悬瓮山①，

县，故唐国也②。《春秋左传》称：唐叔未生，其母邑姜梦帝谓己曰：余名而子曰虞，将与之唐，属之参。及生，名之曰虞③。《吕氏春秋》曰④：叔虞与成王居⑤，王援桐叶为珪⑥，以授之曰：吾以此封汝。虞以告周公，周公请曰：天子封虞乎？王曰：余戏耳。公曰：天子无戏言⑦！时唐灭，乃封之于唐。县有晋水，后改名为晋。故子夏叙《诗》称⑧：此晋也，而谓之唐。俭而用礼，有尧之遗风也⑨。《晋书地道记》及《十三州志》并言，晋水出龙山，一名结绌山，在县西北，非也。《山海经》曰：悬瓮之山，晋水出焉⑩。今在县之西南。昔智伯之遏晋水以灌晋阳⑪，其川上溯⑫，后人踵其遗迹⑬，蓄以为沼⑭，沼西际山枕水⑮，有唐叔虞祠⑯。水侧有凉堂，结飞梁于水上⑰，左右杂树交荫，希见曦景。至有淫朋密友，羁游宦子，莫不寻梁契集⑱，用相娱慰。于晋川之中，最为胜处。

【注释】

①晋水：汾水支流。在今山西太原西南。晋阳县：秦庄襄王二年（前248），取赵晋阳邑置，秦为太原郡治。治所在晋阳城（今山西太原西南古城营村）。悬瓮山：又名龙山、汲瓮山、结绌山。在今山西太原西南。

②唐国：古国名。相传为帝尧所建之国，即陶唐氏。初都陶，后迁唐，即今山西太原西南古城营西古城。

③"《春秋左传》称唐叔未生"几句：事见《左传·昭公元年》："其季世曰唐叔虞。当武王邑姜方震大叔，梦帝谓己：'余命而子曰虞，

将与之唐，属诸参，而蕃育其子孙。'及生，有文在其手曰'虞'，遂以命之。及成王灭唐，而封大叔焉，故参为晋星。"唐叔，西周晋国开国国君。姬姓，名虞，字子于。周武王子，成王弟。邑姜，周武王后，齐太公女。帝，天帝，天神。属之参（shēn），唐属于参宿的分野。

④《吕氏春秋》：书名。秦相吕不韦召集门客集体编撰而成。该书成于战国末期，内容相当庞杂，基本倾向似糅合黄老之学和儒家学说，旁及阴阳家、墨家、名家、法家、农家诸学说。

⑤成王：周武王之子姬诵。即位时年幼，由叔父周公旦摄政。七年后还政。

⑥援：持着，拿着。珪（guī）：同"圭"。瑞玉。古代分封爵土时，赐珪以为凭信。

⑦天子无戏言：按，以上事见《吕氏春秋·重言》："……成王曰：'余一人与虞戏也。'周公对曰：'臣闻之，天子无戏言。天子言，则史书之，工诵之，士称之。'于是遂封唐叔虞于晋。"

⑧子夏：即卜商，字子夏。孔子的弟子。叙《诗》：即序《诗》。古人认为《毛诗序》为子夏所作。

⑨俭而用礼，有尧之遗风也：语见《诗经·唐风·蟋蟀》序："《蟋蟀》，刺晋僖公也。俭不中礼，故作是诗以闵之，欲其及时以礼自虞乐也。此晋也，而谓之唐，本其风俗，忧深思远，俭而用礼，乃有尧之遗风焉。"

⑩悬瓮之山，晋水出焉：语见《山海经·北次二经》。

⑪智伯遏晋水以灌晋阳：事见《史记·魏世家》："当晋六卿之时，知氏最强，灭范、中行，又率韩、魏之兵以围赵襄子于晋阳，决晋水以灌晋阳之城，不湛（淹没）者三版。"智伯，即晋智伯瑶。

⑫上溯：逆流而上。

⑬踵（zhǒng）：追随，跟随。

⑭沼（zhǎo）：人工湖。

⑮际山枕水：此指靠近悬瓮山，毗邻晋水。际，靠近，接近。枕，临近，靠近。

⑯唐叔虞祠：今称晋祠。在今山西太原西南五十里悬瓮山下。

⑰飞梁：凌空的桥梁。今称鱼沼飞梁，在晋祠圣母殿前。

⑱契集：畅快集会。契，和谐畅快。

【译文】

晋水

晋水发源于晋阳县西边的悬瓮山，

晋阳县就是旧时的唐国。《春秋左传》说：唐叔还没有出生时，他母亲邑姜梦见天帝对她说：我把你的儿子取名为虞，将把唐交给他，那地方属于参星的分野。降生以后，就把他取名为虞。《吕氏春秋》说：叔虞和成王住在一起，成王拿桐叶作珪，交给他说：我用这东西来封你。虞告诉了周公，周公问成王道：天子封了虞吗？成王说：我是闹着玩呢。周公说：天子说话是不能闹着玩的！当时唐已灭国，于是就把虞封在唐。县里有晋水，后来就改名为晋。所以子夏给《诗经》作序说：这是晋的地方，但却把它称为唐。谦逊守礼，有尧的遗风。《晋书地道记》和《十三州志》都说，晋水发源于龙山，又名结绌山，在晋阳县西北，其实不是。《山海经》说：悬瓮之山，是晋水的发源地。今天在晋阳县西南。从前智伯堵截晋水来淹晋阳，沿着那条水上溯，后人就循着遗迹，筑堰蓄水形成人工湖泊，人工湖泊西边依山接河，有唐叔虞祠。水边有凉堂，在水上凌空高架起木桥，两边杂树的繁荫交接在一起，连阳光也很少看到。亲密无间的老友，离乡别井漂泊之人，还有四处仕宦之官，都会结伴同游，沿着飞桥，相偕游乐，相互慰藉。在晋水上，这里算是最佳之境了。

又东过其县南，又东入于汾水。

沼水分为二派[①]，北渎即智氏故渠也[②]。昔在战国，襄子保晋阳，智氏防山以水之，城不没者三版。与韩、魏望叹于此，故智氏用亡[③]。其渎乘高，东北注入晋阳城，以周灌溉。汉末赤眉之难，郡掾刘茂负太守孙福匿于城门西下空穴中其夜奔盂[④]，即是处也。东南出城流，注于汾水也。其南渎于石塘之下伏流[⑤]，迳旧溪东南出，迳晋阳城南。城在晋水之阳[⑥]，故曰晋阳矣。《经》书晋荀吴帅师败狄于大卤[⑦]。杜预曰：大卤，晋阳县也，为晋之旧都。《春秋·定公十三年》[⑧]，赵鞅以晋阳叛[⑨]，后乃为赵矣。其水又东南流入于汾。

【注释】

①派：支流。

②智氏故渠：今称智伯渠，此渠为前458年，智伯攻打赵襄子而引晋水灌晋阳时所筑，距今已两千四百多年。

③"昔在战国"几句：事见《史记·赵世家》《魏世家》。战国初年，晋室弱六卿强，六卿中智氏最强，先灭范氏、中行氏，又联合韩康子、魏桓子攻打赵襄子，赵襄子退到晋阳城，固守一年多，智伯掘渠决晋水以灌晋阳之城，晋阳城没被淹没的城墙只有三版高。城将破之际，赵襄子家臣张孟谈出城策反韩、魏两家成功，掘晋水倒灌智伯大营，智伯措手不及，仓惶败逃，被追杀于榆次凿台。赵、韩、魏尽分智氏地，从此晋国成赵、韩、魏三家鼎立之势。襄子，即赵襄子，名毋卹。保，依凭，依恃。版，古代计量城墙的度量单位。每版高二尺，长八尺，则三版为六尺高。韩，即韩康子，名虎。魏，即魏宣子，亦称魏桓子，名驹。

④"汉末赤眉之难"几句：事见《后汉书·刘茂传》："时赤眉二十余万众攻郡县，杀长吏及府掾史。茂负太守孙福逾墙藏空穴中，得免。其暮，俱奔盂县。"赤眉之难，指新莽末年农民起义。赤眉军

曾攻占长安，杀刘玄，立刘盆子为帝，后被刘秀消灭。掾(yuàn)，佐属官吏的通称。刘茂，字子卫。太原晋阳(今山西太原)人。盂，即盂县。春秋晋置。治所在今山西阳曲东北二十五里大盂镇。

⑤伏流：潜流。水潜入地下流动。

⑥晋水之阳：晋水的北边。古人以山南水北为阳。

⑦《经》：此指《春秋经》。荀吴帅师败狄于大卤：事见《春秋·昭公元年》。荀吴，晋大夫，荀偃之子。中行氏。大卤，即太原。在今山西太原西南。

⑧定公十三年：前 497 年。

⑨赵鞅以晋阳叛：《史记·赵世家》："孔子闻赵简子不请晋君而执邯郸午，保晋阳，故书《春秋》曰：'赵鞅以晋阳畔。'"赵鞅，即赵简子、赵孟。春秋末晋国正卿。在内乱中灭范氏、中行氏，使私门势力日益强大，为赵国的建立奠定了基础。

【译文】

晋水又往东流过县南，又往东流，注入汾水。

人工湖的水分成两支，北边的一支就是智氏的旧渠。从前在战国时，赵襄子守在晋阳，智氏堵截山水来淹晋阳城，城墙只有两三丈没有淹水。赵襄子与韩、魏两国诸侯在这里观望兴叹，智氏因而灭亡。这条渠道乘高而下，往东北注入晋阳城，以供灌溉之用。汉末赤眉之乱时，郡中属吏刘茂背了太守孙福躲藏在城门西边下面的洞穴中，当夜逃往盂县，就是这地方。北渠往东南流出城外，注入汾水。人工湖的水南边一支在石塘下面潜流，经旧溪往东南注出，从晋阳城南边流过。因为城在晋水的北面，所以称为晋阳。《春秋经》载，晋荀吴领兵在大卤打败狄人。杜预说：大卤就是晋阳城，是晋的旧都。《春秋·定公十三年》，赵鞅据有晋阳，举兵反叛，以后就成立赵国。水又往东南流入汾水。

湛水

湛水出河内轵县西北山①，

湛水出轵县南原湛溪②，俗谓之椹水也。是盖声形尽邻，故字读俱变，同于三豕之误耳③。其水自溪出南流。

【注释】

①湛（zhàn）水：在今河南济源西南。流程短而流域窄，独流入黄河。河内：即河内郡。秦置。治所在怀县（今河南武陟西南）。轵（zhǐ）县：战国秦置，属河内郡。治所在今河南济源东南十二里轵城镇。

②原湛溪：当在今河南济源境内。

③三豕之误：《吕氏春秋·察传》："子夏之晋，过卫，有读史记者曰：'晋师三豕涉河。'子夏曰：'非也，是己亥也。夫'己'与'三'相近，'豕'与'亥'相似。'至于晋而问之，则曰'晋师己亥涉河'也。"后多用来比喻文字的舛讹。

【译文】

湛水

湛水发源于河内郡轵县西北的山间，

湛水发源于轵县南原的湛溪，俗称椹水。两字读音和字形都很相近，因而写法和读法也慢慢变了，正像把"己亥"误作"三豕"一样。湛水从溪中流出后，就往南奔去。

东过其县北，又东过波县之北①，

湛水南迳向城东而南注②。

【注释】

①波县：西汉置，属河内郡。治所在河南济源东南裴城。

②向城：周畿内邑。在今河南济源西南。

【译文】

湛水往东流过县北，又往东流过波县以北，

湛水往南流经向城东面，往南流注。

又东过毋辟邑南[①]，

原《经》所注，斯乃溴川之所由[②]，非湛水之间关也[③]。是乃《经》之误证耳。湛水自向城东南迳湛城东[④]，时人谓之椹城，亦或谓之隰城矣。溪曰隰涧。隰城在东，言此非矣。《后汉郡国志》曰[⑤]：河阳县有湛城是也[⑥]。

【注释】

①毋辟邑：即无鼻城。在今河南孟州东。

②溴（jú）川：即今河南济源、孟州、武陟境之黄河支流漭河。所由：所经过。

③间关：蜿蜒曲折。

④湛城：《水经注疏》熊会贞按："《一统志》，城在今济源县（今河南济源）南。"

⑤《后汉郡国志》：今本范晔《后汉书》中的《郡国志》，是晋秘书监司马彪《续汉书》中的内容。《水经注》中多引。司马彪撰《续汉书》，唯存八志，南朝宋时为后人补入范晔《后汉书》中而流传至今。

⑥河阳县：西汉置，属河内郡。治所在今河南孟州西三十五里冶戍镇。

【译文】

湛水又往东流过毋辟邑南边，

推原《水经》所注，这是溴川经过的地方，并非湛水所流的路线。《水经》搞错了。湛水从向城往东南流经湛城东面，当时人们称之为椹城，也有人叫隰城。溪则叫隰涧。隰城在东，说这座城是隰城，这就错了。《后汉郡国志》说：河阳县有湛城，就指此城。

又东南当平县之东北[1]，南入于河。

湛水又东南迳邓[2]，南流注于河[3]，故河济有邓津之名矣[4]。

【注释】

①平县：西汉高祖六年（前201）置，为侯国，属河南郡。治所在今河南洛阳孟津区老城东黄河南岸。

②邓：战国魏邑。在今河南孟州西南。

③南流注于河：本卷“题解”中说，称湛水独流入黄，其实湛水在入黄前还与今河南境内的另一条小河汇合，然后才入黄的。

④河济：黄河的渡口。津：渡口。

【译文】

湛水又往东南流到平县的东北边，南流注入河水。

湛水又往东南流经邓县，南流注入河水，所以河上的渡口有邓津这个名称。

卷七

济水一

【题解】

《济水》在《水经注》占了七、八两卷，《禹贡》说："济、河惟兖州。"济水在古代被视为与黄河并列的大水。所以《河水》篇称："江、淮、河、济为四渎。"济水在中国古籍中有两种写法，《禹贡》《水经》等作"济水"，《职方》《汉书·地理志》等作"泲水"。

中国古籍，包括《水经》和《水经注》在内，对于济水的记载，存在不少错误。《禹贡》说："导沇水，东流为济，入于河，溢为荥。"《汉书·地理志》"河东郡垣县下"说："《禹贡》王屋山在东北，沇水所出，东南至武德入河。"《水经》继承《禹贡》和《汉志》的说法："济水出河东垣县东王屋山，为沇水。"《注》文引郭璞（景纯）的解释："泉源为沇，流去为济。"说明沇水就是济水。王屋山的地理位置古今都很清楚，武德在今河南武陟东。所以此济水在黄河以北入河。《水经》说："又南当巩县北，南入于河。"三国魏巩县在今河南巩义偏西，则济水入河处，当在三国魏温县（今河南温县西）附近，《注》文的说法相同。以上所述的是黄河以北的济水。《水经》说"与河合流"，实际上就是济水注入黄河。

但《经》文接着又说："又东过成皋县北，又东过荥阳县北，又东至砾溪南，东出过荥泽北。”济水既已注入黄河，则成皋、荥阳、砾溪等，其实都是黄河的流程。最后一句“东出过荥泽北”，说明这实在是一条从黄河分出的其他水道，与发源于王屋山的济水毫无关系，但这条河流仍称济水。这是因为《禹贡》有“溢为荥”一句的缘故。《汉书·地理志》为了附和《禹贡》这部经书的说法，所以说：“道沇水，东流为泲，入于河，轶为荥。”而《水经》则以“东出过荥泽北”一句以迎合《禹贡》之所说。郦道元当然也不敢冒犯经书，他也引了一些古籍中的错误说法，如《晋地道志》：“济自大伾入河，与河水斗，南泆为荥泽。”

近人翁文灏在《锥指集·中国地理学中几个错误的原则》中批判这个错误：“夫济水既入于河而混于河水矣，又岂能复出？即使入地下，而其皆冲积层，水入其中，百流皆合，济又何能独自保存？”《禹贡》的说法当然是错误的，后人用各种牵强附会的解释为经书圆场。其中最荒谬的就是所谓济水的“三伏三见”。《注》文引郭璞（景纯）所说：“潜行地下，至共山南，复出于东丘。”《注》文又说：“今济水重源出轵县西北平地，……俗以济水重源所发，因复谓之济源城。”郑晓在《禹贡图》中甚至说它“三伏四见”。他说：“济水凡三伏而四见，一见于王屋，而遂伏；再现为济，再伏而入于河；三见为荥，三伏而穴地；四见而出陶丘之北，自是不再伏矣。”翁文灏也批判了这种说法：“无论《禹贡》原文应如何解释，而济水绝河，三伏三见，在地理上绝不可能。”

从黄河南岸分出的这条济水，形成今郑州西北的一个湖泊，称为荥泽。但荥泽在西汉后期就淤为平地。济水从此东流，又进入钜野泽，流程中与蒗𦰡渠、汶水、菏水、泗水等许多河流相交错，这个地区是古代鸿沟水系，河道复杂而多变，加上黄河又多次决口改道，《注》文所记载的河道，包括它的入淮、入海等故道，都已经无法考实了。

济水一

济水出河东垣县东王屋山[①]，为沇水[②]。

《山海经》曰：王屋之山，联水出焉，西北流，注于泰泽[③]。郭景纯云[④]：联、沇声相近[⑤]，即沇水也。潜行地下，至共山南[⑥]，复出于东丘[⑦]。今原城东北有东丘城。孔安国曰[⑧]：泉源为沇，流去为济[⑨]。《春秋说题辞》曰[⑩]：济，齐也；齐，度也，贞也。《风俗通》曰：济出常山房子县赞皇山[⑪]，庙在东郡临邑县[⑫]。济者，齐也；齐，其度量也。余按二济同名，所出不同，乡原亦别[⑬]，斯乃应氏之非矣。今济水重源出轵县西北平地[⑭]，水有二源。东源出原城东北，昔晋文公伐原以信，而原降[⑮]，即此城也。俗以济水重源所发，因复谓之济源城[⑯]。其水南迳其城东故县之原乡。杜预曰[⑰]：沁水县西北有原城者是也[⑱]。南流与西源合。西源出原城西，东流水注之。水出西南，东北流注于济。济水又东迳原城南，东合北水，乱流东南注，分为二水。一水东南流，俗谓之为衍水，即沇水也。衍、沇声相近，转呼失实也。济水又东南，迳绨城北而出于温矣[⑲]。

【注释】

①济水：一名沸（jǐ）水。古四渎之一。包括黄河南、北两部分。河北部分源出今河南济源西王屋山，下游屡经变迁。《禹贡》时济水在今武陟南入河。《水经注》时在今河南温县入河。河东：即河东郡。秦置。治所在安邑县（今山西夏县西北十五里禹王城）。垣（yuán）县：西汉置，属河东郡。治所在今山西垣曲东南约三十五里王茅镇。东汉改东垣县。王屋山：在今河南济源西北九十里与山西阳城交界处。

②沇（yǎn）水：又作兖水，即济水。

③“王屋之山”几句：语见《山海经·北次三经》。联水，《山海经·北次三经》郭璞注以为即沇水。泰泽，《水经注疏》杨守敬按：“《括地志》，沇水出王屋山顶崖下，石泉停而不流，其深不测。疑即《山海经》所谓泰泽。”

④郭景纯：名璞，字景纯。东晋河东闻喜（今山西闻喜）人。曾注《尔雅》《方言》《山海经》《穆天子传》等。

⑤联、沇声相近：联、沇二字的读音相近。

⑥共山：在今河南济源北十三里。

⑦东丘：即东丘城。郦道元认为在当时原城（今河南济源西北）东北。

⑧孔安国：字子国。西汉鲁（今山东曲阜）人。西汉经学家。相传他曾得孔壁所藏古文《尚书》，开古文《尚书》学派。

⑨泉源为沇，流去为济：陈桥驿按，“泉源为沇，流去为济”，这句话就是把两条根本不同的河流合二为一的渊源。它与前面《河水》篇中“黄河重源”，都是古代在河流水系上的重大错误。但直到北魏，这种错误还因循传袭。郦道元研究河流，但他一不敢触犯经书，二不愿违背长期来的惯例。此外，当时的科学水平落后，他自己也确实有不少错误。

⑩《春秋说题辞》：书名。又作《说题辞》。汉代谶纬类著作。撰者不详。

⑪常山：即常山郡。汉高帝三年（前204）置恒山郡，后避文帝刘恒讳，改为常山郡。治所在元氏（今河北元氏西北）。西晋移治真定（今正定南）。房子县：西汉置，属常山郡。治所在今河北高邑西南十五里仓房村。赞皇山：在今河北赞皇西南二十里。

⑫东郡：郡名。战国秦王嬴政五年（前242）置。治所在濮阳县（今河南濮阳西南）。北魏移治滑台城（今河南滑县东南城关镇）。临邑县：西汉置，属东郡。治所即今山东东阿铜城镇。

⑬乡：通“向”。朝向。原：同“源”。源头，水源。

⑭重源：不止一个源头。轵（zhǐ）县：战国秦置，属河内郡。治所在今河南济源东南十二里轵城镇。

⑮昔晋文公伐原以信，而原降：事见《左传·僖公二十五年》："冬，晋侯围原，命三日之粮。原不降，命去之。谍出，曰：'原将降矣。'军吏曰：'请待之。'公曰：'信，国之宝也，民之所庇也。得原失信，何以庇之？所亡滋多。'退一舍而原降。"晋文公，即晋献公之子重耳。流亡在外十九年，后在秦穆公的帮助下登上君位，是为晋文公。春秋五霸之一。伐原以信，凭借守信讨伐原地。

⑯济源城：即原城。在今河南济源西北。

⑰杜预：字元凯。京兆杜陵（今陕西西安）人。西晋经学家。撰《春秋左氏经传集解》传世。

⑱沁水县：西汉置，属河内郡。治所在今河南济源东北王寨。

⑲絺（chī）城：一作郗。西周畿内邑。在今河南沁阳西南。春秋初属郑。温：夏、周国名。在今河南温县西南三十里。春秋晋曾置温县。

【译文】

济水一

济水发源于河东郡垣县以东的王屋山，称为沇水。

《山海经》说：王屋山，联水发源于那里，往西北流，注入泰泽。郭景纯说：联、沇两字读音相近，联水就是沇水。水从地下潜流，到了共山以南，又在东丘冒出地面。今天原城东北有东丘城。孔安国说：泉水的源头是沇水，流出后则成济水。《春秋说题辞》说：济，就是齐；齐，就是度，就是贞。《风俗通》说：济水发源于常山房子县赞皇山，济水庙在东郡临邑县。济，就是齐；齐，使度量划一的意思。我查考两条济水同名而发源不同，流向也异，这是应氏的错误。现在济水重发的源头出自轵县西北的平地上，水有两个源头。东边的源头出自原城东北，从前晋文公攻原，能够重信，因而原就投降了，指的就是此城。民间因为原城是济水重源所发的地方，因而又把它叫济源城。东源水往南流经城东旧县城的原乡。杜预说：沁水县西北有原城，即是此城。水往南流与西源汇合。西源出自原城西面，有东流水注入。东流水发源于西南，往东北流注入济水。济水又往东流经原城南面，东流与北水汇合，乱流往东南奔泻，分为两条。一条往东南流，俗称衍水，就是沇水。衍、沇二字音近，因而造成音转失实。济水又往东南流经絺城北面，然后由温县流出。

其一水枝津南流，注于湨[①]。

【注释】

①湨（jú）：即湨水，今河南济源、孟州、武陟境之黄河支流漭河。

【译文】

另一条分支南流，注入湨水。

湨水出原城西北原山勋掌谷[①]，俗谓之为白涧水，南迳原城西。《春秋》：会于湨梁[②]。谓是水之坟梁也[③]。《尔雅》曰[④]：梁莫大于湨梁。梁，水堤也。湨水又东南迳阳城东[⑤]，与南源合，水出阳城南溪，阳亦樊也，一曰阳樊。《国语》曰：王以阳樊赐晋，阳人不服，文公围之。仓葛曰：阳有夏、商之嗣典，樊仲之官守焉，君而残之，无乃不可乎？公乃出阳人[⑥]。《春秋》：樊氏叛，惠王使虢公伐樊，执仲皮归于京师[⑦]。即此城也。其水东北流，与漫流水合[⑧]。水出轵关南[⑨]，东北流，又北注于湨，谓之漫流口。湨水又东合北水，乱流东南，左会济水枝渠。湨水又东迳锺繇坞北[⑩]，世谓之锺公垒。又东南，涂沟水注之。水出轵县西南山下，北流东转，入轵县故城中，又屈而北流出轵郭[11]。汉文帝元年[12]，封薄昭为侯国也[13]。又东北流注于湨。湨水又东北迳波县故城北[14]。汉高帝封公上不害为侯国[15]。

【注释】

①原山：一名琮（cóng）山。在今河南济源西北。勋掌谷：在今河南济源西北二十四里勋掌村。

②会于湨（jú）梁：在湨梁（在今河南济源西）会盟。事见《春秋·襄公十六年》："三月，公会晋侯、宋公、卫侯、郑伯、曹伯、莒子……于湨梁。"

③坟梁：堤岸。坟，堤岸。

④《尔雅》：书名。撰者不详。成书于西汉初年。是我国现存最早的一部解释词义的词典。全书按词条义类分篇，共有《释诂》《释言》《释训》《释鸟》《释兽》等十九篇（今本）。

⑤阳城：即春秋时阳或阳樊。在今河南济源西南。

⑥"王以阳樊赐晋"几句：事见《国语·晋语四》，亦见《左传·僖公二十五年》。《国语》，书名。春秋时国别史。撰者不详，大约成书于战国初年。王以阳樊赐晋，周襄王把阳樊赐给晋国。阳人不服，阳樊这个地方的人不归服。文公，即晋文公重耳。仓葛，春秋时阳樊（今河南济源西南）人。嗣典，后人和典制。樊仲，即仲山甫。周宣王时大臣，封于樊。残，残害，伤害。出，释放。

⑦"《春秋》"几句：事见《春秋·庄公三十年》："三十年春，王命虢公讨樊皮。夏，四月丙辰，虢公入樊，执樊仲皮，归于京师。"惠王，名阆。周朝国君周惠王，周釐王之子。虢公，名丑。春秋时西虢国的国君。周王卿士。仲皮，即樊仲皮。亦称樊皮。仲是排行。

⑧漫流水：《水经注疏》杨守敬按："今湨水之中，南二源，并出济源

县西,其南源之流较长,盖即漫流水也。"

⑨轵(zhǐ)关:在今河南济源西北十五里。关当轵道之险,故名。为豫北平原入山西高原之要冲,自古为交战双方所必争。

⑩锺繇坞:又称锺公垒。在今河南济源东南。魏文帝时,太傅锺繇屯兵于此,故名。锺繇,字元常。三国魏时颍川长社(今河南长葛)人。魏太祖时为相国,有定关中之功。

⑪轵郭:轵城的外城。郭,外城。

⑫汉文帝元年:前179年。汉文帝,西汉皇帝刘恒。

⑬薄昭:西汉吴(今江苏苏州)人。薄太后弟。吕后卒,以中大夫迎文帝于代。封轵侯。后因擅杀朝廷使者获罪,自杀。

⑭波县:西汉置,属河内郡。治所在今河南济源东南裴城。西晋废。

⑮公上不害:西汉诸侯。高祖六年(前201)任太仆。因参与平定陈豨叛乱有功,于十一年(前196)封汲侯。谥绍。

【译文】

湨水发源于原城西北原山的勋掌谷,俗称白涧水,往南流经原城西面。《春秋》中说:会于湨梁。就是指此水的堤岸。《尔雅》说:堤梁中,没有比湨梁更大的了。梁,就是水堤。湨水又往东南流经阳城东,与南源汇合,南源水出自阳城南溪,阳就是樊,又称阳樊。《国语》说:周王把阳樊赐给晋,阳人不服,晋文公就把阳城包围起来。仓葛说:阳城有夏、商的后裔及其典章制度,由樊仲的官守护着,您把它毁坏了,恐怕不好吧?文公于是放了阳人。《春秋》:樊氏反叛,周惠王派虢公去讨伐樊氏,拘捕樊仲皮将其带回京都。说的就是此城。湨水往东北流,与漫流水汇合。漫流水发源于轵关南边,往东北流,又往北注入湨水,汇流处称为漫流口。湨水又往东流,汇合了北水,乱流奔向东南,在左边汇合济水支渠。湨水又往东流经锺繇坞北面,世人称之为锺公垒。又往东南流,涂沟水注入。涂沟水发源于轵县西南的山下,往北流,然后折向东边,流入轵县老城中,又转弯往北流出轵城外城。汉文帝元年,把轵封给薄昭,立为侯国。又往东北流，注入湨水。湨水又往东北流经波县老城北面。汉高帝把这里封给公上不害，立为侯国。

湨水又东南流，天浆涧水注之[①]。水出轵南皋向城北[②]，城在皋上，俗谓之韩王城[③]，非也。京相璠曰：或云今河内轵西有城[④]，名向，今无。杜元凯《春秋释地》亦言是矣[⑤]。盖相袭之向[⑥]，故不得以地名而无城也。阚骃《十三州志》曰[⑦]：轵县南山西曲有故向城，即周向国也。《传》曰：向姜不安于莒而归者矣[⑧]。汲郡《竹书纪年》曰[⑨]：郑侯使韩辰归晋阳及向[⑩]。二月，城阳、向，更名阳为河雍，向为高平。即是城也。其水有二源俱导，各出一溪，东北流，合为一川，名曰天浆溪。又东北迳一故城，俗谓之冶城[⑪]，水亦曰冶水。又东流注于湨。湨水又东南流，右会同水。水出南原下，东北流迳白骑坞南[⑫]，坞在原上，为二溪之会，北带深隍[⑬]，三面阻险，惟西版筑而已[⑭]。东北流迳安国城西[⑮]，又东北注湨水。湨水东南迳安国城东，又南迳毋辟邑西[⑯]，世谓之无比城，亦曰马髀城[⑰]，皆非也。朝廷以居废太子[⑱]，谓之河阳庶人[⑲]。湨水又南注于河。

【注释】

①天浆涧水：一作玉浆涧。

②皋：水边地。向城：古城名。故址在今河南济源西南。相传古为周畿内邑。

③韩王城：《水经注疏》杨守敬按："《括地志》，韩王城在河阳县（今河南孟州西）西北四十里。"

④河内:即河内郡。西汉高帝二年(前205)改殷国置。治所在怀县(今河南武陟西南)。

⑤杜元凯《春秋释地》:即杜预的《春秋释地》。杜预,字元凯。京兆杜陵(今陕西西安)人。西晋经学家。《隋书·经籍志》只记载有其《春秋释例》十五卷。

⑥相袭:相互沿袭。

⑦阚骃(kàn yīn):字玄阴。敦煌(今甘肃敦煌)人。北凉至北魏学者。所撰《十三州志》为地理类著作。

⑧向姜不安于莒(jǔ)而归者矣:事见《左传·隐公二年》:"莒子娶于向,向姜不安莒而归。夏,莒人入向,以姜氏还。"向姜,莒子所娶的向国姜氏的女子。莒,西周初分封的诸侯国,嬴姓。开国国君是兹舆期,建都计斤(今山东胶州西南)。春秋初迁于莒(今山东莒县)。

⑨汲郡《竹书纪年》:书名。因原本写于西晋时汲郡出土的竹简之上,故名。是一部编年体史书,记述夏商周及春秋晋国、战国魏国的史事,至魏襄王时止。今存辑本。

⑩韩辰:战国时韩国人。继公仲珉后任韩相。事见《战国策·韩策三》。阳:即阳樊,又名樊。春秋周邑,后属晋。在今河南济源西南。向:在今河南济源西南。

⑪冶城:在今河南孟州西北二十六里冶墙村。

⑫白骑坞:在今河南孟州西北三十五里白墙村。

⑬隍:护城壕。

⑭版筑:本指两种筑土墙的工具。这里指人工修筑的城墙。

⑮安国城:在今河南孟州北禹寺村东一里安村。

⑯毋辟邑:亦称无鼻城。在今河南孟州东。

⑰马髀(bì)城:似为"毋辟邑"音读转讹。

⑱朝廷以居废太子:北魏孝文帝废太子恂为庶人。

⑲河阳：即河阳县。西汉置，属河内郡。治所在今河南孟州西。

【译文】

溴水又往东南流，天浆涧水注入。涧水发源于轵县南边的高地，在向城北面，城在高地上，俗称韩王城，这是不对的。京相璠说：有人说今天河内轵县西边有个地方，名叫向，但现在已没有城了。杜元凯《春秋释地》也是这么说。这里所说的向都是沿袭的说法，不能单提地名而不说到城。阚骃《十三州志》说：轵县南山西边的山弯曲处有旧时的向城，就是周时的向国。《左传》说：向姜在莒很不安心，就回去了。汲郡《竹书纪年》说：郑侯派韩辰把阳及向归还给晋。二月，在阳、向两地筑城，把阳改名为河雍，把向改名为高平。这里说到的向就是向城。涧水有两个源头，各从一条溪流出，往东北流，合并成一条，叫天浆溪。又往东北流过一座老城，俗称冶城，水也叫冶水。又东流注入溴水。溴水又往东南流，在右边汇合了同水。同水发源于南原下，往东北流经白骑坞南边，坞在高地上，位于二溪的汇流处，北边靠近深壑，三面都极险峻，只有西边筑了城墙。同水往东北流过安国城西边，又往东北注入溴水。溴水往东南流经安国城东边，又往南流经毋辟邑西边，世人称之为无比城，也叫马髀城，都不对。朝廷把废黜的太子谪居到这里来，称他为河阳庶人。溴水又南流，注入河水。

又东至温县西北①，为济水。又东过其县北，

济水于温城西北与故渎分②，南迳温县故城西，周畿内国③，司寇苏忿生之邑也④。《春秋·僖公十年》：狄灭温，温子奔卫⑤，周襄王以赐晋文公⑥。济水南历虢公台西⑦。《皇览》曰⑧：温城南有虢公台，基趾尚存⑨。济水南流注于河。郭缘生《述征记》曰⑩：济水迳河内温县注于河，盖沿历之实证，非为谬说也。

【注释】

①温县：春秋时晋置。治所在今河南温县西南三十里古温城（今上苑村北）。秦属河内郡。东魏改属武德郡。

②温城：即温县城。在今河南温县西南三十里古温城。

③畿内：古称王都及其周围千里以内的地区。

④司寇苏忿生：西周时人。为周武王司寇，封于温（今河南温县西）。司寇，官名。掌治安刑狱。

⑤"《春秋·僖公十年》"几句：事见《春秋·僖公十年》："狄灭温，温子奔卫。"僖公十年，前650年。狄，我国古代称北方的民族。温，周王畿内的小国，故城在今河南温县西南三十里。温子，亦称苏子。即苏忿生，封于温，故称。奔，出奔，逃亡。卫，周诸侯国名。在今河北南部和河南北部一带。

⑥周襄王以赐晋文公：事见《左传·僖公二十五年》："戊午，晋侯朝王……与之阳樊、温、原、欑茅之田。"

⑦虢公台：一名贺酒台。在今河南温县西南。

⑧《皇览》：书名。三国魏文帝时，王象、刘劭、桓范等奉敕所编纂的一部类书，供皇帝阅览。为后世诸多类书的编纂产生了较大的影响。

⑨基趾：也作基址。建筑物的地基、基础。

⑩郭缘生《述征记》：郭缘生，晋末宋初人。所撰《述征记》，记述了他跟随刘裕北伐慕容燕、西征姚秦的沿途所见。

【译文】

又往东流到温县西北，称为济水。又往东流过县北，

济水在温城西北与旧水道分流，往南流经温县老城西边，这是周朝京畿以内的封国，是司寇苏忿生的食邑。《春秋·僖公十年》：狄灭了温，温子逃到卫国，周襄王把这地方赐给晋文公。济水往南流经虢公台西边。《皇览》说：温城以南有虢公台，遗址至今仍在。济水南流注入河水。郭

缘生《述征记》说：济水流经河内郡温县注入河水，这是根据水道沿途所经的实况说的，并非信口雌黄。

济水故渎于温城西北东南出，迳温城北，又东迳虢公冢北。《皇览》曰：虢公冢在温县郭东，济水南大冢是也。济水当王莽之世，川渎枯竭，其后水流迳通，津渠势改，寻梁脉水[①]，不与昔同。

【注释】

①脉：审观，察视。

【译文】

济水旧河道在温城西北往东南流经温城北面，又往东流经虢公墓北面。《皇览》说：虢公墓在温县城东，就是济水南岸的大坟。王莽时济水枯竭，以后水虽又流通了，但水道却已改变，考察今天的水道，与过去已不相同了。

屈从县东南流，过隤城西[①]，又南当巩县北[②]，南入于河。

济水故渎东南合奉沟水[③]，水上承朱沟于野王城西[④]，东南迳阳乡城北[⑤]，又东南迳李城西[⑥]。秦攻赵，邯郸且降，传舍吏子李同说平原君胜[⑦]，分家财飨士[⑧]，得敢死者三千人，李同与赴秦军，秦军退。同死，封其父为李侯[⑨]。故徐广曰：河内平皋县有李城[⑩]，即此城也。于城西南为陂水，淹地百许顷，蒹葭萑苇生焉[⑪]，号曰李陂。又迳隤城西，屈而东北流，迳其城北，又东迳平皋城南。应劭曰[⑫]：邢侯自襄国徙此[13]。当齐桓公时，卫人伐邢[14]，邢迁于夷仪[15]，其地属晋，号曰邢丘[16]。以其在河之皋，势处平夷，故曰平皋。瓒注《汉书》云：《春秋》，狄人伐邢[17]，邢迁夷仪[18]，不至此也。今襄国西有夷仪城，去襄国百余里。平皋是邢丘，非国也。余按《春秋·宣公六年》[19]，赤狄伐晋[20]，围邢丘。昔晋侯送女于楚，送之邢丘[21]，即是此处也，非无城之言。《竹书纪年》曰：梁惠成王三年[22]，郑城邢丘。司马彪《后汉·郡国志》云：县有邢丘，故邢国，周公子所封矣。汉高帝七年[23]，封砀郡长项佗为侯国[24]，赐姓刘氏，武帝以为县。其水又南注于河也。

【注释】

①隤(tuí)城：城邑名。东汉河内郡脩武有隤城。在今河南获嘉西北。

②巩县：秦置，属三川郡。治所在今河南巩义西南。

③奉沟水：《水经注疏》杨守敬按："当合于今河内县(今河南沁阳)南。"

④朱沟：即朱沟水。《水经注疏》熊会贞按："今济源县东北有利仁河，自五龙口承沁水，即故朱沟也。"野王城：古城名。又称野王故城。故址在今河南沁阳城关。

⑤阳乡：在今河南沁阳西南。

⑥李城：城邑名。即今河南温县西南故李城。

⑦传(zhuàn)舍吏：管理传舍的官吏。传舍，古代公家为过往官吏歇宿而准备的馆舍。李同：战国时赵国人。本名谈，汉司马迁避其父司马谈讳，而改谈为同。秦兵围攻赵都邯郸甚急，李同与三千敢死之士共赴秦军，秦军为之后退三十里，邯郸得以保全。李同战死。说：劝说，进谏。平原君胜：即赵胜。战国四公子之一。因其最早的封地在平原(今山东平原县西南)，故称为平原君。相赵

惠文王及孝成王。

⑧飨(xiǎng):用酒食犒劳、招待人。

⑨封其父为李侯:本事见《史记·平原君列传》。韩兆琦《史记笺证》:"旧说皆谓封邑在李(今河南温县西南故李城),故称李侯。杨宽曰:'温县一带为魏地,赵不能以此封李谈之父,李侯当为称号,并无封邑。'"

⑩平皋县:西汉高帝六年(前201)置,为侯国,后改县,属河内郡。治所在今河南温县东北二十里北平皋村。

⑪蒹葭(jiān jiā):泛指芦苇。萑(huán)苇:两种芦类植物。蒹长成后称萑,葭长成后称苇。

⑫应劭(shào):字仲远,一作仲瑗。汝南南顿(今河南项城)人。东汉末学者。

⑬邢侯:邢国国君。卫庄姜姊妹的丈夫。邢,周朝诸侯国名,姬姓。地在今河北邢台境。春秋时为卫国所灭。襄国:即襄国县。汉高祖元年(前206),项羽改信都县置,西汉属赵国。治所即今河北邢台。

⑭卫人伐邢:《水经注疏》杨守敬按:"应劭本《左传》为说,自当作狄人伐邢,邢迁于夷仪。而今本《汉志》注作卫人,与此同,盖传抄者讹狄为卫,后人又据以改郦书也。"

⑮夷仪:在今山东聊城西南十二里。春秋时邢国建都于此。另一说在今河北邢台西北。

⑯邢丘:春秋晋邑。在今河南温县东二十里平皋村。战国属魏。西汉改为平皋县。

⑰狄人伐邢:事见《春秋·宣公六年》:"秋,赤狄伐晋,围怀及邢丘。"

⑱邢迁夷仪:事见《春秋·僖公元年》:"夏六月,邢迁于夷仪。"

⑲宣公六年:前603年。

⑳赤狄:亦作赤翟。春秋时狄人的一支。大体分布于今山西长治一

带，与晋人相杂居。或说因其俗尚赤衣而得名。

㉑送之邢丘：事见《左传·昭公五年》："晋侯送女于邢丘。子产相郑伯，会晋侯于邢丘。"

㉒梁惠成王三年：前367年。

㉓汉高帝七年：前200年。

㉔砀(dàng)郡：秦始皇二十二年(前225)置。治所在睢阳县(今河南商丘南一里)。项佗：亦作项他、项它。西楚项羽从兄子。楚汉战争时，任羽大将、魏王咎相。被曹参、灌婴击败，降汉。后归刘邦，赐姓刘氏，封为平皋侯。

【译文】

济水从县城折向东南，流经隤城西边，又往南流，在巩县北边南流注入河水。

济水旧水道往东南与奉沟水汇合，奉沟水上游在野王城西面承接朱沟，往东南流经阳乡城北边，又往东南流经李城西边。秦兵进攻赵国，邯郸眼看就要投降了，驿站客舍小吏的儿子李同向平原君赵胜建议，叫他分出自己的家产，犒赏士兵，于是征募到敢死队三千人，李同和他们一起冲向秦军，把秦军打退了。李同战死，封他的父亲为李侯。所以徐广说：河内郡平皋县有李城，就是此城。沟水流到城西南积成陂水，陂塘占地一百来顷，长满了芦苇，称为李陂。济水又流经隤城西面，折向东北，流经城北，又往东流经平皋城南。应劭说：邢侯从襄国迁移到这里。齐桓公时，卫人攻邢，邢人迁到夷仪，此地属晋，就叫邢丘。因为它在河边高岸上，地势平坦，所以叫平皋。薛瓒注《汉书》说：《春秋》中记载狄人攻邢，邢人迁到夷仪，没有到这里。现在襄国以西有夷仪城，离襄国百余里。平皋是邢丘，并不是封国。我查考《春秋·宣公六年》记载，赤狄攻晋，围邢丘。从前晋侯送女儿到楚国，送到邢丘，就是这地方，没有说无城。《竹书纪年》说：梁惠成王三年，郑在邢丘筑城。司马彪《后汉书·郡国志》说：县里有邢丘，是从前的邢国，周公的儿子封在那里。汉高帝七年，把这地方封给砀郡长项佗，立为侯国，赐姓刘氏，汉武帝时废国设县。济水又往南流注入大河。

与河合流[①]，又东过成皋县北[②]，又东过荥阳县北[③]，又东至砾溪南[④]，东出过荥泽北[⑤]。

《释名》曰[⑥]：济，济也[⑦]，源出河，北济河而南也。《晋地道志》曰[⑧]：济自大伾入河[⑨]，与河水斗[⑩]，南泆为荥泽[⑪]。《尚书》曰：荥波既潴[⑫]。孔安国曰：荥泽波水已成遏潴。阚骃曰：荥播[⑬]，泽名也。故吕忱云[⑭]：播水在荥阳。谓是水也。昔大禹塞其淫水而于荥阳下引河，东南以通淮、泗[⑮]，济水分河东南流。汉明帝之世[⑯]，司空伏恭荐乐浪人王景[⑰]，字仲通，好学多艺，善能治水。显宗诏与谒者王吴始作浚仪渠[⑱]，吴用景法，水乃不害，此即景、吴所修故渎也。渠流东注浚仪[⑲]，故复谓之浚仪渠。明帝永平十五年[⑳]，东巡至无盐[㉑]，帝嘉景功，拜河堤谒者[㉒]。灵帝建宁四年[㉓]，于敖城西北垒石为门[㉔]，以遏渠口，谓之石门，故世亦谓之石门水。门广十余丈，西去河三里，石铭云：建宁四年十一月，黄场石也。而主吏姓名，磨灭不可复识。魏太和中[㉕]，又更修之，撤故增新，石字沦落，无复在者。水北有石门亭[㉖]，戴延之所云新筑城[㉗]，城周三百步，荥阳太守所镇者也。水南带三皇山[㉘]，即皇室山，亦谓之为三室山也。

【注释】

①与河合流：陈桥驿按，这里指济水注入黄河。发源于王屋山的济水，至此已经完成了它的全部流程。

②成皋县：西汉置，属河南郡。治所在今河南荥阳西北汜水镇。

③荥阳县：秦置，属三川郡。治所在今河南郑州西北古荥镇。西汉属河南郡。

④砾（lì）溪：亦称砾石涧。当在今河南荥阳境内。

⑤荥泽：一作荧泽，又名荥波。在今河南郑州西北古荥镇北。春秋战国时尚与济水、黄河相通。

⑥《释名》：书名。东汉刘熙撰。是中国第一部词源词典，全面运用声训的方式，以音同、音近的字解释意义，从而探讨事物得名的由来。

⑦济：贯通。

⑧《晋地道志》：书名。又作《晋地道记》《晋书地道记》。东晋史学家王隐撰。今仅存清毕沅辑本。

⑨大伾（pī）：即大伾山。在今河南荥阳西北汜水镇西北一里。

⑩斗：本为相遇。这里引申为水流之交汇。

⑪泆（yì）：冲荡漫流。

⑫潴（zhū）：水流汇聚之所。

⑬荥播：亦称荥波、荥泽。播，播溢。

⑭吕忱：字伯雍。任城（今山东济宁东南）人。晋文字学家，官义阳王典祠令。撰《字林》七卷。

⑮泗：亦称清泗，别名清水。源出今山东泗水县东蒙山南麓，四源并发，故名。

⑯汉明帝：此指东汉皇帝刘庄。

⑰伏恭：字叔齐。琅邪东武（今山东诸城）人。性孝，事继母甚谨。永平四年（61），官拜司空。乐浪：即乐浪郡。西汉元封三年（前108）置。治所在朝鲜县（今朝鲜平壤南）。王景：字仲通。乐浪誹邯（今朝鲜誹邯）人。少学《易》，广窥众书，好天文、术数之事。善治水，明帝时与王吴共修浚仪渠，名显。官终庐江太守。

⑱显宗：汉明帝刘庄之庙号。谒（yè）者王吴：东汉水利家，以善治

水而闻名。汉明帝时为将作谒者，与王景共修浚仪渠、汴渠等。浚仪渠：狼汤渠分黄河水东流至浚仪县(今河南开封)境一段的别称。因渠水东注浚仪，故复称之为浚仪渠。

⑲浚仪：即浚仪县。西汉文帝时置，属梁国。治所在今河南开封。

⑳明帝永平十五年：72年。永平，东汉明帝刘庄的年号(58—75)。

㉑无盐：古县名。故治在今山东东平东南十里无盐村。

㉒河堤谒者：西汉时，置都水使者，以掌河堤水利的事务，亦称河堤谒者，东汉沿置。

㉓灵帝建宁四年：171年。灵帝，东汉皇帝刘宏。建宁，东汉灵帝刘宏的年号(168—172)。

㉔敖城：在今河南荥阳东北古敖山上。

㉕太和：北魏孝文帝元宏的年号(477—499)。

㉖石门亭：亦称石门城。

㉗戴延之：即戴祚，字延之。江东(今江苏长江下游南岸一带)人。官西戎主簿。曾从刘裕西征姚秦。著有《西征记》《甄异传》等。

㉘三皇山：亦称皇室山、三室山、广武山。在今河南荥阳东北广武镇北五里。

【译文】

济水与河水合流，又往东流过成皋县北边，又往东流过荥阳县北边，又往东流到砾溪南边，往东流过荥泽北边。

《释名》说：济就是渡的意思，水源出自大河以北，渡过大河往南流。《晋地道志》说：济水从大伾入河，与河水相冲激，往南溢出，成为荥泽。《尚书》说：荥波泽可以蓄水。孔安国说：荥泽波水已经堵塞而积潴起来。阚骃说：荥播是泽名。所以吕忱说：播水在荥阳。说的就是这条水。从前大禹堵塞住漫流的水，而荥阳下引河水往东南与淮水、泗水相通，把济水从河水分出去，流向东南。汉明帝时，司空伏恭推荐乐浪人王景，王景字仲通，好学而多才多艺，长于治水。显宗下诏要他和谒者王吴去开浚仪渠，王吴用王景的办法才杜绝了水灾，这就是王景、王吴两人所开的旧渠。渠水往东流向浚仪，所以称浚仪渠。明帝于永平十五年去东方巡察，来到无盐，他嘉奖王景的功绩，于是任命他当河堤谒者。灵帝建宁四年，在敖城西北用石块砌筑了一道水门，用以拦截渠口，称为石门，所以人们也把此渠称为石门水。石门宽十余丈，西距大河三里，石上刻着：建宁四年十一月以黄场之石修建。但主持其事的官吏姓名却已模糊看不出来了。魏太和年间，又加以重修，拆除了旧门，增建了新门，刻字的石条也就不存了。济水北岸有石门亭，就是戴延之所谓新筑的城，此城周围三百步，是荥阳太守镇守的地方。济水南傍三皇山流过，三皇山就是皇室山，也称三室山。

济水又东迳西广武城北①。《郡国志》②：荥阳县有广武城③，城在山上，汉所城也。高祖与项羽临绝涧对语，责羽十罪，羽射汉祖中胸处也。山下有水，北流入济，世谓之柳泉也。

【注释】

①西广武城：在今河南荥阳东北广武山上。

②《郡国志》：晋司马彪《续汉书》篇名。记述东汉时期全国行政区划、人口以及《春秋》和“前三史”所载征伐、会盟所在的地名。

③广武城：在今河南荥阳东北广武山上。战国韩地，后为秦地。有东广武、西广武二城。秦亡，刘邦、项羽各屯一城对峙。

【译文】

济水又往东流，经过西广武城北边。《郡国志》：荥阳县有广武城，城在山上，是汉时所筑。汉高祖与项羽在深涧两岸对话，谴责项羽犯了十条大罪，项羽向汉高祖放箭，射中汉高祖胸口，就是在这地方。山下有水，北流注入济水，人们称之为柳泉。

济水又东迳东广武城北，楚项羽城之。汉破曹咎[①]，羽还广武，为高坛[②]，置太公其上[③]，曰：汉不下，吾烹之。高祖不听，将害之。项伯曰[④]：为天下者不顾家，但益怨耳。羽从之。今名其坛曰项羽堆。夹城之间，有绝涧断山，谓之广武涧[⑤]。项羽叱娄烦于其上，娄烦精魄丧归矣[⑥]。

【注释】

①曹咎：秦时为蕲县狱掾。项梁尝坐事系栎阳狱，请咎书抵狱史司马欣，得免。后项羽封之为海春侯，任大司马。汉王三年（前204）守成皋。第二年，中汉军激将法，兵败被杀。

②高坛：《史记·项籍传》和《汉书·高帝纪》均作高俎。俎（zǔ），切肉用的砧板。

③太公：汉高祖刘邦之父。

④项伯：名缠，字伯。秦末下相（今江苏宿迁西）人。项羽之叔父。在鸿门宴上舞剑以护刘邦，使之幸免于难。刘邦建立汉朝后，受封射阳侯，赐姓刘氏。

⑤广武涧：泽薮名。在今河南郑州境内。

⑥项羽叱娄烦于其上，娄烦精魄丧归矣：《汉书·项籍传》："羽令壮士出挑战。汉有善骑射曰楼烦，楚挑战，三合，楼烦辄射杀之。羽大怒，自被甲持戟挑战。楼烦欲射，羽瞋目叱之。楼烦目不能视，手不能发，走还入壁，不敢复出。"娄烦，亦作楼烦。此处似以部落借代人。楼烦人善骑射，取其称，未必就是楼烦人。

【译文】

济水又往东流经东广武城北面，城墙是楚王项羽所修。汉军打垮了曹咎，项羽回到广武，筑了一座高坛，把刘邦的父亲放在坛上，说：汉军不降，我就把老头子放在大锅里活活煮了！高祖不肯听，项羽打算杀掉太公。项伯说：打天下的人顾不得家庭，杀了太公，只不过加深仇怨罢了。项羽听从了项伯的劝告。现在把那座坛称为项羽堆。在两城中间，有一条切断山丘的深涧，称为广武涧。项羽曾在涧上厉声怒斥娄烦，吓得娄烦丧魂落魄逃了回去。

济水又东迳敖山北[①]，《诗》所谓薄狩于敖者也[②]。其山上有城，即殷帝仲丁之所迁也[③]。皇甫谧《帝王世纪》曰[④]：仲丁自亳徙嚣于河上者也[⑤]。或曰敖矣。秦置仓于其中，故亦曰敖仓城也[⑥]。

【注释】

①敖山：或作嚣、隞。在今河南荥阳北。

②薄狩于敖：在敖山上狩猎。薄，词头，无实义。狩，冬天打猎。泛指打猎。

③殷帝仲丁：亦作中丁。殷商帝王，名庄，太戊之子。仲丁是其庙号。即位后将王都自亳迁嚣（今河南荥阳东北）。也有说隞，如《史记·殷本纪》："中宗崩，子帝中丁立。帝中丁迁于隞。"

④皇甫谧（mì）《帝王世纪》：皇甫谧，字士安，自号玄晏先生。魏晋安定朝那（今宁夏固原东南）人。后徙居新安（今河南渑池）。其《帝王世纪》，起自三皇，迄于汉魏，专记帝王事迹。

⑤亳（bó）：在今河南偃师西尸乡沟一带。

⑥秦置仓于其中，故亦曰敖仓城也：《史记·郦食其列传》："收取荥阳，据敖仓之粟。"张守节正义："敖仓在今郑州荥阳县西十有五里，石门之东，北临汴水，南带三皇山。秦始皇时置仓于敖山上，故名之曰敖仓也。"仓，粮仓。

【译文】

济水又往东流经敖山北面，《诗经》里说的去敖山打猎捕兽，就指的是这地方。山上有城,就是殷帝仲丁迁都的地方。皇甫谧《帝王世纪》说:仲丁从亳迁到河上的嚣。也有人说这就是敖。秦时在那里设了粮仓,所以又叫敖仓城。

济水又东合荥渎,渎首受河水,有石门,谓之为荥口石门也①,而地形殊卑,盖故荥播所导,自此始也。门南际河②,有故碑云:惟阳嘉三年二月丁丑③,使河堤谒者王诲④,疏达河川,遹荒庶土⑤,往大河冲塞,侵啮金堤⑥,以竹笼石葺土而为堨⑦,坏隤无已⑧,功消亿万,请以滨河郡徒,疏山采石垒以为障。功业既就,徭役用息。辛未诏书,许诲立功,府卿规基经始⑨,诏策加命,迁在沇州。乃简朱轩,授使司马登⑩,令缵茂前绪⑪,称遂休功⑫。

【注释】

①荥口:在今河南荥阳北。古荥泽受河水之口。

②际河:靠近黄河。际,靠近,接近。

③阳嘉三年:134 年。阳嘉,东汉顺帝刘保的年号(132—135)。

④王诲:字孟坚。东莱曲城(今山东招远)人。东汉水利家。顺帝阳嘉年间,任河堤谒者,负责黄河防务。黄河泛滥,冲决金堤,尝以竹笼石葺土而为堤坝,消耗功日亿万而无成。后疏山采石,垒以为障,成功抵御洪水。

⑤遹(yù)荒:或作遂荒、述荒。

⑥侵啮(niè):侵蚀冲荡。金堤:指汴口以东黄河两岸石堤。

⑦葺(qì):重叠,累积。

⑧坏隤(tuí):毁坏崩颓。

⑨府卿:即少府卿。秦汉魏晋南北朝少府长官。始设于秦,西汉沿置,

掌山海池泽之税以供养皇室。都水为其属官。

⑩司马登：字伯志。东汉山阳郡东缗（今山东金乡）人。顺帝阳嘉年间，代替王诲任河堤谒者，修治黄河，有充国惠民之功。

⑪缵（zuǎn）茂：继续昌盛。缵，继。

⑫休功：美善的功业。

【译文】

济水又东流，与荥渎汇合，荥渎上口引入河水，有石门，称为荥口石门，但地势却十分低洼，旧时流到荥播泽的水，就是从这里开始的。石门南边近河，有一块旧碑，上面刻着：阳嘉三年二月丁丑日，派河堤谒者王诲去疏浚河道，荒芜的土地，由于大河冲积淤塞，因而侵蚀了堤防，过去总是用竹笼装石头，填上泥土来筑堤，但用这种办法筑的堤时常毁坏，引起溃决，枉费了亿万人工，因此请求临河各郡派出民伕，开山采石来砌筑堤岸。工程完成以后，徭役也可停息了。辛未日朝廷颁发诏书，同意王诲立功，少府卿着手规划基址，下诏颁发策书给予赏赐，但不久他又调职于沇州。于是从显贵中挑选，挑中司马登任河堤谒者，要他继承前人的事业，去完成这项重大的工程。

登以伊、洛合注大河[①]，南则缘山，东过大伾，回流北岸其势郁蒙[②]，涛怒湍急激疾，一有决溢，弥原淹野，蚁孔之变[③]，害起不测，盖自姬氏之所常蹙[④]。昔崇鲧所不能治[⑤]，我二宗之所劬劳[⑥]。于是乃跋涉躬亲，经之营之[⑦]，比率百姓[⑧]，议之于臣，伐石三谷[⑨]，水匠致治，立激岸侧，以捍鸿波。随时庆赐，说以劝之，川无滞越，水土通演，役未逾年，而功程有毕，斯乃元勋之嘉谋，上德之弘表也。昔禹修九道[⑩]，《书》录其功[⑪]；后稷躬稼[⑫]，《诗》列于《雅》[⑬]。夫不惮劳谦之勤，夙兴厥职，充国惠民，安得湮没而不章焉。故遂刊石记功,垂示于后。其辞云云。

【注释】

①伊:即伊水。洛水支流。源出河南栾川伏牛山北麓,东北流至偃师南入洛水。洛:即洛水。今河南洛河。黄河支流,发源于陕西,流入河南。合注:合流汇注。

②郁蒙:壮盛貌。

③蚁孔之变:语见《韩非子·喻老》:“千丈之堤,以蝼蚁之穴溃。”

④蹙(cù):忧愁,窘迫。

⑤崇鲧(gǔn):传说为颛顼(zhuān xū)之子,大禹之父。封于崇,亦称崇鲧。尧时,被四岳推举,治理洪水。他筑堤堙塞,多年防治无功,被杀于羽山。崇,在今河南嵩县北。

⑥我二宗:指西汉平帝刘衎(kàn)和东汉明帝刘庄。这二帝在位时,黄河泛滥成灾。劬(qú)劳:劳苦,劳累。

⑦经之营之:规划营治。

⑧比:频频,亲自。

⑨三谷:多个山谷。三,言其多。

⑩禹修九道:《孟子·滕文公上》:“禹疏九河,瀹济漯而注诸海,决汝汉,排淮泗而注之江,然后中国可得而食也。”九河,即九道。近人多以为是古代黄河下游许多支流的总称,并非确指九条河流。

⑪《书》录其功:《尚书》记录大禹治水的功劳。书,此指《尚书》。

⑫后稷(jì):名弃。周王室之先祖。相传其母姜嫄履巨人迹而孕。因曾弃而不养,故名之为“弃”。虞舜命为农官,教民耕稼,称为“后稷”。后,帝王。稷,农官。躬稼:亲身耕种。

⑬列于《雅》:列于《大雅》中。叙述周始祖后稷由诞生至建立王业之诗,见《诗经·大雅·生民》。

【译文】

司马登考虑到伊、洛两条水都注入大河，南岸沿着山脚，往东流经大伾，回流冲击北岸，来势凶猛，怒涛湍急汹涌，一旦决堤泛滥，就会把整片原野淹没，一个小小的蚁穴，也会酿成意外的大灾，古时从姬氏以来就老是为此忧心忡忡了。从前崇伯鲧也不能把大水治好，本朝两位皇上也为此辛劳。于是他就亲自来往奔波，辛苦经营，和大臣一起商议，带领百姓从多处山谷里采石，由治水工匠在岸边筑起防波堤，来阻挡巨浪。工程进行期间，经常给予赏赐，以资勉励，因而河道既不会阻滞不畅，也不会波涛汹涌，于是水土调和滋润，施工不到一年，工程就顺利完成了，这实在是几位有功之臣督导有方，皇上威德弘大昭彰的结果。从前禹疏通了九道，《尚书》就记载了他的功勋；后稷亲自从事农耕，《诗经》就在《大雅》里颂扬他。今天这些治水者，不怕辛劳勤苦，每天一早就起来负起他们的职责，为富国利民而努力，怎么可以埋没了他们，使他们的劳绩不能显扬于世呢？因此就刻石记功流芳于后世。末后的颂辞从略。

使河堤谒者山阳东缗司马登[①]，字伯志；代东莱曲成王诲[②]，字孟坚；河内太守宋城向豹[③]，字伯尹；丞汝南邓方[④]，字德山；怀令刘丞[⑤]，字季意；河堤掾匠等造[⑥]。陈留浚仪边韶[⑦]，字孝先颂。石铭岁远，字多沦缺，其所灭，盖阙如也。荥渎又东南流，注于济，今无水。次东得宿须水口[⑧]。水受大河，渠侧有扈亭[⑨]，水自亭东南流，注于济，今无水。宿须在河之北，不在此也，盖名同耳。自西缘带山隰[⑩]，秦、汉以来，亦有通否。

【注释】

①山阳：即山阳郡。西汉景帝中元六年（前 144）分梁国置山阳国，

立梁孝王子定为山阳王。武帝建元五年（前136）改为山阳郡。治所在昌邑县（今山东巨野南六十里）。东缗（mín）：即东缗县。秦置，属砀郡。治所即今山东金乡。西汉属山阳郡。东汉改为侯国，建武十三年（37）封冯异长子彰为东缗侯。

②东莱：即东莱郡。汉高帝分齐郡置。治所在掖县（今山东莱州）。东汉徙治黄县（今山东龙口东南）。曲成：即曲成县。西汉置，属东莱郡。治所在今山东莱州东北西曲成。

③宋城：后汉尚无宋城之名。司马彪《续汉志》中，汝南郡有安城侯国。宋城当为安城之讹。向豹：字伯尹。东汉顺帝阳嘉年间河内太守，佐河堤谒者司马登治理黄河有功。其他不详。

④汝南：即汝南郡。西汉高帝四年（前203）置。治所在上蔡县（今河南上蔡西南）。东汉徙治平舆县（今河南平舆北）。邓方：字德山。东汉顺帝阳嘉年间汝南郡人。佐河堤谒者司马登治理黄河有功。其他不详。

⑤怀：在今河南武陟西土城村附近。刘丞：字季意。东汉顺帝阳嘉年间怀令，佐河堤谒者司马登治理黄河有功。其他不详。

⑥河堤掾（yuàn）匠：河堤属官工匠。掾，佐属官吏的通称。汉官有掾属、掾吏。掾为诸曹之长，故亦称曹掾。正曰掾，副曰属。两汉凡丞相府、公府、州、郡、县皆置。

⑦陈留：即陈留郡。汉武帝元狩元年（前122）置。治所在陈留县（今河南开封东南陈留镇）。边韶：字孝先。陈留浚仪（今河南开封西北）人。以文章知名，善口辩，通经义。著诗、颂、碑、铭、书、策凡十五篇。

⑧宿须水口：亦作宿胥水口。先秦黄河决口处。在今河南浚县西南新镇附近。

⑨扈亭：春秋郑邑。在今河南原阳西。

⑩山隰（xí）：山泽。隰，低湿之处。

【译文】

使臣河堤谒者山阳东缗司马登，字伯志；代理东莱曲成王诲，字孟坚；河内太守宋城向豹，字伯尹；丞汝南邓方，字德山；怀县县令刘丞，字季意；以及河堤属官工匠等造。陈留浚仪边韶，字孝先作颂辞。碑文因岁月悠久，字迹多已模糊残缺，完全看不出来的地方就从略了。荥渎又往东南流，注入济水，现在已经干涸无水了。稍东，有宿须水口。宿须水上游承接大河，渠道旁边有扈亭，水从扈亭往东南流，注入济水，现在也干涸无水了。宿须在大河以北，不在这里，不过同名罢了。水从西边沿着山边低地流过，自秦、汉以来，就常常时通时塞。

济水与河浑涛东注。晋太和中，桓温北伐[①]，将通之，不果而还。义熙十三年[②]，刘公西征[③]，又命宁朔将军刘遵考仍此渠而漕之[④]，始有激湍东注，而终山崩壅塞，刘公于北十里更凿故渠通之。今则南渎通津，川涧是导耳。济水于此，又兼邲目[⑤]。《春秋·宣公十三年》：晋、楚之战，楚军于邲[⑥]。即是水也。音卞。京相璠曰[⑦]：在敖北。

【注释】

①桓温：字元子。谯国龙亢（今安徽怀远西北）人。晋明帝之婿。有雄才大略，为安西将军、荆州刺史、都督荆梁等四州诸军事。永和三年（347）率军入蜀，灭成汉，声威大振，进位征西大将军。太和四年（369）率精锐五万伐前燕，因后路被截，大败而归。温三次北伐，终未如愿，后愈擅权，废海西公，立简文帝，意欲受禅自立，未遂而死。

②义熙十三年：417年。义熙，东晋安帝司马德宗的年号（405—418）。

③刘公：即南朝宋的建立者刘裕。字德舆，小名寄奴。彭城县（今江

苏徐州）人。晋安帝时，平孙恩、卢循，为下邳太守。桓玄称帝，刘裕起兵京口讨玄，大破之。累封宋公。晋元熙二年（420）代晋称帝，国号宋。

④宁朔将军：杂号将军。三国时魏置，两晋、南北朝及隋沿置，品秩不一。刘遵考：南朝宋刘裕的族弟。随刘裕北伐。刘裕称帝后，颇受重用，做过多种官职。

⑤郯（bì）：春秋郑地。在今河南荥阳东北。目：名称，名字。

⑥"《春秋·宣公十三年》"几句：《春秋·宣公十三年》："夏六月乙卯，晋荀林父帅师及楚子战于郯，晋师败绩。"宣公十三年，前596年。

⑦京相璠（fán）：晋人。撰有《春秋土地名》三卷。

【译文】

济水与河水汇合向东奔流。晋太和年间，桓温北伐，打算疏通水流，但没有成功就撤回了。义熙十三年，刘裕西征，又下令宁朔将军刘遵考沿这条渠道运粮，开始时有激湍东流，最后却因山崩而堵塞了河道，于是刘裕在北方十里重新开凿阳渠来通航。但现在却只有南渠流通，因为引了溪涧里的水。济水在这里又兼有郯水之名。《春秋·宣公十三年》：晋楚两国交战，楚军驻扎在郯城。就在这条水边。郯，音卞。京相璠说：郯水在敖山以北。

济水又东迳荥阳县北，曹太祖与徐荣战，不利，曹洪授马于此处也①。

【注释】

①"曹太祖与徐荣战"几句：事见《三国志·魏书·武帝纪》："到荥阳汴水，遇卓将徐荣，与战不利，士卒死伤甚多。太祖为流矢所中，所乘马被创，从弟洪以马与太祖，得夜遁去。"徐荣，东汉末辽东

郡(今辽宁辽阳)人。为董卓的中郎将。曹洪,字子廉。三国魏谯(今安徽亳州)人。曹操从弟。从操起兵,屡立战功。终官骠骑将军,封乐城侯。

【译文】

济水又往东流经荥阳县北边,曹操与徐荣作战,打了败仗,曹洪在这里把马让给他骑。

济水又东,砾石溪水注之。水出荥阳城西南李泽,泽中有水,即古冯池也①。《地理志》曰:荥阳县,冯池在西南是也。东北流,历敖山南。《春秋》,晋、楚之战,设伏于敖前,谓是也。迳虢亭北②,池水又东北迳荥阳县北断山③,东北注于济,世谓之砾石涧④,即《经》所谓砾溪矣。《经》云济出其南,非也。

【注释】

①冯池:一名李泽。在今河南荥阳北。

②虢(guó)亭:即东虢。在今河南荥阳东北。

③断山:当在今河南郑州、荥阳一带。

④砾石涧:亦称砾溪。当在今河南荥阳境界。

【译文】

济水又东流,砾石溪水注入。砾石溪水发源于荥阳城西南李泽,泽中有水,这泽就是古时的冯池。《地理志》说:荥阳县,冯池在县城西南面。水往东北流经敖山南面。《春秋》记载,晋、楚交战,在敖山前布置了伏兵,说的就是这座山。池水流经虢亭北面,又往东北流经荥阳县北面穿过断山,往东北注入济水,世人称之为砾石涧,就是《水经》所说的砾溪。《水经》说济水流过溪南,其实不是。

济水又东，索水注之[①]。水出京县西南嵩渚山[②]，与东关水同源分流[③]，即古旃然水也。其水东北流，器难之水注之。《山海经》曰：少陉之山，器难之水出焉，而北流注于侵水[④]。即此水也。其水北流迳金亭[⑤]，又北迳京县故城西，入于旃然之水。城，故郑邑也。庄公以居弟段[⑥]，号京城大叔。祭仲曰：京城过百雉，国之害也[⑦]。城北有坛山冈[⑧]。《赵世家》：成侯二十年，魏献荥阳，因以为坛台冈也[⑨]。其水乱流，北迳小索亭西[⑩]。京相璠曰：京有小索亭。《世语》以为本索氏兄弟居此[⑪]，故号小索者也。又为索水。

【注释】

①索水：即古旃然水。一名索河。在今河南荥阳与郑州北境。

②京县：战国韩置。后入秦，属三川郡。治所在今河南荥阳东南二十四里京襄城。西汉属河南郡。三国魏属荥阳郡。北齐废。嵩渚山：亦名大周山。在今河南荥阳南部。

③东关水：《水经注疏》杨守敬按："水在今荥阳县西南。"

④"少陉之山"几句：《山海经·中山经·中次七经》："又东四十里曰少陉之山……器难之水出焉，而北流注于役水。"器难之水，《水经注疏》杨守敬按："今荥阳县索河有数源，出西者旃然水，出东者则器难水也。"侵水，《山海经》作役水。位于今河南新郑、中牟县境。

⑤金亭：《水经注疏》杨守敬按："此亭无考。以下京县证之，当在荥阳县南三十余里。"

⑥庄公：即郑庄公寤生。郑武公掘突之子。其国国君为伯爵，故又称为郑伯。段：郑庄公同母弟，名段，叔为排行，后来出奔共（在今河南辉县市），故称共叔段。

⑦“祭(zhài)仲曰”几句:见《左传·隐公元年》。祭仲,郑大夫。京城,京这个都城的城墙。百雉(zhì),城墙长度超过三百丈。雉,古代的计量单位。长三丈、高一丈为一雉。

⑧坛山冈:当在今河南荥阳东。

⑨“成侯二十年”几句:《史记·赵世家》:“成侯二十年,魏献荣椽,因以为檀台。”与《水经注》记载不同。《赵世家》,即《史记·赵世家》。成侯二十年,前355年。成侯,名种。赵敬侯章之子。

⑩小索亭:在今河南荥阳北。

⑪《世语》:书名。即《魏晋世语》。晋襄阳令郭颁撰。

【译文】

济水又东流,有索水注入。索水发源于京县西南的嵩渚山,与东关水同出一源,但分道而流,就是古时的旃然水。水往东北流,器难水注入。《山海经》说:少陉山,器难水就发源于那里,北流注入侵水。说的就是这条水。水往北流经金亭,又往北流经京县老城西,注入旃然水。老城就是从前的郑邑。庄公把他的弟弟段迁到那里去住,号称京城大叔。祭仲说:京城太大了,超过三百丈,会成为国家的祸害的。城北有坛山冈。《赵世家》:成侯二十年,魏国献出荥阳,于是在冈上筑坛建台。旃然水往北乱流,经小索亭西。京相璠说:京城有小索亭。《世语》以为索氏兄弟本来住在这地方,所以地名叫小索。水也就叫索水了。

索水又北迳大栅城东[①],晋荥阳民张卓、董迈等遭荒[②],鸠聚流杂保固[③],名为大栅坞[④]。至太平真君八年[⑤],豫州刺史崔白[⑥],自虎牢移州治此[⑦],又东开广旧城,创制改筑焉。太和十七年[⑧],迁都洛邑,省州置郡。

【注释】

①大栅城:一名大栅坞。即今河南荥阳。

②张卓、董迈：两人具体事迹不详。

③鸠聚：聚集，集合。鸠，聚集，集合。

④大栅坞：即大栅城。坞，防御用的建筑物，小型的城堡。

⑤太平真君八年：447年。太平真君，北魏太武帝拓跋焘的年号（440—451）。

⑥崔白：具体事迹不详。

⑦虎牢：地名。亦称制。在今河南荥阳西北三十六里汜水镇西。

⑧太和十七年：493年。太和，北魏孝文帝元宏的年号（477—499）。

【译文】

索水又往北流经大栅城东，晋时荥阳居民张卓、董迈等遭遇饥荒，集合了一批流民杂户坚守，称为大栅坞。到了太平真君八年，豫州刺史崔白把州治从虎牢迁到这里，又把旧城向东拓宽，加以重建。太和十七年，迁都洛邑，废州改郡。

索水又屈而西流，与梧桐涧水合[①]。水出西南梧桐谷[②]，东北流注于索。斯水亦时有通塞，而不常流也。

【注释】

①梧桐涧水：《水经注疏》熊会贞按："《隋志》，荥阳县有梧桐涧，当在今荥阳县（今河南郑州西北古荥镇）南。"

②梧桐谷：当在今河南荥阳南。

【译文】

索水又折向西流，与梧桐涧水汇合。涧水发源于西南方的梧桐谷，往东北流，注入索水。这条水也时常有通有塞，不是长流不断的。

索水又北屈，东迳大索城南[①]。《春秋传》曰：郑子皮劳叔向于索氏[②]，即此城也。《晋地道志》所谓京有大索、小索亭，《汉书》京、索之间也[③]。

【注释】

①大索城：在今河南荥阳北四里张楼村。

②郑子皮劳叔向于索氏：事见《左传·昭公五年》："晋韩宣子如楚送女，叔向为介。郑子皮、子大叔劳诸索氏。"郑子皮，即郑国的罕虎。郑国当权者，曾授子产政。劳，慰劳，犒劳。叔向，即羊舌肸，字叔向。晋平公时任太傅，参与国政。

③《汉书》京、索之间也：《汉书·高帝纪》："韩信亦收兵与汉王会，兵复大振。与楚战荥阳南京、索间，破之。"

【译文】

索水又折向北边，往东流经大索城南。《春秋传》说：郑子皮在索氏慰劳叔向，说的就是此城。《晋地道志》所谓京城有大索亭和小索亭，《汉书》中说的京、索之间，就指大索城。

索水又东迳虢亭南[①]。应劭曰[②]：荥阳，故虢公之国也[③]，今虢亭是矣。司马彪《郡国志》曰：县有虢亭，俗谓之平桃城。城内有大冢，名管叔冢[④]，或亦谓之为號咷城，非也。盖號、虢字相类，字转失实也。《风俗通》曰：俗说高祖与项羽战于京、索，遁于薄中[⑤]，羽追求之，时鸠止鸣其上，追之者以为必无人，遂得脱。及即位，异此鸠，故作鸠杖以扶老[⑥]。案《广志》[⑦]，楚鸠一名嗥啁[⑧]，號咷之名，盖因鸠以起目焉，所未详也。

【注释】

①虢（guó）亭：即东虢。西周封国，在今河南荥阳东北。春秋初为

郑武公所灭。

②应劭：字仲远，一作仲瑗。汝南南顿（今河南项城）人。东汉末学者。撰有《风俗通义》《汉官仪》《地理风俗记》等。

③虢公：东虢国的国君。

④管叔冢：在今河南荥阳一带。管叔，一作关叔。周初三监之一。名鲜，周武王弟。武王灭商后，封于管（今河南郑州）。武王去世，成王年幼，周公旦摄政，他和蔡叔等不满，对周公散布流言，诬蔑周公谋杀成王，窃夺王位，勾结武庚叛乱。后被周公旦平定，被杀。一说自杀。

⑤薄：茂密的草丛。

⑥鸠杖：在顶端刻有鸠鸟形状的拐杖。

⑦《广志》：书名。晋郭义恭撰。博物志类著作。内容博杂，涉及农业物产、动植物、地理气候、民俗等。

⑧嗥啁（háo zhāo）：鸟名。楚鸠的异名。

【译文】

索水又往东流经虢亭南边。应劭说：荥阳是旧时虢公的国都，就是今天的虢亭。司马彪《郡国志》说：县里有虢亭，俗称平桃城。城内有一座大坟，叫管叔冢，也有把城称为虢哓城的，这不对。虢、虢字形相似，因而辗转传抄，以致失实。《风俗通》说：民间说汉高祖与项羽在京、索作战，逃到茂密的草丛中，项羽在后面追来，到处搜寻他，当时有鸠在汉高祖藏身处的丛莽上鸣叫，追捕的人都以为下面一定无人，因而得以脱身。到了汉高祖即位以后，觉得这只鸠颇为神异，所以做了鸠杖送给老人支身。查考《广志》，楚国的鸠又叫嗥啁，虢哓城这地名，大概就是因鸠而取的吧，但也不大清楚。

索水又东北流，须水右入焉[①]。水近出京城东北二里榆子沟[②]，亦曰柰榆沟也，又或谓之为小索水。东北流，木蓼沟水注之[③]。水上承京城南渊，世谓之车轮渊[④]。渊水东北流，谓之木蓼沟。又东北入于须水。须水又东北流，于荥阳城西南北注索[⑤]。

【注释】

①须水：一名须河。在今河南荥阳东南、郑州西。

②榆子沟：亦称柰榆沟。依郦道元记载“京城东北二里榆子沟”，则当在今河南荥阳一带。

③木蓼（liǎo）沟水：在今河南荥阳一带。

④车轮渊：在今河南荥阳一带。

⑤荥阳城：在今河南郑州西北古荥镇。

【译文】

索水又往东北流，须水向右边流入。须水发源于京城东北二里的榆子沟，也叫柰榆沟，也有人叫小索水。往东北流，有木蓼沟水注入。木蓼沟水上游承接京城的南渊，人们称之为车轮渊。渊水往东北流，叫木蓼沟。又往东北流，注入须水。须水又往东北流，在荥阳城西南，往北注入索水。

索水又东迳荥阳县故城南。汉王之困荥阳也[①]，纪信曰[②]：臣诈降楚，王宜间出[③]。信乃乘王车出东门，称汉降楚。楚军称万岁，震动天地，王与数十骑出西门得免楚围。羽见信大怒，遂烹之[④]。信冢在城西北三里[⑤]。故蔡伯喈《述征赋》曰[⑥]：过汉祖之所隘[⑦]，吊纪信于荥阳[⑧]。其城跨倚冈原[⑨]，居山之阳[⑩]，王莽立为祈队[⑪]，备周六队之制[⑫]。魏正始三年，岁在甲子[⑬]，被癸丑诏书，割河南郡县，自巩、阙以东[⑭]，创建荥阳郡[⑮]，并户二万五千，以南乡筑阳亭侯李胜[⑯]，字公昭，为郡守。故原武典农校尉[⑰]，政有遗惠，民为立祠于城北五里，号曰李君祠[18]。庙前有石跖[19]，跖上有石的[20]，石的铭具存。其略曰：百族欣戴，咸推厥诚。今犹祀祷焉。

【注释】

①汉王：刘邦此时尚未称帝，被项羽立为汉王。

②纪信：楚汉相争时为刘邦部将。项羽围刘邦于荥阳，事急，纪信假扮成刘邦出降，刘邦乘乱逃脱。项羽大怒，活活烧死纪信。

③间出：乘机逃跑。

④羽见信大怒，遂烹之：据《史记·项羽本纪》《汉书·高帝纪》，纪信是被项羽烧死，非烹杀。烹，古代用鼎镬煮人的酷刑。译文从之。

⑤信冢：即纪信冢。在今河南荥阳一带。

⑥蔡伯喈（jiē）：即蔡邕（yōng）。字伯喈。陈留圉（今河南杞县南）人。东汉文学家、书法家。《述征赋》：一作《述行赋》。蔡邕自序："延熹二年秋，霖雨逾月。是时，梁冀新诛，而徐璜、左悺五侯擅贵于其处。又起显阳苑于城西。人徒冻饿，不得其命者甚众。……心愤此事，遂托所过，述而成赋。"

⑦过汉祖之所隘：经过汉高祖刘邦曾经困厄之处。

⑧吊纪信于荥阳：在荥阳凭吊为高祖殒命的纪信。

⑨跨倚：依据，倚靠。跨，据有，占有。

⑩居山之阳：山的南边。古人以山南水北为阳。

⑪王莽立为祈队：依照《周礼》六队之制，王莽把荥阳立为六队之一的祈队。

⑫备周六队之制：完全依照周朝六队的建制。《资治通鉴·汉纪·王莽天凤元年》："莽以《周官》《王制》之文……分三辅为六尉郡；河内、河东、弘农、河南、颍川、南阳为六队郡。"胡三省注："师古曰：队，音遂。仲冯曰：河南，当为荥阳，莽所分为六遂之一也……河东兆队，河内后队，弘农右队，荥阳祈队，颍川左队，南阳前队。"

⑬魏正始三年，岁在甲子：正始三年是242年，根据天干地支纪年，242年为甲子年。正始，三国魏齐王曹芳的年号（240—249）。

⑭巩：即巩县。战国周置。后入秦，属三川郡。治所在今河南巩义西南。阙：即伊阙。一名龙门。即春秋之阙塞。在今河南洛阳南二十五里龙门山。

⑮荥阳郡：三国魏正始三年（242）置，属司州。治所在荥阳县（今河南郑州西北古荥镇）。

⑯南乡：即南乡郡。东汉建安十三年（208）析南阳郡置，属荆州。治所在南乡县（今河南淅川西南丹江水库内）。筑阳：秦置，属南阳郡。治所在今湖北谷城东北四里。以在筑水之阳而得名。东汉为筑阳侯国。李胜：字公昭。三国曹魏时人。曹爽辅政时，李胜为洛阳令。累迁荥阳太守、河南尹、荆州刺史。后司马懿发动政变，李胜因与曹爽通谋被杀。

⑰原武：县名。西汉置，属河南郡。治所即今河南原阳。典农校尉：官名。汉末，曹操于实行屯田的诸郡国置屯田官，其郡国小者置典农校尉，职守同典农中郎将。咸熙元年（264）罢，改为太守。

⑱李君祠：依据郦道元记载，当在今河南荥阳一带。

⑲石跖（zhí）：石基。跖，通“墌”。基址。

⑳石的（dì）：石制的箭靶中心。

【译文】

索水又往东流经荥阳县老城南。汉王在荥阳被围困，纪信说：我给您做替身向楚诈降，大王您可以乘机逃出去。于是纪信坐着汉王的车从东门出城，宣称汉向楚投降。楚军都欢呼祝贺，呼声震天动地，汉王和数十人马却从西门出城，逃脱了楚军包围。项羽一看原来是纪信，火冒三丈，就把纪信烧死。纪信墓在离城西北三里处。所以蔡伯喈《述征赋》说：经过汉高祖受困之处，在荥阳凭吊纪信。荥阳城跨于丘冈高地，坐落在山的南坡，王莽立为祈队，完全按照《周礼》六队的建制。魏正始三年，正值甲子之年，照癸丑诏书，划出河南郡县，从巩县、伊阙以东的地方，创建荥阳郡，合共二万五千户，以南乡郡筑阳亭侯李胜，字公昭，为郡守。李胜曾为原武典农校尉，施政惠及地方，老百姓在城北五里为他立祠，号称李君祠。庙前有脚形石，上面有石箭靶，箭靶上的铭文如今还在。铭文大意是说：百姓欣然拥护他，大家都出于一片真心诚意。现在人们还来祭祀祈祷。

索水又东迳周苛冢北[①]。汉祖之出荥阳也，令御史大夫周苛守之[②]，项羽拔荥阳获苛曰：吾以公为上将军[③]，封三万户侯[④]，能尽节乎？苛瞋目骂羽，羽怒，烹之。

【注释】

①周苛冢：在河南荥阳一带。

②周苛：秦末泗水沛(今江苏沛县)人。曾任泗水亭卒史。随刘邦起兵入关破秦，后拜御史大夫。楚汉战争中守荥阳，为项羽所俘。不降，被烹而死。

③上将军：高级武官名。战国、秦已有置。燕乐毅、齐田单曾为上将军。汉承秦制，为列将军之一。

④三万户侯：食邑为三万户的侯爵。

【译文】

索水又往东流经周苛墓北面。汉高祖出了荥阳，派御史大夫周苛去防守，项羽攻下荥阳，俘获周苛，对他说：我让你当上将军，封三万户侯，您能够尽忠守节吗？周苛张大眼睛痛骂项羽，项羽大怒，把他投到沸水锅里煮了。

索水又东流，北屈西转，北迳荥阳城东，而北流注济水。杜预曰：旃然水出荥阳成皋县[①]，东入汳[②]。《春秋·襄公十八年》[③]，楚伐郑，右师涉颍[④]，次于旃然[⑤]，即是水也。济渠水断，汳沟惟承此始，故云汳受旃然矣。亦谓之鸿沟水，盖因汉、楚分王[⑥]，指水为断故也。《郡国志》曰：荥阳有鸿沟水是也。盖因城地而变名，为川流之异目。

【注释】

①成皋县：西汉置，属河南郡。治所在今河南荥阳西北汜水镇。

②汳（biàn）：亦称汳渠，故道自今河南开封东北分狼汤渠水东流至今商丘北，下接获水。自晋以后被认为是汴水的下游，"汳"名遂废弃不用，通称汴水。

③襄公十八年：前555年。襄公，即鲁襄公。鲁成公黑肱之子。

④右师：右军，右翼部队。涉：徒步渡河。颍：即颍水。淮河支流。源出河南登封嵩山西南，东南流到周口，纳沙河、贾鲁河，至安徽颍上东南沫口入淮河。

⑤次：止，驻扎。

⑥汉、楚分王：《史记·高祖本纪》："项羽恐，乃与汉王约，中分天下，割鸿沟而西者为汉，鸿沟而东者为楚。"

【译文】

索水又东流，北弯西转，往北流经荥阳城东面，然后北流注入济水。杜预说：旃然水发源于荥阳成皋县，东流注入汳水。《春秋·襄公十八年》，楚国攻打郑国，右翼军队涉过颍水，驻扎在旃然，说的就是此水。济渠水断了，汳沟就在这里承接此水，所以说：汳水承接旃然水。也叫鸿沟水，大概因为楚、汉划地分王，指定以此水为界的缘故。《郡国志》说：荥阳有鸿沟水。这些水名都是随所经的城池和地区而变，成为河流的异名的。

济水又东迳荥泽北，故荥水所都也[①]。京相璠曰：荥泽在荥阳县东南与济隧合[②]。济隧上承河水于卷县北河[③]，南迳卷县故城东，又南迳衡雍城西[④]。《春秋左传·襄公十一年》[⑤]：诸侯伐郑[⑥]，西济于济隧。杜预阙其地[⑦]，而曰水名也。京相璠曰：郑地也。言济水荥泽中北流，至衡雍西，与出河之济会，南去新郑百里[⑧]，斯盖荥播、河、济，往复径通矣。出河之济即阴沟之上源也[⑨]。济隧绝焉，故世亦或谓其故道为十字沟。自于岑造八激堤于河阴[⑩]，水脉径断，故渎难寻，又南会于荥泽。然水既断，民谓其处为荥泽。《春秋》：卫侯及翟人战于荥泽[⑪]，而屠懿公[⑫]，弘演报命纳肝处也[⑬]。有垂陇城[⑭]，济渎出其北。《春秋·文公二年》：晋士縠盟于垂陇者也[⑮]。京相璠曰：垂陇，郑地。今荥阳东二十里有故垂陇城，即此是也。世谓之都尉城，盖荥阳典农都尉治[⑯]，故变垂陇之名矣。

【注释】

①荥水：又名荥波、荥泽。在今河南郑州西北古荥镇北。春秋战国时尚与济水、黄河相通。自西汉平帝以后，荥泽淤塞为平地。都：水泽所聚谓之都。

②济隧：在今河南荥阳东南，今已湮没。

③卷县：战国秦置，属三川郡。西汉属河南郡。治所在河南原阳西圈城。

④衡雍城：春秋郑邑。在今河南原阳西圈城。战国名垣雍。

⑤襄公十一年：前 562 年。

⑥诸侯伐郑：《春秋·襄公十一年》："（鲁襄）公会晋侯、宋公、卫侯、曹伯、齐世子光、莒子、邾子、滕子、薛伯、杞伯、小邾子伐郑。"

⑦杜预阙其地：杜预没有指明该地的具体位置。阙，缺失。

⑧新郑：春秋、战国时郑国之都。即今河南新郑。

⑨阴沟:即阴沟水。为古黄河支津。故道西起今河南原阳西南,东至开封境内合古狼汤渠。是狼汤渠分河水的渠道之一,故亦为狼汤渠的另一名称。

⑩于岑:东汉安帝时泰山(今山东泰安)人。谒者。造八激堤于河阴。八激堤:本为八处用石头垒起防御波浪的堤岸,后用作地名。在今河南原阳西南古黄河南岸。河阴:黄河的南岸。古人以山北水南为阴。

⑪卫侯及翟(dí)人战于荥泽:事见《左传·闵公二年》:"冬,十二月,狄人伐卫……渠孔御戎,子伯为右,黄夷前驱,孔婴齐殿。及狄人战于荥泽,卫师败绩,遂灭卫。"卫侯,卫懿公,名赤,卫惠公之子,懿是谥号。翟人,即狄人。

⑫屠:杀害。懿公:即卫侯。

⑬弘演报命纳肝:《吕氏春秋·仲冬纪·忠廉》:"卫懿公有臣曰弘演,有所于使。翟人至,及懿公于荧泽,杀之,尽食其肉,独舍其肝。弘演至,报使于肝,毕,呼天而啼,尽哀而止,曰:'臣请为褾。'因自杀,先出其腹实,内懿公之肝。"

⑭垂陇城:春秋郑邑。在今河南荥阳东北。东汉末置荥阳典农都尉于此,故又名都尉城。

⑮晋士縠(hú)盟于垂陇:《春秋·文公二年》:"夏六月,公孙敖会宋公、陈侯、郑伯、晋士縠,盟于垂陇。"文公二年,前625年。文公,即鲁文公,春秋鲁僖公之子。名兴,即位三年,朝于晋襄公。尝败翟于鹹。获长狄乔如。在位十八年卒。士縠,晋大夫。

⑯典农都尉:官名。西汉武帝始于边郡置农都尉,管理屯田殖谷。东汉因之。

【译文】

济水又往东流经荥泽北面,这是先前荥水汇聚的地方。京相璠说:荥泽在荥阳县东南,与济隧汇合。济隧上游在卷县北河承接河水,往南流经卷县旧城东面，又往南流经衡雍城西面。《春秋左传·襄公十一年》：诸侯攻郑，在济隧渡水西进。杜预漏掉这地方，只说到水名。京相璠说：这是郑国地方。说济水从荥泽北流，到了衡雍以西，与从大河分出的济水相汇合，南距新郑一百里，这样看来，那么荥播、河、济都是来往相通的了。从河水分出的济水，就是阴沟的上源。济隧在这里断了，所以世人也有把旧河道称为十字沟的。自从于岑在河水南岸筑八激堤后，水脉断流，旧河道也难以寻找了，又往南汇入荥泽。但水既已断流，于是人们就把那地方称为荥泽了。《春秋》：卫侯与翟人在荥泽作战，杀掉懿公，弘演就在这里以身殉主，剖腹把懿公的肝放入自己体内。有垂陇城，济渎就发源于城北。《春秋·文公二年》：晋士縠在垂陇会盟。京相璠说：垂陇是郑国地方。现在荥阳以东二十里有垂陇老城，就是此城。世人称之为都尉城，因为这是荥阳典农都尉的治所，所以改掉垂陇一名了。

渎际又有沙城①，城左佩济渎②。《竹书纪年》：梁惠成王九年③，王会郑釐侯于巫沙者也④。渎际有故城，世谓之水城。《史记》：秦昭王三十二年，魏冉攻魏，走芒卯，入北宅⑤，即故宅阳城也。《竹书纪年》曰：惠成王十三年⑥，王及郑釐侯盟于巫沙，以释宅阳之围⑦，归釐于郑者也。《竹书纪年》：晋出公六年⑧，齐、郑伐卫，荀瑶城宅阳⑨。俗言水城，非矣。济水自泽东出，即是始矣。王隐曰⑩：河决为荥⑪，济水受焉，故有济堤矣。谓此济也。

【注释】

①沙城：根据郦道元记载“渎际又有沙城”，则沙城当在今河南郑州、荥阳一带。

②城左佩济渎：这里是形象描述，指沙城的左边有济渎。佩，佩带。

③梁惠成王九年:前361年。

④郑釐(xī)侯:战国韩哀侯之孙,郑懿侯之子。即韩昭侯。以申不害为相,国内以治,诸侯不敢侵伐。巫沙:具体不详。

⑤"秦昭王三十二年"几句:事见《史记·穰侯列传》:"昭公三十二年,穰侯为相国,将兵攻魏,走芒卯,入北宅,遂围大梁。"秦昭王三十二年,前275年。秦昭王,即战国秦昭襄王嬴则。魏冉,战国时楚人,秦国大臣。秦昭王母宣太后异父弟。秦昭王之舅。昭王年幼即位,宣太后执政,他被任为将军,平定公子壮之乱。任相国,封于穰(今河南邓州东南),号穰侯。死于定陶(今山东菏泽定陶区)。走,使……逃跑。芒卯,一作孟卯。本齐国人,后为魏将,能安其危,解其患。北宅,亦称宅阳。在今河南荥阳东北。

⑥惠成王十三年:前357年。

⑦释:解。宅阳之围:事见《史记·穰侯列传》。

⑧晋出公六年:前469年。晋出公,晋定公之子,名凿。定公三十七年(前475),定公卒,出公即位。出公十七年(前458),知伯与赵、韩、魏共分范、中行地以为邑。出公怒,告齐、鲁,欲以伐四卿。四卿怒,遂反攻出公。出公奔齐,道死。

⑨荀瑶:晋国智伯文子荀栎之孙,亦称智伯、荀伯瑶、知襄子。

⑩王隐:字处叔。陈郡陈(今河南周口淮阳区)人。东晋史学家。撰《晋书》,今佚。

⑪河决为荥:当作河泆为荥。《尚书·禹贡》:"导沇水,东流为济。入于河,溢为荥。"泆,通"溢"。水满而泛滥。

【译文】

水边又有沙城,左边有济渎流过。《竹书纪年》:梁惠成王九年,惠成王在巫沙会见郑釐侯。水边有老城,世人称之为水城。《史记》:秦昭王三十二年,魏冉攻打魏国,取道芒卯,打进北宅,就是旧时的宅阳城。《竹书纪年》说:惠成王十三年,惠成王和郑釐侯在巫沙缔结盟约,以解宅阳之围，把釐归还郑国。《竹书纪年》：晋出公六年，齐、郑合攻卫国，荀瑶在宅阳筑城。民间叫水城，这就不对了。济水从沼泽往东流出，就是从这里开始的。王隐说：河水决口后形成荥水，济水承接荥水，所以有济堤。说的就是这条济水。

济水又东南迳釐城东[①]，《春秋经》书：公会郑伯于时来[②]，《左传》所谓釐也[③]。京相璠曰：今荥阳县东四十里有故釐城也。

【注释】

①釐城：春秋时郑时来邑。在今河南郑州西北。

②公会郑伯于时来：事见《春秋·隐公十一年》："夏，公会郑伯于时来。"公，即鲁隐公。姓姬，名息姑，惠公之子。郑伯，即郑庄公，郑武公之子。时来，即《左传》中的"郲(lái)"。郑地，在今河南郑州西北。

③《左传》所谓釐：应为"杜预注所谓釐"。《水经注疏》熊会贞按："《左传》作郲，不作釐。杜《注》：时来，郲也。荥阳县东有釐城，则是杜《注》谓之釐，此《左传》二字为'杜预'之误，今订。"译文从之。

【译文】

济水又往东南流经釐城东边，《春秋经》记载：隐公在时来会见郑伯，这时来，就是《左传》杜预注所说的釐。京相璠说：现在荥阳县东四十里有旧釐城。

济水右合黄水[①]。水发源京县黄堆山[②]，东南流，名祝龙泉[③]，泉势沸涌，状若巨鼎扬汤。西南流，谓之龙项口，世谓之京水也[4]。又屈而北注，鱼子沟水入焉[5]，水出石暗涧。东北流，又北与濇濇水合[6]，水出西溪东流，水上有连理树[7]，其树，柞栎也[8]，南北对生，凌空交合，溪水历二树之间，东流注于鱼水[9]，鱼水又屈而西北注黄水。

【注释】

①黄水：即须河，亦称须水。在今河南荥阳东南、郑州西。《水经注疏》："黄水出此山，盖即今县东之须河也。须河有数源，黄水出山东南流，则须河之西也。"

②黄堆山：当在今河南荥阳东南。

③祝龙泉：似在今河南荥阳一带。

④京水：一名黄水。即今河南贾鲁河上源。在今河南新密东北、荥阳东南及郑州境。

⑤鱼子沟水：在今河南荥阳须河一带。

⑥濇濇（sè）水：在今河南荥阳须河一带。

⑦连理树：枝干连生的异根树木。

⑧柞栎（zuò lì）：也叫柞树。落叶乔木，木质坚硬，耐腐蚀。叶子可用来饲养柞蚕，木材可用来造船和做枕木等。

⑨鱼水：《水经注疏》熊会贞按："至鱼子沟水、鱼水可通称。"

【译文】

济水右边汇合黄水。黄水发源于京县的黄堆山，往东南流，叫祝龙泉，这道山泉流出时水势翻涌，正像大锅里的沸水一样。水往西南流，出山处叫龙项口，世人把水称为京水。又转弯向北奔流，有鱼子沟水注入，鱼子沟水出自石暗涧。往东北流，又往北与濇濇水汇合。濇濇水出自西溪，往东流，水上有连理树——是两棵柞栎树，南北对岸而生，凌空互相交合，溪水流经两树之间，往东流注入鱼水，鱼水又折向西北流，注入黄水。

黄水又北迳高阳亭东[①]，又北至故市县[②]，重泉水注之[③]。水出京城西南少陉山，东北流，又北流迳高阳亭西，东北流注于黄水。又东北迳故市县故城南。汉高帝六年[④]，封阎泽赤为侯国[⑤]，河南郡之属县也。黄水又东北至荥泽南，分为二水。一水北入荥泽，下为船塘[⑥]，俗谓之郑城陂，东西四十里，南北二十里。竹书《穆天子传》曰[⑦]：甲寅，天子浮于荥水[⑧]，乃奏广乐是也。一水东北流，即黄雀沟矣[⑨]。《穆天子传》曰：壬寅，天子东至于雀梁者也。又东北与靖水枝津合[⑩]，二水之会为黄渊[⑪]，北流注于济水。

【注释】

①高阳亭：即高阳城。在今河南荥阳一带。

②故市县：西汉置，为侯国，属河南郡。治所在今河南郑州西北三十五里。东汉废。

③重泉水：在今河南须河之西。《水经注疏》熊会贞按："今须河之西有一水，东北流来会，盖即重泉水，但出故京城东南，不出西南，或上源有湮塞矣。"

④汉高帝六年：前201年。

⑤阎泽赤：《册府元龟·将帅部·佐命》："阎泽赤，以执盾初起从，入汉为河上守，迁为殷相。击项籍，封敬市侯(一作故市)，千户，比平定侯。"

⑥船塘：亦称为郑城陂。当在今河南郑州之西、荥阳之东。

⑦竹书《穆天子传》：书名。撰者不详。约为春秋末到战国初时作。晋咸宁五年(279)在汲郡(今河南汲县)战国魏襄王墓中出土的汲冢书之一。主要记录的是周穆王西征西方诸国和巡游中原的故事。

⑧天子：即西周穆王姬满，周昭王之子。

⑨黄雀沟：《水经注疏》杨守敬按："今郑州西有小贾鲁河，盖即黄雀沟……"

⑩靖水：似为"不家沟水"之脱讹。《水经注疏》熊会贞按："考《渠水注》，不家沟水迳管城西，又东北分为二水，一水东北流，注黄雀沟，即此水也。则是不家沟水枝津，《注》脱'不家'二字，'沟'又与'靖'形近致讹耳，今订。"不家沟水，简称不家水，俗称管水。在今河南郑州和中牟境内。

⑪黄渊：即黄雀沟。在郑州西。

【译文】

黄水又往北流经高阳亭东边，又往北流到故市县，有重泉水注入。重泉水发源于京城西南的少陉山，往东北流，又往北流经高阳亭西边，往东北注入黄水。黄水又往东北流经故市县老城南边。汉高帝六年，把这里封给阎泽赤，立为侯国，后来是河南郡的属县。黄水又往东北流，到荥泽南分成两条。一条往北流入荥泽，下游是船塘，俗称郏城陂，东西四十里，南北二十里。竹书《穆天子传》说：甲寅日，穆天子在荥水航行，奏起隆重盛大的音乐，就在这里。另一条水往东北流，就是黄雀沟。《穆天子传》说：壬寅日，穆天子往东来到雀梁。又往东北流，与靖水支流汇合，两条水汇合处就是黄渊，北流注入济水。

又东过阳武县南①，

济水又东南流入阳武县，历长城东南流，蒗荡渠出焉②。

【注释】

①阳武县：秦置，属三川郡。治所在今河南原阳东南二十八里。西汉属河南郡。北魏属广武郡。

②蒗荡渠：即战国至秦、汉间之鸿沟。故道自今河南荥阳北广武镇

北引黄河水东流，经中牟北，至开封东南。折而南流经通许县东、太康西，至周口淮阳区东南，流经沈丘北入颍水。魏、晋以后，开封以上河段称汴水，以下河段称蔡水。

【译文】

济水又往东流过阳武县南边，

济水又往东南流，进入阳武县境内，经长城往东南流，蒗𦽏渠从那里分出。

济水又东北流，南济也[1]。迳阳武县故城南，王莽更名之曰阳桓矣。

【注释】

①南济：古济水之南支。即荥渎。《水经注·济水》记载：济水自古荥泽以下之南北二水道称为南济、北济。二水东流，分别流经阳武、封丘、济阳、冤朐、菏泽定陶区等之南北，合于古钜野泽。故道约在今河南郑州、原阳、封丘、兰考、山东东明、菏泽、巨野等市县境。

【译文】

济水又往东北流，就是南济。经过阳武县老城南边，王莽改县名为阳桓。

又东为白马渊[1]，渊东西二里，南北百五十步，渊流名为白马沟[2]。

【注释】

①白马渊：当在今河南原阳一带。

②白马沟：当为“白沟”。古济水流经今河南原阳东南潴为白马渊，渊水东流为白沟，又东经封丘南、开封北，下游与古济水合。

【译文】

济水又东流，就是白马渊，渊长东西二里，南北宽约一百五十步，渊中流出的水叫白马沟。

又东迳房城北[①]。《穆天子传》曰：天子里甫田之路[②]，东至于房。疑即斯城也。郭《注》以为赵郡房子也[③]。余谓穆王里郑甫[④]，而郭以赵之房邑为疆[⑤]，更为非矣。

【注释】

①房城：《水经注疏》熊会贞按："当在今封丘县（今河南封丘）西南。"

②天子：此指周昭王之子姬满。里：全面丈量里数。甫田：即甫田泽。在今河南中牟西及郑州东。

③郭《注》：即郭璞的《穆天子传》注。赵郡：东汉建安十七年（212）改赵国置。治所在邯郸县（今河北邯郸）。三国魏太和六年（232）改为赵国，移治房子县（今高邑西南）。房子：即房子县。西汉置，属常山郡。治所在今河北高邑西南十五里仓房村。

④郑甫：郑国的甫田泽。

⑤郭以赵之房邑为疆：郭璞则把这个"房"当作是赵国房子县的疆域。

【译文】

济水又往东流经房城北。《穆天子传》说：穆天子丈量甫田路途的里数，往东到了房。恐怕就是此城。郭璞《穆天子传》注以为这就是赵郡的房子县。我以为穆王走的是郑国的甫里泽，而郭璞则以为在赵国的房邑境内，就更不对头了。

济水又东迳封丘县南[①]，又东迳大梁城北[②]，又东迳仓垣城[③]，又东迳小黄县之故城北[④]。县有黄亭[⑤]，说济又谓之曰黄沟[⑥]。县，故阳武之东黄乡也[⑦]，故水以名县[⑧]。沛公起兵野战，丧皇妣于黄乡[⑨]，天下平定，乃使使者以梓宫招魂幽野[⑩]。于是丹蛇自水濯洗，入于梓宫，其浴处有遗发焉。故谥曰昭灵夫人，因作寝以宁神也。

【注释】

①封丘县：西汉置，属陈留郡。治所即今河南封丘。

②大梁城：战国魏都邑。在今河南开封西北。魏惠王时，自安邑徙都于此，为当时最大的都市之一。

③仓垣城：一名仓垣亭。在今河南开封东北。

④小黄县：西汉置，属陈留郡。治所在今河南开封东北。

⑤黄亭：一名黄池亭。即春秋时黄池邑。在今河南封丘西南二十二里三姓庄北。

⑥说济又谓之曰黄沟：此句之上当有脱文，未详。黄沟，春秋吴王夫差十四年（前482），为北上称霸中原而凿。东自今江苏沛县，经山东单县、曹县及河南兰考、封丘等县，西达济水。史称黄沟。

⑦黄乡：在今河南开封东。

⑧故水以名县：此句疑有脱误。

⑨皇妣（bǐ）：对亡母的敬称。

⑩梓（zǐ）宫：皇帝和皇后的灵柩。

【译文】

济水又往东流经封丘县南面，又往东流经大梁城北面，又往东流经仓垣城，又往东流经小黄县老城北面。县里有黄亭，邻近济水，黄水就由此流出，又称黄沟。小黄县就是旧时阳武的东黄乡，是以水为县名的。沛公起兵后在原野作战，他的母亲死于黄乡，天下平定后，就派使者带了棺柩到这里的荒野招魂。有赤色大蛇在水中洗澡，洗后爬进棺柩，它洗渠的地方还留着些头发。因而谥为昭灵夫人，并修建陵寝让她的神灵得到安身之处。

济水又东迳东昏县故城北①，阳武县之户牖乡矣②。汉丞相陈平家焉③。平少为社宰④，以善均肉称⑤，今民祠其社。平有功于高祖，封户牖侯，是后置东昏县也，王莽改曰东明矣。

【注释】

①东昏县：西汉置，属陈留郡。治所在今河南兰考东北二十里东昏故城。西晋废。

②户牖（yǒu）乡：春秋卫邑，秦为乡。西汉置东昏县于此。在今河南兰考东北二十里。

③陈平：阳武户牖（今河南原阳）人。本为项羽都尉，转投刘邦。行反间计，使范增、项羽反目。擒韩信，解白登山之围，多奇计。封曲逆侯。惠帝时为丞相，与周勃合谋诛诸吕，迎立文帝。

④社宰：一社之长。社，古代地方基层单位名称。自十户、二十五户至百户不等的村社聚落。

⑤以善均肉称：事见《史记·陈丞相世家》："里中社，平为宰，分肉食甚均。父老曰：'善，陈孺子之为宰！'平曰：'嗟乎，使平得宰天下，亦如是肉矣！'"

【译文】

济水又往东流经东昏县老城北面，这就是阳武县的户牖乡。汉朝丞相陈平的家就在这里。陈平少时在村社里作社宰，以善于均分猪肉而著称，现在老百姓还在社里为他立祠。陈平辅佐汉高祖有功，封为户牖侯，后来设置了东昏县，王莽时改名为东明。

济水又东迳济阳县故城南①，故武父城也②。城在济水之阳[3]，故以为名，王莽改之曰济前者也。光武生济阳宫[4]，光明照室，即其处也。《东观汉记》曰[5]：光武以建平元年生于济阳县[6]，是岁有嘉禾生[7]，一茎九穗[8]，大于凡禾，县界大熟，因名曰秀[9]。

【注释】

①济阳县：战国秦置，属砀郡。治所在今河南兰考东北四十里堌阳镇。汉属陈留郡。因在济水之北而得名。

②武父城：春秋时郑地。在今山东东明西南。

③城在济水之阳：（济阳）城在济水之北。阳，山南水北为阳。

④光武：即东汉光武帝刘秀。济阳宫：宫名。汉武帝曾在济阳县有过行宫。

⑤《东观汉记》：书名。又名《东观记》。东汉班固、刘珍等人以纪传体撰写的一部记载东汉历史的史书。《隋书·经籍志》著录为一百四十三卷，记事起于光武帝，终于灵帝。

⑥建平元年：前6年。建平，西汉哀帝刘欣的年号（前6—前3）。

⑦嘉禾：生长异常的禾稻，古人以之为吉祥的征兆。

⑧一茎九穗：一根茎秆上长出九个稻穗，多指吉兆。禾苗一茎一穗是物理之常态。

⑨秀：本指禾苗吐穗。这里指结出果实，丰收。

【译文】

济水又往东流经济阳县老城南，这就是旧时的武父城。城在济水北面，所以叫济阳，王莽改为济前。光武帝降生于济阳宫时，有祥光照亮整个房间，就是在这地方。《东观汉记》说：光武帝于建平元年生于济阳县，那年长出一棵嘉禾，一根稻茎上长出九个稻穗，比普通的稻禾大得多，全县取得大丰收，因此把他取名为秀。

又东过封丘县北，

北济也[①]。自荥泽东迳荥阳卷县之武脩亭南[②]，《春秋左传·成公十年》，郑子然盟于脩泽者也[③]，郑地矣。杜预曰：卷东有武脩亭[④]。

【注释】

①北济：戴震认为，考济自荥泽流出，有南济、北济之分。南济行阳武、封丘、济阳、冤朐、定陶之南，而不迳其北。北济则行阳武、封丘、济阳、冤朐、定陶之北，而不迳其南。

②荥阳：即荥阳郡。三国魏正始三年（242）置，属司州。治所在荥阳县（今河南郑州西北古荥镇）。卷县：战国秦置，属三川郡。西汉属河南郡。治所在今河南原阳西圈城。武脩亭：在今河南原阳西南。

③郑子然盟于脩泽者也：事见《左传·成公十年》："五月，晋立太子州满以为君，而会诸侯伐郑。郑子罕赂以襄钟，子然盟于脩泽，子驷为质。"成公十年，前581年。子然，郑穆公的儿子。脩泽，即脩鱼。春秋郑邑。在今河南原阳西南。

④卷东有武脩亭：《左传·成公十年》："子然盟于脩泽，子驷为质。"杜预注："子然、子驷，皆穆公子。荥阳卷县东有脩武亭。"

【译文】

济水又往东流过封丘县北边，

这一条是北济水。水从荥泽往东流经荥阳卷县的武脩亭南。《春秋左传·成公十年》，郑子然在脩泽会盟，这是郑国的地方。杜预说：卷县东边有武脩亭。

济水又东迳原武县故城南[①]，《春秋》之原圃也[②]。《穆天子传》曰：祭父自圃郑来谒天子[③]，夏，庚午，天子饮于洧上[④]，乃遣祭父如圃郑是也。王莽之原桓矣。

【注释】

①原武县：西汉置，属河南郡。治所即今河南原阳。

②原圃：即圃田泽。在今河南中牟西及郑州东。也是古代九薮之一。

③祭父：周人。名谋父。穆天子大臣。周公后裔，祭国（今河南郑州东北）国君。曾劝谏穆王勿征犬戎，穆王不听，又作《祈招》之诗，劝王爱惜民力，减少巡游。《逸周书·祭公》记其临终对穆王之嘱托。圃郑：即圃田泽。因在郑地，故称圃郑。谒（yè）：拜见。臣子朝见国君的一种礼节。

④洧（wěi）：即洧水。今河南双洎（jì）河。汉、唐故道，源出今河南登封东阳城山，东流至西华县西入颍水。至明代改称双洎河。

【译文】

济水又往东流经原武县老城南边，这就是《春秋》的原圃。《穆天子传》说：祭父从圃郑来拜见天子，夏天，庚午日，天子在洧上饮酒，就派祭父去圃郑。就是王莽的原桓。

济渎又东迳阳武县故城北[①]，又东绝长城[②]。按《竹书纪年》：梁惠成王十二年[③]，龙贾率师筑长城于西边[④]。自亥谷以南[⑤]，郑所城矣[⑥]。《竹书纪年》云：是梁惠成王十五年筑也[⑦]。《郡国志》曰：长城自卷迳阳武到密者是矣[⑧]。

【注释】

①阳武县：秦置，属三川郡。治所在今河南原阳东南二十八里。西汉属河南郡。北魏属广武郡。

②绝：横穿，直渡。长城：这里指魏国所修建的长城。从卷县（今河

南原阳西圈城）经阳武县（今河南原阳东南）。

③梁惠成王十二年：前358年。

④龙贾：战国时魏将。魏惠王后元五年（前330），秦大良造公孙衍（犀首）攻魏，他率军抵御，在雕阴（今陕西甘泉南）大败，被擒。

⑤亥谷：具体不详。

⑥郑：周诸侯国名。在今河南新郑一带。

⑦梁惠成王十五年：前355年。

⑧卷：即卷县。战国秦置，属三川郡。西汉属河南郡。治所在今河南原阳西圈城。密：即密县。西汉置，属河南郡。治所在今河南新密东南三十里。

【译文】

济渎又往东流经阳武县老城北边，又往东流过长城。查考《竹书纪年》记载：梁惠成王十二年，龙贾领兵在西部边境筑了长城。从亥谷以南的一段，是郑修筑的。《竹书纪年》说：这是梁惠成王十五年筑的。《郡国志》说：长城从卷县经阳武到密县。

济渎又东迳酸枣县之乌巢泽①，泽北有故市亭②。《晋太康地记》曰③：泽在酸枣之东南，昔曹太祖纳许攸之策④，破袁绍军处也⑤。

【注释】

①酸枣县：战国魏置。后入秦，属东郡。治所在今河南延津西南十五里。乌巢泽：在今河南封丘西北。

②故市亭：在今河南荥阳东北。

③《晋太康地记》：书名。又称《太康地记》等。撰者不详。晋太康三年（282）撰。记载晋初州、郡、县建制沿革、地名取义、山水、物产等。

④曹太祖：即曹操。许攸：字子远。东汉末南阳(今河南南阳)人。先随袁绍,后弃绍投奔曹操。为曹操重要谋士。后自恃勋劳,为曹操所杀。

⑤袁绍：字本初。汝南汝阳(今河南商水县西北)人。东汉末权臣。

【译文】

济渎又往东流经酸枣县的乌巢泽,泽北有个旧市亭。《晋太康地记》说:乌巢泽在酸枣县东南,从前曹操采用了许攸的策略,就在这里破坏了袁绍的运输线。

济渎又东迳封丘县北,南燕县之延乡也[①],其在《春秋》为长丘焉。应劭曰:《左传》,宋败狄于长丘,获长狄缘斯是也[②]。汉高帝封翟盱为侯国[③],濮水出焉[④]。

【注释】

①南燕县：西汉改燕县置,属东郡。治所在今河南延津东北三十五里。延乡：即今河南封丘。

②"《左传》"几句：事见《左传·文公十一年》:"初,宋武公之世,鄋瞒伐宋……以败狄于长丘,获长狄缘斯。"长狄缘斯,长狄侨如(鄋瞒国君)之祖先。

③翟盱(xū):西汉将军。汉二年(前205)为燕县(今河南延津东北)令,以都尉随刘邦下楚九城,坚守燕等功,高祖十一年(前196)七月,受封衍侯。

④濮水：一名濮渠水。流经春秋时卫地。上游一支首受济水于今河南封丘西,东北流;一支首受黄河于今原阳北,东流经延津南。二支合流于今长垣西。东流经长垣北至滑县东南,此下又分为二:一支经山东东明北,东北至鄄城南注于瓠子河;一支经东明南,又东经菏泽北注入巨野泽。

【译文】

济渎又往东流经封丘县北边，就是南燕县的延乡，在《春秋》中称长丘。应劭说：《左传》记载，宋国在长丘打败了狄人，俘获长狄缘斯。汉高祖把这地方封给翟盱，立为侯国，濮水就发源于这里。

济渎又东迳大梁城之赤亭北而东注[①]。

【注释】

①大梁城：战国魏都邑。在今河南开封西北。魏惠王时，自安邑徙都于此，为当时最大的都市之一。赤亭：当在今河南开封一带。

【译文】

济渎又往东流经大梁城的赤亭北面，往东流去。

又东过平丘县南[①]，

北济也。县，故卫地也[②]。《春秋·鲁昭公十三年》[③]，诸侯盟于平丘是也[④]。县有临济亭[⑤]，田儋死处也[⑥]。又有曲济亭[⑦]，皆临侧济水者。

【注释】

①平丘县：战国魏置。后入秦，属东郡。西汉属陈留郡。治所在今河南封丘东南四十六里平街。西晋废。

②卫：西周封国，姬姓。周公封周武王弟康叔于卫。先后建都于朝歌（今河南淇县）、楚丘（今河南滑县）、帝丘（今河南濮阳）和野王（今河南沁阳）等地。前209年为秦所灭。

③鲁昭公十三年：前529年。

④平丘：春秋卫邑。在今河南封丘东南平街。

⑤临济亭:即临济城。在今河南封丘东。

⑥田儋(dān):秦末狄县(今山东高青东南)人。战国时齐国贵族。陈胜吴广起义后,乘乱杀狄县令,起兵反秦,自立为齐王。前208年因率兵援救魏王咎,被秦将章邯击败,兵败被杀。

⑦曲济亭:在今河南长垣一带。

【译文】

济水又往东流过平丘县南边,

这是北济水。平丘县从前是卫国地方。《春秋·鲁昭公十三年》,诸侯在平丘会盟。县里有临济亭,田儋就死在这里。又有曲济亭,都在济水旁边。

又东过济阳县北[①],

北济也,自武父城北。阚骃曰:在县西北,郑邑也。东迳济阳县故城北。圈称《陈留风俗传》曰[②]:县,故宋地也。《竹书纪年》:梁惠成王三十年城济阳[③]。汉景帝中六年[④],封梁孝王子明为济川王[⑤]。应劭曰:济川,今陈留济阳县是也。

【注释】

①济阳县:战国秦置,属砀郡。治所在今河南兰考东北四十里堌阳镇。汉属陈留郡。西晋属陈留国。西晋末及十六国时期后赵属陈留郡。北魏属阳夏郡。

②圈称《陈留风俗传》:书名。东汉圈称撰。叙述陈留(今河南开封)一带风俗民情。今存清王仁俊辑本一卷。

③梁惠成王三十年:前340年。

④汉景帝中六年:即西汉景帝刘启中元六年,前144年。

⑤梁孝王:即刘武,汉文帝次子,景帝同母弟。文帝十二年(前168)

封为梁王。明：即刘明，文帝孙，梁孝王次子。梁孝王武死后，景帝将梁国分为五，立孝王子刘明为济川王。后因射杀其中尉，被有司请诛，汉武帝令废为庶人，徙房陵（今湖北房县），国入于汉为郡。

【译文】

济水又往东流过济阳县北边，

这是北济水，从武父城北面流过。阚骃说：武父城在济阳县西北，是郑国的城。水往东流，从济阳县老城北面流过。圈称《陈留风俗传》说：济阳县，从前是宋国的地方。《竹书纪年》：梁惠成王三十年修筑济阳城。汉景帝中元六年，封梁孝王的儿子明为济川王。应劭说：济川就是今天陈留郡的济阳县。

又东过冤朐县南①，又东过定陶县南②，

南济也。济渎自济阳县故城南，东迳戎城北③。《春秋·隐公二年》④，公会戎于潜⑤。杜预曰：陈留济阳县东南有戎城是也。

【注释】

①冤朐（qú）县：即宛朐县或冤句县。秦置，属济阴郡。治所在今山东曹县西北。

②定陶县：战国秦置，属东郡。治所在今山东菏泽定陶区西北四里。

③戎城：在今山东菏泽一带。

④隐公二年：前 721 年。隐公，即鲁隐公。姓姬，名息姑，惠公之子。

⑤戎：古代指西方少数民族。潜：春秋时鲁地。在今山东济宁西南。

【译文】

济水又往东流过冤朐县南边，又往东流过定陶县南边，

这是南济水。济渎从济阳县旧城南往东流经戎城北边。《春秋·隐公二年》，隐公在潜会见戎。杜预说：陈留郡济阳县东南有戎城。

济水又东北，菏水东出焉[①]。

【注释】

①菏水：即济水分流。《禹贡》："浮于淮、泗，达于菏。"根据《水经·泗水注》：菏水自菏泽分流，东南经今山东巨野、金乡、济宁入于泗水。其水今湮没。

【译文】

济水又往东北流，菏水往东分出。

济水又东北迳冤朐县故城南。吕后元年[①]，封楚元王子刘埶为侯国[②]，王莽之济平亭也。

【注释】

①吕后元年：前187年。

②封楚元王子刘埶(yì)为侯国：当为汉景帝时事。《汉书·楚元王传》："景帝即位，以亲亲封元王宠子五人：子礼为平陆侯，富为休侯，岁为沈犹侯，埶为宛朐侯，调为棘乐侯。"楚元王，即刘交。字游。刘埶，楚元王刘交之子。景帝前元年(前156)封宛朐侯。因参与七国之乱被诛，国除。

【译文】

济水又往东北流经冤朐县老城南边。吕后元年，把这地方封给楚元王的儿子刘埶，立为侯国，就是王莽时的济平亭。

济水又东迳秦相魏冉冢南[①]。冉，秦宣太后弟也[②]，代客卿寿烛为相，封于穰，益封于陶，号曰穰侯[③]，富于王室。范雎说秦[④]，秦王悟其擅权[⑤]，免相。就封，出关，辎车千乘[⑥]。

卒于陶，而因葬焉[7]，世谓之安平陵[8]，墓南崩碑尚存。

【注释】

①魏冉：战国时楚人，秦国大臣。秦昭王母宣太后异父弟。秦昭王之舅。昭王年幼即位，宣太后执政，他被任为将军，平定公子壮之乱。任相国，封于穰（今河南邓州东南），号穰侯。死于定陶（今山东菏泽定陶区）。

②秦宣太后：秦惠王之妃，秦昭王之母。楚国人，姓芈，号宣太后。其异父长弟魏冉，封穰侯；同父弟芈戎，为华阳君。

③"代客卿寿烛为相"几句：事见《史记·穰侯列传》："魏冉谢病免相，以客卿寿烛为相。其明年，烛免，复相冉，乃封魏冉于穰，复益封陶，号曰穰侯。"客卿，战国时，别国人居此国而享受列卿待遇的人员，称之为客卿。寿烛，具体不详。穰（ráng），战国韩邑。后属秦，秦置穰县。在今河南邓州。

④范雎（jū）：字叔。战国时魏（今河南开封）人。为人所诬，后化名张禄入秦，游说秦昭王，取代穰侯，而被拜为相。封于应（今河南宝丰西南），称应侯。主张远交近攻策略。

⑤秦王：即战国秦昭襄王嬴则。

⑥辎（zī）车：古代有帷盖的载重车，可载物，亦可乘卧。千乘（shèng）：千辆。古以一车四马为一乘。

⑦而因葬焉：按，以上语见《史记·穰侯列传》。

⑧安平陵：即以上的魏冉冢。

【译文】

济水又往东流经秦国丞相魏冉墓南边。魏冉是秦宣太后的弟弟，代理客卿寿烛做丞相，封于穰，又加封于陶，号称穰侯，比王室还要富。范雎向秦王游说，秦王才警觉到魏冉太专权，就罢免了他的相位。魏冉出关去他的封地时，运货的车子多达上千辆。魏冉死于陶，就葬在这里，世人称他的坟墓为安平陵，墓南的残碑还在。

济水又东北迳定陶恭王陵南[①]，汉哀帝父也[②]。帝即位，母丁太后建平二年崩[③]。上曰：宜起陵于恭皇之园[④]。送葬定陶，贵震山东。王莽秉政，贬号丁姬，开其椁户，火出，炎四五丈，吏卒以水沃灭[⑤]，乃得入，烧燔椁中器物[⑥]。公卿遣子弟及诸生、四夷十余万人，操持作具，助将作掘平共王母傅太后坟及丁姬冢[⑦]，二旬皆平。莽又周棘其处[⑧]，以为世戒云。时有群燕数千，衔土投于丁姬竁中[⑨]，今其坟冢，巍然尚秀，隅阿相承，列郭数周[⑩]，面开重门，南门内夹道有崩碑二所，世尚谓之丁昭仪墓[⑪]，又谓之长隧陵。盖所毁者，傅太后陵耳，丁姬坟墓，事与书违，不甚过毁，未必一如史说也。坟南，魏郡治也[⑫]。世谓之左城[⑬]，亦名之曰葬城，盖恭王之陵寝也。

【注释】

①恭王陵：在今山东曹县西北。恭王，即刘馀，西汉景帝之子，汉哀帝刘欣之父。

②汉哀帝：即西汉皇帝刘欣。

③丁太后：汉哀帝母丁姬。建平二年：前5年。建平，汉哀帝刘欣的年号（前6—前3）。

④恭皇之园：在今山东曹县恭皇陵侧。恭皇，即汉哀帝之父刘馀。

⑤沃灭：浇灭。沃，浇灌。

⑥烧燔（fán）：焚烧。燔，焚烧。

⑦将作：秦置。始称将作少府，西汉景帝时改称将作大匠，掌管宫室等土木营建。共王母傅太后：汉景帝之昭仪，恭王刘馀之母，汉哀

帝之祖母。河内温县(今河南温县)人。有才略,善事人。帮助哀帝继承帝位,有大功。卒后称孝元傅皇后。

⑧周棘其处:在墓地周围遍植荆棘。

⑨窾(cuì):墓穴。以上见《汉书·外戚传·定陶丁姬》。

⑩郭:古代在城的外围加筑的城墙。

⑪丁昭仪:即丁姬。昭仪,皇帝之嫔妃,女官名。

⑫魏郡治:当为"魏济阴郡治"之脱文。魏,此指北魏,亦称后魏。

⑬左城:即下述葬城。北魏时济阴郡的郡治所在地。在今山东曹县西北六十里旧州城。

【译文】

济水又往东北流经定陶恭王陵南边,恭王是哀帝的父亲。哀帝即位后,他母亲丁太后在建平二年死了。哀帝说:最好是在恭王的陵园内建陵。于是就送葬到定陶,送葬的规格非常高,震惊了整个山东。王莽执政以后,把太后贬称丁姬,打开放置她的棺椁的墓门,这时里面忽然冒出四五丈的火焰,士兵用水把火浇熄,人才能进去,但棺中放的器物都烧坏了。公卿派遣子弟及诸生、四夷共十余万人,手持工具,帮助将作匠人掘平共王母亲傅太后及丁姬这两座坟墓,掘了二十天都掘平了。王莽又在四周种上荆棘,作为后世人的鉴戒。这时有数千燕子,衔泥投于丁姬的墓穴中,现在她的坟还巍然耸立,四角相连接,围墙好几重,正面开着几道大门,南门内道路两边有两块残碑,人们还称为丁昭仪墓,又叫长隧陵。原来破坏的是傅太后的陵墓,丁姬的墓事实上并未遭到太大的破坏,未必都像史籍上所载一样。坟的南面,就是魏郡治。世人称之为左城,又名葬城,就是因为有恭王陵的缘故。

济水又东北迳定陶县故城南,侧城东注[①]。县,故三鬷国也[②]。汤追桀,伐三鬷[③],即此。周武王封弟叔振铎之邑[④],故曹国也。汉宣帝甘露二年[⑤],更济阴为定陶国,王莽之济平也。战国之世，范蠡既雪会稽之耻⑥，乃变姓名寓于陶，为朱公。以陶天下之中，诸侯四通，货物之所交易也。治产致千金，富好行德，子孙修业，遂致巨万。故言富者，皆曰陶朱公也⑦。

【注释】

①侧：侧边，靠近。

②三鬷（zōng）国：夏、商时期的方国。在今山东菏泽定陶区北。

③汤追桀，伐三鬷：《尚书·书序》："夏师败绩，汤遂逐之。遂伐三鬷，俘厥宝玉。"

④叔振铎：周文王之子，武王之弟。武王灭商后封他于曹（今山东菏泽定陶区西南），为曹国始祖。

⑤汉宣帝甘露二年：前52年。汉宣帝，西汉皇帝刘询。

⑥范蠡（lǐ）：字少伯。楚国宛（今河南南阳）人。春秋末越国大夫。越王勾践忠臣。会稽之耻：会稽山上，越王勾践被吴王夫差包围，并派大夫文种膝行顿首，称臣求和。

⑦陶朱公：范蠡的别称。范蠡辅佐越王勾践灭吴后，以越王不可共安乐而弃官远去，居于陶，经商致巨富，称陶朱公。

【译文】

济水又往东北流经定陶县老城南，沿着城边往东流去。定陶县就是旧时的三鬷国。汤追桀，攻打三鬷，就是这地方。周武王把弟弟叔振铎封于此邑，也就是旧时的曹国。汉宣帝甘露二年，把济阴改为定陶国，王莽时称为济平。战国时期，范蠡雪了会稽之耻，就改姓更名，在陶定居，称为朱公。因为陶的位置在天下的中央，与各方的诸侯四通八达，是货物交易的集散地。他经商赚了很多的钱，很富有，却喜欢做好事，子孙勤恳努力，积累了巨额财富。所以人们谈富，都要说到陶朱公。

又屈从县东北流，

南济也。又东北右合菏水，水上承济水于济阳县东，世谓之五丈沟[①]。又东迳陶丘北[②]。《地理志》曰：《禹贡》，陶丘在定陶西南。陶丘亭在南[③]，墨子以为釜丘也[④]。《竹书纪年》：魏襄王十九年[⑤]，薛侯来会王于釜丘者也。《尚书》所谓导菏水自陶丘北[⑥]，谓此也。菏水东北出于定陶县北，屈左合氾水[⑦]，氾水西分济渎，东北迳济阴郡南。《尔雅》曰：济别为濋[⑧]。吕忱曰：水决复入为氾[⑨]。广异名也。氾水又东合于菏渎。昔汉祖既定天下，即帝位于定陶氾水之阳。张晏曰[⑩]：氾水在济阴界，取其氾爱弘大而润下也。氾水之名，于是乎在矣。菏水又东北，迳定陶县南，又东北，右合黄水枝渠[⑪]，渠上承黄沟[⑫]，东北合菏而北注济渎也。

【注释】

①五丈沟：在今山东曹县西南五十里。

②陶丘：一名釜丘。在今山东菏泽定陶区西南七里。

③陶丘亭：当在今山东菏泽定陶区一带。

④墨子以为釜丘也：今本《墨子》中无此语。

⑤魏襄王十九年：前300年。魏襄王，战国时魏国国君。魏惠王之子，名嗣。

⑥导菏水自陶丘北：《尚书·禹贡》："导沇水，东流为济……东出于陶丘北，又东至于菏……"

⑦氾（fán）水：古济水分流。源自今山东曹县北，东北流至今山东菏泽定陶区北注入古菏泽。

⑧济别为濋：《尔雅·释水》："水自河出为灉。济为濋。汶为瀾。淮为浒……"郭璞注："皆大水溢出别为小水之名。"

⑨水决复入为汜：水出去后又流回来叫汜。

⑩张晏：字子博。中山（今河北定州）人。有《汉书》注，多存于今《汉书》颜师古注中。

⑪黄水枝渠：当在今山东菏泽定陶区东。

⑫黄沟：春秋吴王夫差十四年（前482），为北上称霸中原而开凿。

【译文】

济水又转弯从县城东北流。

这是南济水。又往东北流，在右边汇合了菏水，菏水上游在济阳县东边承接济水，人们叫它五丈沟。又往东流经陶丘北面。《地理志》说：按《禹贡》，陶丘在定陶西南。陶丘亭在南边，墨子以为就是釜丘。《竹书纪年》：魏襄王十九年，薛侯来到釜丘与王会面。《尚书》所谓从陶丘北面疏导菏水，就是指这地方。菏水在东北方发源于定陶县北，在左边与汜水汇合，汜水从济渎往西分出，往东北流经济阴郡南面。《尔雅》说：济水分支为濋水。吕忱说：水从河道溢出，重又汇入叫汜。异名很多。汜水又东流，与菏渎汇合。从前汉高祖平定了天下，在定陶汜水北岸即帝位。张晏说：汜水在济阴边界上，取它的泛爱博大能滋润地下的意思。于是就有了汜水之名了。菏水又往东北流经定陶县南边，又往东北流，在右边与黄水支渠汇合，支渠上游承接黄沟，往东北流与菏水汇合，然后往北注入济渎。